COMPUTER AGE STATISTICAL INFERENCE

STUDENT EDITION

COMPUTER AGE STATISTICAL INFERENCE

STUDENT EDITION

컴퓨터 시대의 통계적 추론

알고리듬과 추론의 관계와 역할

이병욱 옮김　브래들리 에프론·트레버 해이스티 지음

에이콘

에이콘출판의 기틀을 마련하신 故 정완재 선생님 (1935-2004)

도나와 린다에게

I 이 책에 쏟아진 찬사 I

"어떻게 해서 계산 통계학이 세상을 지배하고 있는 것일까? 이 진지하면서 흥미진진한 업적에 대해, 모수적 및 비모수적 통계 아이디어를 통합한 두 개척자인 에프론과 해이스티는 명확하고 역사적으로 잘 알려진 예제를 통해 자신들의 견해를 들려준다."

— 앤드류 젤만Andrew Gelman/컬럼비아 대학교

"이 귀한 책은 통계학 분야가 과거 60년간 컴퓨터 성능의 발달에 적응하며 진화해온 과정을 많은 예제를 통해 그 속성과 함께 설명한다. 저자의 관점은 '매우 개략적으로 말하자면, 알고리듬은 통계학자들이 수행하는 작업인 반면 추론은 그들이 왜 그것을 하는지 말해준다.'는 대목에 잘 요약돼 있다. 이 책은 이 '왜'를 설명한다. 다시 말해, 이 책은 여러 주요 기법을 자세히 살펴보며 통계적 연구의 목적과 발전을 설명하는데, 그 기법들은 저자들이 발전시키고 연구해온 것들이다. 이 책은 재미있는 동시에 계몽적이다. 특히, 통계적 분석을 정의하는 근본적 수학에 의해 어떻게 아이디어가 실현되는지를 확인하려는 사람들을 위해 저술됐다. 그리고 이 책은 막 대학원 과정을 시작하는 학생들이 전통적인 교과 과정을 보충할 수 있는 내용을 담고 있다."

— 롭 카스Rob Kass/카네기멜론대학교

"이 책은 대단하다. 컴퓨터 시대 통계를 이끈 이론과 방법론적 발전 사이의 상호작용에 대해 명확하고 쉽고 재미있게 설명한다. 잘 정립된 통계적 이론의 프레임워크 안에서 '빅데이터' 분석의 현대적 알고리듬 기법을 기발하게 밝혀내는 데 성공했다."

— 알라스테어 영Alastair Young/임페리얼 칼리지 런던

"이 책은 개념과 계산력의 발달이 강조되는 현대 통계학으로의 가이드 여행과 같다. 두 거장에 의해 저술된 이 책은 수학적 분석과 통찰력 있는 조언의 적절한 조합을 제공한다."

— 할 바리언Hal Varian/구글

"에프론과 해이스티는 우리가 컴퓨터 진화를 따라가는 혁신적 통계 기법의 미로를 통과할 수 있게 안내해준다. 통계적 기법이 왜 개발됐으며, 그 성질은 무엇이고, 어떻게 사용됐는지 알려준다. 또한 기원을 조명하면서 각 기법이 추론과 예측에서 어떤 역할을 하는지 이해할 수 있도록 도와준다. 이 책에서 유지하고 있는 추론과 예측의 구분은 통계학 책 분야에서 환영받을 만한 중요한 신개념이다."

— 개릿 쉬무엘리Galit Shmueli/국립 칭화 대학교

"전통적 통계학의 추론 기반이 21세기 데이터 과학의 원론을 어떤 식으로 규정하는지 보여주는 거장다운 안내서다."

— 스티븐 스티글러Stephen Stigler/시카고 대학교,

『통계학을 떠받치는 일곱 기둥 이야기』의 저자

"이 책은 현대 통계학의 신선한 시각을 제공한다. 알고리듬은 그 뒤에 있는 직관, 성질, 추상적 주장과 대등한 위치에 놓인다. 설명된 기법은 오늘날의 빅데이터와 대규모 계산 영역에서 없어서는 안 될 것들이다."

— 로버트 그라머시Robert Gramacy/시카고 대학교

"모든 야심찬 데이터 과학자들은 이 책을 자세히 연구해야 하며 참고로 삼을 뿐 아니라 어디든 들고 다녀야 한다. 통계적 추론의 두 세기 반 동안의 설명은 원리의 발달에 대한 통찰을 주고 데이터 과학을 역사적 위치에 놓이게 한다."

— 마크 지로라미Mark Girolami/임페리얼 칼리지 런던

"에프론과 해이스티는 대단한 재능과 업적을 성취한 두 학자로서 통계적 추론의 250년 역사를 컴퓨터라는 좀 더 최근의 역사적 기법에 훌륭히 엮어냈다. 이 책은 독자들에게 베이즈, 빈도주의, 피셔로 나뉘어졌다가 컴퓨터의 발달로 인해 다시 통합되고 있는 통계 분야의 뉘앙스를 자세히 알려줌으로써, 지난 60여 년을 아우르는 중급 수준의 개괄을 제공해준다. 이제 남은 과제는 데이터 과학과 통계적 기법의 차이에 다리를 놓아줄 빅데이터 이론의 등장과 역할에 대한 것이다. 결과와 상관없이, 저자들은 전반적이고 사회적인 이슈 모두를 다루는 방법론들에 대한 통계적 추론의 기여에 관해 엄청난 잠재력을 가진 고속 컴퓨팅의 비전을 제시해준다."

— 레베카 도지[Rebecca Doerge]/카네기멜론대학교

"현대 통계학의 두 거장은 통계학과 컴퓨터가 힘을 합친 세상으로의 통찰력 있는 여행을 제공한다. 일련의 주요 주제에서 예측과 데이터 이해를 위한 현대적 기법이 어떻게 통계와 계산적 사고에 뿌리를 내리고 있는지 밝혀준다. 계산 능력의 발전이 어떻게 전통적 기법과 문제들을 변환시켰는지 보여주고 통계에 대한 새로운 사고방식을 일깨워준다."

— 데이비드 블레이[David Blei]/컬럼비아 대학교

"정말 대단하다. 아름답게 쓰인 이 책은 저자들의 생각을 포함해 거대한 통계적 아이디어를 다수 설명한다. 통계학이나 데이터 과학에 종사하고 있는 모두에게 필독서며, 반복해 읽어야 할 책이다. 에프론과 해이스티는 과거, 현재, 미래에 걸쳐 계속 커지고 있는 통계적 추론의 힘을 보여준다.

— 칼 모리스[Carl Morris]/하버드 대학교

| 옮긴이 소개 |

이병욱(byunguk@gmail.com)

서울과학종합대학교 디지털금융 주임교수

한국과학기술원KAIST 겸직교수

한국금융연수원 겸임교수

인공지능연구원 부사장

– 금융위원회 금융규제혁신회의 위원

– 금융위원회 법령해석심의위원회 위원

– 금융위원회 디지털자산 자문위원

– 한국산업기술진흥원KIAT '규제자유특구 분과위원회' 위원

– 과기정통부 우정사업본부 정보센터 네트워크 & 블록체인 자문위원

한국과학기술원KAIST 전산학과

전) BNP 파리바 카디프 전무

전) 삼성생명 마케팅 개발 수석

전) 보험넷 Founder & CEO

전) LG전자 연구원

서울과학종합대학원 디지털금융 주임교수와 카이스트 겸직교수 그리고 한국금융연수원 겸임교수를 맡고 있으며, 인공지능연구원AIRI의 부사장으로도 재직 중이다. 한국과학기술원KAIST 전산학과 계산 이론 연구실에서 공부했으며 공학을 전공한 금융 전문가로, 세계 최초의 핸드헬드-PCHandheld-PC 개발에 참여해 한글 윈도우 CE1.0과 2.0을 미국 마이크로소프트 본사에서 공동

개발했다. 1999년에는 전 보험사 보험료 실시간 비교 서비스를 제공하는 핀테크 전문회사 ㈜보험넷을 창업했고 이후 삼성생명을 비롯한 생명 보험사 및 손해 보험사에서 C MO(마케팅총괄 상무), CSMO(영업 및 마케팅 총괄 전무) 등을 역임하면서 혁신적인 상품과 서비스를 개발, 총괄했다.

세계 최초로 파생상품인 ELS를 기초 자산으로 한 변액 보험을 개발해 단일 보험 상품으로 5천억 원 이상 판매되는 돌풍을 일으켰고, 매일 분산 투자하는 일 분산 투자daily Averaging 변액 보험을 세계 최초로 개발해 상품 판매 독점권을 획득했다. 인공지능 연구원에서 머신러닝 기반의 금융 솔루션 개발에 관련된 다양한 활동을 하고 있으며, 금융위원회, 금융정보분석원 등에 다양한 자문을 하고 있다.

저서로는 『비트코인과 블록체인, 탐욕이 삼켜버린 기술』(에이콘, 2018)과 대한민국학술원이 2019 교육부 우수학술도서로 선정한 『블록체인 해설서』(에이콘, 2019)와 한국금융연수원의 핀테크 전문 교재인 『헬로, 핀테크!』(공저, 2020), "헬로핀테크-인공지능편(2021)"이 있다.

| 옮긴이의 말 |

이 책은 전통적 추론의 핵심 주제인 베이즈, 빈도주의, 피셔주의로부터 현대적 컴퓨터 시대의 빅데이터에 이르기까지 시대별 흐름과 추론의 발전을 마치 장편 역사책처럼 조명한다. 단순한 이론적 설명에 그치지 않고 전체의 흐름을 통해 여러 기법의 유기적 관계와 상대성에 관해 깊은 인식을 가질 수 있게 해준다.

특히 저자 중 한 명인 브래들리 에프론은 추론에서 표준적 방법으로 자리잡은 부트스트래핑을 비롯한 수많은 경험적 추론을 발명한 대가로, 각종 추론에 대한 심도 있는 설명을 직접 듣는 짜릿한 경험을 할 수 있다. 이 책 한 권으로 알고리듬과 추론 사이의 관계와 서로의 역할에 대해 명쾌히 정립할 수 있으리라 믿는다.

| 지은이 소개 |

브래들리 에프론 Bradley Efron

스탠퍼드 대학교의 통계학과 생물의학 데이터 과학 교수이다. 그는 하버드, 버클리, 임페리얼 컬리지의 방문교수로 임명됐다. 에프론은 통계적 추론에 대해 심도있는 연구를 수행했고 부트스트랩 표본 기법을 발명했다. 2005년 국가 과학상National Medal of Science을 수상했고 2014년 왕립통계학회Royal Statistical Society의 가이 메달Guy Medal 금상을 수상했으며, 2019년에 통계학에서 국제상을 받았다.

트레버 해이스티 Trevor Hastie

통계학과 생물의학 데이터 과학 교수이다. 그는 현대 데이터 분석의 핵심 책인 『통계학으로 배우는 머신러닝 2/e』(에이콘, 2020)의 공저자이다. 그는 일반 가법 모델과 주요 곡선 그리고 R 컴퓨팅 환경에 대한 기여로 잘 알려져 있다. 헤스키는 R 컴퓨팅 환경에 대한 그의 공헌으로 2018년 National Academy of Sciences에 선출됐고, 2019년에는 보로냐 대학University of Bologna으로부터 시길럼 매그넘Sigillum Magnum을, 2020년에는 미국 통계 협회로부터 레오 브라이만Leo Breiman상을 받았다.

| 감사의 글 |

뛰어난 기술로 이 책을 준비하는 과정을 도와준 신디 커비Cindy Kirby와 초안에 대해 유용한 조언을 해준 개릿 쉬무엘리Galit Shmueli에게 감사한다. 편집을 도와준 캠브리지 대학 출판사의 스티븐 홀트Steven Holt, 제작 단계 전반에 걸쳐 가이드해준 클레어 데니슨Clare Dennison, 이 책의 편집자인 다이애나 길루리Diana Gillooly에게 감사한다.

스탠포드 대학교 통계학과

브래들리 에프론 & 트레버 해이스티

2016년 5월

| 차례 |

2부 초기 컴퓨터 시대 기법

3부 21세기 주제

| 컴퓨터 시대의 통계적 추론 |

21세기는 그 영역과 영향 모두에서 통계적 기법이 숨막힐 정도로 확장돼 왔다. 통계적 기법이 현대 과학과 상거래의 방대한 데이터 집합을 다루게 되면서, 이제 '빅데이터', '데이터 과학', '머신러닝'이라는 말은 신문지상에서 흔히 접하는 용어가 됐다. 어떻게 여기까지 오게 됐을까? 그리고 어디로 향하고 있는 것일까? 이 모든 것은 어떻게 통합될 것인가?

이 책은 현대 통계 사상의 집약 과정을 보여준다. 전통적 추론 이론인 베이즈, 빈도주의, 피셔에서 출발해 각 장은 일련의 영향력 있는 주제를 다룬다. 생존 분석, 로지스틱 회귀, 경험적 베이즈, 잭나이프와 부트스트랩, 랜덤 포레스트, 신경망, 마르코프 체인 몬테 카를로, 모델 선정 후 추론 등 수십 가지 주제가 있으며, 현대적 기법을 통해 방법론과 알고리듬을 통계적 추론과 통합한다. 각 장은 수업에서 검증된 연습문제로 끝나며 데이터 과학의 미래 방향을 예측하는 것으로 결론을 내린다.

| 들어가며 |

통계적 추론statistical inference은 광범위한 학문 분야며 수학, 경험적 과학, 철학이 삼각 지점을 이루며 만나는 곳에 위치하고 있다. 이 분야는 베이즈 규칙이 발표된 1763년부터 비롯됐다고 말할 수도 있다(이는 이 주제의 철학적 부분을 의미하는데, 베이즈 규칙의 초기 신봉자들은 이것이야말로 신이 존재한다는 증거라고 치켜세우기까지 했다). 이 250년의 역사 중 가장 최근 1/4에 해당하는 1950년부터 지금까지는 이 책의 제목처럼 '컴퓨터 시대computer age'며, 이 시대에는 통계적 응용의 전통적인 병목 부분인 연산 능력에서 수백만 배 이상 더 빠르고 간편한 계산이 가능해졌다.

이 책은 과거 60년 동안 통계학이 어떻게 발전해왔는지 개괄적으로 조망해본다. 제트기나 인공위성처럼 까마득히 높은 곳에서 살펴보는 것이 아니라, 경비행기 정도의 높이로 비교적 자세히 조망한다. 개별 장들은 각 핵심 기법의 발달과 그 추론적 정당성에 대해 설명하는 일련의 주요 주제를 다룬다. 여기에는 일반화 선형 모델, 생존율 분석, 잭나이프와 부트스트랩, 오발견율, 경험적 베이즈, MCMC, 신경망 등과 같은 수십 가지 주제가 있다.

두말할 필요도 없이, 전자식 컴퓨터 계산은 이 이야기 전체의 핵심 요소다. 그렇다고 해서 모든 발전이 컴퓨터와 연계돼 있다는 뜻은 아니다. 신대륙을 향해 해상을 가로지르는 다리가 건설됐지만, 모두가 그 다리를 건너고자 하지는 않는 법이다. 경험적 베이즈나 제임스-스타인 추정 등의 주제는 기계적 계산이라는 제약 속에서도 충분히 등장할 수 있었다. 한편 부트스트랩이나 비례 위험proportional hazard 등은 순전히 전자식 컴퓨터 시대의 산물이다. 21세기 통계학과 관련된 대부분의 주제는 이제 컴퓨터에 의존하고 있지만, 우리의 경비행기가 새로운 시대를 맞이할 때까지는 다소 시간이 걸릴 것이다.

통계적 추론의 사전적 정의는 이를 전체 학문 분야와 동일시하는 경향이 있다. 하지만 이 정의는 방대한 컴퓨터 기반 처리 알고리듬을 가진 '빅데이터' 시대에는 다소 만족스럽지 않다. 여기서는 완벽히 일관되지는 못하지만 통계 산업의 두 가지 측면을 분리해보려고 한다. 예를 들어, 랜덤 포레스트를 사용한 예측처럼 특정 문제를 해결하기 위해 고안된 알고리듬과 그 알고리듬의 정확성을 판단하기 위한 추론적 논거들을 분리하려는 것이다.

대략적으로 말하자면, 알고리듬이란 통계학자들이 하는 그 무엇을 지칭하는 용어지만, 추론이란 그들이 왜 그것을 하는지에 대해 이야기한다. 데이터 과학으로 대변되는 새 시대에는 특별히 통계적 정당성보다 알고리듬적 사고를 중시하는 새로운 통계적 유형이 등장했다. 이 책의 후속 장에서는 부스팅이나 딥러닝과 같은 대규모 예측 알고리듬을 살펴보고 데이터 과학적 측면을 알아본다(때때로 통계와 데이터 과학의 우려스러운 '결혼'에 대한 좀 더 많은 정보는 이 책의 에필로그를 참고하라).

생물학적 추론이나 천문학적 추론, 혹은 기하학적 추론이라는 분야는 존재하지 않는다. 그런데 왜 '통계적 추론'은 필요한 것일까? 그 대답은 간단하다. 자연과학은 그 아이디어의 정확성을 판단해줄 자연 그 자체가 존재한다. 통계학은 자연으로부터 한 단계 물러나 작동하며 흔히 자연과학자들의 관측을 해석한다. 공정한 심판 역할을 해줄 자연이 없으므로, 이를 이끌어주고 교정해줄 수학적 논리 시스템이 필요하게 된다. 통계적 추론은 데이터 분석의 경험으로부터 두 세기 반 동안 정제돼온 시스템이다.

이 책은 크게 세 가지 부분으로 나눠서 관련 역사에 따라 전개된다. 1부에서 이야기할 전통적 추론의 위대한 주제인 베이즈, 빈도주의, 피셔주의는 전자식 컴퓨터 시대가 도래하기 전까지는 제 역할을 했으며, 현대에 와서는 그 기본 윤곽을 변형시키지 않고도 방대한 확장을 하고 있다(전통적 방식과 현대적 방식의 유사점을 살펴볼 수도 있다). 2부에서는 컴퓨터 시대 개발의 초기인 1950년부터 1990년대까지를 알아본다. 이 시기는 전환기로, 이전보다 빨라진 연산이 통계적 기법의 발전에 실제로 기여했는지 없는지를 이론과 실제에서 가장 쉽게 파악해볼 수 있다. 3부에서는 '21세기 주제'라는 제목으로 현시대를 다룬다. 현시대는 놀라울 만큼 대단한 알고리듬의 시대다('머신 러닝'은 다소 불안감을 조성하는 선전 문구다). 이를 정당화하는 것은 현대의 통계적 추론에서 지속적으로 수행되는 과제이기도 하다.

이 책의 주제들은 연산 기법과 추론 이론 간의 상호작용에 대한 실례를 위해 선정했으며, 목록이나 백과사전식 나열을 추구하지 않았다. 몇몇 주제는 이 책에 담긴 사례만큼이나 중요하지만 생략됐다. 예를 들어 시계열, 일반 추정식, 인과 추론, 그래픽 모델, 경험적 디자인 등이다. 어떤 경우에도 이 책에 나열된 주제만이 연구 가치가 있다고 암시하는 것은 절대 아니라는 점을 밝혀둔다.

또한 이 분야의 '수학적 통계' 영역인 점근과 결정이론에 대해서도 다소 덜 부각됐다. 우리의 의도는 통계학의 석사 과정이나 박사 과정 1년차 학생의 기술적 수준에 부합되도록 내용을 조절하는 것이었다. 불가피하게 일부 표현은 통계적 아이디어보다는 수학적 속성의 좀 더 어려운 영역으로 파고들고 있다. 이 책이 특정 주제에 대해 너무 길게 개괄하고 있다는 생각이 드는 독자라면 주저하지 말고 이 책의 다음 부분으로 옮겨가길 권한다. 대부분의 경우 이 책의 각 장은 서로 독립적으로 읽을 수 있다(비록 전체 주제에 대해서는 연결돼 있지만). 특히 생존율 분석이나 부스팅 등 특정 주제에 관심이 있어 이 책을 선택하게 된 비통계 전문가들에게는 더욱 그렇다.

다양한 독자층의 요구를 수용하기 위해 지식을 설명하다 보면 대개 그 핵심을 놓칠 수 있는 위험이 있다. 통계학은 외부의 점증하는 요구에도 불구하고 대부분 그 철학적 응집력을 유지할 수 있었다. 사실 이 분야의 핵심은 지난 60년 동안 수학이라는 전통적인 집을 떠나서 좀 더 연산력에 집중된 논리라는 새집으로 이동했다. 이 책은 주제별로 이러한 변화를 따라간다. "다음에는 어떤 일이 발생할 것인가?"라는 흥미로운 질문에 대한 대답은, 데이터 과학의 부상에 관해 에필로그에 적어둔 몇 가지 문장을 제외하고는 여기서 직접적으로 답하지는 않을 것이다.

학생판 후기(2021)

학생판에는 130개의 연습문제를 추가했다. 연습문제는 문제 해결은 물론 책에 제시된 아이디어와 방법론의 구현을 통해 자료에 대한 이해를 향상시킬 것이다. 연습문제는 대학원 수준에서 직접 강의했던 자료로부터 추출한 것이다(연습문제 해답은 제공하지 않습니다).

| 표기법 |

이 책에서 숫자와 함께 †로 표시된 부분은 각 장의 마지막 부분에 더 자세히 설명한 기술적 요소나 참조 요소가 있다는 것을 의미한다. 예를 들어 1.1절에 있는 **lowess**의 내용은 1.3절에서 $\dagger_1$ 기호를 통해 참조됐다. 행렬은 **Σ**처럼 굵은 글씨체로 표시했고, 이는 *n*개 요소를 가진 어떤 데이터 벡터 ***y***를 나타날 때도 마찬가지다. 계수 벡터와 같은 다른 대부분의 벡터는 일반적으로 굵은 글씨체로 표시하지 않았다. 데이터 집합 이름 등을 나타내기 위해서는 짙은 녹색의 글씨를 사용했는데, 예를 들면 데이터 집합인 **prostate**, 데이터 집합의 변수 이름인 **prog**, **R** 명령어인 **glmnet** 또는 **locfdr** 등이 있다. 본문에는 참조 도서 목록을 적어두지 않았다. 중요한 참고 문헌은 책의 마지막에 정리돼 있다.

1부
전통적인 통계적 추론

01
알고리듬과 추론

통계학이란 경험에서 배우는 과학이다. 특히 통계학의 경험이란 매번 조금씩 새로 생겨나는 것으로, 실험 중인 약의 성공 또는 실패의 경험, 지구로 향하고 있는 소행성의 궤도를 부정확하게 측정한 것 등 다양한 형태로 발생한다. '경험으로부터의 학습'이라는 정형화되지 않은 목표를 어느 단일 이론이 모두 설명할 수 있다는 사실이 놀라울 수도 있다. 사실 통계에는 베이즈주의 Bayesianism와 빈도주의frequentism라는 두 가지 주요 이론이 있으며, 이들 사이의 연관성과 불일치는 후속 장에서 계속해서 생생히 그려질 것이다.

그러나 우선은 두 이론에 모두 공통적으로 적용되는, 다소 덜 철학적이며 좀 더 연산적인 부분에만 집중해서 통계 분석의 **알고리듬적 측면**과 **추론적 측면**을 먼저 살펴보자. 이 구분은 가장 기초적이면서 유명한 통계 기법인 평균화에서부터 시작된다. 알고자 하는 현상, 예컨대 $n = 50$개 주의 자동차 사고율에서 관측한 n개의 값 $x_1, x_2, \cdots, x_n$이 있다고 가정하자. 그 평균은 다음과 같이 구할 수 있고 그 결과는 단 하나의 숫자로 요약된다.

$$\bar{x} = \sum_{i=1}^{n} x_i / n \tag{1.1}$$

과연 이 숫자는 얼마나 정확한 것일까? 교과서적인 대답은 **표준오차**며 다음의 식으로 정의된다.

$$\widehat{\text{se}} = \left[\sum_{i=1}^{n} (x_i - \bar{x})^2 \big/ (n(n-1)) \right]^{1/2} \tag{1.2}$$

여기서 **평균화**(1.1)란 알고리듬이며, 표준오차는 알고리듬의 정확도에 대한 추론이다. 추정에 쓰인 데이터가 그 추정의 정확성을 측정하는 데도 동일하게 사용된다는 점이 바로 통계 이론의 놀랍고도 매우 중요한 측면이다.[1]

물론 $\widehat{\text{se}}$(1.2)는 그 자체가 알고리듬이며 동시에 그 정확도에 관해서는 또 다른 추론 분석의 대상이 될 수도 있다. 중요한 점은 알고리듬이 먼저고 추론은 그다음 단계의 통계적 고려 사항이라는 것이다. 이처럼 실제로 알고리듬의 발명은 좀 더 자유롭고 모험적인 분야인 반면, 알고리듬 기법이 새로 생기면 추론은 그 정확도는 물론 성능의 좋고 나쁨을 평가하기 위해 고군분투하며 따라잡기 위해 애쓰는 형국이다.

추론과 알고리듬의 시합이 거북이와 토끼의 시합이라면 현대의 컴퓨터 연산은 '슈퍼 토끼'를 탄생시켰다. 여기에는 두 가지 효과가 작용하고 있다. 컴퓨터 기반의 기술을 사용하게 되면서 이제 과학자들은 전통적 통계 이론이 다루기에는 너무 방대했던 자료도 용이하게 수집할 수 있게 됐고, 이러한 거대한 자료를 다루기 위한 새로운 기법이 필요해졌다. 이런 요구는 컴퓨터 기반의 혁신적인 통계 알고리듬이 쏟아지면서 하나씩 해결되고 있는 중이다. 뉴스에서 빅데이터에 관해 다루는 내용을 살펴보면, 주로 이런 알고리듬이 역할을 제대로 하고 있다는 이야기다.

---

1 '추론'은 정확도보다 더 큰 의미를 가진다. 간단히 이야기하자면 알고리듬은 통계학자들이 무엇을 하는지에 대해 이야기하지만, 추론은 왜 그것을 하는지에 대해 이야기한다.

이 책의 제목은 거북이의 측면을 강조하고 있다. 과거 수십 년 동안은 통계적 기법의 황금기였다. 비록 통계적 추론 분야에서 황금기는 아니었지만 암울했던 시기가 아니었던 것도 사실이다. 야심 찬 새 알고리듬이 넘쳐나는 이 시대에서, 통계학자들이 여러 경쟁 기법들 중 어느 것이 더 좋은지 고를 수 있는 선택 기준에 대한 기초 이론 역할을 하는 추론에서도 혁명까지는 아니더라도 크나큰 진화가 촉진됐다. 이 책은 1950년대 통계 분야가 컴퓨터 시대를 맞이하면서부터 기법과 추론이 같이 발전해나가는 과정에서 어떻게 서로 상호작용했는지 따라가본다. 이 장에서는 그 맛보기로서 전통적 기법이 컴퓨터 시대의 기법으로 전환되고 있다는 것을 보여주는 두 가지 예제를 설명한다.

1.1 회귀 예제

그림 1.1은 신장 기능의 연구에 관한 것이다. 건강한 지원자 157명($n = 157$)을 관찰한 데이터 포인트 (x_i, y_i)에서 x_i는 지원자의 **age**고, y_i는 전체적인 신장 기능 수준을 나타내는 복합 척도 '**tot**'다. 하향으로 뻗어있는 산포도에서 뚜렷이 알 수 있듯이 일반적으로 **age**가 증가하면 신장 기능은 저하된다. 기능 저하율은 신장 이식에서 중요한 고려 사항이다. 과거에는 60세가 넘은 사람은 신장 기부 희망자에서 제외시켰지만 기증자가 워낙 희소해지면서 이제 이런 조건은 사라졌다.

그림 1.1의 실선은 모든 가능한 (β_0, β_1) 선택에 대해 오차 제곱의 합을 최소화하는 값을 찾는 최소 자승법^least square^으로 데이터에 적합화한 선형 회귀다.

$$y = \hat{\beta}_0 + \hat{\beta}_1 x \tag{1.3}$$

최소 자승 계산은 다음과 같다.

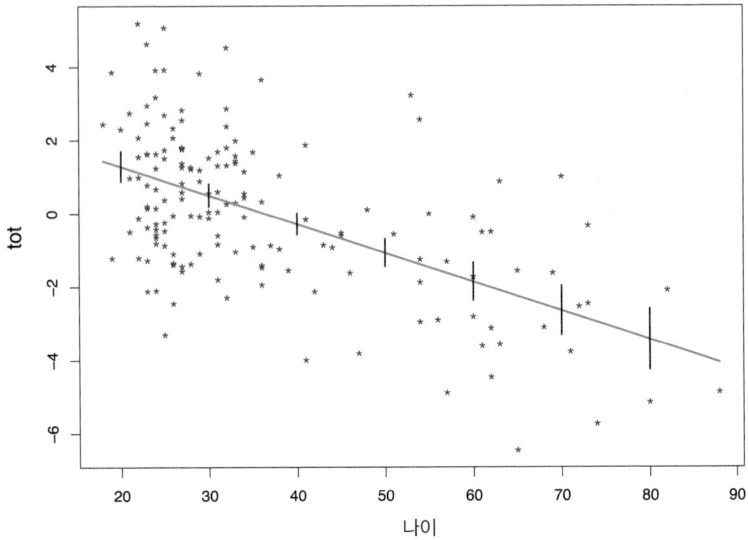

그림 1.1 지원자 157명의 신장 적합도 **tot** vs. **age**. 실선은 선형 회귀를 적합화한 것이며 수직선은 특정 나이에 대한 ±2 표준오차를 보여준다.

$$\sum_{i=1}^{n}(y_i - \beta_0 - \beta_1 x_i)^2 \tag{1.4}$$

1800년대 초반에 가우스Gauss와 르장드르Legendre에 의해 개발된 최소 자승 알고리듬으로 계산한 결과는 $\hat{\beta}_0 = 2.86$이고 $\hat{\beta}_1 = -0.079$다. 어떤 **age**에 대해서도 적합화된 선의 눈금을 읽기만 하면 신장 적합도 추정값을 알아낼 수 있다. 표 1.1의 상단을 보면 20세는 1.29임을 알 수 있고 나이에 따라 감소하다가 80세가 되면 −3.43이 되는 것을 볼 수 있다.

이 추정은 얼마나 정확할까? 이때가 바로 추론이 필요한 시점이다. 역시 1800년대로 거슬러 올라가는 식 (1.2)의 확장 버전을 적용하면 다음 표 두 번째 줄과 같은 표준오차를 얻을 수 있다. 그림 1.1의 수직선은 ±2 표준오차 이내로서 각 **age**에서의 **tot** 기댓값이 참일 확률이 95%임을 의미한다.

여기서 95%는 선형 회귀 모델(1.3)의 유효성에 종속된다. 대신 2차 회귀식

표 1.1 신장 데이터의 회귀분석: (1) 선형 회귀 추정, (2) 표준오차, (3) **lowess**[2] 추정, (4) 부트스트랩 표준오차

age	20	30	40	50	60	70	80
1. 선형 회귀	1.29	.50	−.28	−1.07	−1.86	−2.64	−3.43
2. 표준오차	.21	.15	.15	.19	.26	.34	.42
3. lowess	1.66	.65	−.59	−1.27	−1.91	−2.68	−3.50
4. 부트스트랩 표준오차	.71	.23	.31	.32	.37	.47	.70

$y=\hat{\beta}_0+\hat{\beta}_1x+\hat{\beta}_2x^2$ 혹은 3차 회귀를 사용할 수도 있다. 이 모델들은 모두 컴퓨터가 등장하기 이전의 통계학 이론에서도 아무 문제없이 다룰 수 있던 영역이었다.

최신 컴퓨터 기반의 알고리듬인 **lowess**는 그림 1.2처럼 약간 구부러진 회 †1 귀 곡선을 만들었다. **lowess**[†3] 알고리듬은 x축을 따라가며 지역 다항 곡선을 차수를 달리하며 인접한 (x, y) 점에 대해 적합화한다(함수[4] **lowess(x, y, 1/3)**에서 1/3이 지역을 정의한다).

x축을 따라 반복하면서 이상치의 영향을 줄여가며 적합화를 개선해나간다. 그림 1.2의 곡선은 우측에서는 거의 직선에 가깝지만 좌측에서는 관측치들이 많이 밀집해 있으므로 좀 더 복잡한 형태를 보인다. 25세에서 35세까지는 거의 수평으로 균등하게 그려져 있는데, 이는 균일하게 감소하는 것으로 나타난 그림 1.1과 비교해 잠재적으로 중요한 차이가 될 수 있는 부분이다.

(1.2)에서 보는 **lowess** 곡선의 정확도를 측정할 수 있는 공식 같은 것은 없다. 그 대신 컴퓨터 기반의 추론 엔진인 부트스트랩bootstrap을 사용해 그림

2 lowess(locally weighted scatterplot smoothing)는 비선형 회귀의 일종이다. – 옮긴이

3 이 책에서 숫자와 함께 † 표시가 있는 부분은 각 장 마지막에 부연 설명이 있는 참조를 의미한다.

4 이 책의 모든 예제는 **R** 언어를 사용했다. **R**은 그 자체로 컴퓨터 기반 통계적 방법론에서 이뤄진 핵심적인 발전이다.

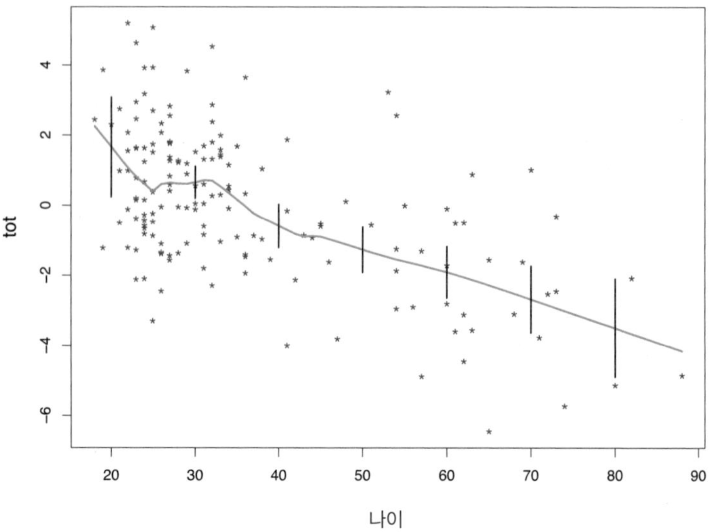

그림 1.2 지역 다항 **lowess(x, y, 1/3)**을 2 부트스트랩 표준편차로 신장-적합도 데이터에 적합화한다.

1.2의 오차 선을 계산했다. 부트스트랩 데이터 집합은 157개의 원시 데이터에서 복원을 동반한 재표본추출을 통해 157개의 (x_i, y_i) 쌍으로 재구성했다. 따라서 부트스트랩 표본에는 (x_1, y_1)이 두 번 나타날 수도 있고 (x_2, y_2)가 아예 나타나지 않을 수도 있으며 (x_3, y_3)이 한 번만 나타날 수도 있다. 부트스트랩 표본에 **lowess**를 적용하면 원시 계산으로부터 파생된 부트스트랩 버전의 복제를 생성할 수 있다.

그림 1.3은 처음 25개(250개 중) 부트스트랩 **lowess** 복제 결과가 그림 1.2의 원시 곡선에서 요란하게 움직이는 모습을 보여준다. 특정 **age**에서 복제 결과의 변동성(부트스트랩 표준편차)이 원시 곡선의 정확도를 결정했다. 부트스트랩의 작동 원리는 10장에서 설명한다. 그 복잡도와 상관없이 모든 알고리듬에 대해 그 추정의 정확도를 계산할 수 있다는 것은 대단한 장점이다. 그에 대한 대가는 1930년대에는 꿈도 꾸지 못했던, 그때보다 수백 혹은 수천 배나 증가한 엄청난 계산량이지만 현재 그 정도쯤은 일상적인 일이 됐다.

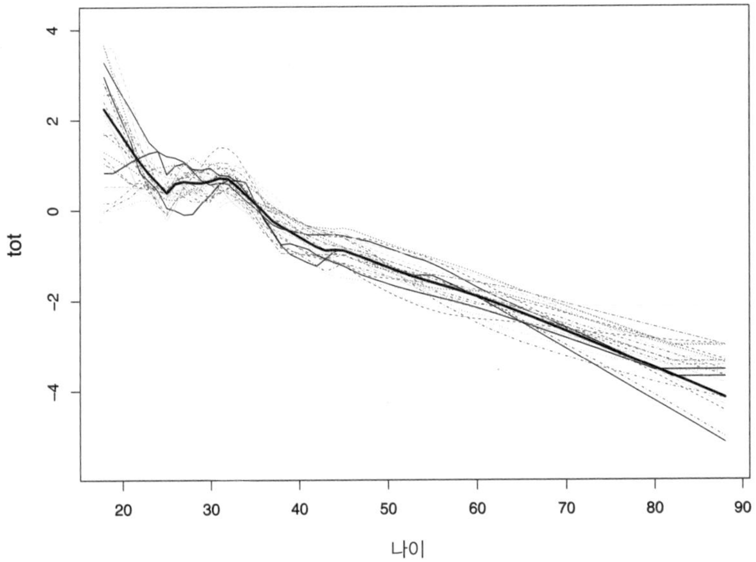

그림 1.3 `lowess(x, y, 1/3)`의 부트스트랩 복제

표 1.1의 마지막 두 줄은 **lowess** 추정과 그 표준오차를 보여준다. **lowess**를 사용해 유연성은 크게 증가했지만 그 대가로 표준오차는 선형 회귀에 비해 거의 두 배로 커졌다.

1.2 가설 검정

두 번째 예제는 추정이 아니라 가설 검정에 대한 기법과 추론의 발달에 관한 것이다. 72명의 백혈병 환자(47명은 급성 림프구성 백혈병(**ALL**)이고 25명은 급성 골수성 백혈병(**AML**, 더 좋지 않은 예후)이다.)에 대해 7,128개 유전자 패널의 유전자 활동을 측정했다. 그림 1.4의 히스토그램은 136개 유전자에 대한 유전자 활동을 비교하고 있다.

AML 그룹은 높은 활동성을 보이고 있으며 평균은 다음과 같다.

$$\overline{\mathbf{ALL}} = 0.752 \quad \text{그리고} \quad \overline{\mathbf{AML}} = 0.950 \tag{1.5}$$

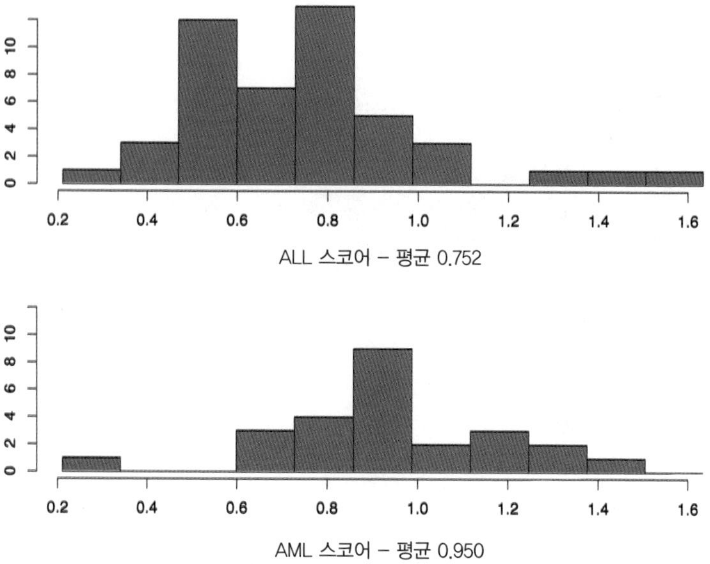

그림 1.4 136번 유전자 점수, 백혈병 데이터. 상단 **ALL**($n=47$), 하단 **AML**($n=25$). 2-표본 t-통계량 $= 3.01$, p-값 $= .0036$

여기서 파악한 차이라는 것은 진정한 차이일까, 아니면 사람들이 흔히 말하는 '통계적 요행'일까? 이 질문에 대한 전통적 대답은 2-표본 t-통계량을 사용하는 것이다.

$$t = \frac{\overline{\mathbf{AML}} - \overline{\mathbf{ALL}}}{\widehat{\text{sd}}} \tag{1.6}$$

여기서 $\widehat{\text{sd}}$는 분자의 표준편차에 대한 추정이다.[5]

$\widehat{\text{sd}}$로 나누게 되면 (5장에서 배우게 될 가우스 분포로 가정하면) 관측치 t-값을 표준 귀무분포와 비교할 수 있게 된다. 예제의 경우는 자유도가 70인 스튜던트-t 분포가 된다. 식 (1.6)으로부터 $t = 3.01$을 얻을 수 있고, 이는 전통적 통계학적 관점에서 볼 때는 진정한 차이로 보인다. 이를 표준 용어를 사용해

5 형식적으로 표준오차는 요약 통계량의 표준편차고 $\widehat{\text{sd}}$는 $\widehat{\text{se}}$라 부르는 것이 더 적절할 수 있다. 그러나 여기서는 엄격하게 구분하지 않는다.

기술한다면 '양측 유의수준 0.0036으로 식 (1.5)의 차이는 참인 것으로 보인다.'라고 표현할 수 있다.

작은 유의수준(혹은 p-값)이란 통계적 놀라움을 표현한 것이다. 즉 **ALL** 환자와 **AML** 환자의 136번 유전자의 발현 수준에 차이가 없다면, 뭔가 엄청나게 희귀한 일이 일어났다는 의미가 된다. 만약 유전자 136번이 단지 '흥미로운' 결과를 생성할 수 있는 수천 가지 후보군 중 하나였다면 $t=3.01$이란 값에 덜 놀랐을 것이다.

여기서도 마찬가지다. 그림 1.5는 7,128개 유전자 패널의 2-표본 t-통계량의 히스토그램을 보여준다. 이제 $t=3.01$은 덜 희귀해 보인다. 전체의 5.6%에 해당하는 400개의 다른 유전자에서 t가 3.01을 초과했다.

그렇다고 해서 136번 유전자가 '0.056 수준에서 유의할 만하다.'는 의미는 아니다. 두 가지 더 복잡하면서도 강력한 요소가 고려돼야 한다.

1. 후보군의 개수가 매우 클 경우(여기서는 7,128개)에는 실제로 **ALL**과 **AML** 환자의 유전자 표현에 아무런 차이가 없어도 상당히 큰 t-값을 생성할 것이다.
2. 히스토그램을 보면 연구에 사용된, 그림 1.5의 매끄러운 곡선smooth curve[6]인 이론적 귀무분포('자유도가 70인 스튜던트-t 분포')에 뭔가 이상한 것이 있음을 알 수 있다. 그래프는 대부분의 유전자가 유의미하지 않은 것으로 간주되는 영역인 중앙 부분이 너무 좁다.

15장에서는 낮은 오발견율false-discovery rate(FDR), 즉 참이 거짓으로 왜곡되는 확률을 낮추기 위해서는 **ALL/AML** 연구에서 t-값이 6.16보다 커야 한다는 것을 설명한다. 예제의 경우 7,128개 유전자 중 오직 47개만이 이에 해당한다. 오발견율 이론은 통계적 추론에서 베이즈, 빈도주의, 경험적 베이즈(6장) 요소를 모두 아우르는 인상적인 발전이다. 컴퓨터 기반 기술로 인해 수천 개의 비교를 한꺼번에 수행해야 할 일이 지속적으로 발생하는 과학 세계에서

6 매끄러운 곡선은 무한 번 미분 가능한 함수를 일컫는다. – 옮긴이

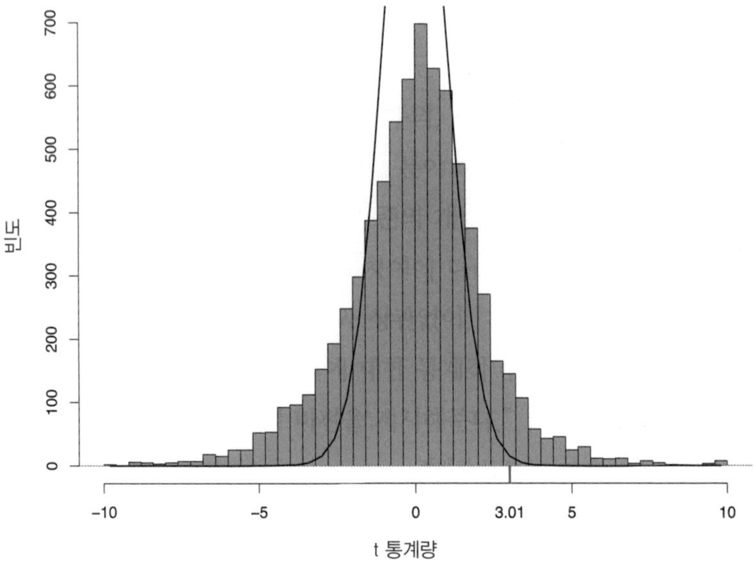

그림 1.5 7,128개 유전자의 2-표본 t-통계량, 백혈병 데이터. 매끄러운 곡선은 t-통계량에 대한 이론적 귀무밀도다.

FDR은 꼭 필요한 발전이었다.

알고리듬과 추론의 통계적 사이클에 대해 한 가지 더 언급할 필요가 있다. 중요한 새 알고리듬은 종종 직업적 통계학자들의 세상 밖에서 개발되곤 한다. 신경망neural net, 서포트 벡터 머신support vector machine, 부스팅boosting 이렇게 세 가지가 좋은 예다. 이런 일들이 그리 놀라운 것은 아니다. 새로운 데이터 소스, 위성 이미지, 의학 미세배열microarray 등은 관측 과학자에게 늘 새로운 기법을 개발하고자 하는 자극을 불어넣는다. 초기 학문은 대단한 적용성과 성능 향상을 위한 방향으로 열정적으로 나아가는 법이다.

그다음 단계에서 통계학자들은 새로운 기법을 통계학 이론의 틀에 맞추려고 노력한다. 다시 말해 알고리듬/추론의 사이클상에서 통계적 추론 부분의 역할을 수행해 새로운 기법의 성능을 베이즈나 빈도주의 틀의 한계 내에서 평가한다(17장에서 설명하게 될 부스팅이 그 좋은 예다). 이는 통계학계에서의 잡종 강세hybrid vigor 효과 측면이나 알고리듬 기술의 더 깊은 발전을 위해 서로에게 좋은 선순환 고리로 볼 수 있다.

1.3 주석 및 상세 설명

1805년 르장드르가 최소 자승 알고리듬을 발표하자 가우스는 자신이 1795년에 이미 천체 궤도 적합화 기법에 이 알고리듬을 사용했었다고 반박했다. 수학의 주요 발전 부분에 영향을 미친 가우스의 놀라운 업적을 생각해볼 때 이 말은 최소 자승법 아이디어에 내재된 무언가 중요한 것을 언급하고 있다. 8장에서는 그 일반적인 수학 공식과 함께 표 1.1의 두 번째 줄에 있는 표준 오차에 대한 가우스의 공식을 알아본다.

여기서 알고리듬과 추론을 나눈 것은 튜키[Tukey]의 탐색적/확증적[exploratory/confirmatory] 시스템을 연상시킨다. 그러나 요즘의 알고리듬적 세상의 주장은 종종 '설명[exploratory]'이라는 단어에 내재된 의미보다 더 광범위하고, '추론'은 단순한 확인 혹은 검증보다는 훨씬 폭넓은 의미를 지니고 있는 것처럼 생각된다.

†1 **lowess**는 윌리엄 클리브랜드[William Cleveland](1981)에 의해 개발됐고 R 통계 컴퓨터 언어로 구현돼 있다. 이 방법은 에프론[Efron](2004)의 신장 데이터에 적용됐다. 신장 데이터는 원래 스탠포드 대학교 브라이언 마이어스 박사[Dr. Brian Myers]의 신장학 연구소에서 유래됐으며 이 책의 웹사이트에서 다운로드할 수 있다.

1.4 연습문제

1. 1) 20세, 30세, 40세, 50세, 60세, 70세, 80세의 추정치와 표준 오차를 계산해 그림 1.1과 1.2의 **kidney** 데이터에 나이의 함수로 3차 회귀를 적합화하라.
   2) 표 1.1의 결과와 비교해 보라.

2. 그림 1.2의 **lowess** 곡선은 25세에서 35세 사이에 평평한 지점을 가지고 있다. 그림 1.3과 같은 부트스트랩 복제를 사용해 평평한 지점이 진짜인지 아니면 단지 통계적 인공물인지 판단하는 방법에 대해 설명하라.

3. 어떤 유전자에 대해서도 AML 환자와 ALL 환자 간에 차이가 없다고 가정하고 (1.6)의 t가 모든 7128개 사례에서 자유도가 70인 스튜던트 t 분포를 정확히 따랐다고 가정하자. 관찰된 최대 t값은 얼마나 클 것으로 예상할 수 있는가? 힌트: $1/7128 = 0.00014$

4. 1) $\overline{\text{ALL}}$(1.5)의 비모수적 부트스트랩 복제를 1000회 수행하라. CRAN 라이브러리 '부트스트랩'의 **bcanon** 프로그램을 사용하거나 186페이지의 알고리듬 10.1을 입력할 수 있다.
   2) $\overline{\text{AML}}$에 대해서도 동일하게 작업하라.
   3) 결과를 히스토그램으로 표현하고, 추론을 설명하라.

5. 본질적으로 통계적 방법은 다수의 사람이나 상황 정보를 결합한다. "500명의 환자를 대상으로 한 연구에서 새로운 치료법이 82% 사례를 치료했습니다"와 같은 진술은 관찰된 결과로부터 그 치료의 효능을 알아내기 위한 시도이다. 당신이 이 치료법을 사용할 생각을 하고 있다고 가정해 보자. 82%에 대해 얼마나 진지하게 판단해야 할지 그 찬반 주장에 대해 설명하라.

02
빈도주의 추론

컴퓨터 시대가 도래하기 전에는 계산기의 시대가 있었고 빅데이터 이전에는 소규모 데이터 집합이 있었다. 이 소규모 데이터는 실험상의 여러 제약조건 아래에서 개별 과학자들이 직접 힘겹게 얻은 수백 개 정도(또는 그 이하)의 데이터로 이뤄져 있다. 힘겹게 구한 데이터를 처리하는 데는 최대한 효율적인 통계 분석이 필요했다. 기계식 책상 계산기로도 가능한, 놀라울 정도로 효과적인 이론은 1900년 초반 피어슨Pearson, 피셔Fisher, 네이만Neyman, 호텔링Hotelling 등에 의해 개발됐고 더 많은 연구를 거쳐 20세기 통계 관행을 주도하고 있다. 지금은 '전통적classical'이라 불리는 이 이론은 전적으로 빈도주의 추론 아이디어에 의존하고 있다. 이 장에서는 빈도주의 추론 중 특히 전통적 응용에 사용됐던 것에 대해 간단히 알아본다.

여기서도 마이어 박사의 신장 연구소의 신장 환자 예제를 사용한다. 신장 환자 211명의 신장 기능검사 결과가 그림 2.1에 나타나 있다. **gfr**은 사구체여과율glomerular filtration rate을 나타내는 신장 기능의 주요 지표로서 이 값이 낮으면 문제가 생긴다(이것은 표 1.1의 구성 요소다). 평균과 표준오차 (1.1)과 (1.2)

는 각각 $\bar{x} = 54.25$고 $\widehat{\text{se}} = 0.95$다. 이는 대개 다음과 같이 표기한다.

$$54.25 \pm 0.95 \tag{2.1}$$

± 0.95는 $\bar{x} = 54.25$의 정확도에 대한 빈도주의 추론의 표기법이고, 이는 '.25'에 대해 너무 신뢰해서는 안 되며 '4'조차도 확실하지 않다는 것을 시사한다. 추론이 어떻게 생겼으며 그 의미가 정확히 무엇인지에 대해서는 좀 더 설명할 필요가 있다.

통계적 추론은 대개 어떤 확률 모델이 관측치 x를 생성했다는 가정에서 시작한다. 여기의 예에서는 $n = 211$인 **gfr** 측정값 벡터 $x = (x_1, x_2, \cdots, x_n)$이다.

$\boldsymbol{X} = (X_1, X_2, \cdots, X_n)$이 확률분포 F로부터 n번 독립 추출된 표본추출이라 가정하고 다음과 같이 표기하자.

$$F \to \boldsymbol{X} \tag{2.2}$$

F는 여기서 **gfr** 점수가 계산된 기저 분포다. (2.2)의 실 관측치 $\boldsymbol{X} = \boldsymbol{x}$가 구

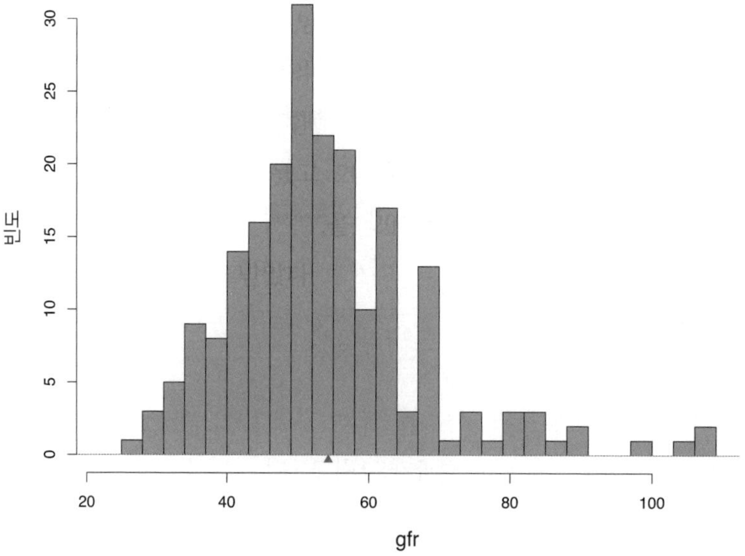

그림 2.1 신장 환자 211명의 사구체여과율, 평균 54.25, 표준오차 .95

해지면 통계학자는 미지의 분포 F가 가진 성질을 추론하고자 한다.

여기서는 구하고 싶은 성질이 F로부터 임의로 추출된 단일 X에 대한 기댓값이라 가정해보자. 이 값은 다음과 같이 쓸 수 있다.

$$\theta = E_F\{X\} \tag{2.3}$$

(이 값은 (2.2)의 랜덤 벡터의 평균 $\bar{X} = \sum X_i/n$의 기댓값과 같다.)[1] θ의 값에 대한 추정은 명백히 $\hat{\theta} = \bar{x}$, 즉 표본의 평균이 된다. n이 충분히 크다면, 예를 들어 10^{10} 정도 된다면 $\hat{\theta}$는 거의 θ와 같게 되겠지만 그렇지 않다면 오차의 여지가 생긴다. 여기서 얼마만큼의 오차가 생길 것인가 하는 것이 바로 추론 문제다.

추정치 $\hat{\theta}$가 알려진 어떤 알고리듬을 사용해 $\boldsymbol{x}$로부터 계산됐다고 가정해보자. 즉

$$\hat{\theta} = t(\boldsymbol{x}) \tag{2.4}$$

지금 예제에서의 $t(\boldsymbol{x})$는 평균화 함수 $\bar{x} = \sum x_i/n$이고 $\hat{\theta}$는 다음 식을 실제로 관측한 것이다.

$$\hat{\Theta} = t(\boldsymbol{X}) \tag{2.5}$$

즉, $t(\cdot)$의 출력이 F(2.2)로부터 이론적 표본 $\boldsymbol{X}$에 적용된 것이다. $t(\boldsymbol{X})$는 $\hat{\Theta}$가 F가 가진 성질을 잘 반영해 θ를 적절히 추정해줄 것으로 기대하면서 고른 것이다.

이제 빈도주의 추론의 첫 번째 정의를 다음과 같이 내릴 수 있다. **관측 추정치 $\hat{\theta} = t(\boldsymbol{x})$의 정확도란 θ의 추정치로서의 $\hat{\Theta} = t(\boldsymbol{X})$의 확률적 정확도다.** 이 말은 정의라기보다는 그냥 비슷한 말을 반복적으로 사용한 것처럼 느껴질지도 모르지만 사실 매우 강력한 아이디어를 담고 있다. $\hat{\theta}$는 단일 수지만 $\hat{\Theta}$는 일정 범위의 수며 그 산포는 정확도의 척도를 정의한다.

편향bias과 분산variance은 익숙한 빈도주의 추론의 예다. 모델 (2.2)상에서 μ

---

1 $E_F\{\bar{X}\}$와 $E_F\{X\}$가 같다는 사실은 비록 쉽게 증명할 수 있지만 매우 중요한 확률적 결과다.

를 $\hat{\Theta} = t(\boldsymbol{X})$의 기댓값이라 정의하자.

$$\mu = E_F\{\hat{\Theta}\} \tag{2.6}$$

이 경우 모수 θ의 추정치 $\hat{\theta}$로부터 기인한 편향과 분산은 다음과 같다.

$$\text{편향} = \mu - \theta\text{, 분산} = E_F\left\{(\hat{\Theta} - \mu)^2\right\} \tag{2.7}$$

다시 말하지만 모델 (2.2)에서의 $\hat{\Theta}$가 가진 성질을 단일 숫자로 나타낸 $\hat{\theta}$로 인해 위 정의가 단순한 유의어의 반복이 아닌 중요한 의미를 가지게 된 것이다. 지금까지 설명한 것들이 그저 지극히 명백해 보인다면, 3장에서 다루게 될 베이즈론자들의 비판을 접하게 되면 아마 충격을 받을지도 모른다.

빈도주의는 대개 '미래의 무한한 연속적 시도'에 대해 정의된다. 가상의 데이터 집합 $\boldsymbol{X}^{(1)}$, $\boldsymbol{X}^{(2)}$, $\boldsymbol{X}^{(3)}$, …이 (2.5)에서 해당되는 값 $\hat{\Theta}^{(1)}$, $\hat{\Theta}^{(2)}$, $\hat{\Theta}^{(3)}$, …을 구할 때 $\boldsymbol{x}$를 생성한 것과 동일한 방법을 사용해 만들어졌다고 가정하자. 빈도주의 원칙에서는 $\hat{\theta}$는 $\hat{\Theta}$ 값들의 앙상블이 가지는 성질에 대한 정확도라고 간주한다.[2] 예컨대, $\hat{\Theta}$의 경험적 분산이 0.04라는 것은 $\hat{\theta}$의 표준오차가 $0.2 = \sqrt{0.04}$라는 식으로 해석한다. 이 설명은 앞서의 정의를 좀 더 구체적으로 재구성한 것이다.

2.1 실제에서의 빈도주의

빈도주의에 대한 실용적 정의는 다음과 같다. '관심 대상 절차의 확률적 속성을 도출한 다음, 그대로 절차의 출력에 적용해 관측 데이터를 구성하는 것.' 이 정의에는 명백한 헛점이 하나 있다. 이 정의에 따르면 참 분포 F를 알 수 없어도 참 분포 F로부터 추정량 $\hat{\Theta} = t(\boldsymbol{X})$의 성질을 계산해야 한다. 실용적 빈도주의는 이러한 단점을 우회하기 위해 다음과 같은 여러 기발한 방법을

2 본질적으로 빈도주의자는 스스로에게 이렇게 묻는다. "동일한 상황을 다시(그리고 또 다시 또 다시…) 실행하면 어떤 현상이 나타날까?"

사용하고 있다.

1. 플러그인 원리 $\bar{X} = \sum X_i/n$의 표준오차를 F에서 추출된 단일 X의 분산 $\text{var}_F(X)$에 연계시키는 간단한 공식은 다음과 같다.

$$\text{se}\left(\bar{X}\right) = [\text{var}_F(X)/n]^{1/2} \tag{2.8}$$

그러나 관측치 $\boldsymbol{x} = (x_1,\ x_2,\ \cdots,\ x_n)$이 있다면 $\text{var}_F(X)$는 편향 없이 다음과 같이 구할 수 있다.

$$\widehat{\text{var}}_F = \sum (x_i - \bar{x})^2 / (n-1) \tag{2.9}$$

식 (2.9)를 (2.8)에 대입하면 $\widehat{\text{se}}$(1.2)가 되고, 이는 평균 $\bar{x}$의 표준오차에 대한 일반적 추정이 된다. 다시 말해 $\bar{x}$에 대한 빈도주의 측면의 정확도 추정은 관측 데이터 그 자체로부터 추정한다.[3]

2. 테일러 급수 근사Taylor-series approximation 통계량 $\hat{\theta} = t(x)$는 $\bar{x}$보다 더 복잡하
†1 고, 이는 종종 '델타 기법delta method'† 으로도 알려진 지역 선형 근사법에
의해 플러그인 공식과 다시 연계된다. 예를 들어 $\hat{\theta} = \bar{x}^2$은 $d\hat{\theta}/d\bar{x} = 2\bar{x}$
로 된다. 여기서 $2\bar{x}$를 상수로 생각하면 다음과 같이 된다.

$$\text{se}\left(\bar{x}^2\right) \doteq 2\,|\bar{x}|\,\widehat{\text{se}} \tag{2.10}$$

여기의 $\widehat{\text{se}}$는 (1.2)에서와 같다. 대규모 표본 계산은 표본의 크기 n이 무한대로 커질수록 델타 기법의 유효성을 검증해주는데, 다행히 많은 경우 작은 표본에 대해서도 잘 작동한다.

3. **모수적 계열과 최대 우도 이론** 최대 우도 추정(MLE)의 표준오차에 대한 이론적 표현은 분포의 모수적 계열 관점에서 4장과 5장에 설명돼 있다. 이는 피셔 이론, 테일러 급수 근사, 플러그인 원리를 응용하기 쉬운 패

---

3 가장 흔한 예는 참 확률이 π인 동전을 n번 던질 때 앞면이 나올 비율 p를 관측하는 예다. 실제 표준오차는 $[\pi(1-\pi)/n]^{1/2}$이지만 우리는 오직 플러그인 추정 $[p(1-p)/n]^{1/2}$만 알 수 있다.

키지에 병합한 것과 같다.

4. **시뮬레이션과 부트스트랩** 현대의 계산력은 '미래의 무한한 연속적 시도'에서 '무한'이라는 부분만 제외하고는 수치적으로 구현할 수 있는 가능성을 열었다. F의 추정 $\hat{F}$, 그리고 경우에 따라서는 MLE를 찾는 것이나 $k=1,\ 2,\ \cdots,\ B$(예컨대 $B=1000$)일 때의 $\hat{F}$로부터 시뮬레이션한 $\hat{\Theta}^{(k)}=t(\boldsymbol{X}^{(k)})$를 계산하는 것도 가능하다. 이 경우 $\hat{\Theta}$들의 경험적 표준편차는 $\hat{\theta}=t(x)$의 표준오차에 대한 빈도주의 추정이 되고, 이는 다른 정확도 척도에서도 비슷하다.

이 사실은 10장에서 설명할 부트스트랩을 잘 설명해주고 있다(여기서 F 대신 $\hat{F}$를 플러그인하는 절차가 마지막이 아니라 가장 먼저 수행된다는 점에 주목하자). 앞에서 살펴본 1부터 3까지의 전통적 방식은 다양한 표본평균이 매끄럽게 정의된 함수 $\hat{\theta}=t(\boldsymbol{x})$에서만 추정할 수 있다는 제약을 가지고 있다. 시뮬레이션을 통한 계산은 이러한 한계를 넘을 수 있다. 표 2.1은 `gfr` 데이터의 세 가지 '위치location' 추정인 평균, 25% 윈저화 평균Winsorized mean[4], 중앙값을 그 표준오차와 함께 보여준다. 마지막 두 값은 부트스트랩을 통해 구한 값이다. 컴퓨터를 사용한 통계적 추론의 멋진 특징은 통계량 $t(\boldsymbol{x})$를 통계학자 용도에 맞게 유용하면서 사용성 있도록 확장 가능하다는 것이다. 그림 1.2와 1.3에서 본 `lowess` 알고리듬이 그 좋은 예다.

표 2.1 `gfr` 데이터의 위치에 대한 세 가지 추정과 그 추정 표준오차. 마지막 두 표준오차는 $B=1000$인 부트스트랩을 사용했음

	추정	표준오차
평균	54.25	.95
25% 윈저화 평균	52.61	.78
중앙값	52.24	.87

4 관측치 중 25퍼센타일 아래의 값은 모두 25퍼센타일 지점으로 이동하고, 마찬가지로 75퍼센타일 위쪽의 값은 모두 75퍼센타일 지점으로 이동한 다음 평균을 구하게 된다.

5. **피봇 통계량** 피봇 통계량 $\hat{\theta} = t(\boldsymbol{x})$란 그 분포가 기저 확률분포 F에 종속되지 않는 것을 말한다. 이런 경우 $\hat{\Theta} = t(\boldsymbol{X})$의 이론적 분포는 정확히 $\hat{\theta}$에 적용되고 앞서 설명한 1–4와 같은 도구들이 필요 없어진다. 전통적 예로는 스튜던트 2-표본 t-검정이 있다.

2-표본 문제에서는 통계학자들이 숫자의 집합 두 개를 관찰한다.

$$\boldsymbol{x}_1 = (x_{11}, x_{12}, \ldots, x_{1n_1}) \quad \boldsymbol{x}_2 = (x_{21}, x_{22}, \ldots, x_{2n_2}) \tag{2.11}$$

그리고 이 둘이 같은 분포에서 추출됐다는 귀무가설(예를 들어, 두 번째 집합이 첫 번째 집합보다 더 큰 값을 가지는 경향이 있다는 등의 가설에 반하는 것)을 검정하려고 한다. $\boldsymbol{x}_1$의 분포 F_1은 **정규분포** 또는 **가우스 분포**를 따른다고 가정한다.

$$X_{1i} \overset{\text{ind}}{\sim} \mathcal{N}(\mu_1, \sigma^2), \qquad i = 1, 2, \ldots, n_1 \tag{2.12}$$

위 표기는 기댓값 μ_1과 분산 σ^2을 가진 정규분포[5]로부터 n_1번 독립 추출한 경우를 나타낸다. 유사하게 두 번째 집합도 다음과 같이 나타낼 수 있다.

$$X_{2i} \overset{\text{ind}}{\sim} \mathcal{N}(\mu_2, \sigma^2) \qquad i = 1, 2, \ldots, n_2 \tag{2.13}$$

이제 다음의 귀무가설을 검정해본다.

$$H_0 : \mu_1 = \mu_2 \tag{2.14}$$

명백한 검정 통계량인 평균끼리의 차 $\hat{\theta} = \bar{x}_2 - \bar{x}_1$은 H_0 가설하에 다음 분포를 따른다.

$$\hat{\theta} \sim \mathcal{N}\left(0, \sigma^2\left(\frac{1}{n_1} + \frac{1}{n_2}\right)\right) \tag{2.15}$$

여기에 σ^2의 불편unbiased 추정량을 플러그인할 수 있다.

5 각 추출은 $(2\pi\sigma^2)^{-1/2} \exp\{-0.5 \cdot (x - \mu_1)^2/\sigma^2\}$의 확률 밀도를 가진다.

$$\hat{\sigma}^2 = \left[\sum_1^{n_1}(x_{1i} - \bar{x}_1)^2 + \sum_1^{n_2}(x_{2i} - \bar{x}_2)^2\right] \bigg/ (n_1 + n_2 - 2) \quad (2.16)$$

그러나 스튜던트 분포에는 좀 더 근사한 해법이 제공된다. $\hat{\theta}$ 대신 2-표본 t-통계량을 사용해 H_0을 검정하는 것이다.

$$t = \frac{\bar{x}_2 - \bar{x}_1}{\widehat{\text{sd}}}, \text{ 여기서 } \widehat{\text{sd}} = \hat{\sigma}\left(\frac{1}{n_1} + \frac{1}{n_2}\right)^{1/2} \quad (2.17)$$

H_0 가설하에서 '장애 모수nuisance parameter' σ의 값이 무엇이든 상관없이 t는 동일한 분포($n_1 + n_2 - 2$차의 자유도를 가지는 스튜던트-t 분포)를 가지는 피봇 통계량이다.

백혈병 예제 (1.5)–(1.6)에서처럼 $n_1 + n_2 - 2 = 70$에 대해 스튜던트 분포를 적용하면 다음과 같다.

$$\Pr_{H_0}\{-1.99 \le t \le 1.99\} = 0.95 \quad (2.18)$$

$|t|$가 1.99를 넘으면 H_0을 기각하는 가설 검정은 잘못된 판단으로 기각할 확률이 0.05가 된다. 이와 유사하게 다음 식은

$$\bar{x}_2 - \bar{x}_1 \pm 1.99 \cdot \widehat{\text{sd}} \quad (2.19)$$

차이 $\mu_2 - \mu_1$의 정확한 0.95 신뢰구간이며 모델 (2.12), (2.13)의 반복 중 95%에서 참 값을 포함한다.[6]

빈도주의에 대한 확실한 정의라 불릴 만한 것은 경험적 반복하에서 빈도주의의 정확한 옳음을 의미한다고 볼 수 있다.[7] 불행히도 피봇성pivotality은 대

6 종종 빈도주의가 마치 직업적인 용어처럼 정의되는 것을 보곤 한다. 예를 들어 '항상 95% 수준으로 귀무가설을 기각하기만 하면 통계학자는 결국 1종 오류를 5%만 만드는 셈이다.' 이 기준은 (일반적 상황이 아니라) 자기가 현재 처해 있는 개별적 상황만을 고려해야 하는 통계학자의 고객에 대해서는 그리 좋은 기준이 되지 못한다. 여기서는 현재 다루고 있는 특정 문제의 가설 반복만을 가정한다.

7 이 책에서 '옳음(correctness)'과 '정확(accurate)'이라는 표현은 구분해서 사용되는데, 이 두 구분은 후속 장에서 계속 논의된다. – 옮긴이

부분의 통계 상황에는 존재하지 않는다. 완화된 빈도주의의 정의에다가 위에서 설명한 장치들[8]을 보완하게 되면, 실제 빈도주의자 관행에 좀 더 접근한 더 사실적인 묘사를 보여준다.

2.2 빈도주의 최적성

빈도주의 기법이 대중화된 것은 상대적으로 단순한 수학적 모델링 가정 때문이다. 오직 확률 모델 F(좀 더 정확히 말하자면 3장에서 설명할 확률 계열)[9]와 알고리듬 $t(\boldsymbol{x})$만 가정하면 된다. 그러나 이러한 유연성은 빈도주의 옳음의 원칙은 알고리듬의 선택과 관련이 없다는 의미도 되므로 단점이 되기도 한다. **gfr** 분포의 위치를 추정하기 위해 표본평균을 사용할 것인가? 표 2.1에서 알 수 있듯 아마 25% 윈저화 평균이 더 나을 것이다.

1920년과 1935년 사이에 빈도주의 최적성의 두 가지 주요 결과가 개발됐다. 즉, 주어진 모델 F에 대해 최적의 $t(\boldsymbol{x})$를 고르는 방법이 발견된 것이다. 그중 첫 번째는 피셔의 최대 우도 추정maximum likelihood estimation 이론과 피셔 정보 범위Fisher information bound다. 4장에서 설명할 모수적 확률 모델에서는 최소(점근적) 표준오차 관점에서의 최적 추정은 MLE다.

같은 맥락으로 네이만-피어슨(NP)의 보조정리lemma는 최적 가설 검정 알고리듬을 제시했다. 이는 아마 빈도주의 작품 중 가장 멋진 것이라고 할 수 있다. 간단히 설명하자면, NP 보조정리는 관측된 데이터 $\boldsymbol{x}$에 대해 설명 가능한 두 가지 확률 밀도 함수, 즉 귀무가설 밀도 함수 $f_0(\boldsymbol{x})$와 대립가설 밀도 함수 $f_1(\boldsymbol{x})$ 중 하나를 선택하려 한다고 가정한다. 검정 규칙 $t(\boldsymbol{x})$는 $\boldsymbol{x}$를 관측하고 난 후 어떤 선택(0과 1)을 해야 하는지 알려준다. 이런 규칙은 모두 두 가지 빈도주의 오류 확률과 연계돼 있다. 즉, 실제로 $\boldsymbol{x}$를 생성한 것은 f_0인데 f_1

---

8 이 장치 목록들은 모두 나열한 것이 아니다. 점근적 계산은 피봇성과 플러그인 원칙의 좀 더 정교한 조합처럼 주요 역할을 한다. 11장의 근사 부트스트랩 신뢰구간을 참고하라.

9 이 책에서는 '확률 족'이라는 용어 대신에 '확률 계열'이라는 용어를 사용한다. 따라서 '족' 대신 '계열'이 책 전반에 걸쳐 사용된다. - 옮긴이

을 선택하는 경우와 그 반대의 경우다.

$$\begin{aligned} \alpha &= \Pr_{f_0}\{t(\boldsymbol{x}) = 1\} \\ \beta &= \Pr_{f_1}\{t(\boldsymbol{x}) = 0\} \end{aligned} \tag{2.20}$$

$L(\boldsymbol{x})$를 우도율이라 하자.

$$L(\boldsymbol{x}) = f_1(\boldsymbol{x})/f_0(\boldsymbol{x}) \tag{2.21}$$

그리고 검정 규칙 $t_c(\boldsymbol{x})$를 다음과 같이 정의하자.

$$t_c(\boldsymbol{x}) = \begin{cases} 1 & \log L(\boldsymbol{x}) \geq c \text{인 경우} \\ 0 & \log L(\boldsymbol{x}) < c \text{인 경우} \end{cases} \tag{2.22}$$

각 컷오프 점 c를 선택할 때마다 이러한 규칙이 하나씩 존재한다. 네이만-피어슨의 보조정리는 식 (2.22) 형태의 규칙만이 최적이 될 수 있다는 것을 말하고 있다. 이 외의 다른 어떠한 $t(\boldsymbol{x})$에 대해서도 두 가지 형태의 오류를 더 줄일 수 있는 $t_c(\boldsymbol{x})$가 존재한다.[10]

$$\alpha_c < \alpha \quad \text{그리고} \quad \beta_c < \beta \tag{2.23}$$

그림 2.2는 (α_c, β_c)를 컷오프 c의 함수로 그린 것이다. 여기서 $\boldsymbol{x} = (x_1, x_2, \cdots, x_{10})$은 f_0의 경우 정규분포 $\mathcal{N}(0, 1)$에서, f_1의 경우 $\mathcal{N}(0.5, 1)$에서 독립적으로 추출됐다. NP 보조정리는 (2.22) 형태가 아닌 모든 규칙은 (α, β) 점이 모두 곡선 위에 위치한다는 것을 의미한다.

빈도주의 최적성 이론은 추정과 검정 모두에서 20세기 통계적 관행의 기반을 단단히 다졌다. 현대에는 데이터 집합이 더 커지고 추론이 더 복잡해져서 그 이론의 용량은 이제 거의 한계에 이르렀다. 앞으로 보게 되겠지만, 컴퓨터 시대의 통계적 추론은 대개 안정되지 않은 단발적[ad-hoc] 특성을 가진다. 아마도 현시대를 살아가는 또 다른 피셔나 네이만들이 현재 사용에 좀 더 걸맞은 포용적인 최적 이론을 만들어줄지도 모르지만, 현재로서는 그저 바람일

10 여기서는 f_0과 f_1이 이산일 경우 있을 수 있는 정의상의 사소한 어려움은 무시한다.

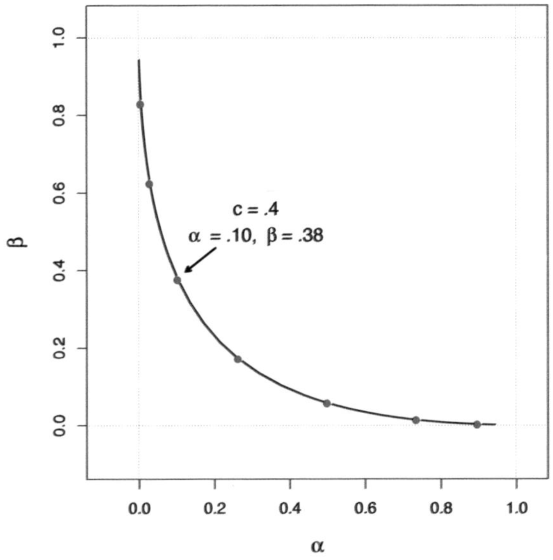

그림 2.2 $f_0 \sim \mathcal{N}(0,1)$, $f_1 \sim \mathcal{N}(.5,1)$에 대한 네이만-피어슨 알파-베타 곡선, 표본 크기는 $n=10$. 붉은색 점은 컷오프 $c=.8, .6, .4, \cdots, -.4$에 해당한다.

뿐이다.

빈도주의가 통계적 추론의 완벽한 철학이라고 주장할 수는 없다. 다음 장에서 살펴보겠지만 그 경계선상에는 엄청난 역설과 모순이 존재한다.

그렇더라도 빈도주의 기법은 인상 깊었던 성공의 역사와 함께 앞서 열거했던 다섯 가지 '장치'에서 알 수 있듯이, 창의적인 방법론들을 촉진할 수 있다는 점 등으로 인해 현업에 있는 과학자들의 관심을 자연스럽게 끌고 있다. 지금부터 이어질 이야기는 빈도주의 사고를 버리자는 것이 아니라 다른 기법과의 연결을 더 폭넓게 하자는 것이다.

2.3 주석 및 상세 설명

'빈도주의'라는 이름은 리차드 폰 미제스Richard von Mises의 '확률의 빈도주의 이론'에서 유래됐으며 네이만이 그 통계적 유사성으로부터 유추해 제안한 것으로 보인다. 이는 그의 1977년 논문 '빈도주의 확률과 빈도주의 통계량'에서 명시적으로 나타난다.

논문에서 설명한 이론 자체는 통계량 $t(\boldsymbol{x})$의 장기간의 행동에 근거를 두고 있으므로 오히려 '행동주의'라는 이름이 더 어울릴 수도 있지만,[11] 어찌됐든 '객관주의'라는 오래된 용어를 (약간은 폄하하며) 대신해 '빈도주의'라는 이름이 고착화됐다. 네이만은 통계적 추론의 완전한 빈도주의 이론이라 할 수 있는 '귀납적 행동'을 꿈꿨지만 이는 요즘 그다지 인용되지 않는다. 그러나 적어도 왈드Wald가 결정이론을 개발하는 데는 중요한 영향을 끼쳤다고 할 수 있다.

최대 우도 추정에 관한 피셔의 업적은 4장에 나와 있다. 피셔는 거의 틀림없는 빈도주의 최적성 이론의 창시자라고 할 수 있지만, 4장과 에프론의 '21세기에서의 R. A. 피셔'(1988)에서 보듯이 그 자신은 순수 빈도주의자는 아니었다(이제 21세기가 됐으니 작가의 예지력을 빈도주의적으로 평가해볼 수 있겠다).

†1 델타 기법. 델타 기법은 1차 테일러 급수를 사용해 통계량 $\hat{\theta}$의 함수 $s(\hat{\theta})$의 분산을 근사한다. $\hat{\theta}$의 평균과 분산이 (θ, σ^2)이라 할 때 근사 $s(\hat{\theta}) \approx s(\theta) + s'(\theta)\ (\hat{\theta} - \theta)$를 고려해보자. 즉 $\mathrm{var}\{s(\hat{\theta})\} \approx |s'(\theta)|^2\sigma^2$이다. 일반적으로 θ 대신 $\hat{\theta}$를 플러그인하고 σ^2의 추정을 사용한다.

2.4 연습문제

1. 앞면이 나올 확률이 θ인 동전을 n번 독립적으로 던졌다. 이후 θ는 다음과 같이 추정됐다.

$$\hat{\theta} = \frac{s+1}{n+2}$$

여기서 s는 관측된 앞면의 개수이다.

1) $\hat{\theta}$의 편향과 분산은 무엇인가?

---

11 그 이름은 이미 심리학 문헌에서 사용됐다.

2) $\mathrm{se}(\hat{\theta})$에 대한 실질적 추정치를 얻으려면 플러그-인 법칙을 어떻게 적용하면 되는가?

2. 45페이지는 빈도주의에 대한 두 가지 정의를 제시한다. 하나는 확률적 정확성이고 다른 하나는 무한한 미래 시도의 연속 측면에서다. 두 가지에 관한 직관적 논리를 제시해 보라.

3. 표 2.1에서 잘려진 평균, 잘려진 비율 0.1, 0.2, 0.3, 0.4 부분을 보충해 보라.

4. (2.15)에서 $\hat{\sigma}$를 플러그-인해서 $H_0 : \theta = 0$에 대한 95% 정규 이론 가설 검정의 근사를 했다고 하자. 스튜던트-t 가설 검정과 비교 설명해 보라.

5. $n = 20$으로 그림 2.2의 네이만-피어슨 알파-베타 곡선을 다시 계산해 보라. 정성적 관점에서 $n = 10$ 곡선과 비교 설명하라.

03
베이즈 추론

사람의 생각은 일종의 추론 기계다. 예를 들면, '바람이 거세지고 하늘이 점점 어두워지니 우산을 가져가는 것이 낫겠다.'라는 식으로 말이다. 그러나 불행히도 그다지 믿을 만한 기계는 못 된다. 특히 과거 경험에 반하는 복잡한 선택을 저울질해야 하는 경우에는 특히 더 그렇다. 베이즈 정리Bayes' theorem는 놀라울 만큼 간단한 수학적 방식으로 정확한 추론을 이끌어낸다. 베이즈 정리(혹은 규칙)는 이제 거의 250년 이상 됐고 통계적 추론을 과학의 중요한 주제로 자리매김한 계기가 됐다. 수 세기가 흐르는 동안 닦고 다듬어왔지만 이제 컴퓨터 시대를 맞아 다시 닦고 있는 중이다.

베이즈 추론이 빈도주의와 정반대되는 것은 아니지만 최소한 서로 직교 정도는 하고 있다. 빈도주의 시각에서 보면 베이즈 추론은 약간의 문제점을 가지고 있는데도, 위험하다고 할 정도로 많이 사용되고 있다. 복잡하고도 방대한 데이터 집합을 다뤄야 하는 현시대에서 이 두 가지 방법의 장점을 접목하려는 시도는 더욱더 심화되고 있다. 후속 장들에서는 이러한 노력에 대해 다루고 있다. 여기서는 기본적인 베이즈 아이디어와 빈도주의에 끼친 영향을 다룬다. 빈도주의나 베이즈주의나 통계적 추론의 근본 단위는 확률 밀도의 어느 계열family다.

$$\mathcal{F} = \left\{ f_\mu(x);\ x \in \mathcal{X},\ \mu \in \Omega \right\} \tag{3.1}$$

관측치 x는 표본공간 $\mathcal{X}$의 한 점[1]인 반면, 미관측 모수 μ는 모수 공간 Ω의 한 점이다. 통계학자들은 $f_\mu(x)$로부터 x를 관측한 다음 μ 값을 추론한다.

아마도 가장 익숙한 경우는

$$f_\mu(x) = \frac{1}{\sqrt{2\pi}} e^{-\frac{1}{2}(x-\mu)^2} \tag{3.2}$$

$\mathcal{X}$와 Ω가 모두 전체 실수선 $(-\infty, \infty)$ $\mathcal{R}^1$인 정규 계열일 것이다(좀 더 정확히 이야기하자면 분산이 1인 1차원 정규 변환 계열[2]라고 할 수 있다).

또 다른 중요한 예는 포아송 계열이다.

$$f_\mu(x) = e^{-\mu} \mu^x / x! \tag{3.3}$$

여기서 $\mathcal{X}$는 음이 아닌 정수 $\{0, 1, 2, \ldots\}$이고 Ω는 음이 아닌 실수의 선 $(0, \infty)$이다(그러므로 '밀도'(3.3)라 함은 $\mathcal{X}$의 이산 점들의 어떤 확률 원소들을 의미한다).

베이즈 추론에서는 확률 계열 $\mathcal{F}$를 가정하는 것 외에 또 하나의 중요한 가정이 필요한데, 바로 사전 밀도에 대한 지식이다.

$$g(\mu), \qquad \mu \in \Omega \tag{3.4}$$

$g(\mu)$는 x를 관측하기 전에 통계학자가 이미 알고 있는, 모수 μ에 대한 사전 정보를 나타낸다. 예를 들어 정규 모델(3.2)을 응용할 경우에는 μ가 과거 경

1 x와 μ는 둘 다 스칼라, 벡터 또는 좀 더 복잡한 객체일 수 있다. 특정 상황에서는 x와 μ의 또 다른 이름이 등장하기도 하는데, 예를 들면 2장에서의 x 대신 $\boldsymbol{x}$를 사용한다. 또 $\mathcal{F}$는 '확률분포 계열'라고 부른다.

2 기댓값 μ와 분산 σ^2인 정규분포를 나타내는 표준 표기법은 $x \sim \mathcal{N}(\mu, \sigma^2)$이다. 따라서 (3, 2)는 $x \sim \mathcal{N}(\mu, 1)$이다.

험상 10을 넘은 적이 없고 또 양수라는 것이 알려져 있다면 [0, 10] 사이에 $g(\mu) = 1/10$의 균등 밀도를 가진다고 가정할 수 있다. '사전 지식'을 구성하는 요소가 정확히 무엇인가 하는 것은 베이즈 정리를 논의해나가면서 계속 살펴볼 매우 중요한 질문이다.

베이즈 정리는 $g(\mu)$에 있는 사전 지식과 x에 있는 현재의 증거를 병합하는 규칙이다. $g(\mu|x)$가 μ의 사후 밀도를 나타낸다고 하자. 즉, 관측치 x를 살펴보고 난 후에 사전 밀도 $g(\mu)$가 갱신된 것을 나타낸다. 베이즈 규칙은 $g(\mu|x)$를 $g(\mu)$와 $\mathcal{F}$의 항으로 간단히 나타낼 수 있는 식을 제공한다.

$$\text{베이즈 규칙: } g(\mu|x) = g(\mu)f_\mu(x)/f(x), \quad \mu \in \Omega \tag{3.5}$$

여기서 $f(x)$는 x의 한계 밀도marginal density다.

$$f(x) = \int_\Omega f_\mu(x)g(\mu)\, d\mu \tag{3.6}$$

(Ω가 이산인 경우, (3.6)은 적분 대신 합이 된다). 규칙은 조건 확률의 간단한 연습문제 정도에 불과하지만[3] 놀라울 정도의 결과를 나타낸다.

베이즈 공식(3.5)에서 x는 관측치로 고정된 반면, μ는 Ω에 대해 변한다. 이는 빈도주의 계산과 정반대다. 이를 강조하기 위해 식 (3.5)를 다음과 같이 다시 쓸 수 있다.

$$g(\mu|x) = c_x L_x(\mu) g(\mu) \tag{3.7}$$

여기서 $L_x(\mu)$는 우도 함수, 즉 고정된 x와 변동하는 μ를 가진 함수 $f_\mu(x)$다. $L_x(\mu)g(\mu)$를 계산하고 나면, $g(\mu|x)$의 적분이 1이 돼야 하는 조건에 의해 $f(x)$(3.6)를 계산하지 않고도 상수 c_x를 구할 수 있다.

---

3 $g(\mu|x)$는 쌍 (μ, x)의 결합 확률인 $g(\mu) f_\mu(x)$와 x의 한계확률 $f(x)$의 비율이다.

NOTE 우도 함수에 임의의 고정된 상수 c_o을 곱해도 식 (3.7)에는 영향이 없다. c_0이 c_x 안에 흡수될 수 있기 때문이다. 그러므로 포아송 분포(3.3)에서는 베이즈 항의 상수 같은 역할을 하는 $x!$ 항을 무시하고 $L_x(\mu) = e^{-\mu}\mu^x$로 할 수 있다. x 항에만 종속된 요인을 제거하게 되면 베이즈 계산이 단순화되는 이점을 누릴 수 있다.

Ω상의 모든 두 점 μ_1, μ_2에 대해 사후 밀도의 비율은 (3.5)의 나눗셈에 의해 다음과 같다.

$$\frac{g(\mu_1|x)}{g(\mu_2|x)} = \frac{g(\mu_1)}{g(\mu_2)} \frac{f_{\mu_1}(x)}{f_{\mu_2}(x)} \tag{3.8}$$

(이렇게 하면 한계 밀도 함수 $f(x)$를 없앨 수 있다.) 즉 '사후 승산비odds rate는 사전 승산비 곱하기 우도율이다.'라는 것이며, 이는 베이즈 규칙의 놀라운 수정이다.

3.1 두 가지 예제

간단하지만 베이즈 법칙이 진짜로 작동하는 예제는 '물리학자의 쌍둥이' 이야기에서 살펴볼 수 있다. 초음파 검사기 덕분에 어떤 여성 물리학자가 자신이 쌍둥이 아들을 낳게 될 것이라는 사실을 쉽게 확인할 수 있었다. 그녀는 의사를 찾아가 이렇게 물었다. "제 쌍둥이가 이란성이 아니라 일란성 쌍둥이일 확률이 얼마나 될까요?" 이에 의사는 "쌍둥이 중 1/3은 일란성이고 2/3는 이란성입니다."라고 대답했다.

이 경우 미지의 모수(혹은 '자연 상태')는 일란성 혹은 이란성으로 각각 사전 확률이 1/3과 2/3다. 쌍둥이를 대상으로 한 초음파 진단의 결과 X는 동성 혹은 이성 중 하나며, 관측치는 $x =$ 동성이었다(여기서 성별은 계산에 아무런 영향을 끼치지 않으므로 무시해도 된다). 한 가지 중요한 사실은 일란성 쌍둥이는 항상 같은 성을 가지지만, 이란성 쌍둥이는 0.5의 확률로 같은 성이나 다른 성을 가진다는 점이다. 따라서 초음파 결과상 성이 같다는 사실은 둘이 일란성 쌍둥이일 가능성을 두 배 높여준다. (3.8)의 베이즈 식에 대입하면 여성 물리학자의 질문에 답할 수 있다.

$$\frac{g(\text{일란성}\mid\text{동성})}{g(\text{이란성}\mid\text{동성})} = \frac{g(\text{일란성})}{g(\text{이란성})} \cdot \frac{f_{\text{일란성}}(\text{동성})}{f_{\text{이란성}}(\text{동성})} = \frac{1/3}{2/3} \cdot \frac{1}{1/2} = 1 \tag{3.9}$$

즉 사후 승률이 같기 때문에 물리학자의 쌍둥이는 일란성일 확률과 이란성일 확률이 각각 0.5로서 동일하다. 여기서 의사가 말한 사전 승산비에 따르면 원래 이란성일 확률이 두 배 높지만, 초음파 결과 일란성일 확률이 두 배 높아졌으므로 서로 상쇄돼버렸다.

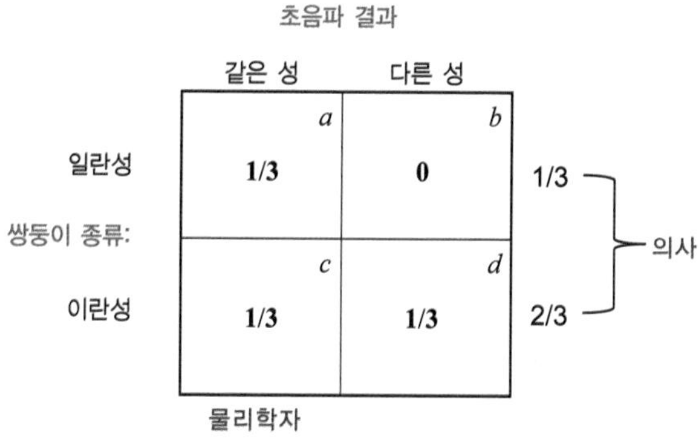

그림 3.1 쌍둥이 문제 분석

그림 3.1에서 보듯이 쌍둥이 문제는 모수와 그 출력이 a, b, c, d라는 오직 네 가지 조합만 가능하다. b의 경우는 성이 다른 일란성 쌍둥이란 있을 수 없으므로 확률이 0이 된다. c와 d의 경우는 이란성 쌍둥이가 임의의 성을 가지게 되므로 그 확률이 동일하다. 마지막으로 의사의 사전 분포에 따르면 $a+b$

는 그 합이 1/3이어야 하고 $c+d$는 그 합이 2/3여야 한다. 이 모든 것을 다 종합하면, 그림에서 보는 것처럼 모든 칸에 확률을 채워 넣을 수 있다. 물리학자는 자신의 상황이 그림상의 첫 번째 열에 속한다는 사실을 알게 되고, 베이즈 규칙 (3.9)에 따라 일란성일 조건부 확률과 이란성일 조건부 확률이 동일하다는 것을 알게 된다.

아마도 의사가 사용한 사전 분포는 매우 큰 수의 데이터로부터 얻었을 것이고, 예를 들어 그 수가 300만 명 정도 되는 아이였다면 그중 200만 명은 이란성이고 100만 명은 일란성이었을 것이다. a, c, d에 속한 아이는 각각 100만 명 정도일 것이고 b에 속한 아이는 없을 것이다. 베이즈 법칙은 모든 가능한 결과 x에 대해 각각 한 페이지를 가지고 있는 매우 두꺼운 책으로 생각할 수 있다(그림 3.1의 경우 책은 두 페이지만 가지고 있다). 물리학자가 아주 두꺼운 책을 펴서 '동성' 페이지를 살펴보면 앞서 이야기한 200만 명의 아이를 볼 것이며, 그중 반은 일란성이고 반은 이란성이다. 따라서 그녀는 자신의 경우 일란성일 확률과 이란성일 확률이 동일하다고 결론 내리게 될 것이다.

주어진 모든 사전 분포 $g(\mu)$와 밀도 계열 $f_\mu(x)$에 대해 베이즈 법칙을 적용하면 항상 앞서 설명한 두꺼운 책이 만들어진다. 그렇다고 해서 그 두꺼운 책의 내용을 항상 신뢰할 수 있다는 뜻은 아니다. 앞서 다룬 쌍둥이 문제의 경우는 충분히 신뢰할 만한 큰 수를 가진 경험치를 바탕으로 했지만 그러한 경험치 데이터가 항상 존재하는 것은 아니다. 현대 베이즈 법칙에서는 이러한 사전 경험치가 없을 경우에 적절한 '사전' 밀도 $g(\mu)$를 구성하기 위한 여러 전략을 사용하고 있으며, 이 때문에 많은 통계학자들은 그 베이즈 추론의 결과를 의심하곤 한다. 다음에 다룰 두 번째 예제가 이런 어려움을 잘 보여준다.

표 3.1은 22명($n=22$)의 학생들이 두 번 치른 **역학**과 **벡터** 과목의 성적을 보여준다. 두 점수 간의 표본 상관관계 계수는 $\hat{\theta}=0.498$이다.

$$\hat{\theta} = \sum_{i=1}^{22}(m_i - \bar{m})(v_i - \bar{v}) \Big/ \left[\sum_{i=1}^{22}(m_i - \bar{m})^2 \sum_{i=1}^{22}(v_i - \bar{v})^2\right]^{1/2} \tag{3.10}$$

표 3.1 학생 22명의 역학 과목과 벡터 과목의 두 차례 시험 성적표

	1	2	3	4	5	6	7	8	9	10	11
역학	7	44	49	59	34	46	0	32	49	52	44
벡터	51	69	41	70	42	40	40	45	57	64	61
	12	13	14	15	16	17	18	19	20	21	22
역학	36	42	5	22	18	41	48	31	42	46	63
벡터	59	60	30	58	51	63	38	42	69	49	63

여기서 m과 v는 각각 **역학**과 **벡터**를 나타내고 $\bar{m}$과 $\bar{v}$는 이들의 평균이다. 여기서는 참 상관관계 계수 θ의 값을 추정하기 위해 베이즈 사후 정확도 척도를 사용하고자 한다. '참true' 값이란 단 22개의 표본만 추출된, 가상의 모집단 내 전체 학생의 상관관계를 의미한다.

결합 분포 (m, v)가 이변량 정규분포bivariate normal(5장에서 다룸)를 따른다고

†1 가정하면, $\hat{\theta}$의 밀도는 θ의 함수로서 다음의 알려진 식을 따른다.†

$$f_\theta\left(\hat{\theta}\right) = \frac{(n-2)(1-\theta^2)^{(n-1)/2}\left(1-\hat{\theta}^2\right)^{(n-4)/2}}{\pi}\int_0^\infty \frac{dw}{\left(\cosh w - \theta\hat{\theta}\right)^{n-1}} \tag{3.11}$$

일반적 베이즈 표기법에 따르면 모수 μ는 θ, 관측치 x는 $\hat{\theta}$, 계열 $\mathcal{F}$는 (3.11)과 같고 Ω와 $\mathcal{X}$의 범위는 [−1, 1]이다. 식 (3.11)은 눈으로 보기에는 엄청난 것처럼 보이지만 컴퓨터를 이용하면 금방 계산할 수 있다.

대부분의 과학 환경에서 그렇지만 이 경우에도 사전 함수 $g(\theta)$를 구할 수 있을 만한 과거 경험치는 없다. 한 가지 처방은 라플라스의 '이유 불충분의 원리principle of insufficient reason'를 차용하는 것이다. 즉 θ가 Ω에서 균등 분포하며 균등한 사전 함수를 가진다고 가정하는 것이다.

$$g(\theta) = \frac{1}{2} \qquad -1 \le \theta \le 1\text{에 대해} \tag{3.12}$$

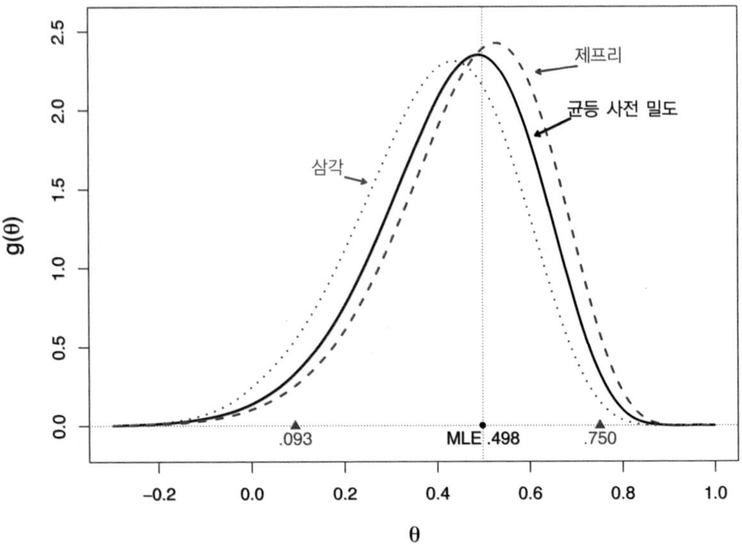

그림 3.2 학생 성적 데이터: 세 가지 가능한 사전 밀도에 대한 상관관계 θ의 사후 밀도

그림 3.2의 검은색 실선은 해당 사후 밀도(3.5)를 보여준다. 이는 그냥 우도 함수 $f_\theta(0.498)$을 θ에 대한 함수로 그린 것과 같다(그 적분이 1이 되도록 크기 조절).

제프리의 사전 밀도는 붉은색 파선 곡선에 나타난 것과 같은 사후 밀도 $g(\theta|\hat{\theta})$를 생성한다.

$$g^{\text{Jeff}}(\theta) = 1/(1-\theta^2) \tag{3.13}$$

이는 미지의 모수 θ에 대해 다소 큰 값을 제시하고 있다. 식 (3.13)은 다음 절에서 다룰 '불충분 정보 사전 밀도uninformative prior' 이론으로부터 유도됐고, 이는 이유 불충분의 원리가 발전된 개념이다. 식 (3.13)은 $\int_{-1}^{1} g(\theta)\,d\theta = \infty$ 라는 점에서 부적절한 확률 밀도 함수지만 베이즈 규칙(3.5)에서 사용할 때는 여전히 적절한 사후 확률 밀도를 제공한다.

그림 3.2의 푸른색 점선은 삼각 형태의 사전 밀도로부터 얻은 사후 밀도 함수 $g(\theta|\hat{\theta})$다.

$$g(\theta) = 1 - |\theta| \tag{3.14}$$

이는 축소 사전 밀도shrinkage prior의 기초적인 예로서 더 작은 θ 값을 얻기 위해 설계된 것이다. 그 효과는 사후 밀도는 밀도가 왼쪽 방향으로 옮겨간 것에서 잘 볼 수 있다. 축소 사전 밀도는 앞으로 다루게 될 대규모 추정과 검정 문제에서 수천 개의 미미한 효과 중 몇몇 큰 효과를 찾고자 할 때 매우 유용하다.

3.2 불충분 정보 사전 분포

신뢰성 있는 사전 분포가 주어진다면 베이즈 법칙은 빈도주의 기법에 사용하기가 좀 더 용이할 뿐더러 더 만족할 만한 추론을 만든다. 빈도주의가 더 많이 활용되고 있다는 것은 일상적인 과학 응용에서는 사전 정보에 대한 데이터가 대부분 희소하다는 것을 잘 보여준다. 그러나 베이즈 법칙이 준 충격은 매우 강력해서, 만들어지고 250년이 지나는 동안 경험치 데이터가 부족한 상황에서도 사용할 수 있는 '사전 분포'를 구성하는 여러 방법들이 제안돼 왔다.

그중 한 가지는 아마도 현재 가장 영향력 있는 방법 중 하나일 것인데, 바로 불충분 정보 사전 분포uninformative prior를 이용하는 것이다. 여기서 '불충분 정보'라 함은 긍정적인 의미를 함축한 것으로서, 베이즈 법칙에서 이러한 사전 분포를 사용하더라도 추론 결과에 어떤 암묵적인 편향을 야기하지 않는다는 의미를 내재하고 있다. 모수에 균등 사전 분포를 가정한 라플라스의 이유 불충분의 원리도 명백히 이러한 목적을 성취하기 위한 시도였다. 라플라스의 방식을 한 세기가 지날 동안 아무도 이의를 제기하지 않고 사용했던 것은 그 방식이 잘 작동해서라기보다는 감히 의문을 제기하기에는 너무 대단한 인물이 제시한 방법이었기 때문일 것이다. 우리가 흔히 말하는 벤다이어그램의 그 벤은 1860년대에, 그리고 피셔는 1920년대에 각각 라플라스의 정리가 일관되게 적용되지 않을 수 있다는 점을 지적하며 베이즈 정리의 습관적 사용을 지적했다. 앞서 다룬 학생 성적의 상관관계 예를 살펴보면, θ에 대한 유니폼 사전 분포는 $\gamma = e^{\theta}$로 모수를 변경하면 균등하지 않을 수 있다. 다음과 같은 사후확률은

$$\Pr\left\{\theta > 0|\hat{\theta}\right\} = \Pr\left\{\gamma > 1|\hat{\theta}\right\} \tag{3.15}$$

θ 또는 γ가 균등 사전 분포에서 기인한 것인지의 여부에 종속될 것이다. 이 경우에는 두 선택 모두 불충분 정보로 간주할 수 없게 된다.

라플라스 원리의 좀 더 정교한 버전은 1930년 초반 제프리가 제안한 것으로, 흥미롭게도 빈도 이론 개념인 **피셔 정보**(4장)에 의존하고 있다. 모수 공간 Ω가 실수의 직선 $\mathcal{R}^1$인 단일 모수 계열 $f_\mu(x)$에 대해 피셔 정보는 다음과 같이 정의된다.

$$\mathcal{I}_\mu = E_\mu\left\{\left(\frac{\partial}{\partial\mu}\log f_\mu(x)\right)^2\right\} \tag{3.16}$$

(포아송 계열 (3.3)의 경우 $\partial/\partial\mu(\log f_\mu(x)) = x/\mu - 1$이고 $\mathcal{I}_\mu = 1/\mu$이다.) 제프리의 사전 함수 $g^{\text{Jeff}}(\mu)$는 정의에 의해 다음과 같다.

$$g^{\text{Jeff}}(\mu) = \mathcal{I}_\mu^{1/2} \tag{3.17}$$

$1/\mathcal{I}_\mu$는 거의 MLE $\hat{\mu}$의 분산 σ_μ^2과 같으므로 다음 정의와 동일해진다.

$$g^{\text{Jeff}}(\mu) = 1/\sigma_\mu \tag{3.18}$$

사실 벤과 피셔의 비판과 달리 식 (3.17)은 모수를 변경해도 정확히 변환된
†2 다.[†] (3.11)의 계열에서 $\hat{\theta}$는 근사적으로 다음의 표준편차를 가진다고 알려져 있다.

$$\sigma_\theta = c(1-\theta^2) \tag{3.19}$$

이는 식 (3.18)로부터 제프리의 사전 분포(3.13)로 유도되고, 상수 c는 베이즈 규칙 (3.5)–(3.6)에 아무런 영향을 끼치지 않는다.

그림 3.2의 붉은색 삼각형은 제프리의 사전 분포에 기초한 θ의 '95% 신뢰할 수 있는 구간' [0.093, 0.750]을 나타낸다. 즉, 사후확률 $0.093 \le \theta \le 0.750$은 0.95다.

$$\int_{0.093}^{0.750} g^{\text{Jeff}}\left(\theta|\hat{\theta}\right)\, d\theta = 0.95 \tag{3.20}$$

여기서 $\theta < 0.093$ 또는 $\theta > 0.750$일 확률은 0.025다. 이 값이 $f_\theta(\hat{\theta})$(3.11)에 따른 표준 네이만 95% 신뢰구간과 거의 같다는 것은 우연이 아니다. 제프리의 사전 분포는 적어도 단일 모수 계열에서는 베이즈와 빈도주의 세계 사이의 멋진 연계성을 유도하는 경향이 있다.

4장의 다모수 확률 계열의 경우에는 모든 것이 까다로워진다. 예를 들어 통계학자가 서로 다른 μ 값을 가지는 열 개의 독립된 정규 모델(3.2)을 관측했다고 가정하자. 이를 표준 표기로 나타내면 다음과 같다.

$$x_i \overset{\text{ind}}{\sim} \mathcal{N}(\mu_i, 1) \qquad i = 1, 2, \ldots, 10\text{에 대해} \tag{3.21}$$

제프리의 사전 분포는 열 개의 문제 모두에 대해 동일하다. 이는 각각을 따로 취급할 경우 합리적으로 보이지만, (3.22)처럼 여전히 모두 균등한 결합 제프리의 사전 분포에서는 13장에서 설명한 것처럼 엉뚱한 결과를 만들 수 있다.

$$g(\mu_1, \mu_2, \ldots, \mu_{10}) = \text{상수} \tag{3.22}$$

컴퓨터 시대의 응용은 동시에 고려할 경우가 열 개 정도가 아니라 수백 혹은 수천 개라는 점을 제외하면 (3.11)보다는 (3.21)에 가깝다. 제프리를 포함한 여러 불충분 정보 사전 분포는 앞으로 논의하게 될 것처럼 현재 응용에서 아주 많이 사용되며, 이런 이유에서 베이즈와 빈도주의 기법 사이의 가교 역할을 한다. 빈도주의는 베이즈의 편향을 줄여주는 역할을 할 수 있으며, 이는 컴퓨터 시대 통계적 추론의 일반적 주제에 대한 전형적인 예가 된다.

3.3 빈도주의 추론의 결함

베이즈 통계량은 내부적으로 일관된 추론을 제공하지만 빈도주의는 그렇지 않다. 출처는 불분명하지만 계량기 검침원 이야기가 그 점을 잘 보여준다. 12개의 튜브 한 묶음에 대해 전압을 측정하는 기술자가 있다. 그는 다음과 같이 정규성으로 눈금이 매겨진 전압 측정기를 사용한다.

$$x \sim \mathcal{N}(\mu, 1) \tag{3.23}$$

여기서 x는 특정 측정치고 μ는 실제 참 전압 값이다. 측정 값은 82~99 사이에 존재하고 평균 $\bar{x} = 92$며, 이 값은 검침원이 μ의 불편 추정치로 보고한 값
†3 이다.[†]

그다음날 검침원은 검침기에 작은 결함이 있어서 100볼트가 넘는 모든 값은 $x = 100$으로 보고됐을 수 있다는 사실을 알게 됐다. 이 경우 빈도주의 통계학자는 $\bar{x} = 92$라는 통계량은 더 이상 참 값 μ의 비편향 값이 아니라고 말한다. (3.23)이 더 이상 확률분포를 완전하게 기술하지 못하기 때문이다(통계학자는 92란 값은 실제에 비해 너무 작다고 말한다). 기계 결함이 실제 측정 행위 자체에 영향을 끼치지 않는다고 해서 검침원에 면죄부를 줄 수는 없다. 향후 $\bar{X}$에 대해서는 $\bar{x}$가 실제 확률 모델에 대해 μ의 비편향 값이 될 수 없을 것이다.

이 경우 베이즈 통계학자는 검침원이 이 상황을 극복할 수 있게 해줄 수 있다. 모든 사전 밀도 $g(\mu)$에 대해 사후 밀도는 $g(\mu | \boldsymbol{x}) = g(\mu) f_\mu(\boldsymbol{x}) / f(\boldsymbol{x})$다. 여기서 $\boldsymbol{x}$는 12개 측정 값의 벡터고, 관찰할 수 있었던 다른 잠재적 데이터

집합 $\boldsymbol{X}$에 종속된 것이 아니라 실제로 측정된 데이터 $\boldsymbol{x}$에만 종속된다. 제프리의 균등[flat] 사전 분포 '$g(\mu)$ = 상수'는 μ에 대한 사후 기댓값 $\bar{x}=92$를 생성하고, 이는 기계 결함이 100을 넘는 측정치에 영향을 줬든 주지 않았든 상관없다.

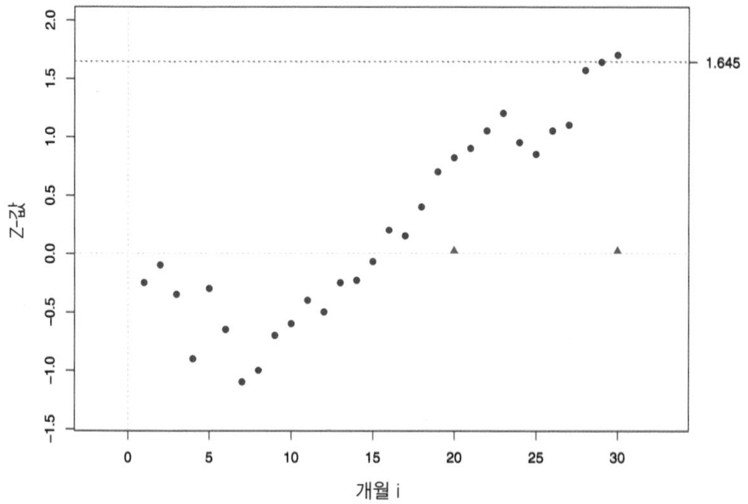

그림 3.3 첫 달부터 30개월까지 $\mu=0$이라는 귀무가설에 대한 Z-값

같은 현상에 대해 좀 덜 부자연스러운 버전이 그림 3.3에 나타나 있다. 실험은 계속 진행되고 있으며, 귀무가설 H_0 : $\mu=0$을 대립가설 $\mu>0$에 대해 검정하기 위해 매 i월에 독립적으로 정규 변량을 측정한다.

$$x_i \sim \mathcal{N}(\mu, 1) \tag{3.24}$$

그래프의 점들은 검정 통계량이다.

$$Z_i = \sum_{j=1}^{i} x_j \Big/ \sqrt{i} \tag{3.25}$$

'z-값'은 i개월까지의 모든 데이터에 기반하고 있다.

$$Z_i \sim \mathcal{N}\left(\sqrt{i}\,\mu, 1\right) \tag{3.26}$$

30개월이 돼서 예정된 검침이 끝날 때의 $Z_{30} = 1.66$이고 $\mathcal{N}(0,\ 1)$ 분포의 상향 95% 지점인 1.645를 살짝 넘겼다. 성공이다! 연구원은 유의수준 0.05로 귀무가설 H_0을 '유의한 수준으로' 기각한다고 주장하게 된다.

불행히도 검침원들이 규칙을 어기고 비용이 많이 드는 실험을 조기 종료할 수 있을지도 모른다는 희망으로 20개월째의 데이터를 훔쳐본 사실이 드러났다. 하지만 $Z_{20} = 0.79$였고 유의수준 근처에도 가지 못해 헛된 희망이 되고 말았다. 결국 검침원들은 원래 예정대로 30개월까지 검침을 이어갔다. 이는 그들이 'Z_{20}이나 Z_{30}이 1.645를 초과하면 유의하다고 선언한다.'는 정지 규칙을 효율적으로 사용했다는 의미다. 약간의 계산을 통해 이 규칙은 만약 귀무가설이 참이었다면 H_0을 기각할 확률이 0.05가 아니라 0.074라는 것을 보여줄 수 있다. 명예로운 빈도학자의 0.05 기준에 따라 성공이 실패로 바뀌는 순간이다.

다시 말하지만 베이즈 통계학자들은 더 유연하다. 전체 데이터 집합 $\boldsymbol{x} = (x_1,\ x_2,\ \cdots,\ x_{30})$에 대한 우도 함수는

$$L_{\boldsymbol{x}}(\mu) = \prod_{i=1}^{30} e^{-\frac{1}{2}(x_i-\mu)^2} \tag{3.27}$$

실험이 조기에 끝났든, 마지막까지 계속됐든 상관없이 동일하다. 정지 규칙은 사후 분포가 오직 우도(3.7)를 통해서만 $\boldsymbol{x}$에 종속돼 있다. 사후 분포 $g(\mu|\boldsymbol{x})$에는 아무런 영향을 미치지 않는다.

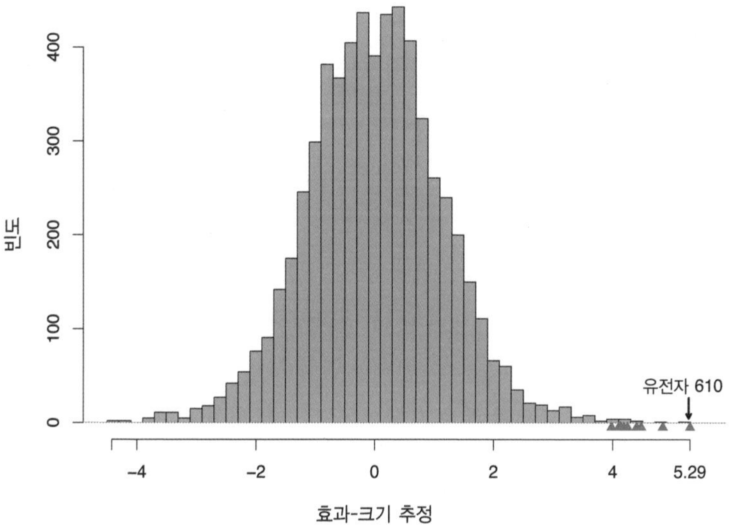

그림 3.4 전립선 암 연구에서 6,033개 유전자의 비편향 효과–크기[effect-size] 추정. 유전자 610의 추정은 $x_{610} = 5.29$다. 효과–크기는 어떻게 될까?

베이즈 추론의 유연한 성질로 인해 다중 모수 설정에서 양성 진단을 더 적게 할 수 있다. 그림 3.4는 50여 명의 건강체와 52명의 전립선[prostate] 암 환자를 비교한 연구 결과를 보여준다. 각 사람의 유전자 활성화 척도를 $N = 6033$ 유전자에 대해 측정한다. 통계량 x는 각 유전자에 대해 환자와 건강체를 비교해 계산한다.[4]

$$x_i \sim \mathcal{N}(\mu_i, 1) \qquad i = 1, 2, \ldots, N \tag{3.28}$$

†4 즉,[†] 여기서 μ_i는 유전자 i에 대한 '참 효과 크기'를 나타낸다. 대부분의 유전자는 아마 전립선 암 발병과 연계돼 있지 않을 것이므로 효과의 크기는 0일 것이지만, 연구원은 양이든 음이든 몇몇 큰 μ_i 값을 발견하고자 하는 희망을 가지고 있다.

4 통계량은 2-표본 t-통계량(2.17)을 정규(3.28)로 변환한 것이다. 3.5절, '주석 및 상세 설명'을 참고하라.

6,033개 x_i 값의 히스토그램에서는 사실 몇몇 큰 값이 보이는데, $x_{610}=$ 5.29로서 가장 크다. 여기서 한 가지 질문을 해보자. μ_{610}에 대해 어떤 추정을 할 수 있는가? 비록 x_{610}은 개별적으로는 μ_{610}에 대해 비편향이지만 빈도주의 입장에서는 6,033개 값 중 가장 큰 값에 집중하면 상향으로 편향된 값을 생성할 것이라는 (타당한) 우려를 할 수 있고, 이에 따라 추정은 5.29를 하향 보정해야 한다고 주장한다. '선택 편향', '평균으로의 회귀', '승자의 저주'는 이런 현상을 설명하는 세 가지 다른 명칭이다.

†5 베이즈 추론은 놀랍게도 선택 편향에 영향을 받지 않는다.[†] 610번 유전자를 특별히 주목하도록 사전에 명시돼 있었든, 혹은 그저 최댓값인 이유로 인해 주목을 받았든 상관없이 μ_{610}에 대한 베이즈 계산은 동일하다. 이 사실은 그리 명백해 보이지 않지만 어떠한 데이터 기반 선택 프로세스도 (3.7)의 우도 함수에 영향을 주지 않는다는 사실로부터 입증된다.

베이즈 추론에 영향을 주는 것은 6,033 효과 크기의 전체 벡터 μ에 대한 사전 분포 $g(\mu)$다. 균일 사전 분포인 상수 $g(\mu)$는 $\hat{\mu}_{610}=x_{610}=5.29$라는 위험한 과추정을 초래했다. 좀 더 적절한 불충분 정보 사전 분포는 15장에서 경험적 베이즈 계산의 한 부분으로 등장한다(이를 이용하면 $\hat{\mu}_{610}=4.11$이다). 여기서 중요한 점은 베이즈 추론의 바람직한 성질을 얻기 위해서는 치러야 할 대가가 따른다는 것이다. 이제 관심사는 좋은 빈도주의 절차를 고르는 것에서 적절한 사전 분포를 고르는 것으로 옮겨간다. 이 작업은 컴퓨터 시대의 추론 같은 고차원 문제에서는 만만치 않은 일이다.

3.4 베이즈/빈도주의 비교 리스트

베이즈주의와 빈도주의는 같은 분야에서 시작했다. 모두 확률분포 $f_\mu(x)$ 계열 (3.1)에서 시작했지만 그림 3.5처럼 서로 직교하는 방향의 게임을 하고 있다. 베이즈 추론은 수직으로 x가 고정된 상태에서 사후 확률분포 $g(\mu|x)$에 따라 진행하지만, 빈도주의는 수평으로 추론하며 μ가 고정되고 x가 변화한다. 두

전략에는 각각의 장단점이 있고 그중 몇 가지가 다음에 나열돼 있다.

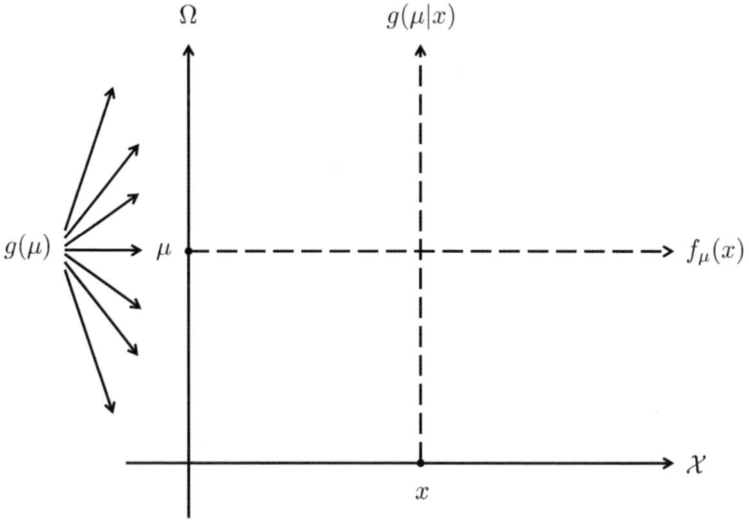

그림 3.5 베이즈 추론은 주어진 x에 대해 수직 방향으로 진행하고, 빈도주의 추론은 주어진 μ에 대해 수평 방향으로 진행한다.

- 베이즈 추론에는 사전 밀도 $g(\mu)$가 필요하다. 쌍둥이 예제처럼 과거 경험치가 $g(\mu)$를 제공해준다면 베이즈 정리를 사용하기에 충분하다. 그렇지 않더라도 제프리의 기법을 사용하면 여전히 베이즈 규칙을 사용할 수 있지만 그 결과는 베이즈 정리의 논리를 충분히 발휘하지 못한다. 예컨대 이 경우에는 베이즈 기법의 장점인 선택 편향이 없다는 특징이 조심스럽게 취급돼야 한다.
- 빈도주의는 사전 밀도에 대한 선택을 기법이나 알고리듬 $t(x)$의 선택으로 대체하고 현재 질문에 특화돼서 대답하도록 설계돼 있다. 이 점은 추론 과정에서 임의적 요소를 추가하게 되고 계량기 측정원 같은 모순이 발생할 수 있다. 최적의 $t(x)$ 선택은 임의적 요소를 감소시키지만 컴퓨터 시대의 응용에서는 대개 전통적 최적성 이론이라는 안

전지대를 벗어나며 빈도주의 분석에 단발성 성질을 초래하곤 한다.

- 최신 데이터 분석 문제는 8장의 예처럼 종종 로지스틱 회귀나 회귀 트리 같이 선호되는 기법을 사용한다. 이 점은 빈도주의 기법 위주의 방향과 잘 맞아떨어져 특정 알고리듬의 경우에는 베이즈 규칙보다 더 유연하다(비록 항상 현재 사용 중인 기법이 적절한 것이기를 바라지만).
- $g(\mu)$를 선택했으면 베이즈에서는 오직 하나의 확률분포 $g(\mu|x)$만 가능하다. 반면 빈도주의자는 그림 3.5의 μ가 미지수이기 때문에 $t(x)$의 행동을 모든 가능한 분포에 대해 조절하기 위해 고생해야 한다. 점점 더 많은 사람이 베이즈 응용을 사용하는 것은(대개 불충분 정보 사전에서 시작해) 응용과 해석에서의 편리함 때문이다.
- 단순성 주장에는 장단점이 모두 있다. 베이즈주의는 근본적으로 사전 밀도가 옳거나 적어도 잘못되지는 않았다는 데 모든 것을 건다. 빈도주의는 좀 더 방어적이며 μ가 무엇이든 '좀 더 좋게, 적어도 더 나쁘지는 않게'라고 바란다.
- 베이즈주의 분석은 모든 가능한 질문에 대해 한꺼번에 답변을 준다. 예컨대 $E\{\text{gfr}\}$ 또는 $\Pr\{\text{gfr} < 40\}$을 추정하거나 혹은 그림 2.1에 관련된 어떠한 것에 대해서도 마찬가지다. 빈도주의는 당장의 문제에만 집중하고 서로 다른 문제에는 다른 추정기를 동원한다. 이를 위해서는 더 많은 작업이 필요하지만 특정 문제에 대해 더 철저한 조사를 할 수 있다. 예를 들어 (2.9)와 같은 상황에서는 다음과 같이 추정기를 서로 다른 상수 c에 대해 계산해보면서 기대 제곱 평균 오차를 더 줄일 수 있는지 조사해볼 수 있다.

$$\sum (x_i - \bar{x})^2 / (n - c) \tag{3.29}$$

- 베이즈 기법의 단순성은 데이터가 순차적으로 도착하거나 생각을 자주 고치는 습성을 가진 사람 등과 같은 동적인 맥락에서 특히 매력적이다. 베이즈 규칙은 2012년 미국 대선 때 출구 조사 결과를 갱신해

가며 50개 전체 주의 결과를 모두 정확히 예측함으로써 세상을 놀라게 했다. 베이즈 정리는 일반적으로 서로 이질적인 소스로부터의 통계적 증거를 병합하는 데 뛰어난 도구며 빈도주의에서는 최대 우도 추정이 이와 가장 가깝다.

- 진짜 사전 정보가 결여되면 불충분 정보 사전 밀도에 기반한 경우에도 주관주의적 냄새[5]가 베이즈주의 결과 곁을 떠나지 않는다. 전통적 빈도주의는 자신들이 과학적 객관주의의 고귀한 기반이라고 주장한다. 특히 약품 테스트나 승인처럼 통계적 세부 사항에 대한 우호론자와 회의론자가 상존하는 논쟁의 중심에 있는 분야에서는 특히 그렇다.

그림 3.5는 다소 오해의 소지가 있다. 후속 장에서 보게 될 μ와 x는 대개 고차원이고 때로는 '매우' 고차원이어서 빈도주의나 베이즈주의 패러다임 모두 한계점에 이를 정도다. 컴퓨터 시대의 통계적 추론은 6장에서 보게 될 경험적 베이즈 기법과 16장에서 다룰 라소lasso처럼 두 철학을 병합할 때 가장 좋은 성능을 발휘한다. 통계학자의 화살통에는 두 가지 강력한 화살이 있는 셈이다. 따라서 1,000개의 모수를 가진 100만 개의 데이터 포인트를 다룰 때 굳이 한 가지 화살만 사용하기를 고집할 필요는 없다.

3.5 주석 및 상세 설명

토마스 베이즈가 현시대에 온다면, 아마 성공한 수학 교수로 살아가고 있을 것이다. 사실 그는 수학에 지대한 관심을 가지고 18세기 중반을 살아간 영국의 비국교 성직자였다. 베이즈 정리는 1763년 '왕립학회 사보Transactions of the

5 여기서는 13장에서 다루는 새비지(Savage), 드 피네티(de Finetti) 등 베이즈 추론의 주요 주관주의 학파에 대해 논하지 않는다.

Royal Society'(베이즈 사망 2년 뒤)에 당시 문학, 과학, 정치의 거장이었던 리차드 프라이스에 의해 발표됐다. 그의 관심사는 다소 신학적이었으며, 하느님의 존재를 증명하고자 했다. 벨하우스Bellhouse의 일대기(2004)를 보면 베이즈의 몇 가지 다른 수학적 성취를 살펴볼 수 있다.

해롤드 제프리Harold Jeffreys는 1차 세계 대전이 끝난 후 본업으로 지구 물리학자로 활동하던(그는 대륙이동설에 대한 극렬한 반대론자였다.) 또 다른 비본업 통계학자였다. 우리가 불충분 정보 사전 밀도라 부르는 것은 다른 말로 무정보noninformative 혹은 객관적objective 사전 밀도라고도 한다. 1950~1990년의 베이즈주의자들 사이에서는 제프리식 베이즈주의를 의심의 눈초리로 바라보고 새비지Savage와 드 피네티de Finetti가 주창한 주관적 분석을 더 선호하는 분위기가 있었다. 마르코프 체인 몬테 카를로 기법Markov chain Monte Carlo(MCMC)의 소개는 철학을 바꾸게 한 과학 기술의 혁신이다. MCMC(13장)는 제프리 형식의 빅데이터 문제를 분석하는 데 적합하고 베이즈 통계학을 교과서로부터 탈출시켜 컴퓨터 시대 응용으로 옮겨놓았다. 버거berger(2006)는 객관적 베이즈 기법의 왕성한 사례들을 만들었다.

†1 **상관관계 계수 밀도**correlation coefficient density. 식 (3.11)의 상관관계 계수 밀도는 피셔가 통계학자로 처음 이름을 알린 것이다. 존슨Johnson과 코츠Kotz(1970b)의 32장을 보면 여러 동일한 다른 식들을 볼 수 있다. (3.19)의 상수 c는 대개 표본 크기가 n일 때 $(n-3)^{-1/2}$로 설정한다.

†2 **제프리의 사전 밀도와 변환**Jeffreys' prior and transformation. 모수를 μ에서 $\tilde{\mu}$로 매끈하게smoothly 미분 가능한 방법으로 바꾼다고 가정하자. 새로운 분포의 계열 $\tilde{f}_{\tilde{\mu}}(x)$는 다음을 만족한다.

$$\frac{\partial}{\partial\tilde{\mu}} \log \tilde{f}_{\tilde{\mu}}(x) = \frac{\partial\mu}{\partial\tilde{\mu}} \frac{\partial}{\partial\mu} \log f_{\mu}(x) \tag{3.30}$$

그러면 $\tilde{\mathcal{I}}_{\tilde{\mu}} = \left(\frac{\partial\mu}{\partial\tilde{\mu}}\right)^2 \mathcal{I}_{\mu}$(3.16)고, $\tilde{g}^{\text{Jeff}}(\tilde{\mu}) = \left|\frac{\partial\mu}{\partial\tilde{\mu}}\right| g^{\text{Jeff}}(\mu)$다. 그

러나 이는 단지 $g^{\text{Jeff}}(\mu)$가 $\tilde{g}^{\text{Jeff}}(\tilde{\mu})$로 옳게 변환됐다고 말하는 것에 불과하다.

†3 계량기 측정원 이야기는 에드워드Edwards의 『Likelihood(우도)』(Johns Hopkins University Press, 1992)라는 책에서 따온 것이다. 이 책에서 그는 존 프라타John Pratt에게서 그 이야기를 가져왔다고 말하고 있다. 거기서는 가능한 관측치의 집합 X에 의해 조율되는 빈도주의 추론은 실제 관측치 x에 대해 부적절할 수 있음을 잘 지적하고 있다. 이것이 바로 그림 3.5에서 설명한 수평과 수직 방향의 작업이 가진 차이다.

†4 **2-표본 t-통계량.** 전립선 암 연구에서 i번째 유전자 데이터에 적용한 2-표본 t-통계량 t_i(2.17)는 이론적 귀무가설 분포 t_{100}을 가지며, 이는 자유도 100인 스튜던트-t 분포다. (3.28)의 x_i는 $\Phi^{-1}(F_{100}(t_i))$고 여기서 Φ와 F_{100}은 표준 정규와 t_{100} 변수의 누적 분포 함수다. 에프론(2010)의 7.4절은 (3.28)을 근사하게 된 동기가 된다.

†5 **선택 편향.** 센Senn(2008)은 베이즈 추론이 선택 편향에 무관하다는 점과 또 다른 패러독스에 대해 이야기하고 있으며 그 원래 아이디어는 필 다비드Phil Dawid라고 밝히고 있다. 논문에서는 응용상에서 베이즈 정리를 무작정 따르는 것에 대한 불편함도 설명하고 있다.

표 3.1의 22명 학생들은 마르디아Mardia와 동료들(1979)에 있는 더 큰 88명의 데이터 집합 중에서 임의로 선택됐다(이때 $\hat{\theta}=0.553$이었다). 웰치Welch와 피어Peers(1963)는 그림 3.2의 [0.093, 0.750]처럼 빈도주의 신뢰구간과 일치하는 신뢰할 수 있는 구간을 가진 사전 밀도에 대한 연구를 개시했다. 단일 모수 문제에서는 제프리의 사전 밀도가 제시한 구간이 좋은 일치를 보여주지만 다중 모수 환경에서는 그렇지 않다. 사실 어떠한 하나의 다중 모수 사전 분포가 모든 단일 모수 서브문제subproblem에 대해 좋은 일치를 제공할 수는 없다. 이는 베이즈주의와 빈도주의 기법의 대척점이기도 하며, 이에 대해 11장에서 다시 알아본다.

3.6 연습문제

1. (3.3)의 포아송 밀도에서 매개변수 μ가 사전밀도 $e^{-\mu}$를 따른다는 것을 알고 있다고 가정하자. 주어진 x에 대한 μ의 사후 밀도는 무엇인가?

2. 그림 3.1에서 의사가 "1/3, 2/3" 대신 "1/2, 1/2"이라고 말했다고 가정하자. 물리학자의 질문에 대한 대답은 어떻게 되나?

3. X가 이항이라고 하자.

$$\Pr_\pi\{X = x\} = \binom{n}{x}\pi^x(1-\pi)^{n-x} \qquad \text{for } x = 0, 1, \ldots, n$$

피셔 정보 $\mathcal{I}_\pi$ (3.16)는 무엇인가? $\mathcal{I}_\pi$는 추정 $\hat{\pi} = x/n$와는 어떻게 연계되나?

4. 1) 다음 시뮬레이션을 200회 수행하라.
   - 모든 $i = 1, 2, \ldots, 500$에 대해 $x_i \overset{\text{ind}}{\sim} \mathcal{N}(\mu_i, 1)$
   - $\mu_i = 3i/500$
   - $i_{\max}$ = 최대 x_i의 인수
   - $d = x_{i_{\max}} - \mu_{i_{\max}}$

   2) 200 d-값에 대한 히스토그램을 그려보라.

   3) 그림 3.4와의 관계에 대해 설명하라.

5. $x_{610} = 5.29$가 그림 3.4에서의 θ_{610}에 대한 과대추정일 것 같은 비기술적 설명을 간단히 해 보라.

6. 주어진 사전 밀도 $g(\mu)$와 관찰 $x \sim \text{Poi}(\mu)$에 대해 주어진 x에 대한 μ의 사후 밀도인 $g(\mu \mid x)$를 계산하라. 나중에 x가 0보다 큰 경우에만 x를 관찰할 수 있다는 것을 들었다. (표 6.2는 이 상황의 예시이다.) 이것이 주어진 x의 사후 밀도 μ를 변경시키는가?

04

피셔 추론과 최대 우도 추정

로널드 피셔 경Sir Ronald Fisher은 이견이 있을 수 있지만 베이즈 이론에 대항한 가장 영향력 있는 사람으로 분류된다. 그러나 그 사실만으로 피셔가 정통적 빈도주의자임을 의미하지는 않는다. 그의 핵심 데이터 분석 기법인 분산 분석과 유의성 검정, 최대 우도 추정은 거의 항상 빈도주의적으로 적용됐다. 그러나 피셔의 이상은 종종 속성상 베이즈주의도 아니고 빈도주의도 아닌 그 병합에 대한 아이디어에 관한 것이었다. 피셔의 업적은 20세기 응용통계에서 중심적인 역할을 했고, 그중 일부, 특히 최대 우도 같은 경우는 컴퓨터 시대로도 격렬히 이어져 왔다. 이 장에서는 피셔 기법을 간단히 살펴보며 현시점에서 가장 중요한 주제에 집중하는 동시에 그 고유한 철학적 구조를 스케치해본다.

4.1 우도와 최대 우도

추정과 관련해 피셔의 중대한 업적은 우도 함수, 좀 더 정확히는 로그 우도 함수에 집중돼 있었다. 확률 밀도 $f_\mu(x)$(3.1) 계열의 로그 우도 함수는 다음과 같다.

$$l_x(\mu) = \log\{f_\mu(x)\} \tag{4.1}$$

$l_x(\mu)$라는 표기는 관측치 x가 고정된 상태에서 모수 벡터 μ가 변화된다는 점을 강조하고 있다. 최대 우도 추정(MLE)은 모수 공간 Ω에서 $l_x(\mu)$를 최대화하는 μ 값이다.

$$\text{MLE}: \quad \hat{\mu} = \underset{\mu\in\Omega}{\arg\max}\{l_x(\mu)\} \tag{4.2}$$

$\hat{\mu}$가 존재하지 않거나 복수 개가 존재할 수 있지만, 여기서는 하나만 고유하게 존재하는 일반적인 경우를 가정한다. 이 점에 대한 여러 참고 문헌은 4.5절, '주석 및 상세 설명'에서 볼 수 있다.

정의 (4.2)는 간단한 플러그인 법칙을 사용해 μ의 함수 $\theta = T(\mu)$의 최대 우도 추정을 위해 확장시킬 수 있다.

$$\hat{\theta} = T(\hat{\mu}) \tag{4.3}$$

대개 θ는 선형 모델에 있어서의 주요 공변량 회귀 계수 같은 특별한 관심 대상인 스칼라 모수다.

최대 우도 추정은 전통적 응용 추정에서 대세가 됐다. 지금은 다소 덜 사용되지만(후속 장들에서 그 이유를 설명한다.) MLE 알고리듬은 여전히 상징적 기법이며 새로운 현상을 접할 때 가장 먼저 적용해보는 기법이기도 하다. 이렇게 보편적으로 사용되는 데는 그럴 만한 이유가 몇 가지 있다.

1. MLE 알고리듬은 자동화돼 있다. 이론뿐 아니라 실제에서도 단일 수치 알고리듬이 추가적인 다른 통계적 입력이 없어도 $\hat{\mu}$를 산출한다. 이는 예컨대 새로운 상황에 대해 기발한 이론적 계산을 동원해야 하는 불편unbiased 추정과 대조된다.
2. MLE는 빈도주의가 가진 뛰어난 성질을 잘 활용한다. 대규모 표본의

경우 최대 우도 추정은 거의 불편 추정치며 최소한의 분산을 가진다. 소규모 표본에 대해서도 MLE는 대체적으로 매우 효율적이며, 최상위 급 성능을 보여준다.

3. MLE는 합리적인 베이즈주의 정당성도 가지고 있다. 베이즈 규칙(3.7)을 살펴보면,

$$g(\mu|x) = c_x g(\mu) e^{l_x(\mu)} \tag{4.4}$$

사전 $g(\mu)$가 균등, 즉 상수일 경우 $\hat{\mu}$는 사후 밀도 $g(\mu|x)$를 최대화한다는 것을 알 수 있다. MLE는 우도 함수를 통해서만 계열 $\mathcal{F}$에 종속되므로 앞서 검침원 형태에서 살펴본 불합리성은 피할 수 있다.

그림 4.1은 그림 2.1의 **gfr** 데이터에 대한 두 개의 최대 우도 추정을 보여준다. 여기서 데이터[1]는 벡터 $\boldsymbol{x} = (x_1, x_2, \cdots, x_n)$, $n = 211$이다. $\boldsymbol{x}$는 밀도 함수 $f_\mu(x)$로부터 추출된 표본 크기 n인 랜덤 관측치라고 가정한다.

$$x_i \overset{\text{iid}}{\sim} f_\mu(x) \qquad i = 1, 2, \ldots, n \text{에 대해} \tag{4.5}$$

'iid'는 '독립동일분포independent and identically distributed'를 나타내는 약자다. 구성 밀도 $f_\mu(x)$로는 두 가지 계열를 고려하며, 하나는 $\mu = (\theta, \sigma)$인 정규분포다.

$$f_\mu(x) = \frac{1}{\sqrt{2\pi\sigma^2}} e^{-\frac{1}{2}\left(\frac{x-\theta}{\sigma}\right)^2} \tag{4.6}$$

또 다른 하나는 $\mu = (\lambda, \sigma, \nu)$인 감마분포다.[2]

$$f_\mu(x) = \frac{(x-\lambda)^{\nu-1}}{\sigma^\nu \Gamma(\nu)} e^{-\frac{x-\lambda}{\sigma}} \quad (x \ge \lambda \text{에 대해, 그렇지 않은 경우 } 0) \tag{4.7}$$

---

1 앞으로도 x를 $\boldsymbol{x}$의 개별 구성 원소를 지칭하는 심볼로 사용하지만, 이제 $\boldsymbol{x}$는 지금껏 'x'로 불러왔던 것이다.

2 감마분포는 종종 x의 최저 한계로서 $\lambda = 0$으로 정의된다. 여기서의 최저 한계 λ는 자유 모수로서 변동이 허용된다.

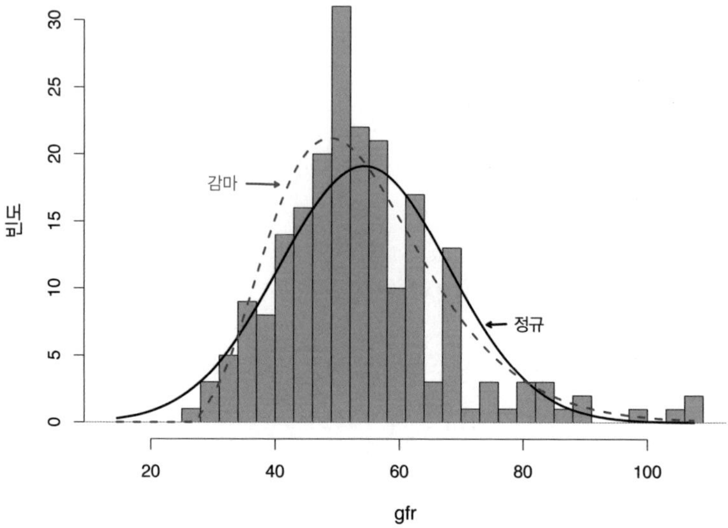

그림 4.1 그림 2.1의 사구체 여과 데이터와 두 최대 우도 밀도 추정량, 정규(실선)와 감마(점선)

iid 표본추출하에서는 다음 식이 성립하므로

$$f_\mu(\boldsymbol{x}) = \prod_{i=1}^{n} f_\mu(x_i) \tag{4.8}$$

다음과 같이 된다.

$$l_{\boldsymbol{x}}(\mu) = \sum_{i=1}^{n} \log f_\mu(x_i) = \sum_{i=1}^{n} l_{x_i}(\mu) \tag{4.9}$$

최대 우도 추정은 $l_x(\mu)$를 최대화하면 구할 수 있다. 정규분포 모델(4.6)에서는 다음이 성립한다.

$$\left(\hat{\theta}, \hat{\sigma}\right) = (54.3, 13.7) = \left(\bar{x}, \left[\sum (x_i - \bar{x})^2 / n\right]^{1/2}\right) \tag{4.10}$$

감마 모델(4.7)에 대한 닫힌 해는 존재하지 않고 수치적 최대화를 통해 다음을 얻을 수 있다.

$$\left(\hat{\lambda}, \hat{\sigma}, \hat{\nu}\right) = (21.4, 5.47, 6.0) \tag{4.11}$$

그림 4.1의 곡선은 두 MLE 확률 밀도 함수 $f_{\hat{\mu}}(x)$다. 감마 모델은 정규분포보다 더 잘 적합화돼 보이지만 둘 다 만족할 만한 수준은 아니다(그림 5.7에서 좀 더 대단한 최대 우도를 볼 수 있다).

대부분의 MLE는 감마 모델의 경우처럼 수치적 최소화가 필요하다. 1920년에 최대 우도가 처음 소개됐을 때는 계산하기 힘들다는 점에서 비판을 받았고, 여러 종류의 표본 모멘트에만 의존하던 이전의 모멘트 기법과 불공평하게 비교되기도 했다.

최대 우도 추정에는 전통적 응용에서는 잘 드러나지 않았던 약점이 있는데, 바로 대량의 모수를 가진 문제에서는 위험할 수 있다는 사실이다. 모수 벡터 가 1,000개의 원소를 가지면 각 원소는 개별적으로 최대 우도를 잘 추정하는 것으로 보일 수도 있지만, 특정 관심 대상인 MLE $\hat{\theta} = T(\hat{\mu})$는 극도로 잘못 구해질 수 있다.

그림 3.4의 **전립선** 데이터에서 모델 (4.6)은 6,033개 유전자 각각에 대해 MLE $\hat{\mu}_i = x_i$를 구해준다. 이는 합리적으로 보이지만, 만약 최대 좌푯값이 관심 대상이었다면 다음과 같은 현상이 발생한다.

$$\theta = T(\mu) = \max_i \{\mu_i\} \tag{4.12}$$

위 식에서 MLE는 $\hat{\theta} = 5.29$로서 확실한 과추정이 된다. 후속 장에서는 '정규화'된 버전을 통해 최대 우도 추정이 고차원의 적용에서 좀 더 중요한 역할을 하는 것을 볼 수 있다.

4.2 피셔 정보와 MLE

모수 추정을 위해 최대 우도 알고리듬을 제안한 것은 피셔가 처음이 아니다. 패러다임 자체를 변경시킨 그의 업적은 MLE가 가진 여러 좋은 성질들과 연계돼 있는데, 특히 피셔 정보 범위information bound를 발명한 것과 관련돼 있다. 여기서는 개략적이고 직관적인 부분만 살펴볼 것이므로 더 자세한 것은 4.5절, '주석 및 상세 설명'을 참고하라.

단일 모수 밀도 계열부터 시작해보자.[3]

$$\mathcal{F} = \{f_\theta(x),\ \theta \in \Omega,\ x \in \mathcal{X}\} \tag{4.13}$$

여기서 Ω는 (무한일 수 있는) 실선의 구간이고 표본공간 $\mathcal{X}$는 다차원이다((3.3)의 포아송 예제처럼 $f_\theta(x)$는 이산 분포를 나타낼 수도 있으나 편의상 여기서는 연속인 경우로 가정해 확률 집합 A는 $\int_A f_\theta(x)dx$인 것으로 취급한다). 로그 우도 함수는 $l_x(\theta) = \log f_\theta(x)$고 MLE $\hat{\theta} = \arg\max\{l_x(\theta)\}$며, 1차원의 경우에는 (4.1)–(4.2)에 있던 μ를 θ가 대신한다.

점 표기는 θ에 대한 미분을 의미한다. 예를 들어 스코어 함수의 경우 다음과 같이 나타낼 수 있다.

$$\dot{l}_x(\theta) = \frac{\partial}{\partial\theta}\log f_\theta(x) = \dot{f}_\theta(x)/f_\theta(x) \tag{4.14}$$

스코어 함수의 기댓값은 0이다.

$$\begin{aligned}\int_{\mathcal{X}} \dot{l}_x(\theta) f_\theta(x)\,dx = \int_{\mathcal{X}} \dot{f}_\theta(x)\,dx &= \frac{\partial}{\partial\theta}\int_{\mathcal{X}} f_\theta(x)\,dx \\ &= \frac{\partial}{\partial\theta} 1 = 0\end{aligned} \tag{4.15}$$

여기서는 세 번째 단계에 있는 적분 기호하에서 미분 가능하기 위해 필요한

3 복수 모수의 경우는 다음 장에서 다룬다.

조건인 정규성을 가정하기로 한다.

피셔 정보 $\mathcal{I}_\theta$는 스코어 함수의 분산으로 정의된다.

$$\mathcal{I}_\theta = \int_{\mathcal{X}} \dot{l}_x(\theta)^2 f_\theta(x)\, dx \tag{4.16}$$

다음 표기는

$$\dot{l}_x(\theta) \sim (0, \mathcal{I}_\theta) \tag{4.17}$$

$\dot{l}_x(\theta)$가 평균이 0이고 분산이 $\mathcal{I}_\theta$라는 것을 나타낸다. '정보'라는 용어는 잘 선택한 셈이다. 최대 우도 추정의 주요 결과는 다음에 잘 나타나 있으며, MLE $\hat{\theta}$는 평균이 θ고 분산이 $1/\mathcal{I}_\theta$인 정규분포에 근사한다.

$$\hat{\theta} \mathrel{\dot\sim} \mathcal{N}(\theta, 1/\mathcal{I}_\theta) \tag{4.18}$$

여기서 '거의 불편향'인 θ에 대한 어떤 추정도 이보다 더 나을 수는 없다. 다시 말해 더 큰 피셔 정보라는 것은 더 작은 MLE 분산을 암시한다.

로그 우도 함수의 2차 미분은

$$\ddot{l}_x(\theta) = \frac{\partial^2}{\partial\theta^2} \log f_\theta(x) = \frac{\ddot{f}_\theta(x)}{f_\theta(x)} - \left(\frac{\dot{f}_\theta(x)}{f_\theta(x)}\right)^2 \tag{4.19}$$

다음의 기댓값을 가진다.

$$E_\theta\left\{\ddot{l}_x(\theta)\right\} = -\mathcal{I}_\theta \tag{4.20}$$

((4.15)에서처럼 $\ddot{f}_\theta(x)/f_\theta(x)$ 항은 기댓값이 0이다.) 이제 2차 미분식은 다음과 같이 쓸 수 있다.

$$-\ddot{l}_x(\theta) \sim (\mathcal{I}_\theta, \mathcal{J}_\theta) \tag{4.21}$$

여기서 $\mathcal{J}_\theta$는 $\ddot{l}_x(\theta)$의 분산이다.

이제 $\boldsymbol{x}=(x_1,\ x_2,\ \ldots,\ x_n)$이 (4.5)에서처럼 $f_\theta(x)$에서 추출된 iid 표본이라고 가정하자. 따라서 (4.9)에서처럼 전체 스코어 함수 $\dot{l}_x(\theta)$는 다음과 같다.

$$\dot{l}_{\boldsymbol{x}}(\theta) = \sum_{i=1}^{n} \dot{l}_{x_i}(\theta) \tag{4.22}$$

이와 유사하게 2차 미분은 다음과 같다.

$$-\ddot{l}_{\boldsymbol{x}}(\theta) = \sum_{i=1}^{n} -\ddot{l}_{x_i}(\theta) \tag{4.23}$$

전체 표본 $\boldsymbol{x}$에 기반한 MLE $\hat{\theta}$는 최대화 조건 $\dot{l}_{\boldsymbol{x}}(\hat{\theta}) = 0$을 만족한다. 일차 테일러 급수를 사용하면 다음의 근사를 얻을 수 있다.

$$0 = \dot{l}_{\boldsymbol{x}}\left(\hat{\theta}\right) \doteq \dot{l}_{\boldsymbol{x}}(\theta) + \ddot{l}_{\boldsymbol{x}}(\theta)\left(\hat{\theta} - \theta\right) \tag{4.24}$$

또는

$$\hat{\theta} \doteq \theta + \frac{\dot{l}_{\boldsymbol{x}}(\theta)/n}{-\ddot{l}_{\boldsymbol{x}}(\theta)/n} \tag{4.25}$$

적절한 정규성 조건하에서 (4.17)과 중심극한정리는 다음을 암시하는 반면,

$$\dot{l}_{\boldsymbol{x}}(\theta)/n \dot{\sim} \mathcal{N}(0, \mathcal{I}_\theta/n) \tag{4.26}$$

대수의 법칙에 따르면 $-\ddot{l}_{\boldsymbol{x}}(\theta)/n$은 상수 $\mathcal{I}_\theta$(4.21)에 근접한다.

종합해보면, (4.25)는 MLE에 대한 피셔의 근본적인 정리theorem를 생성하고, 이는 대규모 표본에 대해서는 다음과 같다.

$$\hat{\theta} \dot{\sim} \mathcal{N}\left(\theta, 1/(n\mathcal{I}_\theta)\right) \tag{4.27}$$

이 결과는 (4.18)과 동일하다. iid 표본(4.5)의 전체 피셔 정보는 (4.23)의 기댓값으로부터 알 수 있는 것처럼 $n\mathcal{I}_\theta$이기 때문이다.

정규 표본의 경우 다음과 같다.

$$x_i \overset{\text{iid}}{\sim} \mathcal{N}(\theta, \sigma^2) \qquad i = 1, 2, \ldots, n\text{에 대해} \tag{4.28}$$

여기서 σ^2을 알 수 있다면, 로그 우도를 다음과 같이 계산한다.

$$l_{\boldsymbol{x}}(\theta) = -\frac{1}{2}\sum_{i=1}^{n}\frac{(x_i - \theta)^2}{\sigma^2} - \frac{n}{2}\log(2\pi\sigma^2) \tag{4.29}$$

식 (4.29)는 다음 식과 같으므로

$$\dot{l}_{\boldsymbol{x}}(\theta) = \frac{1}{\sigma^2}\sum_{i=1}^{n}(x_i - \theta) \quad \text{그리고} \quad -\ddot{l}_{\boldsymbol{x}}(\theta) = \frac{n}{\sigma^2} \tag{4.30}$$

$\hat{\theta} = \bar{x}$라는 익숙한 결과를 생성한다. 여기서 $\mathcal{I}_\theta = 1/\sigma^2$이므로 (4.27)로부터 다음과 같이 쓸 수 있다.

$$\hat{\theta} \sim \mathcal{N}(\theta, \sigma^2/n) \tag{4.31}$$

이 점은 피셔 추론이 베이즈도 아니고 빈도주의도 아닌 측면을 보여준다. 피셔는 모든 통계 문제에 있어서 '옳은' 답을 얻을 수 있는 '귀납 추론의 논리'가 존재한다고 믿었다. 그의 주된 전술은 논리적으로 복잡한 추론 문제를 간단한 형태로 줄여서 누구에게나 명백한 답을 찾는 것이었다.

피셔가 선호했던 명백한 목표는 (4.31)이다. 즉, 단일 스칼라 관측치 $\hat{\theta}$가 미지의 관심 대상인 모수인 θ 근처를 알려진 분산 σ^2/n으로 정규분포하도록 만드는 것이다. 그 경우 사전 정보가 없을 때는 $\hat{\theta}$가 θ에 대한 최적의 예측이 되며 θ는 95%의 확률로 $\hat{\theta} \pm 1.96\hat{\sigma}/\sqrt{n}$ 구간에 존재한다는 사실에 모두가 동의할 것이다.

피셔는 통계 문제를 (4.31) 형태로 간소화시키는 데 놀라울 만큼 뛰어났다. 그는 충분성, 효율성, 조건성, 부속성[ancillarity]에 집중했으며, 가장 영향력 있는 예제로는 최대 우도 근사(4.27)가 있다. 피셔의 논리적 시스템은 근래에는 선호되지 않지만 그 결론은 여전히 전통적 통계 기법의 주요 요소로 남아 있다.

$\tilde{\theta} = t(\boldsymbol{x})$가 $f_\theta(x)$로부터 추출된 iid 표본 $\boldsymbol{x} = (x_1, x_2, \ldots, x_n)$의 θ에 대한 불편 추정이라고 가정하자. 즉,

$$\theta = E_\theta\{t(\boldsymbol{x})\} \tag{4.32}$$

그 경우 4.5절, '주석 및 상세 설명'에서 설명한 크레이머-라오 하방 경계 Cramér-Rao lower bound는 $\tilde{\theta}$의 분산이 피셔 정보 경계(4.27)를 초과한다는 것을 알

†1 려준다.†

$$\text{var}_\theta\left\{\tilde{\theta}\right\} \geq 1/(n\mathcal{I}_\theta) \tag{4.33}$$

이를 넓게 해석하면 MLE는 적어도 θ의 최적 불편 추정만큼 작은 분산을 가진다고 할 수 있다. MLE는 대개 불편향이 아니지만 편향이 적어서(표준편차의 $1/\sqrt{n}$과 비교할 때 $1/n$ 정도다.) 불편 추정과 크레이머-라오 경계가 적절히 비교된다.

4.3 조건부 추론

간단한 예제를 통해 조건부 추론의 개략적 아이디어를 설명해보자. 다음의 iid 표본이

$$x_i \overset{\text{iid}}{\sim} \mathcal{N}(0, 1), \qquad i = 1, 2, \ldots, n \tag{4.34}$$

추정치 $\hat{\theta} = \bar{x}$를 생성했다고 하자. 연구원들은 알맞은 표본 크기 n에 대한 의견에 서로 동의하지 못해서 동전을 던져 정하기로 결정했다.

$$n = \begin{cases} 25 & \text{확률 } 1/2 \\ 100 & \text{확률 } 1/2 \end{cases} \tag{4.35}$$

동전 던지기 결과 $n=25$가 선정됐다. 여기서 한 가지 의문이 생긴다. $\bar{x}$의 표준편차는 무엇일까?

만약 $1/\sqrt{25}=0.2$라고 대답했다면 당신은 피셔처럼 조건부 추론의 추종자인 셈이다. 무조건적 빈도주의 대답은 $\bar{x}$는 동일한 확률로 $\mathcal{N}(0,\ 1/100)$ 또는 $\mathcal{N}(0,\ 1/25)$가 될 수 있으니, 표준편차는 $[(0.01+0.04)/2]^{1/2}=0.158$이라는 것이다. 이 절과 9장에서 찾아볼 수 있는 덜 명백하고 다소 복잡한 예에서는 조건부 추론이 그 중심적 역할을 한다.

전형적인 회귀 문제에서는 데이터가 $(x_i,\ y_i)$ 쌍으로 주어진다. 여기서 $i=1,\ 2,\ \cdots,\ n$이며, x_i는 i번째 대상의 p차원 공변량 벡터고 y_i는 스칼라 값을 가진 반응 변수다. 그림 1.1에서 x_i는 **age**였고 y_i는 신장 적합도 척도인 **tot**였다. $\boldsymbol{x}$가 i번째 행에 값 x_i를 가지고 있는 $n\times p$ 행렬이라 하자. 회귀 알고리듬은 $\boldsymbol{x}$와 $\boldsymbol{y}$를 사용해 함수 $r_{\boldsymbol{x},\boldsymbol{y}}(x)$를 구성함으로써 (1.3)에서처럼 값 x에 대한 y 값을 추정한다. 여기서 $\hat{\beta}_0$과 $\hat{\beta}_1$은 최소 자승을 이용해 구했다.

$r(\boldsymbol{x},\ \boldsymbol{y})$는 얼마나 정확할까? 이 문제는 대개 $\boldsymbol{x}$가 랜덤이 아니라 고정된 상태라 가정하고 대답한다. 다시 말해 관측된 $\boldsymbol{x}$의 조건하에서 이뤄진다. 표 1.1의 두 번째 줄에 있는 표준오차는 이런 관점에서 보면 조건부다. 그 값은 157개 **age** 값이, 관측된 값으로 고정된 것으로 가정한 빈도주의 표준편차 $\hat{\beta}_0+\hat{\beta}_1x$다(**age**와 **tot**의 상관관계 분석은 이러한 가정을 만들지 않을 것이다).

피셔는 다음의 두 가지 근거를 사용해 조건부 추론을 주장했다.

1. **좀 더 연관된 추론.** (4.35) 같은 상황에서의 조건부 표준편차는 θ를 추정하기 위한 관측치 $\hat{\theta}$의 정확성과 명백히 더 연계돼 있는 것으로 보인다. 회귀 예제에서는 덜 명확해 보이지만, 그 경우에도 비록 논란의 여지가 있지만 이 점은 여전히 유효하다.
2. **더 간단한 추론.** 조건부 추론은 대개 실행이나 해석이 더 간단하다. 이는 통계학자들이 공변량 간의 상관관계를 걱정하지 않아도 되는 회귀에서도 마찬가지고 피셔의 전통적인 예제인 다음의 경우에서도 마찬가지다.

표 4.1은 45명의 궤양환자에 대해 이전 방법과 새로운 수술 방법을 랜덤으로 시행한 결과다. 새로운 수술법이 유의미할 정도로 더 나은가? 피셔는 표의 한곗값(16, 29, 21, 24)에 대한 조건부 가설 검정을 수행할 것을 주장했다. 한곗값이 고정되면 좌측 상단의 y가 뺄셈을 통해 다른 세 개의 셀에 있는 값을 결정하게 한다. 따라서 이제 두 치료법에 차이가 없다는 귀무가설하에 네 개 셀 모두에서 값을 검정하는 대신 단지 $y=9$가 너무 큰 값인지만 검정하면 된다.[4]

표 4.1 궤양환자 45명이 랜덤으로 새로운 치료법과 이전 치료법에 할당돼 그 치료 결과가 성공과 실패로 분류됨. 새로운 치료법이 더 좋았을까?

	성공	실패	
새 치료	9	12	21
과거 치료	7	17	24
	16	29	45

보조 통계량(이 또한 피셔의 용어다.)은 그 자체로는 직접 정보를 가지고 있지 않지만 빈도주의 계산에 있어서 조건화 프레임워크를 결정한다. 보조 통계량의 세 가지 예는 표본 크기 n, 공변량 행렬 $\boldsymbol{x}$, 표의 한곗값이다. 보조 통계량이 '정보를 가지고 있지 않다.'는 주장에는 논란의 소지가 있다. 실제로는 조건화의 두 가지 이점인 연관성과 단순성이, 보조 통계량을 비랜덤^{nonrandom}으로 다룸으로써 발생한 정보 손실보다 더 중요한 것으로 보인다. 9장의 표준 생존 분석 기법을 살펴보면, 이 점이 분명해진다.

마지막 예제는 최대 우도의 정확도에 관한 것이다. (4.27)의 플러그인 버전인 다음 식 대신에

$$\hat{\theta} \dot{\sim} \mathcal{N}\left(\theta, 1/\left(n\mathcal{I}_{\hat{\theta}}\right)\right) \tag{4.36}$$

4 9.3절에서 이러한 검정에 대해 자세히 알아본다. 수술 예제에서는 차이가 유의하지 않다.

피셔는 다음 식을 사용할 것을 제안했다.

$$\hat{\theta} \dot{\sim} \mathcal{N}(\theta, 1/I(\boldsymbol{x})) \tag{4.37}$$

여기서 $I(\boldsymbol{x})$는 관측된 피셔 정보다.

$$I(\boldsymbol{x}) = -\ddot{l}_{\boldsymbol{x}}\left(\hat{\theta}\right) = -\frac{\partial^2}{\partial\theta^2} l_{\boldsymbol{x}}(\theta)\bigg|_{\hat{\theta}} \tag{4.38}$$

$I(\boldsymbol{x})$의 기댓값은 $n\mathcal{I}_\theta$이므로 대규모 표본에서 분포 (4.37)은 (4.36)으로 수렴한다. 그러나 피셔는 수렴하기 전인 (4.37)이 $\hat{\theta}$의 정확성에 대해 더 나은 아이디어를 제공한다고 설명했다.

이를 확인해보기 위해 코시 밀도[Cauchy density]로부터 크기 $n=20$인 iid 표본 $\boldsymbol{x}$를 추출해 시뮬레이션을 수행해보자.

$$f_\theta(x) = \frac{1}{\pi}\frac{1}{1+(x-\theta)^2} \tag{4.39}$$

크기 $n=20$인 10,000개의 표본 $\boldsymbol{x}$가 추출($\theta=0$)됐고 각각에 대해 관측된 정보 경계 $1/I(\boldsymbol{x})$를 계산했다. 10,000개의 $\hat{\theta}$ 값은 $1/I(\boldsymbol{x})$의 십분위수에 따라 그룹으로 만들고 각 그룹별로 $\hat{\theta}$의 관측된 경험적 분산을 계산했다.

이는 주어진 관측 정보 경계 $1/I(\boldsymbol{x})$하에서 MLE $\hat{\theta}$의 조건부 분산에 대한 다소 대략적인 추정이다. 여기서는 피셔가 예측한 것처럼 조건부 분산이 $1/I(\boldsymbol{x})$에 근접한다는 사실을 알 수 있다. 조건화의 영향은 상당했다. 여기서 무조건 분산 $1/n\mathcal{I}_\theta$는 0.10인 반면, 조건부 분산은 0.05에서 0.20 사이에 분포한다.

관측된 피셔 정보 $I(\boldsymbol{x})$는 근사된 보조 역할을 하고, 피셔가 주장한 두 장점을 모두 활용한다. 이는 무조건 정보 $n\mathcal{I}_{\hat{\theta}}$보다 더 관련돼 있으면서, 대개 계산도 더 용이하다. $\hat{\theta}$를 찾았으면 $I(\boldsymbol{x})$는 2차 미분을 통해 구할 수 있다. $\mathcal{I}_\theta$와는 달리 어떠한 확률 계산도 필요하지 않은 것이다.

여기서는 베이즈 기류가 강하게 흐르고 있다. 로그 우도 함수의 좁은 첨

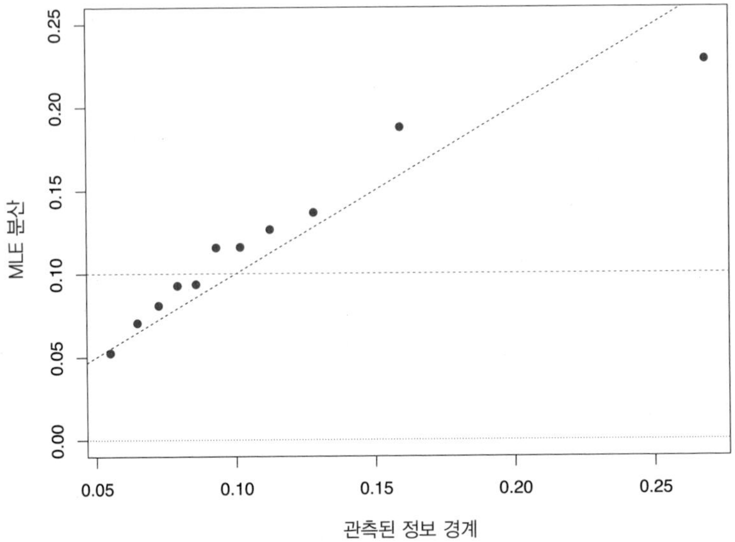

그림 4.2 크기 20인 코시 표본의 MLE 조건부 분산을 관측된 정보 경계 $1/I(\boldsymbol{x})$에 대해 그린 것이다. 관측된 정보 경계는 10분위(%) 구간으로 그룹화한다. (0–5), (5–15), ⋯, (85–95), (95–100). 적색 수평 파선은 무조건 분산 $1/n\mathcal{I}_\theta$다.

단, 즉 큰 $I(\boldsymbol{x})$ 값은 주어진 $\boldsymbol{x}$에 대해 역시 좁은 사후 분포 θ를 암시한다. 그림 4.2의 조건부 추론은 좋은 예제며 빈도주의 추론가들의 주요 베이즈 비판에 대한 좋은 반박이 될 수 있다. 빈도주의 성질은 실제 관측된 데이터와 동떨어진 형태로 데이터 집합과 연계될 수 있다. 최대 우도 알고리듬은 그림 3.5의 수평과 수직으로 모두 해석 가능하고 베이즈와 빈도주의 간의 연결 역할을 한다.

(4.37)의 결과가 5.3절의 다모수 계열에 대해서도 동일하게 적용된다는 사실은

$$\hat{\mu} \dot{\sim} \mathcal{N}_p\left(\mu, I(\boldsymbol{x})^{-1}\right) \tag{4.40}$$

후속 장에서 매우 중요한 역할을 한다. $-I(\boldsymbol{x})$는 2차 미분의 $p \times p$ 행렬이다.

$$I(\boldsymbol{x}) = -\ddot{l}_{\boldsymbol{x}}(\mu) = -\left[\frac{\partial^2}{\partial \mu_i\, \partial \mu_j} \log f_\mu(\boldsymbol{x})\right]_{\hat{\mu}} \tag{4.41}$$

4.4 순열과 랜덤화

피셔 기법은 정규분포 표본이라는 가정에 지나치게 의존하고 있다는 비판에 직면했다. 그림 1.4의 유전자 136번 폐렴 예제에서 47명의 **ALL** 환자와 25명의 **AML** 환자를 비교한 것을 살펴보자. 자유도가 70인 스튜던트-t 귀무분포에 따르면 양측 유의수준 0.0025로 2-표본 t-통계량(1.6)은 3.13의 값을 가진다. 이 모든 것은 가우스 분포 또는 정규분포라는 가정 (2.12)–(2.13)에 종속돼 있다.

또 다른 유의수준 계산의 대안으로, 피셔는 72개 데이터 포인트의 순열을 통한 방법을 제안했다. 72개의 값은 무작위로 나뉘어서 서로 독립된, 47개와 25개의 겹치지 않는 집합으로 구분되고 2-표본 t-통계량(2.17)을 다시 계산한다. 이 방법을 제법 큰 수인 B회 반복하면 순열의 t-값 $t_1^*, t_2^*, \ldots, t_B^*$를 얻을 수 있다. 이제 원래 t-값에 대한 양측 순열 유의수준은 t_i^* 중에서 절댓값으로 t를 초과하는 비율이 된다.

$$\#\{|t_i^*| \geq t\}/B \tag{4.42}$$

그림 4.3은 그림 1.3의 136번 유전자에 대한 $B = 10000$ t_i^* 값을 보여준다. 이 중 22개가 절댓값으로 $t = 3.13$을 초과해 **ALL/AML**의 차이가 없다는 귀무가설에 대한 유의수준 0.0022를 생성했는데, 이는 정규분포 이론에 의한 유의수준 0.0025와 놀라울 정도로 유사하다(이 부분에서는 사실 약간의 운이 따랐다).

왜 순열 유의수준(4.42)을 믿어야 하는가? 피셔는 두 가지 논리를 폈다.

- 귀무가설로서 $n = 72$인 관측치 $\boldsymbol{x}$가 동일한 분포 $f_\mu(x)$에서 추출된 iid 표본이라 가정하자.

$$x_i \overset{\text{iid}}{\sim} f_\mu(x) \qquad i = 1, 2, \ldots, n \text{에 대해} \tag{4.43}$$

(여기에 정규분포 가정, 즉 $f_\mu(x)$가 $\mathcal{N}(\theta, \sigma^2)$이라는 가정은 없다.)

$\boldsymbol{o}$가 $\boldsymbol{x}$의 정렬된 통계량이라 하자. 즉 72개 숫자가 오름차순으로 정렬돼 있고 **AML**과 **ALL**의 레이블은 제거된 상태다. 그렇다면 $\boldsymbol{o}$를 서로

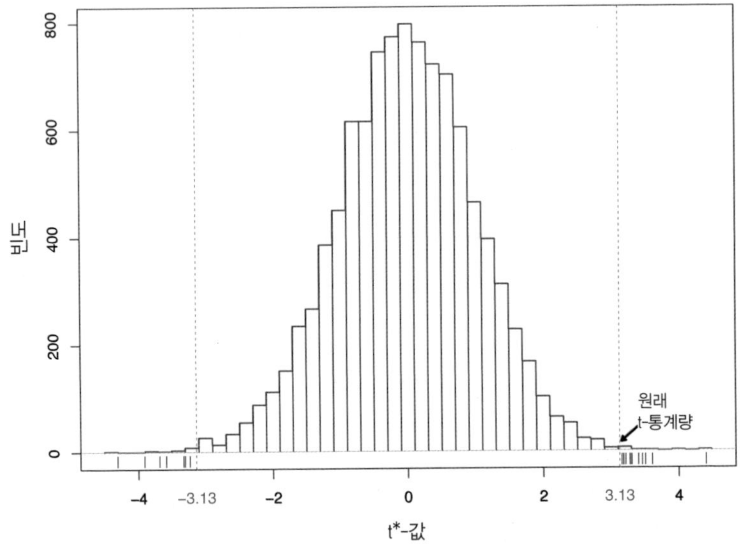

그림 4.3 그림 1.3의 폐렴 데이터에서 136번 유전자의 **ALL** vs. **AML**을 검정하는 10,000개 순열의 t^*-값. 이 중 22개 t-값(붉은색 틱)의 절댓값이 관측 t-통계량 3.13을 초과하며 순열 유의수준 0.0022를 생성했다.

공통 원소가 없는 크기 47과 25의 부분집합으로 나눠 $\boldsymbol{x}$를 얻을 수 있는 72!/(47!25!)가지 모든 방법은 귀무가설(4.43)하에서 등확률equally likely이라는 것을 증명할 수 있다. 작은 값의 순열 유의수준(4.42)은 실제 **AML/ALL** 척도의 분할이 랜덤이 아니라 귀무가설(4.43)의 부정에서 초래됐을 수 있다. 이는 결론은 '모두에게 명백해야 한다.'는 피셔의 귀납적 추론에 대한 논리의 한 예로서 간주될 수 있다. 이는 확실히 조건부 추론의 예제지만, 이제는 조건화했으므로 표본 밀도 $f_\mu(x)$에 대한 특정 가정을 하지 않아도 된다.

- 경험적 환경에 대해 피셔는 랜덤화를 강하게 주장했는데, 가능한 치료군에 실험 대상을 무작위로 할당하는 것을 주장했다. 가장 흔한 약품 A와 B의 효능 비교에서 환자는 무작위로 A 또는 B에 할당돼야만 한다.

> 랜덤화는 순열 검정의 결론을 한층 강화시켜준다. 랜덤화가 불가능했던 유전자 136번 AML/ALL의 경우에서는 AML 그룹이 체계적으로 더 큰 수를 가진다고 거의 확실히 결론지을 수 있지만, 그 차이가 과연 질병 상태의 차에서 기인한 것인지에 대해서는 확신할 수 없다. 어쩌면 AML 환자들의 나이가 더 많거나 체중이 더 많이 나가거나 혹은 또 다른 요소가 136번 유전자에 영향을 미쳤을 수 있다. 경험적 랜덤화는 나이, 몸무게 등이 치료 그룹 간에 균형을 잘 이룬다는 것을 (거의) 보장해준다. 피셔의 랜덤화된 치료 실험RCT, Randomized Clinical Trial은 의료 실험에서 통계적 추론의 금본위제와 같았고, 지금도 그러하다.

순열 검정은 빈도주의적이다. 즉, 절차를 따르는 통계학자가 유효한 귀무가설을 기각할 확률이 0.05 수준에서 5%라는 식이다. 랜덤화 추론은 다소 다르며 강요된 빈도주의의 일종으로 볼 수 있는데, 통계학자는 자신들이 선호하는 확률 메커니즘을 데이터에 적용한다. 순열 기법은 컴퓨터 시대에 화려하게 다시 재조명되고 있으며 15장에서 보듯이 피셔의 원래 t-검정의 정당성을 훨씬 뛰어넘는다.

4.5 주석 및 상세 설명

베이즈 이론을 왼쪽에 두고 빈도주의를 오른쪽에 둔 막대자가 있다면 피셔 추론은 그 중간쯤에서 결론을 내린다. 피셔는 초기에는 베이즈 이론을 거부했지만, 이후 네이만-왈드 결정이론적 학파의 강경한 빈도주의를 "멍청하다."고 비난했다. 에프론(1998)은 피셔를 몇 가지 다른 기준으로 베이즈-빈도주의 잣대에 위치시켰다. 그 논문에서 그림 1을 특히 참고하라.

물론 베이즈주의는 귀납적 추론에 오직 하나의 참 논리가 존재한다고 믿는다. 피셔는 이에 동의하지 않았다. 그의 가장 야심찬 '베이즈 계란을 깨지 않고 베이즈 오믈릿을 즐긴다'[5]는 시도는 피듀셜 추론^fiducial inference^이었다. 가장 간단한 예는 정규 변환 모델 $x \sim \mathcal{N}(\theta, 1)$과 연관되고 여기서 $\theta - x$는 표준 $\mathcal{N}(0, 1)$ 분포를 가지며, 주어진 x에 대해 θ의 피듀셜 분포는 $\mathcal{N}(x, 1)$이 된다. 피셔의 많은 기여 중에서 피듀셜 추론은 유일하게 대중적으로 실패했다. 그럼에도 불구하고 근래의 문헌에서 '신뢰분포^confidence distribution^'라는 이름으로 다시 등장하고 있다. 에프론(1993) 및 시에^Xie^와 싱^Singh^(2013)을 참고하라. 간단한 설명은 11장에서 찾아볼 수 있다.

†1 불편 예측기 $\tilde{\theta} = t(\boldsymbol{x})$(4.32)에 대해 다음과 같다.

$$\int_{\mathcal{X}} t(\boldsymbol{x}) \dot{l}_{\boldsymbol{x}}(\theta) f_\theta(\boldsymbol{x})\, d\boldsymbol{x} = \int_{\mathcal{X}} t(\boldsymbol{x}) \dot{f}_\theta(\boldsymbol{x})\, d\boldsymbol{x} = \frac{\partial}{\partial\theta} \int_{\mathcal{X}} t(\boldsymbol{x}) f_\theta(\boldsymbol{x})\, d\boldsymbol{x} = \frac{\partial}{\partial\theta}\theta = 1 \tag{4.44}$$

여기서 $\mathcal{X}$는 $\boldsymbol{x} = (x_1, x_2, \cdots, x_n)$의 표본공간 $\mathcal{X}^n$이고 적분 기호하에 미분하기 위해 필요한 조건들을 가정한다. (4.44)는 $\int (t(\boldsymbol{x}) - \theta) \dot{l}_{\boldsymbol{x}}(\theta) f_\theta(\boldsymbol{x})\, d\boldsymbol{x} = 1$을 생성하고($\dot{l}_{\boldsymbol{x}}(\theta)$가 기댓값 0을 가지므로), 이어서 코시-슈바르츠 부등식을 적용하면 다음과 같다.

$$\left[\int_{\mathcal{X}} (t(\boldsymbol{x}) - \theta)\, \dot{l}_{\boldsymbol{x}}(\theta) f_\theta(\boldsymbol{x})\, d\boldsymbol{x}\right]^2 \le \left[\int_{\mathcal{X}} (t(\boldsymbol{x}) - \theta)^2 f_\theta(\boldsymbol{x}) d\boldsymbol{x}\right] \left[\int_{\mathcal{X}} \dot{l}_{\boldsymbol{x}}(\theta)^2 f_\theta(\boldsymbol{x})\, d\boldsymbol{x}\right] \tag{4.45}$$

또는

$$1 \le \operatorname{var}_\theta\left\{\tilde{\theta}\right\} \mathcal{I}_\theta \tag{4.46}$$

5 저명한 베이즈주의 이론가인 L.J 새비지가 한 말이다.

이는 크레이머-라오의 하방 경계(4.33)를 증명해준다. 불편 예측기의 최적 분산은 피셔 정보에 대한 것이다.

최적성 결과는 과학적 성숙함의 신호다. 피셔 정보와 그 추정 경계는 통계학을 특정 기술에서 논리 정연한 학문의 차원으로 옮겨왔다(최근에는 1장에서 논의한 것처럼 새로 만들어진 지엽적 알고리듬 기법이 그 추론적 정당화를 능가해 일부 근거를 잃어버렸다). 피셔의 정보 경계는 중대한 수학적 혁신이고 하이젠 베르크의 불확실성 원리와 샤논의 정보 경계에 시간적으로 거의 같거나 앞선다. 뎀보Dembo와 동료들(1991)을 참고하라.

불편 추정은 통계적 응용에서 상당한 매력을 가지고 있으며 '편향bias'은 그 반대로 자기 본위의 데이터 조작에 대한 힌트를 가지고 있다. 그러나 그림 3.4의 전립선 연구 같은 대규모 설정에서는 편향된 추정을 강하게 주장할 수 있다. 우리는 통상적 불편 추정 $\hat{\mu}_{610} = 5.29$가 (거의) 확실히 너무 컸던 유전자 610의 경우에서 이러한 점을 잘 볼 수 있었다. 편향된 추정은 후속 장에서 주요한 역할을 한다.

최대 우도 추정은 대부분의 상황에서 사실상 편향되지 않는다. 반복적인 추출하에서 제곱 평균 오차의 기댓값은 다음과 같다.

$$\text{MSE} = E\left\{\left(\hat{\theta} - \theta\right)^2\right\} = \text{분산} + \text{편향}^2 \tag{4.47}$$

여기서 분산은 $O(1/n)$의 계산 차수를 가지고 편향^{2}은 $O(1/n^2)$의 계산 차수를 가진다. 후자는 대개 표본 크기 n이 커짐에 따라 무시할 정도가 된다(7장의 제임스-스타인의 경우처럼 $\hat{\mu}$가 고차원이고 $\hat{\theta} = T(\hat{\mu})$면 편향이 매우 커져서 중요한 예외가 발생할 수 있다). 에프론(1975)의 10절은 자세한 분석을 제공한다.

콕스Cox와 힌클리Hinkley(1974)의 9.2절은 MLE와 피셔 정보의 중요하고 폭넓은 부분을 설명한다. 레만Lehmann(1983)은 같은 근거를 다루지만 그의 책 6장에서 보듯이 좀 더 기술적이다.

4.6 연습문제

1. 1) 식 (4.10)을 증명하라.

   2) 실제로는 $\hat{\sigma}$의 식을 일반적으로 사용하지 않는 이유가 무엇인가?

2. θ에 대한 $\dot{l}_x(\theta)$의 그래프를 그려보라. 이를 사용해 (4.25)를 정당화해 보라.

3. $x_1 \sim \text{Bin}(20, \theta)$ 그와 독립적으로 $x_2 \sim \text{Poi}(10 \cdot \theta)$를 관찰했다. 크레이머-라오[Cramér-Rao] 하한 (4.33)을 수치적으로 계산하라. 힌트: 피셔 정보는 독립 관찰에 대해 가법적이다.

4. 앞면이 나올 확률이 미지수 θ인 코인을 n_1번 던져서 x_1번의 앞면이 나왔다. 그리고 또 다시 x_1번을 던져 x_2번이 앞면이 나왔다.

   1) 직관적으로 가능한 θ의 추정값은 얼마인가?

   2) 어떤 피셔 원칙을 적용했나?

5. 1000번의 순열에 대한 그림 4.3 버전을 다시 생성하라.

6. 밀도 $f_\theta(x)$의 단일-매개변수 계열로부터 관측값 x를 얻었다. 주어진 x에 대한 베이즈 사전 기대값으로 통계학자 A는 MLE $\hat{\theta}$를 계산했고 통계학자 B는 균등 사전 분포인 $g(\theta) = 1$을 사용해 $\bar{\theta}$로 계산했다. 두 기법의 관계에 대해 설명하라.

05
모수적 모델과 지수 계열

지금까지 통계적 추론에 대한 전통적 접근 방식인 빈도주의, 베이즈주의, 피셔를 현대적 응용에서의 강점과 한계점 위주로 살펴봤다. 그 철학적 차이에 대한 논의는 이제 그만 접어두고, 전통적 통계학에서 찾아볼 수 있는 공통적인 방법론적 주제를 살펴보자. 그 공통적인 주제는 바로 저차원 모수적 모델에 대한 강한 선호로서, 확률 밀도(3.1)의 모수적 계열을 사용해 데이터 분석 문제를 모델링하는 것이다.

$$\mathcal{F} = \left\{ f_\mu(x); x \in \mathcal{X}, \mu \in \Omega \right\} \tag{5.1}$$

여기서 모수 μ의 차원은 작다. 아마도 5, 10 정도며, 커봐야 20보다는 작다. 그 역에 대한 명칭이 '비모수적nonparametric'이라는 점에서 전통적인 모수적 방식이 좀 더 우세하다는 것을 짐작할 수 있다.

전통적으로 모수적 모델을 더 선호한 이유는 '수학적 용이mathematical tractability' 라는 두 단어로 설명할 수 있다. 구닥다리 컴퓨터와 느린 기계 연산을 사용하던 시대의 수학적 공식화는 계산 도구의 선택과 필수적으로 연동될 수밖에 없었다. 지금처럼 컴퓨팅 연산 자원이 풍부해진 환경은 수학적 병목을 해소해줌으로써 좀 더 사실적이고 유연하며 커다란 변화를 가져올 수 있는 통계적 기술의 근간을 마련해줬다. 그러나 전통적 모수 계열은 컴퓨터 시대 통계학에서도 여전히 큰 역할을 하고 있으며, 종종 좀 더 큰 기법을 구현하기 위한 작은 구성 성분으로서 사용되기도 한다(8장에서 소개할 일반 선형 모델의 경우와 비슷하다). 이 장[1]에서는 가장 보편적으로 사용되는 모수적 모델을 간략히 살펴보고, 마지막 부분에서 지수분포를 살펴본다. 지수분포는 전통적 이론과의 위대한 연결점이 되며 컴퓨터 시대 응용에도 여전히 중요한 역할을 차지하고 있다.

5.1 일변량 계열

일변량 모수적 계열은 관측치 x의 표본공간 $\mathcal{X}$가 실수의 직선 $\mathcal{R}^1$의 부분집합이며 대부분의 통계적 분석의 기본 구성 요소가 된다. 표 5.1은 가장 보편적인 일변량 계열인 정규, 포아송, 이항, 감마, 베타를 나열한 다음 설명하고 있다(자유도가 n차원인 카이제곱 분포인 χ^2_n도 포함된다. 그 분포는 $2 \cdot \text{Gam}(n/2, 1)$이기 때문이다). 정규분포 $\mathcal{N}(\mu, \sigma^2)$은 (3.27)에서 사용된 $\mathcal{N}(0, 1)$ 분포[2]를 이동한 다음 크기를 조정한 버전이다.

$$\mathcal{N}(\mu, \sigma^2) \sim \mu + \sigma\mathcal{N}(0, 1) \tag{5.2}$$

표에 있는 계열 사이에는 서로 연관성이 존재한다. 예를 들어 독립 감마 변수 $\text{Gam}(\nu_1, \sigma)$와 $\text{Gam}(\nu_2, \sigma)$는 아래 식에 해당하는 베타 변량을 생성한다.

$$\text{Be}(\nu_1, \nu_2) \sim \frac{\text{Gam}(\nu_1, \sigma)}{\text{Gam}(\nu_1, \sigma) + \text{Gam}(\nu_2, \sigma)} \tag{5.3}$$

1 이 장은 뒤에서 사용하게 될 기술 자료에 대한 많은 부분을 다루고 있으므로 처음 읽을 때는 다소 가볍게 훑어봐도 무방하다.

2 (5.2)의 표기는 $X \sim \mathcal{N}(\mu, \sigma^2)$이고 $Y \sim \mathcal{N}(0, 1)$이면 X와 $\mu + \sigma Y$는 동일한 분포를 가지는 것을 나타낸다.

표 5.1 다섯 개의 보편적인 일변량 밀도와 그 표본공간 $\mathcal{X}$, 모수 공간 Ω, 기댓값 및 분산을 보여준다. n차원 자유도를 가진 카이제곱의 분포는 2Gam(n/2, 1)이다.

이름, 표기	밀도	$\mathcal{X}$	Ω	기댓값, 분산
정규 $\mathcal{N}(\mu, \sigma^2)$	$\frac{1}{\sigma\sqrt{2\pi}}e^{-\frac{1}{2}(\frac{x-\mu}{\sigma})^2}$	$\mathcal{R}^1$	$\mu \in \mathcal{R}^1$ $\sigma^2 > 0$	μ σ^2
포아송 Poi(μ)	$\frac{e^{-\mu}\mu^x}{x!}$	$\{0, 1, \ldots\}$	$\mu > 0$	μ μ
이항 $\text{Bi}(n, \pi)$	$\frac{n!}{x!(n-x)!}\pi^x(1-\pi)^{n-x}$	$\{0, 1, \ldots, n\}$	$0 < \pi < 1$	$n\pi$ $n\pi(1-\pi)$
감마 $\text{Gam}(\nu, \sigma)$	$\frac{x^{\nu-1}e^{-x/\sigma}}{\sigma^\nu\Gamma(\nu)}$	$x \geq 0$	$\nu > 0$ $\sigma > 0$	$\sigma\nu$ $\sigma^2\nu$
베타 $\text{Be}(\nu_1, \nu_2)$	$\frac{\Gamma(\nu_1+\nu_2)}{\Gamma(\nu_1)\Gamma(\nu_2)}x^{\nu_1-1}(1-x)^{\nu_2-1}$	$0 \leq x \leq 1$	$\nu_1 > 0$ $\nu_2 > 0$	$\nu_1/(\nu_1+\nu_2)$ $\frac{\nu_1\nu_2}{(\nu_1+\nu_2)^2(\nu_1+\nu_2+1)}$

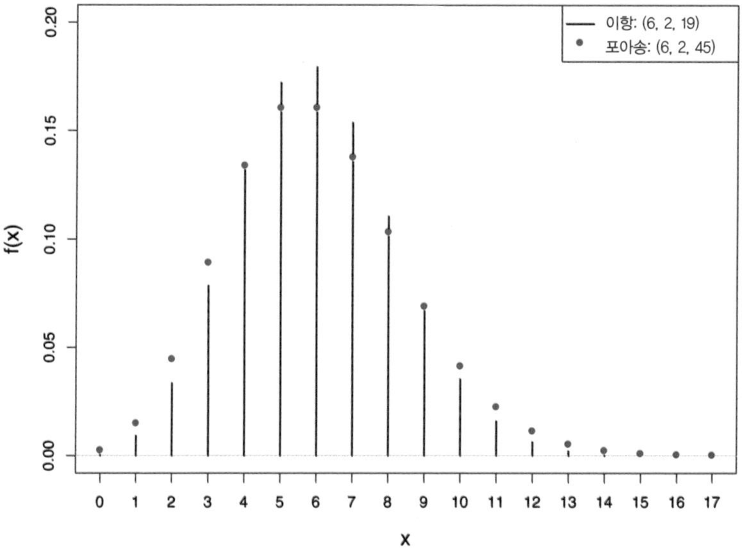

그림 5.1 이항분포 Bi(30,0.2)(검은색 선)와 포아송 Poi(6)(붉은색 점)의 비교. 범례에 각 분포의 평균과 표준편차가 나와 있다.

이항과 포아송은 특히 가까운 사촌이다. Bi(n, π) 분포(앞면이 나올 확률이 π인 동전을 독립적으로 n번 던질 때 앞면이 나오는 개수)는 n이 커지고 p가 작을 때 Poi($n\pi$) 분포에 근접한다.

$$\text{Bi}(n, \pi) \dot{\sim} \text{Poi}(n\pi) \tag{5.4}$$

$\dot{\sim}$ 표기는 두 분포가 거의 같다는 것을 의미한다. 그림 5.1은 $n = 30$, $\pi = 0.2$에서 이미 근사가 효과적으로 잘 작동하고 있음을 보여준다.

표 5.1의 다섯 계열은 다섯 개의 서로 다른 표본공간을 가지므로 서로 다른 환경에서 적절히 사용할 수 있다. 예를 들어 베타 분포는 단위 구간 [0, 1]에서의 연속 데이터를 모델링할 때 자연스럽게 사용할 수 있는 후보다. 그림 5.2에서 보는 것처럼 두 모수 (ν_1, ν_2)를 선택함으로써 다양한 형태를 만들 수 있다. 이 장의 뒷부분에서는 전통적 이론에서는 없었던 일반적 지수 계열에 대해 알아보는데, 지수 계열은 가능한 형태의 범주를 크게 확장시켰다.

5.2 다변량 정규분포

전통적 통계학에서는 표본공간 $\mathcal{X}$가 모두 p차원($p > 1$) 유클리드 공간인 $\mathcal{R}^p$에서만 존재하는, 그리 많지 않은 다변량 분포만 생성했다. 그중 가장 주목을 받은 것은 단연코 다변량 정규분포다.

랜덤 벡터 $x = (x_1, x_2, \cdots, x_p)'$는 정규분포를 따르는지의 여부와 상관없이 다음과 같은 평균 벡터와

$$\mu = E\{x\} = \big(E\{x_1\}, E\{x_2\}, \ldots, E\{x_p\}\big)' \tag{5.5}$$

$p \times p$ 공분산 행렬[3]을 가진다.

$$\mathbf{\Sigma} = E\left\{(x - \mu)(x - \mu)'\right\} = \left(E\left\{(x_i - \mu_i)(x_j - \mu_j)\right\}\right) \tag{5.6}$$

3 표기법 $\mathbf{\Sigma} = (\sigma_{ij})$는 행렬의 ij번째 원소를 정의한다.

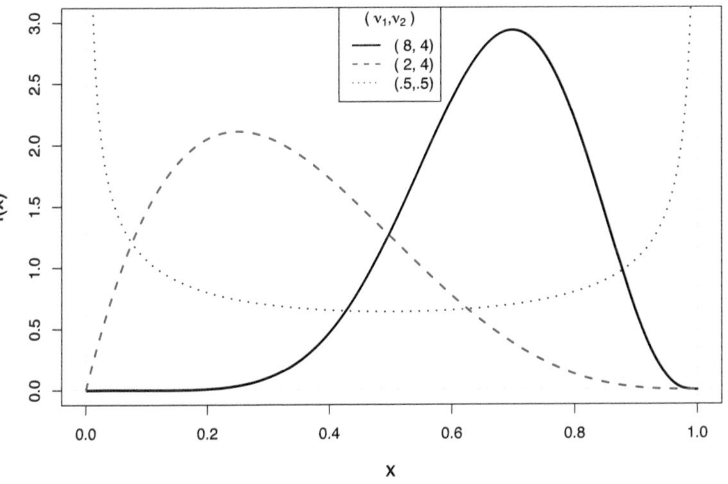

그림 5.2 표시된 (ν_1, ν_2)에 따른 세 가지 베타 밀도

(벡터 u와 v의 외적outer product인 uv'는 $u_i v_j$를 원소로 가지는 행렬이다.) 편의상 (5.5)와 (5.6)에 대해 다음의 표기를 사용해 일변량 계열에서 익숙하게 봐왔던 표기법인 $x \sim (\mu, \sigma^2)$처럼 축소한다.

$$x \sim (\mu, \mathbf{\Sigma}) \tag{5.7}$$

i, j가 1, 2, ⋯, p일 때 $\mathbf{\Sigma}$의 항목을 σ_{ij}로 표기하면 대각 항목들은 분산이 된다.

$$\sigma_{ii} = \text{var}(x_i) \tag{5.8}$$

비대각 원소들은 좌표 x 사이의 상관관계와 연계돼 있다.

$$\text{cor}(x_i, x_j) = \frac{\sigma_{ij}}{\sqrt{\sigma_{ii}\sigma_{jj}}} \tag{5.9}$$

다변량 정규분포는 표 5.1에서 일변량에 대해 정의했던 $\mathcal{N}(\mu, \sigma^2)$을 확장한다. 우선 $z = (z_1, z_2, \cdots, z_p)'$를 p개의 독립 $\mathcal{N}(0, 1)$ 변량의 벡터라 하고 확률 밀도 함수는 표 5.1의 첫째 줄에 따라 다음과 같다고 하자.

$$f(z) = (2\pi)^{-\frac{p}{2}} e^{-\frac{1}{2}\sum_1^p z_i^2} = (2\pi)^{-\frac{p}{2}} e^{-\frac{1}{2}z'z} \tag{5.10}$$

다변량 정규 계열은 z를 선형으로 변형하면 얻을 수 있다. μ를 p차원 벡터라 하고 $\boldsymbol{T}$가 $p \times p$ 정칙 행렬[nonsingular matrix]일 때 랜덤 벡터를 다음과 같이 정의하자.

$$x = \mu + \boldsymbol{T}z \tag{5.11}$$

확률 변환의 일반적 법칙을 따르면, x의 밀도는 다음과 같이 된다.

$$f_{\mu,\boldsymbol{\Sigma}}(x) = \frac{(2\pi)^{-p/2}}{|\boldsymbol{\Sigma}|^{1/2}} e^{-\frac{1}{2}(x-\mu)'\boldsymbol{\Sigma}^{-1}(x-\mu)} \tag{5.12}$$

여기서 $\boldsymbol{\Sigma}$는 $p \times p$ 대칭 양정치 행렬[positive definite matrix]이다.

$$\boldsymbol{\Sigma} = \boldsymbol{T}\boldsymbol{T}' \tag{5.13}$$

†1 여기서 $|\boldsymbol{\Sigma}|$는 행렬식[determinant]이다.[†] 평균이 μ고 공분산이 $\boldsymbol{\Sigma}$인 p차원 다변량 정규분포 $f_{\mu,\Sigma}(x)$는 다음과 같이 표기할 수 있다.

$$x \sim \mathcal{N}_p(\mu, \boldsymbol{\Sigma}) \tag{5.14}$$

그림 5.3은 $\mu = (0,\ 0)'$고 $\boldsymbol{\Sigma}$가 $\sigma_{11} = 22$, $\sigma_{12} = 0.5$인 이변량 정규분포다(따라서 $\mathrm{cor}(x_1,\ x_2) = 0.5$다). 왼쪽에 있는 종 모양의 산은 밀도(5.12)를 그린 것이다. 오른쪽은 이 분포로부터 추출된 2,000개의 점을 그린 산포도다. 동심 타원들은 다음의 상수 밀도 곡선을 도식화한 것이다.

$$(x - \mu)'\boldsymbol{\Sigma}^{-1}(x - \mu) = \text{상수} \tag{5.15}$$

전통적 다변량 분석은 다변량 정규분포가 가진 확률적이고 통계적인 성질 모두를 연구했다. 5.6절, '주석 및 상세 설명'에 몇 가지 중요한 (그리고 장문의) 다변량 참조 목록을 나열해뒀다. 여기서는 후속 장에서 유용하게 사용될 몇 가지 결과를 살펴본다.

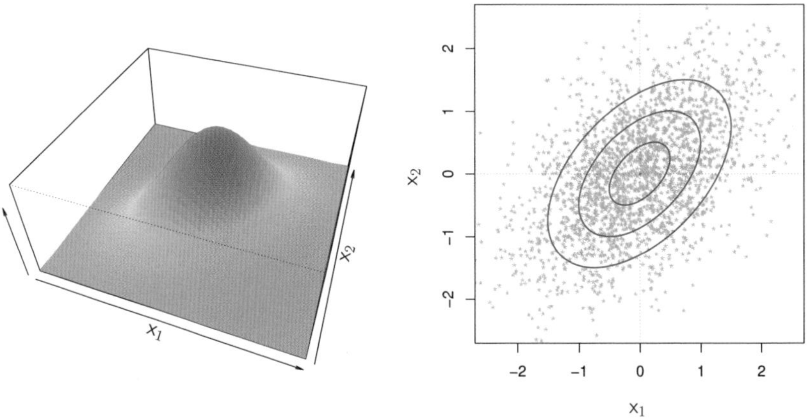

그림 5.3 왼쪽: 이변량 정규 밀도 $\text{var}(x_1) = \text{var}(x_2) = 1$이고 $\text{cor}(x_1, x_2) = 0.5$다. 오른쪽: 이 정규 밀도로부터 추출한 2,000개 (x_1, x_2) 쌍의 표본이다.

$$x = (x_1, x_2, \ldots, x_p)' \text{가 } x_{(1)} = (x_1, x_2, \ldots, x_{p_1})' \text{와}$$

$$x_{(2)} = (x_{p_1+1}, x_{p_1+2}, \ldots, x_{p_1+p_2})' \tag{5.16}$$

로 분할됐다고 가정하자. $p_1 + p_2 = p$고 $\boldsymbol{\mu}$와 $\boldsymbol{\Sigma}$도 유사하게 분할됐다.

$$\begin{pmatrix} x_{(1)} \\ x_{(2)} \end{pmatrix} \sim \mathcal{N}_p \left(\begin{pmatrix} \mu_{(1)} \\ \mu_{(2)} \end{pmatrix}, \begin{pmatrix} \boldsymbol{\Sigma}_{11} & \boldsymbol{\Sigma}_{12} \\ \boldsymbol{\Sigma}_{21} & \boldsymbol{\Sigma}_{22} \end{pmatrix} \right) \tag{5.17}$$

(따라서 $\boldsymbol{\Sigma}_{11}$은 $p_1 \times p_1$, $\boldsymbol{\Sigma}_{12}$는 $p_1 \times p_2$ 등등) 그러면 주어진 $x_{(1)}$에 대한 $x_{(2)}$의 조건부분
†2 포 자체는 정규분포다.[†]

$$x_{(2)} | x_{(1)} \sim \mathcal{N}_{p_2} \left(\mu_{(2)} + \boldsymbol{\Sigma}_{21} \boldsymbol{\Sigma}_{11}^{-1} (x_{(1)} - \mu_{(1)}), \boldsymbol{\Sigma}_{22} - \boldsymbol{\Sigma}_{21} \boldsymbol{\Sigma}_{11}^{-1} \boldsymbol{\Sigma}_{12} \right) \tag{5.18}$$

$p_1 = p_2 = 1$이면 (5.18)은 다음과 같이 축소된다.

$$x_2 | x_1 \sim \mathcal{N} \left(\mu_2 + \frac{\sigma_{12}}{\sigma_{11}} (x_1 - \mu_1), \ \sigma_{22} - \frac{\sigma_{12}^2}{\sigma_{11}} \right) \tag{5.19}$$

여기서 σ_{12}/σ_{11}은 익숙하게 봐온 x_2의 선형 회귀 계수를 x_1의 함수로 나타낸

것인 반면, $\sigma_{12}^2/\sigma_{11}\sigma_{22}$는 x_1에 의해 설명된 x_2의 분산의 제곱 비율 R^2인 cor(x_1, x_2)^{2}과 같다. 따라서 (5.19)에서 (설명되지 못한) 분산 항은 $\sigma_{22}(1-R^2)$으로 다시 쓸 수 있다.

베이즈 통계학자들도 정규 계열을 잘 활용한다. 대개 일변량 $x \sim \mathcal{N}(\mu, \sigma^2)$으로 시작하는 것이 좋은데, 여기서는 기대 벡터 자체가 정규 사전 분포 $\mathcal{N}(M, A)$를 가진다고 가정한다.

$$\mu \sim \mathcal{N}(M, A) \quad \text{그리고} \quad x|\mu \sim \mathcal{N}(\mu, \sigma^2) \tag{5.20}$$

베이즈 정리와 약간의 대수를 통해 주어진 관측치 x에 대한 μ의 사후 분포는
†3 정규분포를 따른다는 것을 알 수 있다.[†]

$$\mu|x \sim \mathcal{N}\left(M + \frac{A}{A+\sigma^2}(x-M), \frac{A\sigma^2}{A+\sigma^2}\right) \tag{5.21}$$

사후 기댓값 $\hat{\mu}_{\text{Bayes}} = M + (A/(A+\sigma^2))(x-M)$은 μ에 대한 축소 추정기shrinkage estimator다. 말하자면, $A = \sigma^2$이면 $\hat{\mu}_{\text{Bayes}} = M + (x-M)/2$는 불편 추정 $\hat{\mu} = x$로부터 사전 평균 M쪽으로 반만큼 도로 축소하는 반면, $\hat{\mu}_{\text{Bayes}}$의 사후 분산 $\sigma^2/2$는 $\hat{\mu}$의 절반에 불과하다.

베이즈 설정 (5.20)을 다변량 버전으로 바꾸면 다음과 같다.

$$\mu \sim \mathcal{N}_p(M, \boldsymbol{A}) \quad \text{그리고} \quad x|\mu \sim \mathcal{N}_p(\mu, \boldsymbol{\Sigma}) \tag{5.22}$$

이제 M과 μ의 p-벡터와 함께 $\boldsymbol{A}$와 $\boldsymbol{\Sigma}$는 $p \times p$ 양정치 행렬이다. 5.6절, '주석 및 상세 설명'에 있는 것처럼 주어진 x에 대한 μ의 사후 분포는 다음과 같다.

$$\mu|x \sim \mathcal{N}_p\left(M + \boldsymbol{A}(\boldsymbol{A}+\boldsymbol{\Sigma})^{-1}(x-M),\ \boldsymbol{A}(\boldsymbol{A}+\boldsymbol{\Sigma})^{-1}\boldsymbol{\Sigma}\right) \tag{5.23}$$

이 식은 $p = 1$일 때 식 (5.21)로 축소된다.

5.3 다모수 계열의 피셔 정보 경계

다변량 정규분포는 대규모 표본 근사를 통해 최대 우도를 추정할 때 가장 큰 역할을 수행한다. 밀도 함수 $\{f_\mu(x)\}$의 모수적 계열이 정규성 여부와 상관없이 p차원 모수 벡터 μ에 대해 매끈한smooth 함수로 정의됐다고 가정하자(식 (5.1)에 대해 Ω는 $\mathcal{R}^p$의 부분집합이다).

MLE 정의와 결과는 4장 (4.14)의 서두에 있는 단일 모수 계산과 유사하다. 스코어 함수 $\dot{l}_x(\mu)$는 이제 $\log\{f_\mu(x)\}$의 그래디언트gradient로 정의된다.

$$\dot{l}_x(\mu) = \nabla_\mu \{\log f_\mu(x)\} = \left(\ldots, \frac{\partial \log f_\mu(x)}{\partial \mu_i}, \ldots\right)' \tag{5.24}$$

$\log f_\mu(x)$의 좌표 μ에 대한 편미분의 p-벡터다. 그 평균은 0이다.

$$E_\mu\left\{\dot{l}_x(\mu)\right\} = 0 = (0, 0, 0, \ldots, 0)' \tag{5.25}$$

정의에 따라 μ에 대한 피셔 정보 행렬 $\mathcal{I}_\mu$는 $\dot{l}_x(\mu)$의 $p \times p$ 공분산 행렬이다. 외적 표기를 사용하면 다음과 같다.

$$\mathcal{I}_\mu = E_\mu\left\{\dot{l}_x(\mu)\dot{l}_x(\mu)'\right\} = \left(E_\mu\left\{\frac{\partial \log f_\mu(x)}{\partial \mu_i}\frac{\partial \log f_\mu(x)}{\partial \mu_j}\right\}\right) \tag{5.26}$$

여기서의 핵심적인 결과는 MLE $\hat{\mu} = \arg\max_\mu\{f_\mu(x)\}$가 공분산 행렬이 $\mathcal{I}_\mu^{-1}$인 정규분포에 근사한다는 것이다.

$$\hat{\mu} \,\dot{\sim}\, \mathcal{N}_p(\mu, \mathcal{I}_\mu^{-1}) \tag{5.27}$$

근사 (5.27)은 대규모 표본 인자, 말하자면 $\mathcal{R}^p$에서의 iid 표본 x, $(x_1, x_2, \cdots, x_n)$에 대해 n이 무한으로 갈수록 정당화된다.

통계학자가 특별히 μ의 첫 번째 좌표인 μ_1에 관심이 있다고 가정해보자. $\mu_{(2)} = (\mu_2, \mu_3, \cdots, \mu_p)$가 μ의 다른 $p-1$개의 좌표를 표기한다고 가정하면,

이들은 μ_1에 관해서는 이제 '장애 모수nuisance parameter'가 됐다. (5.27)에 따라 $\hat{\mu}$의 첫 번째 좌표인 MLE $\hat{\mu}_1$은 다음과 같다.

$$\hat{\mu}_1 \dot{\sim} \mathcal{N}\left(\mu_1, (\boldsymbol{\mathcal{I}}_{\mu}^{-1})_{11}\right) \tag{5.28}$$

여기서의 표기는 $\boldsymbol{\mathcal{I}}_{\mu}^{-1}$의 좌상향 극단 원소를 가리킨다.

정보 행렬 $\boldsymbol{\mathcal{I}}_{\mu}$는 μ_1과 $\mu_{(2)}$에 해당하는 두 부분으로 분할할 수 있다.

$$\boldsymbol{\mathcal{I}}_{\mu} = \begin{pmatrix} \mathcal{I}_{\mu 11} & \mathcal{I}_{\mu 1(2)} \\ \mathcal{I}_{\mu(2)1} & \boldsymbol{\mathcal{I}}_{\mu(22)} \end{pmatrix} \tag{5.29}$$

(여기서 $\mathcal{I}_{\mu 1(2)} = \mathcal{I}'_{\mu(2)1}$은 $1 \times (p-1)$차원이고, $\boldsymbol{\mathcal{I}}_{\mu(22)}$는 $(p-1) \times (p-1)$차원이다.)

†4 5.6절, '주석 및 상세 설명'에는 다음 식에 대한 증명이 있다.[†]

$$(\boldsymbol{\mathcal{I}}_{\mu}^{-1})_{11} = \left(\mathcal{I}_{\mu 11} - \mathcal{I}_{\mu 1(2)} \boldsymbol{\mathcal{I}}_{\mu(22)}^{-1} \mathcal{I}_{\mu(2)1}\right)^{-1} \tag{5.30}$$

(5.30)에서 차감된 항은 음이 아닌 수며 다음 사실을 암시한다.

$$(\boldsymbol{\mathcal{I}}_{\mu}^{-1})_{11} \geq \mathcal{I}_{\mu 11}^{-1} \tag{5.31}$$

추정할 필요 없이 만약 통계학자들이 $\mu_{(2)}$를 알고 있었다면 $f_{\mu_1 \mu_{(2)}}(x)$는 단일 모수 계열이 될 것이고, μ_1을 추정하기 위해 피셔 정보 $\mathcal{I}_{\mu 11}$을 사용하면 다음과 같이 된다.

$$\hat{\mu}_1 \dot{\sim} \mathcal{N}(\mu_1, \mathcal{I}_{\mu 11}^{-1}) \tag{5.32}$$

(5.28)을 (5.32)와 비교해보면, (5.31)은 MLE $\hat{\mu}_1$의 분산은 장애 모수가 있을
†5 경우에 항상 증가할 수밖에 없다는 것을 알 수 있다.[4†]

최대 우도를 포함해 사실상 모든 형태의 불편 또는 거의 불편인 추정에서는 '다른' 모수가 끼어있으면 항상 '장애nuisance' 세금을 내야 하는 셈이다.

---

4 $\mathcal{I}_{\mu 1(2)}$가 모두 0인 벡터가 아니면 성립한다. 둘 다 0인 경우는 $\hat{\mu}_1$과 $\hat{\mu}_{(2)}$가 서로 독립에 가까운 것에 해당한다.

현대 응용에서는 그 '다른'이 수천 개가 될 수도 있다. 너무 많은 예측 변수 predictor를 가진 회귀 적합화를 생각해보라. 어떤 경우에는 편향된 추정 기법이 그 '다른' 모수를 목표 모수 추정이 용이하게 되는 방향으로 활용함으로써 상황을 반전시킬 수도 있다. 이 점에 대해서는 6장의 경험적 베이즈 기법과 16장의 ℓ_1에 대한 정규화 회귀 모델을 참고하라.

5.4 다항분포

잘 알려진 전통적 다변량 분포 중 두 번째는 다항분포multinomial다. 다항분포는 관측치가 오직 유한한 개수의 이산 값, 즉 L개를 가지는 상황에 적용할 수 있다. 표 4.1에서 다룬 2×2 궤양 수술이 표 5.2에 반복해서 표시돼 있다. 여기서는 각 셀에 1, 2, 3, 4로 레이블이 붙어있다. 따라서 각 환자에 대해 $L =$ 네 가지의 가능한 결과((**새 치료, 성공**), (**새 치료, 실패**), (**과거 치료, 성공**), (**과거 치료, 실패**))가 존재한다.

표 5.2 표 4.1의 궤양 연구. 이제 각 셀에는 1부터 4까지 번호가 매겨져 있다.

	성공	실패
새 치료	1 **9**	2 **12**
과거 치료	3 **7**	4 **17**

표 5.2는 $n = 45$개의 관측을 보여준다. $\boldsymbol{x} = (x_1, x_2, \cdots, x_L)$이 L가지 가능한 결과에 대한 각각의 개수 벡터라고 하자.

$$x_l = \#\{\text{결과가 } l\text{인 경우들}\} \tag{5.33}$$

궤양 자료의 경우 이 값은 $\boldsymbol{x} = (9, 12, 7, 17)'$다. 결과 값들은 길이가 L인 좌표 벡터 $\boldsymbol{e}_l$로 코딩하면 편리하다.

$$e_l = (0, 0, \ldots, 0, 1, 0, \ldots, 0)' \tag{5.34}$$

즉, l번째 위치를 1로 코딩한다.

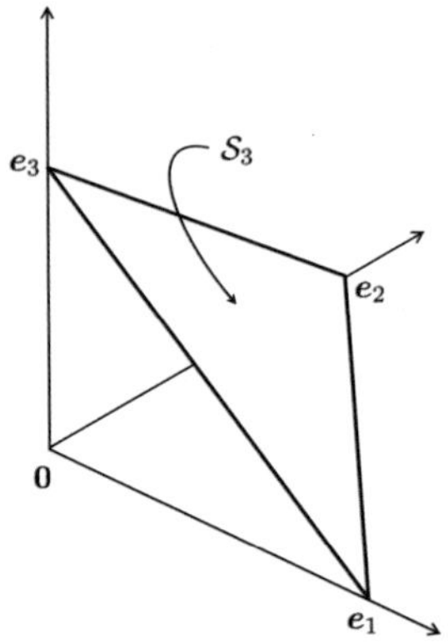

그림 5.4 심플렉스 $\mathcal{S}_3$은 $\mathcal{R}^3$축의 좌표에 대해 등변삼각형이다.

다항 확률 모델은 n가지 경우가 독립적이며 각 경우가 결과 e_l에 대해 확률 π_l을 가진다고 가정한다.

$$\pi_l = \Pr\{e_l\}, \qquad l = 1, 2, \ldots, L \tag{5.35}$$

다음 식이

$$\boldsymbol{\pi} = (\pi_1, \pi_2, \ldots, \pi_L)' \tag{5.36}$$

확률 벡터를 나타낸다고 하자. 개수 벡터 $\boldsymbol{x}$는 다음의 다항분포를 따른다.

$$f_{\boldsymbol{\pi}}(\boldsymbol{x}) = \frac{n!}{x_1!x_2!\ldots x_L!} \prod_{l=1}^{L} \pi_l^{x_l} \tag{5.37}$$

이는 다음과 같이 표기할 수 있다.

$$\boldsymbol{x} \sim \text{Mult}_L(n, \boldsymbol{\pi}) \tag{5.38}$$

(n개 관측치에 대한 L가지 결과, 확률 벡터 $\boldsymbol{\pi}$)

$\boldsymbol{\pi}$의 모수 공간 Ω는 심플렉스 $\mathcal{S}_L$이다.

$$\mathcal{S}_L = \left\{\boldsymbol{\pi} : \pi_l \geq 0 \text{ 그리고 } \sum_{l=1}^{L} \pi_l = 1\right\} \tag{5.39}$$

그림 5.4는 좌표축 $\boldsymbol{e}_1$, $\boldsymbol{e}_2$, $\boldsymbol{e}_3$에 각을 설정한 등변삼각형 $\mathcal{S}_3$을 보여준다. 삼각형 $\boldsymbol{\pi} = (1/3, 1/3, 1/3)$의 중간점은 세 가지 가능한 결과에 모두 동일한 확률을 부여한 다항분포와 같다.

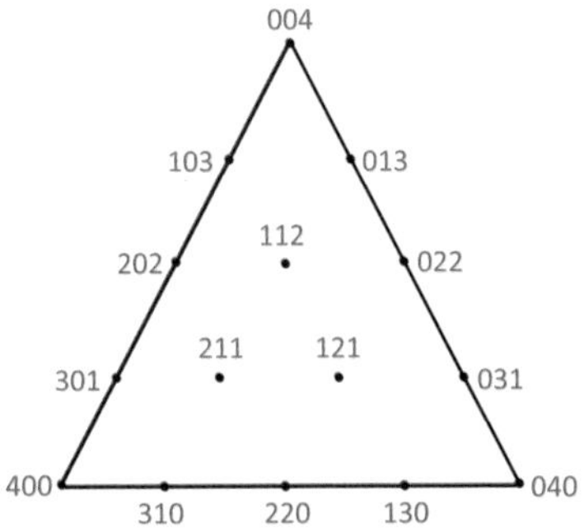

그림 5.5 $\boldsymbol{x} \sim \text{Mult}_3(4, \boldsymbol{\pi})$의 표본공간 $\mathcal{X}$. 숫자는 (x_1, x_2, x_3)을 나타낸다.

x의 표본공간 $\mathcal{X}$는 정숫값 요소를 가지는 $n\mathcal{S}_L$(합이 n인 음수가 아닌 벡터의 집합)의 부분집합이다. 그림 5.5는 $n=4$, $L=3$인 경우를 보여주고, 이제 그림 5.4의 삼각형에 4를 곱해 반듯하게 놓여 있다. 점 121은 $\boldsymbol{x} = (1, 2, 1)$을 나타내고 (5.37)에 따라 확률은 $12 \cdot \pi_1\pi_2^2\pi_3$이다.

양분된 경우인 $L=2$에서는 다항분포가 이항분포로 줄어든다. 표 5.1 셋째 줄의 (π_1, π_2)는 $(\pi, 1-\pi)$와 같아지고 (x_1, x_2)는 $(x, n-x)$와 같게 된다. 모든
†6 값 L에 대해 $\text{Mult}_L(n, \boldsymbol{\pi})$의 평균 벡터와 공분산 행렬은 다음과 같다.[†]

$$\boldsymbol{x} \sim \left(n\boldsymbol{\pi}, n\left[\operatorname{diag}(\boldsymbol{\pi}) - \boldsymbol{\pi}\boldsymbol{\pi}'\right]\right) \tag{5.40}$$

(diag($\boldsymbol{\pi}$)는 대각 원소 π_l을 가진 대각 행렬이다.) 따라서 $\text{var}(x_l) = n\pi_l(1-\pi_l)$이고 공분산 $(x_l, x_j) = -n\pi_l\pi_j$다. (5.40)은 이항 평균과 분산 $(n\pi, n\pi(1-\pi))$를 일반화한다.

다항분포와 포아송분포 사이에는 서로 유용한 관계가 있다. $S_1, S_2, \cdots, S_L$이 서로 다를 수 있는 모수를 가진 독립된 포아송분포라 하자.

$$S_l \overset{\text{ind}}{\sim} \text{Poi}(\mu_l), \qquad l = 1, 2, \ldots, L \tag{5.41}$$

이를 좀 더 간단히 나타내면 다음과 같다.

$$\boldsymbol{S} \sim \text{Poi}(\boldsymbol{\mu}) \tag{5.42}$$

여기서 $\boldsymbol{S} = (S_1, S_2, \cdots, S_L)'$고 $\boldsymbol{\mu} = (\mu_1, \mu_2, \cdots, \mu_L)'$며, (5.42) 표기에 독립성이 가정됐다고 하자. 그렇다면 주어진 $S_+ = \sum S_l$에 대한 S의 조건부분포
†7 는 다항분포가 된다.[†]

$$\boldsymbol{S} | S_+ \sim \text{Mult}_L(S_+, \boldsymbol{\mu}/\mu_+) \tag{5.43}$$

또 $\mu_+ = \sum \mu_l$이다.

다른 방향으로 접근해서 $N \sim \text{Poi}(n)$이라 가정해보자. 이 경우 $\text{Mult}_L(n, \boldsymbol{\pi})$의 무조건 또는 한계 분포는 포아송분포가 된다.

$$\text{Mult}_L(N, \boldsymbol{\pi}) \sim \text{Poi}(n\boldsymbol{\pi}) \qquad N \sim \text{Poi}(n)\text{인 경우} \tag{5.44}$$

$\boldsymbol{x} \sim \text{Mult}_L(n, \boldsymbol{\pi})$를 계산할 때 종종 다항들의 상관관계로 인해 복잡해질 수 있다. 근사 $\boldsymbol{x} \dot{\sim} \text{Poi}(n, \boldsymbol{\pi})$를 사용하게 되면 상관관계를 없앨 수 있을 뿐 아니라, n이 커지면 대개 상당히 정확해진다.

다항 계열에 대해 하나 더 언급할 중요한 점이 있다. 다항 계열은 L개의 이산 범주로 구성된 표본공간 $\mathcal{X}$상의 모든 분포를 포함한다. 이 관점에서 다

항은 $\mathcal{X}$에 대한 비모수적 추론이라 할 수 있다. 10장에서의 비모수적 부트스트랩 계산은 이런 방식으로 다항을 사용한다. 비모수와 다항은 대규모며 모델링이 힘든 데이터 집합을 가진 최신 환경에서 더 큰 역할을 수행한다.

5.5 지수 계열

전통적 모수 계열은 한 세기 동안 통계적 이론과 관행에서 평균, 분산, 꼬리 영역 같은 개별적 특성의 다채로운 범주를 가지고 주도적인 역할을 했다. 하지만 놀랍게도 그 모든 것들은 1930년 초반 서서히 등장하기 시작한 강력한 범용적 구성법인 지수 계열의 예들에 불과했다. 여기서는 지수 계열에 대해 그 기본 이론을 간략히 소개하며, 좀 더 자세한 내용은 후속 장들에서 다루게 된다.

우선 표 5.1의 두 번째 줄에 있는 포아송분포를 생각해보자. 두 모수 μ와 μ_0 값의 포아송 밀도 비율은 다음과 같다.

$$\frac{f_\mu(x)}{f_{\mu_0}(x)} = e^{-(\mu-\mu_0)}\left(\frac{\mu}{\mu_0}\right)^x \tag{5.45}$$

이는 다음과 같이 다시 쓸 수 있다.

$$f_\mu(x) = e^{\alpha x-\psi(\alpha)} f_{\mu_0}(x) \tag{5.46}$$

이제 다음과 같이 정의해보자.

$$\alpha = \log\{\mu/\mu_0\} \quad 그리고 \quad \psi(\alpha) = \mu_0(e^\alpha - 1) \tag{5.47}$$

(5.46)을 살펴보면, 포아송 계열은 다음의 세 가지 단계로 기술될 수 있다.

1. 어느 하나의 포아송분포 $f_{\mu_0}(x)$로 시작한다.
2. 모든 $\mu > 0$에 대해 $\alpha = \log\{\mu/\mu_0\}$이라 하고 다음을 계산한다.

$$\tilde{f}_{\mu}(x) = e^{\alpha x} f_{\mu_0}(x) \qquad x = 0, 1, 2, \ldots \text{에 대해} \tag{5.48}$$

3. 마지막으로 $\tilde{f}_{\mu}$를 $\exp(\psi(\alpha))$로 나눠 포아송 밀도 $f_{\mu}(x)$를 얻는다.

달리 말하면, $f_{\mu_0}(x)$를 지수 인자 $e^{\alpha x}$로 '기울여서' $\tilde{f}_{\mu}(x)$를 얻은 후 그 합이 1이 되도록 $\tilde{f}_{\mu}(x)$를 다시 정규화한다. 다음 식이 성립하므로 (5.46)은 $\exp(-\psi(\alpha))$가 재정규화 상수가 되게 한다.

$$e^{\psi(\alpha)} = \sum_{0}^{\infty} e^{\alpha x} f_{\mu_0}(x) \tag{5.49}$$

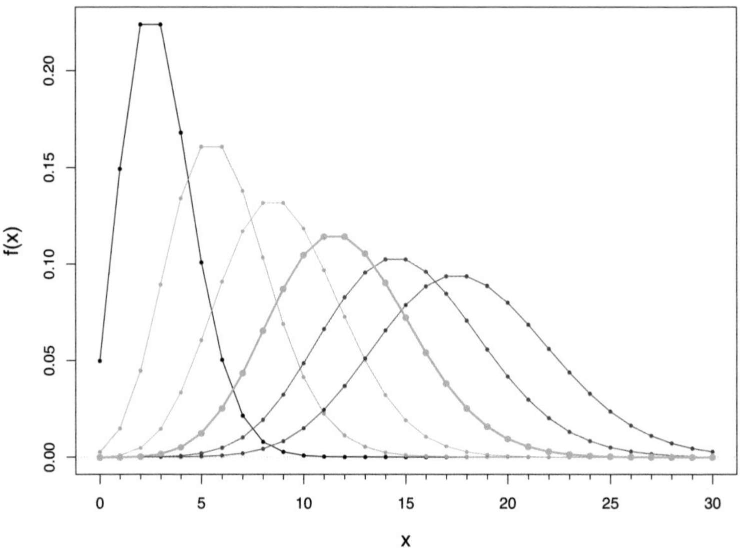

그림 5.6 $\mu = 3$, 6, 9, 12, 15, 18일 때의 포아송 밀도. 굵은 초록색 곡선은 $\mu = 12$일 때의 점이다.

그림 5.6은 $\mu = 3$, 6, 9, 12, 15, 18일 때의 포아송 밀도 함수 $f_{\mu}(x)$를 그래프로 그린 것이다. 각 포아송 밀도는 다른 어느 포아송 밀도의 그래디언트를 재정규화해 지수적으로 기울인 것과 같다. 따라서 예를 들어 $f_6(x)$는 $f_{12}(x)$를

$\alpha = \log\{6/12\} = -0.693$인 $e^{\alpha x}$로 기울인 것과 같다.[5]

포아송은 식 (5.46)에서 α와 x가 1차원인 단일 모수 지수 계열이다. p-모수 지수 계열은 다음과 같은 형식을 가진다.

$$f_\alpha(x) = e^{\alpha' y - \psi(\alpha)} f_0(x) \qquad \alpha \in A\text{에 대해} \tag{5.50}$$

여기서 α와 y는 p-벡터고 A는 $\mathcal{R}^p$에 포함된다. 여기서 α는 '캐노니컬canonical' 또는 '자연natural' 모수 벡터고, $y = t(x)$는 '충분통계량sufficient statistic' 벡터다. $f_\alpha(x)$의 적분 값(또는 총합)이 1이 되게 하는 정규화 함수 $\psi(\alpha)$는 다음을 만족한다.

$$e^{\psi(\alpha)} = \int_{\mathcal{X}} e^{\alpha' y} f_0(x)\, dx \tag{5.51}$$

†8 그리고 적분이 유한인 모수 공간 A는 $\mathcal{R}^p$에서 컨벡스convex 집합†이라는 것을 증명할 수 있다. 예를 들어 표 5.1 네 번째 줄의 감마 계열은 2-모수 지수 계열이며, α와 $y = t(x)$는 다음과 같다.

$$(\alpha_1, \alpha_2) = \left(-\frac{1}{\sigma}, \nu\right), \quad (y_1, y_2) = (x, \log x) \tag{5.52}$$

그리고

$$\begin{aligned} \psi(\alpha) &= \nu \log \sigma + \log \Gamma(\nu) \\ &= -\alpha_2 \log\{-\alpha_1\} + \log\{\Gamma(\alpha_2)\} \end{aligned} \tag{5.53}$$

모수 공간 A는 $\{\alpha_1 < 0$이고 $\alpha_2 > 0\}$이다.

여기서 왜 다른 변환 형식을 고려하지 않고 지수적 기울임에 관심을 두는 것일까? 그 대답은 반복된 표본추출과 관련 있다. $\boldsymbol{x} = (x_1, x_2, \ldots, x_n)$이 p-모수 지수 계열(5.50)에서 추출한 iid 표본이라고 가정하자. 그리고 $y_i = t(x_i)$가

5 $f_\mu(x)$를 또 다른 지수 계열로 표현할 수도 있다. 예를 들어 $\exp(\alpha x - \psi(\alpha)) f_0(x)$로 나타낼 수 있다. 여기서 $\alpha = \log \mu$, $\psi(\alpha) = \exp(\alpha)$, $f_0(x) = 1/x!$이다($f_0(x)$가 반드시 이 계열의 일원일 필요는 없다).

x_i에 대한 충분 벡터라고 하자.

$$
\begin{aligned}
f_\alpha(\boldsymbol{x}) &= \prod_{i=1}^{n} e^{\alpha' y_i - \psi(\alpha)} f_0(x_i) \\
&= e^{n(\alpha' \bar{y} - \psi(\alpha))} f_0(\boldsymbol{x})
\end{aligned}
\tag{5.54}
$$

여기서 $\bar{y} = \sum_1^n y_i / n$이다. 이는 여전히 자연 모수 $n\alpha$, 충분통계량 $\bar{y}$, 정규화 $n\psi(\alpha)$를 가진 p-모수 지수 계열이다. n이 얼마나 커지든 통계학자들은 여전히 모든 추론 정보를 p차원 통계량 $\bar{y}$에 압축할 수 있다. 오직 지수 계열만이 이러한 성질을 가지고 있다.

비록 이러한 발견은 매우 다른 맥락과 시간에서 이뤄졌지만 이 장에서 논의된 모든 분포는 지수 계열에도 존재한다. 이는 보이는 것처럼 우연한 결과가 아니다. 수학적 용이성은 전통적인 모수적 분포의 소중한 성질이고, 이 성질은 지수 구조에서 그 구조를 인식할 수 없는 경우에서도 많이 향상된다.

단일 모수 지수 계열의 경우 정규화 함수 $\psi(\alpha)$는 누적 생성 함수cumulant generating function라고도 알려져 있다. $\psi(\alpha)$의 도함수는 y의 누적률들cumulants[6]을
†9 생성하는데, 처음 두 값은 평균과 분산이다.[†]

$$
\dot{\psi}(\alpha) = E_\alpha\{y\} \quad \text{그리고} \quad \ddot{\psi}(\alpha) = \text{var}_\alpha\{y\} \tag{5.55}
$$

이와 유사하게 p-모수 계열은 다음과 같다.

$$
\dot{\psi}(\alpha) = (\ldots \partial\psi / \partial\alpha_j \ldots)' = E_\alpha\{y\} \tag{5.56}
$$

그리고

$$
\ddot{\psi}(\alpha) = \left(\frac{\partial^2 \psi(\alpha)}{\partial\alpha_j \, \partial\alpha_k} \right) = \text{cov}_\alpha\{y\} \tag{5.57}
$$

---

6 단순화한 점 표기법은 좀 더 복잡한 식을 사용할 수 있게 해준다($\dot{\psi}(\alpha) = d\psi(\alpha)/d\alpha$와 $\ddot{\psi}(\alpha) = d^2\psi(\alpha)/d\alpha^2$).

p차원 기대 모수는 다음과 같이 나타낼 수 있다.

$$\beta = E_\alpha\{y\} \tag{5.58}$$

이는 자연 자연 모수 α의 일대일 함수다. V_α가 $p \times p$ 공분산 행렬을 나타낸다고 하자.

$$V_\alpha = \text{cov}_\alpha(y) \tag{5.59}$$

그러면 α에 대한 β의 $p \times p$ 미분 행렬은 다음과 같다.

$$\frac{d\beta}{d\alpha} = (\partial\beta_j / \partial\alpha_k) = V_\alpha \tag{5.60}$$

이는 (5.56)–(5.57)에서 도출되고 역매핑은 $d\alpha/d\beta = V_\alpha^{-1}$이다. 단일 모수의 예에서처럼 표 5.1의 포아송분포는 $\alpha = \log\mu$, $\beta = \mu$, $y = x$, $d\alpha/d\beta = 1/(d\alpha/d\beta) = \mu = V_\alpha$다.

기대 모수 β에 대한 최대 우도 추정은 단순히 y(또는 (5.54)의 반복 추출에서
†10 는 $\bar{y}$)며, 이는 대부분의 상황에서 곧바로 계산할 수 있다.[†] 자연 모수 α에 대해 MLE를 즉시 계산하는 것은 그다지 용이하지 않다. 일대일 매핑 $\beta = \dot{\psi}(\alpha)$ (5.56)는 역함수 $\alpha = \dot{\psi}^{-1}(\beta)$를 가지므로 다음과 같다.

$$\hat{\alpha} = \dot{\psi}^{-1}(y) \tag{5.61}$$

예를 들어 포아송의 경우는 $\hat{\alpha} = \log y$다. 한 가지 문제는 $\dot{\psi}^{-1}(\cdot)$은 대개 닫힌 식으로 구할 수 없다는 점이다. 대부분의 경우 $\hat{\alpha}$를 계산하려면 수치적 근사 알고리듬을 써야 한다.

모든 전통적 지수 계열은 $\psi(\alpha)$(그리고 $f_\alpha(x)$)에 대한 닫힌 식을 가지고 있으므로 평균 β와 공분산 V_α에 대한 기분 좋은 공식을 제공해준다((5.56)–(5.57)). 현대의 계산 기술은 일반적인 지수 계열을 사용해 작업할 수 있도록 해줬으므로 수학적 용이성을 걱정할 필요 없이 특정 과제를 수행할 수 있다.

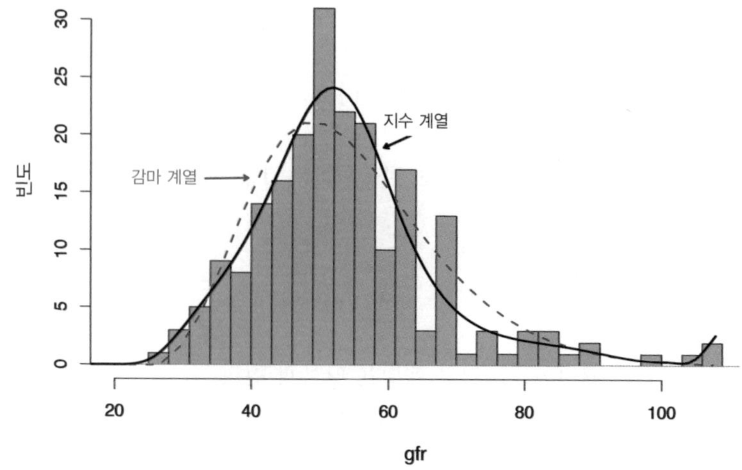

그림 5.7 그림 2.1의 **gfr** 데이터에 적합화한 7-모수 지수 계열(굵은 선)과 그림 4.1의 감마 적합화(점선)를 비교한 그래프

예를 들어 그림 2.1의 **gfr** 데이터를 다시 살펴보자. 가능한 지수 계열에 대해 $f_0(x) \equiv 1$로 설정하고 충분통계량 벡터는 다음과 같다.

$$y(x) = (x, x^2, \ldots, x^7) \tag{5.62}$$

따라서 (5.50)의 $\alpha' y$는 **gfr**의 척도에서 x에 대한 모든 7차 다항을 나타낼 수 있다[7](2차에서 멈추면 $\mathcal{N}(\mu, \sigma^2)$ 계열이 되고 그림 4.1에서 2차는 매우 불량한 적합화 결과를 생성한다는 것을 확인했다). 그림 5.7의 실선 곡선은 이제 MLE 적합화 $f_{\hat{\alpha}}(x)$가 **gfr** 히스토그램을 제법 잘 따른다는 것을 보여준다. 10장에서는 MLE $\hat{\alpha}$ 계산을 단순화시킨 알고리듬인 '린지 기법[Lindsey's method]'에 대해 알아본다.

좀 더 이색적인 예제는 고정된 N-노드 집합에서 랜덤 그래프를 생성해보는 것이다. 각 그래프는 특정 개수의 전체 가지의 수 E와 삼각형의 개수 T를 가진다. 이러한 그래프를 생성하는 보편적인 방법 중 하나는 $y = (E, T)$인 2-모수 지수 계열을 사용하는 것인데, α_1, α_2에 더 큰 값을 사용하면 더 많은 연결을 가진 그래프가 생성된다.

7 다항의 모든 절편은 (5.57)의 $\psi(\alpha)$ 항에 흡수된다.

5.6 주석 및 상세 설명

충분통계량의 개념은 모든 추론 정보를 포함하는 것으로, 아마도 전통적 총론에 대한 피셔의 기여 중에서 가장 행복한 것 가운데 하나일 것이다. 그는 지수 계열 형식(5.50)에서 모수 α가 오직 지수 $\exp(\alpha' y)$를 통해서만 x와 상호작용한다는 사실로 인해 $y(x)$가 α를 추정할 수 있는 충분통계량이 되게 만든다는 사실을 알아냈다. 1935–1936년에 다른 나라에서 서로 독립적으로 작업한 세 명의 저자인 피트만[Pitman], 다모이스[Darmois], 쿠프만[Koopmans]은 지수 계열만이 반복적인 독립 추출하에서 고정된 차원의 충분통계량을 활용하는 유일한 것임을 증명했다. 1950년 후반까지 이러한 분포는 피트만–다모이스–쿠프만[Pitman–Darmois–Koopmans] 계열이라 불렸고, 이름이 이렇게 길다는 것은 이 방법이 그다지 많이 사용되지는 않았다는 사실을 추측할 수 있게 해준다.

8장에서의 일반화 선형 모델은 통계적 관행에서 충분성의 영향이 계속해서 미치고 있음을 보여준다. 피터 빅켈[Peter Bickel]은 데이터 압축(이는 이미지 전송 등과 관련해 활발히 연구되는 주제다.)이 바로 충분성의 (다소 덜 엄격한) 현대적 버전이라고 지적하기도 했다.

지금까지 살펴본 것 중에서 지수분포 계열이 아닌 것은 (4.39)의 코시 변환 모델이 유일했다. 에프론과 힌켈(1978)은 코시 계열을 곡선화 지수 계열의 관점에서 분석했고, 이는 모델 (5.50)을 일반화한 것이다.

전통적 분포(수많은 성질과 분포들)의 성질에 관해서는 존슨과 콜츠의 대단한 시리즈 참고 문헌(1969–1972)에서 다루고 있다. 두 가지 전통적인 다변량 분석 책은 앤더슨(2003) 및 마르디아[Mardia]와 동료들(1979)이다.

†1 식 (5.12). $z = \boldsymbol{T}^{-1}(x-\mu)$로부터 $dz/dx = \boldsymbol{T}^{-1}$이고

$$f_{\mu,\boldsymbol{\Sigma}}(x) = f(z)|\boldsymbol{T}^{-1}| = (2\pi)^{-\frac{p}{2}}|\boldsymbol{T}^{-1}|e^{-\frac{1}{2}(x-\mu)'\boldsymbol{T}^{-1\prime}\boldsymbol{T}^{-1}(x-\mu)} \tag{5.63}$$

이므로 (5.12)는 $\boldsymbol{T}\boldsymbol{T}' = \boldsymbol{\Sigma}$와 $|\boldsymbol{T}| = |\boldsymbol{\Sigma}|^{1/2}$에서 얻게 된다.

†2 식 (5.18). $\mathbf{\Lambda} = \mathbf{\Sigma}^{-1}$이 (5.17)에서처럼 분할됐다고 하자. 그렇다면

$$\begin{pmatrix} \mathbf{\Lambda}_{11} & \mathbf{\Lambda}_{12} \\ \mathbf{\Lambda}_{21} & \mathbf{\Lambda}_{22} \end{pmatrix} = \begin{pmatrix} \left(\mathbf{\Sigma}_{11} - \mathbf{\Sigma}_{12}\mathbf{\Sigma}_{22}^{-1}\mathbf{\Sigma}_{21}\right)^{-1} & -\mathbf{\Sigma}_{11}^{-1}\mathbf{\Sigma}_{12}\mathbf{\Lambda}_{22} \\ -\mathbf{\Sigma}_{22}^{-1}\mathbf{\Sigma}_{21}\mathbf{\Lambda}_{11} & \left(\mathbf{\Sigma}_{22} = \mathbf{\Sigma}_{21}\mathbf{\Sigma}_{11}^{-1}\mathbf{\Sigma}_{12}\right)^{-1} \end{pmatrix} \tag{5.64}$$

직접적인 곱은 항등 행렬 $\mathbf{\Lambda\Sigma} = \boldsymbol{I}$임을 보여준다. 만약 $\mathbf{\Sigma}$가 대칭이면 $\mathbf{\Lambda}_{21} = \mathbf{\Lambda}'_{12}$다. x를 $x - \mu$로 재정의하면 $\mu_{(1)}$과 $\mu_{(2)}$는 (5.18)에서 0으로 설정할 수 있다. (5.12)의 지수에서 2차 형식은 다음과 같다.

$$(x'_{(1)}, x'_{(2)})\mathbf{\Lambda}\left(x_{(1)}, x_{(2)}\right) = x'_{(2)}\mathbf{\Lambda}_{22}x_{(2)} + 2x'_{(1)}\mathbf{\Lambda}_{12}x_{(2)} + x'_{(1)}\mathbf{\Lambda}_{11}x_{(1)} \tag{5.65}$$

그러나 (5.64)를 사용하면 이는 $x_{(2)}$를 포함하지 않는 추가된 항을 제외하고 (5.18)에서의 2차식과 일치한다.

$$\left(x_{(2)} - \mathbf{\Sigma}_{21}\mathbf{\Sigma}_{11}^{-1}x_{(1)}\right)'\mathbf{\Lambda}_{22}\left(x_{(2)} - \mathbf{\Sigma}_{21}\mathbf{\Sigma}_{11}^{-1}x_{(1)}\right) \tag{5.66}$$

다변량 정규분포에 대해 이는 $x_{(1)}$이 주어졌을 때 $x_{(2)}$의 조건부분포는 사실 (5.18)이라는 것을 보여주기에 충분하다(†3 참조).

†3 식 (5.21)과 (5.23). 연속 일변량 랜덤 변수 z가 다음과 같은 밀도를 가진다고 가정하자.

$$f(z) = c_0 e^{-\frac{1}{2}Q(z)}, \qquad \text{여기서 } Q(z) = az^2 + 2bz + c_1 \tag{5.67}$$

a, b, c_0, c_1은 상수, $a>0$이다. 그러고 나서 완전제곱 꼴로 정리하면,

$$f(z) = c_2 e^{-\frac{1}{2}a\left(z - \frac{b}{a}\right)^2} \tag{5.68}$$

이고 $z \sim \mathcal{N}(b/a, 1/a)$임을 알 수 있다. 핵심은 식 (5.67)은 평균과 분산이 각각 a와 b로 고유하게 결정되는 정규분포 z를 특정한다는 것이다. 다음 식 (5.18)을 도출할 때, 이 사실을 다변량 버전으로 적용했었다.

μ와 x를 $\mu - M$과 $x - M$으로 재정의하고 (5.21)에서 $M = 0$으로 한다. $B = A/(A + \sigma^2)$로 설정하면 $\mu | x$의 밀도(5.21)는 다음과 같이 (5.67)의 형식이 된다.

$$Q(\mu) = \frac{\mu^2}{B\sigma^2} - \frac{2x\mu}{\sigma^2} + \frac{Bx^2}{\sigma^2} \tag{5.69}$$

그러나 베이즈 법칙에 따르면 $\mu | x$의 밀도는 $g(\mu) f_\mu(x)$에 비례하고 또 (5.67)의 형식을 가지므로, 이제 다음과 같이 된다.

$$Q(\mu) = \left(\frac{1}{A} + \frac{1}{\sigma^2} \right) \mu^2 - \frac{2x\mu}{\sigma^2} + \frac{x^2}{\sigma^2} \tag{5.70}$$

약간의 대수를 통해 μ의 2차와 선형계수가 (5.69)–(5.70)에서 일치한다는 것을 보일 수 있으므로, (5.21)이 증명된다.

여기서는 다른 논리를 사용해 다변량 결과 (5.23)을 증명한다. $2p$ 벡터 $(\mu, x)'$는 다음의 결합 분포를 가진다.

$$\mathcal{N}\left(\begin{pmatrix} M \\ M \end{pmatrix}, \begin{pmatrix} A & A \\ A & A + \boldsymbol{\Sigma} \end{pmatrix} \right) \tag{5.71}$$

이제 (5.18)을 이용하고 약간의 계산을 하면 (5.23)을 얻을 수 있다.

†4 식 (5.30). 이는 항등 행렬(5.64)이고, 이제 $\boldsymbol{\Sigma}$는 $\mathcal{I}_\mu$와 같다.

†5 **다변량 가우스와 장애 모수.** 미지의 장애 모수가 증가할수록 추정의 정확도는 감소한다는 주의 사항은 좀 더 긍정적으로도 기술할 수 있다. 어떤 장애 모수가 사실은 알려진 값이라면 알고자 하는 모수의 MLE는 더욱 정확해진다. 예를 들어 표본 크기 n인 이변량 정규 모델 $x \sim \mathcal{N}_2(\mu, \boldsymbol{\Sigma})$(5.14)로부터 추출된 크기 n인 표본에서 μ_1을 추정하려는 경우를 생각해보자. MLE $\bar{x}_1$은 (5.19)에서의 표기를 사용하면, 분산 σ_{11}/n을 가진다. 그러나 μ_2가 알려져 있으면 이제 μ_1의 MLE는 분산이 $(\sigma_{11}/n) \cdot (1 - \rho^2)$인 $\bar{x}_1 - (\sigma_{12}/\sigma_{22})(\bar{x}_2 - \mu_2)$가 된다. 여기서 ρ는 상관관계 $\sigma_{12}/\sqrt{\sigma_{11}\sigma_{22}}$다.

†6 식 (5.40). $\boldsymbol{x} = \sum_{i=1}^{n} \boldsymbol{x}_i$에서 $\boldsymbol{x}_i$는 (5.35)에서처럼 $\Pr\{\boldsymbol{x}_i = \boldsymbol{e}_i\} = \pi_l$을 가지는 iid 관측치다. 각 $\boldsymbol{x}_i$에 대한 평균과 공분산은 다음과 같다.

$$E\{\boldsymbol{x}_i\} = \sum_{1}^{L} \pi_l \boldsymbol{e}_l = \boldsymbol{\pi} \tag{5.72}$$

그리고

$$\begin{aligned}\operatorname{cov}\{\boldsymbol{x}_i\} &= E\{\boldsymbol{x}_i \boldsymbol{x}_i'\} - E\{\boldsymbol{x}_i\}E\{\boldsymbol{x}_i'\} = \sum \pi_l \boldsymbol{e}_l \boldsymbol{e}_l' - \boldsymbol{\pi}\boldsymbol{\pi}' \\ &= \operatorname{diag}(\boldsymbol{\pi}) - \boldsymbol{\pi}\boldsymbol{\pi}'\end{aligned} \tag{5.73}$$

식 (5.40)은 $E\{\boldsymbol{x}\} = \sum E\{\boldsymbol{x}_i\}$와 $\operatorname{cov}(\boldsymbol{x}) = \sum \operatorname{cov}(\boldsymbol{x}_i)$로부터 도출된다.

†7 식 (5.43). 밀도 $\boldsymbol{S}$(5.42)와 $S_+ = \sum S_l$은 다음과 같다.

$$f_{\boldsymbol{\mu}}(\boldsymbol{S}) = \prod_{l=1}^{L} e^{-\mu_l} \mu_l^{x_l}(x_l) \quad \text{그리고} \quad f_{\mu_+}(S_+) = e^{-\mu_+} \mu_+^{S_+} / S_+! \tag{5.74}$$

주어진 S_+에 대한 조건부 밀도 $\boldsymbol{S}$는 다음의 비율이다.

$$f_{\boldsymbol{\mu}}(\boldsymbol{S}|S_+) = \left(\frac{S!}{\prod_1^L x_l!}\right) \prod_{l=1}^{L} \left(\frac{\mu_l}{\mu_+}\right)^{x_l} \tag{5.75}$$

이는 (5.43)이다.

†8 식 (5.51)과 A의 볼록성. α_1과 α_2가 A상의 임의의 두 점이라 하자. 즉 (5.51)에서 α는 유한한 적분 값을 가진다. 구간 [0, 1]상의 모든 값 c, 그리고 모든 값 y에 대해 다음과 같다.

$$c e^{\alpha_1' y} + (1-c) e^{\alpha_2' y} \geq e^{[c\alpha_1 + (1-c)\alpha_2]' y} \tag{5.76}$$

이는 우측 함수 c의 볼록성 때문이다(2차 도함수가 양수라는 것으로부터 이를 증명할 수 있다). (5.76)의 양변을 $f_0(x)$에 대해 $\mathcal{X}$에서 적분하면 우변의 적분은 유한하다는 것을 증명할 수 있다. 즉 $c\alpha_1 + (1-c)\alpha_2$는 A에 있고 A의 볼록성을 증명해준다.

†9 식 (5.55). 일변량의 경우, (5.51)의 양변을 α에 대해 미분하면 다음 식을 얻는다.

$$\dot{\psi}(\alpha)e^{\psi(\alpha)} = \int_{\mathcal{X}} y e^{\alpha y} f_0(x)\, dx \tag{5.77}$$

$e^{\psi(\alpha)}$로 나누면 $\dot{\psi}(\alpha) = E_\alpha\{y\}$임을 알 수 있다. (5.77)을 한 번 더 미분하면 다시 다음을 얻는다.

$$\left(\ddot{\psi}(\alpha) + \dot{\psi}(\alpha)^2\right) e^{\psi(\alpha)} = \int_{\mathcal{X}} y^2 e^{\alpha y} f_0(x)\, dx \tag{5.78}$$

또는

$$\ddot{\psi}(\alpha) = E_\alpha\{y^2\} - E_\alpha\{y\}^2 = \mathrm{var}_\alpha\{y\} \tag{5.79}$$

$\psi(\alpha)$의 연속 미분은 y의 왜도와 첨도 등의 더 높은 누적률을 생성한다.

†10 β의 MLE. $\log f_\alpha(y)$(5.50)의 α에 대한 그래디언트는 (5.56)이다.

$$\nabla_\alpha \left(\alpha' y - \psi(\alpha)\right) = y - \dot{\psi}(\alpha) = y - E_\alpha\{y^*\} \tag{5.80}$$

여기서 y^*는 $f_\alpha(\cdot)$으로부터 추출된 가상의 실현 $y(x^*)$를 나타낸다. $\nabla_{\hat{\alpha}} = 0$에서 MLE $\hat{\alpha}$를 구할 수 있다.

$$E_{\hat{\alpha}}\{y^*\} = y \tag{5.81}$$

다시 말해 MLE $\hat{\alpha}$는 기댓값 $E_\alpha\{y^*\}$가 관측치 y와 일치하게 해주는 α 값이다. 따라서 (5.58)은 모수 β의 MLE가 y라는 것을 암시한다.

5.7 연습문제

1. $X \sim \text{Poi}(\mu)$를 가정하자. 여기서 μ는 $\text{Gam}(\nu,\ 1)$ 사전(표 5.1)을 가진다.
   1) X의 한계 밀도는 무엇인가?
   2) $X=x$가 주어졌을 때 μ의 조건부 밀도는 무엇인가?

2. 다음 식을 만족하면 X는 '자유도가 ν_1, ν_2인 F 분포'를 따른다고 하며 $F_{\nu_1,\nu_2}(x)$로 나타낸다.

$$X \sim \frac{\nu_2}{\nu_1}\frac{\text{Gam}(\nu_1,\sigma)}{\text{Gam}(\nu_2,\sigma)}$$

   여기서 두 감마 변량은 서로 독립이다. F 분포는 베타분포와 어떻게 연계되는가?

3. 다음과 같은 이변량 정규 벡터 $x=(x_1,\ x_2)'$에서 1000개의 표본을 추출하라.

$$x \sim \mathcal{N}\left(\begin{pmatrix}0\\0\end{pmatrix}, \begin{pmatrix}1 & 0.5\\0.5 & 1\end{pmatrix}\right)$$

   1) x_1에 대해 x_2를 회귀하라. (5.18)을 수치적으로 검토해 보라.
   2) x_2에 대해 x_1을 동일하게 회귀해 보라.

4. (5.14)에서 처럼 $x \sim \mathcal{N}_p(\mu,\ \Sigma)$라고 가정하자. Σ는 알려진 $p\times p$ 행렬이다. (5.26)을 사용해 정보 행렬 $\mathcal{I}_\mu$를 직접 계산하라. (5.27)과는 어떻게 연계되는가?

5. $x \sim \text{Mult}_3(5,\ \pi)$에 대해 그림 5.5에 해당하는 것을 그려보라.

6. $x \sim \text{Mult}_L(n,\ \pi)$라면 (5.44)를 사용해 x_1/x_2의 평균과 분산을 근사해 보라(여기서 $n\pi_2$가 충분히 커서 $x_2=0$일 가능성은 무시할 수 있다고 가정한다). 힌트: (5.41)의 표기에서 다음과 같다.

$$\frac{S_1}{S_2} \doteq \frac{\mu_1}{\mu_2}\left(1 + \frac{S_1 - \mu_1}{\mu_1} - \frac{S_2 - \mu_2}{\mu_2}\right)$$

7. 이항 밀도 bi(12, 0.3)이 bi(12, 0.6)의 지수 기울임이라는 것을 명시적으로 보여라.

2부
초기 컴퓨터 시대 기법

06
경험적 베이즈

느린 기계적 연산의 제약으로 인해 전통적 통계학은 수학적으로 제한적인 범위 내에서 독창적인 이론을 모델링했다. 2차 세계 대전 후 전자적 계산 덕분에 계산상의 제약이 완화되면서 비로소 더욱 확장되고 유용한 통계적 기법이 가능해졌다.

어떤 혁명은 천천히 시작된다. 1950년대의 저널은 여전히 대체로 정규분포에 중점을 둔 순수 수학적 개발과 관련한 전통적 주제만을 강조하고 있었다. 변화는 점진적으로 찾아왔지만, 1990년대에 컴퓨터가 등장하면서 새로운 통계 기법이 확고한 위치를 잡게 됐다. 이 시기의 핵심적 발명은 다음 몇 개 장에 설명돼 있다. 대부분의 경우 아이디어 자체는 전쟁 이전의 통계학자에게도 그리 새로운 것은 아니지만, 그 계산 요구량이 전통적 기법보다 100배, 심지어 1,000배가 넘는다는 것은 실로 놀라운 일이었다. 21세기 통계학에서는 수천 배가 넘는 기법도 곧 등장할 것이고, 이에 대해서는 3부에서 다루게 될 것이다.

이 장의 주제인 경험적 베이즈 기법은 특히 1940년대에 이미 시작된 점을 감안하면 매우 더디게 발전했다. 그 발전의 걸림돌은 이론이 가진 과도한 계산 요구량이라기보다는 적절한 데이터 집합의 결여가 컸다. 현대 과학 도구는 이 장 후반을 포함해 15장에서 21장까지에 걸쳐 드라마틱하게 설명된 것처럼 이제 경험적 베이즈라는 방앗간을 위한 방대한 곡식을 제공해주고 있다.

6.1 로빈의 공식

표 6.1은 유럽 자동차 보험사의 1년간 보상금 청구 데이터를 보여준다. 9,461명의 계약자 중 7,840명은 기간 동안 보험금 청구 내역이 없다. 1,317명은 한 건, 239명은 각 두 건의 보험금을 청구하는 등 표 6.1은 총 일곱 건의 보험금 청구를 한 한 명까지 그 내역을 보여주고 있다. 물론 보험사는 각 계약자의 내년도 보험금 청구 건수가 얼마나 될 것인지에 대해 관심이 많다.

베이즈의 공식은 여기서 주목을 받는다. x_k가 계약자 k의 1년간 보험금 청구 횟수라고 하면, 이는 모수가 θ_k인 포아송분포를 따른다.

$$\Pr\{x_k = x\} = p_{\theta_k}(x) = e^{-\theta_k}\theta_k^x/x! \tag{6.1}$$

여기서 $x=0,\ 1,\ 2,\ 3,\ \ldots$이고 θ_k는 x_k의 기댓값이다. 회사 입장에서의 우량 고객이란 비록 어떤 특정 연도에서는 실제 x_k 값이 확률 밀도(6.1)에 따라 랜덤으로 변동되겠지만, 작은 θ_k 값을 가진 사람이다.

표 6.1 y_x는 자동차 보험 계약자 9,461명 중 x가 1년간 청구한 보험금 횟수다. 로빈의 공식 (6.7)은 그다음 해에 보험금 청구 예상 건수에 관한 것인데, 예를 들어 $x=0$ 범주에 있는 고객의 예상 값은 0.168이다. 감마 사전 분포에 기초한 모수적 최대 우도 분석은 좀 더 안정적인 추정을 보여준다.

보험금 청구 x	0	1	2	3	4	5	6	7
건수 y_x	7840	1317	239	42	14	4	4	1
공식(6.7)	.168	.363	.527	1.33	1.43	6.00	1.25	
감마 MLE	.164	.398	.633	.87	1.10	1.34	1.57	

고객의 θ에 대해 사전 밀도 $g(\theta)$를 알고 있다고 가정하면 베이즈 법칙(3.5)으로부터 한해 x건의 보험금을 청구했던 고객에 대한 θ의 기댓값이 다음과 같다는 것을 알 수 있다.

$$E\{\theta|x\} = \frac{\int_0^\infty \theta p_\theta(x)g(\theta)\, d\theta}{\int_0^\infty p_\theta(x)g(\theta)\, d\theta} \tag{6.2}$$

이 식은 동일한 고객으로부터 예상되는 내년 보험금 청구 횟수 X를 알 수 있는 해답이 된다. $E\{\theta|x\}$는 바로 $E\{X|x\}$(θ가 X의 기댓값)이기 때문이다.

사전 분포 $g(\theta)$가 알려져 있다면 식 (6.2)는 보험사에게는 마치 복권과도 같을 수 있다. 그렇지만 사전 분포가 알려져 있지 않다면 어떻게 될까? (6.2)를 창의적으로 다시 쓰면 방법이 생긴다. (6.1)을 사용하면 (6.2)는 이제 다음과 같이 된다.

$$\begin{aligned} E\{\theta|x\} &= \frac{\int_0^\infty \left[e^{-\theta}\theta^{x+1}/x!\right] g(\theta)\, d\theta}{\int_0^\infty \left[e^{-\theta}\theta^{x}/x!\right] g(\theta)\, d\theta} \\ &= \frac{(x+1)\int_0^\infty \left[e^{-\theta}\theta^{x+1}/(x+1)!\right] g(\theta)\, d\theta}{\int_0^\infty \left[e^{-\theta}\theta^{x}/x!\right] g(\theta)\, d\theta} \end{aligned} \tag{6.3}$$

사전 밀도 $g(\theta)$에 대해 $p_\theta(x)$를 적분한 x의 한계 밀도는 다음과 같다.

$$f(x) = \int_0^\infty p_\theta(x)g(\theta)\, d\theta = \int_0^\infty \left[e^{-\theta}\theta^{x}/x!\right] g(\theta)\, d\theta \tag{6.4}$$

(6.3)과 (6.4)를 비교하면 로빈의 공식을 얻을 수 있다.

$$E\{\theta|x\} = (x+1)f(x+1)/f(x) \tag{6.5}$$

놀랍고도 기쁜 사실은 사전 밀도 $g(\theta)$를 모르는 상황에서도 보험사는 (6.5)로부터 $E\{\theta|x\}$(6.2)를 추정할 수 있다는 것이다. 한계 밀도 $f(x)$의 명백한 추정은 범주 x에서 전체 빈도에 대한 비중이다.

$$\hat{f}(x) = y_x/N \quad \text{여기서} \quad N = \textstyle\sum_x y_x, \quad \text{전체 개수} \tag{6.6}$$

$\hat{f}(0) = 7840/9461$, $\hat{f}(1) = 1317/9461$ 등이며, 이는 로빈 공식의 경험적 버전을 만든다.

$$\hat{E}\{\theta|x\} = (x+1)\hat{f}(x+1)\big/\hat{f}(x) = (x+1)y_{x+1}/y_x \tag{6.7}$$

마지막 식에는 N이 필요 없다. 표 6.1은 $\hat{E}\{\theta/0\} = 0.168$이다. 즉 연간 보험금 청구가 없었던 사람이 다음 해에는 0.168건의 기댓값으로 보험금 청구가 예상된다. 한 건이 있었던 사람은 0.363으로 예상된다.

로빈의 공식은 1950년대 통계학 세계에서는 놀라운 일이었다.[1] 사전 분포 $g(\theta)$ 없이는 알 수 없었던 특정 고객의 기댓값 $E\{\theta_k|x_k\}$를 대규모 연구의 맥락에서 알 수 있게 됐기 때문이다. 여기서 경험적 베이즈라는 용어는 적절하다. 단일 주체에 대한 베이즈 공식(6.5)은 유사한 사례들의 집합으로부터 경험적으로 (즉, 빈도주의적으로) 추정된다. 중요하고도 놀라운 점은 병렬적 상황에 있는 대규모 데이터 집합 그 자체에 베이즈 정보가 담겨 있다는 것이다. 대규모 병렬 데이터 집합은 21세기 과학 탐구의 특징이자 경험적 베이즈 기법의 전도자이기도 하다.

식 (6.7)은 표 6.1의 우측 마지막 부분에서 작은 수에 의해 불안정해지면서 엉망이 된다. 모수적 접근 방식을 사용하면, 좀 더 믿음직한 결과를 얻을 수 있다. 이제 고객의 θ_k의 사전 밀도 함수 $g(\theta)$가 감마(표 5.1)를 따른다고 가정하면 다음과 같이 나타낼 수 있다.

$$g(\theta) = \frac{\theta^{\nu-1}e^{-\theta/\sigma}}{\sigma^{\nu}\Gamma(\nu)}, \qquad \theta \geq 0\text{에 대해} \tag{6.8}$$

그러나 모수 ν와 σ는 미지수다. 추정 $(\hat{\nu}, \hat{\sigma})$는 개수 y_x에 최대 우도를 적합해
†1 구할 수 있고, 이를 통해 모수적으로 추정된 한계 밀도를 생성한다.[†]

1 아마도 그러지 않았을 수도 있다. (6.7)과 유사한 추정 기법은 계리 분야에서는 흔한 것이었다.

$$\hat{f}(x) = f_{\hat{\nu},\hat{\sigma}}(x) \tag{6.9}$$

또는 동일하게 $\hat{y}_x = Nf_{\hat{\nu},\hat{\sigma}}(x)$다.

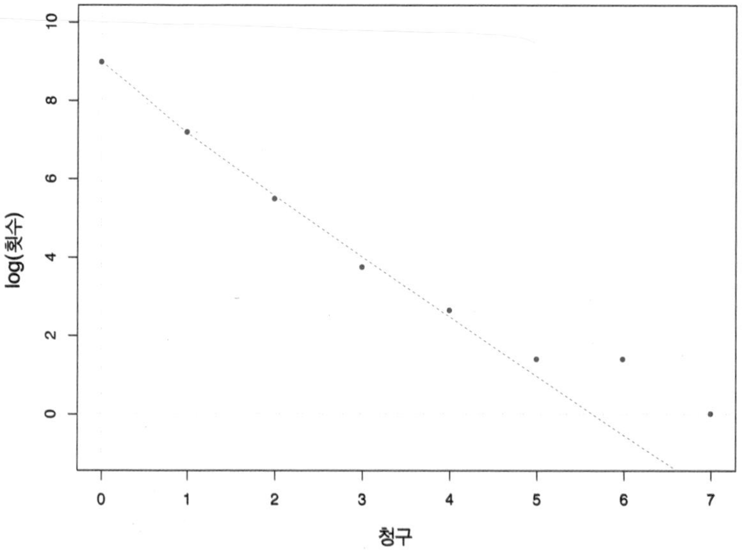

그림 6.1 자동차 사고 데이터. log(횟수) vs. 9,461건의 자동차 보험 계약 중 보험금 청구(점선은 감마 MLE 적합화)

표 6.1의 맨 아래 행은 모수 추정 $E_{\hat{\nu},\hat{\sigma}}\{\theta|x\} = (x+1)\hat{y}_{x+1}/\hat{y}_x$를 보여주는데 큰 x에 대해 덜 이상해 보인다. 그림 6.1은 원시 횟수 y_x를 그 모수적 사촌인 $\hat{y}_x$와 비교했다(로그 크기로 비교).

6.2 누락된 종 문제

경험적 베이즈가 성공적으로 작동한 최초의 이야기는 표 6.2의 나비에 대한 자료와 연계돼 있다. 2차 세계 대전 중에서도 선도적 자연주의자인 알렉산더 콜벳Alexander Corbet은 말레이시아(그다음은 말라야)에서 2년간 나비를 채집했다.

그중 118개 종은 워낙 희귀해서 오직 하나씩의 표본만 채집할 수 있었고, 74종에 대해서는 두 개씩의 표본을 채집했으며, 44종은 세 번씩 채집했다. 표 6.2는 그 데이터를 보여준다. 좀 더 보편적인 종은 각각 수백 번 나타나지만 당연히 콜벳은 희귀한 종에 더 관심이 있었다.

표 6.2 나비 데이터. 2년간 y종의 나비가 각각 x번 관찰됐다. 예를 들어 118종은 한 번만 채집됐고 74종은 두 번 채집됐다.

x	1	2	3	4	5	6	7	8	9	10	11	12
y	118	74	44	24	29	22	20	19	20	15	12	14

x	13	14	15	16	17	18	19	20	21	22	23	24
y	6	12	6	9	9	6	10	10	11	5	3	3

이어서 콜벳은 불가능해 보이는 질문을 해봤다. "1년간 채집을 더 했더라면 얼마나 더 많은 새로운 종을 채집할 수 있었을까?" 이 문제는 표 6.2에는 누락된 열인 $x=0$인 원소, 즉 단 한 번도 보지 못한 종과 연계돼 있다. 콜벳의 질문에 대답할 수 있는 어떠한 단서라도 가지고 있는 것일까? 다행히 그는 적절한 사람에게 이 질문을 던졌다. 피셔는 '누락된 종 문제'에 대한 놀랍고도 만족할 만한 대답을 만들어냈다.

관찰 유무에 상관없이 전체적으로 S종이 있다고 가정하면 단위 시간[2] 동안 k종이 채집된 횟수를 의미하는 x_k는 (6.1)처럼 모수가 θ_k인 포아송분포를 따른다.

$$x_k \sim \text{Poi}(\theta_k), \qquad k = 1, 2, \ldots, S\text{에 대해} \tag{6.10}$$

표 6.2의 원소는 다음과 같다.

$$y_x = \#\{x_k = x\}, \qquad x = 1, 2, \ldots, 24\text{에 대해} \tag{6.11}$$

2 콜벳의 경우 단위 시간은 2년이 된다.

이는 정확히 각 x번 채집된 종의 개수를 나타낸다.

이제 t 시간 단위 동안 추가적인 채집을 하는 상황을 고려해보자. 콜벳의 질문의 경우는 $t=1/2$가 된다. 이제 $x_k(t)$가 새로운 기간 동안 k종이 채집된 횟수를 의미한다고 하자. 피셔의 핵심 가정은 다음과 같고, 이는 x_k에 독립적이다.

$$x_k(t) \sim \text{Poi}(\theta_k t) \tag{6.12}$$

즉, 모든 단일 종은 시간에 대해 독립적으로 채집되고[3] 모수 θ_k에 비례해서 채집된다.

k종이 최초 채집 기간에 보이지 않았지만 새로운 기간에는 보일 확률, 즉 $x_k=0$이고 $x_k(t)>0$은 다음과 같다.

$$e^{-\theta_k}\left(1-e^{-\theta_k t}\right) \tag{6.13}$$

따라서 새로운 채집 기간에 새로운 종이 보일 기대 횟수 $E(t)$는 다음과 같다.

$$E(t)=\sum_{k=1}^{S} e^{-\theta_k}\left(1-e^{-\theta_k t}\right) \tag{6.14}$$

(6.14)를 적분으로 다시 쓰면 좀 더 편리해진다.

$$E(t)=S\int_0^{\infty} e^{-\theta}\left(1-e^{-\theta t}\right) g(\theta)\, d\theta \tag{6.15}$$

여기서 $g(\theta)$는 각 θ_k 값에 $1/S$씩 확률을 할당하는 '경험적 밀도'다(나중에 $g(\theta)$를 가능한 θ_k 값에 대한 연속 사전 밀도 함수로 간주한다).

$1-e^{-\theta_t}$를 확장하면 다음과 같이 된다.

$$E(t)=S\int_0^{\infty} e^{-\theta}\left[\theta t-(\theta t)^2/2!+(\theta t)^3/3!+\cdots\right] g(\theta)\, d\theta \tag{6.16}$$

---

3 이는 포아송 프로세스의 정의에 해당한다.

y_x의 기댓값 e_x는 최초 기간에 정확히 x번 보인 확률들의 총합이라는 점에 주목하자.

$$\begin{aligned} e_x = E\{y_x\} &= \sum_{k=1}^{S} e^{-\theta_k}\theta_k^x/x! \\ &= S\int_0^\infty \left[e^{-\theta}\theta^x/x!\right] g(\theta)\, d\theta \end{aligned} \tag{6.17}$$

(6.16)과 (6.17)을 비교하면 다음과 같은 놀라운 결과를 얻는다.

$$E(t) = e_1 t - e_2 t^2 + e_3 t^3 - \cdots . \tag{6.18}$$

여기서 e_x 값을 모르지만 로빈의 식에서처럼 y_x 값에 의해 그 값을 추정할 수 있으므로 콜벳의 질문에 대한 해답을 알 수 있다.

$$\hat{E}(t) = y_1 t - y_2 t^2 + y_3 t^3 - \cdots \tag{6.19}$$

콜벳은 $t = 1/2$라고 특정했으므로 이는 다음과 같이 된다.[4]

$$\begin{aligned} \hat{E}(1/2) &= 118(1/2) - 74(1/2)^2 + 44(1/2)^3 - \cdots \\ &= 45.2 \end{aligned} \tag{6.20}$$

표 6.3 채집 기간을 t 단위만큼 추가적으로 늘렸을 때 기댓값(6.19)과 그 표준오차(6.21)

t	0.0	0.1	0.2	0.3	0.4	0.5	0.6	0.7	0.8	0.9	1.0
$E(t)$	0	11.10	20.96	29.79	37.79	45.2	52.1	58.9	65.6	71.6	75.0
$\widehat{\text{sd}}(t)$	0	2.24	4.48	6.71	8.95	11.2	13.4	15.7	17.9	20.1	22.4

식 (6.18)과 (6.19)에서 나비는 독립적으로 채집되지 않아도 된다. 만약 x_k가 상호 독립이라는 가정을 추가하고자 한다면 $\hat{E}(t)$에 대한 표준오차의 근사
†2 로서 다음을 계산할 수 있다.[†]

4 이는 실망스러운 결과다. 아무런 새로운 채집도 보고되지 않았다.

$$\widehat{\text{sd}}(t) = \left(\sum_{x=1}^{24} y_x t^{2x}\right)^{1/2} \tag{6.21}$$

표 6.3은 $t=0, 0.1, 0.2, \cdots, 1$에 대한 $\hat{E}(t)$와 $\widehat{\text{sd}}(t)$를 보여준다. 특히

$$\hat{E}(0.5) = 45.2 \pm 11.2 \tag{6.22}$$

$t>1$일 경우 (6.19)는 불안정해진다. 이는 (6.18)에서 e_x 대신 비모수 추정 y_x를 사용했기 때문에 치러야 하는 대가인 셈이다. 피셔는 사실 포아송 모수 θ_k에 대한 사전 함수 $g(\theta)$를 감마 형태(6.8)로 가정해 사용한 모수 경험적 베이즈 모델로 콜벳의 질문에 대답했다. 이 경우 $E(t)$(6.15)는 다음과 같다는 것

†3 을 증명할 수 있다.†

$$E(t) = e_1 \{1 - (1 + \gamma t)^{-\nu}\} / (\gamma\nu) \tag{6.23}$$

여기서 $\gamma = \sigma/(1+\sigma)$다. $\hat{e}_1 = y_1$로 설정하면 최대 우도 추정에 따라 다음과 같다.

$$\hat{\nu} = 0.104 \quad \text{그리고} \quad \hat{\sigma} = 89.79 \tag{6.24}$$

그림 6.2는 $\hat{e}_1$, $\hat{\nu}$, $\hat{\sigma}$를 이용한 $E(t)$의 모수적 추정은 $0 \le t \le 1$ 범위에서 비모수적 추정(6.19)보다 단지 살짝 클 뿐이라는 것을 보여준다. 그렇지만 피셔의 모수적 추정은 $t>1$에 대해 합리적인 결과를 보여준다. 예를 들면 향후의 2단위 채집(4년) 동안의 $\hat{E}(2)=123$이다. '합리적'이라고 해서 반드시 믿을 만하다는 의미는 아니다. 감마 사전 분포는 수학적 편의일 뿐이고 자연의 사실은 아니다. 좀 더 먼 미래에 대한 추정이란 학습된 추측의 범주에 속한다.

누락된 종의 문제는 나비 이외의 다른 분야에도 적용된다. 세익스피어의 작품이라고 알려진 모든 문헌에 등장하는 단어의 총개수는 884,647개다. 그 중 14,376개의 단어는 매우 드물게 등장해 단 한 번만 나타나고, 4,343개는

두 번 나타나는 식으로 분석할 수 있다. 표 6.4에는 100회 이상 출현하는 다섯 개의 단어까지 포함해 빈도수가 나타나 있다.

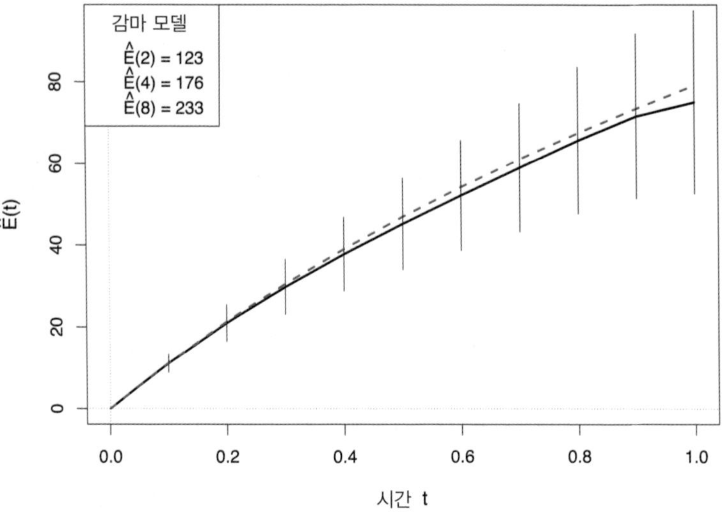

그림 6.2 나비 데이터. 추가적인 t 단위만큼 채집하는 동안에 새롭게 발견할 종 개수의 기댓값. 비모수 적합화(실선)±1 표준편차. 감마 모델(점선)

표 6.4 세익스피어 단어 출현 빈도. 14,376개의 서로 다른 단어는 문헌에 단 한 번 나타나고 4,343개의 서로 다른 단어는 두 번 출현한다. 문헌에는 모두 884,647개의 단어가 있고 이에 대해 빈도를 측정했다.

	1	2	3	4	5	6	7	8	9	10
0+	14376	4343	2292	1463	1043	837	638	519	430	364
10+	305	259	242	223	187	181	179	130	127	128
20+	104	105	99	112	93	74	83	76	72	63
30+	73	47	56	59	53	45	34	49	45	52
40+	49	41	30	35	37	21	41	30	28	19
50+	25	19	28	27	31	19	19	22	23	14
60+	30	19	21	18	15	10	15	14	11	16
70+	13	12	10	16	18	11	8	15	12	7
80+	13	12	11	8	10	11	7	12	9	8
90+	4	7	6	7	10	10	15	7	7	5

통틀어 31,534개의 서로 다른 단어가 등장하는데(각각 100회 나타나는 것들을 포함해서), 이는 관찰된 세익스피어의 어휘 크기에 해당한다. 그러나 세익스피어가 알고는 있으나 사용하지 않았던 단어는 어떻게 될까? 이는 표 6.4에서의 '누락된 종'인 셈이다.

이전에 발견되지 않았던 세익스피어의 새로운 원고들이 나타났고, 이들은 모두 884647 · t개의 단어로 구성된다고 가정해보자(따라서 $t = 1$의 경우 새로운 원고의 단어 사용이 이전 문헌과 같은 수준이라는 의미가 된다). 이 경우 이전 문헌에는 사용되지 않은 단어 중에서 얼마나 많은 단어들이 새로 나타날 것으로 기대될까?

식 (6.19)와 (6.21)을 사용하면 $t = 1$인 경우의 서로 다른 새로운 단어 개수의 기댓값은 다음과 같다.

$$11430 \pm 178 \tag{6.25}$$

이는 세익스피어가 알고 있지만 사용하지 않았던 단어가 무엇인지에 대한 너무 보수적인 하한 값이다. t가 무한대로 갈 때를 상상해보면 좀 더 많은 미관찰 단어가 나타날 것이다. 식 (6.19)는 $t > 1$인 경우 실패한다. 그리고 피셔의 감마 밀도 가정도 그 정도지만, 좀 더 정교한 경험적 베이즈의 계산은 세익스피어의 미관찰 어휘에 대한 하한이 가시 영역을 넘어선 35000+개가 된다.

누락된 질량missing mass은 누락된 종 문제의 간단한 버전으로서 원래 채집 기간 동안 관찰되지 못한 종에 해당하는 전체 θ_k 값의 합에 대한 비율을 구하는 것이다.

$$M = \sum_{\text{미관찰}} \theta_k \Big/ \sum_{\text{전체}} \theta_k \tag{6.26}$$

분자는 (6.15)에서와 같이 다음의 기댓값을 가지는 반면에

$$\sum_{\text{all}} \theta_k e^{-\theta_k} = S \int_0^\infty \theta e^{-\theta} g(\theta) = e_1 \tag{6.27}$$

분모의 기댓값은 다음과 같다.

$$\sum_{\text{all}} \theta_k = \sum_{\text{all}} E\{x_s\} = E\left\{\sum_{\text{all}} x_s\right\} = E\{N\} \tag{6.28}$$

여기서 N은 관측된 개체의 개수다. 따라서 명백한 누락-질량 추정은 다음과 같다.

$$\hat{M} = y_1/N \tag{6.29}$$

세익스피어 데이터에 적용하면 다음과 같다.

$$\hat{M} = 14376/884647 = 0.016 \tag{6.30}$$

비록 우리가 세익스피어가 알고 있는 모든 어휘의 빈도수를 알아본 것은 아니지만, 실제로 그가 사용한 가중치에 의해 그의 어휘 대부분을 살펴봤다.

지금까지의 이야기가 모두 수학적으로 추상화된 한정된 세상에만 통용되는 것처럼 느껴졌겠지만, 사실 1985년에 세익스피어의 알려지지 않았던 작품일 수도 있다고 추정되는 문헌이 발견됐다. 짧은 시인 '나는 죽을 것인가?Shall I die?'는 보들리언Bodleian 도서관 서고에서 발견됐으며, 일부 전문가가 세익스피어의 작품이라고 주장했지만 모든 전문가가 이에 동의하지는 않았다.

429개의 단어로 구성된 그 시는 새로운 '채집 기간'에 대한 기간의 길이가 단지

$$t = 429/884647 = 4.85 \cdot 10^{-4} \tag{6.31}$$

에 불과한 셈이고 (6.19)에 의한 새로운 '종', 즉 이전 문헌에 나타나지 않았던 새로운 서로 다른 단어에 대한 예측은 다음과 같다.

$$E\{t\} = 6.97 \tag{6.32}$$

실제로 그 시에는 아홉 개의 새로운 단어가 있었다. 유사한 경험적 베이즈를 사용해 문헌에 나타나는 단어 빈도수를 예측한 것과 시에 쓰인 실제 단어의 빈도가 합리적으로 일치하고 있지만, 이것으로 의심론자를 잠재우기에는 역부족이었다. '나는 죽을 것인가?'는 현재 대다수 전문가들에 의해 다른 문학가의 작품으로 간주되고 있다.

6.3 의학 예제

지금까지 살펴본 예제들은 특별히 컴퓨터를 사용해야 할 만큼 많은 계산이 필요하지 않다는 사실을 알아챘을 것이다. 지금까지의 모든 계산은 (사실 원래도 그랬지만) 수작업으로 가능하다.[5] 이 절에서는 경험적 베이즈 이론이 좀 더 진보된 분야인 의학 연구에 대해 알아본다.

암 수술의 경우 주 목표물 외에 종종 그 주변의 림프절까지 절제해야 할 때가 있다. 그림 6.3은 $N = 844$건의 수술에 대한 것이고 각각은 다음과 같다.

$$n = \#\text{ 림프절 제거} \quad \text{그리고} \quad x = \#\text{ 긍정으로 판정된 림프절} \tag{6.33}$$

'긍정positive'의 의미는 양성을 의미한다. 비율은

$$p_k = x_k / n_k, \qquad k = 1, 2, \ldots, N \tag{6.34}$$

히스토그램에 나타나 있다. 많은 부분, 즉 340/844 또는 40%가 0이고 나머지는 0과 1 사이에 불규칙하게 퍼져 있다. 분모 n_k는 1과 69 사이에 분포하고 있으며, 평균은 19고 표준편차는 11이다.

---

5 데이터 수집은 그렇지 않다. 콜벳의 작업은 컴퓨터 시대 이전이지만 세익스피어의 단어는 컴퓨터를 활용한 것이다. 21세기 과학의 기술은 경험적 베이즈 분석을 가능케 해주는 대규모 병렬 구조 자료 집합을 생성하는 데 뛰어나다.

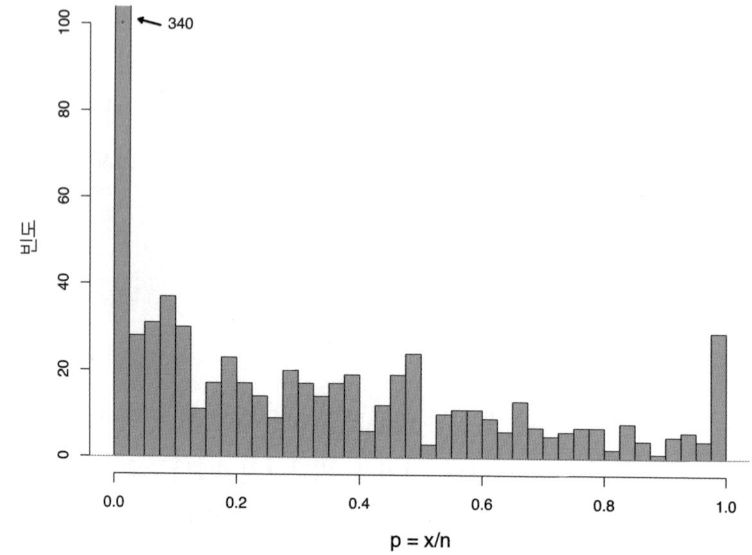

그림 6.3 림프절 연구. 환자 844명에 대한 비율 $p = x/n$, n = 제거된 림프절 개수, x = 긍정 개수

여기서는 각 환자가 림프절이 양성일 어떤 참 확률값을 가진 것으로 가정한다. 말하자면, 환자 k의 확률 θ_k와 그들의 림프절 결과가 각각 독립적으로 발생하므로 x_k는 이항분포가 된다.

$$x_k \sim \text{Bi}(n_k, \theta_k) \tag{6.35}$$

이는 평균과 분산이 다음과 같은 $p_k = x_k/n_k$가 된다.

$$p_k \sim (\theta_k, \theta_k(1-\theta_k)/n_k) \tag{6.36}$$

따라서 θ_k는 n_k가 증가할수록 정확해진다.

베이즈 분석은 θ_k에 대한 사전 밀도 $g(\theta)$를 가정함으로써 시작한다.

$$\theta_k \sim g(\theta), \qquad k = 1, 2, \ldots, N = 844\text{에 대해} \tag{6.37}$$

여기서 $g(\theta)$를 알지 못하지만 림프절 데이터의 평형 속성에 따라(844개의 유사한 사례) 경험적 베이즈 접근 방식을 사용한다. 림프절에 대한 첫 번째 연구

시도로서 $\log\{g(\theta)\}$가 θ의 4차 다항식이라 가정한다.

$$\log\{g_\alpha(\theta)\} = a_0 + \sum_{j=1}^{4} \alpha_j \theta^j \tag{6.38}$$

주어진 α에 대해 a_0은 다음 조건에 의해 계산할 수 있으므로 $g_\alpha(\theta)$는 모수 벡터 $\alpha = (\alpha_1, \alpha_2, \alpha_3, \alpha_4)$로 결정된다.

$$\int_0^1 g_\alpha(\theta)\, d\theta = 1 = \int_0^1 \exp\left\{a_0 + \sum_1^4 \alpha_j \theta^j\right\} d\theta \tag{6.39}$$

주어진 α에 대해 $f_\alpha(x_k)$를 환자 k에 대한 관측 값 x_k의 한계확률이라고 하자.

$$f_\alpha(x_k) = \int_0^1 \binom{n_k}{x_k} \theta^{x_k} (1-\theta)^{n_k - x_k} g_\alpha(\theta)\, d\theta \tag{6.40}$$

α에 대한 최대 우도 추정은 최대화다.

$$\hat{\alpha} = \arg\max_\alpha \left\{\sum_{k=1}^{N} \log f_\alpha(x_k)\right\} \tag{6.41}$$

그림 6.4는 $g_{\hat{\alpha}}(\theta)$를 그린 것이며, θ_k의 사전 분포에 대한 경험적 베이즈 추정이다. 그림 6.3에서 볼 수 있는 0에서의 커다란 뾰족점은 이제 줄어들었다. p_k가 0.01보다 작을 확률인 38%와 비교해 $\Pr\{\theta_k \le 0.01\} = 0.12$다. 작은 θ 값이 여전히 더 보편적이다. 예를 들어

$$\int_0^{0.20} g_{\hat{\alpha}}(\theta)\, d\theta = 0.59 \text{와 우측을 비교해보라. } \int_{0.80}^{1.00} g_{\hat{\alpha}}(\theta)\, d\theta = 0.07 \tag{6.42}$$

그림 6.4에서의 수직 바는 $g(\theta)$ 추정에 대한 ±1 표준오차를 의미한다. 곡선은 모델 (6.37)이 적절하다고 가정한다면, 적어도 상당히 정확해 보인다.

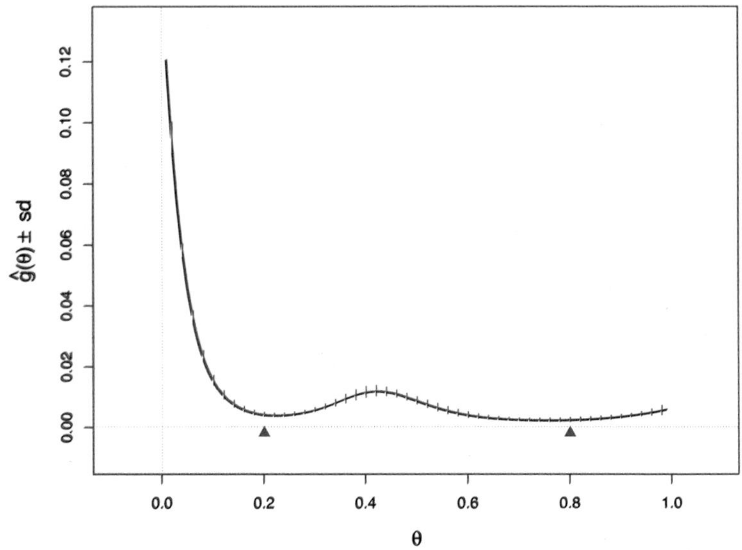

그림 6.4 림프절 연구에 대한 사전 확률 밀도 $g(\theta)$ 추정. 환자의 59%가 $\theta \le 0.2$고 7%는 $\theta \ge 0.8$이다.

21장에서는 그림 6.4가 연관된 계산에 대해 설명한다.

x_k와 n_k가 주어진 상황에서 사후 분포 θ_k를 베이즈 규칙(3.5)에 따라 추정한 것은 다음과 같다.

$$\hat{g}(\theta|x_k, n_k) = g_{\hat{\alpha}}(\theta)\binom{n_k}{x_k}\theta^{x_k}(1-\theta)^{n_k-x_k} \Big/ f_{\hat{\alpha}}(x_k) \qquad (6.43)$$

$f_{\hat{\alpha}}(x_k)$는 (6.40)에서의 값이다.

그림 6.5는 $(x_k,\ n_k)$의 세 가지 선택 (7, 32), (3, 6), (17, 18)에 대한 $\hat{g}(\theta|x_k,\ n_k)$를 그래프로 보여준다. $\theta \ge 0.5$를 형편없는 예후인 것으로 간주하면(그래서 더 공격적인 사후 치료를 제시한다면), 첫 환자는 거의 안전지대에 있고 세 번째 환자는 거의 확실히 더 많은 사후 치료가 필요하며 두 번째 환자의 경우는 불확실하다.

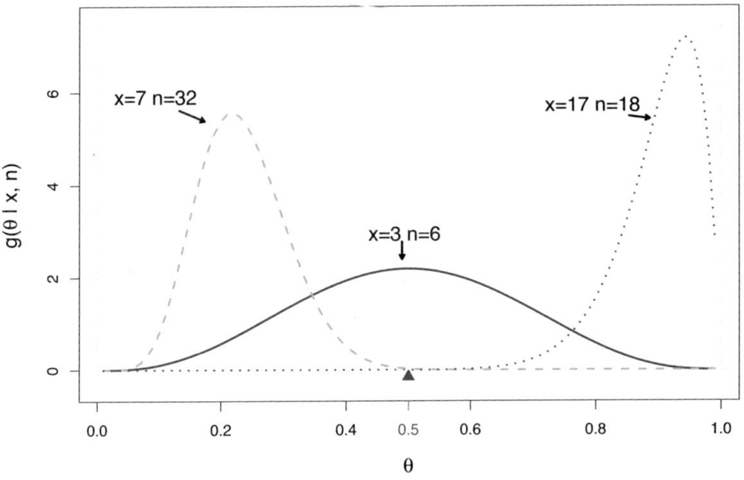

그림 6.5 x = 양성 림프절 개수, n = 림프절 개수가 주어졌을 때 세 환자의 θ의 경험적 베이즈 사후 밀도

6.4 간접 증거 1

'통계적 주장'에 대해 멋지게 정의를 내려본다면, 때로는 상반되기도 하는 여러 작은 증거 조각들을 병합해 전체적인 결론을 내리는 것이라고 할 수 있다. 신약 임상 실험의 경우를 예로 들어보자. 약이 모든 환자를 치료할 것이라 기대하는 것도 아니고, 또한 플라시보 효과는 늘 실패하리라 예상하는 것도 아니지만 궁극적으로는 아마 신약의 효험에 대한 믿을 만한 증거를 얻게 될 것이다.

임상 실험은 직접적인 통계적 증거를 수집하는 것이고 각 실험체의 성공과 실패는 관심사와 직접적으로 연계돼 있다. 빈도주의 기법을 사용해 해석하는 직접 증거는 21세기 통계 응용을 주도하고 있으며 가장 과학적인 객관성이라는 아이디어와 강하게 연결돼 있다.

베이즈 추론은 간접 증거를 아우르는 이론적 근거를 제시한다. 예를 들면 3.1절에서의 쌍둥이의 성별에 대한 의사의 사전 경험과 같은 경우다. 사전 밀도 함수 $g(\theta)$에 대한 주장은 과거 데이터와 현재 주어진 데이터와 관련성을 주장하는 것과 같다.

경험적 베이즈는 베이즈라는 건축물의 비계를 없애주는 것과 같다. 사전 밀도 $g(\theta)$를 확신시키는 대신 통계학자들은 '다른' 대규모 데이터 집합에서의 경우와 현재 다루고 있는 직접적인 관심사의 경우가 서로 관련돼 있다는 것에 대한 확신을 필요로 한다. 그림 6.5의 두 번째 환자의 경우 θ 값의 직접적 추정은 $\hat{\theta} = 3/6 = 0.50$이다.

경험적 베이즈 추정은 다음에서 보듯이 좀 더 작은 값이다.

$$\hat{\theta}^{\text{EB}} = \int_0^1 \theta \hat{g}(\theta | x_k = 3, n_k = 6) = 0.446 \tag{6.44}$$

여기서는 작은 차이지만 후속 장에서는 더 큰 차이를 보게 될 것이다.

21세기 통계학의 변화는 수요에 의한 것이었고 현대 과학 장비에 의한 대규모 데이터 집합에 대한 반응이기도 했다. 기법적인 변화와는 반대로, 철학적 관점의 가장 큰 변화는 앞서 경험적 베이즈와 객관적('비정보적') 베이즈에서 특히 살펴본 것처럼 간접 증거를 받아들이는 수용도가 높아졌다는 것이다. 15장의 '거짓 발견율'은 가설 검정에서 직접 증거로부터 간접 증거로 옮겨간 놀라울 만한 예다. 추정에서의 간접 증거는 다음 장의 주제다.

6.5 주석 및 상세 설명

로빈(1995)은 경험적 베이즈 추론의 일반론으로서 법칙(6.7)을 만들었을 뿐 아니라 '경험적 베이즈'라는 용어도 만들었다. 1956년은 누락된 종 문제에 대한 굿Good과 툴민Toulmin 해법(6.19)이 출간된 해이기도 하다. 굿은 늘 그의 유명한 브레츨리Bletchley 동료인 앨런 튜어링에게 아이디어에 대한 공로를 돌리려 애썼다. 표 3.1의 자동차 사고 데이터는 칼린Carlin과 루이스Louis(1996)에서 가져온 것이고 더 자세한 사항은 그들의 문헌에 있다. (6.25)에서의 11430 같은 경험적 베이즈 추정은 '종' 간의 독립성에 종속되지 않지만 ±178과 같은 정확도는 독립성에 종속돼 있다. 또 유사하게 그림 6.2와 6.4에 있는 오차 막대도 마찬가지다.

콜벳의 엄청난 노력은 컴퓨터 이전 시대에서 데이터 축적이 얼마나 힘든 것인지를 잘 보여준다. 신뢰할 수 있는 데이터를 구하기란 여전히 힘들지만 요즘은 통계학자들이 방대한 데이터에서 그런 자료를 캐낸다. 에프론과 티스테드Thisted(1976)는 식 (6.19)를 셰익스피어의 단어 출현 수에 적용한 후 선형 프로그래밍 기법을 사용해 셰익스피어의 미출현 어휘 수를 35,000개 단어 아래로 하는 하한을 찾아냈다(셰익스피어는 사실 당대의 다른 작가들인 매로우Marlow와 돈Donne에 비해 단어를 간결하게 사용했다). 1985년도에 다시 발견된 셰익스피어의 작품일 수도 있는 '나는 죽을 것인가?'는 티스테드와 에프론(1987)에서 다양한 경험적 베이즈 기법에 의해 분석됐다. 또 다른 엘리자베스 시대의 작가들과 비교해봤지만 그중 누구도 그 시를 썼을지도 모를 작가 후보로 추정되지는 못했다.

셰익스피어의 단어 출현 수는 스피박Spevack(1968)의 용어 색인에서 가져왔다(최초의 용어 색인은 1800년대 수작업으로 만들어졌고 셰익스피어 작품에서 등장하는 모든 단어에 대해 나열했으며 일생을 바친 작업이었다).

림프 절 예제에서 그림 6.3은 골라미Gholami와 동료들(2015)에서 가져왔다.

†1 식 (6.9). 모든 양의 수 c와 d에 대해 다음과 같다.

$$\int_0^\infty \theta^{c-1} e^{-\theta/d}\, d\theta = d^c \Gamma(c) \tag{6.45}$$

따라서 감마 사전 분포(6.8)를 포아송 밀도(6.1)와 병합하면 다음의 한계 밀도 함수를 얻게 된다.

$$\begin{aligned} f_{\nu,\sigma}(x) &= \frac{\int_0^\infty \theta^{\nu+x-1} e^{-\theta/\gamma}\, d\theta}{\sigma^\nu \Gamma(\nu) x!} \\ &= \frac{\gamma^{\nu+x}\Gamma(\nu+x)}{\sigma^\nu \Gamma(\nu) x!} \end{aligned} \tag{6.46}$$

여기서 $\gamma = \sigma/(1+\sigma)$다. 출현 빈도 y_x끼리의 독립성을 가정하면(고객들이 서로 독립적으로 행동하고, 전체 수 N 자체가 포아송이라면 정확히 그러하다.) 사고 데이터에 대한 로그 우도 함수는 다음과 같다.

$$\sum_{x=0}^{x_{\max}} y_x \log\{f_{\nu,\sigma}(x)\} \tag{6.47}$$

여기서 $x_{\max}$는 한 고객이 일으킬 수 있는 최대 가능 사고 수에 대한 명목상의 상한이 된다. $x>7$에 대한 $y_x=0$이므로 $x_{\max}$의 선택은 무관하다. (6.8)에서의 $(\hat{\nu}, \hat{\sigma})$ 값은 (6.47)을 최대화한다.

†2 공식 (6.21). 총 채집 개수 $N = \sum y_x$를 포아송으로 가정하고 x_k에 대한 N번의 관측 값이 서로 독립이라고 가정하면, 포아송분포의 유용한 성질에 따라 출현수 y_x가 그 자체로 (6.17) 표기에서의 독립된 포아송의 변량에 근사한다는 것이 암시된다.

$$y_x \overset{\text{ind}}{\sim} \text{Poi}(e_x), \qquad x = 0, 1, 2, \ldots \text{에 대해} \tag{6.48}$$

식 (6.19)와 $\text{var}\{y_x\} = e_x$로부터 다음이 성립한다.

$$\text{var}\left\{\hat{E}(t)\right\} = \sum_{x\geq 1} e_x t^{2x} \tag{6.49}$$

e_x를 y_x로 대체하면 (6.21)이 생성된다. 에프론(2010)의 11.5절에서는 N이 포아송이 아니라 고정됐다고 가정하면 (6.49)는 $\text{var}\{\hat{E}(t)\}$에 대한 상한이라는 것을 증명했다.

†3 식 (6.23). (6.17)에서 $n=1$인 경우를 (6.15)와 병합하면 다음을 얻는다.

$$E(t) = \frac{e_1\left[\int_0^\infty e^{-\theta} g(\theta)\, d\theta - \int_0^\infty e^{-\theta(1+t)} g(\theta)\, d\theta\right]}{\int_0^\infty \theta e^{-\theta} g(\theta)\, d\theta} \tag{6.50}$$

$g(\theta)$를 사전 감마분포(6.8)로 대체하고 (6.45)를 3회 사용하면 식 (6.23)을 얻을 수 있다.

6.6 연습문제

1. (6.1)의 포아송 모델 대신 다음의 이항 모델을 가정한다.

$$\Pr\{x_k = x\} = \binom{n}{x}\theta_k^x(1-\theta_k)^{n-x}$$

$n = 10$과 같이 n은 어떤 고정된 알려진 정수이다. 로빈의 식 (6.5)와 같은 것은 무엇인가?

2. $V\{\theta|x\}$를 주어진 x에 대한 분산으로 정의하자. 포아송 상황 (6.1)에서 다음을 증명하라.

$$V\{\theta \mid x\} = E\{\theta \mid x\} \cdot (E\{\theta \mid x+1\} - E\{\theta \mid x\})$$

여기서 $E\{\theta|x\}$는 (6.5)에 주어져 있다.

3. (6.8) 대신, 모든 $\theta > 0$에 대해 $g(\theta) = (1/\sigma)e^{-\theta/\sigma}$라 가정하자.
   1) 표 6.1의 개수 표에 적합화된 포아송 모델의 최대 우도 추정 $\hat{\sigma}$를 수치적으로 알아내라.
   2) $\widehat{E}\{\theta|x\}$를 표 6.1의 세 번째 행처럼 계산하라.

4. $E_1(t)$가 최초 채집 기간에 정확히 한 번만 발견되고 그 이후에 새로운 채집 기간에 적어도 한 번 이상 발견된 종의 개수라고 하자.
   1) 식 (6.15)에 해당하는 식을 도출해 보라.
   2) (6.19)에 해당하는 식은 무엇인가?

5. `butterfly` 데이터가 표 6.2의 처음 12개 개수로만 이루어졌다고 가정하자. 표 6.3을 다시 계산하라.

6. 식 (6.27)이 왜 유효한지 조심스럽게 설명해보라.

7. 6.3절의 **nodes** 데이터는 844개의 (n_i, x_i)쌍으로 돼 있다.

   1) x_i와 n_i 관계를 도식화하라.

   2) n_i에 대해 x_i의 3차 회귀를 수행하고 도면에 추가하라.

   3) 수술 전에 n_i 값이 랜덤으로 할당되면 도면은 어떻게 될 것으로 예상되는가?

07

제임스-스타인 추정과 리지 회귀

피셔가 이른바 앱들이 넘치는 세상에 살고 있다면 최대 우도 추정으로 억만장자가 됐을 것이다. 논란의 여지는 있지만 21세기의 가장 영향력 있는 응용수학 업적인 최대 우도 추정은 여전히 통계학자들 사이에서는 가장 주요한 기법이다. 대략 말하자면, 최대 우도는 거의 불편향이고 거의 최저 분산을 제공해주며 그것도 자동으로 작동한다.

그렇기는 하지만, 최대 우도 추정은 그 자체가 21세기 응용에서는 부적절하고 위험한 도구라는 것을 보여줬다. 개략적으로 다시 말하자면, 대개 불편향이란 동시에 수백에서 수천 개의 모수를 다뤄야 할 경우에는 거의 달성할 수 없는 목표가 될 수 있다.

제임스-스타인 추정은 1961년에 이 점을 극적으로 보여줬고, 이를 수백, 수천이 아닌 단 몇 개의 미지의 모수라는 맥락에서 수행했다. 이는 축소 추정 shrinkage estimation의 시작으로, 전체 성능 향상을 위해 개별적 추정에서의 위험을 무릅쓰고 의도적으로 편향을 첨가한다. 7장과 21장에서는 그 현대적 구현에 관한 이야기를 전개한다.

7.1 제임스-스타인 추정기

베이즈 상황에서 관측치 x로부터 단일 모수 μ를 추정하려 한다고 가정하자.

$$\mu \sim \mathcal{N}(M, A) \quad \text{그리고} \quad x|\mu \sim \mathcal{N}(\mu, 1) \tag{7.1}$$

이 경우 μ는 (5.21)에서 주어진 것 같은 사후 분포를 가진다(편의상 $\sigma^2 = 1$로 설정).

$$\mu|x \sim \mathcal{N}(M + B(x - M), B) \qquad [B = A/(A+1)] \tag{7.2}$$

μ에 대한 베이즈 추정은

$$\hat{\mu}^{\text{Bayes}} = M + B(x - M) \tag{7.3}$$

다음의 제곱 오차 기댓값을 가진다.

$$E\left\{\left(\hat{\mu}^{\text{Bayes}} - \mu\right)^2\right\} = B \tag{7.4}$$

1과 MLE $\hat{\mu}^{\text{MLE}} = x$를 비교해보면

$$E\left\{\left(\hat{\mu}^{\text{MLE}} - \mu\right)^2\right\} = 1 \tag{7.5}$$

즉, (7.1)에서 $A = 1$이면 $B = 1/2$이고 $\hat{\mu}^{\text{Bayes}}$는 MLE에 비해 절반의 위험만 가진다.

(7.1)이 N개의 독립적인 경우로 존재하는 상황에서도 동일한 계산이 적용된다. 즉,

$$\boldsymbol{\mu} = (\mu_1, \mu_2, \ldots, \mu_N)' \quad \text{그리고} \quad \boldsymbol{x} = (x_1, x_2, \ldots, x_N)' \tag{7.6}$$

이고

$$\mu_i \sim \mathcal{N}(M, A) \quad \text{그리고} \quad x_i|\mu_i \sim \mathcal{N}(\mu_i, 1) \tag{7.7}$$

$i = 1, 2, \ldots, N$에 대해 독립적(μ_i는 각각 다르고 이 상황은 (5.22)-(5.23)과 동일하지

않다)이다. $\hat{\boldsymbol{\mu}}^{\text{Bayes}}$가 개별적 베이즈 추정 $\hat{\mu}^{\text{Bayes}} = M + B(x_i - M)$의 벡터를 나타낸다고 하자.

$$\hat{\boldsymbol{\mu}}^{\text{Bayes}} = \boldsymbol{M} + B(\boldsymbol{x} - \boldsymbol{M}), \qquad \left[\boldsymbol{M} = (M, M, \ldots, M)'\right] \tag{7.8}$$

그리고 이와 유사하게

$$\hat{\boldsymbol{\mu}}^{\text{MLE}} = \boldsymbol{x}$$

(7.4)를 사용하면 $\hat{\boldsymbol{\mu}}^{\text{Bayes}}$의 전체 제곱 오차의 리스크는 다음과 같다.

$$E\left\{\left\|\hat{\boldsymbol{\mu}}^{\text{Bayes}} - \boldsymbol{\mu}\right\|^2\right\} = E\left\{\sum_{i=1}^{N}\left(\hat{\mu}_i^{\text{Bayes}} - \mu_i\right)^2\right\} = N \cdot B \tag{7.9}$$

다음과 비교해보자.

$$E\left\{\left\|\hat{\boldsymbol{\mu}}^{\text{MLE}} - \boldsymbol{\mu}\right\|^2\right\} = N \tag{7.10}$$

또 다시 $\hat{\boldsymbol{\mu}}^{\text{Bayes}}$는 $\hat{\boldsymbol{\mu}}^{\text{MLE}}$ 리스크의 단지 B배다.

(7.1)에서의 M과 A를 알고 있다면(또는 동일하게 M과 B) 이것도 괜찮다. 그렇지 않다면, 이들을 $\boldsymbol{x} = (x_1, x_2, \ldots, x_N)$으로부터 추정하는 것을 시도해볼 수도 있다. 한계적으로 (7.7)은 다음을 생성한다.

$$x_i \overset{\text{ind}}{\sim} \mathcal{N}(M, A+1) \tag{7.11}$$

그렇다면 $\hat{M} = \bar{x}$는 M에 대한 불편 추정이다. 게다가 다음 식은

$$\hat{B} = 1 - (N-3)/S \qquad \left[S = \sum_{i=1}^{N}(x - \bar{x})^2\right] \tag{7.12}$$

†1 $N > 3$이기만 하면 B에 대한 불편 추정이 된다.[†] 제임스-스타인 추정은 (7.3)의 플러그인 버전이다.

$$\hat{\mu}_i^{\text{JS}} = \hat{M} + \hat{B}\left(x_i - \hat{M}\right) \qquad i = 1, 2, \ldots, N\text{에 대해} \tag{7.13}$$

또는 동등하게 $\hat{\boldsymbol{\mu}}^{\text{JS}} = \hat{\boldsymbol{M}} + \hat{B}(\boldsymbol{x} - \hat{\boldsymbol{M}})$이고, 여기서 $\hat{\boldsymbol{M}} = (\hat{M}, \hat{M}, \ldots, \hat{M})'$다.

여기서 '경험적 베이즈'라는 용어가 특히 적절해 보인다. 베이즈 모델(7.7)은 베이즈 추정(7.8)으로 이끌고, 이는 그 자체로 모든 데이터 x로부터 경험적으로(즉 빈도주의적으로) 추정한 것이다. 그런 다음 개별적 경우에 적용된다. 물론 $\hat{\boldsymbol{\mu}}^{\text{JS}}$는 실제 베이즈 규칙 $\hat{\boldsymbol{\mu}}^{\text{Bayes}}$만큼은 성능을 발휘하지 못하겠지만 증가된 리스크는 놀라울 정도로 얼마 되지 않는다.

†2 모델 (7.7)하에서 $\hat{\boldsymbol{\mu}}^{\text{JS}}$의 기대 제곱 리스크는 다음과 같다.†

$$E\left\{\|\hat{\boldsymbol{\mu}}^{\text{JS}} - \boldsymbol{\mu}\|^2\right\} = NB + 3(1 - B) \tag{7.14}$$

말하자면, $N = 20$이고 $A = 1$이라면 (7.14)는 11.5가 되고 (7.9)로부터의 참 베이즈 리스크인 10과 비교되고 $\hat{\boldsymbol{\mu}}^{\text{MLE}}$의 리스크인 20보다 한참 작다.

최대 우도의 옹호론자들은 이 모두가 그다지 놀랍지 않다고 반응할 것이다. 베이즈 모델 (7.7)은 모수 i가 중심 점 M 주변에 군집되지만 $\hat{\boldsymbol{\mu}}^{\text{MLE}}$는 그러한 가정을 하지 않으므로 그 정도로 잘 작동하리라 기대할 수 없다고 항변할 수 있다. 아니 틀렸다! 제임스와 스타인은 1961년에 베이즈 가정을 없앤다고 해서 $\hat{\boldsymbol{\mu}}^{\text{MLE}}$가 더 나아지지는 않는다는 사실을 증명했다.

제임스-스타인 정리 $N \geq 4$와 $i = 1, 2, \cdots, N$에 대해 독립적으로 다음을 가정하자.

$$x_i|\mu_i \sim \mathcal{N}(\mu_i, 1) \tag{7.15}$$

그러면 모든 $\boldsymbol{\mu} \in \mathcal{R}^N$ 선택에 대해 다음과 같다((7.16)에서의 기댓값은 $\boldsymbol{\mu}$가 고정되고 $\boldsymbol{x}$가 (7.15)에 따라 변화한다).

$$E\left\{\|\hat{\boldsymbol{\mu}}^{\text{JS}} - \boldsymbol{\mu}\|^2\right\} < N = E\left\{\|\hat{\boldsymbol{\mu}}^{\text{MLE}} - \boldsymbol{\mu}\|^2\right\} \tag{7.16}$$

†3 결정이론의 맥락에서 식 (7.16)은 $\hat{\boldsymbol{\mu}}^{\text{MLE}}$를 인정할 수 없다는 의미가 된다.[†] 그 전체 제곱 오차의 리스크는 $\boldsymbol{\mu}$ 값에 상관없이 $\hat{\boldsymbol{\mu}}^{\text{JS}}$의 리스크를 초과한다. 이는 베이즈 가정에 의존하지 않은 $\hat{\boldsymbol{\mu}}^{\text{MLE}}$에 대한 빈도주의 형식의 처참한 패배다.

제임스-스타인 정리는 1961년의 통계 세상에 찾아온 무례한 충격이었다. 무엇보다도 그 패배는 MLE의 본고장, 즉 제곱 손실을 가진 정규 관측에 찾아온 셈이다. 4장에서 언급한 피셔의 '귀납 추론의 논리'는 일변량의 경우 $\hat{\mu}^{\text{MLE}} = x$는 명백하게 정확한 추정이라 주장했고, 이 가정은 $\hat{\boldsymbol{\mu}}^{\text{MLE}}$에 대한 여러 버전이 지배적인 상황에서 복수 모수 선형 회귀 문제로까지 암묵적으로 퍼져 나갔다. 7.4절에서 논의된 것처럼 저차원 문제에서는 여전히 $\hat{\boldsymbol{\mu}}^{\text{MLE}}$를 고집할 만한 좋은 이유가 있다. 그러나 축소 추정은 제임스-스타인 법칙에서 전형적으로 예시됐듯이 현대 실용에서 고차원의 경우에는 필수 요소가 됐다.

7.2 야구 선수들

제임스-스타인의 정리는 $\hat{\boldsymbol{\mu}}^{\text{JS}}$가 얼마만큼이나 $\hat{\boldsymbol{\mu}}^{\text{MLE}}$보다 우세한지에 대해서는 알려주지 않는다. 그 개선이 거의 미미하다면 이론학자들 말고는 아무도 관심을 가지지 않을 것이다. (7.14)에서 볼 수 있듯이 적절한 환경에서는 그 개선이 상당하다. 그러한 경우 중 하나를 표 7.1에서 볼 수 있다. 메이저리그 야구선수 18명에 대한 평균 타율[1]을 1970년 시즌 내내 관찰했다. **MLE**라고 레이블이 붙어있는 열은 선수들의 최초 90타석에 대한 평균 관측치다. **TRUTH**는 1970년 시즌의 그 나머지 기간 동안의 평균이다(평균적으로 370타석에 더 들어섰다). 이제 시즌 초기의 관측치로 **TRUTH**를 예측하고자 한다.

표 7.1에서 **JS**라고 레이블이 붙어있는 열은 제임스-스타인 추정을 18개의 MLE 수치에 적용한 것이다. 각 선수의 **MLE** 값 p_i(최초 90타석의 타율 평균)는

---

1 평균 타율 = 안타 수/타격 수, 즉 안타 성공률이다. 예를 들어 선수 1은 최초 90회의 타격 동안 31번 성공했으므로 평균 타율은 31/90 = 0.345다. 이 데이터는 1970년 메이저리그 성적에 근거한 것이지만 다소 인위적인 수정을 가했다. 7.5절, '주석 및 상세 설명'을 참고하라.

이항 비율이라고 가정한다.

$$p_i \sim \mathrm{Bi}(90, P_i)/90 \tag{7.17}$$

여기서 P_i는 참 평균으로서, 무한 번의 타격을 할 경우에 얻을 수 있는 값이다. **TRUTH**$_i$는 그 자체로 이항 비율이고 선수당 평균 370타석을 더 타격한 뒤에 얻은 값이다.

이 시점에서 두 가지 방법을 쓸 수 있다. 가장 간단한 것은 (7.17)에 대한 정규분포 근사를 사용하는 것이다.

$$p_i \dot\sim \mathcal{N}(P_i, \sigma_0^2) \tag{7.18}$$

여기서 σ_0^2은 이항 분산이다.

$$\sigma_0^2 = \bar{p}(1 - \bar{p})/90 \tag{7.19}$$

p_i의 평균값 $\bar{p} = 0.254$다. $x_i = p_i/\sigma_0$이라 설정하고 (7.13)을 적용한 다음 다시 $\hat{p}_i^{\mathrm{JS}} = \sigma_0 \hat{\mu}_i^{\mathrm{JS}}$로 변환하면 다음과 같은 제임스-스타인 추정을 얻을 수 있다.

$$\hat{p}_i^{\mathrm{JS}} = \bar{p} + \left[1 - \frac{(N-3)\sigma_0^2}{\sum (p_i - \bar{p})^2}\right](p_i - \bar{p}) \tag{7.20}$$

두 번째 접근 방식은 아크사인 변환으로 시작한다.

$$x_i = 2(n + 0.5)^{1/2} \sin^{-1}\left[\left(\frac{np_i + 0.375}{n + 0.75}\right)^{1/2}\right] \tag{7.21}$$

$n = 90$(표 7.1에서 **x**로 레이블이 붙은 열)이다. 분산이 1인 정규분포 편차를 근사하는 전통적인 방식은 다음과 같다.

$$x_i \dot\sim \mathcal{N}(\mu_i, 1) \tag{7.22}$$

여기서 μ_i는 (7.21) 변환을 **TRUTH**$_i$에 적용한 것이다. (7.13)을 이용하면 $\hat{\mu}_i^{\mathrm{JS}}$를

표 7.1 18명의 야구선수. 최초 90회 타격에서의 **MLE** 평균 타율. **TRUTH**는 1970년 시즌에서의 그 나머지 타격에 대한 평균이다. 제임스-스타인 추정 **JS**는 MLE에 대한 아크사인arcsin 변환에 기초하고 있다. **TRUTH**를 예측한 제곱 오차 합을 보면 **MLE**는 0.425, **JS**는 0.218이다.

선수	MLE	JS	TRUTH	x
1	.345	.283	.298	11.96
2	.333	.279	.346	11.74
3	.322	.276	.222	11.51
4	.311	.272	.276	11.29
5	.289	.265	.263	10.83
6	.289	.264	.273	10.83
7	.278	.261	.303	10.60
8	.255	.253	.270	10.13
9	.244	.249	.230	9.88
10	.233	.245	.264	9.64
11	.233	.245	.264	9.64
12	.222	.242	.210	9.40
13	.222	.241	.256	9.39
14	.222	.241	.269	9.39
15	.211	.238	.316	9.14
16	.211	.238	.226	9.14
17	.200	.234	.285	8.88
18	.145	.212	.200	7.50

얻을 수 있고, 이는 마지막으로 다시 이항 크기로 되돌려진다.

$$\hat{p}_i^{\text{JS}} = \frac{1}{n}\left[\frac{n+0.75}{n+0.5}\left(\frac{\sin \hat{\mu}_i^{\text{JS}}}{2}\right)^2 - 0.375\right] \tag{7.23}$$

식 (7.20)과 (7.23)은 야구선수들에 대해 거의 동일한 추정 결과를 나타낸다. 표 7.1에 있는 **JS** 열은 (7.23)에서 얻은 것이다. 제임스와 스타인의 정리는 정규성을 필요로 하지만 제임스-스타인 추정은 종종 이상적인 상황이 아닌 환경에서도 완벽히 작동한다. 그 경우가 표 7.1과 같다.

$$\sum_{i=1}^{18}(\mathbf{MLE}_i - \mathbf{TRUTH}_i)^2 = 0.0425\text{며,} \quad \sum_{i=1}^{18}(\mathbf{JS}_i - \mathbf{TRUTH}_i)^2 = 0.0218 \tag{7.24}$$

쉽게 말하자면, 제임스-스타인 추정은 전체 예측 제곱 오차를 50% 가까이 줄였다.

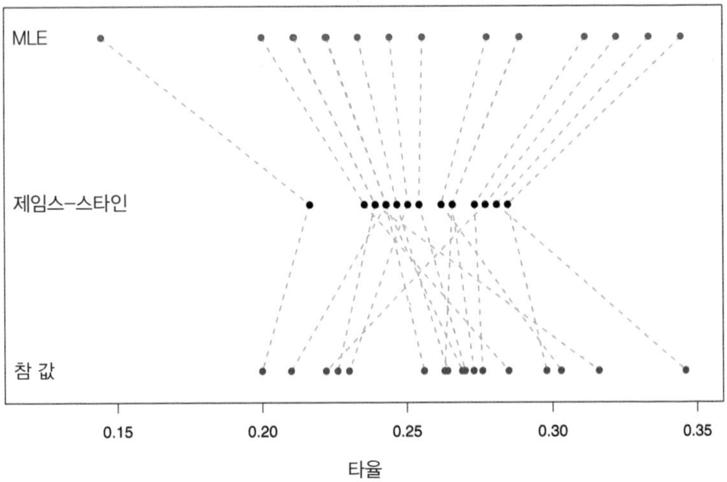

그림 7.1 18명의 야구선수. 상단은 MLE, 중간은 제임스-스타인, 하단은 참 값. 동률이 있기 때문에 단 13개 점만 보인다.

제임스-스타인 법칙은 축소 추정을 설명해준다. 각 MLE 값 x_i는 전체 평균 $\hat{M}=\bar{x}$(7.13) 쪽으로 $\hat{B}$만큼 축소된다((7.20)에서 $\hat{B}=0.34$다). 그림 7.1은 야구 선수들에 대한 축소 프로세스를 보여준다.

축소가 왜 작동하는지를 알아보기 위해 원래의 베이즈 모델(7.8)로 돌아가서 편의상 $M=0$으로 설정해 x_i가 한계적으로 $\mathcal{N}(0,\ A+1)$(7.11)이 되게 하자. 각 x_i는 그 모수 μ_i에 대해 불편임에도 불구하고 집단적으로는 '과산포overdispersed'돼 있다.

$$E\left\{\sum_{i=1}^{N} x_i^2\right\} = N(A+1)\text{을 우측과 비교해보라. } E\left\{\sum_{i=1}^{N} \mu_i^2\right\} = NA \quad (7.25)$$

MLE의 제곱합은 참 값을 기댓값에서 N만큼 더 초과한다. 축소는 초과를 제거해서 집단 추정을 향상시킨다.

사실 제임스-스타인 법칙은 그림 7.1의 아래 두 줄에서 봤듯이 데이터를 과축소하는데, 이는 그 기저인 베이즈 모델에서 초래된 것이다. 베이즈 추정 $\hat{\mu}_i^{\text{Bayes}} = Bx_i$는

$$E\left\{\sum_{i=1}^{N}\left(\hat{\mu}_i^{\text{Bayes}}\right)^2\right\} = NB^2(A+1) = NA\frac{A}{A+1} \tag{7.26}$$

$E(\sum \mu_i^2) = NA$를 $A/(A+1)$만큼 과축소시킨다. 조금 덜 극단적인 축소 규칙인 $\tilde{\mu}_i = \sqrt{B}x_i$를 사용할 수도 있는데, 이는 정확한 기대 제곱 총합인 NA를 생성하지만 더 큰 기대 제곱 추정 오차인 $E\{\sum(\tilde{\mu}_i - \mu_i)^2|\boldsymbol{x}\}$를 생성한다.

가장 극단적인 축소 법칙은 '항상'이며, 이는 다시 말해 다음과 같다.

$$\hat{\mu}_i^{\text{NULL}} = \bar{x} \qquad i = 1, 2, \ldots, N\text{에 대해} \tag{7.27}$$

NULL은 전통적 의미에서 μ_i 값 사이에는 차이가 없다는 귀무가설을 받아들였다는 것을 나타낸다(이는 야구선수 데이터(7.24)에 대해 $\sum(P_i - \bar{p})^2 = 0.0266$이 된다). 제임스-스타인 추정기는 '차이가 없다는 귀무가설'과 'μ_i 사이에는 아무 연관성이 없다는 MLE의 암묵적 가정' 사이를 중재해주는 데이터 기반의 법칙이다. 이런 의미에서 이는 가설 검정과 추정 사이의 전통적 구분법을 모호하게 만든다.

7.3 리지 회귀

가장 보편적으로 사용되는 추정 기술 중 하나인 선형 회귀는 $\hat{\boldsymbol{\mu}}^{\text{MLE}}$에 기초하고 있다. 통상적인 표기를 사용하면 선형 모델로부터 관측된 n차원 벡터 $\boldsymbol{y} = (y_1, y_2, \cdots, y_n)'$는 다음과 같이 나타낼 수 있다.

$$y = X\beta + \epsilon \tag{7.28}$$

여기서 X는 알려진 $n \times p$ 구조 행렬이고, β는 미지의 p차원 모수 벡터다. 잡음 벡터 $\epsilon = (\epsilon_1, \epsilon_2, \ldots, \epsilon_n)'$의 각 원소는 서로 상관되지 않으며 상수 값의 분산 σ^2을 가진다.

$$\epsilon \sim (\mathbf{0}, \sigma^2 I) \tag{7.29}$$

여기서 I는 $n \times n$ 항등 행렬이다. 종종 ϵ은 다변량 정규분포로 가정된다.

$$\epsilon \sim \mathcal{N}_n(\mathbf{0}, \sigma^2 I) \tag{7.30}$$

그러나 이제부터 살펴볼 내용 대부분에서는 이런 가정이 필요하지 않다.

1800년대 초기의 가우스와 르장드르 시대까지 거슬러 올라가는 최소 자승 추정 $\hat{\beta}$는 전체 제곱 오차의 합을 최소화하는 것이다.

$$\hat{\beta} = \arg\min_{\beta} \left\{ \| y - X\beta \|^2 \right\} \tag{7.31}$$

이는 다음과 같이 구할 수 있다.

$$\hat{\beta} = S^{-1} X' y \tag{7.32}$$

여기서 S는 $p \times p$ 내적 행렬이다.

$$S = X'X \tag{7.33}$$

$\hat{\beta}$는 β에 대한 불편unbiased이며 공분산 행렬 $\sigma^2 S^{-1}$을 가진다.

$$\hat{\beta} \sim \left(\beta, \sigma^2 S^{-1}\right) \tag{7.34}$$

정규분포의 경우(7.30) $\hat{\beta}$는 β의 MLE다. 1950년 이전에는 많은 노력이 S^{-1}의 계산이 가능한 범위 내의 X를 디자인하는 데 쏟아부어졌지만, 이제는 더 이상 필요 없는 노력이 됐다.

선형 모델의 커다란 장점은 n이 아무리 크든 미지의 모수 개수를 p개(혹은 σ^2까지 포함하면 $p+1$개)로 줄여준다는 것이다. 1.1절에서 다룬 신장의 예에서 $n=157$이었지만 $p=2$였다.

그러나 요즘의 응용에서는 p가 점점 커지고 있고 어떤 경우에는 3부에서 보게 될 것처럼 수천 개 이상일 때도 있으므로 통계학자들이 또 다시 고차원 불편 추정의 한계에 직면하게 됐다.

리지 회귀ridge regression는 선형 모델에서 β의 추정을 개선하기 위해 디자인된
†4 축소 기법이다. 변환†을 통해 (7.28)을 표준화하면 $\boldsymbol{X}$의 열이 각각 평균 0과 제곱합 1이 되도록 만들 수 있다. 즉,

$$S_{ii} = 1 \qquad i = 1, 2, \ldots, p\text{에 대해} \tag{7.35}$$

(이는 회귀 계수 $\beta_1, \beta_2, \cdots, \beta_p$를 비교할 수 있는 크기로 만들어준다.) 편의상 $\bar{y}=0$이라고 가정한다. $\lambda \geq 0$에 대해 리지 회귀 추정 $\hat{\beta}(\lambda)$는 다음과 같이 정의된다 ((7.32)를 이용).

$$\hat{\beta}(\lambda) = (\boldsymbol{S} + \lambda \boldsymbol{I})^{-1}\boldsymbol{X}'\boldsymbol{y} = (\boldsymbol{S} + \lambda \boldsymbol{I})^{-1}\boldsymbol{S}\hat{\beta} \tag{7.36}$$

$\hat{\beta}(\lambda)$는 $\hat{\beta}$의 축소된 버전이다. λ가 커질수록 축소는 더 극단적으로 된다. $\hat{\beta}(0)=\hat{\beta}$고 $\hat{\beta}(\infty)$는 영벡터와 같다.

리지 회귀 효과는 상당히 극적일 수 있다. 예를 들어 당뇨병 데이터를 고려해보자. 표 7.2에 일부 나타낸 것처럼 `age`, `sex`, `bmi`(체질량 지수), `map`(평균 동맥압), 그리고 여섯 가지 혈청 척도 등 모두 열 개의 변수를 기준치로 $n=442$명의 환자에 대해 측정했다. 여기서는 열 가지 변수를 사용해 기준 시점으로부터 1년 후의 질병 경과를 측정하는 양적 수치인 `prog`를 예측하고자 한다. 이 경우 $\boldsymbol{X}$는 표준화된 예측 변수의 442×10 행렬이고, y는 그 평균을 차감한 `prog`다.

표 7.2 $n = 442$명의 당뇨 환자 연구 중 최초 일곱 명. 열 가지 척도를 통해 1년 후의 질병 경과 수치인 'prog' 값을 예측하고자 한다.

age	sex	bmi	map	tc	ldl	hdl	tch	ltg	glu	prog
59	1	32.1	101	157	93.2	38	4	2.11	87	151
48	0	21.6	87	183	103.2	70	3	1.69	69	75
72	1	30.5	93	156	93.6	41	4	2.03	85	141
24	0	25.3	84	198	131.4	40	5	2.12	89	206
50	0	23.0	101	192	125.4	52	4	1.86	80	135
23	0	22.6	89	139	64.8	61	2	1.82	68	97
36	1	22.0	90	160	99.6	50	3	1.72	82	138
⋮	⋮	⋮	⋮	⋮	⋮	⋮	⋮	⋮	⋮	⋮

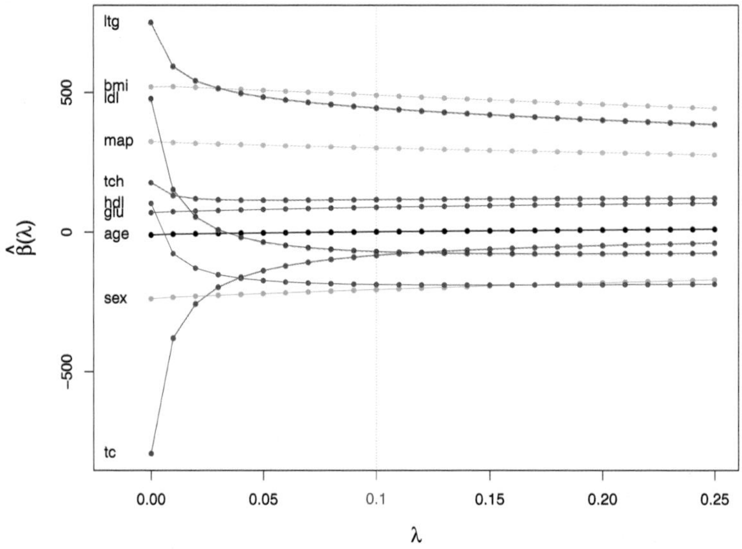

그림 7.2 표준화된 당뇨 데이터의 리지 계수 추적

그림 7.2는 리지의 모수 λ가 0부터 0.25까지 증가하는 동안 $\hat{\beta}(\lambda)$의 좌표 열 개를 수직 방향으로 도식화했다. 처음에는 계수 중 네 개가 급격하게 변화한다. 표 7.3은 $\hat{\beta}(0)$을 비교한다. 즉 통상적인 추정 $\hat{\beta}$를 $\hat{\beta}(0.1)$과 비교한다.

표 7.3 최소 자승 추정 $\hat{\beta}(0)$을 $\lambda = 0.1$인 리지 회귀 추정 $\hat{\beta}(0.1)$과 비교. sd(0)과 sd(0.1) 열은 추정 표준오차(여기서 σ는 54.1로 설정되고 OLS 추정은 모델 (7.28)에 기초한 것이다.)다.

	$\hat{\beta}(0)$	$\hat{\beta}(0.1)$	sd(0)	sd(0.1)
`age`	−10.0	1.3	59.7	52.7
`sex`	−239.8	−207.2	61.2	53.2
`bmi`	519.8	489.7	66.5	56.3
`map`	324.4	301.8	65.3	55.7
`tc`	−792.2	−83.5	416.2	43.6
`ldl`	476.7	−70.8	338.6	52.4
`hdl`	101.0	−188.7	212.3	58.4
`tch`	177.1	115.7	161.3	70.8
`ltg`	751.3	443.8	171.7	58.4
`glu`	67.6	86.7	65.9	56.6

양의 계수들은 병이 더 악화된 것으로 예측한다. '악성 콜레스테롤' 척도인 `ldl`의 경우 $\hat{\beta}$에서는 큰 양수 값으로 예측했다가 $\hat{\beta}(0.1)$에서는 작은 음수가 됐다.

리지 회귀에는 베이즈식 근거가 있다. (7.30)에서처럼 잡음 벡터 ϵ이 정규분포를 따른다고 가정하자. 그러므로 단지 (7.34)가 아니라 다음과 같다.

$$\hat{\beta} \sim \mathcal{N}_p\left(\beta, \sigma^2 \boldsymbol{S}^{-1}\right) \tag{7.37}$$

그렇다면 베이즈의 사전 분포는

$$\beta \sim \mathcal{N}_p\left(\mathbf{0}, \frac{\sigma^2}{\lambda}\boldsymbol{I}\right) \tag{7.38}$$

다음 식을

$$E\left\{\beta|\hat{\beta}\right\} = (\boldsymbol{S} + \lambda \boldsymbol{I})^{-1}\boldsymbol{S}\hat{\beta} \tag{7.39}$$

리지 회귀 추정 $\hat{\beta}(\lambda)$와 동일하게 만든다($M = 0$으로 (5.23)을 사용하면, $\boldsymbol{A} = (\sigma^2/\lambda)\boldsymbol{I}$고 $\Sigma = (\boldsymbol{S}/\sigma^2)^{-1}$이다). 리지 회귀는 β가 0 근처에 존재한다는 사전 믿음에 대한 증가와 같다.

†5 표 7.3의 마지막 두 열은 $\hat{\beta}$와 $\hat{\beta}(0.1)$의 표준편차†를 비교한다. 리지는 추정된 회귀 계수의 변동성을 상당히 줄여줬다. 이는 상응하는 μ의 추정 $\boldsymbol{\mu} = \boldsymbol{X}\beta$가 일반 최소 자승 추정 $\hat{\boldsymbol{\mu}} = \boldsymbol{X}\hat{\beta}$보다 더 정확하다는 것을 보장해주지 않는다.

$$\hat{\mu}(\lambda) = \boldsymbol{X}\hat{\beta}(\lambda) \tag{7.40}$$

여기서는 (의도적으로) 편향을 도입했고 제곱 편향 항은 줄어든 변동성의 이점을 어느 정도 상쇄시켰다. 12장에서의 C_p 계산은 당뇨병 데이터의 경우 두 개의 효과가 거의 서로를 상쇄하는 것을 보여준다. 그러나 관심사가 계수 β에 집중된다면 표 7.3에서 강조하는 것처럼 리지는 상당히 중요해진다.

현재의 기준으로 보면 $p = 10$ 정도는 작은 개수의 예측 변수에 불과하다. 3부에서는 수천 개 이상의 p를 가진 데이터 집합을 보게 될 것이다. 그러한 환경에서는 과학자들이 관심 없는 모수들로 넘쳐나는 바닷속에서 몇몇 흥미로운 예측 변수를 찾아내야 한다. 사전 믿음은 대부분의 β_i 값이 0에 근접한다는 것이다. 그 경우에는 최대 우도 추정 $\hat{\beta}_i$를 0의 방향으로 편향시키는 것이 필수적이 된다.

리지 회귀 추정 $\hat{\beta}(\lambda)$에 동기를 부여하는 또 다른 방법이 있다.

$$\hat{\beta}(\lambda) = \arg\min_{\beta}\{\|\boldsymbol{y} - \boldsymbol{X}\beta\|^2 + \lambda\|\beta\|^2\} \tag{7.41}$$

괄호 속 항을 β에 대해 미분하면 (7.36)처럼 $\hat{\beta}(\lambda) = (\boldsymbol{S} + \lambda\boldsymbol{I})^{-1}\boldsymbol{X}'y$라는 것을 알 수 있다. $\lambda = 0$이면 (7.41)은 최소 자승 알고리듬이 된다. $\lambda > 0$이면 $\|\beta\|$ 값이 커지게 되므로 β를 선택한 것에 대한 페널티가 부여돼서 $\hat{\beta}(\lambda)$를 원점 방향으로 편향시킨다.

(7.41) 같은 알고리듬을 설명하기 위해 여러 용어들이 사용된다. 페널
†6 티 최소 자승, 페널티 우도, 최대화된 사후확률(MAP),† 그리고 총칭으로서 정규화 regularization라는 용어는 고차원 추정이나 예측 문제에서 통계적 변동성을 억누르는 거의 모든 기법을 말한다.

요즘에는 페널티 항에 다양한 변화를 주고 있으며, 그중 가장 영향력 있는 것은 'ℓ_1 노름norm' $\|\beta\|_1 = \sum_1^p |\beta_j|$다.

$$\tilde{\beta}(\lambda) = \arg\min_{\beta}\{\|\boldsymbol{y} - \boldsymbol{X}\beta\|^2 + \lambda\|\beta\|_1\} \tag{7.42}$$

이는 16장에서 소개될 이른바 라소 추정기다. 베이즈에서 기인했음에도 불구하고 대부분의 정규화 연구는 빈도주의적으로 행해졌고 추정, 예측, 변수 선택과 관련해 확률적 작동을 연구하기 위한 다양한 벌칙 항을 연구했다.

정규 모델 (7.37)에 제임스-스타인 법칙을 적용하면 $\hat{\beta}$에 대한 또 다른 축
†7 소 법칙[†]인 $\tilde{\beta}^{\text{JS}}$를 얻을 수 있다.

$$\tilde{\beta}^{\text{JS}} = \left[1 - \frac{(p-2)\sigma^2}{\hat{\beta}'\boldsymbol{S}\hat{\beta}}\right]\hat{\beta} \tag{7.43}$$

$\tilde{\boldsymbol{\mu}}^{\text{JS}} = \boldsymbol{X}\tilde{\beta}^{\text{JS}}$를 (7.28)에서의 $\boldsymbol{\mu} = E\{\boldsymbol{y}\}$에 대한 상응하는 추정기로 설정하면 제임스-스타인 정리는 다음을 보장한다.

$$E\left\{\|\tilde{\boldsymbol{\mu}}^{\text{JS}} - \boldsymbol{\mu}\|^2\right\} < p\sigma^2 \tag{7.44}$$

이는 $p \geq 3$을 만족하는 한 β와 상관없다.[2] 리지 회귀에서는 이러한 보장이 없고 리지 모수 λ를 선택하기 위한 확정적인 방법도 존재하지 않는다. 한편 $\tilde{\beta}^{\text{JS}}$는 표 7.3의 sd(0.1) 열에서와 같이 이 좌표 표준편차를 안정화시키지 않는다. 여기서 중요한 점은 현재로서는 축소 추정을 위한 최적성 이론이 없다는 것이다. 피셔는 최적 불편 추정을 위한 우아한 이론을 제공했다. 편향된 추정이 체계화될 수 있을 것인지 좀 더 두고 볼 일이다.

2 물론 (7.43)에서 σ^2을 알고 있다고 가정한다. 그것이 추정된 것이면, 몇 가지 개선 사항은 사라진다.

7.4 간접 증거 2

축소 추정의 단점은 표 7.1에서의 야구 데이터를 조사해보면 발견할 수 있다. 1,000번의 시뮬레이션을 통해 각각 시뮬레이션된 평균 타율을 생성한다.

$$p_i^* \sim \text{Bi}(90, \texttt{TRUTH}_i)/90 \qquad i = 1, 2, \ldots, 18 \tag{7.45}$$

이는 $\sigma_0^2 = \bar{p}^*(1 - \bar{p}^*)/90$인 제임스-스타인 추정(7.20)에 상응한다.

표 7.4는 18명의 선수 각각에 대해 1,000번의 시뮬레이션을 거친 MLE와 JS 추정의 평균 제곱근 오차를 보여준다.

$$\left[\sum_{j=1}^{1000}(p_{ij}^* - \texttt{TRUTH}_i)^2\right]^{1/2} \quad \text{그리고} \quad \left[\sum_{j=1}^{1000}(\hat{p}_{ij}^{*\,\text{JS}} - \texttt{TRUTH}_i)^2\right]^{1/2} \tag{7.46}$$

제임스-스타인 정리에서 예언한 것처럼 JS 추정은 전체 제곱 오차 합의 관점에서는 손쉽게 승리한다(모든 18명의 선수들을 합산). 그러나 18명 중 네 명에서는 $\hat{p}_i^{*\,\text{JS}}$가 $\hat{p}_i^{*\,\text{MLE}} = p_i^*$보다 못하며 선수 2의 경우에는 심각할 정도로 못하다.

선수 2에 대해 p_i^*와 $\hat{p}_i^{*\,\text{JS}}$의 1,000번의 시뮬레이션을 비교하는 그래프가 그림 7.3에 나타나 있다. 놀랍게도 $\hat{p}_{2j}^{*\,\text{JS}}$는 1,000번 모두 $\text{TRUTH}_2 = 0.346$ 아래에 존재한다. 선수 2는 다음해의 연봉을 협상하기 위해 제임스-스타인 기법을 사용했다면 합당한 불평을 터트렸을 것이다.

$\hat{p}_i^{*\,\text{JS}}$의 결과가 더 안 좋은 네 명의 경우는 TRUTH에서 최댓값 두 명과 최솟값 두 명이다. 축소 추정은 정말 뛰어난 경우(뛰어나게 좋거나 뛰어나게 나쁘거나)에는 잘 작동하지 않는다. 선수 2는 바로 로베르토 클레멘테Roberto Clemente다. 더 많은 정보를 가진 베이즈주의자들의 경우, 즉 야구 팬들은 클레멘테가 직전 몇 년간 타율 상위권을 유지했다는 사실을 알 것이고 17명의 평범한 타자들과 같이 축소 집단에 포함시키지는 않았을 것이다.

물론 제임스-스타인 추정은 18명 중 14명에 대해 좀 더 정확했다. 축소

표 7.4 **TRUTH**를 예측하기 위한 MLE와 JS 예측(7.20)의 평균 제곱근 오차의 비교 연구. 전체 평균 제곱근 오차는 .0384(**MLE**)와 0.235(**JS**)다. 별표는 **rmsJS**가 **rmsMLE**를 앞선 선수 네 명을 의미한다(선수 2는 클레멘테다). 열 **rmsJS1**은 축소를 **MLE**의 1 표준편차 내로 제한한 버전의 **JS**를 보여준다.

선수	TRUTH	rmsMLE	rmsJS	rmsJS1
1	.298	.046	.033	.032
2	.346*	.049	.077	.056
3	.222	.044	.042	.038
4	.276	.048	.015	.023
5	.263	.047	.011	.020
6	.273	.046	.014	.021
7	.303	.047	.037	.035
8	.270	.049	.012	.022
9	.230	.044	.034	.033
10	.264	.047	.011	.021
11	.264	.047	.012	.020
12	.210*	.043	.053	.044
13	.256	.045	.014	.020
14	.269	.048	.012	.021
15	.316*	.048	.049	.043
16	.226	.045	.038	.036
17	.285	.046	.022	.026
18	.200*	.043	.062	.048

추정은 극단적인 경우에는 좋지 않지만 일반적으로 더 좋은 결과를 나타낸다. 타율 전쟁에 대해 그리 신경 쓰는 사람이 많지는 않지만 18개의 신약에 대한 통계를 다룬 것이라면 그 중요성은 매우 높아진다.

절충된 기법도 있다. 표 7.4의 **rmsJS1** 열은 $\hat{p}_i^{\text{JS}}$의 제한된 변형 버전으로 축소가 $\hat{p}_i$로부터 한 단위 σ_0 이상 벗어나지 못하도록 제한한다. 수식으로 정리하면 다음과 같다.

$$\hat{p}_i^{\text{JS}\,1} = \min\left\{\max\left(\hat{p}_i^{\text{JS}}, \hat{p}_i - \sigma_0\right), \hat{p}_i + \sigma_0\right\} \tag{7.47}$$

이 방법은 클레멘테의 문제를 완화하면서도 축소 기법의 장점을 살리고 있다.

간접 증거의 사용은 타인의 경험으로부터의 학습과 같다. 타율의 예제에서는

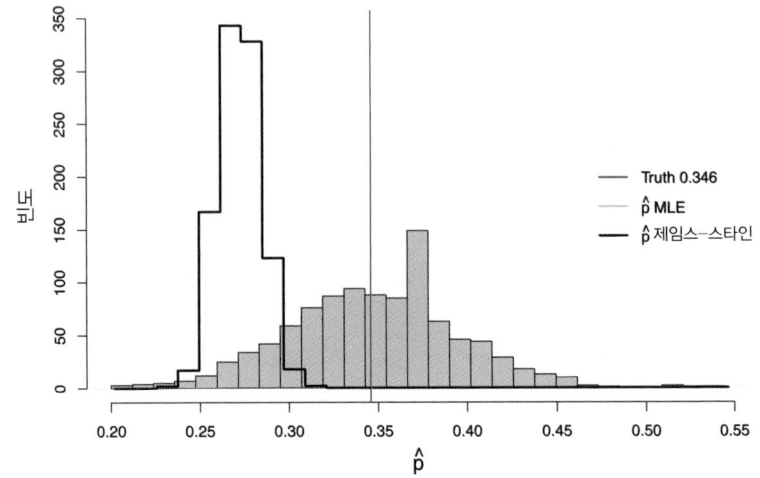

그림 7.3 클레멘테에 대한 MLE 추정(실선)과 JS 추정 비교(1,000번의 시뮬레이션, 각 90회 타격)

각자의 타율을 나머지 17명으로부터 학습한 것이다. 컴퓨터 시대의 기법을 적용하는 데 핵심 문제는 "다른 누구?"라는 것이다. 15장에서는 거짓 발견율을 알아보면서 이 주제를 다시 살펴본다.

7.5 주석 및 상세 설명

6장과 7장에서 강조된 베이즈주의 동기 부여는 시대착오적이다. 로빈(1956)에서 살펴본 것처럼 원래 그 업적은 주로 빈도주의자들의 사고에서 등장했고 빈도주의적으로 정당화됐다. 스타인(1956)은 제임스와 스타인(1961)에서 등장한 $\hat{\boldsymbol{\mu}}^{\text{JS}}$의 간결한 버전인 $\hat{\boldsymbol{\mu}}^{\text{MLE}}$를 용인할 수 없다는 것을 증명했다(윌리어드 제임스는 스타인의 대학원 학생이었다). $\hat{\boldsymbol{\mu}}^{\text{JS}}$는 (7.13)에서 $\hat{B}$를 $\max(\hat{B},\ 0)$으로 바꾸면 모든 곳에서 개선이 가능하므로 그 자체로는 용인하기 힘들다.

1970년대 초기에 발표된 일련의 논문에서 에프론과 모리스는 제임스-스타인 법칙의 경험적 베이즈 동기 부여에 대해 강조했고 에프론과 모리스(1972)

는 제한된 변형 버전(7.47)을 제시했다. 야구 데이터의 원형은 에프론(2010) 책의 표 1.1에 등장한다. 여기서는 원래의 45회 타격에다 인위적으로 각 타자 i에 대해 이항분포 Bi(45, **TRUTH**$_i$)를 사용해 추가적으로 45회 타격을 더 만들었다. 이 관점에서 보면, 제임스-스타인 법칙의 성능에 대한 낙관적인 시각이 다소 완화된다.

1977년 에프론과 모리스의「사이언티픽 아메리카Scientific American」의 논문 제목인 '통계학에서의 스타인의 역설'은 제임스-스타인 정리에 대한 통계학자들 세계의 불편한 감정을 잘 파악하고 있다. 왜 선수 A의 추정이 다른 선수의 성적에 따라 올라가거나 내려가야 하는가? 이런 직접 증거와 간접 증거에 대한 의문점은 15장에서 가설 검정을 살펴볼 때 다시 알아본다. 불편 추정은 과학적으로 매력적이므로 논란은 여전히 지속되고 있다.

리지 회귀는 호를Hoerl과 케나드Kennard(1970)에 의해 통계학 논문에 소개됐다. 이는 그전에 티코노프 정규화Tikhonov regularization로 수치 분석 문헌에 나타났었다.

†1 식 (7.12). Z가 자유도 ν인 카이제곱 분포를 따르면, 즉 $Z \sim \chi^2_\nu$(표 5.1에서 $Z \sim \text{Gam}(\nu/2, 1)$)이면 그 밀도는 다음과 같다.

$$f(z) = \frac{z^{\nu/2-1}e^{-z/2}}{2^{\nu/2}\Gamma(\nu/2)} \qquad z \geq 0\text{에 대해} \tag{7.48}$$

이는 다음을 생성한다.

$$E\left\{\frac{1}{z}\right\} = \int_0^\infty \frac{z^{\nu/2-2}e^{-z/2}}{2^{\nu/2}\Gamma(\nu/2)}\,dz = \frac{2^{\nu/2-1}}{2^{\nu/2}}\frac{\Gamma(\nu/2-1)}{\Gamma(\nu/2)} = \frac{1}{\nu-2} \tag{7.49}$$

그러나 표준 결과는 (7.11)에서 시작해 $S \sim (A+1)\chi^2_{N-1}$이라는 것을 보여준다. (7.49)에서 $\nu = N-1$이면 다음 식은

$$E\left\{\frac{N-3}{S}\right\} = \frac{1}{A+1} \tag{7.50}$$

(7.12)를 증명해준다.

†2 식 (7.14). 먼저 (7.11)의 M이 0이라는 것을 알고 있는 간단한 경우를 생각해 보자. 이 경우 제임스-스타인 추정은 다음과 같다.

$$\hat{\mu}_i^{\text{JS}} = \hat{B} x_i \qquad \text{여기서 } \hat{B} = 1 - (N-2)/S \tag{7.51}$$

여기서 $S = \sum_1^N x_i^2$이다. 표기의 편의상 다음과 같이 정리하자.

$$\hat{C} = 1 - \hat{B} = (N-2)/S \quad \text{그리고} \quad C = 1 - B = 1/(A+1) \tag{7.52}$$

조건부분포 $\mu_i | \boldsymbol{x} \sim \mathcal{N}(Bx_i, B)$는 다음을 생성한다.

$$E\left\{\left(\hat{\mu}_i^{\text{JS}} - \mu_i\right)^2 \middle| \boldsymbol{x}\right\} = B + (\hat{C} - C)^2 x_i^2 \tag{7.53}$$

그리고 N 좌표에 대해 추가하면 다음과 같다.

$$E\left\{\left\|\hat{\boldsymbol{\mu}}^{\text{JS}} - \boldsymbol{\mu}\right\|^2 \middle| \boldsymbol{x}\right\} = NB + (\hat{C} - C)^2 S \tag{7.54}$$

한계 분포 $S \sim (A+1)\chi_N^2$과 (7.49)는 약간의 계산 후 다음과 같이 된다.

$$E\left\{(\hat{C} - C)^2 S\right\} = 2(1 - B) \tag{7.55}$$

따라서

$$E\left\{\left\|\hat{\boldsymbol{\mu}}^{\text{JS}} - \boldsymbol{\mu}\right\|^2\right\} = NB + 2(1 - B) \tag{7.56}$$

M이 0으로 가정되지 않는 (7.7)의 상황에서는 직교 변환을 통해 $\hat{\boldsymbol{\mu}}^{\text{JS}}$는 두 부분의 합으로 표현할 수 있다. (7.51)에서처럼 $M=0$일 때 $N-1$차원의 JS 추정과 나머지 한 좌표에 대한 MLE 추정이다. (7.56)을 사용하면 다음과 같이 되고

$$E\left\{\|\hat{\boldsymbol{\mu}}^{\mathrm{JS}}-\boldsymbol{\mu}\|^2\right\} = (N-1)B + 2(1-B) + 1 \\ = NB + 3(1-B) \tag{7.57}$$

이는 (7.14)다.

†3 제임스-스타인 정리. 스타인(1981)은 에프론(2010)의 1.2절에 나타나는 JS 정리의 좀 더 간단한 증명을 도출했다.

†4 식 (7.5)로의 변환. 선형 회귀 모델(7.28)은 변수 $\boldsymbol{x}_j$의 크기 변화에 대해 등변성equivariant을 가진다. 이는 $\boldsymbol{x}_j$의 선형 조합을 사용해서 적합화하는 공간은 $\tilde{\boldsymbol{x}}_j = \boldsymbol{x}_j/s_j,\ s_j > 0$으로 크기가 변화된 선형 조합을 사용한 공간과 동일하다는 것을 의미한다. 더 나아가서 최소 자승 적합화도 동일하고 계수 추정도 명백한 방법으로 매핑된다($\hat{\tilde{\beta}}_j = s_j\hat{\beta}_j$).

이는 리지 회귀에 대해서는 성립하지 않는다. $\boldsymbol{X}$의 열에 대해 크기를 변화시키면 대개 다른 적합화가 돼버린다. 리지 회귀 중 페널티 버전(7.41)을 사용하면 페널티 항 $\|\beta\|^2 = \sum_j \beta_j^2$은 모든 계수를 동등하게 취급한다는 것을 알 수 있다. 이 페널티는 모든 변수들이 같은 척도로 측정됐을 경우 가장 자연스럽다. 그러므로 대개 $\boldsymbol{x}_j$의 표준편차로서 s_j를 사용하고, 이는 (7.35)가 된다. 더구나 리지 회귀는 대개 절편에 대해 페널티를 주지 않는다. 이는 각 변수들을 크기 조정하고 중심으로 이동하면 얻을 수 있다. $\tilde{\boldsymbol{x}}_j = (\boldsymbol{x}_j - \mathbf{1}\bar{x}_j)/s_j$고, 여기서

$$\bar{x}_j = \sum_{i=1}^{n} x_{ij}/n \quad \text{그리고} \quad s_j = \left[\sum (x_{ij}-\bar{x}_j)^2\right]^{1/2} \tag{7.58}$$

$\mathbf{1}$은 n개의 1을 가진 벡터다. 이제 $\boldsymbol{X}$ 대신 $\tilde{\boldsymbol{X}} = (\tilde{\boldsymbol{x}}_1, \tilde{\boldsymbol{x}}_2, \ldots, \tilde{\boldsymbol{x}}_p)$와 작업하면 절편은 별개로 $\bar{y}$로 추정된다.

†5 표 7.3의 표준편차 (7.36)의 첫 등식으로부터 공분산 행렬 $\hat{\beta}(\lambda)$를 다음과 같이 계산할 수 있다.

$$\mathrm{Cov}_\lambda = \sigma^2(\boldsymbol{S} + \lambda \boldsymbol{I})^{-1}\boldsymbol{S}(\boldsymbol{S} + \lambda \boldsymbol{I})^{-1} \tag{7.59}$$

표 7.3의 sd(0.1)의 항목들은 Cov_λ의 대각 원소들의 제곱근이며 최소 자승 추정 $\hat{\sigma} = 54.1$을 σ^2으로 대체한다.

†6 페널티 우도와 맵MAP. 정규 선형 모델 $\boldsymbol{y} \sim \mathcal{N}_n(\boldsymbol{X}\beta, \sigma^2\boldsymbol{I})$에서 σ^2이 고정되고 알려져 있으면, $\|\boldsymbol{y} - \boldsymbol{X}\beta\|^2$을 최소화하는 것은 로그 밀도를 최대화하는 것과 같다.

$$\log f_\beta(y) = -\frac{1}{2}\|\boldsymbol{y} - \boldsymbol{X}\beta\|^2 + \text{상수} \tag{7.60}$$

이런 점에서 (7.41)에서의 항 $\lambda\|\beta\|^2$은 β에 연계된 우도 $\log f_\beta(y)$를 $\|\beta\|^2$의 크기에 비례해 페널티를 준다. 사전 분포(7.38)하에서 $\boldsymbol{y}$가 주어졌을 때의 β의 로그 사후 밀도((3.5)의 로그)는 다음과 같다.

$$-\frac{1}{2\sigma^2}\left\{\|\boldsymbol{y} - \boldsymbol{X}\beta\|^2 + \lambda\|\beta\|^2\right\} \tag{7.61}$$

그리고 항은 β에 종속되지 않는다. 이는 (7.41)의 최대화가 동시에 주어진 $\boldsymbol{y}$ 또는 MAP에 대한 사후 밀도의 최대화가 되도록 한다.

†7 식 (7.43). (7.37)에서 $\gamma = (\boldsymbol{S}^{1/2}/\sigma)\beta$고 $\hat{\gamma} = (\boldsymbol{S}^{1/2}/\sigma)\hat{\beta}$라고 하자. 여기서 $\boldsymbol{S}^{1/2}$은 $\boldsymbol{S}$의 행렬 제곱근, $(\boldsymbol{S}^{1/2})^2 = \boldsymbol{S}$다. 그렇다면 다음과 같고

$$\hat{\gamma} \sim \mathcal{N}_p(\gamma, \boldsymbol{I}) \tag{7.62}$$

제임스-스타인 법칙(7.51)의 $M = 0$인 형태는 다음과 같다.

$$\hat{\gamma}^{\mathrm{JS}} = \left[1 - \frac{p-2}{\|\hat{\gamma}\|^2}\right]\hat{\gamma} \tag{7.63}$$

β만큼 다시 변환하면 (7.43)을 얻을 수 있다.

7.6 연습문제

1. $\mu \sim \mathcal{N}(M, A)$이고 $x|\mu \sim \mathcal{N}(\mu, D)$, $D>0$을 알고 있다고 가정하자.
   1) x의 주변 분포는 무엇인가?
   2) x가 주어졌을 때 μ의 사후 분포는 무엇인가?

2. 표 7.1에서 MLE 타율이 각 선수의 90타석이 아닌 180타석을 기반으로 한다고 하자. JS 열은 어떻게 보일 것인가?

3. 표 7.1에서 (7.20)에 기반해 JS열을 다시 계산하라.

4. (7.21)–(7.22)의 정확도를 알아보기 위해 $B=1000$ 이항(n, P) 복제 시뮬레이션을 수행하라. $n=90$, $P=0.265$를 사용하라.

5. 당신의 처남이 가장 좋아하는 표 7.1의 4번 선수는 90타석에 타율 .311을 기록하고 있지만 JS는 .272에 그칠 것으로 예상했다. 처남은 이것은 4번 선수의 결과와 전혀 상관없는 평균이 .250인 나머지 17명의 형편없는 선수 때문이라고 말한다. 그에게 뭐라 대답해 주겠는가?

6. (7.39)를 증명하라.

7. 1) 표 7.3에서 열 sd(0)과 sd(1)은 어떻게 계산됐나?
   2) $\hat{\beta}(0.2)$와 sd(0.2)를 계산하라.

8. (7.41)을 따라 미분을 수행해 (7.36)을 도출하라.

9. (7.43)을 도출하라.

08
일반화된 선형 모델과 회귀 트리

간접 증거가 베이즈만의 성질은 아니다. 회귀 모델은 '다른' 사람의 경험을 받아들이는 빈도주의 기법의 선택이다. 예를 들어 그림 8.1은 1.1절의 신장 적합화를 보여준다. 55세의 새로운 잠재적 기부자가 나타났을 때 그의 신장 적합도를 괴로운 임상 검사 없이 평가하고자 한다. 이전에 검사한 157명의 지원자 중 오직 한 명만 나이가 55세였고 그의 **tot** 점수는 −0.01(그림 8.1의 상단 큰 점)이었다. 대부분의 응용통계학자들은 최소 자승 회귀선에서 나이 55세에 해당하는 높이(회귀선상의 초록색 점)의 눈금, 즉 $\widehat{\mathbf{tot}} = -1.46$을 읽는 것을 선호할 것이다. 전자는 가지고 있는 유일한 직접 증거인 반면, 회귀선은 전체 157개의 이전 경우로부터 55세 나이에 대한 간접 증거를 병합하게 해준다.

점진적으로 더 공격적으로 회귀 기법을 사용하는 것은 현대의 통계적 관행에서 나타나는 전형적인 특징이다. 여기서 '공격적'이라 함은 예측 변수의 개수와 형태에 대한 것이므로 새로운 기법을 위해 만든 용어며, 순전히 타깃 데이터 집합의 크기에 관한 것이다. 일반화 선형 모델은 이 장의 주요 주제

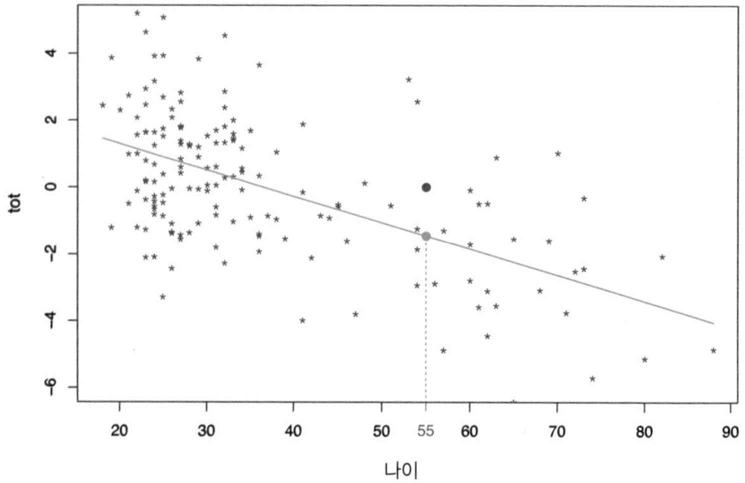

그림 8.1 신장 데이터. 새로운 자발적 기증자는 55세다. 그의 신장 기능에 대한 선호되는 예측은 무엇인가?

며, 이 새로운 기법이 가장 넘쳐나는 분야다. 이 장의 마지막에서는 회귀 트리에 대해 간단히 알아보는데, 17장의 예측 알고리듬에서 중요한 역할을 하게 될 전혀 다른 회귀 기법이다.

8.1 로지스틱 회귀

지라톤Xilathon이라는 아직은 실험적인 새로운 항암 치료제가 연구 개발 중에 있다. 사람에게 임상 실험을 시작하기 전에 안전한 투약량을 결정하기 위해 동물 연구가 필요하다. 이를 위해 생물학적 **정량**bioassay 또는 용량-반응 실험을 수행했다. $n = 10$인 11개의 실험 쥐 그룹에게 점점 주사량을 증가시켜가며 **지라톤**을 투약했다. 투약량은 1, 2, ⋯, 11로 코드화했다.[1]

여기서

1 용량은 대개 로그 크기로 레이블된다. 즉 각각은 이전보다 50%씩 커진다.

$$y_i = \#\ i\text{번째 그룹에서 죽은 쥐의 개체} \quad (8.1)$$

라고 하자. 그림 8.2에서의 점은 죽은 비율을 보여준다.

$$p_i = y_i/10 \quad (8.2)$$

일반적으로 치사율은 투약량에 비례해서 증가한다. 개체수 y_i는 독립적 이항 분포로 모델링한다.

$$y_i \overset{\text{ind}}{\sim} \text{Bi}(n_i, \pi_i) \qquad i = 1, 2, \ldots, N\text{에 대해} \quad (8.3)$$

여기서 $N = 11$이고 모든 n_i는 10이다. π_i는 그룹 i에서 치사율의 참 값이고 p_i에 의해 불편으로 추정됐으며, 이는 π_i의 직접 증거다. 그림 8.2의 회귀 곡선은 참 투약량–반응 관계를 좀 더 잘 알아보기 위해 모든 투약량을 사용한다.

로지스틱 회귀는 횟수나 비율 데이터의 회귀분석에 사용되는 특수한 기법이다. 로짓[logit] 모수 λ는 다음과 같이 정의된다.

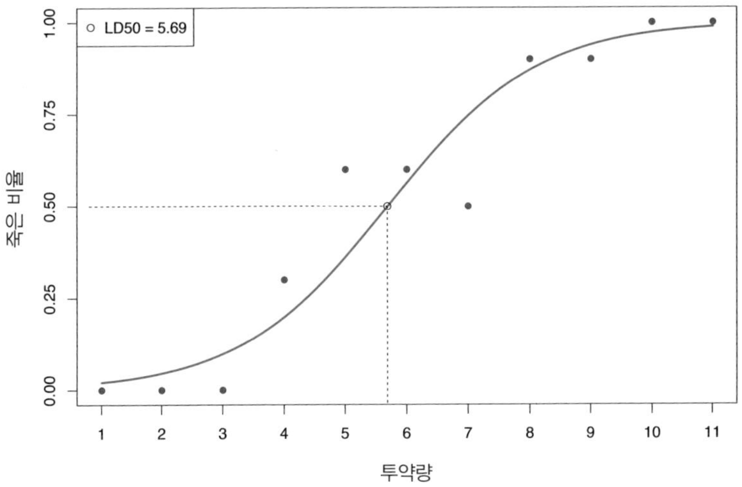

그림 8.2 투약량-반응 연구. 열 개의 실험쥐 집단에게 실험 중인 약을 용량을 증가시켜가며 투약했다. 점은 각 그룹에서 죽은 쥐를 관찰한 비율이다. 적합화 곡선은 선형 로지스틱 회귀 모델의 최대 우도 추정이다. 곡선상에서 속이 빈 점은 LD50으로 치사율이 50%가 되는 추정 투약량이다.

$$\lambda = \log\left\{\frac{\pi}{1-\pi}\right\} \tag{8.4}$$

여기서 π가 0부터 1까지 증가하면 λ는 $-\infty$에서 ∞로 증가한다. 투약량-반응의 선형 로지스틱 회귀분석의 시작은 이항 모델 (8.3)으로 시작하고 로짓은 투약량의 선형 함수라고 가정한다.

$$\lambda_i = \log\left\{\frac{\pi_i}{1-\pi_i}\right\} = \alpha_0 + \alpha_1 x_i \tag{8.5}$$

최대 우도 추정은 추정치 $(\hat{\alpha}_0, \hat{\alpha}_1)$과 다음의 적합화 곡선을 생성한다.

$$\hat{\lambda}(x) = \hat{\alpha}_0 + \hat{\alpha}_1 x \tag{8.6}$$

(8.4)의 역변환은 다음과 같으므로

$$\pi = \left(1 + e^{-\lambda}\right)^{-1} \tag{8.7}$$

(8.6)으로부터 그림 8.2에 있는 다음과 같은 선형 로지스틱 회귀 곡선을 얻는다.

$$\hat{\pi}(x) = \left(1 + e^{-(\hat{\alpha}_0 + \hat{\alpha}_1 x)}\right)^{-1} \tag{8.8}$$

표 8.1은 $x = 1, 2, \cdots, 11$(다음 절에서 논의한 것처럼)에서의 추정 회귀 곡선(8.8)의 표준편차를 11개의 투약량을 별도로 고려해 얻은 통상의 이항 표준편차 추정 $[p_i(1-p_i)/10]^{1/2}$과 비교했다.[2] 회귀는 오차를 50%나 더 줄였지만 모델(8.5)가 심각하게 잘못됐을 경우에는 편향을 가지게 될 가능성이 있다.

로짓 변환의 한 가지 장점은 λ가 범위 [0, 1]에 한정되지 않는다는 것이다. 따라서 모델 (8.5)는 금지된 영역 근처에 절대로 가지 않는다. 더 나은 점은

---

2 별도의 투약량 표준오차에 대해 p_i는 그림 8.2에 있는 곡선으로부터 적합화 값과 동일하다고 가정했다.

표 8.1 그림 8.1에서의 $\hat{\pi}(x)$에 대한 표준편차 추정. 첫 번째 행은 선형 로지스틱 회귀 적합화(8.8)며, 두 번째 행은 개별적인 이항 추정 p_i에 기반한 것이다.

x	1	2	3	4	5	6	7	8	9	10	11
sd $\hat{\pi}(x)$	.015	.027	.043	.061	.071	.072	.065	.050	.032	.019	.010
sd p_i	.045	.066	.094	.126	.152	.157	.138	.106	.076	.052	.035

지수 계열 성질의 이용과 관련 있다. Bi(n, y)의 밀도 함수는 다음과 같이 다시 쓸 수 있다.

$$\binom{n}{y}\pi^{y}(1-\pi)^{n-y} = e^{\lambda y - n\psi(\lambda)}\binom{n}{y} \tag{8.9}$$

여기서 λ는 로짓 모수(8.4)며

$$\psi(\lambda) = \log\{1 + e^{\lambda}\} \tag{8.10}$$

(8.9)는 5.5절에서 설명한 단일 모수 지수 계열[3]이며, 거기서 α로 불렸던 자연 모수인 λ를 가지고 있다.

$\boldsymbol{y} = (y_1, y_2, \ldots, y_N)$이 그림 8.2에서 $N = 11$인 전체 데이터 집합을 나타낸다고 하자. (8.5)와 (8.9), 그리고 y_i의 독립성을 사용하면 $\boldsymbol{y}$의 확률 밀도를 (α_0, α_1)의 함수로 나타낼 수 있다.

$$\begin{aligned} f_{\alpha_0,\alpha_1}(\boldsymbol{y}) &= \prod_{i=1}^{N} e^{\lambda_i y_i - n_i\psi(\lambda_i)}\binom{n_i}{y_i} \\ &= e^{\alpha_0 S_0 + \alpha_1 S_1} \cdot e^{-\sum_1^N n_i \psi(\alpha_0 + \alpha_1 x_i)} \cdot \prod_1^N \binom{n_i}{y_i} \end{aligned} \tag{8.11}$$

3 (5.46)의 $f_{\mu_0}(x)$가 반드시 확률 밀도 함수일 필요는 없다. 단지 모수 μ에 종속돼 있지 않을 때만 그렇다.

여기서

$$S_0 = \sum_{i=1}^{N} y_i \quad \text{그리고} \quad S_1 = \sum_{i=1}^{N} x_i y_i \tag{8.12}$$

식 (8.11)은 $f_{\alpha_0,\alpha_1}(\boldsymbol{y})$를 세 가지 인자의 곱으로 표현한다.

$$f_{\alpha_0,\alpha_1}(\boldsymbol{y}) = g_{\alpha_0,\alpha_1}(S_0, S_1)h(\alpha_0, \alpha_1)j(\boldsymbol{y}) \tag{8.13}$$

이 중 첫 번째만 모수와 데이터 모두에 관여된다. 이는 (S_0, S_1)이 **충분통계량**
†1 이라는 것을 암시한다.[†] N이 얼마나 크든지 간에(나중에 N이 수천인 경우를 보게 될 것이다.) 단지 두 숫자 (S_0, S_1)만이 모든 실험 정보를 가지고 있다. 오직 로지스틱 모수화(8.4)에서만 이렇게 된다.[4]

로지스틱 회귀의 좀 더 직관적인 그림은 관측된 비중 p_i(8.2)와 추정 $\hat{\pi}_i$ 간의 편차인 $D(p_i, \hat{\pi}_i)$에 종속돼 있다.

$$D\left(p_i, \hat{\pi}_i\right) = 2n_i \left[p_i \log\left(\frac{p_i}{\hat{\pi}_i}\right) + (1 - p_i)\log\left(\frac{1 - p_i}{1 - \hat{\pi}_i}\right)\right] \tag{8.14}$$

편차[5]는 $\hat{\pi}_i = p_i$면 0이 되고, 그렇지 않으면 $\hat{\pi}_i$가 p_i로부터 멀어질수록 증가한다.

로지스틱 회귀 MLE 값 $(\hat{\alpha}_0, \hat{\alpha}_1)$은 또한 N개의 점 p_i와 그 상응하는 추정 $\hat{\pi}_i = \pi_{\hat{\alpha}_0,\hat{\alpha}_1}(x_i)$(8.8) 사이의 전체 편차를 최소화하는 (α_0, α_1)의 선택이 된다.

$$(\hat{\alpha}_0, \hat{\alpha}_1) = \underset{(\alpha_0,\alpha_1)}{\arg\min} \sum_{i=1}^{N} D\left(p_i, \pi_{\alpha_0,\alpha_1}(x_i)\right) \tag{8.15}$$

---

4 '로지스틱 회귀'라는 이름이 어디서 나왔는지는 그 비지수 계열 선행 모델인 프로빗 분석(probit analysis)의 설명과 함께 8.5절, '주석 및 상세 설명'에서 알아본다.

5 편차는 다음에 설명된 것처럼 통상적 회귀 이론의 제곱 오차와 비슷하다. 이는 정보 이론에서 주로 사용하는 용어인 쿨백-라이블러 거리(Kullback-Leibler distance)의 두 배다.

그림 8.2의 실선은 거리를 전체 편차로 계산했을 때, 선형 회귀 곡선이 11점에 가장 가까워지게 되는 것이다. 이 방법을 통해 200년이나 된 최소 자승법 개념은 다음 절에서 설명하는 것처럼 이항 회귀로 일반화된다. 데이터와 모델의 거리에 대한 좀 더 정교한 개념은 현대 통계학의 성취 중 하나다.

표 8.2는 좀 더 구조화된 로지스틱 회귀분석 데이터에 대한 분석을 보여준다. 인간의 근육 세포 군집에 쥐의 핵을 다섯 가지 비율로 주입하고 1~5일 동안 배양해 잘 자라는지 관찰했다.

표 8.2 세포 주입 데이터. 인간 세포 군집에 1~5일 동안 다섯 가지 비율로 실험 쥐의 핵을 주입하고 잘 자라는지 관찰했다. 초록색 숫자는 로지스틱 회귀 모델로부터 $\hat{\pi}_{ij}$를 추정한 것이다. 예를 들어 가장 낮은 비율/배양 일수에 있는 군집은 31개 중 다섯 개만 자라났고, 관측치 비율은 5/31 = 0.16이 되며, 로지스틱 회귀 추정은 $\hat{\pi}_{11} = 0.11$이 된다.

		시간 1	시간 2	시간 3	시간 4	시간 5
비율	1	5/31 .11	3/28 .25	20/45 .42	24/47 .54	29/35 .75
비율	2	15/77 .24	36/78 .45	43/71 .64	56/71 .74	66/74 .88
비율	3	48/126 .38	68/116 .62	145/171 .77	98/119 .85	114/129 .93
비율	4	29/92 .32	35/52 .56	57/85 .73	38/50 .81	72/77 .92
비율	5	11/53 .18	20/52 .37	20/48 .55	40/55 .67	52/61 .84

예를 들어 최단 시간과 세 번째 비율이 만나는 곳을 보면, 126개 군집 중에 48개가 살아남았다.

π_{ij}가 시간 주기 j 동안 비율 i가 살아남을 참 확률이라 하고, λ_{ij}는 그 로짓 $\log\{\pi_{ij}/(1-\pi_{ij})\}$라 하자. 2-방향 가첨additive 로지스틱 회귀가 데이터에 대해 적합화됐다.[6]

6 통계 전산 언어인 **R**을 사용한다. 8.5절, '주석 및 상세 설명'을 참고하라.

$$\lambda_{ij} = \mu + \alpha_i + \beta_j, \qquad i = 1, 2, \ldots, 5, \ j = 1, 2, \ldots, 5 \tag{8.16}$$

표 8.2의 초록색 수치는 최대 우도 추정을 나타낸다.

$$\hat{\pi}_{ij} = 1 \Big/ \left[1 + e^{-\left(\hat{\mu} + \hat{\alpha}_i + \hat{\beta}_j\right)}\right] \tag{8.17}$$

모델 (8.16)은 투약량–반응 실험 때 단 두 개였던 것과 달리 모두 아홉 개의(정의상의 어려움을 피하기 위한 상수 $\sum \alpha_i = \sum \beta_j = 0$까지 포함해서) 자유 모수를 가지고 있다. 최근에는 이 개수가 쉽게 더 높이 올라간다.

표 8.3은 **스팸** 데이터에 적용된 57개 변수의 로지스틱 회귀에 대한 리포트다. 연구자(이름이 죠지George다.)는 $N = 4601$의 이메일 메시지에 **스팸**이나 **햄**(스팸이 아닌 것)[7]으로, 다시 말해

$$y_i = \begin{cases} 1 & \text{이메일이 스팸인 경우} \\ 0 & \text{이메일이 햄인 경우} \end{cases} \tag{8.18}$$

위와 같이 레이블을 붙였다(40%의 메시지는 **스팸**이었다). $p = 57$의 예측 변수는 죠지의 이메일 말뭉치에서 가장 빈번하게 사용되는 단어와 토큰을 나타내고 이는 각 이메일에서 이 단어들이 사용된 상대적 빈도수다(이메일 길이에 대해 표준화한 빈도). 연구 목적은 미래의 이메일이 **스팸**인지 **햄**인지 이 키워드를 사용해 예측할 수 있도록 맞춤형 스팸 필터기를 구축하는 것이다.

x_{ij}가 이메일 i에서의 키워드 j의 상대 빈도를 나타내고 π_i가 이메일 i가 **스팸**일 확률을 나타낸다고 하자. λ_i가 로짓 변환 $\log\{\pi_i/(1-\pi_i)\}$라고 하면 여기서는 가첨적 로지스틱 모델을 적합화한다.

$$\lambda_i = \alpha_0 + \sum_{j=1}^{57} \alpha_j x_{ij} \tag{8.19}$$

---

7 햄은 스팸이 아니거나 건전한 이메일을 의미한다. 이 용어는 2차 세계 대전 때 만들어진 가짜 햄인 (가공식품 햄의 상표였던) 스팸과 재미있게 연계된 것이며, 머신 러닝 커뮤니티에 의해 채택돼 지금까지 사용되고 있다.

표 8.3 스팸 데이터에 대한 로지스틱 회귀분석 모델(8.17). 57개 키워드 예측 변수에 대한 추정 회귀 계수, 표준오차, z = 추정치/se. 표기 **char$**는 **$**가 나타난 상대적 횟수를 의미한다. 마지막 세 개의 원소는 대문자 문자열의 길이 같은 특성을 측정한다. **george**라는 단어는 메일 수신자 이름이 죠지이므로 특수한 단어가 된다. 여기서의 목표는 맞춤형 스팸 필터기를 구축하는 것이다.

	추정	se	z-값		추정	se	z-값
`intercept`	−12.27	1.99	−6.16	`lab`	−1.48	.89	−1.66
`make`	−.12	.07	−1.68	`labs`	−.15	.14	−1.05
`address`	−.19	.09	−2.10	`telnet`	−.07	.19	−.35
`all`	.06	.06	1.03	`857`	.84	1.08	.78
`3d`	3.14	2.10	1.49	`data`	−.41	.17	−2.37
`our`	.38	.07	5.52	`415`	.22	.53	.42
`over`	.24	.07	3.53	`85`	−1.09	.42	−2.61
`remove`	.89	.13	6.85	`technology`	.37	.12	2.99
`internet`	.23	.07	3.39	`1999`	.02	.07	.26
`order`	.20	.08	2.58	`parts`	−.13	.09	−1.41
`mail`	.08	.05	1.75	`pm`	−.38	.17	−2.26
`receive`	−.05	.06	−.86	`direct`	−.11	.13	−.84
`will`	−.12	.06	−1.87	`cs`	−16.27	9.61	−1.69
`people`	−.02	.07	−.35	`meeting`	−2.06	.64	−3.21
`report`	.05	.05	1.06	`original`	−.28	.18	−1.55
`addresses`	.32	.19	1.70	`project`	−.98	.33	−2.97
`free`	.86	.12	7.13	`re`	−.80	.16	−5.09
`business`	.43	.10	4.26	`edu`	−1.33	.24	−5.43
`email`	.06	.06	1.03	`table`	−.18	.13	−1.40
`you`	.14	.06	2.32	`conference`	−1.15	.46	−2.49
`credit`	.53	.27	1.95	`char;`	−.31	.11	−2.92
`your`	.29	.06	4.62	`char(`	−.05	.07	−.75
`font`	.21	.17	1.24	`char_`	−.07	.09	−.78
`000`	.79	.16	4.76	`char!`	.28	.07	3.89
`money`	.19	.07	2.63	`char$`	1.31	.17	7.55
`hp`	−3.21	.52	−6.14	`char#`	1.03	.48	2.16
`hpl`	−.92	.39	−2.37	`cap.ave`	.38	.60	.64
`george`	−39.62	7.12	−5.57	`cap.long`	1.78	.49	3.62
`650`	.24	.11	2.24	`cap.tot`	.51	.14	3.75

표 8.3은 각 단어에 대한 $\hat{\alpha}_i$를 보여준다. 예를 들어 **make**는 −0.12다. 또 추정 표준오차와 z-값도 보여준다(추정치/se).

얼핏 보기에 **free**나 **your** 같은 단어들은 **스팸**을 알려주는 좋은 예측 변수인 것 같다. 그러나 표는 전체적으로 불안정한 모양을 가지고 있으며 때때로 매우 큰 표준편차를 가진 매우 큰 추정치 $\hat{\alpha}_i$를 나타낸다.[8] 여기서 고차원에서의 최대 우도 추정이 가지는 위험성을 고스란히 볼 수 있다. 16장에서 논의한 것처럼 일종의 축소 추정이 필요하다.

회귀분석은 그 전통적 형태나 현대적 형식 등 여러 경우에서 어떤 기하학적 관계를 설정할 수 있는 공변인covariate 정보 x가 필요하다. 이러한 정보가 주어진다면 회귀는 '다른' 결과를 제일 관심 있는 사례와 연결시킬 수 있게 해주는 통계학자의 가장 강력한 도구가 된다. 예를 들어 그림 8.1에서 살펴본 55세 자원자의 경우가 거기에 해당된다.

경험적 베이즈 기법에는 공변인 정보가 필요 없지만, 그래도 존재한다면 좀 더 개선의 여지가 생긴다. 예를 들어 표 7.1에서 선수들의 나이가 중요한 공변인이었다면 먼저 MLE 값을 나이에 회귀한 후 (7.19)에서처럼 전체 평균 $\bar{p}$에 대해 축소하는 것이 아니라 회귀선에 대해 축소할 수 있다. 이 방법으로 두 개의 서로 다른 간접 증거가 각 선수의 능력을 추정하는 데 관련되도록 할 수 있었다.

8.2 일반화 선형 모델[9]

로지스틱 회귀는 일반화 선형 모델(GLM)의 특수한 경우로 알고리듬과 추론에 모두 영향을 끼친 1970년대의 핵심 기법이다. GLM은 최소 자승 곡선 적합화인 통상적인 선형 회귀를 다양한 반응 변수로까지 확장시켜주는데, 여기에는 이항, 포아송, 베타는 물론 사실상 모든 지수분포 계열 형태까지도 포함된다.

---

8 4601×57 $\boldsymbol{X}$ 행렬(x_{ij})은 표준화됐으므로, 이질적인 크기는 불일치의 원인이 아니다. 어떤 특징은 대부분 관측치가 0이고, 이것이 불안정한 추정의 원인이라고 생각해볼 수 있다.

9 이 절에서 제기된 좀 더 기술적인 부분은 후속 장에서 언급되므로 처음 읽을 때는 대략 훑고 지나가거나 아예 지나쳐도 된다.

여기서는 (5.46)에서처럼(뒤에서 좀 더 명확한 표기를 위해 이제 α와 x가 $\boldsymbol{\lambda}$와 y로 대체되고 $\psi(\alpha)$가 $\gamma(\lambda)$로 대체된다.) 단일 모수 지수 계열로 시작한다.

$$\left\{ f_\lambda(y) = e^{\lambda y - \gamma(\lambda)} f_0(y),\ \lambda \in \Lambda \right\} \tag{8.20}$$

여기서 $\boldsymbol{\lambda}$는 자연 모수며 y는 충분통계량이다. 통상적인 응용에서는 둘 다 1차원이다. $\boldsymbol{\lambda}$는 실선 구간 내에서 값을 가진다. 관측 데이터 집합 $\boldsymbol{y} = (y_1, y_2, \cdots, y_i, \cdots, y_N)'$의 각 좌표 y_i는 (8.20) 계열의 구성원에서 온 것으로 가정한다.

$$y_i \sim f_{\lambda_i}(\cdot) \quad i = 1, 2, \ldots, N\text{에 대해 독립적으로} \tag{8.21}$$

표 8.4는 표 5.1의 처음 네 개 계열에 대해 $\boldsymbol{\lambda}$와 y를 나열하고 그 편차와 정규화 함수를 보여준다.

그 자체로 모델 (8.21)은 N개의 모수 $\boldsymbol{\lambda}_1, \boldsymbol{\lambda}_2, \cdots, \boldsymbol{\lambda}_N$을 필요로 하고, 이는 효과적인 개별 추정을 위한 것으로는 너무 많다. 핵심 GLM 전술은 $\boldsymbol{\lambda}$를 선형 회귀 방정식으로 표현하는 것이다. $\boldsymbol{X}$가 i번째 행이 x_i'고, α가 p 모수의 미지의 벡터인 $N \times p$ '구조 행렬'이라 하자. 그렇다면 N-벡터 $\boldsymbol{\lambda} = (\boldsymbol{\lambda}_2, \boldsymbol{\lambda}_1, \cdots, \boldsymbol{\lambda}_N)'$는 다음과 같이 나타낼 수 있다.

$$\boldsymbol{\lambda} = \boldsymbol{X}\alpha \tag{8.22}$$

그림 8.2의 투약량-반응 실험과 모델 (8.5)에서 $\boldsymbol{X}$는 i번째 행 $(1, x_i)$와 모수 벡터 $\alpha = (\alpha_0, \alpha_1)$인 $N \times 2$ 행렬이다.

데이터 벡터 $\boldsymbol{y}$의 확률 밀도 함수 $f_\alpha(\boldsymbol{y})$는 다음과 같다.

$$f_\alpha(\boldsymbol{y}) = \prod_{i=1}^{N} f_{\lambda_i}(y_i) = e^{\sum_1^N (\lambda_i y_i - \gamma(\lambda_i))} \prod_{i=1}^{N} f_0(y_i) \tag{8.23}$$

이는 다음과 같이 다시 쓸 수 있다.

표 8.4 표 5.1에서 처음 네 가지 경우의 지수 계열 형태. 자연 모수 λ, 충분통계량 y, 계열 원소 f_1과 f_2 사이의 편차(8.31) $D(f_1, f_2)$, 정규화 함수 $\gamma(\lambda)$

	λ	y	$D(f_1, f_2)$	$\gamma(\lambda)$
1. 정규 $\mathcal{N}(\mu, \sigma^2)$, σ^2 알고 있음	μ/σ^2	x	$\left(\frac{\mu_1-\mu_2}{\sigma}\right)^2$	$\sigma^2\lambda^2/2$
2. 포아송 $\text{Poi}(\mu)$	$\log \mu$	x	$2\mu_1\left[\left(\frac{\mu_2}{\mu_1}-1\right)-\log\frac{\mu_2}{\mu_1}\right]$	e^λ
3. 이항 $\text{Bi}(n, \pi)$	$\log\frac{\pi}{1-\pi}$	x	$2n\left[\pi_1\log\frac{\pi_1}{\pi_2}+(1-\pi_1)\log\frac{1-\pi_1}{1-\pi_2}\right]$	$n\log(1+e^\lambda)$
4. 감마 $\text{Gam}(\nu, \sigma)$, ν 알고 있음	$-1/\sigma$	x	$2\nu\left[\left(\frac{\sigma_1}{\sigma_2}-1\right)-\log\frac{\sigma_1}{\sigma_2}\right]$	$-\nu\log(-\lambda)$

$$f_\alpha(\mathbf{y}) = e^{\alpha' z - \psi(\alpha)} f_0(\mathbf{y}) \tag{8.24}$$

여기서

$$z = \mathbf{X}'\mathbf{y} \quad \text{그리고} \quad \psi(\alpha) = \sum_{i=1}^{N} \gamma(\mathbf{x}_i \alpha) \tag{8.25}$$

p-모수 지수 계열(5.50), 자연 모수 벡터 α와 충분통계량 벡터 z다. 주안점은 p-모수 GLM으로부터의 모든 정보는 p차원 벡터 z에 요약돼 있고 N의 크기와 상관없이 이해와 분석이 모두 더 쉬워진다는 것이다.

이제 N-모수 모델 (8.20)–(8.21)을 p-모수 지수 계열(8.24)로 축소했고, 여기서 p는 대개 N보다 훨씬 작은 수다. 이런 방식으로 고차원 추정의 어려움을 피해간다. 단일 모수 구성 요소(8.20)의 모멘트들은 모델 (8.22)–(8.24)의 추정 특성을 결정한다. $(\mu_\lambda, \sigma_\lambda^2)$이 일변량 밀도 $f_\lambda(y)$ (8.20)의 기댓값과 분산이라고 하자.

$$y \sim (\mu_\lambda, \sigma_\lambda^2) \tag{8.26}$$

예를 들어 포아송에 대해 $(\mu_\lambda, \sigma_\lambda^2) = (e^\lambda, e^\lambda)$다. 이 경우 GLM(8.22)에서 얻은 N-벡터 $\boldsymbol{y}$는 다음과 같은 평균 벡터와 공분산 행렬을 가진다.

$$\boldsymbol{y} \sim (\boldsymbol{\mu}(\alpha), \boldsymbol{\Sigma}(\alpha)) \tag{8.27}$$

여기서 $\boldsymbol{\mu}(\alpha)$는 i번째 구성 요소 μ_{λ_i}를 가진 벡터고 $\lambda_i = x_i'\alpha$며, $\boldsymbol{\Sigma}(\alpha)$는 대각 원소가 $\sigma_{\lambda_i}^2$인 $N \times N$ 대각 행렬이다.

모수 벡터 α의 최대 우도 추정 $\hat{\alpha}$는 다음의 단순 방정식을 만족한다는 것

†2 을 보일 수 있다.†

$$\boldsymbol{X}' [\boldsymbol{y} - \boldsymbol{\mu}(\hat{\alpha})] = 0 \tag{8.28}$$

(8.21)에서 $y_i \sim \mathcal{N}(\mu_i, \sigma^2)$인 정규분포의 경우, 즉 선형 회귀의 경우 $\boldsymbol{\mu}(\hat{\alpha}) = \boldsymbol{X}\alpha$와 (8.28)은 $\boldsymbol{X}'(\boldsymbol{y} - \boldsymbol{X}\alpha) = 0$이 되고 다음과 같은 익숙한 해를 가진다.

$$\hat{\alpha} = (\boldsymbol{X}'\boldsymbol{X})^{-1}\boldsymbol{X}'\boldsymbol{y} \tag{8.29}$$

그렇지 않다면, $\boldsymbol{\mu}(\alpha)$는 α의 비선형 함수며 (8.28)은 수치 반복을 통해 해를 찾아야 한다. 이 작업은 GLM의 경우 여기서 최대화하려는 우도 함수 $\log f_\alpha(\boldsymbol{y})$가 α에 대한 오목 함수라는 점으로 인해 한결 쉬워진다. MLE $\hat{\alpha}$는 다음의

†3 근사 기대치와 분산을 가진다.†

$$\hat{\alpha} \dot{\sim} \left(\alpha, \left(\boldsymbol{X}'\boldsymbol{\Sigma}(\alpha)\boldsymbol{X}\right)^{-1}\right) \tag{8.30}$$

†4 이는 정확한 OLS 결과인 $\hat{\alpha} \sim (\alpha, \sigma^2(\boldsymbol{X}'\boldsymbol{X})^{-1})$과 유사하다.†

이항 정의(8.14)를 일반화하면 밀도 함수 $f_1(y)$와 $f_2(y)$ 사이의 편차는 다음과 같이 정의된다.

$$D(f_1, f_2) = 2\int_{\mathcal{Y}} f_1(y) \log\left\{\frac{f_1(y)}{f_2(y)}\right\} dy \tag{8.31}$$

여기서 적분(또는 이산의 경우 총합)은 공통 표본공간 $\mathcal{Y}$에 대한 것이다. $D(f_1, f_2)$

는 항상 음수며, f_1과 f_2가 동일할 경우에만 0 값을 가진다. 일반적으로 $D(f_1, f_2)$와 $D(f_2, f_1)$은 다르다. 편차는 두 분포가 어떤 이름을 가졌는지와 상관없다. 예를 들어 (8.14)는 표 8.4의 이항분포의 항목과 동일한 식을 가진다.

다음에서 보는 것처럼, 때로는 계열 (8.20)의 이름을 자연 모수 $\boldsymbol{\lambda}$가 아니라 그 기대 모수 $\boldsymbol{\mu} = E_\lambda\{y\}$에 따라 붙이는 것이 더 유용할 때가 있다.

$$f_\mu(y) = e^{\lambda y - \gamma(\lambda)} f_0(y) \tag{8.32}$$

이 경우 (8.20)과 동일하지만, 그 개별 계열 일원에 붙은 이름만 변경된다. 이런 식으로 표기하면 이른바 회프딩의 보조정리로 알려진 기본적 결과를 증명하기 쉬워진다.

†5 **회프딩의 보조정리**[†] 주어진 y에 대한 최대 우도 추정 $\boldsymbol{\mu}$는 y 자신이고 로그 우도 $\log f_\mu(y)$는 최대 $\log f_y(y)$로부터 편차 $D(y, \boldsymbol{\mu})$에 따른 크기만큼 감소한다.

$$f_\mu(y) = f_y(y) e^{-D(y,\mu)/2} \tag{8.33}$$

GLM 프레임워크 (8.21)–(8.22)로 돌아가보면 모수 벡터 α는 $\boldsymbol{\lambda}(\alpha) = \boldsymbol{X}\alpha$고, 이는 다음과 같이 기대 모수의 벡터를 만든다.

$$\boldsymbol{\mu}(\alpha) = (\ldots \mu_i(\alpha) \ldots)' \tag{8.34}$$

예를 들어 포아송 계열의 경우 $\mu_i(\alpha) = \exp\{\lambda_i(\alpha)\}$다. 회프딩의 보조정리 Hoeffding's Lemma (8.33)를 N개의 경우 $\boldsymbol{y} = (y_1, y_2, \ldots, y_N)'$에 대해 곱하면 다음과 같이 된다.

$$f_\alpha(\boldsymbol{y}) = \prod_{i=1}^{N} f_{\mu_i(\alpha)}(y_i) = \left[\prod_{i=1}^{N} f_{y_i}(y_i)\right] e^{-\sum_1^N D(y_i, \mu_i(\alpha))} \tag{8.35}$$

이 사실은 중대한 귀결을 가진다. MLE $\hat{\alpha}$는 전체 편차 $\sum_1^N D(y_i, \mu_i(\alpha))$를 최소화하는 α를 고르는 것이다. 그림 8.2에서 보는 것처럼 GLM 최대 우도 적합화는 최소 자승을 사용하는 선형 회귀와 같은 방법으로 '최소 전체 편차'

를 사용하는 것이다.

그림 8.3의 내부 원은 전통적 응용통계학에서 선호되는 분야인 정규 이론을 나타낸다. 정확 추론exact inference(t 검정, F 분포, 대부분의 다변량 분석)은 원 내에서 가능하다. 원 바깥은 주로 테일러 전개식과 중심극한 이론에 근거한 점근(대규모 표본) 근사에 기반한 일반 이론이다.

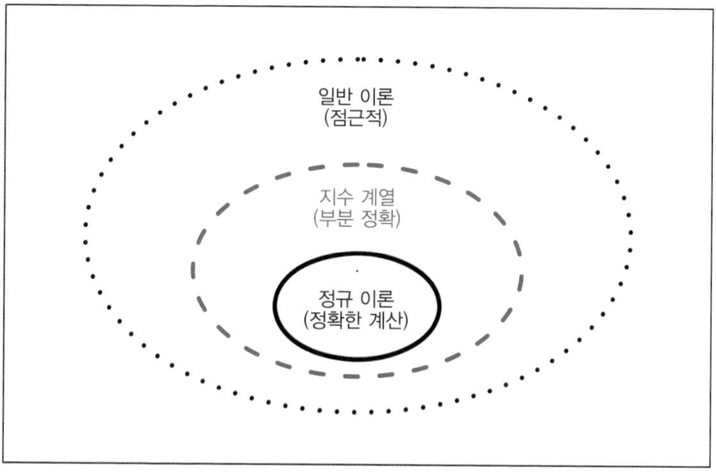

그림 8.3 통계적 모델링의 세 가지 레벨

몇 가지 유용한 정확 추론 중에서 정규 이론 원 바깥에 위치한 것이 있는데 일부 특수 계열에 관련된 것들이다. 이들은 이항, 포아송, 감마, 베타와 그 외의 덜 알려진 몇 가지 분포들이다. 지수 계열 이론은 그림 8.3의 두 번째 원으로 특수 경우들을 일관된 전체로 통합했다. 이는 정규 이론에 이상적인 대응이 되는 볼록 우도 표면, 최소 편차 회귀 등의 '일부 정확함'을 가지지만 동시에 (8.30)과 같이 일부 근사가 필요하다. 그러나 근사조차도 일반 이론에 비하면 더 확실하며 지수 계열의 고정된 차원의 충분통계량은 점근을 좀 더 투명하게 해준다.

로지스틱 회귀는 그 이전 방법(프로빗[probit] 분석 같은)을 완전히 몰아냈지만, 이는 단지 추정 효율과 계산에서의 이점(이점은 사실 그다지 큰 부분은 아니다.) 때문만이 아니라 200년이나 된 최소 자승법과도 훨씬 더 유사하기 때문이다. GLM 연구 개발은 대부분 빈도주의지만 상당 부분 우도 기반 추론과 피셔의 '귀납적 추론의 논리'로부터 얻은 힌트를 혼합한 것이다.

통계학자들이 경쟁하는 기법들 중 하나를 선택할 수 있게 도와주는 것이 통계적 추론의 일이다. 일반화 선형 모델의 경우 철학은 물론 일부 심미학적인 요소에 의해서도 선택이 좌우된다.

8.3 포아송 회귀

정규 이론의 최소 자승과 로지스틱 회귀에 이어 GLM 계열에서 세 번째로 빈번하게 사용되는 것은 바로 포아송 회귀다. N개의 독립적 포아송 변량이 측정됐다고 하자.

$$y_i \overset{\text{ind}}{\sim} \text{Poi}(\mu_i), \qquad i = 1, 2, \ldots, N \tag{8.36}$$

여기서 $\lambda_i = \log \mu_i$는 선형 모델을 따른다고 가정한다.

$$\boldsymbol{\lambda}(\alpha) = \boldsymbol{X}\alpha \tag{8.37}$$

여기서 $\boldsymbol{X}$는 알려진 $N \times p$ 구조 행렬이고 α는 미지의 회귀 계수 p-벡터다. 즉 $i = 1, 2, \cdots, N$에 대해 $\boldsymbol{\lambda}_i = x_i' \alpha$며 x_i'는 $\boldsymbol{X}$의 i번째 행이다.

후속 장에서는 처음 보기에 다소 이상해 보이는 데이터 분석 상황에서 포아송 회귀를 사용해 해결하는 것을 볼 수 있을 것이다. 여기서는 공간적으로 잘려진 표본으로부터 밀도 추정을 하는 예제를 살펴볼 것이다.

†6 표 8.5는 하늘의 일부에서 측정한 은하계 개수[†]를 보여준다. 486개의 은하계에 대해 적색편이[redshift] r과 시등급[apparent magnitude] m을 측정한 것이다. 지구로부터의 거리는 r에 비례해 증가하고 시등급 밝기는 m에 대해 감소하는 함

표 8.5 486개 은하계의 표본을 적색편이와 시등급에 따라 배치한 것

적색편이(더 멀어짐) ⟶

↑ **시등급** (더 어두워짐)

	1	2	3	4	5	6	7	8	9	10	11	12	13	14	15
18	1	6	6	3	1	4	6	8	8	20	10	7	16	9	4
17	3	2	3	4	0	5	7	6	6	7	5	7	6	8	5
16	3	2	3	3	3	2	9	9	6	3	5	4	5	2	1
15	1	1	4	3	4	3	2	3	8	9	4	3	4	1	1
14	1	3	2	3	3	4	5	7	6	7	3	4	0	0	1
13	3	2	4	5	3	6	4	3	2	2	5	1	0	0	0
12	2	0	2	4	5	4	2	3	3	0	1	2	0	0	1
11	4	1	1	4	7	3	3	1	2	0	1	1	0	0	0
10	1	0	0	2	2	2	1	2	0	0	0	1	2	0	0
9	1	1	0	2	2	2	0	0	0	0	1	0	0	0	0
8	1	0	0	0	1	1	0	0	0	0	1	1	0	0	0
7	0	1	0	1	1	0	0	0	0	0	0	0	0	0	0
6	0	0	3	1	1	0	0	0	0	0	0	0	0	0	0
5	0	3	1	1	0	0	0	0	0	0	0	0	0	0	0
4	0	0	1	1	1	0	0	0	0	0	0	0	0	0	0
3	0	1	0	0	0	0	0	0	0	0	0	0	0	0	0
2	0	1	0	0	0	0	0	0	0	0	0	0	0	0	0
1	0	1	0	0	0	0	0	0	0	0	0	0	0	0	0

수[10]다. 이 조사는 다음의 조건을 갖춘 은하계에 대해서만 개수를 조사한 것이다.

$$1.22 \le r \le 3.32 \quad \text{그리고} \quad 17.2 \le m \le 21.5 \tag{8.38}$$

상단 한계를 둔 것은 희미한 은하계를 측정하기가 어렵기 때문이다.

로그 r의 범위는 15개의 동일 구간으로 나누고 같은 방식으로 m도 18가지의 동일한 간격으로 분할한다. 표 8.5는 $18 \times 15 = 270$개 칸에 대한 486개 은하계의 개수를 보여준다(표의 우하단 구석은 은하계가 항상 희미하기 때문에 비어있다). 다항/포아송 연결(5.44)은 모델 (8.36)에 대한 동기를 부여하고 표를 270 범주에 대한 다항 관측치로 보여주는데, 표본 크기 N은 그 자체로 포아송분포다.

표 8.5는 데이터를 일부분으로 자르지 않았다면 얻을 수 있는 좀 더 광범위한 가상적 표의 매우 작은 부분으로 생각하면 된다. 그렇다면, 경험에 따라 그림 5.3과 같이 적절한 이변량 정규 밀도를 적합화할 수도 있다는 것을

10 두 번째 시등급의 물체는 첫 번째보다 덜 밝다. 이는 숫자가 커질수록 더해진다.

알 수 있다. 잘려나간 데이터에 이변량 정규 밀도의 일부를 적합화하는 것이 이상해 보일 수 있지만 포아송 회귀를 사용하면 간단히 해결할 수 있다.

$\boldsymbol{r}$이 표의 각 칸(열 순서대로)의 r 값을 나열하는 270-벡터라 하고 비슷하게 $\boldsymbol{m}$이 270 m 값이라 하자(예를 들어 $\boldsymbol{m} = (18, 17, \cdots, 1)$은 15회 반복됐다.) 270×5 행렬 $\boldsymbol{X}$를 다음과 같이 정의하자.

$$\boldsymbol{X} = [\boldsymbol{r}, \boldsymbol{m}, \boldsymbol{r}^2, \boldsymbol{rm}, \boldsymbol{m}^2] \tag{8.39}$$

여기서 $\boldsymbol{r}^2$은 구성 성분이 $\boldsymbol{r}$의 제곱인 벡터다. (r, m)에서의 이변량 정규분포의 로그 밀도는 $\alpha_1 r + \alpha_2 m + \alpha_3 r^2 + \alpha_4 rm + \alpha_5 m^2$의 형태며 (8.39)에서 명시된 것처럼 $\log \mu_i = x_i' \alpha$와 일치한다. 여기서는 i번째 칸의 개수를 y_i로 하는 포아송 GLM을 사용해 잘려나간 영역 (8.38)에 대한 가상의 이변량 정규분포 부분의 추정을 한다.

그림 8.4의 왼쪽은 표 8.5의 원시 자료 조감도 그림이다. 오른쪽은 포아송 회귀를 사용해 적합화한 밀도다. 밀도 추정과 상관없이 포아송 회귀는 원시 칸 개수를 평활화하는 데 유용하게 작용한 것을 볼 수 있다.

적합화된 로그 밀도의 동일 값의 등고선은

$$\hat{\alpha}_0 + \hat{\alpha}_1 r + \hat{\alpha}_2 m + \hat{\alpha}_3 r^2 + \hat{\alpha}_4 rm + \hat{\alpha}_5 m^2 \tag{8.40}$$

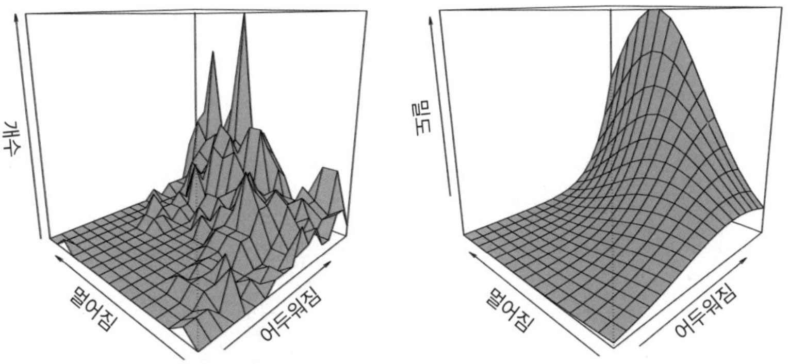

그림 8.4 왼쪽: 은하계 데이터, 각 칸의 개수. 오른쪽: 포아송 GLM 밀도 추정

그림 8.5에 나타나 있다. 등고선은 그림 5.3에서 본 것 같은 타원체의 잘려나간 부분으로 생각할 수 있다. 그림 8.4의 오른쪽 부분은 밝기 한계를 한참 넘어 저 편에 존재하는 가상의 이변량 정규 밀도의 중심은 까마득히 멀리 있다는 것을 명확히 보여준다.

관측된 개수 y와 적합화 값 $\hat{\mu}$ 사이의 포아송 편차 잔차 Z는 다음과 같다.

$$Z = \text{sign}(y - \hat{\mu}) D(y, \hat{\mu})^{1/2} \tag{8.41}$$

여기서 D는 표 8.4의 포아송 편차다. 표 8.5의 ij 칸의 개수 y_{ij}와 포아송 GLM의 적합화 값 $\hat{\mu}_{jk}$ 사이의 편차 잔차 Z_{jk}가 모두 270개 칸에 대해 계산됐다. 표준 빈도주의 GLM 이론에 따르면, 이변량 정규 모델 (8.39)가 옳다면 $S = \sum_{jk} Z_{jk}^2$는 약 270이어야 한다.[11] 사실 적합화 결과는 나빴다. $S = 610$

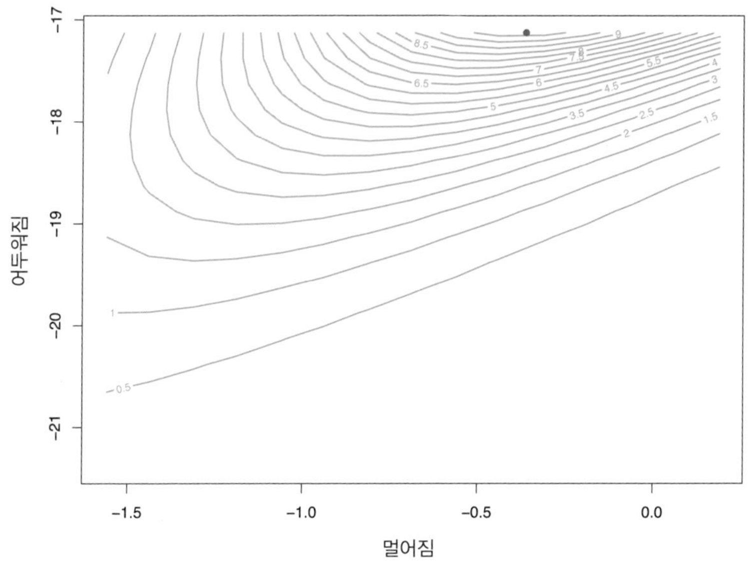

그림 8.5 은하계 데이터에 대한 포아송 GLM 밀도 추정의 등고선. 붉은색 점은 최대 밀도 점을 보여준다.

11 이것은 전통적인 카이제곱 적합도 검정의 현대식 버전이다.

이나 된다.

실제로 (8.39)의 $\boldsymbol{X}$에, 예를 들어 $\boldsymbol{rm}^2$이나 $\boldsymbol{r}^2\boldsymbol{m}^2$ 열을 추가해 표의 가장자리 근처 적합화가 최악인 곳에 개선을 시도해볼 수도 있다. 12장에서는 포아송 밀도 추정의 또 다른 예제를 보여준다. 일반적으로 포아송 GLM은 밀도 추정을 익숙하고 유연한 추론 기술인 회귀 모델 적합화로 축소시켜준다.

8.4 회귀 트리

회귀 문제의 데이터 집합 $\boldsymbol{d}$는 대개 N개의 쌍 (x_i, y_i)로 이뤄진다.

$$\boldsymbol{d} = \{(x_i, y_i),\ i = 1, 2, \ldots, N\} \tag{8.42}$$

여기서 x_i는 예측 변수 또는 공변인으로서 공간 $\mathcal{X}$에서 어떤 값을 취하고, 그에 따라 일변량인 반응 값 y_i가 정해진다. 포아송 GLM 같은 회귀 알고리듬은 입력 $\boldsymbol{d}$에 대해 출력 규칙 $r_{\boldsymbol{d}}(x)$를 생성하는데, $\mathcal{X}$상의 한 값 x에 대해 y의 미래 값으로 예상되는 추정치 $\hat{y}$를 $r_{\boldsymbol{d}}(x)$로 계산한다.

$$\hat{y} = r_{\boldsymbol{d}}(x) \tag{8.43}$$

로지스틱 회귀의 예(8.8)에서 $r_{\boldsymbol{d}}(x)$는 $\hat{\pi}(x)$다.

규칙 $r_{\boldsymbol{d}}(x)$에는 세 가지 주요 용도가 있다.

1. 예측^{prediction}: 주어진 새로운 관측치 x에 대해 상응하는 y 값이 알려져 있지 않은 경우 $\hat{y} = r_{\boldsymbol{d}}(x)$를 사용해 y 값을 예측한다. **스팸**의 예제에서 입력 메시지 중 57개의 키워드가 스팸 여부를 예측하기 위해 사용됐다[12](12장을 보라).
2. 추정^{estimation}: 규칙 $r_{\boldsymbol{d}}(x)$는 $\mathcal{X}$에 대한 '회귀 표면' $\hat{S}$를 기술해준다.

---

12 출력이 이분법인 예측은 흔히 '분류'라고 한다.

$$\hat{S} = \{r_d(x),\ x \in \mathcal{X}\} \tag{8.44}$$

그림 8.4의 우측은 은하계 예제에서 $\hat{S}$를 보여준다. $\hat{S}$는 S의 추정으로 생각할 수 있으며, S는 참 회귀 표면이다. 이는 대개 다음과 같은 조건 기댓값의 형태로 정의된다.

$$S = \{E\{y|x\},\ x \in \mathcal{X}\} \tag{8.45}$$

(값이 0이나 1로 코딩된 이분법 상황에서는 $S = \{\Pr\{y = 1\,|\,x\},\ x \in \mathcal{X}\}$다.)

추정에서는 (예측에서는 반드시 그렇지 않지만) $\hat{S}$를 이용해 S를 정교하게 알아내고자 한다. 그림 8.4의 오른쪽을 보면 추정된 은하계 밀도는 여전히 상단 끝의 잘려져나간 부분의 **더 어두워짐**으로 계속 증가하지만 **더 멀어짐**에서는 그렇지 않다. 아마도 이는 이후의 탐색 개수에 대한 방향을 알아낼 단서가 될 것이다.[13] 그림 1.2에서 신장 기능 회귀 곡선의 편평한 부분은 예측에서는 차이가 없지만 정교하다면 과학적 관심의 대상이 된다.

3. 설명explanation: 7.3절에서 다룬 당뇨병 데이터의 열 개의 예측 변수인 **age**, **sex**, **bmi** 등은 당뇨병 진행의 원인을 찾으려는 연구원들에 의해 선택된 것들이다. 그렇다면 서로 다른 예측 변수들의 $r_d(x)$에 대한 상대적인 공헌도가 관심사로 떠오른다. 1과 2에서와 달리 이 용도에서는 회귀 표면이 어떻게 형성됐는지가 가장 큰 관심사다.

$r_d(x)$의 세 가지 다른 용도는 서로 다른 추론 문제를 제기한다. 용도 1은 예측 오류 추정이 요구된다. **스팸** 연구와 같은 이분법 상황에서는 양쪽 오류 분포를 모두 알고자 한다.

$$\Pr\{\hat{y} = \texttt{spam}|y = \texttt{ham}\} \quad \text{그리고} \quad \Pr\{\hat{y} = \texttt{ham}|y = \texttt{spam}\} \tag{8.46}$$

13 물리학자들은 회귀에 기반해 새로운 물체를 탐색하는 것을 '범프 헌팅(bump hunting)'이라 부른다.

추정에서는 $r_d(x)$의 정확도를 x에 대한 함수, 예컨대 표준편차 항으로 나타내서 $\hat{S}$가 S를 얼마나 잘 근사하고 있는지 보여주려 할 것이다.

$$\mathrm{sd}(x) = \mathrm{sd}(\hat{y}|x) \tag{8.47}$$

세 번째 용도에서는 좀 더 정교한 추론 도구가 필요한데, 예컨대 (8.19)의 어떤 회귀 계수 α_i가 안전하게 0으로 설정될 수 있는가 하는 것이다.

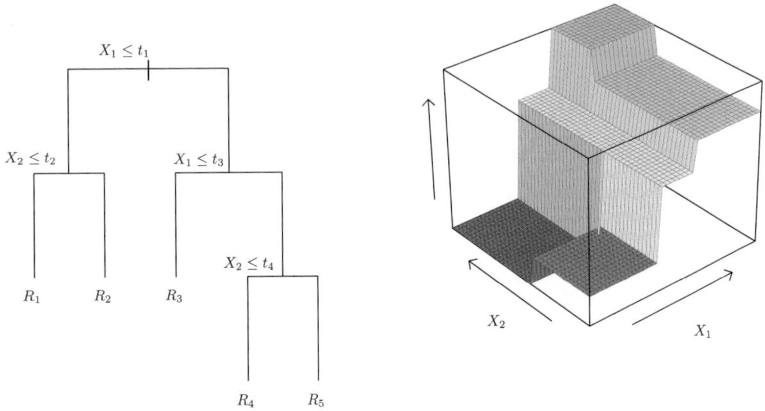

그림 8.6 왼쪽은 두 예측 변수 X_1과 X_2에 대한 가상의 회귀 트리고, 오른쪽은 해당하는 회귀 표면이다.

회귀 트리는 회귀 표면을 형성하기 위해 단순하지만 직관적으로 흥미로운 기술인 재귀적 분할recursive partitioning을 사용한다. 그림 8.6의 왼쪽은 두 예측 변수 X_1, X_2(예: 은하계 예제에서 r과 m)인 경우의 가상 상황에 대한 기법을 보여준다. 트리 최상단에 표본 개수 N개가 두 개의 그룹으로 나눠져 X_1이 t_1보다 적거나 같으면 왼편으로 가고, $X_1 > t_1$인 경우에는 오른쪽으로 간다. 왼쪽 그룹은 그 자체로 또 두 개의 그룹으로 나뉘는데, $X_2 \le t_2$인지에 따라 나눠진다. 분할은 거기서 멈추고 두 개의 단말 노드인 R_1과 R_2가 생성된다. 트리 오른쪽의 경우 두 개의 다른 분할이 일어나서 각각 R_3, R_4, R_5의 단말 노드가 생성된다.

예측값 $\hat{y}_{R_j}$는 각 단말 노드 R_j마다 하나씩 있다. 새로운 관측치 $x=(x_1, x_2)$에 대한 예측값 $\hat{y}$를 구하려면 우선 트리의 최상단 노드 x에서 시작해 단말 노드와 그 값 $\hat{y}_{R_j}$에 이를 때까지 따라간다. 해당하는 회귀 표면 $\hat{S}$는 그림 8.6(여기서 $\hat{y}_{R_j}$는 우연히 오름차순으로 돼 있다.)의 오른쪽에 나타나 있다.

다양한 알고리듬 규칙이 사용돼 어떤 변수를 분할할 것인지와 어떤 분할값 t를 트리의 구성 각 단계에서 사용할 것인지 결정한다. 가장 공통적인 기법은 다음과 같다. 알고리듬 단계 k에서 N_k개의 경우 수를 가진 group_k가 분할 대상이며, 이 경우들은 다음의 평균과 제곱합을 가진다.

$$m_k = \sum_{i \in \text{group}_k} y_i / N_k \quad \text{그리고} \quad s_k^2 = \sum_{i \in \text{group}_k} (y_i - m_k)^2 \tag{8.48}$$

group_k를 $\text{group}_{k,\text{left}}$와 $\text{group}_{k,\text{right}}$로 분할하면 $\text{m}_{k,\text{left}}$와 $\text{m}_{k,\text{right}}$, 그리고 해당하는 제곱합 $s_{k,\text{left}}^2$와 $s_{k,\text{right}}^2$로 분할된다. 알고리듬은 다음을 최소화하는 문턱 값 t_k와 분할 변수 X_k를 선택하며 진행한다.

$$s_{k,\text{left}}^2 + s_{k,\text{right}}^2 \tag{8.49}$$

다시 말해 group_k를 두 그룹이 가능한 한 서로 완전히 다르게 되도록 분할하
†7 는 것이다.[†]

12장의 예측 오차에 대한 교차 검증 추정을 이용해 분할을 멈추는 시점을 판단한다. group_k가 더 이상 분할되지 않는다면 단말 노드 R_k가 되고, 이때 예측값 $\hat{y}_{R_k} = m_k$가 된다. 컴퓨터가 없었다면 이런 기법 자체가 불가능했을 것이지만 현재의 컴퓨터를 이용하면 상당히 큰 예측 문제도 간단히 해결할 수 있다.

그림 8.7은 표 8.3의 **스팸** 데이터에 대한 회귀 트리 분석[14]을 보여준다. **햄**과 **스팸**을 구분하기 위해 0과 1로 레이블이 붙은 일곱 개의 단말 노드가 있

---

14 분류 모드에서 R 프로그램 **rpart**를 이용하면 (8.49)에 기반한 버전과 다른 분할 규칙을 사용할 수 있다.

다. 가장 왼쪽 노드, 즉 R_1은 0이고 2,462개의 **햄**과 275개의 **스팸**(전체 데이터 셋에서 각각 2,788개와 1,813개였던 것과 비교해보라.)이 있다. 트리의 루트에서 시작해 $ 기호 **char$**의 비중이 낮은 부분, **remove** 단어의 비중이 낮은 부분, 느낌표 기호 **char!**의 비중이 낮은 부분이면 R_1에 도달하게 된다.

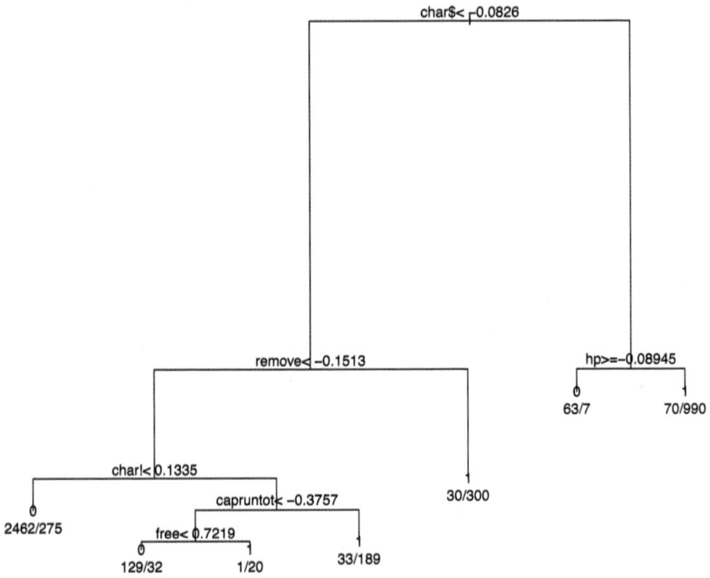

그림 8.7 스팸 데이터에 대한 회귀 트리: 0 = **햄**, 1 = **스팸**. 오차율: **햄** 5.2%, **스팸** 17.4%. 각 노드의 캡션은 왼쪽(햄)으로 움직이는 조건을 보여준다.

회귀 트리는 해석이 용이해서('달러 기호가 너무 많으면 스팸이다!') 3번 용도(설명)로 이용하는 것이 적절한 것처럼 보인다. 불행히도 이 방법은 과해석의 여지도 높아서 실제로는 불안정하다. 그림 8.6의 불연속 회귀 곡선 $\hat{S}$는 2번 용도(추정)로서의 사용을 불가능하게 한다. 따라서 이 방법들의 주용도는 예측 알고리듬(1번 용도)의 핵심 부분으로서 쓰이는 것이다. 그림 8.6의 트리는 5.2%와 17.4%라는 현저한 오차율(8.46)을 가지고 있다. 이는 17장과 20장에서 살펴볼 '배깅(부트스트랩 종합)'과 다른 컴퓨터 집중적computer-intensive 기법을 사용하면 많이 개선될 수 있다.

일반화된 선형 모델과 비교하면, 회귀 트리는 좀 더 직관적인 전통적 기법과의 단절을 나타낸다. 우선 회귀 트리는 완전히 비모수적이다(더 많지만 더 구조화되지 않은 데이터 집합들이 21세기 통계에서 비모수 기법의 사용을 촉진했다). 회귀 트리는 좀 더 컴퓨터 집중적이며 GLM보다 덜 효율적이다. 하지만 3부에서 보게 될 것처럼, 가용한 대량의 데이터와 현대의 계산 기능은 효율에 대한 매력을 감소시키며 가정이 필요 없는 쉬운 응용을 더 선호하게 만들었다.

8.5 주석 및 상세 설명

컴퓨터 시대 알고리듬은 그 효용성이 통계적 컴퓨팅 언어에 달려 있다. 몇 번의 진화를 거친 후에 언어 **S**(벡커와 동료들, 1988)와 그 오픈소스 후속인 **R**(R 코어 팀, 2015)은 응용 실습을 주도하고 있다.[15] 일반화 선형 모델은 **R** 명령어로도 제공된다. 예를 들어 로지스틱 회귀(챔버스Chambers와 해이스티Hastie, 1993)에는 다음 명령어가 있다.

```
glm(y~x, family=binomial)
```

이와 유사하게 회귀 트리와 수백 개의 다른 응용도 구현돼 있다.

생체분석bioassay의 전통적 버전인 프로빗 분석은 각 실험 동물이 각각의 치사량 수준인 X를 가지고 있으며, X는 미지의 모수 (α_0, α_1)과 표준 정규 cdf Φ에 대해 정규분포를 따른다고 가정한다.

$$\Pr\{X \le x\} = \Phi(\alpha_0 + \alpha_1 x) \tag{8.50}$$

그렇다면 용량이 x일 때 죽은 동물들 개체 수는 (8.3)에서처럼 이항분포 $\text{Bi}(n_x, \pi_x)$고, $\pi_x = \Phi(\alpha_0 + \alpha_1 x)$이거나 다음과 같다.

15 SAS와 SPSS 같은 이전의 컴퓨터 패키지도 사회과학, 생물의학 통계, 제약 산업에서는 여전히 주요한 역할을 하고 있다.

$$\Phi^{-1}(\pi_x) = \alpha_0 + \alpha_1 x \tag{8.51}$$

표준 정규 cdf $\Phi(z)$를 로지스틱 cdf $1/(1+e^{-z})$(이는 Φ를 닮았다.)로 대체하면 (8.51)이 로지스틱 회귀(8.5)로 바뀐다. 생체분석의 일반적인 목표는 실험 개체의 50%가 사망하는 치사량인 'LD50'을 추정하는 것이다. 이는 그림 8.2의 속이 빈 원에 나타나 있다.

로지스틱 회귀의 고전으로 꼽히는 책(콕스, 1970)에서는 버크슨berkson(1944)을 초창기의 전문가로 나열하고 있다. 웨더번Wedderburn(1974)은 일반화 선형 모델에 대해 1983년 초판이 발행된 맥컬라McCullagh와 네들러Nelder가 저술한 동명의 책에 그 공을 돌리고 있다. 버치Birch(1964)는 GLM 이론의 중요하고도 특별한 경우에 대해 개발했다.

21세기는 해이스티와 동료들(2009)이 자세히 설명한 것처럼 컴퓨터 기반의 회귀가 꽃을 핀 시기다. 여기서 논의한 회귀 트리의 내용과 그림 8.6은 그들의 책 9.2절에서 차용한 것이다. 그들은 **스팸** 데이터를 주요 예제로 사용했다. 이는 ftp.ics.uci.edu에 공개돼 있다. 브라이만과 동료들Breiman et al. (1984)은 회귀 트리를 그들의 CART 알고리듬을 사용해 한층 더 발전시켰다.

†1 (8.13)의 **충분성**. 피셔-네이만의 기준은 $g(\cdot)$이 α에 종속되지 않는다면 $f_\alpha(\boldsymbol{x}) = h_\alpha(S(\boldsymbol{x}))g(\boldsymbol{x})$에서 $S(\boldsymbol{x})$는 α에 충분하다는 것을 의미한다.

†2 식 (8.23). (8.24)-(8.25)로부터 다음의 로그 우도 함수를 가진다.

$$l_\alpha(\boldsymbol{y}) = \alpha' z - \psi(\alpha) \tag{8.52}$$

여기서 충분통계량은 $z = \boldsymbol{X}'\boldsymbol{y}$고 $\psi(\alpha) = \sum_{i=1}^{N} \gamma(x_i'\alpha)$다. α에 대해 미분하면 다음과 같다.

$$\dot{l}(\boldsymbol{y}) = z - \dot{\psi}(\alpha) = \boldsymbol{X}'\boldsymbol{y} - \boldsymbol{X}'\boldsymbol{\mu}(\alpha) \tag{8.53}$$

여기서 $d\gamma/d\lambda = \mu_\lambda$(5.55)를 사용했으므로, $\dot{\gamma}(x_i'\alpha) = x_i'\mu_i(\alpha)$다. 그러나 (8.53)에 따르면, $\dot{l}_\alpha(\boldsymbol{y}) = \boldsymbol{X}'(\boldsymbol{y} - \boldsymbol{\mu}(\alpha))$이므로 (8.28)의 MLE 식이 증

명된다.

†3 로그 우도의 오목성 concavity. (8.53)으로부터 α에 대한 2차 미분 행렬 $\ddot{l}_\alpha(\boldsymbol{y})$는 다음과 같다.

$$-\ddot{\psi}(\alpha) = -\operatorname{cov}_\alpha(z) \tag{8.54}$$

(5.57)–(5.59)다. 그러나 $z = \boldsymbol{X}'\boldsymbol{y}$는 양의 $p \times p$ 정치 행렬

$$\operatorname{cov}_\alpha(z) = \boldsymbol{X}'\boldsymbol{\Sigma}(\alpha)\boldsymbol{X} \tag{8.55}$$

를 가지므로, $l_\alpha(\boldsymbol{y})$의 오목성을 증명한다(이는 사실 GLM뿐 아니라 어떠한 지수 계열에 대해서도 적용된다).

†4 식 (8.30). 충분통계량 z는 다음의 평균 벡터와 공분산 행렬을 가진다.

$$z \sim (\beta, V_\alpha) \tag{8.56}$$

$\beta = E_\alpha\{z\}$(5.58)고 $V_\alpha = \boldsymbol{X}'\boldsymbol{\Sigma}(\alpha)\boldsymbol{X}$(8.55)다. (5.60)을 이용해서 $\hat{\alpha}$에 대한 1차 테일러 급수를 z의 함수로 나타내면 다음과 같다.

$$\hat{\alpha} \doteq \alpha + V_\alpha^{-1}(z - \beta) \tag{8.57}$$

그 자체로, (8.57)은 (8.30)이다.

†5 식 (8.33). 이 식은 회프딩(1965)의 업적이며, GLM 적합화 해석의 주요 결과다. 정의 (8.31)을 계열 (8.32)에 적용하면 다음을 얻는다.

$$\begin{aligned}\frac{1}{2}D(\lambda_1, \lambda_2) &= E_{\lambda_1}\{(\lambda_1 - \lambda_2)y - [\gamma(\lambda_1) - \gamma(\lambda_2)]\} \\ &= (\lambda_1 - \lambda_2)\mu_1 - [\gamma(\lambda_1) - \gamma(\lambda_2)]\end{aligned} \tag{8.58}$$

λ_1이 MLE $\hat{\lambda}$면 $\mu_1 = y$(최대 우도식 $0 = d[\log f_\lambda(y)]/d\lambda = y - \dot{\gamma}(\lambda) = y - \mu_\lambda$로부터)며, 이는 모든 λ에 대해 다음이 성립한다.[16]

$$\frac{1}{2}D\left(\hat{\lambda},\lambda\right)=\left(\hat{\lambda}-\lambda\right)y-\left[\gamma\left(\hat{\lambda}\right)-\gamma(\lambda)\right] \tag{8.59}$$

그러나 (8.59)의 우변은 $f_{\hat{\lambda}}(y)/f_y(y)$며, (8.33)을 증명한다.

†6 표 8.5. 은하 개수는 에프론과 페트로지안Petrosian(1992)에서 설명한 것처럼 로Loh와 스필라Spillar의 적색편이 연구에서 가져온 것이다.

†7 기준 (8.49). '왼쪽'과 '오른쪽'을 각각 l과 r로 줄여 표기하면, 다음과 같은 식을 얻는다.

$$s_k^2=s_{kl}^2+s_{kr}^2+\frac{N_{kl}N_{kr}}{N_k}(m_{kl}-m_{kr})^2 \tag{8.60}$$

여기서 N_{kl}, N_{kr}은 서브그룹 크기며, (8.49)를 최소화하는 것은 (8.60)의 마지막 항을 최대화하는 것과 동일하다. 직관적으로 보면 좋은 분할이란 왼쪽과 오른쪽 그룹을 최대한 다르게 하는 것이다. 이상적인 모습은 왼쪽은 모두 0으로, 오른쪽은 모두 1로 하는 것이며, 단말 노드가 모두 동일한 '단일 순수' 값만 갖도록 하는 것이다.

8.6 연습문제

1. 그림 8.2에서 11개 그룹에서 죽은 쥐의 수는 0, 0, 0, 3, 6, 6, 5, 9, 9, 10, 10이었다. **R** 패키지 **glm**을 사용해 붉은 로지스틱 회귀 곡선을 계산하라. $x=0, 1, 2, \ldots, 10$에서의 회귀 곡선 값은 얼마인가?
2. 이항 밀도에 대해 식 (8.9)를 증명하라.
3. '편차 잔차deviance residuals'를 계산하라.

---

16 경우에 따라 $\hat{\lambda}$가 정의되지 않을 때가 있다. 예를 들어 포아송에서 $y=0$일 때 $\hat{\lambda}=\log(y)$며, 이는 정의되지 않는다. 그러나 (8.59)에서 $\hat{\lambda}y=0$으로 가정한다. 이와 유사하게 이진 y와 이항 계열에 대해서도 마찬가지다.

$$R_{ij} = \text{sign}(p_{ij} - \hat{\pi}_{ij})\sqrt{D(p_{ij}, \hat{\pi}_{ij})}$$

($D(p_{ij}, \hat{\pi}_{ij})$)는 (8.14), 표는 8.2이다. 모델 (8.16)이 완벽하게 적합화되는 경우 R_{ij}가 근사적으로 $\mathcal{N}(0,1)$분포를 따를 것으로 예상할 수 있다. 모델이 얼마나 잘 작동했다고 생각하는가?

4. 표 8.4의 포아송 편차에 대해 증명하라.

5. (8.25)의 충분 통계량 $z = \boldsymbol{X}'\boldsymbol{y}$의 기대값은 (8.27)에 따라 $\boldsymbol{X}'\boldsymbol{\mu}(\alpha)$이다. 이를 사용해 MLE 식 (8.28)에 대한 직관적 해석을 해 보라.

6. 1) 포아송 회귀 모델 (8.39)를 표 8.5의 **galaxy** 데이터에 적합화하라.
   2) 포아송 편차 잔차를 도식화하라.
   3) 어느 부분의 적합화가 잘 안 된 것으로 보이는가?
   4) 더 나은 적합화를 위해 모델 (8.39)에 어떻게 추가하겠는가?

7. 식 (8.60)을 증명하라.

09
생존 분석과 EM 알고리듬

생존 분석은 정부 기관이나 계리 통계에서 기대 수명, 보험률, 연금 등을 선정하기 위해 수 세기 동안 연구해온 것에 기반하고 있다. 1955년에서 1975년까지 20년간 생존 분석은 통계학자들이 생물의학에 응용하면서 적응돼 왔다. 이 시기에 가장 유명한 전후 통계 기법 세 가지가 등장했는데, 카플란-마이어 추정, 로그-순위log-rank 검정,[1] 콕스의 비례적 위험 모델이다. 이들은 정교해진 추론 정당화와 함께 점진적으로 필요 계산량의 증가를 불러왔다. 최대 우도 추정에 대한 피셔의 아디디어 중 하나와의 연결점이 이 장의 끝에 기술돼 있는 또 하나의 통계적 '빅히트'인 EM 알고리듬이다.

1 만텔-핸젤(Mantel-Haenszel) 또는 코크란-만텔-핸젤(Cochran-Mantel-Haenszel) 검정으로도 알려져 있다.

9.1 생명표와 위험률

표 9.1은 보험사의 생명표^{life table}로서, 고객 수(즉, 보험 가입자)를 나이별로 나열하며 각 나이 그룹별로 과거 1년간 사망한 사람 수를 나타내고 있다.[2] 예를 들어 나이 59세 그룹의 312명 고객 중 다섯 명이 사망했다. $\hat{S}$로 레이블된 열은 새로운 보험 가입자에게 적용할 계약 조건을 설정해야 하는 그 회사의 계리사에게는 가장 흥미로운 부분이다. 이는 생존 확률에 대한 추정이다. 예를 들어 30세의 사람(표의 시작)이 59세를 지나서까지 생존할 확률은 0.893이다. $\hat{S}$는 전통적이지만 기발한 알고리듬에 의해 계산됐다.

X가 전형적 생존 기간을 나타낸다고 하자. 따라서 다음 식은

$$f_i = \Pr\{X = i\} \tag{9.1}$$

나이 i에 사망할 확률이다.

$$S_i = \sum_{j \geq i} f_j = \Pr\{X \geq i\} \tag{9.2}$$

그리고 (9.2)는 나이 $i-1$을 지나서도 생존할 확률이다. 나이 i에서의 위험률은 정의에 따라 다음과 같고

$$h_i = f_i / S_i = \Pr\{X = i | X \geq i\} \tag{9.3}$$

이는 $i-1$세를 지나서도 생존했다는 가정에서 i세에 사망할 확률이다.

중요 관찰점은 $i-1$세를 지나서 생존한 사람이 j세를 넘어서까지 생존할 확률인 S_{ij}는 각 나이 구간의 값을 모두 곱한 것과 같다는 사실이다.

$$S_{ij} = \prod_{k=i}^{j} (1 - h_k) = \Pr\{X > j | X \geq i\} \tag{9.4}$$

---

2 보험사는 가상이지만, 사망 y는 미국 남성의 2010년 사회안전국 데이터를 사용한 참 데이터다.

표 9.1 보험사 생명표. 각 나이에 대해 n = 계약자 수, y = 사망자 수, $\hat{h}$ = 위험률 y/n, $\hat{S}$ = 생존 확률 추정(9.6)

나이	n	y	$\hat{h}$	$\hat{S}$	나이	n	y	$\hat{h}$	$\hat{S}$
30	116	0	.000	1.000	60	231	1	.004	.889
31	44	0	.000	1.000	61	245	5	.020	.871
32	95	0	.000	1.000	62	196	5	.026	.849
33	97	0	.000	1.000	63	180	4	.022	.830
34	120	0	.000	1.000	64	170	2	.012	.820
35	71	1	.014	.986	65	114	0	.000	.820
36	125	0	.000	.986	66	185	5	.027	.798
37	122	0	.000	.986	67	127	2	.016	.785
38	82	0	.000	.986	68	127	5	.039	.755
39	113	0	.000	.986	69	158	2	.013	.745
40	79	0	.000	.986	70	100	3	.030	.723
41	90	0	.000	.986	71	155	4	.026	.704
42	154	0	.000	.986	72	92	1	.011	.696
43	103	0	.000	.986	73	90	1	.011	.689
44	144	0	.000	.986	74	110	2	.018	.676
45	192	2	.010	.976	75	122	5	.041	.648
46	153	1	.007	.969	76	138	8	.058	.611
47	179	1	.006	.964	77	46	0	.000	.611
48	210	0	.000	.964	78	75	4	.053	.578
49	259	2	.008	.956	79	69	6	.087	.528
50	225	2	.009	.948	80	95	4	.042	.506
51	346	1	.003	.945	81	124	6	.048	.481
52	370	2	.005	.940	82	67	7	.104	.431
53	568	4	.007	.933	83	112	12	.107	.385
54	1081	8	.007	.927	84	113	8	.071	.358
55	1042	2	.002	.925	85	116	12	.103	.321
56	1094	10	.009	.916	86	124	17	.137	.277
57	597	4	.007	.910	87	110	21	.191	.224
58	359	1	.003	.908	88	63	9	.143	.192
59	312	5	.016	.893	89	79	10	.127	.168

먼저 i세까지 생존해야 하며, 그 확률은 $1-h_i$다. 그다음은 $i+1$세에 생존해야 하고, 그 확률은 $1-h_{i+1}$이 된다. 이런 식으로 j세의 확률인 $1-h_j$까지다. S_i(9.2)는 $S_{1,\,i-1}$과 같다는 사실에 주목하자.

표 9.1의 $\hat{S}$는 $i=30$일 때의 S_{ij}의 추정이다. 먼저 각 h_i는 n_i 고객 중 사망자 수인 y_i의 이항 비율로 추정할 수 있다.

$$\hat{h}_i = y_i / n_i \tag{9.5}$$

그다음에는 다음과 같이 설정한다.

$$\hat{S}_{30,j} = \prod_{k=30}^{j} \left(1 - \hat{h}_k\right) \tag{9.6}$$

보험사는 30세가 80세까지 생존할 확률(표상에서 0.506으로 추정)을 알아보기 위해 50년 동안 기다릴 필요가 없다. 1년간의 데이터면 충분하다.[3]

위험률은 종종 밀도 함수 $f(t)$, '역 cdf' 또는 생존 함수를 가진 양의 연속 랜덤 변수 T(종종 '시간'이라 부르기도 한다.)로 나타낸다.

$$S(t) = \int_t^\infty f(x)\, dx = \Pr\{T \geq t\} \tag{9.7}$$

위험률

$$h(t) = f(t)/S(t) \tag{9.8}$$

는 $dt \to 0$에 대해 (9.3)과 유사하게 다음을 만족한다.

$$h(t)dt \doteq \Pr\{T \in (t, t + dt) | T \geq t\} \tag{9.9}$$

†1 (9.4)와의 유사 형태는 다음과 같다.[†]

$$\Pr\{T \geq t_1 | T \geq t_0\} = \exp\left\{-\int_{t_0}^{t_1} h(x)\, dx\right\} \tag{9.10}$$

그러므로 특히 역 cdf(9.7)는 다음과 같다.

$$S(t) = \exp\left\{-\int_0^t h(x)\, dx\right\} \tag{9.11}$$

3 물론 추정은 시간이 지남에 따라 위험률이 변경되면 상당히 달라질 수 있다.

단측 지수 밀도(9.12)는

$$f(t) = (1/c)e^{-t/c} \qquad t \geq 0\text{에 대해} \tag{9.12}$$

$S(t) = \exp\{-t/c\}$고 상수 위험률은 다음과 같다.

$$h(t) = 1/c \tag{9.13}$$

'비메모리memoryless'라는 이름은 (9.12)의 밀도를 표현하기에 상당히 적절하다. 어떤 시각 t까지 생존했다면 dt 단위 시간만큼 더 생존할 확률은 t와 상관없이 늘 동일하게 $1 - dt/c$다. 사람의 생존 시간이 지수 형태였다면 노년층이나 젊은층은 없고, 단지 운이 좋거나 운이 나쁜 사람만 존재할 뻔했다.

9.2 검열된 데이터와 카플란-마이어 추정

표 9.2는 **NCOG**(북가주 종양학 그룹Northern California Oncology Group)가 머리와 목의 종양 치료를 비교하며 무작위로 수행한 치료에 대한 생존 데이터다. **Arm_A**는 화학 요법만 시행한 것이고, **Arm_B**는 화학 치료와 방사성 요법을 병행한 것이다. 각 환자의 반응 값은 월로 환산한 생존 기간이다. 항목 중 + 기호가 있는 부분은 검열된 데이터로서 보고된 값 이상으로 생존했다는 사실만 알 수 있다. 이러한 환자들은 '데이터 단절lost to followup' 상태인데, 대부분 **NCOG** 실험은 환자 중 일부가 여전히 생존 중일 때 종료되기 때문이다.

물론 이 부분이 실험을 통해 보고자 했던 것이지만 비교를 복잡하게 한다. **Arm_B**에는 더 많은 검열 데이터가 있다는 것에 주목하자. 검열이 없었다면, 좀 더 공격적인 치료법인 **Arm_B**가 실제로 생존 기간을 늘렸는지 알아보기 위해 단순 2-표본 검정 혹은 윌콕스 검정을 수행하면 됐다. 카플란-마이어 곡선은 검열에 대한 적절한 대응하에 비교할 수 있는 시각적 방법을 제공해준다(다음 절에서는 적절히 검열된 2-표본 검정에 대해 설명한다). 카플란-마이어 곡선은 의료 치료 결과에 대해 의료 연구진이 친숙하게 사용하는 공통어처럼 됐다.

표 9.2 일수로 표시된 검열된 생존 시간, 머리/목 종양에 대한 **NCOG**의 두 가지 연구 부문

Arm_A: 화학 치료

7	34	42	63	64	74+	83	84	91
108	112	129	133	133	139	140	140	146
149	154	157	160	160	165	173	176	185+
218	225	241	248	273	277	279+	297	319+
405	417	420	440	523	523+	583	594	1101
1116+	1146	1226+	1349+	1412+	1417			

Arm_B: 화학 치료+방사능 치료

37	84	92	94	110	112	119	127	130
133	140	146	155	159	169+	173	179	194
195	209	249	281	319	339	432	469	519
528+	547+	613+	633	725	759+	817	1092+	1245+
1331+	1557	1642+	1771+	1776	1897+	2023+	2146+	2297+

생명표 기법은 검열 데이터에 적절하다. 표 9.3은 **Arm_A** 결과를 표 9.1의 보험 연구와 동일한 형식으로 나타냈고, 이번에는 개월 수로 나타냈다. **Arm_A**에 등록된[4] 환자 51명에 대해 치료 첫 달에 사망한 환자 $y_1 = 1$이 관찰됐다. 이로써 50명이 남았고 두 번째 달에는 $y_2 = 2$, 세 번째 달에는 남은 48명 중 $y_3 = 5$명이 사망했으며 한 명은 기록 단절이 됐다. 이는 표의 l 열에 표기돼 있고, 이 때문에 5개월째의 첫날에는 환자가 $n_4 = 40$이 됐다.

여기서 $\hat{S}$는 30이 아니라 1에서 시작한 점을 제외하고는 (9.6)에서처럼 계산됐다. 이러한 추정에는 잘못된 점이 없지만 개월 수로 정리한 **NCOG**의 생존 데이터의 시작은 임의적이다. 원래의 표 9.2에서처럼 일별로 정리하면 어떨까? 카플란-마이어 생존 곡선은 단위 시간이 0으로 갈 때의 생명표 추정의 극한값이다.

검열된 데이터 문제의 관측치 z_i는 다음의 형태를 가진다.

$$z_i = (t_i, d_i) \tag{9.14}$$

4 각 환자가 연구를 위해 등록된 실제 날짜는 각기 다르지만, 치료를 시작한 첫 날짜가 '시각 0'으로 등록된다.

여기서 t_i는 관측된 생존 시간과 동일하고 d_i는 검열이 있었는지 여부를 알려준다.

$$d_i = \begin{cases} 1 & \text{사망한 경우} \\ 0 & \text{사망하지 않은 경우} \end{cases} \tag{9.15}$$

(따라서 $d_i = 0$은 표 9.2의 a+에 해당한다.) 다음 식이

$$t_{(1)} < t_{(2)} < t_{(3)} < \ldots < t_{(n)} \tag{9.16}$$

검열 여부에 상관없이 정렬된 생존 시간을 나타낸다고 하고, $t(k)$에 해당되는

표 9.3 **NCOG** 머리/목 종양 연구의 **Arm_A**, 개월 수로 정리. n = 사람 수, y = 사망자 수, l = 자료 단절, h = 위험률 y/n, $\hat{S}$ = 생명표 생존 추정

개월 수	n	y	l	h	$\hat{S}$	개월 수	n	y	l	h	$\hat{S}$
1	51	1	0	.020	.980	25	7	0	0	.000	.184
2	50	2	0	.040	.941	26	7	0	0	.000	.184
3	48	5	1	.104	.843	27	7	0	0	.000	.184
4	42	2	0	.048	.803	28	7	0	0	.000	.184
5	40	8	0	.200	.642	29	7	0	0	.000	.184
6	32	7	0	.219	.502	30	7	0	0	.000	.184
7	25	0	1	.000	.502	31	7	0	0	.000	.184
8	24	3	0	.125	.439	32	7	0	0	.000	.184
9	21	2	0	.095	.397	33	7	0	0	.000	.184
10	19	2	1	.105	.355	34	7	0	0	.000	.184
11	16	0	1	.000	.355	35	7	0	0	.000	.184
12	15	0	0	.000	.355	36	7	0	0	.000	.184
13	15	0	0	.000	.355	37	7	1	1	.143	.158
14	15	3	0	.200	.284	38	5	1	0	.200	.126
15	12	1	0	.083	.261	39	4	0	0	.000	.126
16	11	0	0	.000	.261	40	4	0	0	.000	.126
17	11	0	0	.000	.261	41	4	0	1	.000	.126
18	11	1	1	.091	.237	42	3	0	0	.000	.126
19	9	0	0	.000	.237	43	3	0	0	.000	.126
20	9	2	0	.222	.184	44	3	0	0	.000	.126
21	7	0	0	.000	.184	45	3	0	1	.000	.126
22	7	0	0	.000	.184	46	2	0	0	.000	.126
23	7	0	0	.000	.184	47	2	1	1	.500	.063
24	7	0	0	.000	.184						

지표는 $d(k)$다.[5] 생존 확률 $S_{(j)} = \Pr\{X > t_{(j)}\}$의 카플란-마이어 추정은 다음
†2 의 생명표 추정이 된다.†

$$\hat{S}_{(j)} = \prod_{k \le j} \left(\frac{n-k}{n-k+1} \right)^{d_{(k)}} \tag{9.17}$$

$\hat{S}$는 사망 시각 t_j에 급격히 떨어지고 각각 관측 사망 시기 사이에는 일정하다.

NCOG 연구 두 부류의 카플란-마이어 곡선이 그림 9.1에 나타나 있다. **Arm_B**는 좀 더 공격적인 치료법으로서 결과가 더 나아 보인다. 50% 생존 추정은 324일로서 **Arm A**의 182일보다 길다. 추론 문제에 대한 해답(즉 **B**가 진정 **A**보다 나은 것인가? 아니면 그저 무작위 변동성일 뿐인가?)은 그리 명확하지 않다.

$\hat{S}_{(j)}$의 정확도는 표준편차에 대한 그린우드Greenwood의 공식†으로부터 추정
†3 할 수 있다(다시 생명표 기호로 돌아가서).

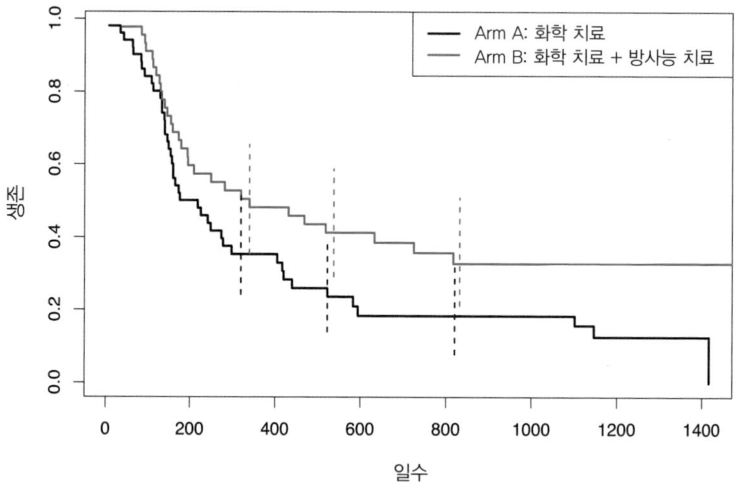

그림 9.1 **NCOG** 카플란-마이어 생존 곡선: 아래쪽은 **Arm A**(화학 치료), 윗쪽은 **Arm B**(화학 치료+방사능 치료), 수직선은 근사한 95% 신뢰구간이다.

5 편의상 같은 생존 기간은 없는 것으로 가정하자. 이 가정은 편의를 위한 설정이지만 향후 전개에서 중요하지 않다.

$$\mathrm{sd}\left(\hat{S}_{(j)}\right) = \hat{S}_{(j)} \left[\sum_{k \le j} \frac{y_k}{n_k(n_k - y_k)} \right]^{1/2} \tag{9.18}$$

그림 9.1의 수직선은 그린우드의 공식에 기반한 두 곡선의 95% 신뢰 한계에 대한 근사 값이다. 이들은 모든 '일수' 구간에 대해 과연 **Arm_B**가 나은 것인지 의심이 들 만큼 중첩이 심하지만, 다음 절에서 설명할 2-표본 검정에서는 모든 시각에 대해 생존을 비교해 좀 더 명확한 증거를 제공한다.

생명표와 카플란-마이어 추정은 2장에서 설명한 빈도주의 추론의 교과서적인 예제다. 유용한 확률적 결과는 (9.4)에서 도출되고 플러그인 원칙(9.6)에 의해 구현된다. 또 다른 이야기는 다음에 이어진다.

생명표 곡선은 위험률 h_i 간에 어떠한 특별한 관계도 가정하지 않았다는
†4 점에서 비모수적이다. 모수적 접근은 곡선의 정확도를 크게 향상시킨다.[†] 표 9.3의 생명표로 돌아가보면, 사망 수 y_k는 독립 이항이라 가정한다.

$$y_k \overset{\text{ind}}{\sim} \mathrm{Bi}(n_k, h_k) \tag{9.19}$$

그리고 로짓 $\lambda_k = \log\{h_k/(1-h_k)\}$는 (8.22)와 같이 일종의 회귀식을 만족한다.

$$\boldsymbol{\lambda} = \boldsymbol{X}\alpha \tag{9.20}$$

예를 들어 3차 회귀의 경우 표 9.3의 47×4 $\boldsymbol{X}$의 k번째 행에 대해 $x_k = (1, k, k^2, k^3)'$로 설정할 것이다.

그림 9.2의 모수적 위험률 추정은 '3차-선형 스플라인'에 기초한 것이다.

$$x_k = \left(1, k, (k-11)_-^2, (k-11)_-^3\right)' \tag{9.21}$$

여기서 $(k-11)_-$는 $k \le 11$에 대해서는 $k-11$이고, $k \ge 11$에 대해서는 0이다. 벡터 $\boldsymbol{\lambda} = \boldsymbol{X}\alpha$는 $k \le 11$에 대해서는 3차 곡선이고 $k \ge 11$에 대해서는 선형이며 11에서 부드럽게 이어지는 곡선을 설명한다. 로지스틱 회귀 최대

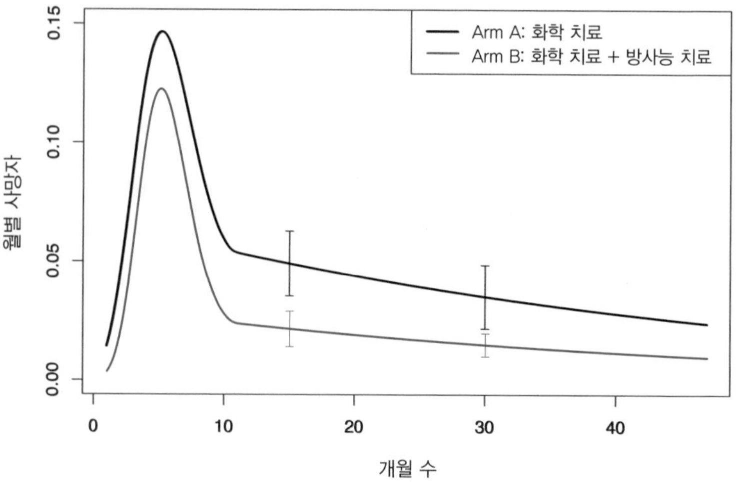

그림 9.2 **NCOG** 연구에 대한 모수적 위험률 추정. **Arm_A**는 검은색 곡선으로 1년간의 치료 후 모든 구간에서 **Arm_B**보다 2.5배 더 위험하다. 표준오차는 15개월과 30개월 시점에 나타나 있다.

우도 추정 $\hat{\alpha}$는 (8.8)과 같은 위험률 곡선을 생성했다.

$$\hat{h}_k = 1 \Big/ \left(1 + e^{-x_k' \hat{\alpha}}\right) \tag{9.22}$$

그림 9.2의 검은색 곡선은 **Arm_A**에 대한 $\hat{h}_k$를 따르고, 빨간색 곡선은 별도로 **Arm_B**를 적합화한다.

위험률로 비교하는 것은 그림 9.1의 생존 곡선으로 비교하는 것보다 훨씬 많은 정보를 제공한다. 두 부류는 모두 높은 초기 위험률을 보이다가 5개월 시점에서 최고조를 이룬 다음 서서히 감경한다.[6] **Arm_B** 위험률은 항상 **Arm_A** 아래에 있고 1년 후의 비율은 약 2.5다. (8.30)에서 구한 95% 신뢰구간 근사치는 서로 중첩되지 않으므로 치료 후 15개월에서 30개월 사이에는 **Arm_B**가 더 우수하다는 것을 보여준다.

6 3차-선형 스플라인(9.21)은 초기 개월에 좀 더 정교하게 설계됐는데, 초기에는 좀 더 많은 가용 환자 데이터가 있고 위험률도 일반적으로 더 급격히 변경된다.

빈도주의 정당화에 더해, 생존 분석은 4.3절, '조건 추론'의 피셔의 영역으로 인도한다. 이러한 전력은 다음 두 절에서 좀 더 자세히 알아본다.

9.3 로그 순위 검정

2-표본 검정에 의해 해석된 랜덤화된 치료법은 의학 실험에서 훌륭한 모델로 여겨진다. 해석은 대개 스튜던트 2-표본 t-검정이나 그 비모수적 사촌인 윌콕슨의 검정을 사용하지만 그 어떤 것도 검열된 데이터에는 적절하지 못하
†5 다. 로그 순위 검정[†]은 검열된 생존 데이터의 비모수적 2-표본 비교를 위해 생명표를 기발하게 확장한다.

표 9.4는 치료 후 처음 6개월[7] 동안 **NCOG** 연구의 결과를 비교한다. 처음 1차월에는[8] **Arm_B**에 45명의 환자가 있었고 누구도 사망하지 않았지만 **Arm_A**의 경우 51명 중 한 명이 사망했다. 이로써 2차월의 처음에는 **Arm_B**에는 45명, **Arm_A**에는 50명이 있었으며, 그 달 동안에 각각 한 명과 두 명이 사망했다(기록 단절은 월의 마지막에 발생하는 것으로 가정한다. 3차월에서 그러한 경우가 발생해 4차월에서 **Arm_A**의 사람은 42명으로 줄어들었다).

표 9.5에는 6차월의 데이터가 2×2 형태로 표시돼 있고 사용된 표기는 다음과 같다. n_A는 **Arm_A**의 환자 수, n_d는 사망자 수다. y는 **Arm_A**의 사망자 수를 나타낸다. 한계 합산 n_A, n_B, n_d, n_s가 주어지면 y를 통해 나머지 세 개 항목을 뺄셈을 통해 구할 수 있으므로 y에 집중한다고 해서 정보 손실이 생기지는 않는다.

Arm_A와 **Arm_B**에서 6차월의 위험률(9.3)이 같다는 귀무가설에 대해 고려해 보자.

---

7 여기서의 월은 365/12 = 30.4일로 정의된다.

8 '1차월의 시작'이란 각 환자의 최초 치료 시간을 의미하고, 이는 45명의 환자가 **Arm_B** 치료를 위해 등록한 때를 나타내며 관측이 시작된 때를 의미한다.

표 9.4 **NCOG** 연구의 처음 6개월 생명표 비교. 예를 들어 치료 후 6개월의 시작 시점에서 **Arm_B**에는 33명의 환자가 있고, 그중 네 명이 그 달에 사망했으며 **Arm_A**의 경우 32명의 환자 중 일곱 명이 사망했다. **Arm_A**의 조건부 사망 기댓값은 두 부류에 동일한 위험률이란 귀무가설을 가정해 (9.24) 식을 사용하면 5.42가 된다.

월	Arm_B		Arm_A		Arm_A 사망 기댓값
	환자	사망	환자	사망	
1	45	0	51	1	.53
2	45	1	50	2	1.56
3	44	1	48	5	3.13
4	43	5	42	2	3.46
5	38	5	40	8	6.67
6	33	4	32	7	5.42

표 9.5 **NCOG** 연구의 6차월 2×2 표시. E는 동일한 위험률이라는 귀무가설을 가정한 **Arm_A** 사망자 수의 기댓값이다(표 9.4의 마지막 열).

	사망	생존	
Arm_A	$y = 7$ $E = 5.42$	25	$n_A = 32$
Arm_B	4	29	$n_B = 33$
	$n_d = 11$	$n_s = 54$	$n = 65$

$$H_0(6) : h_{A6} = h_{B6} \tag{9.23}$$

$H_0(6)$ 아래에서 y는 평균 E와 분산 V를 가진다.

$$\begin{aligned} E &= n_A n_d / n \\ V &= n_A n_B n_d n_s \big/ \left[n^2 (n-1) \right] \end{aligned} \tag{9.24}$$

†6 이 값은 초기하 분포hypergeometric distribution에 따라 계산된 것이다.† 표 9.5에서 $E = 5.42$고 $V = 2.28$이다.

NCOG 연구에서 $N = 47$개월의 각각에 대해 2×2 표를 형성하고 월 i에 대해 y_i, E_i, V_i를 계산할 수 있다. 이때 로그 순위 통계량 Z는 다음과 같이 정의
†7 된다.†

$$Z = \sum_{i=1}^{N}(y_i - E_i) \Bigg/ \left(\sum_{i=1}^{N} V_i\right)^{1/2} \tag{9.25}$$

여기서 말하는 아이디어는 단순하지만 뛰어나다. 각 월에서 동일한 위험률이라는 귀무가설을 검정해본다.

$$H_0(i) : h_{Ai} = h_{Bi} \tag{9.26}$$

분자 $y_i - E_i$는 $H_0(i)$하에서 기댓값이 0이지만 h_{A_i}가 h_{B_i}보다 크면, 즉 B 치료법이 더 우수하면 분자는 양의 기댓값을 가진다. 분자를 더하면 모든 i에 대해 $h_{A_i} = h_{B_i}$라는 동일 위험률의 귀무가설에 대해 B 치료법이 A 치료법보다 일반적으로 우수하다는 사실을 알게 된다.

월별로 조사된 **NCOG** 연구에 대해

$$\sum_{1}^{N} y_i = 42, \quad \sum_{1}^{N} E_i = 32.9, \quad \sum_{1}^{N} V_i = 16.0 \tag{9.27}$$

이므로 다음의 로그 순위 검정 통계량을 얻게 된다.

$$Z = 2.27 \tag{9.28}$$

중심극한 이론에 기반한 점근적 계산에 따르면 두 치료법이 동일한 효과를 가진다라는 귀무가설, 즉 $i = 1, 2, \ldots, N$에 대해 $h_{A_i} = h_{B_i}$라는 가설하에서 다음과 같다는 것을 시사한다.

$$Z \dot\sim \mathcal{N}(0, 1) \tag{9.29}$$

통상적 해석으로는 $Z = 2.27$은 단측 0.012 수준에서 유의하며 B의 치료법이 더 낫다는 것에 대한 상당히 강력한 증거를 제공한다.

로그 순위 검정에는 상당한 양의 추론 계략이 들어있다.

1. 생존 데이터에 대해 밀도나 cdf가 아닌 위험률로 작업하는 것이 필수적이다.
2. 표 9.5에서의 환자, n_A, n_B의 수에 대한 조건 부여는 검열 데이터에 대한 난이도를 교묘하게 처리할 수 있다. 검열은 단지 미래의 주기에 대한 환자 수만 변화시킨다.
3. 또한 표 9.5에서 사망자와 생존자 수 n_d, n_s에 대한 조건 부여는 각 주기를 해석하기 위해 일변량 통계량 y만 남기는데, 이는 동일한 위험률이라는 귀무가설(9.26)을 통해 쉽게 구현할 수 있다.
4. (9.25)의 분자에 차이 $y_i - E_i$를 더하면(개별 Z-값 $Z_i = (y_i - E_i)/V_i^{1/2}$나 Z_i^2 값을 더하는 대신) '모든 i에 대해 $h_{A_i} > h_{B_i}$'라는 자연적 대립가설에 힘을 누적하게 되고, V_i의 작은 값으로부터의 불안정성을 피하게 해준다.

네 가지 전술은 각각 전통적 응용에서 별도로 사용돼 왔다. 이들 모두를 로그 순위 검정에 둔 것은 주요한 추론적 성취며, 다음 절에서 설명하게 될 더 큰 단계의 도약인 **비례적 위험 모델**의 전조가 됐다.

조건부 추론은 로그 순위 검정에서 공격적 형태를 취한다. $\boldsymbol{D}_i$가 i번째 주기 말에서 y_i를 제외한 모든 가용한 데이터를 가리킨다고 하자. **NCOG** 연구의 6차월에서, $\boldsymbol{D}_6$은 표 9.4에서의 모든 1–5차월 데이터와 표 9.5의 한곗값 n_A, n_B, n_d, n_s를 포함하지만 6차월의 y 값은 포함하지 않는다. 핵심 가정은 동일 위험률(9.26)이라는 귀무가설하에서 다음과 같다.

$$y_i | \boldsymbol{D}_i \overset{\text{ind}}{\sim} (E_i, V_i) \tag{9.30}$$

여기서 'ind'는 y_i가 평균, 분산(9.24)을 가진 독립된 수량으로 취급할 수 있음을 의미한다. 특히 (9.25)의 분모를 얻기 위해 분산 V_i를 추가할 수 있다('부분 우도' 논쟁은 9.6절, '주석 및 상세 설명'에서 설명한 것처럼 분산을 추가하는 것을 정당화해준다).

이 모든 피셔 조건 부여의 목적은 추론을 단순화하기 위함이다. 조건부분포 $y_i|\boldsymbol{D}_i$는 오직 위험률 h_{A_i}와 h_{B_i}에만 종속된다. 표 9.2의 데이터에 있는 생존 시간이나 검열 방법 등의 '장애 모수'는 숨어서 보이지 않는다. 일반적으로 작기는 하지만 검정력을 위해 치러야 할 대가가 하나 있다. 표 9.3에서 데이터 단절 값 l이 무시됐다. 만약 한쪽 부류에서만 모든 조기 데이터 단절이 발생하는 등의 조건에서는 이 값이 유용한 정보를 가지고 있을 수 있다.

9.4 비례적 위험 모델

카플란-메이어 추정은 단일-표본 방법으로 단일 분포에서의 데이터를 다룬다. 로그 순위 검정은 2-표본 비교를 수행한다. 비례적 위험에서는 검열 데이터의 완전한 회귀분석을 허용하기 위해 정도를 높인다. 이제 개별적 데이터 포인트 z_i는 다음의 형태가 된다.

$$z_i = (c_i, t_i, d_i) \tag{9.31}$$

여기서 t_i와 d_i는 (9.14)–(9.15)에서 관측된 생존 시간과 검열된 지표며, c_i는 알려진 $1 \times p$ 공변량으로서 생존에 미치는 영향을 측정하고자 하는 값이다. 앞서 두 기법은 모두 여기에 포함돼 있다. 로그 순위 검정에서 c_i는 치료를 나타낸다. 즉 c_i는 **Arm_A**나 **Arm_B**에 대해서는 0이나 1 값을 가지고 카플란-마이어에는 이 값이 없다.

의학 연구는 (9.31)과 같은 형태의 데이터를 꾸준히 생산한다. 예로서 소아암 데이터의 일부를 표 9.6에 나타냈으며, $N = 1620$ 경우의 처음 20가지를 보여준다. 여기에는 다섯 가지 설명 공변량(표 설명에 정의가 있음)이 있는데, 등록한 **sex**, **race**, **age**와 연구에 등록(**entry**)한 날짜, 그리고 아이의 집과 치료 센터의 거리(**far**)다. 반응 변수 t는 치료일로부터 사망 때까지의 생존 기간을 일로 환산한 값이다. 다행스럽게 관측 중 단 160명의 어린이만 사망한 것으로 관측됐다($d = 1$). 어떤 어린이들은 여러 가지 이유로 연구를 떠났지

표 9.6 소아암 데이터, 1,620명의 어린이 중 처음 20명. **sex** 1 = 남자, 2 = 여자. **race** 1 = 백인, 2 = 비백인. **age**는 연환산. **entry** = 2001년 7월 1일부터 일수로 계산한 등록일수. **far** = 마일로 나타낸 집과 치료 센터의 거리. **t** = 일로 환산한 생존 시간. **d** = 1은 사망, **d** = 0은 사망 아님

sex	race	age	entry	far	t	d
1	1	2.50	710	108	325	0
2	1	10.00	1866	38	1451	0
2	2	18.17	2531	100	221	0
2	1	3.92	2210	100	2158	0
1	1	11.83	875	78	760	0
2	1	11.17	1419	0	168	0
2	1	5.17	1264	28	2976	0
2	1	10.58	670	120	1833	0
1	1	1.17	1518	73	131	0
2	1	6.83	2101	104	2405	0
1	1	13.92	1239	0	969	0
1	1	5.17	518	117	1894	0
1	1	2.50	1849	99	193	1
1	1	.83	2758	38	1756	0
2	1	15.50	2004	12	682	0
1	1	17.83	986	65	1835	0
2	1	3.25	1443	58	2993	0
1	1	10.75	2807	42	1616	0
1	2	18.08	1229	23	1302	0
2	2	5.83	2727	23	174	1

만 $d = 0$인 대부분의 경우는 연구가 종료된 후에도 여전히 생존해 있는 아이들이다. 특히 흥미로운 부분은 생존에 대한 치료 거리(**far**)의 영향이었다. 이 검열 데이터 집합에 대한 회귀분석을 심도 있게 수행하고자 한다.

비례적 위험 모델은 i번째 개인(9.8)에 대한 위험률 $h_i(t)$를 다음과 같이 가정한다.

$$h_i(t) = h_0(t)e^{c_i'\beta} \tag{9.32}$$

여기서 $h_0(t)$는 기준[baseline] 위험률(특정할 필요가 없는)이고 β는 추정하려는 미지의 p-모수 벡터다. 간결한 표기를 위해

$$\theta_i = e^{c_i' \beta} \tag{9.33}$$

라 하자. 모델 (9.32)는 개별 i의 위험은 음이 아닌 상수 인자인 θ_i와 기준 위험의 곱이라는 것을 알려준다. 동일하게 (9.11)로부터 i번째 생존 함수 $S_i(t)$는 기준 생존 함수 $S_0(t)$의 지수승이다.

$$S_i(t) = S_0(t)^{\theta_i} \tag{9.34}$$

θ_i가 더 클수록 생존 곡선은 더 빨리 하강, 즉 더 안 좋은 생존((9.11)처럼)을 의미한다.

J가 다음 시각에 관측된 죽음(여기서는 $J = 160$)이라고 하자.

$$T_{(1)} < T_{(2)} < \ldots < T_{(J)} \tag{9.35}$$

또한 이번에도 편의상 같은 값은 없다고 가정하자.[9] 시각 $T_{(j)}$ 바로 직전에 여전히 관찰 중인 환자의 집합이 있고, 이들의 인덱스는 $\mathcal{R}_j$라 표기하자.

$$\mathcal{R}_j = \{i : t_i \geq T_{(j)}\} \tag{9.36}$$

i_j를 시각 $T_{(j)}$에서 사망한 것으로 관측된 개인의 인덱스라고 하자. 비례적 위험 회귀의 핵심은 다음의 결과다.

†8 **보조정리**[†] 비례적 위험 모델(9.32)하에서 환자의 집합 $\mathcal{R}_j$가 주어졌을 때 $\mathcal{R}_j$에 있는 개인 i가 시각 $T_{(j)}$에 사망할 것으로 관측될 조건부 확률은 다음과 같다.

$$\Pr\{i_j = i | \mathcal{R}_j\} = e^{c_i' \beta} \bigg/ \sum_{k \in \mathcal{R}_j} e^{c_k' \beta} \tag{9.37}$$

다시 말해 누군가 시각 $T_{(j)}$에서 사망했다면 그 개인이 i일 확률은 관찰 중인

9 좀 더 정확히는 시각 $T_{(j)}$에 오직 하나의 이벤트, 즉 죽음만이 발생하고 동일한 시각 $T_{(j)}$에 데이터 단절은 발생하지 않는다고 가정한다.

환자들 사이에서 $\exp(c_i'\beta)$에 비례한다는 의미다.

모델 (9.32)에서의 모수 벡터 β를 추정하기 위해 인자(9.37)를 곱해서 부분 우도를 형성한다.

$$L(\beta) = \prod_{j=1}^{J} \left(e^{c_{i_j}'\beta} \Big/ \sum_{k \in \mathcal{R}_j} e^{c_k'\beta} \right) \tag{9.38}$$

$L(\beta)$는 이제 통상의 우도 함수로 취급되고 근사적으로 불편 MLE 같은 추정을 생성한다.

$$\hat{\beta} = \arg\max_{\beta} \{L(\beta)\} \tag{9.39}$$

4.3절에서처럼 $l(\beta) = \log L(\beta)$의 2차 미분 행렬에서 얻은 근사 공분산은
†9 다음과 같다.†

$$\hat{\beta} \dot{\sim} \left(\beta, \left[-\ddot{l}\left(\hat{\beta}\right)\right]^{-1}\right) \tag{9.40}$$

표 9.7은 소아 암 데이터에 대한 비례적 위험 분석을 보여주고 공변량은 **age**, **entry**, **far**며 1,620개의 경우에 대해 평균 0과 표준편차 1을 가지도록 표준화했다.[10] **sex**나 **race**는 별 차이가 없다. **age**가 적당히 주요한 요인으로 보이는데 나이가 많은 어린이일수록 좀 더 낫다(즉, 추정 회귀의 계수가 음수다). 그러나 큰 영향을 미친 것은 등록(**entry**)한 날짜와 거리(**far**)다. 나중에 등록한 사람일수록 더 오래 생존했다. 아마도 치료 방법이 개선됐기 때문일 것 같다. 치료 센터와의 거리가 먼 어린이들의 결과는 좋지 않다.

부분 우도 계산의 정당성은 로그 순위 검정과 비슷해 보이지만 주요한 차이 몇 가지가 존재한다. 비례적 위험 모델은 준모수적semiparametric이다('준semi'인 이유는 (9.31)의 $h_0(t)$를 설정할 필요가 없기 때문이다). 이는 그전의 비모수적인 것과 다르고, 우도에 대한 강조는 추론의 피셔적 성질을 증가시켜 순수 빈도

10 표 9.7은 R 프로그램 **coxph**를 사용해 얻었다.

표 9.7 소아 암 데이터에 대한 비례적 위험 분석(**age**, **entry**, **far** 표준화). **age**는 큰 음수며, 어린이의 나이가 많을수록 낮다. **entry**는 매우 큰 음수다. 등록일에 따라 위험률이 감소함을 보여준다. **far**는 매우 큰 양수며 치료 센터에서 먼 곳에 사는 어린이의 결과가 좋지 않다. 마지막 두 열은 exp(β)에 대한 90% 유의수준 한계를 보여준다.

	β	sd	z-값	p-값	exp(β)	하한	상한
sex	−.023	.160	−.142	.887	.98	.71	1.34
race	.282	.169	1.669	.095	1.33	.95	1.85
age	−.235	.088	−2.664	.008	.79	.67	.94
entry	−.460	.079	−5.855	.000	.63	.54	.74
far	.296	.072	4.117	.000	1.34	1.17	1.55

주의에서 멀어지게 한다. 여전히 더 많은 피셔주의자들은 (9.24)−(9.25)의 직접적 빈도주의 계산보다는 (9.38)−(9.40)의 우도 추론을 강조한다.

여기의 조건 부여 논쟁은 로그 순위 검정에서의 카플란-마이어만큼 명확하지는 않다. 편의를 위해 너무 큰 비용을 치른 것인가? 사실 부분 우도에 기반한 추론은 매우 효율적이라는 것을 증명할 수 있다. 물론 비례적 위험 모델(9.31)이 정확하다는 가정하에서 말이다.

9.5 누락 데이터와 EM 알고리듬

검열된 데이터는 생존 분석에서 자극제가 되는 요인이며 좀 더 일반적인 통계의 주제인 누락 데이터의 특수한 경우로 생각할 수 있다. 예를 들어 표 9.2에서 누락된 것은 + 경우들에 대한 실제 생존 시간이며, 이는 표에 적힌 값을 초과한다는 사실만 알고 있다. 데이터가 누락되지 않았다면 표준 통계 기법, 예를 들어 윌콕슨의 검정을 사용해 **NCOG** 연구의 두 종류를 비교할 수도 있다. EM 알고리듬은 표준 기법만을 사용해 누락 데이터 추론 문제를 해결하는 반복적 기법이다.

누락 데이터 상황은 그림 9.3에 잘 나타나 있다. $n = 40$개 점들이 이변량 정규분포(5.12)로부터 독립적으로 추출돼 있고 평균은 (μ_1, μ_2)며 분산은

(σ_1^2, σ_2^2), 상관관계는 ρ다.

$$\begin{pmatrix} x_{1i} \\ x_{2i} \end{pmatrix} \overset{\text{ind}}{\sim} \mathcal{N}_2 \left(\begin{pmatrix} \mu_1 \\ \mu_2 \end{pmatrix}, \begin{pmatrix} \sigma_1^2 & \sigma_1\sigma_2\rho \\ \sigma_1\sigma_2\rho & \sigma_2^2 \end{pmatrix} \right) \tag{9.41}$$

그러나 마지막 20개 점들의 두 번째 좌표가 소실됐다. 이는 그림 9.3에서 원으로 된 점으로 표시돼 있고 x_2 값은 임의로 0으로 설정했다.

여기서는 모수 벡터 $\theta = (\mu_1, \mu_2, \sigma_1, \sigma_2, \rho)$의 최대 우도를 측정하고자 한다.

$$\hat{\mu}_1 = \sum_1^{40} x_{1i}/40, \quad \hat{\mu}_2 = \sum_1^{40} x_{2i}/40,$$
$$\hat{\sigma}_1 = \left[\sum_1^{40} (x_{1i} - \hat{\mu}_1)^2 / 40 \right]^{1/2}, \quad \hat{\sigma}_2 = \left[\sum_1^{40} (x_{2i} - \hat{\mu}_2)^2 / 40 \right]^{1/2},$$
$$\hat{\rho} = \left[\sum_1^{40} (x_{1i} - \hat{\mu}_1)(x_{2i} - \hat{\mu}_2) / 40 \right] \Big/ (\hat{\sigma}_1 \hat{\sigma}_2) \tag{9.42}$$

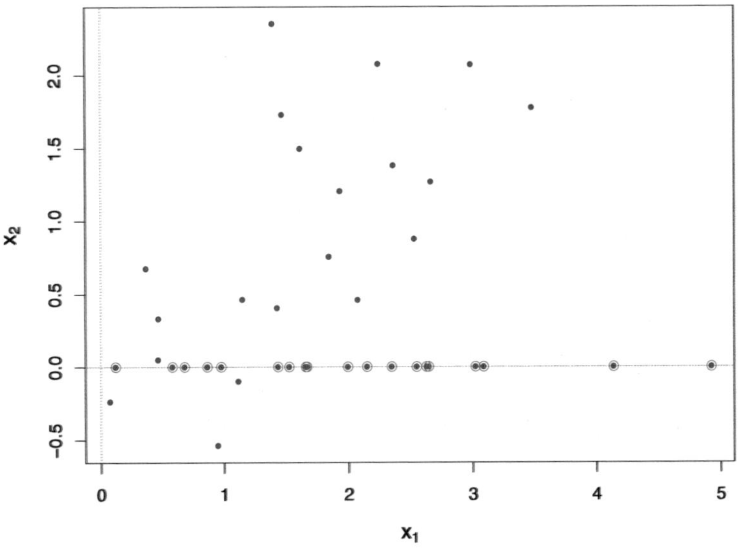

그림 9.3 이변량 정규분포에서의 40개 점. 마지막 20개는 x_2가 누락됐다(원으로 표시한 것).

누락된 데이터로 인해 표준 최대 우도 추정은 μ_2, σ_2, ρ에 대해 구할 수 없다.

EM 알고리듬은 누락치에 대해 어떤 방식, 말하자면 여기서는 20개의 누락 값에 대해 $x_{2i}=0$으로 인위적으로 설정함으로써 완성된 데이터 집합 $data^{(0)}$을 구성한다. 그리고 다음과 같이 처리한다.

- 표준 기법 (9.42)를 채워진filled-in $data^{(0)}$에 적용해 $\hat{\theta}^{(0)} = (\hat{\mu}_1^{(0)}, \hat{\mu}_2^{(0)}, \hat{\sigma}_1^{(0)}, \hat{\sigma}_2^{(0)}, \hat{\rho}^{(0)})$을 생성한다. 이는 단계 M('최대화')이다.[11]
- 누락된 각 값들은 주어진 비누락 데이터로부터의 조건부 기댓값($\theta = \hat{\theta}^{(0)}$이라 가정)으로 대체한다. 이는 E('기대') 단계다. 여기서는 누락 값 x_{2i}가 다음 값으로 대체된다.

$$\hat{\mu}_2^{(0)} + \hat{\rho}^{(0)} \frac{\hat{\sigma}_2^{(0)}}{\hat{\sigma}_1^{(0)}} \left(x_{1i} - \hat{\mu}_1^{(0)} \right) \tag{9.43}$$

- E와 M 단계는 반복되고 j번째 단계에서 새로운 인위적으로 완성된 데이터 집합 $data^{(j)}$가 생성되고 추정 $\hat{\theta}^{(j)}$를 갱신한다. 반복 단계는 $\|\hat{\theta}^{(j)+1} - \hat{\theta}^{(j)}\|$ 값이 적절히 작아졌을 때 멈춘다.

표 9.8은 EM 알고리듬이 그림 9.3의 이변량 정규 예제에서 작동하는 것을 보여준다. 지수 계열에서 알고리듬은 관측된 데이터 $\boldsymbol{o}$에 기반해 MLE $\hat{\theta}$에 수렴하는 것이 보장된다. 더구나 우도 $f_{\hat{\theta}^{(j)}}(\boldsymbol{o})$은 모든 단계 j에 대해 증가한다(수렴은 여기서 $\hat{\sigma}_2$와 $\hat{\rho}$처럼 느릴 수 있다).

EM 알고리듬은 궁극적으로 가짜 데이터 원칙fake-data principle으로부터 도출되는데, 이는 최대 우도 추정이 피셔로 되돌아가는 성질로서 여기서는 간략히
†10 요약한다.† $\boldsymbol{x} = (\boldsymbol{o}, \boldsymbol{u})$가 '완전한 데이터'를 나타낸다고 하고 $\boldsymbol{o}$는 관측치, $\boldsymbol{u}$는 관측되지 않았거나 누락된 데이터라고 하자. $\boldsymbol{x}$의 밀도를 다음과 같이 나타내자.

11 이 예제에서는 $\hat{\mu}_1^{(0)}$과 $\hat{\sigma}_1^{(0)}$이 표 9.8에서처럼 (9.42)의 완전한 데이터 추정으로 존재하고 알고리듬의 그 다음 단계에 대해 동일하게 존재한다.

표 9.8 그림 9.3의 데이터를 생성한 이변량 정규분포의 평균, 표준편차, 상관관계를 추정하는 EM 알고리듬

단계	μ_1	μ_2	σ_1	σ_2	ρ
1	1.86	.463	1.08	.738	.162
2	1.86	.707	1.08	.622	.394
3	1.86	.843	1.08	.611	.574
4	1.86	.923	1.08	.636	.679
5	1.86	.971	1.08	.667	.736
6	1.86	1.002	1.08	.694	.769
7	1.86	1.023	1.08	.716	.789
8	1.86	1.036	1.08	.731	.801
9	1.86	1.045	1.08	.743	.808
10	1.86	1.051	1.08	.751	.813
11	1.86	1.055	1.08	.756	.816
12	1.86	1.058	1.08	.760	.819
13	1.86	1.060	1.08	.763	.820
14	1.86	1.061	1.08	.765	.821
15	1.86	1.062	1.08	.766	.822
16	1.86	1.063	1.08	.767	.822
17	1.86	1.064	1.08	.768	.823
18	1.86	1.064	1.08	.768	.823
19	1.86	1.064	1.08	.769	.823
20	1.86	1.064	1.08	.769	.823

$$f_\theta(\boldsymbol{x}) = f_\theta(\boldsymbol{o}) f_\theta(\boldsymbol{u}|\boldsymbol{o}) \tag{9.44}$$

그리고 $\hat{\theta}(\boldsymbol{o})$를 $\boldsymbol{o}$에만 기반한 θ의 MLE라고 하자.

이제 조건부분포 $f_{\hat{\theta}(\boldsymbol{o})}(\boldsymbol{u}|\boldsymbol{o})$로부터 $\boldsymbol{u}$를 추출해 시뮬레이션을 생성한다고 하자.

$$\boldsymbol{u}^{*k} \sim f_{\hat{\theta}(\boldsymbol{o})}(\boldsymbol{u}|\boldsymbol{o}) \qquad k = 1, 2, \ldots, K\text{에 대해} \tag{9.45}$$

(별표는 통계학자 입장의 기준을 나타낸다. 즉 관측 기준에서의 입장이 아니다.) 이는 모조 완전 데이터 값 $\boldsymbol{x}^{*k} = (\boldsymbol{o}, \boldsymbol{u}^{*k})$를 만든다.

$$data^* = \{\boldsymbol{x}^{*1}, \boldsymbol{x}^{*2}, \ldots, \boldsymbol{x}^{*K}\} \tag{9.46}$$

라고 하자. 식에서 개념상 우도 $\prod_1^K f_\theta(\boldsymbol{x}^{*k})$는 MLE $\hat{\theta}^*$를 생성한다. 그다음 $\hat{\theta}^*$는 K가 무한대로 갈 때 $\hat{\theta}(\boldsymbol{o})$가 된다. 다시 말해 최대 우도 추정은 자기 일관성self-consistent을 가진다. MLE 밀도 $f_{\hat{\theta}(\boldsymbol{o})}(\boldsymbol{u}|\boldsymbol{o})$로부터 인위적 데이터를 생성하더라도 MLE를 변화시키지 않는다. 더구나 MLE $\hat{\theta}(\boldsymbol{o})$와 같지 않은 모든 $\hat{\theta}(\boldsymbol{o})$는 자기 일관성을 갖지 못한다. (9.45)–(9.46)까지 $f_{\hat{\theta}^{(0)}}(\boldsymbol{u}|\boldsymbol{o})$를 사용해 수행하면 $f_{\hat{\theta}^{(1)}}(\boldsymbol{o}) > f_{\hat{\theta}^{(0)}}(\boldsymbol{o})$인 가상의 MLE $\hat{\theta}^{(1)}$이 유도된다. 이는 EM 알고리듬의 좀 더 일반적인 버전이다.[12]

현대 기술은 사회과학자들이 대규모 데이터 집합을 수집할 수 있도록 해줬다. 아마도 수백, 수천 개, 더 나아가 100만 개에 달하는 응답까지 얻을 수도 있다. 불가피하게 모든 개별 반응 중 일부는 누락될 수밖에 없다. 누락 값을 채우기 위한 일부 가짜 데이터 원칙을 적용해 책임을 전가시킬 수 있다. 데이터에 대한 이 전가의 목적은 단순히 MLE를 구하는 것에 그치지 않으며, 편리하고 표준적인 완전 데이터 기법을 사용해 그래프를 생성하고, 신뢰구간을 만들고, 히스토그램 등을 생성한다.

끝으로 생존 분석으로 돌아가서 카플란–마이어 추정(9.17)은 그 자체로
†11 자기 일관적이다.† 표 9.2에서의 **Arm_A** 검열 관측치 74+에 대해 생각해보자. 우리는 환자의 생존 시간이 74세를 초과한다는 것을 알 수 있다. 그의 확률 질량(**Arm_A** 표본의 1/51)을 **Arm_A** 카플란–마이어 생존 곡선에 의해 정의된 $x > 74$의 조건부분포에 해당되도록 오른쪽으로 분배한다고 가정하자. 모든 검열 경우를 재분배한다고 해도 원래의 카플란–마이어 생존 곡선을 변경할 수 없다는 것을 알 수 있다. 카플란–마이어는 자기 일관적이며 생존 함수에서 '비모수적 MLE'로 식별된다.

---

12 시뮬레이션 (9.45)는 각 단계 *data**가 $(\boldsymbol{o}, E^{(j)}(\boldsymbol{u}|\boldsymbol{o}))$로 대체될 수 있는 지수 계열에서는 불필요하다. $E^{(j)}$는 (9.43)에서와 같이 $\hat{\theta}^{(j)}$에 대한 기댓값을 나타낸다.

9.6 주석 및 상세 설명

생명표에서 카플란-마이어 곡선과 로그 순위 검정을 거쳐 비례적 위험 회귀까지의 발전상을 살펴볼 때 마지막 단계까지는 계산 요구량에서 그리 대단한 변화가 일어나지 않았다. 카플란-마이어 곡선은 기계 계산기의 성능 내에서 해결할 수 있었다. 그러나 단연 컴퓨터 시대의 '자식'으로 부를 수 있는 비례적 위험은 그렇지 않다. 알고리듬이 점점 복잡해질수록 추론의 정당화는 그 범위와 정교함을 더해갔다. 이는 8장에서 생체분석으로부터 로지스틱 회귀와 일반화된 선형 모델로 발전해나가는 패턴을 본 것과 같고, 이는 잭나이프에서 부트스트랩으로 옮겨가며 10장에서 다시 등장한다.

검열과 절단[truncation]은 다르다. 8.3절의 절단된 은하 데이터에서는 관측 영역(8.38)에 있는 은하만 존재를 알 수 있다. 표 9.2의 검열된 개인 데이터는 존재를 알지만 그 생존 시간에 대해서는 완전하지 못한 지식만 가진다. 절단된 데이터에 적용할 수 있는 카플란-마이어 곡선 버전은 천문학에서 린덴-벨[Lynden-Bell](1971)에 의해 개발됐다.

이 장의 기법은 왼쪽은 절단되고 오른쪽은 검열된 데이터에 적용할 수 있다. HIV 신약에 대한 생존 시간 연구를 예로 들면 i 사람은 진단 후 τ_i 시간 동안 연구에 참여하지 않을 수 있고, 이 경우 t_i는 왼쪽이 τ_i에서 절단되고 또 경우에 따라 나중에 오른쪽이 검열될 수도 있다. 이는 단지 다양한 환자 집합의 구성만을 변경한다. 그러나 다른 누락 데이터 상황, 예컨대 왼쪽과 오른쪽 모두 검열된 데이터는 좀 더 정교하지만 그다지 명쾌하지 않은 취급이 필요하다.

†1 식 (9.10). 구간 $[t_0, t_1]$이 길이가 dt고 서브구간 k의 중간점이 t_k인 다수의 서브구간으로 나뉘었다고 하자.

(9.4)에서처럼 (9.9)를 사용하면 다음과 같다.

$$\begin{aligned}\Pr\{T \geq t_1 | T \geq t_0\} &\doteq \prod (1 - h(t_i)\,dt) \\ &= \exp\left\{\sum \log(1 - h(t_i)\,dt)\right\} \\ &\doteq \exp\left\{-\sum h(t_i)\,dt\right\}\end{aligned} \tag{9.47}$$

여기서 $dt \to 0$이면 (9.10)이 된다.

†2 카플란-마이어 추정. 생명표 공식 (9.6)에서($k=1$) 시간 단위가 충분히 작아서 각 칸이 최대 하나의 값 $t_{(k)}$(9.16)만 가질 수 있다고 하자. 그러면 $t_{(k)}$에서 다음 식은

$$\hat{h}_{(k)} = \frac{d_{(k)}}{n-k+1} \tag{9.48}$$

식 (9.17)을 생성한다.

†3 그린우드의 공식(9.18). 9.1절의 생명표 공식에서 (9.6)은 다음을 유도한다.

$$\log \hat{S}_j = \sum_1^j \log\left(1-\hat{h}_k\right) \tag{9.49}$$

$\hat{h}_k \overset{\text{ind}}{\sim} \text{Bi}(n_k, h_k)$로부터 다음을 얻는다.

$$\begin{aligned} \text{var}\left\{\log \hat{S}_j\right\} &= \sum_1^j \text{var}\left\{\log\left(1-\hat{h}_k\right)\right\} \doteq \sum_1^j \frac{\text{var}\,\hat{h}_k}{(1-h_k)^2} \\ &= \sum_1^j \frac{h_k}{1-h_k}\frac{1}{n_k} \end{aligned} \tag{9.50}$$

여기서는 델타 기법 근사 $\text{var}\{\log X\} \doteq \text{var}\{X\}/E\{X\}^2$를 사용했다. $h_k = y_k/n_k$를 플러그인하면 다음 식을 얻는다.

$$\text{var}\left\{\log \hat{S}_j\right\} \doteq \sum_1^j \frac{y_k}{n_k(n_k-y_k)} \tag{9.51}$$

그다음 역근사 $\text{var}\{X\} = E\{X\}^2\, \text{var}\{\log X\}$는 그린우드의 공식(9.18)을 도출한다.

9.2절의 검열된 데이터 상황은 $\hat{h}_k$ 값들 사이의 독립성을 활용하지 않는다. 그러나 주어진 n_k에 대해 연속된 조건부 독립은 다음과 같이 부분 우도의 계산에서처럼 결과를 검증하기에 충분하다. 그림 9.1의 신뢰구간은 구간을

지수승해서 구한 것이다.

$$\log \hat{S}_j \pm 1.96 \left[\text{var} \left\{ \log \hat{S}_j \right\} \right]^{1/2} \tag{9.52}$$

†4 **모수적 생명표 분석.** 그림 9.2와 그 이면의 분석은 에프론(1988)에 의해 개발됐고 부분 우도에 비유해서 '부분 로지스틱 회귀'라 부른다.

†5 **로그 순위 검정.** 이 장에서는 전후 가장 빈번히 인용된 네 가지 논문을 포함해 최고의 기법들이 등장했다. 카플란과 마이어(1958), 콕스(1972)가 비례적 위험에 등장했고, 뎀스터와 동료들(1977)이 EM 알고리듬의 정립과 명명에 등장했으며, 만텔과 핸젤(1959)이 로그 순위 검정에 등장했다(콕스(1958)는 만텔–핸젤 아이디어 분석법의 조심스러운 초기 버전이다). 그다지 유용하지 못한 이름인 '로그 순위'는 적어도 검정이 생존 시간의 순위에만 종속된다는 점을 상기시켜 주고 관측된 생존 시간 t_i가 단조적으로 변환된다면, 즉 $\exp(t_i)$ 또는 $t_i^{1/2}$ 같은 동일한 결과를 나타낼 것이다. 이 방법은 과거 문헌에서는 종종 만텔–핸젤 또는 코크란–만텔–핸젤 검정으로 불렸다.

†6 **초기하 분포.** 표 9.5에서의 초기하[hypergeometric] 분포 계산은 종종 다음과 같이 서술된다. 항아리에 n개의 구슬이 있다. n_A개는 A로 레이블돼 있고, n_B개는 B로 레이블돼 있다. n_d개의 구슬을 랜덤하게 추출한다. y는 그중 A로 레이블된 개수다. 기초적(그러나 단순하지는 않다.) 계산은 주어진 표의 한곗값 n_A, n_B, n, n_d, n_s에 대한 y의 조건부분포를 생성한다.

$$\Pr\{y|\text{marginals}\} = \binom{n_A}{y}\binom{n_B}{n_d - y} \Big/ \binom{n}{n_d} \tag{9.53}$$

위 식과 식 (9.24)의 평균 및 분산에 대해 다음과 같다.

$$\max(n_A - n_s, 0) \le y \le \min(n_d, n_A)$$

n_A와 n_B가 무한대로 가서 $n_A/n \to p_A$고 $n_B/n \to 1 - p_A$면, $y \sim \text{Bi}(n_d, p_A)$의 분산은 $V \to n_d p_A(1 - p_A)$가 된다.

†7 **로그 순위 통계량** Z(9.25). 왜 $(\sum_1^N V_i)^{1/2}$이 Z의 정확한 분모가 될까? (9.30)에서 $u_i = y_i - E_i$라 하자. 따라서 Z의 분자는 $\sum_1^N u_i$고

동일한 위험률이라는 귀무가설 아래에서 다음이 된다.

$$u_i | \boldsymbol{D}_i \sim (0, V_i) \tag{9.54}$$

이는 무조건적으로 $E\{u_i\} = 0$임을 암시한다. $j < i$에 대해 u_j는 $\boldsymbol{D}_i$의 함수다(y_j와 E_j이므로). 따라서 $E\{u_j u_i | \boldsymbol{D}_i\} = 0$이고 다시 한 번 무조건적으로 $E\{u_j u_i\} = 0$이다. 그러므로 동일 위험률을 가정하면 다음이 된다.

$$\begin{aligned} E\left(\sum_1^N u_i\right)^2 &= E\left(\sum_1^N u_i^2\right) = \sum_1^N \text{var}\{u_i\} \\ &\doteq \sum_1^N V_i \end{aligned} \tag{9.55}$$

마지막 근사는 무조건적 분산 var$\{u_i\}$를 조건 분산 V_i로 대체하는 것으로 크롤리(1974)에 의해 점근적 정규성(9.29)이므로 정당화된다.

†8 **보조정리**(9.37). $i \in \mathcal{R}_j$에 대해 사망이 극소 구간 $(T_{(j)}, T_{(j)} + dT)$에서 발생할 확률 p_i는 $h_i(T_{(j)})dT$다. 따라서 다음과 같고

$$p_i = h_0(T_{(j)}) e^{c_i' \beta} dT \tag{9.56}$$

타인이 사망하지 않음에도 특정 개인 i가 사망할 이벤트가 발생할 확률인 A_i는 다음과 같다.

$$P_i = p_i \prod_{k \in \mathcal{R}_j - i} (1 - p_k) \tag{9.57}$$

그러나 A_i는 서로 분리된 이벤트이므로 $\cup A_i$가 발생했다면, 사망한 사람이 i일 확률은 다음과 같다.

$$P_i \Big/ \sum_{\mathcal{R}_j} P_j \doteq e^{c_i \beta} \Big/ \sum_{k \in \mathcal{R}_j} e^{c_k \beta} \tag{9.58}$$

이는 $dT \to 0$이 되면 정확히 (9.37)이 된다.

†9 부분 우도(9.40). 콕스(1975)는 비례적 위험 모델의 추론적 정당화를 위해 부분 우도를 도입했는데, 이는 학계에서 의구심을 초래했다. $\boldsymbol{D}_j$가 시각 $T_{(j)}$(9.35) 이전에 가용한 모든 관측 정보라고 하자. 여기에는 $t_i < T_{(j)}$인 모든 개인의 죽음 또는 데이터 단절이 포함된다($\boldsymbol{D}_j$는 환자의 집합 $\mathcal{R}_j$를 결정한다는 사실에 주목하자). 연속적인 조건 부여에 의해 전체 우도 f_θ(data)는 다음과 같이 쓸 수 있다.

$$
\begin{aligned}
f_\theta(\text{data}) &= f_\theta(\boldsymbol{D}_1) f_\theta(i_1|\mathcal{R}_1) f_\theta(\boldsymbol{D}_2|\boldsymbol{D}_1) f_\theta(i_2|\mathcal{R}_2)\ldots \\
&= \prod_{j=1}^{J} f_\theta(\boldsymbol{D}_j|\boldsymbol{D}_{j-1}) \prod_{j=1}^{J} f_\theta(i_j|\mathcal{R}_j)
\end{aligned}
\tag{9.59}
$$

$\theta = (\alpha, \beta)$라고 설정하면, α는 관측된 죽음 사이의 발생과 시간에 관계된 '장애 모수'다.

$$
f_{\alpha,\beta}(\text{data}) = \left[\prod_{j=1}^{J} f_{\alpha,\beta}(\boldsymbol{D}_j|\boldsymbol{D}_{j-1}) \right] L(\beta) \tag{9.60}
$$

여기서 $L(\beta)$는 (9.38)의 부분 우도다.

비례적 위험 모델은 단순히 (9.60)에서 괄호에 묶인 부분의 효과를 무시한다. $l(\beta) = \log L(\beta)$가 진짜 우도로 취급되고 최대화돼 $\hat{\beta}$를 생성하고 4.3절에서와 같이 공분산 행렬 $(-\ddot{l}(\hat{\beta}))^{-1}$을 할당한다. 에프론(1977)은 이러한 전략이 β를 추정하는 데 충분히 효율적이라는 것을 보여줬다.

†10 가짜 데이터 원칙. 모든 두 모수 θ_1과 θ_2에 대해 다음과 같이 정의한다.

$$
l_{\theta_1}(\theta_2) = \int [\log f_{\theta_2}(\boldsymbol{o}, \boldsymbol{u})]\, f_{\theta_1}(\boldsymbol{u}|\boldsymbol{o})\, d\boldsymbol{u} \tag{9.61}
$$

이것은 다음 식이 극한 $K \to \infty$일 때의 값이다.

$$l_{\theta_1}(\theta_2) = \lim_{K\to\infty} \frac{1}{K} \sum_{k=1}^{K} \log f_{\theta_2}(\boldsymbol{o}, \boldsymbol{u}^{*k}) \tag{9.62}$$

이는 θ_1이 θ의 참 값이었다면 θ_2하에서의 가짜 데이터 로그 우도(9.46)다. $f_\theta(\boldsymbol{o},\boldsymbol{u}) = f_\theta(\boldsymbol{o}) f_\theta(\boldsymbol{u}|\boldsymbol{o})$를 사용하면, 정의 (9.61)로부터 다음이 생성된다.

$$\begin{aligned} l_{\theta_1}(\theta_2) - l_{\theta_1}(\theta_1) &= \log\left(\frac{f_{\theta_2}(\boldsymbol{o})}{f_{\theta_1}(\boldsymbol{o})}\right) - \int \log\left(\frac{f_{\theta_2}(\boldsymbol{u}|\boldsymbol{o})}{f_{\theta_1}(\boldsymbol{u}|\boldsymbol{o})}\right) f_{\theta_1}(\boldsymbol{u}|\boldsymbol{o}) \\ &= \log\left(\frac{f_{\theta_2}(\boldsymbol{o})}{f_{\theta_1}(\boldsymbol{o})}\right) - \frac{1}{2} D\left(f_{\theta_1}(\boldsymbol{u}|\boldsymbol{o}), f_{\theta_2}(\boldsymbol{u}|\boldsymbol{o})\right) \end{aligned} \tag{9.63}$$

D는 편차(8.31)고 $\boldsymbol{u}|\boldsymbol{o}$가 θ_1과 θ_2하에서 동일한 분포를 가지지 않는다면 항상 양수인데, 여기서는 그렇지 않다고 가정한다.

EM 알고리듬을 $\theta=\theta_1$에서 시작해 $l_{\theta_1}(\theta)$를 최대화하는 θ_2를 찾는다고 가정해보자. $l_{\theta_1}(\theta_2) > l_{\theta_1}(\theta_1)$이고 $D>0$은 (9.63)에서 $f_{\theta_2}(\boldsymbol{o}) > f_{\theta_1}(\boldsymbol{o})$라는 것을 암시한다. 즉, 관측된 데이터의 우도를 증가시켰다. 이제 $\theta_1 = \hat{\theta} = \arg\max_\theta f_\theta(\boldsymbol{o})$로 하자. 그러면 (9.63)의 우변은 음수며 $\theta_1 = \hat{\theta}$와 같지 않은 모든 θ_2에 대해 $l_{\hat{\theta}}(\hat{\theta}) > l_{\hat{\theta}}(\theta_2)$임을 암시한다. 이를 모두 종합하면[13] 가짜 데이터 MLE에 의한 연속된 계산 θ_1, θ_2, θ_3, ...은 모든 단계에서 $f_\theta(\boldsymbol{o})$를 증가시키고 알고리듬에서 유일한 안정된 점은 $\theta = \hat{\theta}(\boldsymbol{o})$다.

†11 카플란-마이어 자기 일관성. 이 성질은 에프론(1967)에 의해 증명됐고, 이름도 거기서 유래됐다.

9.7 연습문제

1. 식 (9.4)에서 $i=1$일 때 나이 j를 지나 생존할 확률은 다음과 같다.

13 가짜 데이터를 생산하는 것은 알고리듬의 E 단계와 같고, M 단계는 $l_{\theta_j}(\theta)$를 최대화하는 것이다.

$$S_j = \prod_{k=1}^{j}(1 - h_k)$$

이것은 식 (9.1)과 어떻게 연계되는가?

2. 검열이 없다면 식 (9.17)은 어떻게 축소되는가? (그리고 왜 이것이 타당한가?)

3. '매듭[knot]' 위치를 11에서 12로 변경해 그림 9.2를 다시 그려라.

4. 7~12개월에 대해 표 9.4에 해당하는 값을 계산하라.

5. 초기하 분포가 공식 (9.24)에 들어가는 이유는 무엇인가?

6. 식 (9.34)를 도출하라.

7. 그림 9.3의 `bivariate normal` 데이터를 사용해 표 9.8을 다시 만들라.

8. (9.56)−(9.58)의 논의보다 더 신중한 논의를 설명해 보라.

10
잭나이프와 부트스트랩

빈도주의 추론의 핵심 요소는 **표준오차**다. 알고리듬이 관심 대상 모수에 대한 추정을 생성한 경우를 가정해보자. 예를 들어 그림 1.4의 상단 패널의 47 **ALL** 점수에 대해 평균 $\bar{x}=0.752$로 추정했다고 하자. 이 추정은 얼마나 정확한가? 이 경우 표본평균의 표준편차[1]의 식 (1.2)는 다음과 같이 그 표준오차를 추정한다.

$$\widehat{\text{se}} = 0.040 \tag{10.1}$$

따라서 $\bar{x}=0.752$의 세 번째 자리 수인 2에 대해서는 정확하다고 인정할 수가 없으며, 5조차도 의심이 된다.

(1.2)와 같은 직접적인 표준오차 공식은 선형 회귀(7.34)에서처럼 평균화의 여러 형태로 존재하는데, 다른 형태로는 거의 존재하지 않는다. 테일러 급수 근사(2.1절 참조)는 공식을 확장해 (8.30)에서처럼 평균화 함수를 매끄럽게 만든다. 컴퓨터가 등장하기 전에는 응용통계에서 약간 복잡한 통계량을 계산할

1 '표준오차'와 '표준편차'는 같은 용어로 사용한다.

때조차, 테일러 급수를 힘겹게 풀어가며 정확도를 찾았어야만 했다.

잭나이프jackknife(1957)는 표준오차를 계산할 때 복잡한 공식을 사용하지 않고 비정형화된 접근 방법을 사용한 컴퓨터 기반 계산의 첫걸음이었다. 부트스트랩(1979)은 한 걸음 더 나아가 표준오차를 포함한 폭넓고 다양한 추론 계산을 더욱 자동화했다. 잭나이프와 부트스트랩은 단지 통계학자들을 지겨운 계산에서 탈출시키는 데 그치지 않았고 좀 더 복잡한 추론 알고리듬의 세상으로 인도했으며, 그 정확도는 쉽고 신뢰도 있게 측정할 수 있었다. 이 장에서는 표준오차에 대해 집중 조명하고 좀 더 다채로운 부트스트랩 아이디어에 대한 설명은 11장으로 미루기로 한다. 이 장의 끝에서는 안정적 통계량 추정에 대한 정확성을 논해본다.

10.1 표준오차에 대한 잭나이프 추정

잭나이프의 기본 응용은 1-표본 문제에 적용되는데, 1-표본 문제에서 통계학자들은 어떤 공간 $\mathcal{X}$상의 미지의 확률분포 $\boldsymbol{F}$로부터 독립적이고 동일한 분포(iid) 표본 $\boldsymbol{x} = (x_1, x_2, \ldots, x_n)'$를 관찰했다.

$$x_i \overset{\text{iid}}{\sim} F \qquad i = 1, 2, \ldots, n\text{에 대해} \tag{10.2}$$

$\mathcal{X}$는 무엇이든 될 수 있다. 예컨대 실선, 평면, 공간의 함수 등이 모두 가능하다.[2] 실숫값 통계량 $\hat{\theta}$가 어떤 알고리듬 $s(\cdot)$을 $\boldsymbol{x}$에 적용해 계산됐다고 하자.

$$\hat{\theta} = s(\boldsymbol{x}) \tag{10.3}$$

여기에 표준오차를 $\hat{\theta}$에 할당하고자 한다. 즉 $\hat{\theta} = s(\boldsymbol{x})$의 표준편차를 표본 모델(10.2)하에서 추정하려는 것이다.

$\boldsymbol{x}_{(i)}$가 x_i를 없앤 표본을 나타낸다고 하자.

2 $\mathcal{X}$가 실선의 구간이면, F는 통상적인 누적 분포 함수로 가정할 수 있지만, 여기서는 F를 단지 $\mathcal{X}$상의 x_i에 대한 확률분포 전체를 모두 기술하는 것으로 가정한다.

$$\boldsymbol{x}_{(i)} = (x_1, x_2, \ldots, x_{i-1}, x_{i+1}, \ldots, x_n)' \tag{10.4}$$

그리고 관심 대상 통계량의 해당 값을 다음과 같이 표기하자.

$$\hat{\theta}_{(i)} = s(\boldsymbol{x}_{(i)}) \tag{10.5}$$

그러면 $\hat{\theta}$의 잭나이프 표준오차 추정은 다음과 같아진다.

$$\widehat{\text{se}}_{\text{jack}} = \left[\frac{n-1}{n}\sum_1^n \left(\hat{\theta}_{(i)} - \hat{\theta}_{(\cdot)}\right)^2\right]^{1/2} \quad \text{여기서 } \hat{\theta}_{(\cdot)} = \sum_1^n \hat{\theta}_{(i)}/n \tag{10.6}$$

$\hat{\theta}$가 실수 $x_1, x_2, \ldots, x_n$(즉 $\mathcal{X}$가 실선의 어느 구간)의 평균 $\bar{x}$면, $\hat{\theta}_{(i)}$는 x_i를 제외한 평균이고, 이는 다음과 같이 표현할 수 있다.

$$\hat{\theta}_{(i)} = (n\bar{x} - x_i)/(n-1) \tag{10.7}$$

식 (10.7)은 $\hat{\theta}_{(\cdot)} = \bar{x}$, $\hat{\theta}_{(i)} - \hat{\theta}_{(\cdot)} = (\bar{x} - x_i)/(n-1)$이 되고

$$\widehat{\text{se}}_{\text{jack}} = \left[\sum_{i=1}^n (x_i - \bar{x})^2 / (n(n-1))\right]^{1/2} \tag{10.8}$$

식 (10.8)은 정확히 전통적 식인 (1.2)와 일치한다. 우연이란 없다. 이렇게 된 이유는 정의(10.6)의 임시 요소 $(n-1)/n$이 삽입돼 $\hat{\theta}$이 $\bar{x}$일 때 $\widehat{\text{se}}_{\text{jack}}$이 (1.2)와 일치하도록 만들었기 때문이다.

$\widehat{\text{se}}_{\text{jack}}$의 장점은 정의 (10.6)이 모든 통계량 $\hat{\theta} = s(\boldsymbol{x})$에 자동으로 적용된다는 데 있다. 이제 필요한 것은 삭제된 데이터 집합 $\boldsymbol{x}_{(i)}$의 $s(\cdot)$을 계산하는 알고리듬뿐이다. 이론적 테일러 급수 계산은 컴퓨터 계산력으로 대체됐다. 나중에 기저 추론 아이디어(빈도주의 표준오차의 플러그인 추정)는 변하지 않았으며 단지 구현만 변경됐다는 사실을 알게 될 것이다.

예를 들어 1.1절의 신장 기능 데이터 집합을 살펴보자. 여기서는 데이터가 $n = 157$개의 점 $(x_i,\ y_i)$로 구성되며, 그림 1.1에서 x = 나이, y = tot다(그러므로 (10.2)에서의 일반적 x_i는 이제 쌍 $(x_i,\ y_i)$를 나타내고 F는 평면에서의 분포를 나타낸다).

여기서는 통상적 표본 상관관계 $\hat{\theta} = s(\boldsymbol{x})$에서 추정된 나이와 tot 사이의 상관관계에 관심이 있다고 가정해보자.

$$s(\boldsymbol{x}) = \sum_{i=1}^{n}(x_i - \bar{x})(y_i - \bar{y}) \Bigg/ \left[\sum_{1}^{n}(x_i - \bar{x})^2 \sum_{1}^{n}(y_i - \bar{y})^2\right]^{1/2} \quad (10.9)$$

식 (10.9)를 신장 데이터에 대해 계산해보면 $\hat{\theta} = -0.572$다.

(10.6)을 적용하면 $\hat{\theta}$의 정확도에 대해 $\widehat{\mathrm{se}}_{\mathrm{jack}} = 0.058$이 나온다. 10.2절의 비모수적 부트스트랩 계산 역시 추정 표준오차 값으로 0.058이 계산된다. 전통적인 테일러 급수 식은 이 경우 상당한 계산량을 수반하는 것처럼 보인다.

$$\widehat{\mathrm{se}}_{\mathrm{taylor}} = \left\{\frac{\hat{\theta}^2}{4n}\left[\frac{\hat{\mu}_{40}}{\hat{\mu}_{20}^2} + \frac{\hat{\mu}_{04}}{\hat{\mu}_{02}^2} + \frac{2\hat{\mu}_{22}}{\hat{\mu}_{20}\hat{\mu}_{02}} + \frac{4\hat{\mu}_{22}}{\hat{\mu}_{11}^2} - \frac{4\hat{\mu}_{31}}{\hat{\mu}_{11}\hat{\mu}_{20}} - \frac{4\hat{\mu}_{13}}{\hat{\mu}_{11}\hat{\mu}_{02}}\right]\right\}^{1/2} \quad (10.10)$$

여기서,

$$\hat{\mu}_{hk} = \sum_{i=1}^{n}(x_i - \bar{x})^h (y_i - \bar{y})^k / n \quad (10.11)$$

그 값은 $\widehat{\mathrm{se}} = 0.057$이다.

잭나이프 공식(10.6)이 가지고 있는 다음과 같은 몇 가지 특징은 강조할 필요가 있다.

- 비모수적이다. 기저 분포 F에 대한 어떠한 형태의 가정도 필요 없다.
- 완전히 자동화돼 있다. 단일 마스터 알고리듬으로 데이터 집합 $\boldsymbol{x}$와 함수 $s(\boldsymbol{x})$를 입력으로 해서 $\widehat{\mathrm{se}}_{\mathrm{jack}}$을 출력하도록 할 수 있다.
- 알고리듬은 크기가 n이 아니라 $n-1$인 데이터 집합에서 작동한다. 표본 크기에 대해 매끈하다는 숨겨진 가정이 있다. 이는 표본 크기가 짝수인지 홀수인지에 따라 서로 다른 정의를 가지는 중앙값 같은 표본 통계량의 경우 골칫거리가 될 수 있다.
- †1 잭나이프 표준오차는 참 표준오차의 추정에 대해 상방향으로 편향된다.†

• 잭나이프 공식(10.6)과 테일러 급수 기법의 연계는 보기보다 더욱 밀접하다. 다음과 같이 쓸 수 있다.

$$\widehat{\text{se}}_{\text{jack}} = \left[\frac{\sum_1^n D_i^2}{n^2}\right]^{1/2} \quad \text{여기서 } D_i = \frac{\hat{\theta}_{(i)} - \hat{\theta}_{(\cdot)}}{1/\sqrt{n(n-1)}} \tag{10.12}$$

10.3절에서 논의한 것처럼, D_i는 근사 방향 도함수고, 데이터 포인트 x_i의 가중치를 감소시킴에 따라 통계량 $s(\boldsymbol{x})$가 얼마나 빨리 변하는지 측정한다. 그러므로 $\text{se}_{\text{jack}}^2$은 n개의 원소 방향에서 $s(\boldsymbol{x})$의 제곱 도함수의 합에 비례한다. (10.10)에서와 같은 테일러 급수 식은 수치가 아닌 공식에 의한 도함수에 해당한다.

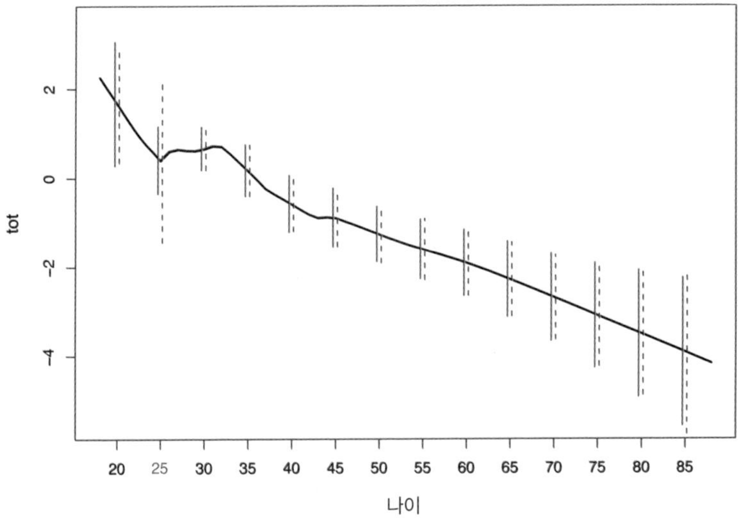

그림 10.1 그림 1.2의 신장 데이터에서의 `lowess` 곡선. 수직선은 ±2 표준오차를 의미한다. 잭나이프(10.6)는 파란색 점선, 부트스트랩(10.6)은 붉은색 실선이다. 잭나이프는 나이 25에서 변동성이 심하다.

잭나이프의 주 약점은 지역 미분에 종속된 성질이다. 그림 1.2의 `lowess` 신장 데이터와 같은 미분 가능하지 않은 통계량 $s(\boldsymbol{x})$는 $\widehat{\text{se}}_{\text{jack}}$에 대해 엉뚱한 결과를 생성할 수 있다. 그림 10.1은 이 점을 보여준다. 점선으로 된 파란색 수직선은 20, 25, ..., 85세에서 측정된 `lowess` 곡선의 ±2 잭나이프 표준오차를 보여준다. 대부분의 경우 이러한 것들은 10.2절에서 설명한 것처럼 신뢰할 수 있는 부트스트랩 표준오차인 빨간색 실선과 일치한다. 그러나 나이 25세에는 엉망이 되는데, 지역 미분이 표본 $\boldsymbol{x}$의 전역 변화에 대해 `lowess` 곡선의 민감도를 크게 과장한다.

10.2 비모수적 부트스트랩

부트스트랩의 관점에서 보면 잭나이프는 전통적 기법과 최신의 전자식 컴퓨터를 최대로 사용한 것의 중간쯤에 있다('컴퓨터 집중적computer-intensive 통계량'이라는 용어는 부트스트랩을 묘사하기 위해 사용됐다). 추정 $\hat{\theta} = s(\boldsymbol{x})$에 대한 빈도주의 표준오차란 이상적으로는 F로부터 반복적으로 $\boldsymbol{x}$를 새로 추출해 관찰한 표준편차다. 그러나 이 방법은 F를 알 수 없으므로 불가능하다. 부트스트랩(2.1절 참조)은 F 대신 추정 $\hat{F}$로 대체하고 직접 시뮬레이션을 통해 빈도주의 표준을 추정하는 것으로, 전자식 컴퓨터의 등장 이후에나 가능해진 전술이다.

랜덤 표본 $\boldsymbol{x} = (x_1, x_2, \ldots, x_n)$(10.2)으로부터 계산된 통계량 $\hat{\theta} = s(\boldsymbol{x})$의 표준오차에 대한 부트스트랩 추정은 부트스트랩 표본이라는 개념에서 출발한다.

$$\boldsymbol{x}^* = (x_1^*, x_2^*, \ldots, x_n^*) \tag{10.13}$$

여기서 각 x_i^*는 동일한 확률로 $\{x_1, x_2, \ldots, x_n\}$으로부터 복원을 동반해 랜덤으로 추출된다. 각 부트스트랩 표본은 관심 대상 통계량의 부트스트랩 복제를 생성한다.[3]

$$\hat{\theta}^* = s(\boldsymbol{x}^*) \tag{10.14}$$

어떤 큰 수 B개만큼의 부트스트랩 표본은 독립적으로 추출된다(그림 10.1에서 $B = 500$). 해당 부트스트랩 복제는 다음과 같이 계산된다.

3 별표 표기 $\boldsymbol{x}^*$는 원시 데이터 $\boldsymbol{x}$와의 혼란을 피하기 위한 것으로 부트스트랩에는 항상 이 기호가 붙는다. 비슷하게 $\hat{\theta}$에 대해서는 $\hat{\theta}^*$를 사용한다.

$$\hat{\theta}^{*b} = s(\boldsymbol{x}^{*b}) \qquad b = 1, 2, \ldots, B\text{에 대해} \tag{10.15}$$

$\hat{\theta}$의 표준오차에 대한 부트스트랩 추정의 결과는 $\hat{\theta}^{*b}$ 값의 경험적 표준편차가 된다.

$$\widehat{\text{se}}_{\text{boot}} = \left[\sum_{b=1}^{B}\left(\hat{\theta}^{*b} - \hat{\theta}^{*\cdot}\right)^2 \Big/ (B-1)\right]^{1/2} \quad \text{여기서 } \hat{\theta}^{*\cdot} = \sum_{1}^{B} \hat{\theta}^{*b}/B \tag{10.16}$$

$\widehat{\text{se}}_{\text{boot}}$를 사용하고자 하는 동기는 $\hat{\theta}$가 두 단계에 걸쳐 얻어진다는 점에 주목하는 것에서 시작된다. 먼저 $\boldsymbol{x}$가 확률분포 F로부터 iid 추출돼 생성되고, 그다음 $\hat{\theta}$가 알고리듬 $s(\cdot)$에 따라 $\boldsymbol{x}$로부터 계산된다.

$$F \xrightarrow{\text{iid}} \boldsymbol{x} \xrightarrow{s} \hat{\theta} \tag{10.17}$$

우리는 F를 알 수 없지만 각 점 x_i에 $1/n$의 확률을 부여하는 **경험적 확률분포** $\hat{F}$를 사용해 추정할 수 있다(예: 그림 1.2의 각 점 (x_i, y_i)에 가중치 1/157씩 부여). 부트스트랩 표본 $\boldsymbol{x}^*$(10.13)가 $\hat{F}$로부터 iid 표본추출된 것이라는 점에 주목하자. 그다음 각 $\boldsymbol{x}^*$는 독립적으로 $\{x_1, x_2, \ldots, x_n\}$의 멤버가 될 확률이 동일하다. $\hat{F}$는 (10.2)에서 가능한 모든 F의 선택에 대해 관측된 표본 $\boldsymbol{x}$를 얻을 확률을 최대화한다는 것을 증명할 수 있다. 즉 F의 **비모수적 MLE**가 된다.

부트스트랩 복제 $\hat{\theta}^*$는 (10.17)과 유사한 프로세스를 사용해 구할 수 있다.

$$\hat{F} \xrightarrow{\text{iid}} \boldsymbol{x}^* \xrightarrow{s} \hat{\theta}^* \tag{10.18}$$

실세계(10.17)에서는 단일 $\hat{\theta}$ 값만 보게 되지만, 부트스트랩 세상에서는 좀 더 유연하다. 우리는 원하는 만큼 또는 시간이 허락하는 만큼 부트스트랩 $\hat{\theta}^{*b}$를 복제할 수 있고 (10.16)에서와 같이 그 변화된 값을 바로 추정해볼 수 있다. n이 커질수록 $\hat{F}$가 F에 접근한다는 사실은 대부분의 경우에 $\widehat{\text{se}}_{\text{boot}}$가 $\hat{\theta}$의 참 표준오차에 접근한다는 것을 의미한다.

$\hat{\theta}$의 참 표준편차(즉 표준오차)는 데이터(즉, Sd(F))를 생성하는 확률분포 F

의 함수로 생각할 수 있다. 가설적으로 Sd(F)는 F를 입력으로 해서 $\hat{\theta}$의 표준편차를 출력하는 것인데, 이는 마치 어떤 엄청난 횟수 N만큼 독립적으로 (10.17)을 실행해 계산한 후 그 결과 $\hat{\theta}$의 경험적 표준편차를 계산하는 것과 같다.

$$\text{Sd}(F) = \left[\sum_{j=1}^{N} \left(\hat{\theta}^{(j)} - \hat{\theta}^{(\cdot)} \right)^2 \Big/ (N-1) \right]^{1/2} \quad \text{여기서 } \hat{\theta}^{(\cdot)} = \sum_{1}^{N} \hat{\theta}^{(j)} \big/ N \tag{10.19}$$

$\hat{\theta}$의 부트스트랩 표준오차는 플러그인 추정이다.

$$\widehat{\text{se}}_{\text{boot}} = \text{Sd}(\hat{F}) \tag{10.20}$$

좀 더 정확히 말해 Sd($\hat{F}$)는 표준오차에 대한 **이상적 부트스트랩 추정**이고 부트스트랩 복제 B를 무한대로 증가시킬 때 얻게 되는 값이다. 실제로는 다음에서 설명한 것처럼 어떤 유한한 값 B에서 멈춰야만 한다.

잭나이프에서와 같이 $\widehat{\text{se}}_{\text{boot}}$에 대해 강조할 필요가 있는 몇 가지 중요 사항이 있다.

- 완전히 자동이다. 이 방법 역시 한 번 마스터 알고리듬을 작성하고 나면, 데이터 $\boldsymbol{x}$와 $s(\cdot)$을 입력으로 해서 $\widehat{\text{se}}_{\text{boot}}$를 출력할 수 있다.
- **1-표본 비모수적 부트스트랩**을 설명했다. 모수적 및 다표본 버전은 나중에 살펴본다.
- 부트스트래핑은 잭나이프에 비해 원시 데이터를 더 공격적으로 '흔들어서' $\boldsymbol{x}$로부터 $\boldsymbol{x}^*$의 비지역nonlocal 편차를 생성한다. 부트스트랩은 미분 불능의 통계량에 대해서는 잭나이프보다 더 신뢰할 수 있는데, 지역 도함수에 종속되지 않기 때문이다.

†2
- $B = 200$ 정도면 대개 $\widehat{\text{se}}_{\text{boot}}$를 계산하기에 충분한 크기다.† 11장에서의 부트스트랩 신뢰구간을 위해서는 더 큰 값인 1000이나 2000이 필요하다.

- 표준오차에 대해 특별히 따로 해야 할 작업이 없다. 그저 부트스트랩 복제를 사용해 기대 절대 오차 $E\{|\hat{\theta}-\theta|\}$나 다른 정확도 척도를 계산하면 된다.
- 피셔의 MLE 공식(4.27)은 실제로는 다음과 같이 적용된다.

$$\widehat{\mathrm{se}}_{\mathrm{fisher}} = (n\mathcal{I}_{\hat{\theta}})^{-1/2} \tag{10.21}$$

즉, se를 이론적으로 계산한 다음 θ 대신 $\hat{\theta}$를 플러그인한다. 플러그인이 계산 후가 아니라 계산 전에 수행됐지만 여전히 부트스트랩은 (10.20)과 동일하게 작동한다. 피셔 이론과의 연결은 10.4절의 모수적 부트스트랩에서 좀 더 명확하게 드러난다.

잭나이프는 그 가정이나 응용에서 모두 완전히 빈도주의 도구다(표준오차와 편향). 부트스트랩 또한 기본적으로는 빈도주의지만 (10.21)과의 연계와 같이 일부 피셔가 들어있다. 그 유용성으로 인해 추정과 예측 문제에서 다양한 응용에 쓰이고 있으며 베이즈주의와도 어느 정도 연계돼 있다.†

†3

잭나이프에는 일반적이지 않은 응용 또한 나타날 수 있다. 10.6절, '주석 및 상세 설명'에서 '부트스트랩-이후-잭나이프'에 대한 내용을 참고하라.†

†4

전통적인 관점에서 보면 부트스트랩은 놀라울 만큼 많은 계산 자원을 소비한다. 전통적 통계는 힘든 기계적 계산에 드는 노력을 최소화하는 것에 맞춰졌다. 부트스트랩은 $B=200$ 또는 2000 이상이 되도록 그 횟수와 노력을 배가시키는 방향으로 저 혼자의 길로 나아갔다. 지금의 계산적 풍요로 인해 놀라운 데이터 분석이란 보상을 받게 된 점은 멋진 일이다.

표 3.1의 22명 학생들은 각각 다섯 과목의 시험을 치렀다. 과목은 **역학**, **벡터**, **대수**, **해석학**, **통계학**이다. 표 10.1은 표본 상관관계 행렬과 그 고윳값을 보여준다. 다음의 '고유율eigenratio' 통계량은

$$\hat{\theta} = \text{최대 고윳값/고윳값의 합} \tag{10.22}$$

다섯 개 성적이 단일 선형 조합, 구체적으로는 각 학생의 IQ 점수만 사용해

표 10.1 학생 성적 데이터의 상관관계 행렬. 고윳값은 3.463, 0.660, 0.447, 0.234, 0.197이다. 고유율 통계량 $\hat{\theta} = 0.693$이고, 부트스트랩 표준오차 추정은 0.075다($B = 2000$).

	역학	벡터	대수	해석학	통계학
역학	1.00	.50	.76	.65	.54
벡터	.50	1.00	.59	.51	.38
대수	.76	.59	1.00	.76	.67
해석학	.65	.51	.76	1.00	.74
통계학	.54	.38	.67	.74	1.00

얼마나 근접하게 예측할 수 있는가를 측정한다. 여기서 $\hat{\theta} = 0.693$이라는 값은 IQ 점수가 가진 강한 예측력을 나타낸다. 0.693은 얼마나 정확한 것일까?

$B = 2000$ 부트스트랩 복제(10.15)는 부트스트랩 표준오차 추정(10.16) $\widehat{\text{se}}_{\text{boot}} = 0.075$를 나타냈다(이것은 $\widehat{\text{se}}_{\text{boot}}$를 계산하기 위해 필요한 것보다 열 배나 많은 부트스트랩이지만, 11장에서의 신뢰구간 계산을 위해서는 필요하다). 잭나이프(10.6)는 더 큰 값으로 추정했는데, $\widehat{\text{se}}_{\text{jack}} = 0.083$이다.

표준오차는 대개 신뢰구간 근사치를 제시하는 데 사용되며, 대개 95% 구간에서는 $\hat{\theta} \pm 1.96\widehat{\text{se}}$다. 이 구간의 판단에는 $\hat{\theta}$의 정규성이 가정돼 있다. 그림 10.2에서 보는 것처럼 $\hat{\theta}$에 대한 2,000개 부트스트랩 복제 히스토그램은 근사를 통한 정규성에서조차 정규성을 가정한 것이 잘못이라는 점을 알려준다. 전통적 기법들과 비교하면 히스토그램 제작에 엄청난 계산량이 소요됐지만, 11장에서 좀 더 정확한 신뢰구간을 사용하면 그 값어치를 하게 될 것이다. 여기서 부트스트랩 기법을 사용함으로써 두 마리 토끼를 잡은 셈인데, 좀 더 넓어진 응용성과 개선된 추론이 그것이다. 부트스트랩 히스토그램(전통적 통계학에는 없던 것이다.)은 컴퓨터 시대의 통계적 추론을 근사하게 보여준다.

10.3 재표본추출 계획

잭나이프와 부트스트랩을 다른 측면으로 생각해볼 수 있는데, 바로 원시 데이터 벡터 $\boldsymbol{x} = (x_1, x_2, \dots, x_n)'$의 가중치를 재계산하거나 재표본추출resampling

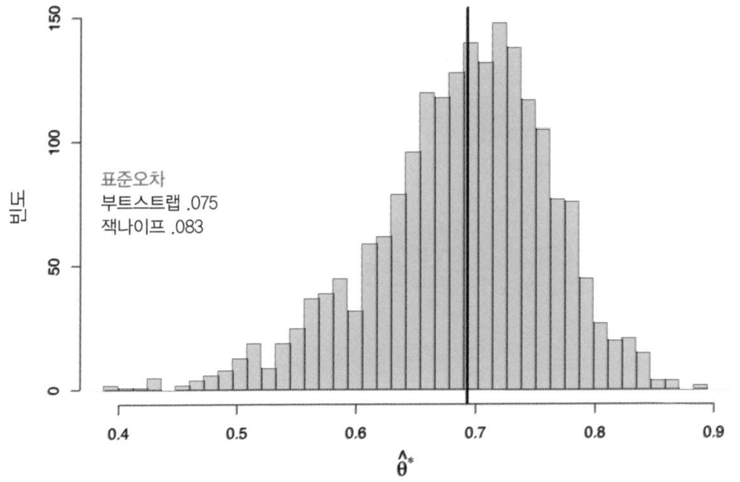

그림 10.2 학생 성적 데이터의 고유율 통계량(10.22)의 $\hat{\theta}^*$에 대한 $B=2000$ 부트스트랩 복제 히스토그램. 수직 검은색 실선은 $\hat{\theta}=0.693$ 지점이다. 왼쪽의 긴 꼬리는 이 경우 정규성이 위험한 가정임을 보여준다.

하는 알고리듬의 입장으로 바라보는 것이다. 추출을 좀 더 해야 하는 노력을 통해, 재표본추출은 두 알고리듬을 연결시키고, 이를 통해 또 다른 가능성을 제시한다.

재표본추출 벡터 $\boldsymbol{P}=(P_1,\ P_2,\ \ldots,\ P_n)'$는 정의에 따라, 합이 1이 되는 음이 아닌 가중치 벡터다.

$$\boldsymbol{P} = (P_1, P_2, \ldots, P_n)' \quad \text{여기서 } P_i \geq 0 \text{ 그리고 } \sum_{i=1}^{n} P_i = 1 \tag{10.23}$$

즉, $\boldsymbol{P}$는 심플렉스 $\mathcal{S}_n$(5.39)의 멤버다. 재표본추출 계획은 원시 데이터 집합 $\boldsymbol{x}$를 고정시키고 가중치 벡터 $\boldsymbol{P}$가 $\mathcal{S}_n$에 대해 변화할 때, 관심 대상인 통계량 $\hat{\theta}$가 어떻게 변화하는지 살펴보는 것이다.

x_i에 대해 가중치 P_i가 설정된 $\hat{\theta}$의 값을 다음과 같이 표기하자.

$$\hat{\theta}^* = S(\boldsymbol{P}) \tag{10.24}$$

별표 표기는 이제 모든 가중치 재조정을 나타내며, 반드시 부트스트랩

일 필요는 없다. $\hat{\theta} = s(\boldsymbol{x})$는 실세계(10.17)에서의 $\hat{\theta}$의 행동에 대해 설명하고 $\hat{\theta}^* = S(\boldsymbol{P})$는 재표본추출 세계에서 설명한다. 표본평균 $s(\boldsymbol{x}) = \bar{x}$에 대해 $S(\boldsymbol{P}) = \sum_1^n P_i x_i$다. 분산 $s(\boldsymbol{x}) = \sum_i^n (x_i - \bar{x})^2/(n-1)$에 대한 불편 추정은 다음과 같음을 알 수 있다.

$$S(\boldsymbol{P}) = \frac{n}{n-1}\left[\sum_{i=1}^{n} P_i x_i^2 - \left(\sum_{i=1}^{n} P_i x_i\right)^2\right] \tag{10.25}$$

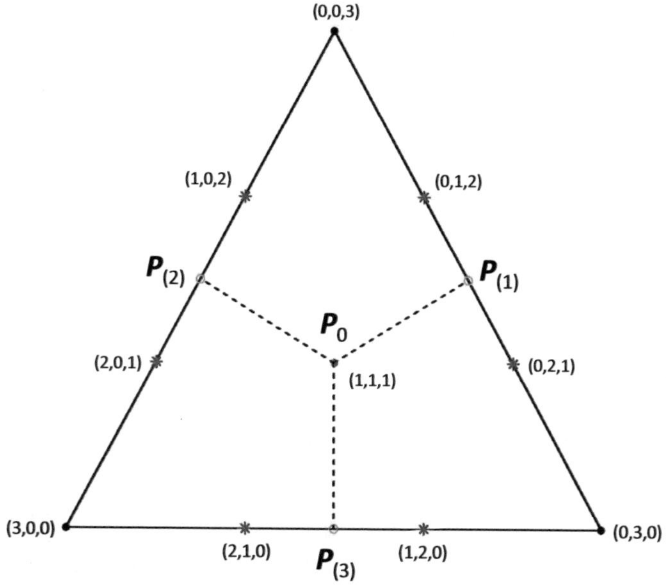

그림 10.3 표본 크기 $n = 3$에 대한 재표본추출 심플렉스. 중심점은 $\boldsymbol{P}_0$(10.26)이다. 초록색 점은 잭나이프 포인트 $\boldsymbol{P}_{(i)}$(10.28)다. 3좌표 (N_1, N_2, N_3)은 부트스트랩 재표본추출 개수를 나타낸다. 부트스트랩 확률은 $\boldsymbol{P}_0$에 대해 6/27이고 각 구석 점에 대해서는 1/27, 별표로 된 여섯 개 점에 대해서는 3/27이다.

다음과 같이

$$\boldsymbol{P}_0 = (1, 1, \ldots, 1)'/n \tag{10.26}$$

각 x_i 값을 동일한 가중치로 설정하면, 재표본추출 벡터에서 $S(\cdot)$의 정의에 따라 다음과 같이 원래의 추정이 된다.

$$S(\boldsymbol{P}_0) = s(\boldsymbol{x}) = \hat{\theta} \tag{10.27}$$

i번째 잭나이프 값 $\hat{\theta}_{(i)}$(10.5)는 다음의 재표본추출 벡터에 해당한다.

$$\boldsymbol{P}_{(i)} = (1, 1, \ldots, 1, 0, 1, \ldots, 1)'/(n-1) \tag{10.28}$$

여기서 i번째 자리는 0이다. 그림 10.3은 표본 크기 $n=3$에 재표본추출 심플렉스 $\mathcal{S}_3$을 적용한 것을 보여주는데, 중심점은 $\boldsymbol{P}_0$이고 속이 빈 원은 가능한 세 개의 잭나이프 벡터 $\boldsymbol{P}_{(i)}$다.

$n=3$인 표본 점 $\{x_1, x_2, x_3\}$에서는 오직 열 개의 서로 다른 부트스트랩 벡터(10.13)가 존재하고 이는 그림 10.3에서 보는 것과 같다. 다음 식이

$$N_i = \#\{x_j^* = x_i\} \tag{10.29}$$

$\boldsymbol{x}^*$에서 추출한 부트스트랩 개수가 x_i라는 것을 나타낸다고 하자. 그림에서의 좌표는 (N_1, N_2, N_3)이 되는데, 예를 들어 x_1이 한 번이고 x_3이 두 번인 경우에는 $\boldsymbol{x}^*$가 (1, 0, 2)가 된다.[4] 부트스트랩 재표본추출 벡터는 다음 형식을 가진다.

$$\boldsymbol{P}^* = (N_1, N_2, \ldots, N_n)'/n \tag{10.30}$$

여기서 N_i는 음이 아닌 정수로서 그 합은 n이 된다. 부트스트랩 표본추출의 정의(10.13)에 따라 벡터 $\boldsymbol{N} = (N_1, N_2, \ldots, N_n)'$는 동일한 n 부류에 대한 n번 추출의 다항분포(5.38)를 따른다.

$$\boldsymbol{N} \sim \text{Mult}_n(n, \boldsymbol{P}_0) \tag{10.31}$$

따라서 $\boldsymbol{P}^*$(10.30)에 대한 다음의 부트스트랩 확률(5.37)을 나타낸다.

$$\frac{n!}{N_1!N_2!\ldots N_n!} \frac{1}{n^n} \tag{10.32}$$

4 정의 (10.24)에 숨겨진 가정은 $\hat{\theta} = s(\boldsymbol{x})$가 $\boldsymbol{x}$의 모든 순열에 대해 같은 값을 가진다는 것이다. 예를 들어 $s(x_1, x_2, x_3) = s(x_3, x_1, x_3) = S(1/3, 0, 2/3)$가 된다.

그림 10.3에서는 잭나이프 벡터 $\boldsymbol{P}_{(i)}$가 부트스트랩 벡터 $\boldsymbol{P}^*$보다 단지 조금만 더 $\boldsymbol{P}_0$에 가까워 보인다는 점에서 오해의 소지가 있다. 사실 n이 커질수록 그 거리는 수십 배 더 가까워진다. (10.26)을 (10.28)에서 차감하면 유클리드 거리를 얻을 수 있다.

$$\|\boldsymbol{P}_{(i)} - \boldsymbol{P}_0\| = 1\Big/\sqrt{n(n-1)} \tag{10.33}$$

부트스트랩에서는 (10.29)의 N_i가 이항분포를 가진다.

$$N_i \sim \text{Bi}\left(n, \frac{1}{n}\right) \tag{10.34}$$

여기서 평균은 1이고 분산은 $(n-1)/n$이다. 그러면 $P_i^* = N_i/n$은 평균과 분산을 $(1/n,\ (n-1)/n^3)$으로 가지게 된다. 이제 n 좌표들에 대해 더하면 부트스트랩 벡터 $\boldsymbol{P}^*$에 대한 평균 제곱근 거리의 기댓값을 구할 수 있다.

$$\left(E\|\boldsymbol{P}^* - \boldsymbol{P}_0\|^2\right)^{1/2} = \sqrt{(n-1)/n^2} \tag{10.35}$$

이는 (10.33)보다 $\sqrt{n}$ 배나 더 멀다.

함수 $S(\boldsymbol{P})$는 다음의 근사 방향 미분을 가지고, 이는 $\boldsymbol{P}_0$이 $\boldsymbol{P}_{(i)}$ 쪽을 향한 방향이다(그림 10.3의 점선 방향으로 측정된 것이다).

$$D_i = \frac{S(\boldsymbol{P}_{(i)}) - S(\boldsymbol{P}_0)}{\|\boldsymbol{P}_{(i)} - \boldsymbol{P}_0\|} \tag{10.36}$$

D_i는 함수 $S(\boldsymbol{P})$의 $\boldsymbol{P}_0$에서 $\boldsymbol{P}_{(i)}$ 방향으로의 그래디언트를 측정한다. 식 (10.12)는 $\widehat{\text{se}}_{\text{jack}}$을 그래디언트의 평균 제곱근에 비례하게 보여준다.

$S(\boldsymbol{P})$가 표본평균에서처럼 $\boldsymbol{P}$의 선형 함수라면, $\widehat{\text{se}}_{\text{jack}}$은 $\widehat{\text{se}}_{\text{boot}}$와 같아진다((10.6)의 퍼지 인자fudge factor $(n-1)/n$은 제외한다). 대부분의 통계량은 선형이 아니므로, 지역 잭나이프 재표본추출은 전체 재표본추출 $S(\boldsymbol{P})$의 작동과 비교해 열악한 근사치를 나타낼 수도 있다. 이 경우는 그림 10.1의 한 점에서 나타났다.

단 열 개의 가능한 재표본추출 점 $\boldsymbol{P}^*$만으로, 이상적인 부트스트랩 표준오차 추정을 다음과 같이 계산할 수 있다.

$$\widehat{\text{se}}_{\text{boot}} = \left[\sum_{k=1}^{10} p_k \left(\hat{\theta}^{*k} - \hat{\theta}^{*\cdot}\right)^2\right]^{1/2}, \quad \hat{\theta}^{*\cdot} = \sum_{k=1}^{10} p_k \hat{\theta}^{*k} \tag{10.37}$$

여기서 $\hat{\theta}^{*k} = S(\boldsymbol{P}^k)$고 p_k는 (10.32)로부터의 확률이다(그림 10.3에 나열돼 있다). 하지만 이는 급속도로 비현실적이 된다. n개 점에 대한 서로 다른 부트스트랩 표본 개수는 다음과 같다.

$$\binom{2n-1}{n} \tag{10.38}$$

$n = 10$에 대해 이 값은 벌써 92,378이 되고 $n = 20$이면 6.9×10^{10}의 서로 다른 재표본추출이 가능하다. B 벡터 $\boldsymbol{P}^*$를 랜덤으로 선택하면(이는 알고리듬 (10.13)–(10.15)를 사용하면 효과적으로 수행할 수 있다.), B가 200이나 그보다 작을 때 정도의 정확도(10.37)만 가지는 불완전한 표준오차 추정(10.16)을 만든다.

재표본추출 표면을 조사할 수 있다는 점은 추론과 기법 모두에서 현대 통계학자들에게 크나큰 장점을 제공한다. 다양한 다른 재표본추출 방법이 제시됐는데 그중 몇 가지만 살펴보자.

극소 잭나이프

그림 10.3을 다시 살펴보면 다음 벡터는

$$\boldsymbol{P}_i(\epsilon) = (1-\epsilon)\boldsymbol{P}_0 + \epsilon \boldsymbol{P}_{(i)} = \boldsymbol{P}_0 + \epsilon(\boldsymbol{P}_{(i)} - \boldsymbol{P}_0) \tag{10.39}$$

$\boldsymbol{P}_0$에서 $\boldsymbol{P}_{(i)}$ 방향으로 ϵ 부분만큼 걸쳐 있다. 그러면 다음 식은

$$\tilde{D}_i = \lim_{\epsilon \to 0} \frac{S(\boldsymbol{P}_i(\epsilon)) - S(\boldsymbol{P}_0)}{\epsilon \|\boldsymbol{P}_{(i)} - \boldsymbol{P}_0\|} \tag{10.40}$$

정확히 $\boldsymbol{P}_0$에서 $\boldsymbol{P}_{(i)}$ 방향으로의 방향 미분을 정의한다. 표준오차의 극소 잭나이프 추정은

$$\widehat{\mathrm{se}}_{\mathrm{IJ}} = \left(\sum_{i=1}^{n} \tilde{D}_i^2 / n^2 \right)^{1/2} \tag{10.41}$$

대개 ϵ을 (10.40)-(10.41)의 어떤 작은 값((10.12)의 $\epsilon = 1$이 아니라)으로 설정하고 수치적으로 계산한다. 극소 잭나이프는 17장과 20장에서 다시 만나게 된다.

다표본 부트스트랩

그림 1.4에서의 **AML**과 **ALL** 스코어의 중앙값 차이는 다음과 같다.

$$\texttt{mediff} = 0.968 - 0.733 = 0.235 \tag{10.42}$$

0.235는 얼마나 정확한가? 부트스트랩을 적절히 이용하는 방법은 25명의

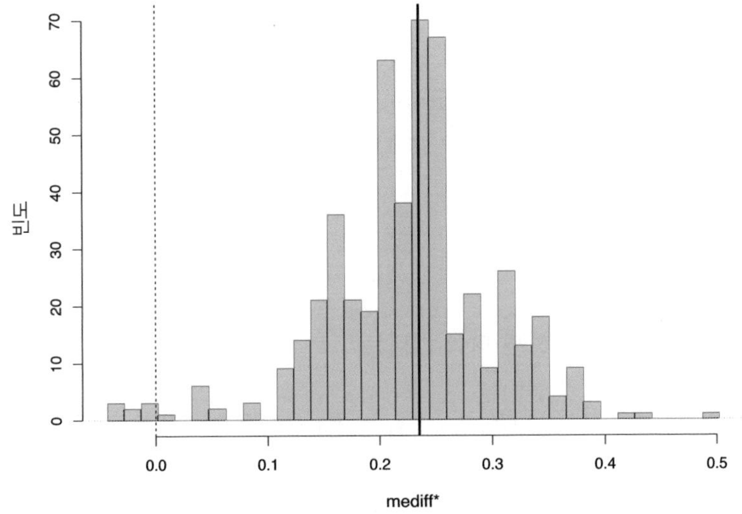

그림 10.4 그림 1.4에서의 **AML**과 **ALL** 스코어 간 중앙값 차이를 보기 위한 $B = 500$ 부트스트랩 복제로서 $\widehat{\mathrm{se}}_{\mathrm{boot}} = 0.074$다. 관측된 **mediff** 값은 0.235(수직 검은색 선)며 0 이상으로 3 표준오차보다 더 많다.

AML 환자로부터 복원을 동반한 25번의 부트스트랩을 시행하고 47명의 ALL 환자에 대해 47번의 복원을 동반해 시행한 후 두 부트스트랩의 중앙값 차이인 mdiff*를 계산하는 것이다(모든 환자를 합친 72명으로부터 부트스트랩 추출을 수행했다면 AML*/ALL* 그룹의 랜덤 크기의 표본이 추출돼 빈도주의 표준오차 추정에 부적절한 변동성을 야기했을 것이다).

$B = 500$ mdiff* 값의 히스토그램이 그림 10.4에 나타나 있다. 그 결과 값은 $\widehat{\text{se}}_{\text{boot}} = 0.074$다. 추정값 (10.42)는 3.18 $\widehat{\text{se}}$ 단위며, 일반적 2-표본 t-검정 통계량 3.01과 그림 4.3의 순열 히스토그램과 놀라울 만큼 일치한다(중앙값 차에 기초). 순열 검정은 재표본추출의 또 다른 형태로 간주할 수 있다.

이동 블록 부트스트랩

$\boldsymbol{x} = (x_1, x_2, \ldots, x_n)$이 (10.2)의 iid 표본이 아니라 시계열이라 가정하자. 즉 x 값이 의미 있는 순서를 가지고 발생하며, 근접한 관측치는 서로 상관됐을 가능성이 높다. $\mathcal{B}_m$이 길이 m인 연속 블록의 집합이라고 하자. 예를 들면 다음과 같다.

$$\mathcal{B}_3 = \{(x_1, x_2, x_3), (x_2, x_3, x_4), \ldots, (x_{n-2}, x_{n-1}, x_n)\} \tag{10.43}$$

아마 m은 x_i와 x_j의 상관관계($|j-i| > m$)를 무시할 수 있을 정도의 큰 값으로 선택할 것이다. 이동 블록 부트스트랩은 우선 $\mathcal{B}_m$에서 n/m 블록을 선택하고 부트스트랩 표본 $\boldsymbol{x}^*$를 구성하기 위해 랜덤 순서로 조립한다. 그러한 표본 B를 구성하면 $\widehat{\text{se}}_{\text{boot}}$는 (10.15)–(10.16)에서처럼 계산한다.

베이즈 부트스트랩

$G_1, G_2, \ldots, G_n$이 독립된 단측 지수one-sided exponential 변량(표 5.1에서 Gam(1,1)로 표기함)이라고 하자(각각은 $x > 0$에 대해 $\exp(-x)$의 밀도를 가진다). 베이즈 부트스트랩은 재표본추출 벡터를 사용한다.

$$\boldsymbol{P}^* = (G_1, G_2, \ldots, G_n) \bigg/ \sum_1^n G_i \tag{10.44}$$

그러면 $\boldsymbol{P}^*$는 재표본추출 심플렉스 $\mathcal{S}_n$에 대해 균등 분포한다는 것을 보일 수 있다. $n=3$의 경우 그림 10.3처럼 삼각형으로 균등하게 분포한다. 처방 (10.44)는 미지의 분포 F(10.2)에 대한 제프리 형식의 일변량 사전 분포(3.2절)를 가정한 것에서 동기를 얻었다.

$\boldsymbol{P}^*$의 분포(10.44)는 다음과 같은 평균 벡터와 공분산 행렬을 가진다.

$$\boldsymbol{P}^* \sim \left[\boldsymbol{P}_0, \frac{1}{n+1}\left(\mathrm{diag}(\boldsymbol{P}_0) - \boldsymbol{P}_0\boldsymbol{P}_0'\right)\right] \tag{10.45}$$

이는 거의 부트스트랩 재표본추출 $\boldsymbol{P}^* \sim \mathrm{Mult}_n(n, \boldsymbol{P}_0)/n$의 평균 및 공분산과 동일하다(5.40).

$$\boldsymbol{P}^* \sim \left[\boldsymbol{P}_0, \frac{1}{n}\left(\mathrm{diag}(\boldsymbol{P}_0) - \boldsymbol{P}_0\boldsymbol{P}_0'\right)\right] \tag{10.46}$$

베이즈 부트스트랩과 일반적 부트스트랩은 적어도 매끈하게 정의된 통계량 $\hat{\theta}^* = S(\boldsymbol{P}^*)$에 대해서는 서로 일치하는 것처럼 보인다.

부트스트랩이 처음 등장했을 때는 베이즈주의자들이 다소 경멸하기도 했는데, 이는 부트스트랩이 주제넘게도 정확도 추정에 빈도주의 색채를 지녔기 때문이었다. 그럼에도 불구하고 (10.45)–(10.46)의 연결은 13장에서 보는 것처럼 지속적으로 등장한다.

10.4 모수적 부트스트랩

(10.18)에서 살펴본 부트스트랩 재표본추출에서는

$$\hat{F} \xrightarrow{\text{iid}} \boldsymbol{x}^* \longrightarrow \hat{\theta}^* \tag{10.47}$$

$\hat{F}$가 F의 비모수적 MLE일 필요가 없다. 관측된 데이터 벡터 $\boldsymbol{x}$가 (5.1)의 모수적 계열 $\mathcal{F}$에서 온 것으로 가정해보자.

$$\mathcal{F} = \{f_\mu(\boldsymbol{x}),\ \mu \in \Omega\} \tag{10.48}$$

$\hat{\mu}$가 μ의 MLE라고 하자. $f_{\hat{\mu}}(\cdot)$으로부터의 부트스트랩 모수적 재표본추출은 다음과 같고

$$f_{\hat{\mu}} \longrightarrow \boldsymbol{x}^* \longrightarrow \hat{\theta}^* \tag{10.49}$$

$\widehat{\text{se}}_{\text{boot}}$를 계산하기 위해 (10.14)−(10.16)처럼 실행한다.

예를 들어 $\boldsymbol{x} = (x_1,\ x_2,\ \ldots,\ x_n)$이 정규분포로부터 추출된 크기 n인 iid 표본이라고 가정하자.

$$x_i \overset{\text{iid}}{\sim} \mathcal{N}(\mu, 1), \qquad i = 1, 2, \ldots, n \tag{10.50}$$

그러면 $\hat{\mu} = \bar{x}$고 모수적 부트스트랩 표본은 $\boldsymbol{x}^* = (x_1^*,\ x_2^*,\ \ldots,\ x_n^*)$이다.

$$x_i^* \overset{\text{iid}}{\sim} \mathcal{N}(\bar{x}, 1), \qquad i = 1, 2, \ldots, n \tag{10.51}$$

좀 더 모험적인 관점으로는 $\mathcal{F}$가 $\boldsymbol{x}$의 시계열 계열였더라도 알고리듬 (10.49)는 여전히 적용됐을 것이다(이제 iid 구조 없이도 적용된다). $\boldsymbol{x}^*$는 모델 $f_{\hat{\mu}}(\cdot)$으로부터 추출된 시계열이고 재표본추출된 관심 대상의 통계량은 $\hat{\theta}^* = s(\boldsymbol{x}^*)$다. B개의 독립된 실현 $\boldsymbol{x}^{*b}$는 $\hat{\theta}^{*b}$, $b = 1,\ 2,\ \ldots,\ B$ 결과를 보여줄 것이고 $\widehat{\text{se}}_{\text{boot}}$는 (10.16)에서 얻을 수 있다.

모수적 부트스트랩의 예제로서, 그림 10.5는 그림 5.7의 **gfr** 조사를 확장해본다. (5.62)의 7차 다항 적합화에 추가해 이제는 더 낮은 2, 3, 4, 5, 6차의 다항 적합화를 보여준다. df = 2는 확실히 좋지 않은 적합화 결과를 보인다. df = 3, 4, 5, 6은 거의 동일한 곡선을 보여준다. df = 7은 원시 데이터보다 근소하게나마 좀 더 좋은 결과를 보여준다.

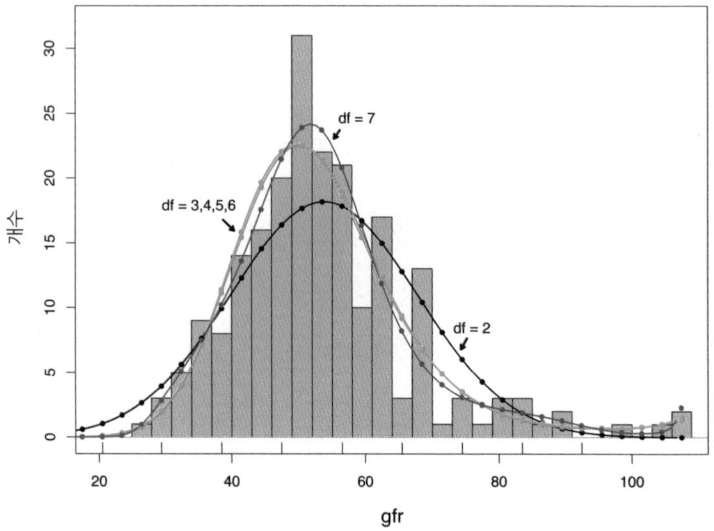

그림 10.5 그림 5.7의 **gfr** 데이터(히스토그램). 곡선은 다항 포아송 모델로부터 자유도 df = 2, 3, …, 7에 대한 MLE 적합화를 보여준다. 곡선의 점은 각 칸의 중심 $x_{(j)}$에서 계산된 적합화를 보여주고 반응 값은 칸의 개수다. 그림 밑바닥의 점선은 표 10.2에 나타나는 아홉 개 **gfr** 값을 보여준다.

곡선은 8.3절에 사용된 포아송 회귀 기법을 사용해 그렸다.[5]

- x축은 $K = 32$개 칸으로 나눠지고 끝점은 13, 16, 19, …, 109며, 중심점은 다음과 같다.

$$\boldsymbol{x}_{(\,)} = (x_{(1)}, x_{(2)}, \ldots, x_{(K)}) \tag{10.52}$$

  $x_{(1)} = 14.5$, $x_{(2)} = 17.5$ 등이다.

- 개수 벡터 $\boldsymbol{y} = (y_1, y_2, \ldots, y_K)$는 다음과 같이 계산한다.

$$y_k = \#\{\text{bin}_k\text{에 있는 } x_i\} \tag{10.53}$$

  (따라서 $\boldsymbol{y}$는 그림 10.5에서 바의 높이를 나타낸다.)

- 개수에 대해서는 독립된 포아송 모델을 가정한다.

---

5 '린지(Lindsey)' 기법은 15장에서 좀 더 자세히 알아본다.

$$y_k \overset{\text{ind}}{\sim} \text{Poi}(\mu_k) \qquad k = 1, 2, \ldots, K\text{에 대해} \tag{10.54}$$

- 자유도가 'df'인 모수적 모델은 μ_k 값이 $x_{(k)}$ 값에서 자유도 df의 지수 다항으로 기술된 것으로 가정한다.

$$\log(\mu_k) = \sum_{j=0}^{\text{df}} \beta_j x_{(k)}^j \tag{10.55}$$

- 모델 (10.54)–(10.55)의 MLE $\hat{\boldsymbol{\beta}} = (\hat{\beta}_0, \hat{\beta}_1, \ldots, \hat{\beta}_{\text{df}})$를 찾았다.[6]
- 그림 10.5의 곡선은 MLE 값 $\hat{\mu}_k$를 따라간다.

$$\log(\hat{\mu}_k) = \sum_{j=0}^{\text{df}} \hat{\beta}_j x_{(k)}^j \tag{10.56}$$

곡선은 얼마나 정확한가? 모수적 부트스트랩을 사용해 그 표준오차를 측정해봤다. 즉, 다음과 같이 포아송 재표본 추출을 생성했다.

$$y_k^* \overset{\text{ind}}{\sim} \text{Poi}(\hat{\mu}_k) \qquad k = 1, 2, \ldots, K\text{에 대해} \tag{10.57}$$

그리고 여기서 계산된 MLE 값 $\hat{\mu}_k^*$는 이번에는 $\boldsymbol{y}$가 아니라 개수 벡터 $\boldsymbol{y}^*$에 기초한 것이다. 이 모든 것은 $B = 200$회 실행되고 (10.16)의 부트스트랩 표준오차를 생성한다.

결과는 표 10.2에 나타나 있고, **gfr**의 아홉 개 점에서 계산된 df = 2, 3, …, 7에서의 $\widehat{\text{se}}_{\text{boot}}$를 보여준다. 변동성은 대개 예상대로 df가 증가하면 따라 증가한다. '최적' 모델을 고르는 것은 표준오차와 그림 10.5에서 볼 수 있는 정확한 편향과의 절충이다. 아마도 df = 3 또는 df = 4가 최적으로 보인다.

자유도를 계속 증가시켰다면, 궁극적으로(df = 32에서) 히스토그램의 막대 높이인 y_k와 일치했을 것이다. 이 점에서 모수적 부트스트랩은 비모수적 부트스트랩으로 병합된다. '비모수적'은 '매우 모수적'이라는 것의 다른 이름이다. 현대 응용에 연계된 대규모의 표본 크기는 가끔 추정 효율이라는 것은 더

6 R의 하나의 명령어 `glm(y~poly(x, df), family=poisson)`을 사용하면 된다.

표 10.2 **gfr** 밀도의 표준오차 부트스트랩 추정. 그림 10.5처럼 포아송 회귀 모델 (10.54)–(10.55)이고 df = 2, 3, …, 7이다. 각 $B = 200$ 부트스트랩 복제. 이항 칸 개수에 기초한 비모수적 표준오차

	자유도						비모수적 표준오차
`gfr`	2	3	4	5	6	7	
20.5	.28	.07	.13	.13	.12	.05	.00
29.5	.65	.57	.57	.66	.74	1.11	1.72
38.5	1.05	1.39	1.33	1.52	1.72	1.73	2.77
47.5	1.47	1.91	2.12	1.93	2.15	2.39	4.25
56.5	1.57	1.60	1.79	1.93	1.87	2.28	4.35
65.5	1.15	1.10	1.07	1.31	1.34	1.27	1.72
74.5	.76	.61	.62	.68	.81	.71	1.72
83.5	.40	.30	.40	.38	.49	.68	1.72
92.5	.13	.20	.29	.29	.34	.46	.00

이상 문제가 되지 않는다는 잘못된 근거하에 비모수적 기법을 장려했다. 표 10.2의 '비모수적' 열에서 보는 것처럼 여기서는 많은 계산량이 소모된다.[7]

그림 10.6은 그림 10.2의 학생 성적 고유율 계산으로 다시 돌아가본다. 속이 찬 히스토그램은 2,000개의 모수적 부트스트랩 복제(10.49)를 보여주고 $f_{\hat{\mu}}$는 5차원 이변량 정규분포 $\mathcal{N}_5(\bar{x}, \hat{\Sigma})$다. 여기서 $\bar{x}$와 $\hat{\Sigma}$는 22개의 5-요소 학생 성적 벡터에 기초한 기대 벡터와 공분산 행렬의 통상적 MLE 추정이다. 이는 해당 비모수적 부트스트랩 히스토그램보다 더 좁고 $\widehat{\text{se}}_{\text{boot}} = 0.070$으로서 비모수적 추정값인 0.075와 비교된다(그림 10.2에서 비모수적 히스토그램의 세부를 변화시키는 다른 히스토그램 칸에 주목하라).

모수적 계열은 정규화 장치처럼 작동해서 원시 데이터를 평활화하고 이상치의 중요도를 낮춘다. 사실 학생 성적은 정규 모델의 좋은 후보가 되지 못한다. 적어도 하나 이상의 눈에 띄는 이상치[8]가 있어 더 작은 표준오차 추정값이 생성된 것에 대해 의심하게 만든다.

---

7 이들은 이항 표준오차 $[y_k(n-y_k)/n]^{1/2}$, $n = 211$이다. 비모수적 결과는 cdf를 추정할 때 밀도보다 훨씬 더 경쟁력이 있어 보인다.

8 한 번에 두 개씩 얻은 5변량의 산포도를 관찰함으로써 얻은 것. 신속하고 손쉬운 도식화는 21세기 데이터 분석의 또 다른 장점이다.

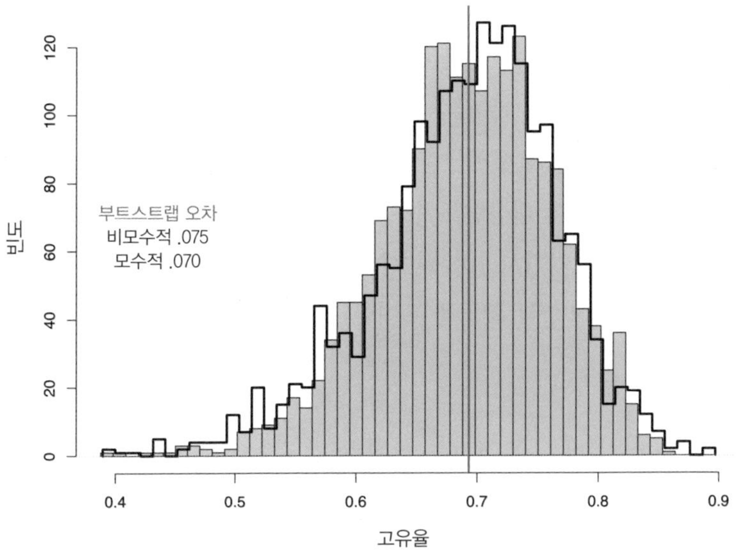

그림 10.6 고유율 예제, 학생 성적 데이터. 속이 찬 히스토그램은 5차원 정규 MLE로부터 추출된 $B = 2000$개의 모수적 부트스트랩 복제 $\hat{\theta}^*$다. 선으로 된 히스토그램은 그림 10.2의 2,000개 비모수적 복제다. MLE $\hat{\theta} = .693$은 붉은색 수직선이다.

전통적 통계학자는 식 (1.2)로 $\bar{x}$를 구한 것처럼, 단순히 모든 통계량 $\hat{\theta} = s(\boldsymbol{x})$에 대해 표준오차를 계산해줄 수 있는 수학적 장치를 상상할 것이다. 전자식 컴퓨터가 바로 그러한 장치다. 부트스트랩에 의해 안장이 채워졌으므로, 이제 표준오차의 수치적 추정(비록 공식은 아니지만)은 더 이상 머리를 쓰지 않아도 자동으로 구할 수 있다. 11장에서는 수학적 분석을 대체하는 좀 더 야심찬 컴퓨터 능력인 신뢰구간의 부트스트랩 계산에 대해 알아본다.

10.5 영향 함수와 안정적 추정

표본평균은 전통적 통계학에서는 주도적 역할을 수행했는데 그 이유는 뛰어난 수학적 용이성 때문이었다. 1960년대 초반부터 평균의 통계적 성질 개선을 목표로 하는 중요한 반대운동이 전개됐는데, 그것은 바로 '안정적 추정

[robust estimation]'이다. 이 이론의 핵심은 영향 함수[influence function]로서, 표준오차를 추정하는 잭나이프와 극소 잭나이프에 밀접하게 연계돼 있다.

여기서는 표본공간 $\mathcal{X}$가 실수 구간인 경우만 고려한다. (10.2)에서 iid 표본 $\boldsymbol{x} = (x_1, x_2, \ldots, x_n)$을 생성했던 미지의 확률분포 F는 이제 $\mathcal{X}$상의 밀도 함수 $f(x)$의 cdf다. 관심 대상인 모수, 즉 함수 F는 플러그인 원칙을 이용해 추정한다. $\hat{\theta} = T(\hat{F})$, 여기서 10.2절에서와 같이 $\hat{F}$는 경험적 확률분포로서 각 표본 점 x_i에 대해 $1/n$씩 확률을 부여한다. 평균에 관해서는 다음 식을 사용한다.

$$\theta = T(F) = \int_{\mathcal{X}} x f(x)\, dx \quad \text{그리고} \quad \hat{\theta} = T\left(\hat{F}\right) = \frac{1}{n}\sum_{i=1}^{n} x_i \tag{10.58}$$

(리만-스티젯[Riemann-Stieltjes]의 표기로는 $\theta = \int x dF(x)$, $\hat{\theta} = \int x d\hat{F}(x)$다.)

$\mathcal{X}$상의 한 점 x에서 계산된 $T(F)$의 영향 함수[influence function]는 다음과 같이 정의된다.

$$\text{IF}(x) = \lim_{\epsilon \to 0} \frac{T\left((1-\epsilon)F + \epsilon\delta_x\right) - T(F)}{\epsilon} \tag{10.59}$$

여기서 δ_x는 '1-점[one-point] 확률분포'로서 x에 확률 1을 부여한다. 쉽게 말해 $\text{IF}(x)$는 x에 추가적인 확률을 부여할 때 F를 변화시키는 차별 효과를 측정하는 것이다. 평균 $\theta = \int x f(x) dx$에 대해 다음을 계산한다.

$$\text{IF}(x) = x - \theta \tag{10.60}$$

†5 기초 정리†는 $\hat{\theta} = T(\hat{F})$가 다음에 근사된다는 것을 말해준다.

$$\hat{\theta} \doteq \theta + \frac{1}{n}\sum_{i=1}^{n} \text{IF}(x_i) \tag{10.61}$$

여기서 n이 무한대로 가게 되면 근삿값은 정확한 값이 된다. 이는 $\hat{\theta} - \theta$가 근사적으로 n iid 변량 $\text{IF}(x_i)$의 평균이고, θ의 분산은 다음에 근사됨을 암시한다.

$$\text{var}\left\{\hat{\theta}\right\} \doteq \frac{1}{n}\ \text{var}\{\text{IF}(x)\} \tag{10.62}$$

var{IF(x)}는 F로부터의 1회 추출에 대한 IF(x)의 분산을 의미한다. 표본평균은 (10.62)에 (10.60)을 대입하면, 다음과 같은 익숙한 식이 생성된다.

$$\text{var}\{\bar{x}\} = \frac{1}{n}\ \text{var}\{x\} \tag{10.63}$$

표본평균은 영향 함수(10.60) 영역이 한정되지 않는 문제점을 가지므로 x가 θ로부터 멀어질수록 계속 커지게 된다. 이는 $\bar{x}$가 코시[Cauchy](4.39)와 같이 두터운 꼬리를 가진 분포에서는 불안정하게 된다. 안정적 추정 이론은 한정된 영향 함수의 $\hat{\theta}$ 추정량을 찾으므로 두터운 꼬리를 가진 분포에서 잘 작동하며, 정규분포처럼 얇은 꼬리를 가진 분포에 대해서도 그 효율성 저하가 심하지 않다. 특히 흥미로운 점은 잘려나간 데이터의 평균과 그 가까운 사촌 격인 윈저화 평균이다.

$x^{(\alpha)}$가 분포 F의 100α번째 퍼센타일을 나타낸다고 하고 $F(x^{(\alpha)}) = \alpha$를 만족한다고 하자. 이는 다음과 같이 표현할 수 있다.

$$\alpha = \int_{-\infty}^{x^{(\alpha)}} f(x)\, dx \tag{10.64}$$

F의 α번째 잘려나간 평균은 다음과 같이 정의된다.

$$\theta_{\text{trim}}(\alpha) = \frac{1}{1-2\alpha} \int_{x^{(\alpha)}}^{x^{(1-\alpha)}} x f(x)\, dx \tag{10.65}$$

이는 F의 중앙 $1-2\alpha$ 부분의 평균으로 α 부분의 상단과 하단이 잘려나간 것이다. 이 값은 α번째 윈저화 평균 $\theta_{\text{wins}}(\alpha)$와는 다르다.

$$\theta_{\text{wins}}(\alpha) = \int_{\mathcal{X}} W(x) f(x)\, dx \tag{10.66}$$

여기서

$$W(x) = \begin{cases} x^{(\alpha)} & x \leq x^{(\alpha)}\text{인 경우} \\ x & x^{(\alpha)} \leq x \leq x^{(1-\alpha)}\text{인 경우} \\ x^{(1-\alpha)} & x \geq x^{(1-\alpha)}\text{인 경우} \end{cases} \tag{10.67}$$

$\theta_{\text{trim}}(\alpha)$는 F의 외부 부분을 제거하는 반면, $\theta_{\text{wins}}(\alpha)$는 그 부분을 $x^{(\alpha)}$나 $x^{(1-\alpha)}$로 이동시킨다. 실제로 경험적 버전의 $\hat{\theta}_{\text{trim}}(\alpha)$와 $\hat{\theta}_{\text{wins}}(\alpha)$가 사용돼 경험적 밀도 $\hat{f}$를 대체하며, f에 대해 각 x_i에 $1/n$의 확률을 부여한다.

이 둘 사이에는 재미있는 관계가 성립됨을 알 수 있다. $\theta_{\text{trim}}(\alpha)$의 영향 함수는 $\theta_{\text{wins}}(\alpha)$의 함수다.

$$\text{IF}_\alpha(x) = \frac{W(x) - \theta_{\text{wins}}(\alpha)}{1 - 2\alpha} \tag{10.68}$$

이 관계는 10.7에 나타나 있는데, 그림 1.4에서 살펴본 47명의 백혈병 **ALL** 점수와 연계된 경험적 영향 함수((10.59)의 정의에서 F 대신 $\hat{F}$를 대입)를 보여준다. $\text{IF}_{0.2}(x)$와 $\text{IF}_{0.4}(x)$가 $\text{IF}_0(x)$(10.60), 즉 평균과 함께 도식화돼 있다.

그림 1.4의 상단 부분은 **ALL** 분포에 대한 적절히 두터운 오른쪽 꼬리를 보여준다. $\bar{x}$ 대신 잘려나간 평균을 가진 중심 분포를 추정하는 것이 더 효율적일까? 부트스트랩을 해보면 그 답을 알 수 있다. $\bar{x}$와 $\hat{\theta}_{\text{trim}}(\alpha)$에 대해 $\widehat{\text{se}}_{\text{boot}}$(10.16)를 계산해본다. $\alpha = 0.1,\ 0.2,\ 0.3,\ 0.4,\ 0.5$고 마지막은 표본 중앙값이다. $\hat{\theta}_{\text{trim}}(0.2)$가 $\bar{x}$보다 조금 나아 보인다. 이는 20장에서 설명하는 질문을 제기한다. 추정기를 선택하기 위해 표 10.3과 같은 것을 사용하게 되면 선택 프로세스는 추정 결과에 어떻게 영향을 미치게 되는가?

여러 추정기의 표준오차를 추정하기 위해 제곱근 공식(10.62)을 $\text{IF}(x)$의 경험적 영향 함수에 플러그인해서 사용할 수도 있다. 이는 극소 잭나이프

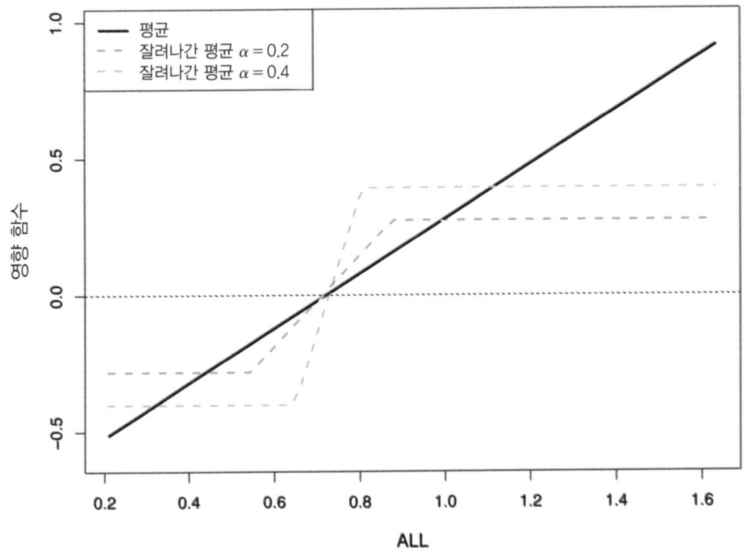

그림 10.7 그림 1.4의 47명 백혈병 환자 **ALL** 점수의 경험적 영향 함수. 두 점선 곡선은 잘라나간 평균(10.68)의 $\mathrm{IF}_\alpha(x)$며 각각 $\alpha = 0.2$와 $\alpha = 0.4$다. 실선은 표본평균 $\bar{x}$(10.60)의 $\mathrm{IF}(x)$다.

표 10.3 그림 1.4의 47명 백혈병 환자에 대한 잘려나간 평균과 부트스트랩 표준편차. 각 잘려나간 값에 대한 $B = 1000$ 부트스트랩. 마지막 열은 표준오차에 대한 경험적 영향 함수를 보여주는데, 이 또한 극소 잭나이프 추정(10.41)이다. 이는 중앙값에 대해 작동하지 않는다.

	잘림	잘려나간 평균	부트스트랩 표준편차	(IFse)
평균	.0	.752	.040	(.040)
	.1	.729	.038	(.034)
	.2	.720	.035	(.034)
	.3	.725	.044	(.044)
	.4	.734	.047	(.054)
중앙값	.5	.733	.053	

(10.41)를 사용한 것과 같다는 사실을 알 수 있다. 이 점은 표 10.3의 마지막 열을 보면 알 수 있다. 예상대로 이 접근 방식은 표본 중앙값에 대해서는 작동하지 않는데, 그 영향 함수가 제곱 파형으로서 중앙값 θ에서 급격히 불연

속이기 때문이다.

$$\text{IF}(x) = \pm 1 \Big/ (2f(\theta)) \tag{10.69}$$

안정적 추정은 컴퓨터 시대에서의 통계적 발전을 잘 보여준다. 잘려나간 평균은 전통적 시대로까지 거슬러간다. 영향 함수는 잘려나간 평균 추정의 트레이드오프를 이해할 수 있는 통찰력 있는 추론 도구다. 마지막으로 부트스트랩은 안정적 추정의 정확도를 쉽게 평가하도록 해주는데, 여기서 논의되지 않은 더 정교한 몇 가지가 있다.

10.6 주석 및 상세 설명

커뉴Quenouille(1956)는 지금은 편차의 잭나이프 추정으로 불리는 방법을 소개했다. 튜키(1958)는 커뉴-형식 계산을 비모수적 표준오차 추정에 맞도록 수정할 수 있음을 알아냈고 (10.6)의 공식을 발명해 '잭나이프'라 명명했는데, 다소 급조한 듯한 공식이었다. 밀러의 중요한 1964년 논문 '신뢰할 수 있는 잭나이프'에서는 공식 (10.6)을 언제 신뢰할 수 있는가에 대해 묻고 있다(중앙값은 해당하지 않는다).

부트스트랩(엘프론, 1979)은 잭나이프의 성공과 실패를 좀 더 잘 이해하기 위한 시도로 시작됐다. 그 이름에는 성취하기 힘든 업적을 이뤄낸 것을 자축하는 의미가 담겨 있다. 급성장하는 컴퓨터 성능은 곧 부트스트랩의 주요 걸림돌인 엄청난 계산량을 극복하고 보편적으로 사용할 수 있도록 해줄 것이다. 그동안 1,000편이 넘는 이론 논문이 부트스트랩 자체를 신뢰할 수 있는지 연구하며 발표됐다(항상은 아니라도 대부분의 일상적인 경우에 대한 신뢰).

에프론의 1982년 논문 '잭나이프, 부트스트랩과 다른 재표본추출 계획'을 살펴보면 주요 참고가 될 것이다. 그 논문의 6장에서는 세 가지 비모수적 표준오차 추정이 동일하다는 것을 보여준다. 즉 재클Jaeckel(1972)의 극소 잭나이프(10.41)와 (10.62)에 기반한 경험적 영향 함수, 그리고 비모수적 델타 기법으로 알려진 것이다.

부트스트랩 패키지

R에 있는 다양한 부트스트랩 패키지는 CRAN contributed packages 웹사이트에서 얻을 수 있으며, 그중 **bootstrap**은 많은 기대를 받고 있다. 알고리듬 10.1은 비모수적 부트스트랩에 대한 간단한 **R** 프로그램을 보여주는데, 복잡하지 않고 단 몇 줄로 이뤄져 있다.

알고리듬 **10.1** 비모수적 부트스트랩을 위한 R 프로그램

```
Boot <- function (x, B, func, ...){
 # x는 데이터 벡터 또는 행렬
 # B는 부트스트랩 복제 개수
 # func는 데이터 벡터나 행렬을 입력하는 함수로
 # 수치나 벡터를 반환한다
 # ... func의 다른 인수들
    x <- as.matrix(x)
    n <- nrow(x)
    f0=func(x,...) # 출력의 크기
    fmat <- matrix(0,length(f0),B)
    for (b in 1:B) {
          i=sample(1:n, n, replace = TRUE)
          fmat[,b] <- func(x[i, ],...)
     }
    drop(fmat)
}
```

---

†1 잭나이프 표준오차. 1982년 논문에는 또한 잭나이프 분산 추정의 편향인 식 (10.6)의 제곱에 대한 에프론과 스타인의 결과(1981)가 담겨 있다. 특정 표본 크기를 고려할 때, 잭나이프 분산 추정의 기댓값은 참 분산에 대해 상향으로 편향된다.

표본평균 $\bar{x}$에 대해 잭나이프는 정확히 일반적 분산 추정(1.2)값 $\sum_i (x_i - \bar{x})^2/(n(n-1))$을 만들지만, 이상적 부트스트랩 추정($B \to \infty$)은 다음을 생성한다.

$$\sum_{i=1}^{n}(x_i - \bar{x})^2/n^2 \tag{10.70}$$

잭나이프와 같이 (1.2)와 완벽히 일치시키기 위해 오차를 추가할 수도 있지만 그랬을 때의 실익이 없다.

†2 부트스트랩 표본 크기. $\widehat{\text{se}}_B$가 B 복제에 기초한 부트스트랩 표준오차 추정을 나타낸다고 하고 $\widehat{\text{se}}_\infty$가 $B \to \infty$일 때의 '이상적 부트스트랩'이라고 하자. 모든 실질적 응용에서 B를 어느 이상을 초과해 증가시키게 되면 그 결과는 줄어들게 된다. $\widehat{\text{se}}_\infty$ 자체가 관측된 표본 x와 함께 값이 변화되는 통계량이므로((10.70)에서와 같이), 모든 표준오차 추정에서 줄일 수 없는 랜덤성을 남기게 된다. 에프론과 티브시라니(1993)의 6.4절에서는 $B=200$이면 항상 충분하다는 것을 증명했다(표준오차에 대해서는 그렇지만, 부트스트랩 신뢰구간에 대해서는 그렇지 않다. 11장 참조). 더 작은 수 25나 또는 그보다 더 작은 수도 재표본추출 비용이 큰 복잡한 상황에서는 여전히 유용하다. '부트스트랩 추정은 랜덤이다.'라는 초창기의 불평은 빈번하고 대량의 시뮬레이션이 가능한 현시점에서는 그리 많이 들리지 않는다.

†3 베이즈 부트스트랩. 루빈(1981)은 베이즈 부트스트랩(10.44)을 제안했다. 에프론(1982)의 10.6절에는 (10.45)−(10.46)을 12장에서 퍼센타일 기법 부트스트랩 신뢰구간이라 칭하게 될 것에 대한 객관적 베이즈 정당화에 사용했다.

†4 부트스트랩-이후-잭나이프. 그림 10.2의 고유율 예제에서 $B=2000$의 비모수적 부트스트랩 복제는 $\widehat{\text{se}}_{\text{boot}}=0.075$의 값을 나타냈다. 이 값은 얼마나 정확한 것인가? 부트스트랩을 부트스트랩하면 일이 너무 많아 보인다. 2,000개 재표본추출을 200번 한다고 생각해보라. 그러나 잭나이프를 사용해 원래의

2,000개 복제에만 기초해 $\widehat{\text{se}}_{\text{boot}}$의 변화를 추정할 수 있다.

이제 (10.6)에서 제거된 표본 추정이 $\widehat{\text{se}}_{\text{boot}(i)}$다. 핵심 아이디어는 이러한 부트스트랩 표본 $\boldsymbol{x}^*$(10.13)를 구성할 때 원래의 2,000개 중에서 x_i를 포함하지 않는 것을 고려하는 것이다. 원시 B 표본 중 37%가 이 부분집합에 해당된다. 에프론과 티브시라니(1993)의 19.4절은 이 부분집합에 정의 (10.16)을 적용하면 $\widehat{\text{se}}_{\text{boot}(i)}$를 얻을 수 있다는 것을 보여줬다. 그림 10.2의 추정에 대해 부트스트랩-이후-잭나이프는 $\widehat{\text{se}}_{\text{boot}} = 0.075$에 대해 $\widehat{\text{se}}_{\text{jack}} = 0.022$로 계산됐다. 다시 말해 $n = 22$개 관측치밖에 되지 않는 복잡한 통계량 추정의 기대 표준오차로서는 0.075란 값이 그다지 정확하지 않다는 것이다. 이 기법에 대한 극소 잭나이프 버전은 20장에서 주요한 역할을 하게 된다.

†5 기초 정리. 튜키는 안정적 통계량의 진정한 창시자로 간주할 수 있으며 그의 1960년 논문은 특별히 많은 영향을 끼쳤다. 후버의 유명한 1964년 논문은 이 주제를 고개념high concept의 수학 통계 영역으로 끌고 왔다. 1986년 햄펠Hampel과 동료들의 책 『Robust Statistics: The Approach Based on Influence Functions』(Wiley)는 주제의 폭을 햄펠(1974)의 10.5절에서 가볍게 다루고 있으며 영향 함수를 통계적 도구로 소개한다. 부스Boos와 서프링Serfling(1980)은 식 (10.62)를 증명했다. 안정robustness의 질적 개념은 특정한 이론적 결과보다 더 의미 있는 것으로 현재 데이터 분석에 지속적인 영향을 미치고 있다.

10.7 연습문제

1. 1) 잭나이프를 사용해 **kidney function** 데이터에 대한 $\hat{\theta} = \text{correlation}(x_i, y_i)$ 표준 오차를 계산하라.

   2) 차이 $\hat{\theta}_{(i)} - \hat{\theta}_{(\cdot)}$를 조사하라. 관측치 (x_i, y_i) 중 어느 것이 특히 $\widehat{\text{se}}_{\text{jack}}$에 특히 크게 영향을 끼치는가?

2. 비모수 부트스트랩 샘플이 경험적 확률 분포 $\hat{F}$에서 추출한 크기 n인

i.i.d. 샘플과 동일한 이유는 무엇인가?

3. 패키지 **boot**에서 **R** 프로그램 **boot**를 사용해 그림 10.2를 다시 만들라.

4. 개별 부트스트랩 샘플 수에 대한 공식 (10.38)을 증명하라.

5. 정규 이론 최소 제곱 모델 (7.28) – (7.30)은 $\hat{\beta}$를 산출한다(7.32). $\hat{\beta}$ 구성 요소의 표준 오차에 대한 매개변수 부트스트랩 추정치를 기술하라.

6. 186페이지의 알고리듬 10.1을 사용해, **kidney function** 데이터에 대한 $\hat{\theta} = \text{correlation}(x_i, y_i)$의 표준 오차를 계산하라.

7. 식 (10.70)을 증명하라.

8. $n = 3$, $x = (x_1, x_2, x_3) = (10, 2, 6)$, $\hat{\theta} = \text{mean}(\boldsymbol{x})$라고 가정하자. 그림 10.3의 모든 지점에 대한 부트스트랩 및 잭나이프 값을 채워라.

9. 작은 마을에서 조사한 결과 남자의 소득은 $x_1, x_2, \ldots, x_m$이고 여자의 소득은 $y_1, y_2, \ldots, y_m$이었다. 둘의 차이는 다음과 같이 계산됐다.

$$\hat{\theta} = \text{median}\{x_1, x_2, \ldots, x_m\} - \text{median}\{y_1, y_2, \ldots, y_n\}$$

1) 비모수 부트스트래핑을 사용해 정확도 $\hat{\theta}$를 어떻게 계산하겠는가?
2) 당신의 방법은 부트스트랩 복제를 최대한 활용한다고 생각하는가?

11
부트스트랩 신뢰구간

잭나이프와 부트스트랩은 현대 컴퓨터가 가진 능력의 또 다른 용도를 보여준다. 이들은 전통적 기법을 확장하기보다는(예를 들어 최소 자승에서 일반화 선형 모델로) 전통적 추론의 범위를 확장하고 있다.

10장에서는 표준오차에 대해 집중적으로 알아봤다. 여기서는 좀 더 야심찬 추론 목적인 신뢰구간의 부트스트랩 자동화를 알아본다.

우리에게 익숙한, 95% 영역을 근사하는 95% **표준 구간**standard interval은 다음과 같다.

$$\hat{\theta} \pm 1.96\,\widehat{\mathrm{se}} \tag{11.1}$$

이 값은 대단히 유용하지만, 대개 그다지 정확하지 못하다. 포아송 모델 $\hat{\theta} \sim \mathrm{Poi}(\theta)$에서 $\hat{\theta} = 10$을 관찰해보면 95% 표준 구간은 (3.8, 16.2)($\widehat{\mathrm{se}} = \hat{\theta}^{1/2}$을 사용)가 되고, 이는 정확한 구간에 비해 그리 좋지 않은 근사치다.[1]

$$(5.1, 17.8) \tag{11.2}$$

1 11.1절의 네이만의 구성을 사용한다. 또한 11.4절의 표 11.2를 참고하라.

표준 구간(11.1)은 $\hat{\theta}$에 대해 대칭인데 이 점이 바로 주요 약점이 된다. 포아송분포는 θ가 증가할수록 더 변동이 심해지는데, 이 때문에 구간 (11.2)가 $\hat{\theta} = 10$의 왼쪽이 아니라 오른쪽으로 더 벗어나게 된 것이다. 이러한 효과를 자동으로 정확히 포착하기 위한 방법이 부트스트랩 신뢰구간 이론의 목표다.

11.1 단일 모수 문제에 대한 네이만의 구성

표 3.1의 학생 성적 데이터는 $n = 22$개의 쌍으로 이뤄져 있다.

$$x_i = (m_i, v_i), \qquad i = 1, 2, \ldots, 22 \tag{11.3}$$

여기서 m_i와 v_i는 '역학'과 '벡터' 시험에 대한 학생 i의 성적이다. m_i와 v_i 간의 표본 상관관계 계수 $\hat{\theta}$는 다음과 같이 계산된다.

$$\hat{\theta} = 0.498 \tag{11.4}$$

문제: m과 v 사이의 참 상관관계에 대해 무엇을 추론할 수 있는가? 그림 3.2는 세 가지 가능한 베이즈 대답을 보여준다. 신뢰구간은 빈도주의 해법이자 응용 사례에서는 단연 가장 보편적으로 사용되는 것이다.

먼저 쌍 (m_i, v_i)에 대해 이변량 정규 모델을 가정해보자. 이 경우에는 주어진 참 상관관계 θ에 대한 표본 상관관계 $\hat{\theta}$의 확률 밀도 $f_\theta(\hat{\theta})$가 (3.11) 형태가 된다는 것을 알고 있다. 그림 11.1의 실선 곡선은 $\theta = 0.498$에 대한 f를 그려준다. 즉 θ를 관측된 값 $\hat{\theta}$와 동일하게 설정한다. 좀 더 주의 깊게 표기하면, 곡선은 $f_{\hat{\theta}}(r)$을 $[-1, 1]$ 값을 가지는 더미^{dummy} 변수[2]의 함수로 그린다.

그림 11.1에는 두 개의 다른 곡선 $f_\theta(r)$도 나타나는데, 이는 아래의 θ에 대한 것이다.

$$\hat{\theta}(\text{lo}) = 0.093 \quad \text{그리고} \quad \hat{\theta}(\text{up}) = 0.751 \tag{11.5}$$

2 이것은 모수적 부트스트랩 분포(10.49)의 예시로서 여기서 $\hat{\mu}$는 $\hat{\theta}$다.

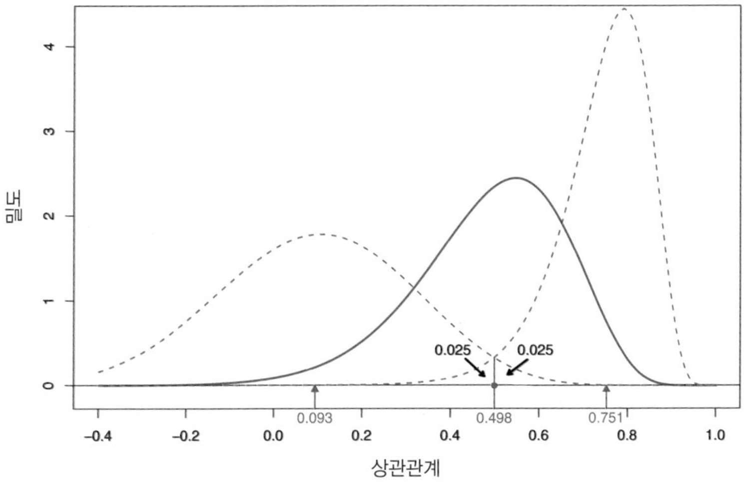

그림 11.1 실선 곡선은 $\hat{\theta} = 0.498$에 대한 정규 상관관계 계수 밀도 $f_{\hat{\theta}}(r)$(3.11)로서 학생 성적 데이터에 대한 MLE 추정이다. $\hat{\theta}(\text{lo}) = 0.093$과 $\hat{\theta}(\text{up}) = 0.751$은 θ의 95% 신뢰구간의 끝점이고 해당 밀도는 점선으로 된 곡선으로 나타나 있다. 이들은 $\hat{\theta}$(11.6)에서 꼬리 영역 0.025를 나타낸다.

이 값들은 다음의 해법으로 수치적으로 계산된 것이다.

$$\int_{\hat{\theta}}^{1} f_{\hat{\theta}(\text{lo})}(r)\, dr = 0.025 \quad \text{그리고} \quad \int_{-1}^{\hat{\theta}} f_{\hat{\theta}(\text{up})}(r)\, dr = 0.025 \tag{11.6}$$

쉽게 말해 $\hat{\theta}(\text{lo})$는 θ의 값이 $\hat{\theta} = 0.498$ 위로 될 확률이 적어도 0.025가 되게 하는 최소 θ고, $\hat{\theta}(\text{up})$은 $\hat{\theta}$ 아래로 될 확률이 적어도 0.025가 되는 최댓값이 된다. 다음은

$$\theta \in \left[\hat{\theta}(\text{lo}), \hat{\theta}(\text{up})\right] \tag{11.7}$$

참 상관관계 값의 95% 신뢰구간이다. 식 (11.7)은 모든 가능한 θ 값에 대해 95% 확률로 참이 된다.

우리는 방금 단일 모수 문제 $f_{\theta}(\hat{\theta})$에 대한 네이만의 신뢰구간 구성을 알아

봤다(나중에 관심 대상 모수 θ에 '장애 모수'가 추가되는 좀 더 까다로운 상황에 대해 알아본다). 전통적 빈도주의 추론의 뛰어난 점 중 하나는 피봇 논리(2.1절 참조)를 통해 참 신뢰구간을 보일 수 있다는 점이다. 즉, 참 모수 값 θ를 '주장한 확률 수준으로' 포함하는 구간을 생성할 수 있다. 그림 11.1에서의 확률 수준은
†1 0.95였다. 이 논리는 11.7절, '주석 및 상세 설명'에 등장한다.[†]

포아송 계산(11.2)의 경우에서는 '$\hat{\theta}$ 위로 적어도 0.025가 되는 최소의 θ 값'이라는 것이 무엇을 의미하는지 정확히 정의해야만 한다. 이를 위해 모든 θ에 대해 $\hat{\theta} = 10$에서의 확률 $f_\theta(\hat{\theta})$의 절반은 '위'로 계산하는 것으로 가정하면 가능했고, 유사한 방식으로 상한 부분도 계산할 수 있다.

변환 불변성

신뢰구간은 변환 불변성이라는 중요하고도 유용한 성질을 활용한다. 포아송 예(11.2)에서 우리의 관심이 모수 θ로부터 모수 $\phi = \log\theta$로 이동했다고 가정해보자. 이 경우 θ의 95% 정확한 구간(11.2)은 단순히 끝점에 로그만 취하면 ϕ의 정확한 95% 구간으로 변환된다.

$$(\log(5.1), \log(17.8)) = (1.63, 2.88) \tag{11.8}$$

일반적으로 기술하면, 밀도 계열 $f_\theta(\hat{\theta})$에서 $\hat{\theta}$를 관찰하고 구간 레벨 α(예제의 경우 $\alpha = 0.95$)의 θ에 해당하는 신뢰구간 $\mathcal{C}(\hat{\theta})$를 구성했다고 가정하자. 이제 모수 ϕ가 θ에 대한 단조 증가 함수라 하자. 즉 다음과 같다.

$$\phi = m(\theta) \tag{11.9}$$

((11.8)에서 $m(\theta) = \log\theta$) 그리고 유사하게 점 추정에서는 $\hat{\phi} = m(\hat{\theta})$다.

그러면 $\mathcal{C}(\hat{\theta})$는 점대점으로 $\mathcal{C}^\phi(\hat{\phi})$로 매핑하고 ϕ에 대한 α-수준 신뢰구간은 다음과 같다.

$$\mathcal{C}^{\phi}(\hat{\phi}) = \left\{\phi = m(\theta), \ \ \theta \in \mathcal{C}\left(\hat{\theta}\right)\right\} \tag{11.10}$$

이는 단지 이벤트 $\{\theta \in \mathcal{C}(\hat{\theta})\}$가 이벤트 $\{\phi \in \mathcal{C}^{\phi}(\hat{\phi})\}$와 동일하다는 것으로 전자가 항상 α의 확률로 발생하면, 후자 역시 그래야만 한다.

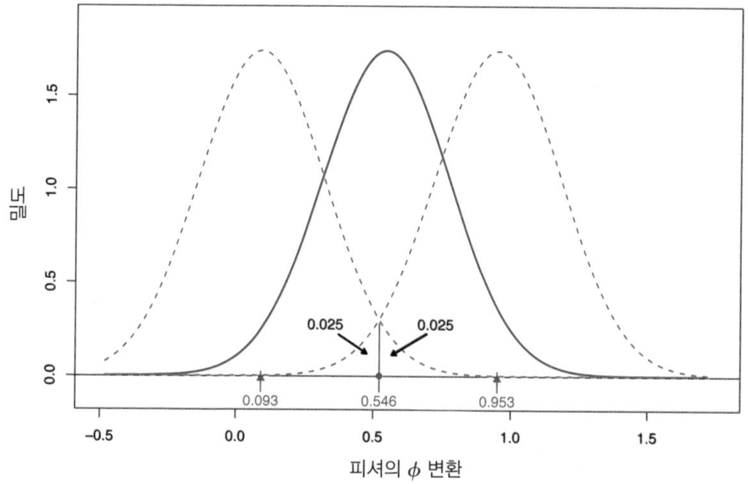

그림 11.2 그림 11.1을 (11.11)에 따라 $\phi = m(\theta)$로 변환하고 난 상황. 곡선은 거의 $N(\phi, \sigma^2)$이 되고 표준편차는 $\sigma = 1/\sqrt{19} = 0.229$다.

변환 불변성은 정규 상관관계 계수와 역사적 공명 관계에 있다. 1915년 피셔가 $f_\theta(\hat{\theta})$(3.11)를 도출해낸 것은 수학적 승리였지만 기계 연산 시대에 사용하기에는 까다로운 것이었다. 재치 있게도, 피셔는 그 대신 변환된 모수 $\phi = m(\theta)$로 작업할 것을 제안했다.

$$\phi = m(\theta) = \frac{1}{2}\log\left(\frac{1+\theta}{1-\theta}\right) \tag{11.11}$$

유사하게 통계량 $\hat{\phi} = m(\hat{\theta})$다. 그러면 놀랍게도 훌륭한 근사가 가능하다.

$$\hat{\phi} \dot{\sim} \mathcal{N}\left(\phi, \frac{1}{n-3}\right) \tag{11.12}$$

그림 11.2에는 ϕ 크기에 대한 네이만의 구성이 나와 있다.

다시 말해 이제 피셔가 선호하던 상황(4.31)인 단순 정규 변환 문제로 돌아와 있는 것이다. 여기서 다음 식은

$$C^{\phi}\left(\hat{\phi}\right) = \hat{\phi} \pm 1.96\frac{1}{\sqrt{n-3}} \tag{11.13}$$

'명백히 옳은' ϕ의 95% 신뢰구간[3]이며, 네이만의 구성에 거의 근접한다. (11.13)의 끝점은 다시 역변환을 통해 θ로 변환된다.

$$\theta = \frac{e^{2\phi}-1}{e^{2\phi}+1} \tag{11.14}$$

앞 식은 그림 11.1에서 본 구간 $C(\hat{\theta})$와 (거의) 같지만 계산량이 필요 없다.

베이즈 신뢰 표현은 본질적으로 변환 불변성이다. 네이만 구간 또한 표준 구간(11.1)과 달리 불변성이라는 점에서 이들은 베이즈주의 통계학자들에게는 더욱 입맛에 맞는 것이었다. 변환 불변성은 다음에서 소개할 부트스트랩 신뢰구간을 정당화하는 데 주요 역할을 한다.

11.2 퍼센타일 기법

여기서의 목표는 신뢰구간 계산을 자동화하는 것이다. 즉 통계적 추정치 $\hat{\theta}$의 부트스트랩 분포가 주어졌을 때, 낯선 모수 θ에 대한 적절한 신뢰구간을 자동으로 생성하는 것이다. 이 목적을 위해 점점 더 정확도가 높아지는 네 가지 부트스트랩 신뢰구간 알고리듬들을 순서대로 설명한다.

처음이자 가장 간단한 기법은 표준 구간 (11.1)을 사용하는 것으로 95% 구간은 $\hat{\theta} \pm 1.96\widehat{\mathrm{se}}$고 $\widehat{\mathrm{se}}$는 부트스트랩 표준오차 $\widehat{\mathrm{se}}_{\mathrm{boot}}$(10.16)로 간주된다. 이 기

3 이는 시대착오적이다. 피셔는 나중에 네이만이 그의 포괄적 이론에서 '신뢰구간'이라는 용어를 만들어 낸 이후부터는 이 용어를 싫어했다. 그는 (11.13)을 유도 추론 논리의 한 예로 간주했다.

법의 한계는 그림 11.3에서 명확히 보이는데, 히스토그램에서는 10.2절에서 얻은 학생 성적 데이터의 표본 상관관계 계수에 대한 $B=2000$개의 비모수적 부트스트랩 복제 $\hat{\theta}^*$를 보여준다. 표준 구간은 말 그대로 $\hat{\theta}$의 점근적 정규성을 취함으로써 정당화된다.

$$\hat{\theta} \dot{\sim} \mathcal{N}(\theta, \sigma^2) \tag{11.15}$$

σ는 참 표준오차다.

(11.15)는 일반적으로 충분히 큰 표본 크기 n에 대해서는 유효하지만, 학생 성적 데이터에서는 점근적 정규성이 아직 보이지 않는다는 것을 알 수 있고 히스토그램은 눈에 띄게 왼쪽으로 긴 꼬리를 가지고 있다. 이 경우 표준 기법으로부터 좋은 성능을 기대하기는 어렵다(모수적 부트스트랩 분포는 매끄러운 곡선에서 나타난 것 정도의 비정규성이다).

퍼센타일 기법은 부트스트랩 분포의 모양을 표준 구간(11.1)에 대해 개선하

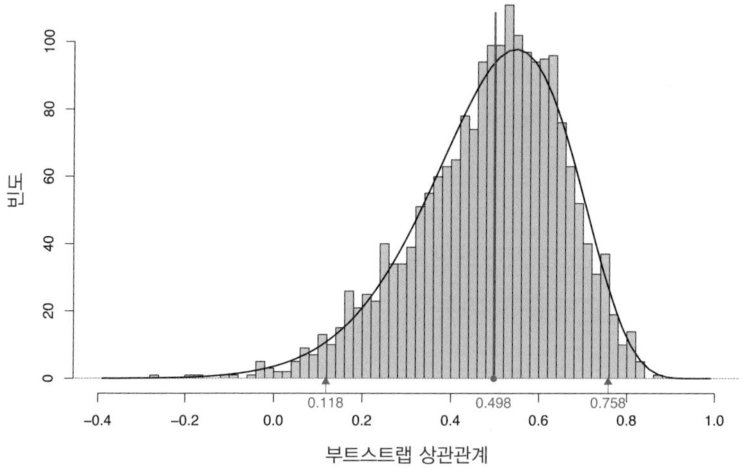

그림 11.3 학생 성적 표본 상관관계에 대한 $B=2000$ 비모수적 부트스트랩 복제 $\hat{\theta}^*$ 히스토그램. 실선 곡선은 그림 11.1에서와 같은 이상적인 모수적 부트스트랩 분포 $f_{\hat{\theta}}(r)$이다. 관측된 상관관계 $\hat{\theta}=0.498$이며, 작은 삼각형은 히스토그램의 0.025와 0.975 사분위를 보여준다.

기 위해 사용한다. B개의 부트스트랩 복제 $\hat{\theta}^{*1}, \hat{\theta}^{*2}, \ldots, \hat{\theta}^{*B}$를 생성하고 나면(10.2절에서와 같이 비모수적이거나 10.4절에서와 같이 모수적), 퍼센타일 신뢰 한도를 정의하기 위해 그 분포의 명백한 퍼센타일을 사용하게 된다. 그림 11.3의 히스토그램에서는 그 0.025와 0.975 퍼센타일이 각각 0.118과 0.758이며, 이들은 중심 95% 비모수적 퍼센타일 구간의 끝점이다.

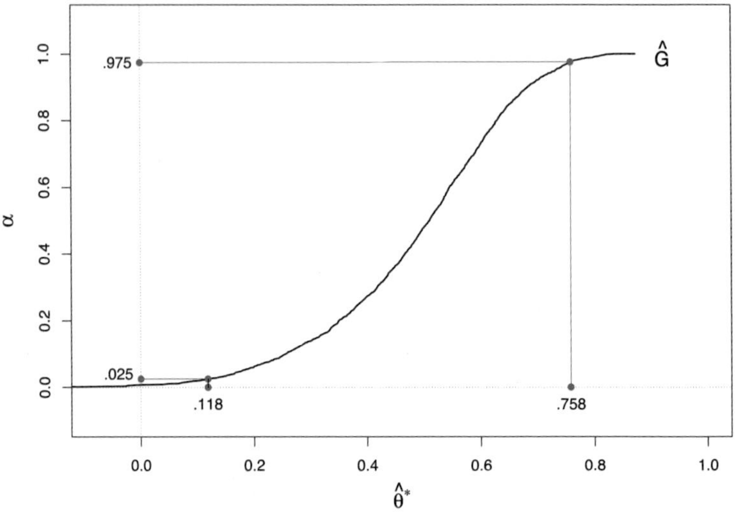

그림 11.4 그림 11.3의 2,000개 비모수적 복제 $\hat{\theta}^*$에 기반한 퍼센타일 기법을 통한 95% 중심 신뢰구간

부트스트랩 cdf $\hat{G}(t)$를 사용하면 좀 더 정교하게 정리할 수 있다. t보다 작은 부트스트랩 비율은 다음과 같다.

$$\hat{G}(t) = \#\left\{\hat{\theta}^{*b} \leq t\right\} \Big/ B \tag{11.16}$$

부트스트랩 분포의 α번째 퍼센타일 점 $\hat{\theta}^{*(\alpha)}$는 $\hat{G}$의 역함수에 의해 다음과 같이 주어진다.

$$\hat{\theta}^{*(\alpha)} = \hat{G}^{-1}(\alpha) \tag{11.17}$$

$\hat{\theta}^{*(\alpha)}$는 부트스트랩 표본의 α 부분을 왼쪽에 두는 값이다. 퍼센타일 구간에서 α-수준의 상향 끝점, 즉 $\hat{\theta}_{\%\text{ile}}[\alpha]$는 다음과 같이 정의된다.

$$\hat{\theta}_{\%\text{ile}}[\alpha] = \hat{\theta}^{*(\alpha)} = \hat{G}^{-1}(\alpha) \tag{11.18}$$

이 표기에서 95% 중심 퍼센타일 구간은 다음과 같다.

$$\left(\hat{\theta}_{\%\text{ile}}[.025], \hat{\theta}_{\%\text{ile}}[.975]\right) \tag{11.19}$$

이 구성은 그림 11.4에 설명돼 있다.

퍼센타일 구간은 변환 불변성이다. $\phi = m(\theta)$가 (11.9)에서와 같다고 하자. 유사하게 $\hat{\phi} = m(\hat{\theta})$($m(\cdot)$은 단조 증가한다.)고 $b = 1, 2, \ldots, B$에 대해 부트스트랩 복제는 $\hat{\phi}^{*b} = m(\hat{\theta}^{*b})$다. 부트스트랩 퍼센타일은 다음의 방식으로 변환된다.

$$\hat{\phi}^{*(\alpha)} = m\left(\hat{\theta}^{*(\alpha)}\right) \tag{11.20}$$

그러므로 (11.18)에서와 같이 다음이 성립하므로

$$\hat{\phi}_{\%\text{ile}}[\alpha] = m\left(\hat{\theta}_{\%\text{ile}}[\alpha]\right) \tag{11.21}$$

변환 불변성이 증명된다.

어떤 관점에서 퍼센타일 기법이 표준 구간에 비해 더 개선된 것인가? 이에 대한 대답 중 하나는 변환 불변성과 연계돼 있다. 단조 변환 $\phi = m(\theta)$가 있다고 가정하자. 그리고 $\hat{\phi} = m(\hat{\theta})$는 모든 θ와 상수 σ^2에 대해 다음과 같다고 하자.

$$\hat{\phi} \sim \mathcal{N}(\phi, \sigma^2) \tag{11.22}$$

피셔의 변환 (11.11)–(11.12)는 정규 상관관계 계수에 대해서는 이 성질을 거의 만족하고 있다.

그렇다면 모수적 부트스트랩 복제도 (11.22)와 같은 성질을 따를 것이다.

$$\hat{\phi}^* \sim \mathcal{N}\left(\hat{\phi}, \sigma^2\right) \tag{11.23}$$

즉, 부트스트랩 cdf $\hat{G}^\phi$는 평균이 $\hat{\phi}$고 분산이 σ^2인 정규분포가 될 것이다. $\hat{G}^\phi$의 α번째 퍼센타일은 다음과 같이 될 것이다.

$$\hat{\phi}_{\%\mathrm{ile}}[\alpha] = \hat{\phi}^{*(\alpha)} = \hat{\phi} + z^{(\alpha)}\sigma \tag{11.24}$$

여기서 $z^{(\alpha)}$는 표준 정규분포의 α번째 퍼센타일을 나타낸다.

$$z^{(\alpha)} = \Phi^{-1}(\alpha) \tag{11.25}$$

($z^{(.975)} = 1.96$, $z^{(.025)} = -1.96$ 등)

다시 말해 퍼센타일 기법은 예컨대 95% 구역에서 ϕ에 대한 피셔의 '명백하게 옳은' 구간을 제공할 것이다.

$$\hat{\phi} \pm 1.96\sigma \tag{11.26}$$

그러나 변환 불변성 덕분에 원시 매개변수 θ에 대한 퍼센타일 구간도 올바를 것이다.

퍼센타일 기법에 대한 몇 가지 필요한 언급을 하자면 다음과 같다.

- 기법은 실제로 정규성 $\hat{\phi} = m(\hat{\theta})$로의 변환을 몰라도 된다. 그저 그것이 존재한다는 것만 가정한다.
- 형태 (11.22)로의 변환이 존재한다면, 퍼센타일 구간은 정확할accurate 뿐만 아니라 논리적으로 적절한 추론을 제공한다는 피셔의 관점에서
†2 볼 때 옳다correct.†
- 표준 구간(11.15), $\hat{\theta} \,\dot{\sim}\, \mathcal{N}(\theta, \sigma^2)$을 정당화하는 가정은 표본 크기 n이 커질수록 더 정확해지지만(대개 σ는 $1/\sqrt{n}$으로 감소한다.), 정규 상관관계 계수와 같은 경우에는 수렴이 느려질 수 있다. 어떤 변환

$m(\cdot)$에 대해 $(\hat{\theta}) \dot{\sim} \mathcal{N}(m(\theta), \sigma^2)$이라고 좀 더 개략적으로 가정하면, 그 가정이 정확한지의 여부와 관계없이 수렴을 앞당긴다. 11.4절에서는 이 점을 수렴의 점근적 비율의 관점에서 명시적으로 보여준다.

- 표준 기법은 그림 11.2에서와 같이 적절한 크기에서 적용되면 잘 작동한다. 문제는 이 기법은 변환 불변적이지 않으므로 통계학자들에게 적절한 크기를 찾아야 하는 과제를 남겨준다는 것이다. 퍼센타일 기법은 표준 구간의 변환-불변성 버전으로 생각할 수 있는데, 수학적 기발성을 대규모 계산으로 대체하는 '자동화된 피셔'다.
- †3 이 기법은 $B = 2000$ 크기 정도의 부트스트랩 표본 크기†를 필요로 한다.
- 퍼센타일 기법은 부트스트랩 신뢰구간의 최후 수단이 아니다. 두 가지 개선된 방법인 'BC'와 'BCa' 방법이 존재하며, 다음 절에서 다루게 된다. 표 11.1은 학생 성적 상관관계에 적용된 다양한 구간을 비교한다($\hat{\theta} = 0.498$).

표 11.1 학생 성적 상관관계에 대한 부트스트랩 신뢰 한계, $\hat{\theta} = 0.498$, $n = 22$. 네이만의 구성으로부터의 모수적인 정확한 한계는 그림 11.1에 있다. BC와 BCa 방법은 다음 두 절에서 설명한다. BCa에 사용되는 두 상수 (z_0, a)는 모수적으로는 (−0.055, 0.005)고, 비모수적으로는 (0.000, 0.006)이다.

	모수적		비모수적	
	.025	.975	.025	.975
1. 표준	.17	.83	.18	.82
2. 퍼센타일	.11	.77	.13	.76
3. BC	.08	.75	.13	.76
4. BCa	.08	.75	.12	.76
정확한 값	.09	.75		

'컴퓨터 집중적 추론'이라는 말은 특별히 부트스트랩 신뢰구간에 적용됐을 때 적절해 보인다. 네이만과 피셔의 구성은 이론적으로 다루기 쉬운 몇 가지 특별한 경우로부터 확장돼 통계학자들이 반복적인 알고리듬을 가진 거의 모

든 상황에 적용됐다. 자동화는 수학적 공식을 광범위한 컴퓨터 알고리듬으로 대체한 것이며 후속 장의 주요 주제가 된다.

11.3 편향 수정 신뢰구간

퍼센타일 기법의 이상적 형식(11.22), $\hat{\phi}^* \sim \mathcal{N}(\hat{\phi}, \sigma^2)$은 변환 $\hat{\phi} = m(\hat{\theta})$가 상수 분산의 불편 예측기를 생성한다는 것을 말해준다. 이 절과 다음 절에서의 개선된 기법은 편향과 분산의 변화 가능성을 고려한다. 여기서는 편향부터 먼저 살펴보자.

(11.22)에서 가정한 것처럼 모든 $\phi = m(\theta)$에 대해 $\hat{\phi} \sim \mathcal{N}(\phi, \sigma^2)$이라면 $\hat{\phi}^* \sim \mathcal{N}(\hat{\phi}, \sigma^2)$이고 다음이 성립한다.

$$\Pr_* \left\{ \hat{\phi}^* \leq \hat{\phi} \right\} = 0.50 \tag{11.27}$$

($\Pr_*$는 부트스트랩 확률을 나타낸다.) 이 경우 $m(\cdot)$의 단조성monotonicity에 의해 다음이 성립된다.

$$\Pr_* \left\{ \hat{\theta}^* \leq \hat{\theta} \right\} = 0.50 \tag{11.28}$$

즉, $\hat{\theta}^*$는 $\hat{\theta}$의 불편 중앙값median unbiased[4] 값을 가지고 유사하게 θ에 대해 $\hat{\theta}$를 가진다.

여기서 바로 확인해볼 수 있다. $f_\theta(\hat{\theta})$ 밀도의 모수적 계열에 대해 (11.28)은 다음을 암시한다.

$$\int_{-\infty}^{\hat{\theta}} f_{\hat{\theta}} \left(\hat{\theta}^* \right) \, d\hat{\theta}^* = 0.50 \tag{11.29}$$

$n = 22$인 정규 상관관계 계수 밀도(3.11)에 대해 수치적 적분은 다음과 같다.

4 중앙값의 불편성은 일반적인 평균 불편 정의와 달리, 변환 불변성이라는 장점을 가진다.

$$\int_{-1}^{.498} f_{.498}\left(\hat{\theta}^*\right) d\hat{\theta}^* = 0.478 \tag{11.30}$$

이 값은 0.5로부터 많이 떨어진 것은 아니지만, 적절한 추론에는 자그만 영향만 미칠 수 있을 정도로 멀리 떨어져 있다. 이는 $\hat{\theta}^*$가 $\hat{\theta}$에 대해 상대적으로 상방향으로 편향됐음을 나타내고(이 점이 부트스트랩 확률의 반 이하가 $\hat{\theta}$ 아래에 위치한 이유다.), 암묵적으로 $\hat{\theta}$는 θ를 추정하기 위해 상향으로 편향돼 있다. 그에 따라 신뢰구간은 약간 하향해서 조정돼야 한다. 편향 수정 퍼센타일 기법(줄여서 BC라 부른다.)은 이러한 수정을 하는 데이터 기반의 알고리듬이다.

모수적이든 비모수적이든 B개의 부트스트랩 복제 $\hat{\theta}^{*1}, \hat{\theta}^{*2}, \ldots, \hat{\theta}^{*B}$를 시뮬레이션했을 때 p_0이 $\hat{\theta}$보다 작은 복제 비율을 나타낸다고 하자((11.29)의 추정).

$$p_0 = \#\left\{\hat{\theta}^{*b} \le \hat{\theta}\right\} \Big/ B \tag{11.31}$$

그리고 편향 수정 값을 다음과 같이 정의하자.

$$z_0 = \Phi^{-1}(p_0) \tag{11.32}$$

여기서 Φ^{-1}은 표준 정규 cdf의 역함수다. BC의 α-수준 신뢰구간 끝점은 다음과 같이 정의된다.

$$\hat{\theta}_{\mathrm{BC}}[\alpha] = \hat{G}^{-1}\left[\Phi\left(2z_0 + z^{(\alpha)}\right)\right] \tag{11.33}$$

여기서 $\hat{G}$는 부트스트랩 cdf(11.16)고 $z^{(\alpha)} = \Phi^{-1}(\alpha)$(11.25)다.

$p_0 = 0.50$이면(불편 중앙값 상황), $z_0 = 0$이고

$$\hat{\theta}_{\mathrm{BC}}[\alpha] = \hat{G}^{-1}\left[\Phi\left(z^{(\alpha)}\right)\right] = \hat{G}^{-1}(\alpha) = \hat{\theta}_{\%\mathrm{ile}}[\alpha] \tag{11.34}$$

이는 퍼센타일 한계(11.18)다. 그렇지 않다면, 편향 교정이 된 것이다. 정규 상관관계 예제에서 $p_0 = 0.478$로 잡으면(무한 번의 모수적 부트스트랩 복제를 통해 얻을 수 있는 값) 편향 교정 값은 -0.055가 된다. BC 한계가 정말로 표 11.1

의 모수적 퍼센타일 한계로부터 하향됐음에 주목하자. 비모수적 부트스트랩을 하면 이 경우 p_0은 약 0.5가 돼서 BC 한계가 퍼센타일 한계와 거의 같아진다.

좀 더 일반적인 변환 논리는 BC 정의 (11.33)에 동기를 부여한다. 단조 변환 $\phi = m(\theta)$와 $\hat{\phi} = m(\hat{\theta})$가 존재해서 모든 θ에 대해 다음이 성립한다고 하자.

$$\hat{\phi} \sim \mathcal{N}(\phi - z_0\sigma, \sigma^2) \tag{11.35}$$

여기서 z_0과 σ는 고정된 상수다. 그렇다면 BC의 끝점은 정확하다. 즉 주장된 구역의 확률도 맞고, 또한 피셔의 관점으로 볼 때 '명백히 옳다'. 11.7절, '주

†4 석 및 상세 설명'[†]의 증명과 설명을 참고하라.

이전처럼 통계학자는 $\hat{\phi} \sim \mathcal{N}(\phi - z_0\sigma, \sigma^2)$으로 유도되는 변환 $m(\cdot)$에 대해 알 필요가 없으며, 단지 그것이 존재한다는 것만 알면 된다. 이는 $\hat{\phi} \sim \mathcal{N}(\phi, \sigma^2)$(11.22)보다 더 포괄적인 목표로서 BC 기법이 이러한 변환의 존재 유무와 상관없이 다른 퍼센타일 기법보다 더 정당성을 갖게 해준다. 추가적인 계산 부담은 존재하지 않는다. 부스트랩 복제 $\{\hat{\theta}^{*b}, b = 1, 2, \dots, B\}$는 모수적이든 비모수적이든 $\hat{G}$(11.16)와 z_0 (11.31)–(11.32)를 제공해 (11.33)으로부터 $\hat{\theta}_{\mathrm{BC}}[\alpha]$를 생성한다.

11.4 2차 정확성

표준 신뢰구간의 범위 오차는 대개 표본 크기가 n일 때 $O(1/\sqrt{n})$으로 감소한다. iid 표본 $\boldsymbol{x} = (x_1, x_2, \dots, x_n)$에 대해 $\theta_{\mathrm{stan}}[\alpha] = \hat{\theta} + z^{(\alpha)}\hat{\sigma}$를 계산했으면, 다음과 같은 실제 범위 확률을 기대할 수 있다.

$$\Pr_\theta\left\{\theta \le \hat{\theta}_{\mathrm{stan}}[\alpha]\right\} \doteq \alpha + c_1\big/\sqrt{n} \tag{11.36}$$

여기서 c_1은 해결하려는 문제에 종속돼 있다. (11.36)은 '1차 정확성'을 정의

한다. 이는 명목상 범위 수준 α로의 지극히 느린 수렴을 내포할 수 있으며, 오차를 반으로 줄이기 위해서는 표본 크기가 $4n$이 돼야 한다.

2차 정확성 기법, 즉 $\hat{\theta}_{\text{2nd}}[\alpha]$는 단지 $O(1/n)$ 크기의 오차만을 생성한다.

$$\Pr_{\theta}\left\{\theta \leq \hat{\theta}_{\text{2nd}}[\alpha]\right\} \doteq \alpha + c_2/n \tag{11.37}$$

이론적인 것보다 훨씬 개선이 크다. 표 11.1과 같은 실질적인 문제에서 2차 정확성 기법(다음 절에서 설명할 BCa가 그중 하나다.)은 작은 크기의 표본에서도 대개 거의 주장된 범위의 확률을 제공한다.

퍼센타일이나 BC 기법은 둘 다 2차 정확성은 아니다(비록 표 11.1에서 이들은 표준 구간보다 더 정확하기는 했지만). $\hat{\theta}_{\text{BC}}[\alpha]$의 어려움은 $\hat{\phi} = m(\hat{\theta})$가 일정한 표준오차 σ를 가진다고 가정한 이상적인 형태(11.35), $\hat{\phi} \sim \mathcal{N}(\phi - z_0\sigma, \sigma^2)$ 때문이다. 여기서는 그 대신 (11.35)보다 완화된 단조 변환 함수 $\phi = m(\theta)$와 $\hat{\phi} = m(\hat{\theta})$의 존재를 가정한다.

$$\hat{\phi} \sim \mathcal{N}(\phi - z_0\sigma_{\phi}, \sigma_{\phi}^2), \qquad \sigma_{\phi} = 1 + a\phi \tag{11.38}$$

†5 여기서 ‘가속[acceleration]’[†] a는 $\hat{\phi}$의 표준편차가 ϕ에 따라 어떻게 변하는지 설명하는 작은 상수다. $a = 0$이면 (11.34)의 상황으로 돌아가지만,[5] 그렇지 않다면 BC 공식(11.33)에 대한 수정이 요구된다.

BCa 기법(‘편향 수정과 가속’)은 그 α-수준 신뢰 한계를 다음과 같이 설정한다.

$$\hat{\theta}_{\text{BCa}}[\alpha] = \hat{G}^{-1}\left[\Phi\left(z_0 + \frac{z_0 + z^{(\alpha)}}{1 - a(z_0 + z^{(\alpha)})}\right)\right] \tag{11.39}$$

여전히 좀 더 정교한 변환 논리에 따르면, 단조 변환 $\phi = m(\theta)$와 상수 z_0이 존재하고 a가 (11.38)을 보일 경우 BCa 한계는 주장된 범위 확률을 가지며 더구나 피셔 관점에서도 정확하다는 것을 보여주고 있다.

---

5 (11.38)의 우변에 $\sigma_0 = 1$을 가정하며, 이는 ϕ를 추가적으로 ϕ/σ로 변환하면 언제든지 성립한다.

BCa는 표준 구간 (11.1)에 세 가지 교정을 수행한다. 첫 번째는 $\hat{\theta}$의 비정규성에 대해서다(단순히 부트스트랩 표준오차를 쓰는 대신 부트스트랩 퍼센타일 사용을 통해). 두 번째는 편향에 대해서다(편향 교정 값 z_0을 통해). 그리고 마지막으로 세 번째는 비상수 표준오차에 대해서다(a를 통해). 만약 $a = 0$이면 BCa(11.39)는 BC(11.33)로 축소돼버린다는 점에 주목하자. $z_0 = 0$이면, BC는 퍼센타일 기법(11.18)으로 축소된다. 만약 부트스트랩 히스토그램 $\hat{G}$가 정규분포라면 (11.18)은 표준 구간 (11.1)로 축소된다. 비정규성, 편향, 가속에 대한 세 가지 교정은 모두 근본적이고 실질적으로 영향을 미치므로 2차 정확성을 얻기 위해 필요하다. 2차 정확성과 BCa 구간을 적절한 일반 가정하에서 증명하기 위해 많은 이론적 연구가 이뤄졌다.[6]

표 11.2 $\hat{\theta} = 10$을 관측한 포아송 모수 θ의 명목상 95% 중심 신뢰구간. 실제 $\hat{\theta} = 10$ 위와 아래의 꼬리 영역은 그림 11.1에 정의된 것과 같다(10에서 분할 확률). 예를 들어 더 낮은 표준 한계 3.80은 실제로 10 위로 명목 값인 0.025 대신 0.004의 확률을 부여한다. 편향 교정 값 z_0(11.32)과 가속화 a(11.38)는 둘 다 0.050으로 동일하다.

	명목상 한계		꼬리 영역	
	.025	.975	위	아래
1. 표준	3.80	16.20	.004	.055
2. 퍼센타일	4.18	16.73	.007	.042
3. BC	4.41	17.10	.010	.036
4. BCa	5.02	17.96	.023	.023
정확한 값	**5.08**	**17.82**	**.025**	**.025**

증가된 정확도가 가진 장점은 대규모 표본에만 국한되지 않는다. 표 11.2는 포아송 모델 $\hat{\theta} \sim \text{Poi}(\theta)$에서 $\hat{\theta} = 10$을 관찰한 원래의 예제로 돌아간다. 네이만의 구성에 따르면, 0.95 정확한 한계는 그림 11.1에서처럼 위와 아래 양방향으로 꼬리 영역 0.025를 생성하고, 이는 거의 BCa 한계와 일치한다. 그

6 통계학의 수학적 측면 또한 전자식 컴퓨터에 의해 영향을 받았고 부트스트랩 같은 범용 알고리듬을 구축하기 위해 동원됐다. 특별히 점근적 분석은 공격적으로 개발됐으며, 2차 정확성의 증명은 멋진 성공 이야기다.

러나 표준 한계는 왼쪽 끝에서는 너무 보수적이고 오른쪽에서는 반보수적이다.

표 11.3 그림 10.2와 10.6의 모수적 및 비모수적 고유율 예제의 95% 명목상 신뢰구간

	모수적		비모수적	
	.025	.975	.025	.975
1. 표준	.556	.829	.545	.840
2. 퍼센타일	.542	.815	.517	.818
3. BC	.523	.828	.507	.813
4. BCa	.555	.820	.523	.828
	($z_0 = -.029,\ a = .058$)		($z_0 = -.049,\ a = .051$)	

부트스트랩 신뢰 한계는 정확한 분석이 너무 복잡한 대다수의 상황에서 더 나은 추론을 지속적으로 제공해주고 있다. 이런 상황 중 하나가 표 11.3에 조사돼 있다. 이는 그림 10.2–10.6에서 설명된 고유율 예제와 연계돼 있다. 이 경우 비정규성과 편향 교정은 부트스트랩 구간을 왼쪽으로 확장하지만, 가속 효과는 오른쪽으로 당기게 돼서 부분적으로 표준 구간으로부터 전체 변화가 상쇄된다.

퍼센타일과 BC 기법은 완전히 자동이므로 충분히 큰 부트스트랩이 가용할 때는 언제든 사용할 수 있다. BCa는 그렇지 않을 수도 있다. BCa 기법의 단점은 가속 a가 부트스트랩 분포의 함수가 아니라 별도로 계산돼야 한다는 것이다. 이는 보통 간단하다.

- 포아송 같은 단일 모수 지수 계열에서 a는 z_0과 같다.
- 단일표본 비모수적 문제에서 a는 잭나이프 재표본추출 $\hat{\theta}_{(i)}$(10.5)로부터 추정 가능하다.

$$\hat{a} = \frac{1}{6}\frac{\sum_{i=1}^{n}\left(\hat{\theta}_{(i)} - \hat{\theta}_{(\cdot)}\right)^3}{\left[\sum_{i=1}^{n}\left(\hat{\theta}_i - \hat{\theta}_{(\cdot)}\right)^2\right]^{1.5}} \tag{11.40}$$

- abc 기법은 재표본추출 기반의 **R** 알고리듬 **accel**이 하는 것처럼 다중 모수 지수 계열(5.54)에서 a를 계산한다.

신뢰구간은 표준오차에서 필요한 부트스트랩 복제 크기인 200개나 그 이하가 아니라 2,000개 정도를 필요로 한다. 표준 구간에 대한 교정은 표준오차보다 더 섬세하므로 좀 더 큰 정확성이 요구된다.

장애 모수에 대해 조심할 부분을 하나 더 언급할 필요가 있다. 편향은 모수 벡터 μ가 고차원이 되면 통제가 불가능해진다. 다음의 관측치가 있다고 하자.

$$x_i \overset{\text{ind}}{\sim} \mathcal{N}(\mu_i, 1) \qquad i = 1, 2, \ldots, n\text{에 대해} \tag{11.41}$$

여기서는 $\theta = \sum_1^n \mu_i^2$에 대한 신뢰구간을 설정하고자 한다. MLE $\hat{\theta} = \sum_1^n x_i^2$은 n이 큰 경우 급격히 상향으로 편향된다. 구체적으로 말하자면, $n = 10$이
†6 고 $\hat{\theta} = 20$이면 다음과 같이 계산된다.[†]

$$z_0 = \Phi^{-1}(0.156) = -1.01 \tag{11.42}$$

이는 $\hat{\theta}_{\text{BCa}}[.025]$(11.33)가 터무니없이 작은 부트스트랩 퍼센타일과 같도록 만든다.[7]

$$\hat{G}^{-1}(0.000034) \tag{11.43}$$

이는 BC나 BCa 구간에 대한 경고 메시지다. 대개 $|z_0|$과 $|a|$의 작은 값, 예컨대 ≤ 0.2에서 신뢰할 수 있게 작동한다.

좀 더 일반적 경고는 고차원에서 최대 우도 추정에 대한 맹목적 신뢰에 대한 것이다. z_0을 계산해보는 것은 비록 그 값이 BC나 BCa에서 사용되지는 않지만 현명한 사전 예비가 되고 편향이 심하다는 경고를 알려올 때도 그러하다.

7 또한 $\hat{\theta}_{\text{BCa}}[.025]$고 이 모델에서의 a는 0이다.

전통적 응용의 신뢰구간은 포아송과 같은 몇 가지 특별한 경우를 제외하고는 대개 표준 기법 (11.1)에 기반하고 있었다($\widehat{\text{se}}$를 델타 기법에 의해 측정). 2차 정확성 구간은 매우 컴퓨터 시대적 개발이며 알고리듬과 추론 이론은 모두 고속의 전자적 계산을 전제로 한다.

11.5 부트스트랩-*t* 구간

정확한 신뢰구간에 대한 최초의 혁신은 1908년 스튜던트-t 분포의 형태로 나타났다. 서로 다를 수 있는 두 정규분포로부터 독립적으로 관찰된 데이터 $\boldsymbol{x} = (x_1, x_2, \ldots, x_{n_x})$와 $\boldsymbol{y} = (y_1, y_2, \ldots, y_{n_y})$가 있다고 가정하자.

$$x_i \overset{\text{iid}}{\sim} \mathcal{N}(\mu_x, \sigma^2) \quad \text{그리고} \quad y_i \overset{\text{iid}}{\sim} \mathcal{N}(\mu_y, \sigma^2) \tag{11.44}$$

또한 다음에 대한 0.95 중심 신뢰구간을 찾으려 한다고 가정하자.

$$\theta = \mu_y - \mu_x \tag{11.45}$$

명백한 추정은 다음과 같다.

$$\hat{\theta} = \bar{y} - \bar{x} \tag{11.46}$$

그러나 그 분포는 장애 모수 σ^2에 종속돼 있다.

스튜던트의 절묘한 한 수는 θ에 대한 추론을 피봇량에 기초하도록 한 것이었다.

$$t = \frac{\hat{\theta} - \theta}{\widehat{\text{se}}} \tag{11.47}$$

여기서 $\widehat{\text{se}}^2$은 σ^2의 불편 추정이다.

$$\widehat{\text{se}}^2 = \left(\frac{1}{n_x} + \frac{1}{n_y}\right) \frac{\sum_1^{n_x}(x_i - \bar{x})^2 + \sum_1^{n_y}(y_i - \bar{y})^2}{n_x + n_y - 2} \tag{11.48}$$

t는 이제 σ^2 값에 상관없이 $\mu_x = \mu_y$면, 자유도가 $\mathrm{df} = n_x + n_y - 2$인 '스튜던트-$t$' 분포를 가진다.

$t_{\mathrm{df}}^{(\alpha)}$가 t_{df} 분포의 100번째 퍼센타일을 나타낸다고 하면 다음은

$$\hat{\theta}_t[\alpha] = \hat{\theta} - \widehat{\mathrm{se}} \cdot t_{\mathrm{df}}^{(1-\alpha)} \tag{11.49}$$

스튜던트-t 신뢰 한계의 상향 α-수준 구간이 된다. 그림 1.4에서의 **AML**과 **ALL** 점수의 차이에 적용하게 되면, $\theta = E\{\mathbf{AML}\} - E\{\mathbf{ALL}\}$에 대한 중심 0.95 스튜던트-$t$ 구간은 다음과 같이 계산된다.

$$\left(\hat{\theta}_t[.025], \hat{\theta}_t[.975]\right) = (.062, .314) \tag{11.50}$$

여기서 $n_x = 47$, $n_y = 25$고 $\mathrm{df} = 70$이다.

스튜던트 이론은 (11.44)의 정규 가정에 종속돼 있다. 부트스트랩-t 기법은 (11.47)에서 t가 피봇임을 허용(또는 그런 것처럼 위장)하지만 부트스트랩 재표본추출을 통해 분포를 추정한다. 비모수적 부트스트랩 표본은 $\boldsymbol{x}$와 $\boldsymbol{y}$로부터 독립적으로 추출된다.

$$\boldsymbol{x}^* = (x_1^*, x_2^*, \ldots, x_{n_x}^*) \text{ 그리고 } \boldsymbol{y}^* = (y_1^*, y_2^*, \ldots, y_{n_y}^*) \tag{11.51}$$

이로부터 $\hat{\theta}^*$와 $\widehat{\mathrm{se}}^*$, (11.46)과 (11.48)을 계산하고 다음의 결과를 낸다.

$$t^* = \frac{\hat{\theta}^* - \hat{\theta}}{\widehat{\mathrm{se}}^*} \tag{11.52}$$

$\hat{\theta}$는 θ의 역할을 하고, 이는 부트스트랩 세상에서는 적절하다. 복제 $\{t^{*b}, b = 1, 2, \ldots, B\}$는 추정된 퍼센타일 $t^{*(\alpha)}$와 해당 신뢰 한계를 제공한다.

$$\hat{\theta}_t^*[\alpha] = \hat{\theta} - \widehat{\mathrm{se}} \cdot t^{*(1-\alpha)} \tag{11.53}$$

AML-ALL 예제에서는 t^* 분포가 t_{70} 분포와 살짝 다를 뿐이다. 결과로 나타

난 0.95 구간은 (0.072, 0.323)이고, 이는 (11.50)과 거의 같으므로 원래의 정규성 가정에 대해 신빙성을 부여하게 된다.

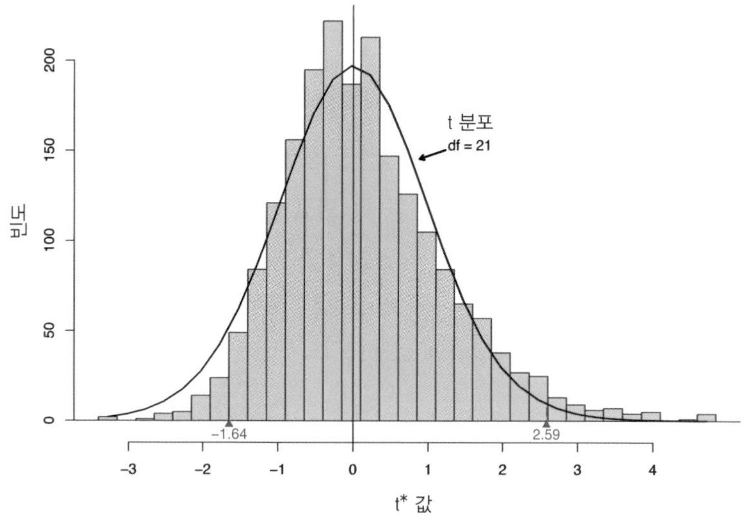

그림 11.5 학생 성적 상관관계에 대한 부트스트랩-t 통계량의 $B = 2000$ 비모수적 복제. 작은 삼각형은 0.025와 0.975 퍼센타일 지점을 보여준다. 히스토그램은 오른쪽으로 급격히 치우쳐 있다. 실선 곡선은 자유도가 21인 스튜던트-t 밀도다.

표 11.1 예제의 학생 성적으로 돌아가보면 여전히 $t = (\hat{\theta} - \theta)/\widehat{\text{se}}$를 개념상 피봇으로 간주하고 부트스트랩-$t$ 기법을 적용할 수 있지만, 이제는 참 상관관계가 θ, 표본 상관관계가 $\hat{\theta}$, $\widehat{\text{se}}$는 근사 표준오차 $(1 - \hat{\theta}^2)/\sqrt{19}$가 된다. 그림 11.5는 $B = 2000$개의 비모수적 부트스트랩 복제 $t^* = (\hat{\theta}^* - \hat{\theta})/\widehat{\text{se}}^*$의 히스토그램을 보여준다. 이것들은 다음의 부트스트랩 퍼센타일을 생성한다.

$$\left(t^{*(.025)}, t^{*(.975)}\right) = (-1.64, 2.59) \tag{11.54}$$

(이는 표준 t_{21} 분포의 (−2.08, 2.08)과 비교될 수 있다.) 그리고 (11.53)으로부터 0.95 구간은 (0.051, 0.781)이고, 표 11.1의 오른쪽 부분 항목들과 비교할 때 다소

부적절하다.

부트스트랩-t 구간은 변환 불변성이 없다. 이는 응용 크기에 따라 잘 작동하기도 하지만, 그렇지 않을 수도 있다는 의미가 된다. 피셔의 크기(11.11)에 실행하면 상관관계 계수의 정확한 구간과 잘 일치한다. 실질적인 어려움은 $\widehat{\mathrm{se}}$의 식에 대한 요구 조건 때문이다.

그럼에도 불구하고, 제안된 피봇양의 실제 분포를 추정하려는 아이디어는 현대 통계학적 정신에 큰 영향을 미쳤다. 원래의 스튜던트-t 분포의 퍼센타일을 계산하는 것은 20세기 초반에는 몇 년간에 걸친 프로젝트였다. 이제는 각 새로운 응용에 따라 우리만의 특별한 't 표'를 계산할 수 있게 됐다. 추론의 근거를 잃지 않고 이러한 계산상의 풍요를 잘 사용하는 것이 21세기 통계학자들이 수행하는 주된 과제이자 목표다.

11.6 객관적 베이즈 구간과 신뢰분포

구간 추정은 어디에서든 이뤄진다. 이는 물리, 천문학, 생물학, 의학, 사회과학 등 수많은 학문의 과학 논문에서 주요한 역할을 한다. 네이만–형식 빈도주의 신뢰구간이 이 분야를 주도하지만, 다음에 설명하는 것처럼 베이즈주의와 피셔주의 발전도 영향을 끼쳐온 것이 사실이다.

단일 모수 계열 밀도 $f_\theta(\hat{\theta})$와 사전 밀도 $g(\theta)$가 주어지면, 베이즈의 법칙 (3.5)은 다음과 같은 θ의 사후 밀도를 만들어낸다.

$$g(\theta|\hat{\theta}) = g(\theta) f_\theta(\hat{\theta}) / f(\hat{\theta}) \tag{11.55}$$

여기서 $f(\hat{\theta})$는 한계 밀도 $\int f_\theta(\hat{\theta}) g(\theta) d\theta$다. 베이즈 0.95 신뢰할 수 있는 구간 credible interval $\mathcal{C}(\theta|\hat{\theta})$는 $g(\theta|\hat{\theta})$의 중심 0.95 부분에 걸쳐 있다. 즉,

$$\mathcal{C}(\theta|\hat{\theta}) = (a(\hat{\theta}), b(\hat{\theta})) \tag{11.56}$$

여기서 다음과 같고

$$\int_{a(\hat{\theta})}^{b(\hat{\theta})} g(\theta|\hat{\theta})\, d\theta = 0.95 \tag{11.57}$$

각 꼬리 부분에서의 사후확률은 0.025다.

물론 신뢰구간은 사전 정보가 필요 없으므로 일상적인 응용 예제에서는 대단히 유용하다. 베이즈에서 상응한 개념은 신뢰할 수 있는 구간이고 3.2절의 불충분 정보 사전 밀도에 기초하고 있다. 네이만 신뢰구간에 거의 매치^{match}되는 '매칭 사전 분포'는 특별한 관심의 대상이 돼 왔다. 제프리의 사전 분포(3.17)는

$$\begin{aligned} g(\theta) &= \mathcal{I}_\theta^{1/2}, \\ \mathcal{I}_\theta &= \int \left[\frac{\partial}{\partial\theta} \log f_\theta(\hat{\theta})\right]^2 f_\theta(\hat{\theta})\, d\hat{\theta} \end{aligned} \tag{11.58}$$

단일 모수 문제에 대해 일반적으로 정확한 매칭 사전 분포를 제공한다. 그림 3.2는 학생 성적 상관관계에 대해 이것을 보여주는데, 신뢰할 수 있는 구간 (0.093, 0.750)이 그림 11.1에 있는 네이만 0.95 구간과 거의 정확히 일치한다.

다모수 계열 $f_\mu(x)$(5.1)의 경우에는 문제가 복잡해진다. p차원 모수 벡터 μ의 1차원 함수 $\theta = t(\mu)$에 대한 구간 추정을 하려면, p-1개의 '장애 모수'의 영향을 어떻게든 제거해야 한다. 드물게 정규 이론 상관관계 계수를 포함해 이 문제가 정확히 해결될 때도 있다. 피봇 기법은 스튜던트-t 구성에 대해 작동한다. 부트스트랩 신뢰구간은 이러한 기법의 영역을 엄청난 계산량의 증가를 통해 크게 확장한다.

베이즈는 사후 밀도 $g(\mu|\boldsymbol{x}) = g(\mu) f_\mu(\boldsymbol{x})/f(\boldsymbol{x})$(3.6) 밖으로 적분함으로써 장애 모수를 제거한다(이제 $\boldsymbol{x}$는 모든 데이터를 나타낸다. '$\boldsymbol{x}$'는 스튜던트-t 설정(11.44)의 $(\boldsymbol{x}, \boldsymbol{y})$와 같다). 즉, 주어진 $\boldsymbol{x}$에 대해 한계 밀도 $\theta = t(\mu)$를 계산하

고[8] 이를 $h(\theta|\boldsymbol{x})$라 한다. θ의 신뢰할 수 있는 구간 $\mathcal{C}(\theta|\boldsymbol{x})$는 이제 (11.56)–(11.57)처럼 구성할 수 있으며, $h(\theta|\boldsymbol{x})$가 $g(\theta|\hat{\theta})$의 역할을 하게 된다. 이는 불충분 정보 다차원 사전 밀도 $g(\boldsymbol{\mu})$를 선택해야 하는 골치 아픈 문제를 남기게 된다. 이 문제는 우선 피셔주의의 고유한 장치인 피듀셜fiducial 기법을 논의하고 나서 다시 살펴보자.

피듀셜 구성은 피봇성에 대해 명백히 부정확한 해석처럼 보이는 것에서 시작한다. 스튜던트-t의 피봇 $t = (\hat{\theta} - \theta)/\widehat{\text{se}}$(11.47)를 다음과 같이 θ에 대해 다시 써보자.

$$\theta = \hat{\theta} - \widehat{\text{se}} \cdot t \tag{11.59}$$

여기서 t는 자유도가 df인 스튜던트-t 분포, $t \sim t_{\text{df}}$를 가진다. 데이터 $(\boldsymbol{x}, \boldsymbol{y})$(11.44)를 관찰했다면 피듀셜 이론은 θ에 (11.59)에서 암시된 분포를 할당한다. 이때 t가 t_{df}로 배분되는 동안 마치 $\hat{\theta}$와 $\widehat{\text{se}}$는 계산된 값에 고정된 것처럼 취급한다. 그러면 스튜던트-t의 α-수준 신뢰 한계 $\hat{\theta}_t[\alpha]$(11.49)는 θ의 피듀셜 분포의 100번째 퍼센타일이다.

이는 사전 분포 가정 없이도 베이즈주의 사후 분포 결론을 얻은 것처럼 보인다.[9] 그러나 이 역사적 발전은 피셔가 네이만의 신뢰구간 이론을 배척하고 베이즈주의 아이디어를 경멸한 탓에 혼란을 겪게 된다. 피셔의 대단한 명망도 실패한 통계학 기법의 쓰레기 더미에서 피듀셜 이론을 구해내기에는 충분하지 못했다.

그러나 여전히 아서 쾨슬러Arthur Koestler는 다음과 같이 말하고 있다. "아이디어의 역사는 척박한 진실과 비옥한 오류로 가득 차 있다." 피셔의 기저 논리는 다음의 묘사와 비슷하다. $\hat{\theta}$와 $\widehat{\text{se}}$가 θ에 대한 모든 가용한 정보를 소진하고, 그다음에는 t에 의해 기술되는 줄일 수 없는 무작위 요소만 남아있다.

8 13장에서 논의하겠지만, 대체로 계산이 어렵다.

9 L.J 새비지는 '베이즈주의 계란을 깨트리지 않고 베이즈주의 오믈렛을 즐긴다.'고 표현했다.

이것이 근본적 추론의 아이디어가 관심을 끌게 되는 부분이고, 다음 절에서 불충분 정보 사전 밀도에 관여돼 좀 더 일반적 용어로 재구성할 수 있게 된다.

정의에 따라 상단 신뢰 한계 $\hat{\theta}_x[\alpha]$는 다음을 만족한다.

$$\Pr\left\{\theta \le \hat{\theta}_{\boldsymbol{x}}[\alpha]\right\} = \alpha \tag{11.60}$$

(여기서는 이제 표기에서 관측된 데이터 x를 나타낸다.) 그리고 이에 따라 다음이 성립한다.

$$\Pr\left\{\hat{\theta}_{\boldsymbol{x}}[\alpha] \le \theta \le \hat{\theta}_{\boldsymbol{x}}[\alpha+\epsilon]\right\} = \epsilon \tag{11.61}$$

$\hat{\theta}_x[\alpha]$는 (0, 1) 사이의 α와 그 모수 공간 Θ($\hat{\theta}_x[\alpha]$는 α에서 부드럽게 증가한다고 가정한다.)의 한 점 θ 사이의 일대일 함수로 간주할 수 있다. (11.61)에서 ϵ이 0으로 가도록 하면 θ의 신뢰 밀도, 즉 $\tilde{g}_x(\theta)$를 결정할 수 있다.

$$\tilde{g}_{\boldsymbol{x}}(\theta) = d\alpha/d\theta \tag{11.62}$$

이는 미지의 모수에 대해 θ에서 그 확률의 지역 도함수를 구한 것으로서, $\theta = \hat{\theta}_x[\alpha]$다.

$\tilde{g}_x(\theta)$를 적분하면 다시 α가 θ의 함수가 된다. (0, 1) 사이의 모든 두 값 $\alpha_1 < \alpha_2$에 대해 $\theta_1 = \hat{\theta}_x[\alpha_1]$이고 $\theta_2 = \hat{\theta}_x[\alpha_2]$라 하자. 그러면 (11.60)에서와 같이 다음이 성립한다.

$$\begin{aligned}\int_{\theta_1}^{\theta_2} \tilde{g}_{\boldsymbol{x}}(\theta)\,d\theta &= \int_{\theta_1}^{\theta_2} \frac{d\alpha}{d\theta}\,d\theta = \alpha_2 - \alpha_1 \\ &= \Pr\{\theta_1 \le \theta \le \theta_2\}\end{aligned} \tag{11.63}$$

(11.63)에서는 $\Pr\{\theta_1 \le \theta \le \theta_2\}$의 랜덤 값이 θ가 아니라 $\boldsymbol{x}$의 함수로 변화하는 구간 (θ_1, θ_2)라는 점만 기억한다면, 논란의 여지는 없다. 이 점을 잊어버리면 베이즈주의 성질을 빈도주의의 결과로 잘못 이해하는 'θ가 그 0.95 신

뢰구간에 있을 확률은 0.95다.' 등과 같은 종류의 오류를 범하게 된다.

이것이 바로 피듀셜 주장이 하는 일이다.[10] (11.63)의 인정 여부와 상관없이 매칭 사전 분포와 바로 연결점이 생긴다.

사전 $g(\mu)$가 신뢰구간 시스템 $\hat{\theta}_x[\alpha]$와 정확히 매치된다고 가정하자. 그러면 정의에 따라 그 사후 밀도 $h(\theta\,|\,\boldsymbol{x})$는 $0<\alpha<1$에서 다음을 만족해야 한다.

$$\int_{-\infty}^{\hat{\theta}_x[\alpha]} h(\theta|\boldsymbol{x})\, d\theta = \alpha = \int_{-\infty}^{\hat{\theta}_x[\alpha]} \tilde{g}_{\boldsymbol{x}}(\theta)\, d\theta \tag{11.64}$$

그러나 이는 모든 θ에 대해 $h(\theta\,|\,\boldsymbol{x})$가 $\tilde{g}_x(\theta)$와 같다는 것을 암시한다. 즉, 신뢰 밀도 $\tilde{g}_x(\theta)$는 모든 매칭 사전 밀도의 주어진 x에 대해 θ의 사후 밀도다.

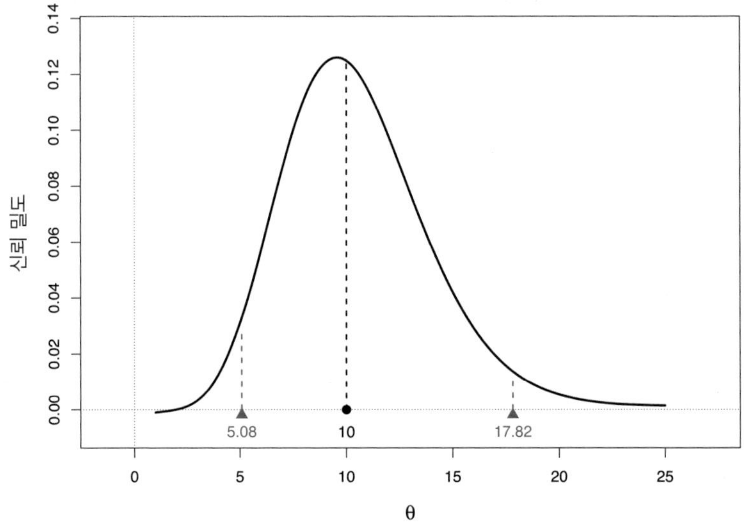

그림 11.6 $\hat{\theta}=10$이 관측됐을 때 포아송 모수 θ의 신뢰 밀도(11.62). 표 11.2에서처럼 5.05와 17.82의 곡선 아래에 0.95 영역이 있고 각 꼬리에 0.25 영역이 있다.

10 적어도 피셔가 피듀셜 계산이 적절하다고 생각한 몇 가지 제한된 범주의 경우에서는 피듀셜과 신뢰 밀도가 (11.59)의 스튜던트-t 상황에서 본 것처럼 일치한다.

그림 11.6은 $\hat{\theta}=10$이 관측됐을 때 $\hat{\theta}\sim \text{Poi}(\theta)$의 신뢰 밀도를 그린 것이다. 이 그래프는 α를 θ의 함수(11.62)로 수치적으로 미분해서 얻은 것이다.

$$\alpha = \Pr\{10 \le \text{Poi}(\theta)\} \tag{11.65}$$

'≤'은 10에서의 원자 확률 분할도 포함한다는 의미다. 표 11.2에 따르면, $\tilde{g}_{10}(\theta)$는 5.08과 17.82 사이의 면적이 0.95고 각 꼬리에 0.025의 면적이 있다. 어디서 야기된 것인지와 상관없이 그래프는 미지의 값 θ의 불확실성에 대한 놀라운 그림을 보여준다.

부트스트랩 신뢰구간은 쉽게 계산할 수 있는 신뢰 밀도를 제공한다. $\hat{G}(\theta)$가 부트스트랩 cdf고 $\hat{g}(\theta)$가 그 밀도 함수라 하자($\hat{G}$가 B 부트스트랩 복제에 기초할 때, $\hat{G}(\theta)$의 평활화 버전을 미분해서 얻는다). 퍼센타일 신뢰 한계 $\hat{\theta}[\alpha]=\hat{G}^{-1}(\alpha)$(11.17)는 $\alpha=\hat{G}(\theta)$를 가지며, 다음이 성립한다.

$$\tilde{g}_{\boldsymbol{x}}(\theta) = \hat{g}(\theta) \tag{11.66}$$

(그림 11.4에서 이를 도식화해보면 도움이 된다.) 퍼센타일 기법에서 부트스트랩 밀도는 신뢰 밀도다.

BCa 구간(11.39)의 경우 신뢰 밀도는 $\hat{g}(\theta)$의 가중치를 다음과 같이 재계산해 얻을 수 있다.

$$\tilde{g}_{\boldsymbol{x}}(\theta) = cw(\theta)\hat{g}(\theta) \tag{11.67}$$

†7 여기서† 다음과 같다.

$$w(\theta) = \frac{\varphi\left[z_\theta/(1+az_\theta)-z_0\right]}{(1+az_\theta)^2\varphi(z_\theta+z_0)} \text{ 이고 } z_\theta = \Phi^{-1}\hat{G}(\theta)-z_0 \tag{11.68}$$

φ는 표준 정규 밀도고, Φ는 그 cdf며, c는 $\tilde{g}_x(\theta)$가 적분돼 1이 되는 상숫값이다. 부트스트랩 cdf가 복제 $\hat{\theta}^{*b}$, $b=1, 2, \dots, B$로부터 추정되는 일반적인 경우에는(모수적이든 비모수적이든), BCa 신뢰 밀도는 $\hat{g}(\theta)$의 가중치를 재계산한

버전이다. 다음과 같이 정의하자.

$$W_b = w\left(\hat{\theta}^{*b}\right) \Big/ \sum_{i=1}^{B} w\left(\hat{\theta}^{*i}\right) \tag{11.69}$$

그러면 BCa 신뢰 밀도는 $\hat{\theta}^{*b}$에 가중치 W_b를 할당하는 이산 밀도다.

그림 11.7은 $n = 22$인 학생 성적 데이터로 돌아가보는데, 그림 10.6과 같이 다섯 가지 성적을 각각 정규로 모델링했다.

$$x_i \overset{\text{iid}}{\sim} \mathcal{N}_5(\lambda, \mathbf{\Sigma}) \qquad i = 1, 2, \ldots, 22\text{에 대해} \tag{11.70}$$

이는 $p = 20$차원의 모수적 계열이다. 5 기댓값, 5 분산, 10 공분산이 있다. 관심 대상인 모수는 다음과 같이 설정한다.

$$\theta = \mathbf{\Sigma}\text{의 최대 고윳값} \tag{11.71}$$

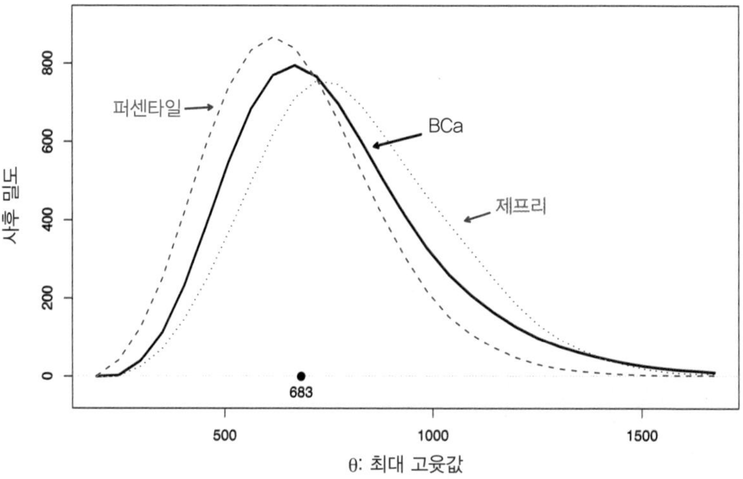

그림 11.7 학생 성적 데이터에 다변량 정규 모델(11.70)을 사용한 최대 고윳값 모수(11.71)의 신뢰 밀도. 붉은색 점선 곡선은 퍼센타일 기법이고 검은색 실선 곡선은 BCa($(z_0, a) = (0.178, 0.093)$)이다. 푸른색 점선은 제프리의 사전 밀도(11.72)를 사용한 θ의 베이즈 사후 밀도다.

이는 MLE $\hat{\theta} = 683$ 값을 가지며, MLE 표본 공분산 행렬 $\hat{\Sigma}$의 최대 고윳값이 된다.

$B = 8000$인 모수적 부트스트랩 복제[11] $\hat{\theta}^{*b}$는 보이는 것과 같이 퍼센타일과 BCa 신뢰 밀도를 생성한다. 이 경우 가중치 W_b(11.69)는 $\hat{\theta}^{*b}$와 함께 증가하며 BCa 밀도를 오른쪽으로 밀어냈다. 제프리의 다모수 사전 밀도로부터 시작한

†8 θ의 베이즈 사후 밀도†도 나타나 있다.

$$g^{\text{Jeff}}(\mu) = |\mathcal{I}_\mu|^{1/2} \tag{11.72}$$

여기서 $\mathcal{I}_\mu$는 피셔 정보 행렬(5.26)이다. 여기서는 진정한 불충분 정보가 아니며, 2차 정교한 BCa 신뢰 한계로부터 윗쪽으로 그 신뢰할 수 있는 한계가 옮겨진다. 식 (11.72)는 13장에서 좀 더 자세히 다룬다.

베이즈 데이터 분석은 데이터를 조사하고 난 다음 확률을 사용해 나머지 불확실성을 표현할 수 있다는 매력적인 성질을 가지고 있다. 피듀셜과 신뢰 밀도는 적어도 빈도주의들에게는 네이만 구간에서 해석적 한계를 부분적으로 없애줘서 신뢰구간과 비슷한 무엇인가를 제공한다.

11.7 주석 및 상세 설명

피셔의 피듀셜 추론(1930)은 네이만의 기법이 형식화된 1937년보다 앞서는데, 네이만의 기법은 피듀셜 주의의 신비주의와 반대되는 확고한 확률 기반의 구간 추정을 목적으로 제안됐다. 그 결과는 냉철한 빈도주의적 용어로 정리된 정확하고 최적인 구간의 우아한 이론이었다. 이 이론에 익숙한 독자들은 네이만의 구성(물리학 분야에서 가장 선호되는 이름이다.)이 그림 11.1에 그려진 것처럼 최적 구간을 찾기 위해 밀도 $f_\theta(\hat{\theta})$ 계열에 어떤 조건(충분조건은 단조 우도율이다.)을 필요로 한다는 것을 알게 될 것이다.

---

11 $B = 2000$이면 대부분의 경우 충분하지만, $B = 8000$으로 하면 다른 곡선을 더 날카롭게 만든다.

부트스트랩 신뢰구간(에프론 1979, 1987)은 정확하지도 않고 최적도 아니지만 실제 값에 가까운 정확성을 결합한 폭넓은 적용을 목표로 한 것이다. BCa 구간의 2차 정교함은 홀[Hall](1988)에 의해 정립됐다. BCa는 단연코 컴퓨터 시대의 산물로서, 보통 사용할 때마다 $B = 2000$ 또는 그 이상의 부트스트랩 복제가 필요하다. 지름길로 사용되는 몇 가지 기법도 있다. 'abc 기법'(디치치오[DiCiccio]와 에프론, 1992)은 $\theta = t(\mu)$가 매끄러운 성질을 가져야 하는 조건이 필요하지만 1% 정도의 계산량만 필요하고 개별적 상황에 대한 지수 계열에서는 자동화된 코딩 부분이 줄어든다. 간단히 말해 다소 불편하다.

†1 네이만의 구성. 주어진 모든 θ에 대해 $(\theta^{(.025)}, \theta^{(.975)})$가 다음을 만족하는 밀도 $f_\theta(\hat{\theta})$의 중심 95% 구간이라고 하자.

$$\int_{-\infty}^{\theta^{(.025)}} f_\theta\left(\hat{\theta}\right)\, d\hat{\theta} = 0.025 \text{ 그리고 } \int_{-\infty}^{\theta^{(.975)}} f_\theta\left(\hat{\theta}\right)\, d\hat{\theta} = 0.975 \quad (11.73)$$

그리고 $I_\theta(\hat{\theta})$는 $\hat{\theta} \in (\theta^{(.025)}, \theta^{(.975)})$의 지표 함수라고 하자.

$$I_\theta\left(\hat{\theta}\right) = \begin{cases} 1 & \theta^{(.025)} < \hat{\theta} < \theta^{(.975)} \text{인 경우} \\ 0 & \text{그 외의 경우} \end{cases} \quad (11.74)$$

정의에 따라 $I_\theta(\hat{\theta})$는 2-점 확률분포를 가진다.

$$I_\theta\left(\hat{\theta}\right) = \begin{cases} 1 & \text{확률 } 0.95 \\ 0 & \text{확률 } 0.05 \end{cases} \quad (11.75)$$

이는 $I_\theta(\hat{\theta})$를 분포가 θ에 종속되지 않는 피봇 통계량으로 만든다.

네이만의 구성은 관측 값 $\hat{\theta}$에 해당하는 신뢰구간 $\mathcal{C}(\hat{\theta})$를 다음과 같이 설정한다.

$$\mathcal{C}\left(\hat{\theta}\right) = \left\{\theta : I_\theta\left(\hat{\theta}\right) = 1\right\} \quad (11.76)$$

그러면 $\mathcal{C}(\hat{\theta})$는 모든 참 모수 θ_0에 대해 원하던 구역 성질을 가진다($f_\theta(\hat{\theta})$의 정규 이론 상관관계 밀도 $\hat{\theta}(.025)$와 $\hat{\theta}(.975)$는 θ의 증가 함수다. 이는 이전의 구성 (11.6)이 (11.76)과 일치하도록 해준다).

$$\Pr_{\theta_0}\left\{\theta \in \mathcal{C}\left(\hat{\theta}\right)\right\} = \Pr_{\theta_0}\left\{I_\theta\left(\hat{\theta}\right) = 1\right\} = 0.95 \tag{11.77}$$

이 구성은 모든 θ의 선택에 대해 원하는 목표 확률을 가진 표본공간의 허용영역을 정의할 수 있는 한 상당히 일반적으로 적용할 수 있다. 이 방법은 다모수 계열에서는 힘들 수 있다.

†2 **피셔주의 옳음.** 네이만의 패러다임에 반대했던 피셔는 신뢰구간은 옳지correct는 않아도 정확accurate할 수는 있다고 지적했다. $i = 1, 2, \ldots, 20$에서 $x_i \overset{\text{iid}}{\sim} \mathcal{N}(\theta, 1)$을 관찰했다면, 처음 열 개 관측치에만 의존한 표준 0.95 구간은 정확한 0.95 구역을 제공할 것이지만, θ에 대한 명백히 옳지 않은 추론을 도출할 것이다. 상황을 형식 (11.22)로 축소할 수 있다면 퍼센타일 기법 구간은 옳음에 대한 피셔의 '유도 추론의 논리'를 (4.31)에서처럼 만족한다.

†3 **부트스트랩 표본 크기.** 신뢰구간 구성을 위해 왜 $B = 2000$개 정도의 표본 크기가 필요한 것인가에 대한 것은 편향 수정 값 z_0(11.32)의 추정에서 살펴볼 수 있다. $z_0 = \Phi^{-1}(p_0)$의 델타 기법 표준오차는 다음과 같이 계산할 수 있다.

$$\frac{1}{\varphi(z_0)}\left[\frac{p_0(1-p_0)}{B}\right]^{1/2} \tag{11.78}$$

여기서 $\varphi(z)$는 표준 정규 밀도다. $p_0 \doteq 0.5$와 $z_0 \doteq 0$이면 이 값은 약 $1.25/B^{1/2}$로서 $B = 2000$에서 0.028이다. 이는 BC 공식(11.33)이나 BCa 공식(11.39)에 사용하기에 '너무 작지 않은' 수치다.

†4 **BCa 정확성과 옳음.** BCa 신뢰구간 한계 $\hat{\theta}_{\text{BCa}}[\alpha]$(11.39)는 변환 불변성을 가진다. 다음과 같이 정의하면

$$z[\alpha] = z_0 + \frac{z_0 + z^{(\alpha)}}{1 - a(z_0 + z^{(\alpha)})} \tag{11.79}$$

$\hat{\theta}_{\text{BCa}}[\alpha] = \hat{G}^{-1}\{\Phi[z[\alpha]]\}$다. 단조 증가 변환 $\phi = m(\theta)$, $\hat{\phi} = m(\hat{\theta})$, $\hat{\phi}^* = m(r)$에서는 $\hat{\phi}^*$의 부트스트랩 cdf $\hat{H}$가 $\hat{H}^{-1}(\alpha) = m[\hat{G}^{-1}(\alpha)]$를 만족한다. 부트스트랩 퍼센타일에서 $\hat{\phi}^{*(\alpha)} = m(\hat{\theta}^{*(\alpha)})$이기 때문이다. 그러므로 다음 식은

$$\hat{\phi}_{\text{BCa}}[\alpha] = \hat{H}^{-1}\{\Phi(z[\alpha])\} = m\left(\hat{G}^{-1}\{\Phi(z[\alpha])\}\right) = m\left(\hat{\theta}_{\text{BCa}}[\alpha]\right) \tag{11.80}$$

변환 불변성을 증명한다($z_0 = \Phi^{-1}[\hat{G}(\hat{\theta})]$는 $\Phi^{-1}[\hat{H}(\hat{\phi})]$와 같고, 이 또한 변환 불변성이라는 점에 주목하자. 앞서 설명한 것처럼 a도 마찬가지다).

정확한 신뢰구간은 변환 불변이고 추론의 매력을 상당히 높여준다. 근사구간의 경우 변환 불변은 어느 하나의 크기 척도에서 잘 작동한다는 것을 증명하면 모든 크기 척도에서 잘 작동한다는 것을 의미한다. ϕ 크기 척도에서의 모델 (11.38)은 다음과 같이 다시 표현할 수 있다.

$$\left\{1 + a\hat{\phi}\right\} = \{1 + a\phi\}\{1 + a(Z - z_0)\} \tag{11.81}$$

여기서 Z는 표준 정규 변량 $Z \sim \mathcal{N}(0, 1)$이다.

로그를 취하면 다음과 같다.

$$\hat{\gamma} = \gamma + U \tag{11.82}$$

여기서 $\hat{\gamma} = \log\{1 + a\hat{\phi}\}$, $\gamma = \log\{1 + a\phi\}$, 그리고 U는 랜덤 변수 $\log\{1 + a(Z - z_0)\}$이다. (11.82)는 가장 간단한 종류의 변환 모델을 보여주는데, 미지의 값 γ는 U의 분포를 엄격하게 이동시킨다.

γ의 명백한 신뢰 한계는 다음과 같다.

$$\hat{\gamma}[\alpha] = \hat{\gamma} - U^{(1-\alpha)} \tag{11.83}$$

여기서 $U^{(1-\alpha)}$는 U의 퍼센타일의 $100(1-\alpha)$번째며 정확하면서 동시에 피셔

의 (모호하다고 인정된) 유도 추론의 로직에 따라 '옳다'. 에프론(1987)의 3절에 있는 것처럼 변환 $\theta \to \phi \to \gamma$를 되돌려서 $\hat{\theta}_{\text{BCa}}[\alpha]$(11.39)를 회복하는 것은 대수 연습 문제와 같다. $a=0$으로 설정하면 $\hat{\theta}_{\text{BC}}[\alpha]$(11.33)의 정확성과 옳음을 볼 수 있다.

†5 가속 a. 이 a는 (11.38)에서 $d\sigma_\phi/d\phi$로 나타나는데, $\hat{\phi}$의 표준편차를 그 기댓값의 함수로 나타낸 것의 변화율이다. 단일 모수 지수 계열에서는 이 값이 $d\sigma_\phi/d\theta$의 1/3임을 알 수 있다. 즉, 정규성 $\phi=m(\theta)$로 변환해도 또한 표준편차의 불안정성을 0까지는 아니더라도 감소시키고 있다.

스코어 함수 $\dot{l}_x(\theta)$의 분산은 MLE $\hat{\theta}$ (4.17)−(4.18)의 표준편차를 결정한다. 단일 모수 지수 계열에서 $\dot{l}_x(\theta)$의 왜도의 1/6은 a가 된다. 왜도와의 연결은 (11.40)의 추정 작업에서 볼 수 있다. 다변량 지수 계열(5.50)에서 왜도는 '가장 선호되지 않는' 방향으로 계산해야만 하는데, 이는 13장에서 자세히 설명한다. R 알고리듬 **accel**은 a를 추정하기 위해 B 모수적 부트스트랩 복제 $(\hat{\beta}^{*b}, \hat{\theta}^{*b})$를 사용한다. 퍼센타일과 BC 구간은 단지 복제 $\hat{\theta}^{*b}$만 필요하지만, BCa는 기저 지수 계열에 대한 지식까지도 필요하다. 에프론(1987)의 4, 6, 7절을 참고하라.

†6 식 (11.42). 모델 (11.41)은 $\hat{\theta} = \sum x_i^2$을 비중심 카이제곱 변수로 만드는데, 비중심 모수 $\theta = \sum \mu_i^2$과 n차원 자유도를 가지며, $\hat{\theta} \sim \chi^2_{\theta,n}$으로 표기한다. $\hat{\theta}=20$이고 $n=10$이면, 모수적 부트스트랩 분포는 $r \sim \chi^2_{20.10}$이다. 수치적 계산은 $\Pr\{\chi^2_{20,10} \leq 20\} = 0.156$이 되고 (11.42)가 된다.

에프론(1985) 모델은 (11.41)에서의 모수 $\theta=t(\boldsymbol{\mu})$의 신뢰구간에 대해 고민했는데, 3차 정확성 신뢰구간을 계산할 수 있다. 이러한 문제에서 가속 a의 값은 0인데, 그로 인해 BC 구간은 2차 정확성이 된다. 실제로 BC 구간은 대체로 제 역할을 잘 수행하며, 가속 a를 알 수 없을 때는 합리적 선택이 된다.

†7 BCa 신뢰 밀도(11.68). 다음과 같이 정의하자.

$$z_\theta = \Phi^{-1}\left[\hat{G}(\theta)\right] - z_0 = \frac{z_0 + z^{(\alpha)}}{1 - a\left(z_0 + z^{(\alpha)}\right)} \tag{11.84}$$

그러면 다음이 성립한다.

$$z^{(\alpha)} = \frac{z_\theta}{1 + az_\theta} - z_0 \quad \text{그리고} \quad \alpha = \Phi\left(\frac{z_\theta}{1 + az_\theta} - z_0\right) \tag{11.85}$$

여기서는 α와 θ가 $\theta = \hat{\theta}_{\text{BCa}}[\alpha]$에 의해 함수적으로 연계된 것으로 생각한다.

미분하면 다음과 같이 된다.

$$\begin{aligned} \frac{d\alpha}{dz_\theta} &= \frac{\varphi\left(\frac{z_\theta}{1+az_\theta} - z_0\right)}{(1 + az_\theta)^2}, \\ \frac{dz_\theta}{d\theta} &= \frac{\varphi\left(\frac{z_\theta}{1+az_\theta} - z_0\right)}{(1 + az_\theta)^2 \varphi(z_\theta + z_0)} \hat{g}(\theta) \end{aligned} \tag{11.86}$$

이는 모두 $d\alpha/d\theta$가 돼 (11.68)을 증명한다.

'신뢰 밀도'라는 용어는 비록 그 아이디어 자체는 피듀셜 분야에서도 익숙하지만, 아마도 에프론(1993)에서 처음 등장한 것으로 보인다. 야심찬 빈도주의 신뢰분포 이론은 자이[Xie]와 싱[Singh](2013)에 의해 개발됐다.

†8 **제프리의 사전 분포.** 식 (11.72)는 불충분 정보 사전 분포의 좀 더 일반적인 맥락을 고려해 13장에서 자세히 알아본다. 매칭 사전 분포의 이론은 웰치[Welch]와 피어즈[Peers](1963)에 의해 처음 시작됐고, 또 다른 참고 서적으로는 티브시라니[Tibshirani](1989)가 있다.

11.8 연습문제

1. $y \sim \lambda G_{10}$이 $y = 20$임을 관찰했다. 여기서 λ은 미지의 매개변수이며 G_{10}은 자유도 10인 감마 확률변수를 나타낸다(표 5.1의 표기로는 $y \sim \text{Gam}(10, \lambda)$). 그림 11.1과 같이 네이만[Neyman]의 구성을 적용해 신뢰 한계 끝점

$\hat{\lambda}(0.025)$와 $\hat{\lambda}(0.975)$를 찾아라.

2. 1) 표준 기법 구간이 변환 불변이 아닌 이유를 설명하라.
   2) 당신의 설명에 대한 명확한 예시를 제시하라.

3. (11.33)의 $\widehat{G}$가 완벽히 정규라고 하자. 즉 $\widehat{G} \sim \mathcal{N}(\hat{\mu}, \hat{\sigma}^2)$. 이 경우 $\hat{\theta}_{\text{BC}}[\alpha]$는 무엇으로 축소되는가? 또 왜 이것이 직관적으로 합당한가?

4. 1) (11.39)에서 a가 0이면 BCa 끝점은 BC 끝점(11.33)과 동일하다.
   2) z_0과 a가 모두 0이면 BC 끝점이 백분위 끝점(11.18)으로 줄어든다.
   3) z_0와 a가 0이고 $\widehat{G}$가 정규이면, 즉 $\widehat{G} \sim \mathcal{N}(\hat{\theta}, \hat{\sigma}^2)$ 백분위 끝점은 표준 끝점 $\hat{\theta} \pm z^{(\alpha)}\hat{\sigma}$으로 줄어든다.

5. $\hat{\theta} \sim \text{Poi}(\theta)$가 16으로 관찰됐다고 가정하자. 시뮬레이션을 사용하지 않고, θ에 대한 95% 중앙 BCa 구간을 계산하라. (근사치 $z_0 = a = 1/(6\hat{\theta}^{1/2})$를 사용할 수 있다.)

6. **R** 프로그램 **bcajack**(efron.web.stanford.edu의 "Talks" 아래 도움말 파일과 함께 사용 가능)을 사용해 그림 10.2에서와 같이 학생 점수 고유 비율^eigenratio^ 통계에 대해 BCa 신뢰 한계를 찾아라.

7. 그림 11.5와 같이 **student score** 데이터에 대한 bootstrap-t 분포를 찾는 시뮬레이션 프로그램을 작성하라. (11.54)이 맞는 것 같은가?

8. $d\alpha/d\theta$는 수치적으로 $[\alpha(\theta+\epsilon)-\alpha(\theta-\epsilon)]/(2\epsilon)$로 근사할 수 있다. ϵ는 0.1과 같은 어떤 작은 수이다. 그림 11.6에서 $x = 10$에 대한 포아송 신뢰 밀도를 수치적으로 근사하라. 힌트: 먼저 $d\theta/d\alpha$를 근사하는 것이 더 편리할 수 있다.

12
교차 검증과 C_p 예측 오차 추정

예측은 21세기 상거래에서 주요 분야가 됐다. 예측의 문제는 자연스럽게 발생한다. 대출 신청자의 신용도가 어떻게 되는가? 새로 받은 이메일은 **스팸**인가? 잠재적 기증자의 신장 건강도는 어떠한가? 여기에는 두 가지 문제가 따라온다. 하나는 효율적인 예측 규칙을 어떻게 구성할 것인가라는 문제고, 다른 하나는 그 예측의 정확도를 어떻게 추정할 것인가라는 문제다. 1장에서의 용어를 사용하자면, 첫 번째 문제가 좀 더 알고리듬적이고 두 번째 문제는 추론적이다. 16–19장은 머신 러닝에 관한 것으로서 예측 규칙의 구성과 관련돼 있다. 여기서는 두 번째 문제에 집중한다. 즉 특정 규칙이 선택됐을 경우, 그 예측력의 정확도를 어떻게 추정할 것인가?

예측 오차 평가에서는 두 가지 서로 다른 기법이 1970년대에 개발됐다. 첫 번째 기법은 교차 검증이라는 전통적 기술에 의존하고 완전히 일반적이며 비모수적이다. 더 협소한(그러나 더 효율적인) 모델 기반의 접근 방식이 두 번째 기법이며, 맬로우Mallows의 C_p 추정과 아카이케 정보 기준(AIC)의 형태로 등장했다. 여기서는 이 두 이론을 설명하는데, 먼저 예측 규칙을 간략히 개괄하고 나서 교차 검증부터 살펴본다.

12.1 예측 규칙

예측 문제는 대개 N개의 쌍 (x_i, y_i)로 이뤄진 훈련 집합 $\boldsymbol{d}$로 시작한다.

$$\boldsymbol{d} = \{(x_i, y_i),\ i = 1, 2, \ldots, N\} \tag{12.1}$$

여기서 x_i는 p 예측 변수 벡터고 y_i는 실수 값을 가진 반응 변수다. 훈련 집합의 기반에는 예측 규칙 $r_d(x)$가 있어서 예측 변수의 표본 공간 $\mathcal{X}$상의 모든 x에 대해 예측 $\hat{y}$가 생성된다.

$$\hat{y} = r_{\boldsymbol{d}}(x) \qquad x \in \mathcal{X}\text{에 대해} \tag{12.2}$$

추론 과제는 규칙이 예측한 것에 대한 정확도를 산정하는 것이다(실제로는 대개 몇 개의 경쟁적 고려 대상이 있고 주된 과제는 그중 최고를 선택하는 것이다).

8.1절의 **스팸** 데이터에서 x_i는 $p = 57$개의 키워드로 구성돼 있었고 y_i(8.18)는 메시지 i가 **스팸**이 맞는지 여부를 나타냈다. 표 8.3의 규칙 $r_d(x)$는 MLE 로지스틱 회귀 적합화였다. 새로운 메시지의 단어 개수들의 벡터, 즉 x_0이 주어지면 $r_d(x_0)$은 스팸일 확률 $\hat{\pi}_0$을 추정한 값을 계산하고, 이는 다음 기준에 의해 예측 $\hat{y}_0$으로 변환된다.

$$\hat{y}_0 = \begin{cases} 1 & \hat{\pi}_0 \geq 0.5\text{인 경우} \\ 0 & \hat{\pi}_0 < 0.5\text{인 경우} \end{cases} \tag{12.3}$$

7.3절 표 7.2의 당뇨병 데이터에는 기준치에서 얻은 $p = 10$개의 예측 변수 $x =$ (**age**, **sex**, ..., **glu**)가 있었고 반응 변수 y는 1년 뒤의 질병 진행 정도를 측정한다. 새로운 환자의 기준 척도 x_0이 주어지면, 그 환자의 진행 정도 y_0을 예측하게 된다. 표 7.3은 두 가지 가능한 예측 규칙을 보여주는데, 하나는 최소 자승법이고 다른 하나는 리지 모수 $\lambda = 0.1$인 리지 회귀다. 이 중 어느 것

이든 예측 $\hat{y}_0$을 산출할 것이다. 이 경우 예측 오차는 제곱 오차, $(y_0 - \hat{y}_0)^2$을 사용해 산정하게 될 것이다.

이 두 예제에서 $r_d(x)$는 확률 모델에 의해 제시된 회귀 추정기다. 예측의 매력 중 하나는 규칙 $r_d(x)$가 명시적 모델에 기초할 필요가 없다는 것이다. 그림 8.7에서 본 회귀 트리는 모델 명세가 필요 없이 보편적으로 사용되는[1] 예측 알고리듬이다. 예측은 아마도 모델에 종속되지 않는 속성으로 인해 알고리듬적 발달이 그 추론적 정당화보다 훨씬 앞선 분야일 것이다.

규칙 $r_d(x)$의 예측 오차를 정량화하려면, 예측 $\hat{y}$와 실제 반응 y 사이의 차이 $D(y, \hat{y})$를 기술할 필요가 있다. 가장 흔한 선택은 제곱 오차다.

$$D(y, \hat{y}) = (y - \hat{y})^2 \tag{12.4}$$

그리고 **스팸** 데이터와 같이 반응 y가 이분적일 때의 분류 오차는 다음과 같다(이분 반응의 예측은 종종 '분류'라고 부른다).

$$D(y, \hat{y}) = \begin{cases} 1 & y \neq \hat{y}\text{인 경우} \\ 0 & y = \hat{y}\text{인 경우} \end{cases} \tag{12.5}$$

오차 추정을 위해 (12.1)의 훈련 집합 $\boldsymbol{d}$에서의 쌍 (x_i, y_i)는 $(p+1)$차원의 공간 $\mathcal{R}^{p+1}$에서 어떤 확률분포 F로부터 랜덤 추출돼 얻은 것으로 가정한다.

$$(x_i, y_i) \overset{\text{iid}}{\sim} F \qquad i = 1, 2, \ldots, N\text{에 대해} \tag{12.6}$$

규칙 $r_d(x)$의 참 오류율 Err_d는 $\boldsymbol{d}$와 독립적으로 F에서 추출된 새로운 쌍 (x_0, y_0)이 주어졌을 때, y_0과 $\hat{y}_0 = r_d(x_0)$ 사이의 차이의 기댓값이다.

$$\text{Err}_{\boldsymbol{d}} = E_F\{D(y_0, \hat{y}_0)\} \tag{12.7}$$

---

1 가장 보편적인 머신 러닝 예측 알고리듬 중 하나인 랜덤 포레스트는 회귀 트리를 발전시킨 것이다. 17장을 참고하라.

여기서 $\boldsymbol{d}$(그리고 $r_d(\cdot)$)는 (12.7)의 기댓값에 대해 고정되며, 오직 (x_0, y_0)만 변화한다.

그림 12.1은 초신성 데이터에 관한 것인데, 이 예제는 다음 절에서 다시 살
†1 펴본다.[†] $N = 39$의 상대적으로 가까운 Ia 형식 초신성의 절대 크기 y_i를 측정했다. 데이터의 크기를 다음과 같이 조정해서 합리적인 모델로 만들었다.

$$y_i \overset{\text{ind}}{\sim} \mathcal{N}(\mu_i, 1), \qquad i = 1, 2, \ldots, 39 \tag{12.8}$$

각 초신성에 대해 $p = 10$ 스펙트럼 에너지의 벡터 x_i를 관찰했다.

$$x_i = (x_{i1}, x_{i2}, \ldots, x_{i10}), \qquad i = 1, 2, \ldots, 39 \tag{12.9}$$

표 12.1은 $i = 1, 2, \ldots, 5$에 대한 (x_i, y_i)를 보여준다(진동수 측정은 평균이 0이고 분산이 1이 되도록 표준화했고 y는 평균이 0이 되도록 조정됐다).

훈련 집합 $\boldsymbol{d} = \{(x_i, y_i), i = 1, 2, \ldots, 39\}$에 기초해 새로 관측된 Ia 형태의 초신성의 진동수 벡터 x_0이 주어졌을 때, 규칙 $r_d(x)$를 구성해 그 절대 크기 y_0을 정확히 예측하고자 한다.[2] 이 목적을 위해 라소 추정 $\tilde{\beta}(\lambda)$가 적합화됐으며, (7.42)의 y는 벡터 $(y_1, y_2, \ldots, y_{39})$고 x는 i번째 행이 x_i인 39×10 행렬이다. λ는 12.3절의 예측 오차 C_p 추정을 최소화하는 것으로 선택돼 다음의 규칙을 만들어낸다.

$$\hat{y}_0 = x_0' \tilde{\beta}(\lambda) \tag{12.10}$$

(따라서 이 경우 $r_d(x)$ 구성은 그 자체로 오차율 추정을 수반한다.)

---

2 Ia 형태 초신성은 일정한 절대 크기를 가진다는 이유로 인해 암흑에너지와 우주 팽창을 발견할 수 있는 '표준 촛불'로 사용된다. 이것은 엄밀히 말해 사실이 아니다. 우리의 훈련 집합은 39개의 초신성이 지구와 매우 가까우므로 y 값을 직접 알아낼 수 있다는 점에서 일반적이지 않다. 이로 인해 멀리 떨어진 초신성에서 관측할 수 있는 진동수 벡터 x에 근거한 예측 규칙은 우주 팽창에 대한 좀 더 개선된 측정을 이끈다.

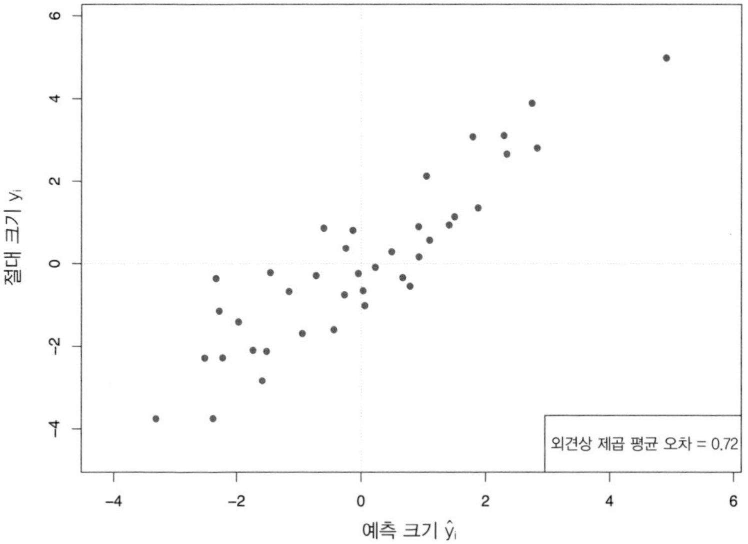

그림 12.1 초신성 데이터. $N = 37$개의 Ia형 초신성에 대해 관측된 절대 크기 y_i(로그 크기)를 라소 규칙(12.10)을 사용해 얻은 값 $\hat{y}_i$와 대비해 도식화한 그림이다. 10개의 스펙트럼 측정에 기초한 예측 중 일곱 개는 $\tilde{\beta}(\lambda)$에서 0이 아닌 계수를 가진다.

그림 12.1에서 도식화된 점은 $i = 1, 2, \ldots, N = 39$에 대한 $(\hat{y}_i, y_i)$다. 이는 다음의 외견상 오차apparent error[3]를 나타낸다.

$$\text{err} = \frac{1}{N}\sum_{i=1}^{N}(y_i - \hat{y}_i)^2 = 0.720 \tag{12.11}$$

이를 $\sum(y_i - \bar{y})^2/N = 3.91$과 비교하면 인상적인 'R 제곱' 값이 만들어진다.

$$R^2 = 1 - 0.720/3.91 = 0.816 \tag{12.12}$$

결과는 그리 좋지 못하다((12.23)을 보라). 교차 검증과 C_p 기법을 사용하면, 데이터 y_i를 적합하기 위해 선택했던 $r_d(x)$가 예측한 $\hat{y}_i$가 가진 외견상 오차를 교정할 수 있다.

3 외견상 오차(apparent error)는 참 오차가 아니라, 테스트 집합과 타깃 집합 사이의 차이를 측정한 오차를 의미한다. - 옮긴이

표 12.1 초신성 데이터. 10 진동수 측정과 $N = 39$ Ia 형태 초신성의 처음 다섯 개의 반응 변수 '절대 크기'를 보여준다. (12.1)의 표기로 나타내자면, 진동수 측정은 x고 크기는 y다.

	SN1	SN2	SN3	SN4	SN5
x_1	−.84	−1.89	.26	−.08	.41
x_2	−.93	−.46	−.80	1.02	−.81
x_3	.32	2.41	1.14	−.21	−.13
x_4	.18	.77	−.86	−1.12	1.31
x_5	−.68	−.94	.68	−.86	−.65
x_6	−1.27	−1.53	−.35	.72	.30
x_7	.34	.09	−1.04	.62	−.82
x_8	−.43	.26	−1.10	.56	−1.53
x_9	−.02	.18	−1.32	.62	−1.49
x_{10}	−.3	−.54	−1.70	−.49	−1.09
mag	**−.54**	**2.12**	**−.22**	**.95**	**−3.75**

예측과 추정은 가까운 사촌이지만 쌍둥이는 아니다. 앞서 설명한 것처럼 예측은 모델에 덜 종속적이며, 이는 8.4절에서의 구분을 부분적으로 설명해 준다. 예측 기준 Err (12.7)은 (x, y) 공간에서의 기댓값이다. 이 값은 $\mathcal{X}$에서의 개별 x의 행동에 그리 신경 쓰지 않고 전체적으로 좋은 성능을 강조한다.

축소는 대개 예측력을 개선시킨다. 7.1절에서와 같은 베이즈 모델을 고려해보자.

$$\mu_i \sim \mathcal{N}(0, A) \text{ 그리고 } x_i|\mu_i \sim \mathcal{N}(\mu_i, 1) \quad i = 1, 2, \ldots, N\text{에 대해} \tag{12.13}$$

베이즈 축소 추정기는 추정에 대해 이상적이면서 동시에 예측에 대해서도 이상적이다.

$$\hat{\mu}_i = Bx_i, \qquad B = A/(A+1) \tag{12.14}$$

관측치 x_i 이외에 우리가 예측하고자 하는 각 N개의 x_i 값에 대해 독립적인 미관측 복제가 하나씩 있다고 가정하자.

$$y_i \sim \mathcal{N}(\mu_i, 1) \qquad i = 1, 2, \ldots, N\text{에 대해} \tag{12.15}$$

다음의 베이즈 예측기는

$$\hat{y}_i = Bx_i \tag{12.16}$$

다음과 같은 전체적인 베이즈 예측 오차를 가진다.

$$E\left\{\frac{1}{N}\sum_{i=1}^{N}(y_i - \hat{y}_i)^2\right\} = B + 1 \tag{12.17}$$

이는 개선할 수 없다. MLE 규칙 $\hat{y}_i = x_i$는 베이즈 예측 오차 2를 가지며, 이는 항상 (12.17)보다 더 나쁘다.

적어도 예측에 관해서는 상황 (12.13)의 제임스-스타인 버전인 그림 7.1에서 설명한 것처럼 과축소가 도움이 된다. 그러나 과축소는 예측에서는 문제없지만 극단적인 경우를 생각하면, 추정에서 문제가 될 수 있다. 표 7.4를 참고하라. 예측 규칙은 중간을 위해 극치를 희생하는 것이며, 특히 개별 오차의 비용이 한정돼 있는 이분 상황(12.5)에서는 효과적인 전술이다. 16-19장에서 논의한 것처럼 가장 성공적인 머신 러닝 예측 알고리듬은 $\mathcal{X}$의 선택된 영역에서 지역 베이즈 축소 버전을 수행하는 것이다.

12.2 교차 검증

훈련 집합 $\boldsymbol{d}$에 기반해 예측 규칙 $r_{\boldsymbol{d}}(x)$를 구축하고 나면, 이제 $\boldsymbol{d}$와 독립적으로 얻어진 새로운 경우에 대해 그 예측 오차 $\text{Err} = E_F\{(y_0, \hat{y}_0)\}$(12.7)이 어떤지에 대해 알고 싶어진다. 첫 번째 추측은 다음의 외견상 오차다.

$$\text{err} = \frac{1}{N}\sum_{i=1}^{N} D(y_i, \hat{y}_i) \tag{12.18}$$

이 값은 훈련 집합에서의 y_i와 그 예측인 $\hat{y}_i = r_{\boldsymbol{d}}(x_i)$의 차이의 평균이다. err은 대개 Err을 과소 추정하는데, $r_{\boldsymbol{d}}(x)$가 관측된 반응 y_i에 대해 적합화되도록 조정[4]됐기 때문이다.

4 최소 자승 적합화를 사용하는 선형 회귀는 전통적 설명을 제공한다. $\text{err} = \sum_i (y_i - \hat{y}_i)^2/N$은 잡음 분산 σ^2의 불편 추정을 얻기 위해 $\sum_i (y_i - \hat{y}_i)^2/(N-p)$로 증가돼야만 한다. 여기서 p는 자유도다.

12.4절에서 설명하는 이상적 치료법은 N_{val}가지의 추가적 경우에 대한 독립적 검증 집합(또는 테스트 집합) $\boldsymbol{d}_{\text{val}}$을 가지는 것이다.

$$\boldsymbol{d}_{\text{val}} = \left\{(x_{0j}, y_{0j}),\ j = 1, 2, \ldots, N_{\text{val}}\right\} \tag{12.19}$$

이 방법은 Err에 대한 불편 추정을 제공할 것이다.

$$\widehat{\text{Err}}_{\text{val}} = \frac{1}{N_{\text{val}}} \sum_{j=1}^{N_{\text{val}}} D(y_{0j}, \hat{y}_{0j}), \qquad \hat{y}_{0j} = r_{\boldsymbol{d}}(x_{0j}) \tag{12.20}$$

교차 검증은 검증 집합 없이도 $\widehat{\text{Err}}_{\text{val}}$을 흉내 내려 시도하는 것이다. $\boldsymbol{d}(i)$를 쌍 (x_i, y_i)가 누락된 축소된 훈련 집합이라 하고 $r_{\boldsymbol{d}}(i)(\cdot)$이 $\boldsymbol{d}(i)$에 기반해 구성된 규칙을 나타낸다고 하자. 예측 오차에 대한 교차 검증 추정은 다음과 같다.

$$\widehat{\text{Err}}_{\text{cv}} = \frac{1}{N} \sum_{i=1}^{N} D(y_i, \hat{y}_{(i)}), \qquad \hat{y}_{(i)} = r_{\boldsymbol{d}(i)}(x_i) \tag{12.21}$$

이제 (x_i, y_i)는 y_i 값 계산을 위한 예측 규칙의 구성에 관여돼 있지 않다.

$\widehat{\text{Err}}_{\text{cv}}$(12.21)는 교차 검증에서 '하나를 배제'하는 버전이다. 좀 더 일반적인 전술은 동시에 여러 쌍을 배제시키는 것이다. $\boldsymbol{d}$는 랜덤으로 각각 N/J 크기의 J개 그룹으로 나눠진다. $\boldsymbol{d}(j)$는 그룹 j가 배제된 훈련 집합으로서 규칙 $r_{\boldsymbol{d}}(j)(x)$를 제공하는데, 이는 그룹 j에서 y_i의 예측을 제공하기 위해 사용된다. 그러면 $\widehat{\text{Err}}_{\text{cv}}$는 (12.21)에서처럼 계산된다. 필요한 규칙 구성 횟수를 N에서 J로 줄이는 것 이외에, 그룹화는 J 훈련 집합 사이에 더 큰 변화를 유도해 비연속성을 포함해 규칙 $r_{\boldsymbol{d}}(x)$의 예측 성능을 향상시킨다(여기서의 논쟁은 10.1절의 잭나이프와 유사하다).

교차 검증을 그림 12.1에 그려진 초신성 데이터에 적용해봤다. 39개의 경우는 랜덤으로 분할돼 각 세 가지 경우로 이뤄진 13개 그룹($J = 13$)으로 나눠진다.

이는 다음과 같은 결과를 보여준다.

$$\widehat{\text{Err}}_{\text{cv}} = 1.17 \tag{12.22}$$

(12.21)은 err = 0.72(12.11)보다 62%나 더 크다. R^2 계산(12.12)은 이제 더 작은 값을 생성한다.

$$R^2 = 1 - 1.17/3.91 = 0.701 \tag{12.23}$$

교차 검증을 $N = 4061$개의 경우, $p = 57$개의 예측 변수, 이진 반응 변수 y를 가진 8.1절의 **스팸** 데이터에 적용해보자. 이 예제를 위해 각 57개의 예측 변수는 그 자체로 이진화돼 원시 값 x_{ij}가 0인지 아닌지에 따라 0이나 1 값을 가지게 한다. 8.1절의 로지스틱 회귀는 57개의 이진화된 예측 변수에 y_i를 회귀해 외견상 분류 오차(12.5)를 생성했다.

$$\text{err} = 0.064 \tag{12.24}$$

즉, 4,061개의 경우 중에서 295개의 잘못된 예측을 했다. 각 크기가 460이나 461인 $J = 10$개 그룹의 교차 검증을 사용하면, 이 값은 다음과 같이 8% 증가한다.

$$\widehat{\text{Err}}_{\text{cv}} = 0.069 \tag{12.25}$$

glmnet은 자동화된 모델 구축 프로그램으로서 로지스틱 회귀 모델의 라소 시퀀스를 구축하며, 뚜렷한 예측력을 가진 순서대로 변수를 한 번에 하나씩 추가한다. 이 부분에 대한 자세한 사항은 16장을 참고하라. 그림 12.2의 실선 곡선은 외견상 오차 err(12.18)를 사용한 예측 변수 개수의 함수로 추적한다. 수치적인 인위성만 제외하고 err은 단조적으로 감소하며, 57개 예측 변수를 모두 사용한 전체 모델, 즉 (12.24)에서와 같은 통상적인 로지스틱 회귀 모델에서는 err = 0.064로 감소한다.

glmnet은 점선 곡선에서 나타난 것처럼 연속된 각 모델에서 예측 오차 추정 $\widehat{\text{Err}}_{\text{cv}}$를 생성했다. 이 값들은 그 자체로 약간의 잡음이 있지만 해당 err 추정치보다 4%와 8% 높은 값 사이에서 안정화됐다. 다음의 최솟값은

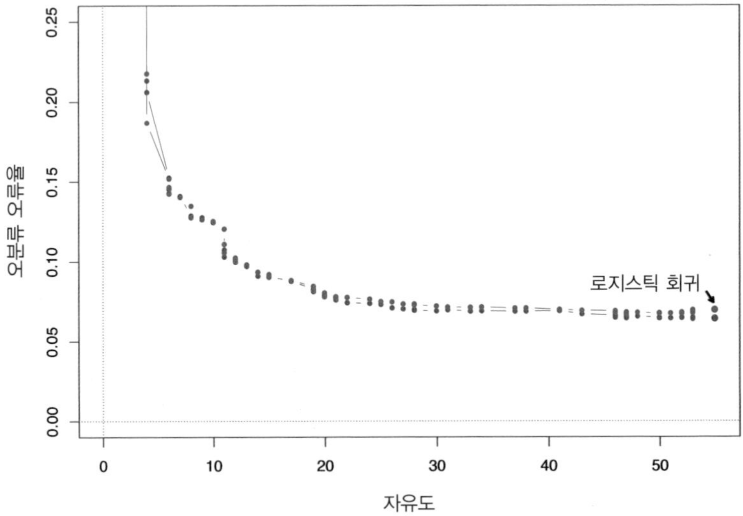

그림 12.2 **스팸** 데이터. 외견상 오차율 err(푸른색)과 **glmnet**에 의해 생성된 일련의 예측 규칙에 대해 교차 검증된(붉은색) 추정. 자유도는 0이 아닌 회귀 계수의 개수다. df = 57은 일반 로지스틱 회귀에 해당하는데, 외견상 err 0.064를 기록하고 교차 검증에 의한 값은 0.069다. 교차 검증에 의한 최소 오류율은 0.067이다.

$$\widehat{\text{Err}}_{\text{cv}} = 0.067 \tag{12.26}$$

47개의 예측 변수를 사용한 모델에서 얻은 것이다.

(12.26)과 (12.25)의 차이는 너무 작아서 $\widehat{\text{Err}}_{\text{cv}}$ 추정에서의 잡음을 감안할 때 중요하지 않다. 여기에는 좀 더 미묘한 결함이 있다. 비교를 통해 $\widehat{\text{Err}}_{\text{cv}}$ 추정에 기반한 '최고' 예측 규칙을 선택하는 것은 그 자체로는 교차 검증된 것이 아니다. 각 경우에서 (x_i, y_i)는 자신의 최적 예측을 선택하는 데 관여했고, 이 때문에 외견상 최적 선택에서의 $\widehat{\text{Err}}_{\text{cv}}$ 값을 액면 그대로 받아들일 수는 없다.

그럼에도, 교차 검증의 주된 용도는 경쟁하는 예측 규칙 중에서 선택하는 것이다. 교차 검증의 정당성과 상관없이 종종 교차 검증은 쓸 수 있는 유일한 방법일 때가 있다. 그렇기는 하지만, 최저 예측 오차는 그 값을 어떻게 구했는지와 상관없이 분명히 추정의 최소 분산에 의한 선택보다는 더 약한 선택 규칙이다.

예를 들어 평균이 $\bar{x}$고 중앙값이 $\check{x}$인 iid 정규 표본을 가정해보자.

$$x_i \overset{\text{iid}}{\sim} \mathcal{N}(\mu, 1), \qquad i = 1, 2, \ldots, 25 \tag{12.27}$$

둘 다 μ의 추정에 대해 불편이지만 $\bar{x}$가 훨씬 더 효율적이다.

$$\text{var}(\check{x}) / \text{var}(\bar{x}) \doteq 1.57 \tag{12.28}$$

동일한 $\mathcal{N}(\mu, 1)$ 분포에서 독립적으로 선택된 미래의 관측치 x_0을 추정하려 한다고 가정해보자. 이 경우 $\bar{x}$에는 그다지 장점이 없다.

$$E\left\{(x_0 - \check{x})^2\right\} / E\left\{(x_0 - \bar{x})^2\right\} = 1.02 \tag{12.29}$$

$x_0 \sim \mathcal{N}(\mu, 1)$에서의 잡음이 예측 오차를 지배하고 있다. 아마도 3부에서 다룰 예측 알고리듬의 번성을 보면, 전략에서의 약한 변화가 예측 오차에 어떻게 영향을 미치는지 알 수 있을 것이다.

표 12.2 $\mathcal{N}(\mu, 1)$로부터의 N_0 크기의 독립 표본의 평균 $\bar{x}_0$의 예측 오차 비율 $E\{(\bar{x}_0 - \check{x})^2\}/E\{(\bar{x}_0 - \bar{x})^2\}$. $\bar{x}$와 $\check{x}$는 $i = 1, 2, \ldots, 25$에서 $x_i \sim \mathcal{N}(\mu, 1)$로부터의 평균과 중앙값이다.

번호	1	10	100	1000	∞
비율	1.02	1.16	1.46	1.56	1.57

이 마지막 예제에서는 $\mathcal{N}(\mu, 1)$ 분포로부터 향후 N_0번 추출할 때 그 평균 $\bar{x}_0$을 예측하는 과제를 가정해보자. 표 12.2는 예측 오차의 비율을 N_0의 함수로 보여준다. 중앙값에 대한 평균의 우수성은 N_0이 커질수록 그대로 드러난다. 이 초간단 예제에서 예측과 추정의 차이는 미래의 관측에 대해, 하나의 평균을 예측하는 것인지 무한 가지의 예측을 하는 것인지의 관점에서 비교할 수 있다.

$\widehat{\text{Err}}_{\text{cv}}$가 실제로 (12.7)에 정의된 것처럼 Err_d를 추정할 수 있는가? 대답은 반드시 '예'여야 할 것처럼 보이지만, 다음 시뮬레이션을 보면 몇 가지 의문

점이 생기게 될 것이다. (12.16)에서의 참 분포 F가 초신성 데이터의 각 39 쌍 (x_i, y_i)에 1/39씩 가중치를 부여하는 이산 분포 $\hat{F}$라고 가정하자.[5] $\hat{F}$로부터 복원을 동반한 크기 39의 랜덤 표본추출을 통해 시뮬레이션 데이터 집합 $\boldsymbol{d}^*$와 원래 사용된 라소/C_p 비법에 기반한 예측 규칙 $r_{\boldsymbol{d}^*}(\cdot)$을 생성한다. 이전과 동일한 교차 검증 절차를 $\boldsymbol{d}^*$에 적용하면 $\widehat{\text{Err}}^*_{\text{cv}}$를 얻을 수 있다. 이 과정은 시뮬레이션이기 때문에 참 분포 $\hat{F}$에 적용된 규칙 $r_{\boldsymbol{d}^*}(\cdot)$의 실제 평균 제곱 오차율 또한 계산할 수 있다.

$$\text{Err}^* = \frac{1}{39}\sum_{i=1}^{39} D\left(y_i, r_{\boldsymbol{d}^*}(x_i)\right) \tag{12.30}$$

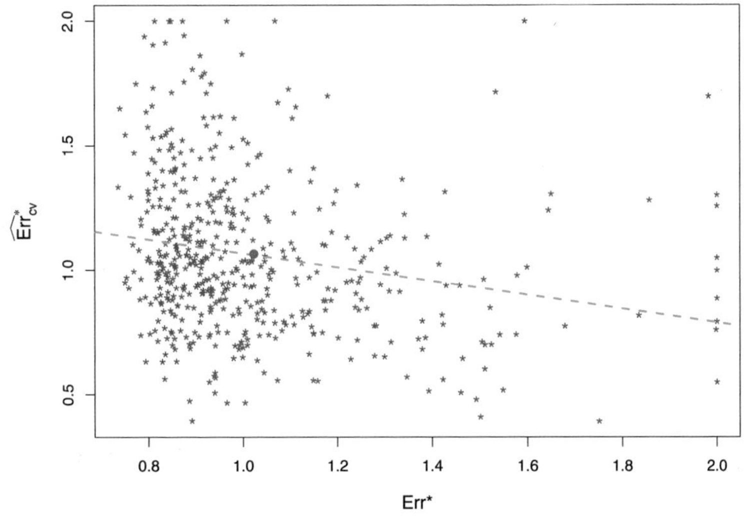

그림 12.3 참 오차 Err과 교차 검증 추정 $\widehat{\text{Err}}^*_{\text{cv}}$를 비교하는 시뮬레이션 실험. 초신성 데이터에 기반한 500회 시뮬레이션이다. $\widehat{\text{Err}}^*_{\text{cv}}$와 Err은 음으로 상관돼 있다.

그림 12.3은 500회의 시뮬레이션에 대해 제곱 오차 차이 $D(y, \hat{y}) = (y - \hat{y})^2$을 사용해 $(\text{Err}^*, \widehat{\text{Err}}^*_{\text{cv}})$를 그린 것이다. 요약 통계량은 표 12.3에 있다. $\widehat{\text{Err}}^*_{\text{cv}}$

5 $\hat{F}$에 근거한 시뮬레이션은 10장에서의 비모수적 부트스트랩 분석과 동일하다.

표 12.3 참 오차 Err^*, 교차 검증된 오차 $\widehat{\text{Err}}^*_{cv}$ 그리고 외견상 오차 err^*. 초신성 데이터에 기반한 500회 시뮬레이션. $\widehat{\text{Err}}^*_{cv}$와 Err^* 간의 상관관계는 −0.175다.

	Err^*	$\widehat{\text{Err}}^*_{cv}$	err^*
평균	1.02	1.07	.57
표준편차	.27	.34	.16

는 평균화가 1.07로서 잘 작동해 참 Err 1.02 근처에 있고, 두 추정은 모두 외견상 오차 평균 0.57보다 80%나 더 크다. 그러나 그림은 무언가 불안정한 것을 보여준다. $\widehat{\text{Err}}^*_{cv}$와 Err^* 간에 음의 상관관계가 보인다. 큰 $\widehat{\text{Err}}^*_{cv}$ 값은 작은 참 예측 오차를 동반하고, 그 반대도 마찬가지다.

Err에 대해 우리가 내린 원래의 정의는

$$\text{Err}_{\boldsymbol{d}} = E_F\{D(y_0, r_{\boldsymbol{d}}(x_0))\} \tag{12.31}$$

$r_{\boldsymbol{d}}(\cdot)$이 $\boldsymbol{d}$에서 구성된 그대로 고정된 것으로 간주했고 $(x_0, y_0) \sim F$만이 랜덤이었다. 다시 말하자면, $\text{Err}_{\boldsymbol{d}}$는 Err^*가 $r_{\boldsymbol{d}^*}(\cdot)$에 대한 것처럼 특정 규칙 $r_{\boldsymbol{d}}(\cdot)$의 기대 예측 오차다. 만약 $\widehat{\text{Err}}^*_{cv}$가 Err^*를 추적했다면, 그림 12.3에서 양의 상관관계를 봤을 것이다.

현재로서는 $\widehat{\text{Err}}^*_{cv}$가 정의 (12.31)에서 (x_0, y_0)은 물론 $\boldsymbol{d}$도 랜덤인 상황에서 기대 예측 오차를 추정하고 있다는 것만 알 수 있다. 이는 교차 검증을 강한 빈도주의 장치로 만들어버린다. $\widehat{\text{Err}}_{cv}$는 $r_{\boldsymbol{d}}(\cdot)$ 자체가 아니라, $r_{\boldsymbol{d}}(\cdot)$을 생성하는 알고리듬의 예측 오차 평균을 추정하고 있다.

12.3 공분산 페널티

교차 검증은 비모수적으로 작동하며 확률적 모델링이 필요 없다. 공분산 페널티 절차는 확률 모델을 필요로 하지만 자신들의 영역 내에서는 다소 잡음이 덜한 예측 오차 추정을 제공해준다. 여기서는 맬로우의 C_p, 아카이케의 정보 기준(AIC), 그리고 스타인의 불편 위험 추정(SURE) 등과 같은 우수한 몇 가지 공분산 페널티 기법을 살펴본다.

공분산 페널티 방식은 회귀 프레임워크에서 예측 오차 추정을 다룬다. 훈련 집합 $\boldsymbol{d} = \{(x_i, y_i)\}, i = 1, 2, \ldots, N\}$(12.1)의 예측 변수 벡터 x_i는 (12.6)에서와 같이 랜덤이 아니라 관측된 값으로 고정된 것으로 간주한다. 기댓값 $\mu_i = E\{y_i\}$의 미지의 벡터 $\boldsymbol{\mu}$는 주어진 어떤 확률 모델에 따라 관측된 반응 변수 벡터 $\boldsymbol{y}$를 생성하고, 이는 처음부터 다음과 같은 단순한 형태라고 가정한다.

$$\boldsymbol{y} \sim (\boldsymbol{\mu}, \sigma^2 \boldsymbol{I}) \tag{12.32}$$

즉, y_i는 상관되지 않았으며, 미지의 평균 μ_i와 분산 σ^2을 가진다. 비록 실제로는 대개 추정을 해야 하지만, 여기서는 σ^2을 알고 있다고 가정하자.

회귀 규칙 $r(\cdot)$은 벡터 $\boldsymbol{\mu}$의 추정을 생성하기 위해 사용됐다.

$$\hat{\boldsymbol{\mu}} = r(\boldsymbol{y}) \tag{12.33}$$

(예측 변수 x_i는 고정돼 있으며 알려진 것으로 간주하므로 표기에는 오직 y만 포함돼 있다.)

예를 들어 다음과 같이 취할 수 있다.

$$\hat{\boldsymbol{\mu}} = r(\boldsymbol{y}) = \boldsymbol{X}(\boldsymbol{X}'\boldsymbol{X})^{-1}\boldsymbol{X}'\boldsymbol{y} \tag{12.34}$$

여기서 $\boldsymbol{X}$는 i번째 행에 x_i를 가진 $N \times p$ 행렬로 선형 회귀 모델 $\boldsymbol{\mu} = \boldsymbol{X}\beta$에서 따온 것이다.

공분산 페널티 계산에서는 추정자 $\hat{\boldsymbol{\mu}}$ 또한 예측 변수로 작동한다. 이쯤에서 과연 모델 (12.32)로부터의 관측값의 새로운 벡터 $\boldsymbol{y}_0$을 예측하는 데 $\hat{\boldsymbol{\mu}} = \boldsymbol{r}(\boldsymbol{y})$가 얼마나 정확할 것인지 궁금해진다.

$$\boldsymbol{y}_0 \sim (\boldsymbol{\mu}, \sigma^2 \boldsymbol{I}), \ \boldsymbol{y}\text{에 독립} \tag{12.35}$$

우선, 예측 오차는 제곱 차에 의해 산정한다. 구성 요소 i에 대해 다음과 같으며

$$\mathrm{Err}_i = E_0\left\{(y_{0i} - \hat{\mu}_i)^2\right\} \tag{12.36}$$

여기서 E_0은 y_{0i}는 랜덤이지만 $\hat{\mu}_i$는 고정돼 있는 기댓값을 나타낸다. 전체적

인 예측 오차는 평균을 사용한다.[6]

$$\text{Err.} = \frac{1}{N}\sum_{i=1}^{N} \text{Err}_i \tag{12.37}$$

구성 요소 i의 외견상 오차는 다음과 같다.

$$\text{err}_i = (y_i - \hat{\mu}_i)^2 \tag{12.38}$$

다음의 단순하지만 강력한 보조정리가 공분산 페널티의 이론적인 바탕을 이룬다.

보조정리 E가 (12.32)의 $\boldsymbol{y}$와 (12.35)에서의 $\boldsymbol{y}_0$ 둘 다에 대한 기댓값을 나타낸다고 하자. 그러면 다음이 성립한다.

$$E\{\text{Err}_i\} = E\{\text{err}_i\} + 2\,\text{cov}(\hat{\mu}_i, y_i) \tag{12.39}$$

여기서 마지막 항은 $\hat{\boldsymbol{\mu}}$와 $\boldsymbol{y}$의 i번째 항목 사이의 공분산이다.

$$\text{cov}(\hat{\mu}_i, y_i) = E\left\{(\hat{\mu}_i - \mu_i)(y_i - \mu_i)\right\} \tag{12.40}$$

((12.40)은 $E\{\hat{\mu}_i\} = \hat{\mu}_i$라는 조건이 필요하지 않다는 점에 유의하자.)

증명 $\epsilon_i = y_i - \mu_i$와 $\delta_i = (\hat{\mu}_i - \mu_i)$라 하면, 기초 등식 $(\epsilon_i - \delta_i)^2 = \epsilon_i^2 - 2\epsilon_i\delta_i + \delta_i^2$은 다음과 같이 된다.

$$(y_i - \hat{\mu}_i)^2 = (y_i - \mu_i)^2 - 2(\hat{\mu}_i - \mu_i)(y_i - \mu_i) + (\hat{\mu}_i - \mu_i)^2 \tag{12.41}$$

이와 유사하게 다음이 성립한다.

$$(y_{0i} - \hat{\mu}_i)^2 = (y_{0i} - \mu_i)^2 - 2(\hat{\mu}_i - \mu_i)(y_{0i} - \mu_i) + (\hat{\mu}_i - \mu_i)^2 \tag{12.42}$$

기댓값을 취하면 (12.41)은 다음을 생성한다.

---

6 Err.은 '외표본 오차' Err(12.7)과 대비해 가끔 '내표본 오차'라고도 부른다. 실제로 둘은 비슷하게 작동하는 경향이 있다.

$$E\{\text{err}_i\} = \sigma^2 - 2\,\text{cov}(\hat{\mu}_i, y_i) + E(\hat{\mu}_i - \mu_i)^2 \tag{12.43}$$

여기서 (12.42)는 다음을 생성한다.

$$E\{\text{Err}_i\} = \sigma^2 + E(\hat{\mu}_i - \mu_i)^2 \tag{12.44}$$

(12.42) 우변의 중간 항은 y_{0i}와 $\hat{\mu}_i$의 독립성으로 인해 0이 된다. (12.44)와 (12.43) 사이의 차를 취하게 되면 보조정리가 증명된다.

보조정리는 σ^2이 i에 대해 변화해도 유효하다는 점에 주목하자.

보조정리는 평균적으로, 외견상 오차 err_i는 참 예측 오차 Err_i를 공분산 페널티 2 $\text{cov}(\hat{\mu}_i, y_i)$만큼 과소 추정한다는 의미다(이는 $\text{cov}(\mu_i, y_i)$가 y_i가 자신의 예측 $\hat{\mu}_i$에 끼치는 영향 정도를 측정하므로 직관적으로 합당해 보인다). 예측 오차에 대한 공분산 페널티 추정은 다음과 같은 형식을 취한다.

$$\widehat{\text{Err}}_i = \text{err}_i + 2\widehat{\text{cov}}(\hat{\mu}_i, y_i) \tag{12.45}$$

여기서 $\widehat{\text{cov}}(\hat{\mu}_i, y_i)$는 $\text{cov}(\mu_i, y_i)$를 근사한다. 전체적인 예측 오차 (12.37)은 다음과 같이 추정할 수 있다.

$$\widehat{\text{Err}}. = \text{err} + \frac{2}{N}\sum_{i=1}^{N}\widehat{\text{cov}}(\hat{\mu}_i, y_i) \tag{12.46}$$

여기서 $\text{err} = \sum \text{err}_i / N$은 이전과 같다.

(12.45)에서의 $\widehat{\text{cov}}(\hat{\mu}_i, y_i)$의 형식은 예측 문제를 가정한 문맥에 종속된다.

(1) (12.32)–(12.33)에서의 $\hat{\boldsymbol{\mu}} = r(\boldsymbol{y})$가 선형이라고 가정하자.

$$\hat{\boldsymbol{\mu}} = \boldsymbol{c} + \boldsymbol{M}\boldsymbol{y} \tag{12.47}$$

여기서 c는 알려진 N-벡터고 $\mathbf{M}$은 알려진 $N \times N$ 행렬이다. 그러면 $\hat{\boldsymbol{\mu}}$와 $\boldsymbol{y}$ 사이의 공분산 행렬은 다음과 같이 된다.

$$\text{cov}(\hat{\boldsymbol{\mu}}, \boldsymbol{y}) = \sigma^2 \boldsymbol{M} \tag{12.48}$$

$\mathrm{cov}(\hat{\mu}_i, y_i) = \sigma^2 M_{ii}$고, M_{ii}는 $\mathbf{M}$의 i번째 대각 원소며

$$\widehat{\mathrm{Err}}_i = \mathrm{err}_i + 2\sigma^2 M_{ii} \tag{12.49}$$

또 $\mathrm{err} = \sum_i (y_i - \hat{\mu}_i)^2 / N$이므로 다음이 성립한다.

$$\widehat{\mathrm{Err}}. = \frac{1}{N}\sum_{i=1}^{N}(y_i - \hat{\mu}_i)^2 + \frac{2\sigma^2}{N}\,\mathrm{tr}(\boldsymbol{M}) \tag{12.50}$$

공식 (12.50)은 예측 오차에 대한 맬로우의 C_p 추정이다. OLS 추정 (12.34)의 경우 $\boldsymbol{M} = \boldsymbol{X}(\boldsymbol{X}'\boldsymbol{X})^{-1}\boldsymbol{X}'$는 $\mathrm{tr}(\boldsymbol{M}) = p$개의 예측 변수를 가지므로 다음이 성립한다.

$$\widehat{\mathrm{Err}}. = \frac{1}{N}\sum_{i=1}^{N}(y_i - \hat{\mu}_i)^2 + \frac{2}{N}\sigma^2 p \tag{12.51}$$

(12.8)−(12.9)의 초신성 데이터의 경우 OLS 예측 변수 $\hat{\boldsymbol{\mu}} = \boldsymbol{X}(\boldsymbol{X}'\boldsymbol{X})^{-1}$ $\boldsymbol{X}'\boldsymbol{y}$는 $\mathrm{err} = \sum(y_i - \hat{\mu}_i)^2/39 = 0.719$를 나타낸다. 공분산 페널티는 $N = 39$, $\sigma^2 = 1$,[7] $p = 10$에 대해 0.513이고 예측 오차에 대한 C_p 추정은 다음과 같다.

$$\widehat{\mathrm{Err}}. = 0.719 + 0.513 = 1.23 \tag{12.52}$$

OLS 회귀의 경우, 자유도 p와 (12.34)에서의 행렬 $\boldsymbol{X}$의 랭크rank는 (12.51)의 공분산 페널티 $(2/N)\sigma^2$을 결정한다. 이를 (12.46)과 비교하면, 회귀 규칙 $\hat{\boldsymbol{\mu}} = \boldsymbol{r}(\boldsymbol{y})$에 대한 자유도 df의 일반화된 정의를 얻을 수 있다.

$$\mathrm{df} = (1/\sigma^2)\sum_{i=1}^{N}\widehat{\mathrm{cov}}(\hat{\mu}_i, y_i) \tag{12.53}$$

이 정의는 서로 다른 회귀 규칙 형식을 비교하는 공통 근거를 제공한다. 더 큰 df를 가진 규칙은 좀 더 유연하고 데이터에 대한 외견상 적합화가 더 좋

7 $\boldsymbol{y}$와 모든 x_i는 평균이 0이 되도록 표준화됐으므로, 절편은 11번째 예측 변수로 세지 않는다. 우리가 사용하는 모든 모델에서는 절편이 0인 것으로 가정한다.

은 경향이 있지만 공정한 비교를 위해서는 더 큰 공분산 페널티를 필요로 한다.

(**2**) 라소 추정(7.42)과 (12.10)에 대해 식 (12.51)은 p가 0이 아닌 회귀 계수의
†2 개수로 설정되면, 좋은 근사를 유지한다는 것을 증명할 수 있다.[†] 그림 12.1 에서 초신성 데이터에 적용한 라소 규칙에서 $p=7$이었다. 이 규칙에 의한 err은 0.720으로 위의 OLS 규칙과 거의 동일하지만 C_p 페널티는 OLS의 1.23과 비교해 더 작다. 즉, $2 \cdot 7/39 = 0.359$이므로

$$\widehat{\text{Err}}. = 0.720 + 0.359 = 1.08 \tag{12.54}$$

이 추정은 $p=7$인 데이터 기반의 선택은 고려하지 않는다. 아래의 (**4**) 항목을 참고하라.

(**3**) 만약 모델 (12.32)에 다변량 정규성을 추가하려고 한다면

$$\boldsymbol{y} \sim \mathcal{N}_p(\boldsymbol{\mu}, \sigma^2 \boldsymbol{I}) \tag{12.55}$$

선형(12.47) 가정을 없앨 수 있다. 이 경우 모든 미분 가능한 추정자 $\hat{\boldsymbol{\mu}} = \boldsymbol{r}(\boldsymbol{y})$
†3 에 대해 식 (12.51)의 공분산은 다음과 같이 된다.[†]

$$\text{cov}(\hat{\mu}_i, y_i) = \sigma^2 E\{\partial \hat{\mu}_i / \partial y_i\} \tag{12.56}$$

이는 y_i에 대한 $\hat{\mu}_i$ 편미분의 σ^2 배수다(y_i가 자신의 예측에 영향을 끼친다는 것을 알려주는 또 다른 척도다). SURE 공식(스타인의 불편 위험 추정자)은 다음과 같다.

$$\widehat{\text{Err}}_i = \text{err}_i + 2\sigma^2 \frac{\partial \hat{\mu}_i}{\partial y_i} \tag{12.57}$$

여기서 전체적인 예측 오차에 해당하는 추정은 다음과 같다.

$$\widehat{\text{Err}}. = \text{err} + \frac{2\sigma^2}{N} \sum_{i=1}^{N} \frac{\partial \hat{\mu}_i}{\partial y_i} \tag{12.58}$$

SURE는 그림 1.2의 신장 적합도 데이터의 규칙 $\hat{\boldsymbol{\mu}}$ = `lowess(x,y,1/3)`에 적용됐다. 그림 12.4의 속이 빈 원은 성분별component-wise 자유도 추정(수치적 미분으로 구한) vs. 나이 i다.[8]

$$\frac{\partial\hat{\mu}_i}{\partial y_i}, \qquad i = 1, 2, \ldots, N = 157 \tag{12.59}$$

그들의 합은

$$\sum_{i=1}^{N} \frac{\partial\hat{\mu}_i}{\partial y_i} = 6.67 \tag{12.60}$$

(12.53)에서와 같이 전체 자유도를 추정하고 `lowess(x,y,1/3)`이 df = 7을 가진 6차 다항 적합화와 같은 정도로 유연하다는 것을 암시한다.

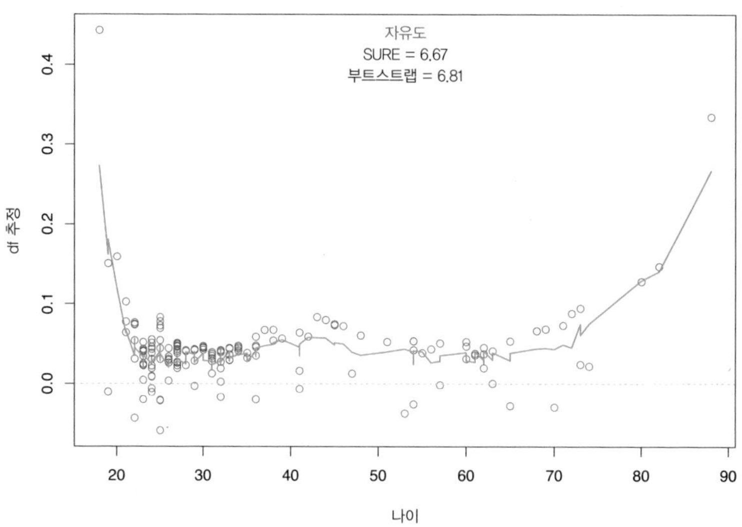

그림 12.4 그림 1.2의 신장 데이터에 적합화한 `lowess(x,y,1/3)` 분석. 속이 빈 원은 SURE 좌표별 df 추정 $\partial\hat{\mu}_i/\partial y_i$를 나이 i에 대해 도식화한 것으로 전체 자유도는 6.67이다. 실선의 곡선은 부트스트랩 좌표별 추정(12.65)을 추적하고 그 합은 전체적으로 df = 6.81이 된다.

---

8 (12.56)에서 인자 σ^2이 (12.53)에서는 상쇄됐다는 것에 주목하자.

(4) 10.4절의 모수적 부트스트랩[9]은 보조정리 (12.39)의 공분산 $\mathrm{cov}(\hat{\mu}_i, y_i)$를 추정하는 데 사용할 수 있다. 데이터 벡터 $\boldsymbol{y}$는 주어진 모수적 계열의 구성원 $f_{\boldsymbol{\mu}}(\boldsymbol{y})$로부터 생성된 것으로 가정한다.

$$\mathcal{F} = \{f_{\boldsymbol{\mu}}(\boldsymbol{y}),\ \boldsymbol{\mu} \in \Omega\} \tag{12.61}$$

이는 $\hat{\boldsymbol{\mu}} = r(y)$를 생성하며 다음과 같이 된다.

$$f_{\boldsymbol{\mu}} \rightarrow \boldsymbol{y} \rightarrow \hat{\boldsymbol{\mu}} = r(\boldsymbol{y}) \tag{12.62}$$

$\boldsymbol{y}$와 $\hat{\boldsymbol{\mu}}$의 모수적 부트스트랩 복제는 (12.62)와 유사하게 얻을 수 있다.[10]

$$f_{\hat{\boldsymbol{\mu}}} \rightarrow \boldsymbol{y}^* \rightarrow \hat{\boldsymbol{\mu}}^* = r(\boldsymbol{y}^*) \tag{12.63}$$

그러면 대규모 복제 개수 B는 부트스트랩 추정을 생성한다.

$$\widehat{\mathrm{cov}}(\hat{\mu}_i, y_i) = \frac{1}{B}\sum_{j=1}^{B}(\hat{\mu}_i^{*b} - \hat{\mu}_i^{*\cdot})(y_i^{*b} - y_i^{*\cdot}) \tag{12.64}$$

표기에 점을 찍은 것은 B 복제에 대한 평균이라는 것을 나타낸다.

$B = 1000$ 모수적 부트스트랩 복제 $(\hat{\boldsymbol{\mu}}^*, \boldsymbol{y}^*)$를 정규 모델(12.55)로부터 얻었고 (12.63)에서의 $\hat{\boldsymbol{\mu}}$를 그림 1.2에서의 `lowess(x,y,1/3)`로부터의 추정으로 가정한다. y를 나이의 12차 다항 함수로 하는 표준 선형 회귀는 $\hat{\sigma}^2 = 3.28$로 계산된다. 공분산은 (12.64)와 같이 계산돼 좌표별 자유도 추정(12.53)을 나타낸다.

$$\mathrm{df}_i = \widehat{\mathrm{cov}}(\hat{\mu}_i, y_i)/\hat{\sigma}^2 \tag{12.65}$$

9 교차 검증에 필적하는 비모수적 부트스트랩도 있으며, 추정값은 0.632다. 12.5절, '주석 및 상세 설명'을 참고하라.

10 (12.63)의 $\hat{\boldsymbol{\mu}}$가 반드시 $\hat{\boldsymbol{\mu}} = r(\boldsymbol{y})$일 필요는 없다. 계산 (12.64)는 `lowess(x,y,1/6)`로부터 (12.63)의 $\hat{\boldsymbol{\mu}}$를 취한 후 재실행한 것으로(그러나 $r(\boldsymbol{y})$는 여전히 `lowess(x,y,1/3)`에서 왔다.) 거의 동일한 결과를 낳는다. 일반적으로 (12.63)에서의 $\hat{\boldsymbol{\mu}}$를 $r(\boldsymbol{y})$보다 좀 더 유연하고 덜 편향된 추정자로 사용할 수 있다.

그림 12.4의 실선 곡선은 df_i를 나이 i의 함수로 도식화한다. 이들은 비슷하지만 SURE 추정보다 잡음이 적다. 이들의 합산은 6.81로서 (12.60)과 거의 같다. (12.46)에서의 전체적인 공분산 페널티 항은 0.284와 같고 $\widehat{\mathrm{Err}}$.을 $\mathrm{err} = 3.15$에 대해 9% 증가시킨다.

공분산 페널티의 모수적 부트스트랩 추정(12.64)이 가진 장점은 아무리 색다르더라도 모든 예측 규칙 $\hat{\mu} = r(\boldsymbol{y})$를 적용할 수 있다는 점이다. 초신성 데이터의 라소 추정에 적용되면, $B = 1000$ 복제는 항상 $p = 7$ 예측 변수를 사용한 규칙에 대해 이론적 근사치인 $\mathrm{df} = 7$과 비교해 전체 $\mathrm{df} = 6.85$를 생성한다. 또 다른 1,000개 복제에서는 이제 $\hat{\mu}^* = r(\boldsymbol{y}^*)$가 매번 외견상 최고인 p^*를 골라 df 추정이 7.48로 증가했다. 따라서 p-값을 적응적으로 선택하게 되면 0.6의 초과 자유도를 더 계산하게 됐다. 이러한 계산은 현대의 컴퓨터 집중적 추론의 전형적인 예로서 복잡한 적응 예측 규칙을 완전히 자동화된 기반을 통해 오차 추정을 수행한다.

(5) 공분산 페널티는 예측 오차를 측정하는 데 있어 제곱 오차 $D(y_i, \hat{\mu}_i) = (y_i, \hat{\mu}_i)^2$ 이외의 척도에 대해서도 적용될 수 있다. 여기서는 일반 이론의 두 가지 예제를 알아본다. 우선 분류를 살펴보는데, y_i는 0이나 1이고 유사하게 예측 변수 $\hat{\mu}_i$는 (12.5)에서와 같이 이분적 오차를 가진다.[11]

$$D(y_i, \hat{\mu}_i) = \begin{cases} 1 & y_i \neq \hat{\mu}_i \text{인 경우} \\ 0 & y_i = \hat{\mu}_i \text{인 경우} \end{cases} \tag{12.66}$$

이런 상황에서 외견상 오차는 훈련 집합(12.1)에서의 예측 실수 중 관측된 부분이 된다.

$$\mathrm{err} = \#\{y_i \neq \hat{\mu}_i\}/N \tag{12.67}$$

이제 i의 경우에 대한 참 예측 오차는 다음과 같다.

11 좀 더 일반적으로 말해, $\hat{\pi}_i$는 $\Pr\{y_i = 1\}$의 어떤 예측 변수고 $\hat{\mu}_i$는 지표 함수 $I(\hat{\pi}_i \geq 0.5)$다.

$$\text{Err}_i = \Pr_0\{y_{0i} \neq \hat{\mu}_i\} \tag{12.68}$$

이는 주어진 $\hat{\mu}_i$에 대해 y_i의 독립된 복제 y_{0i}가 부정확하게 예측됐을 조건부 확률이 된다. 보조정리는 (12.39)에서 설명한 대로 유효하고 다음의 예측 오차 추정으로 이끈다.

$$\widehat{\text{Err}}. = \frac{\#\{y_i \neq \hat{\mu}_i\}}{N} + \frac{2}{N}\sum_{i=1}^{N}\text{cov}(\hat{\mu}_i, y_i) \tag{12.69}$$

약간의 대수를 통해 다음 식을 만들 수 있다.

$$\text{cov}(\hat{\mu}_i, y_i) = \mu_i(1-\mu_i)\left(\Pr\{\hat{\mu}_i = 1|y_i = 1\} - \Pr\{\hat{\mu}_1 = 1|y_i = 0\}\right) \tag{12.70}$$

여기서 $\mu_i = \Pr\{y_i = 1\}$로서 y_i가 자신의 예측에 스스로 영향을 끼치는 것을 측정하는 공분산 페널티를 다시 한 번 보여준다.

두 번째 예로서, 관측치 y_i가 단일 모수 지수 계열 $f_\mu(y) = \exp\{\lambda y - \gamma(\lambda)\} f_0(y)$(8.32)의 다른 멤버로부터 얻은 것이라고 가정하자.

$$y_i \sim f_{\mu_i}(y_i) \qquad i = 1, 2, \ldots, N\text{에 대해} \tag{12.71}$$

그리고 오차는 편차(8.31)에 의해 측정된다.

$$D(y, \hat{\mu}) = 2\int_{\mathcal{Y}} f_y(Y)\log\left(\frac{f_y(Y)}{f_{\hat{\mu}}(Y)}\right)dY \tag{12.72}$$

(8.33)에 따라 외견상 오차 $\sum D(y_i, \hat{\mu}_i)$는 다음과 같이 된다.

$$\text{err} = \frac{2}{N}\sum_{i=1}^{N}\log\left(\frac{f_{y_i}(y_i)}{f_{\hat{\mu}_i}(y_i)}\right) = \frac{2}{N}\left\{\log\left(f_{\boldsymbol{y}}(\boldsymbol{y})\right) - \log\left(f_{\hat{\boldsymbol{\mu}}}(\boldsymbol{y})\right)\right\} \tag{12.73}$$

이 경우에 일반 이론은 전체적인 공분산 페널티를 계산하게 된다.

$$\text{페널티} = \frac{2}{N} \sum_{i=1}^{N} \text{cov}\left(\hat{\lambda}_i, \hat{\mu}_i\right) \tag{12.74}$$

여기서 $\hat{\lambda}_i$는 $\hat{\mu}_\lambda$에 해당하는 계열(8.32)의 자연 모수natural parameter다(예를 들면 포아송 관측의 경우 $\hat{\lambda}_i = \log \hat{\mu}_i$다). 더구나 $\hat{\boldsymbol{\mu}}$가 자유도 p를 가진 일반화 선형 모델(8.22)에서의 $\boldsymbol{\mu}$에 대한 MLE에서 얻은 것이라면 다음 식은

$$\text{페널티} \doteq \frac{2p}{N} \tag{12.75}$$

좋은 근사치가 된다. $\widehat{\text{Err}}$.(12.46)에 대응하는 버전은 다음과 같이 쓸 수 있다.

$$\widehat{\text{Err}}. \doteq -\frac{2}{N}\left\{\log\left(f_{\hat{\boldsymbol{\mu}}}(\boldsymbol{y})\right) - p\right\} + \text{상수} \tag{12.76}$$

상수 $(2/N)\log(f_{\boldsymbol{y}}(\boldsymbol{y}))$는 $\hat{\boldsymbol{\mu}}$에 종속돼 있지 않다.

대괄호 안의 항은 아카이케 정보 기준(AIC)이다. 통계학자들이 주어진 데이터 집합 $\boldsymbol{y}$에 대해 가능한 예측 규칙 $r^{(j)}(\boldsymbol{y})$를 비교하고자 한다면, AIC는 페널티화된 최대 우도를 최대화하는 규칙을 선택하라고 말해준다.

$$\log\left(f_{\hat{\boldsymbol{\mu}}^{(j)}}(\boldsymbol{y})\right) - p^{(j)} \tag{12.77}$$

여기서 $\hat{\boldsymbol{\mu}}^{(j)}$는 규칙 j의 MLE고 $p^{(j)}$는 자유도다. (12.76)과 비교하면, GLM에 대해 AIC는 가장 작은 $\widehat{\text{Err}}.^{(j)}$ 값을 가진 규칙을 선택하는 것에 해당한다.

교차 검증에서는 확률 모델이 필요하지 않지만, 그러한 모델이 존재한다면 오차 추정 $\widehat{\text{Err}}_{\text{cv}}$는 부트스트랩 스무딩bootstrap smoothing[12]을 통해 개선할 수 있다. 예측 변수 벡터 x_i가 관측된 값으로 고정됐다고 가정하면 모수적 모델은

12 아마도 '배깅'이란 이름으로 더 잘 알려져 있을 것이다.

(12.62)에서와 같은 데이터 집합 $\boldsymbol{d} = \{(x_i, y_i)\}$, $i = 1, 2, \ldots, N\}$을 생성하고, 이로부터 예측 규칙 $r_d(\cdot)$과 오차 추정 $\widehat{\text{Err}}_{\text{cv}}$(12.21)를 계산할 수 있다.

$$f_{\boldsymbol{\mu}} \to \boldsymbol{d} \to r_{\boldsymbol{d}}(\cdot) \to \widehat{\text{Err}}_{\text{cv}} \tag{12.78}$$

(12.63)에서처럼 f_μ 대신 추정된 밀도 $f_{\hat{\mu}}$로 대체하면, $\widehat{\text{Err}}_{\text{cv}}$의 모수적 부트스트랩 복제가 된다.

$$f_{\hat{\boldsymbol{\mu}}} \to \boldsymbol{d}^* \to r_{\boldsymbol{d}^*}(\cdot) \to \widehat{\text{Err}}^*_{\text{cv}} \tag{12.79}$$

그러면 어떤 큰 수 B개의 복제는 평균화해 평활화된 추정을 만들어낸다.

$$\overline{\text{Err}} = \frac{1}{B}\sum_{b=1}^{B}\widehat{\text{Err}}^{*b}_{\text{cv}} \tag{12.80}$$

$\overline{\text{Err}}$은 $\widehat{\text{Err}}_{\text{cv}}$에 있는 상당량의 잡음을 평균화를 통해 제거하고 종종 그 변동성을 크게 감소시킨다.[13]

12.5절, '주석 및 상세 설명'에서 참조하고 있는 놀라운 결과는 $\overline{\text{Err}}$이 공분산 페널티 추정 $\text{Err}_\cdot$을 근사하고 있음을 보여준다. 대체로 $\text{Err}_\cdot$은 초과 랜덤성을 $\widehat{\text{Err}}_{\text{cv}}$ 밖으로 쥐어짜서 내보낸 후 남은 것이며(전통적 용어를 사용하자면 '라오-블랙웰Rao-Blackwellization'의 한 예다.), 상당한 개선이 가능하다.† 믿을 만한 모수적 모델이 있다면, 공분산 페널티 추정은 교차 검증보다 더 선호돼야 한다.

†4

12.4 훈련, 검증, 단기 예측 변수

성공적인 사례들을 분석해보면, 관측된 예측 변수–반응 변수 쌍 (x, y)의 전체 집합을 분할해 크기 N(12.1)의 훈련 집합과 크기 N_{val}(12.19)의 검증 집합으로 나누는 것이 좋다는 점을 확인할 수 있다. 훈련 집합으로 효과적인 예측

13 그룹화된 교차 검증에 연관된 전술은 J 그룹으로 이뤄진 몇 가지 서로 다른 랜덤 선택 분할에 대해 (12.21) 계산을 반복하고 그 결과 $\widehat{\text{Err}}_{\text{cv}}$ 추정을 평균화하는 것이다.

규칙 $r_d(x)$를 개발하는 동안 검증 집합은 금고 속에 꼭꼭 잘 보관해둔다. 마지막에는 금고 속에서 $\boldsymbol{d}_{\text{val}}$을 꺼낸 뒤 r_d의 예측 오차율의 정직한 추정값인 $\widehat{\text{Err}}_{\text{val}}$ (12.20)을 계산하는 데 사용한다.

이 방법은 좋은 아이디어로서, 적어도 훈련 프로세스 동안에 비축해둘 검증 집합의 양이 충분하기만 하면 실패할 염려도 없어 보인다. 그럼에도 불구하고 참 오류율을 과소 측정할 위험은 남아있는데, 이 현상은 시간이 지남에 따라 예측력이 사라져가는 단기ephemeral 예측 변수 때문에 발생한다. 다소 인위적이지만 그렇다고 해서 완전히 비현실적이지는 않은 다음 예제를 통해 그 위험을 살펴보자.

예제는 360명의 피험자가 관여된 가상의 미세배열microarray 연구에 관한 것인데, 각각 180명의 환자와 180명의 건강체가 있다. 이들 그룹은 다음과 같이 코드화한다.

$$y_i = \begin{cases} 1 & \text{환자} \\ 0 & \text{건강체} \end{cases} \qquad i = 1,\ 2,\ \ldots,\ 360 \tag{12.81}$$

각 피험자는 $p = 100$개 유전자의 유전적 활동을 측정하는 미세배열에 의해 평가되고, 그 값은 다음의 예측 변수를 사용해 나타낸다.

$$x_i = (x_{i1}, x_{i2}, x_{i3}, \ldots, x_{i100})' \tag{12.82}$$

하루에 한 피험자씩 평가하고 환자와 건강체를 번갈아가며 이 과정을 수행한다.

측량값 x_{ij}는 서로 독립적이고 y_i와도 독립적이다.

$$x_{ij} \overset{\text{ind}}{\sim} \mathcal{N}(\mu_{ij}, 1) \quad i = 1,\ 2,\ \ldots,\ 360\text{과} \quad j = 1,\ 2,\ \ldots,\ 100\text{에 대해} \tag{12.83}$$

대부분의 μ_{ij}는 0이지만 각 유전자의 측량값은 두 가지 가능한 형태의 '일시적 증상 발현'을 나타낼 수 있다. 형식 1에서는 다음과 같고

$$\mu_{ij} = \begin{cases} 2 & y_i = 1\text{인 경우} \\ -2 & y_i = 0\text{인 경우} \end{cases} \tag{12.84}$$

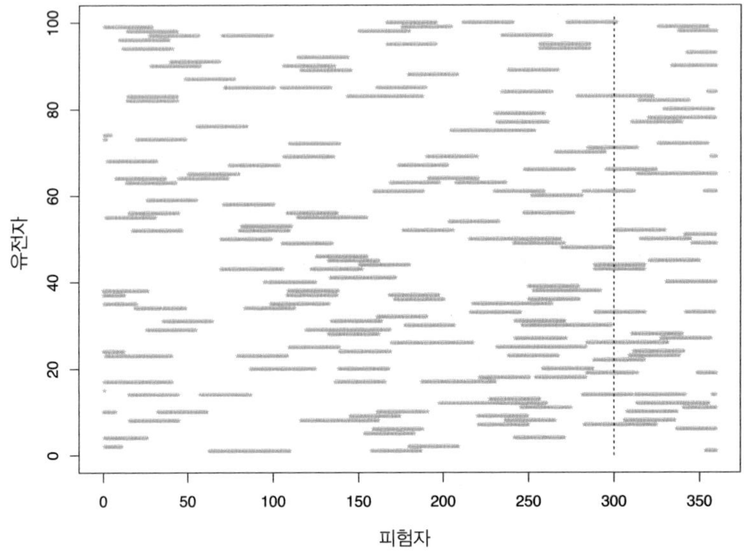

그림 12.5 오렌지색 바는 가상의 의학 연구 (12.81)-(12.82)에 대한 일시적 증상 발현 (12.84)와 그 역을 나타낸다.

형식 2는 반대 부호를 가진다. 증상 발현은 30일 정도 지속되고 무작위적이며 독립적으로 1일과 360일 사이에 위치하며 유전자당 평균 두 번의 증상 발현이 나타난다. 그림 12.5에서의 오렌지색 바가 증상의 발현을 나타낸다.

이제 향후의 진단 목적을 위해 예측 규칙 $\hat{y} = r_{\boldsymbol{d}}(x)$를 구성하고자 한다. 이 목적을 위해 여기서는 랜덤으로 360명의 피험자를 $N = 300$의 훈련 집합 $\boldsymbol{d}$와 $N_{\text{val}} = 60$ 크기의 검증 집합 $\boldsymbol{d}_{\text{val}}$로 나눈다. 예측 방법은 17장에서 소개할 유명한 '머신 러닝' 예측 프로그램인 랜덤 포레스트를 사용한다. 랜덤 포레스트는 대규모 랜덤 부분 표본 회귀 트리(8.4절)의 예측을 평균화함으로써 $r_{\boldsymbol{d}}(x)$를 형성한다.

그림 12.6의 상단은 결과를 보여주는데, 푸른색 점은 테스트 집합 오차를 나타내고 검은색 점은 (교차 검증된) 훈련 집합 오차를 나타낸다. 둘 다 랜덤 포레스트가 점점 커질수록 15%에 수렴한다. 이 점은 예측 규칙 $r_{\boldsymbol{d}}(x)$가 85%의 성공 확률을 가지고 있다는 것을 확인해주는 듯하다.

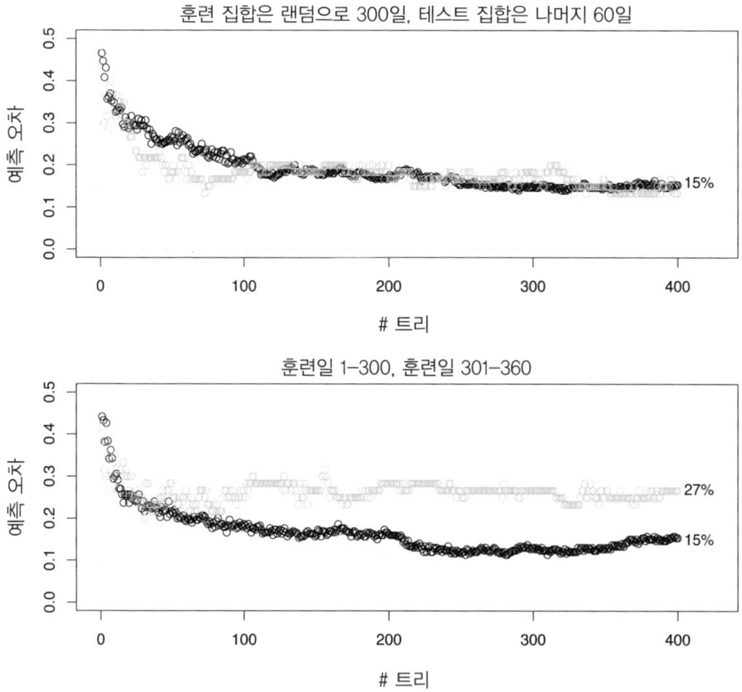

그림 12.6 가상의 의학 연구 (12.81)-(12.82)를 사용한 랜덤 포레스트 예측 규칙의 테스트 오차(푸른색)와 교차 검증된 훈련 오차(검은색). 상단 그림: 훈련 집합은 랜덤으로 300일을 선택하고 테스트 집합은 그 나머지 60일이다. 하단 그림: 훈련 집합은 처음 300일이고 테스트 집합은 마지막 60일이다.

하단 그림에는 한 가지 변화를 줬다. 이제 훈련 집합은 1일부터 300일까지의 데이터고, 테스트 집합은 301일부터 360일까지의 데이터다. 교차 검증된 훈련 집합 예측 오차는 여전히 15%에 수렴하지만 $\widehat{\text{Err}}_{\text{val}}$은 27%로 이제 거의 두 배가 됐다.

이유는 어렵지 않게 파악할 수 있다. 모든 예측력은 일시적 증상 발현으로부터 와야만 하는데, 제한된 기간 밖에서는 효능을 잃게 되는 것이다. 첫 예제에서는 테스트일이 훈련일 중에 위치하므로 그로부터 예측 정확도를 물려받게 된다. 그러나 테스트일이 훈련일로부터 멀리 떨어진 두 번째 설정에서는 대부분 실패한다(이 상황에서는 300일 선을 교차하는 오렌지색 바만이 $\widehat{\text{Err}}_{\text{val}}$을 낮추는 데 도움을 줬다).

명백하지만 종종 망각하게 되는 금언은 테스트 집합이 훈련 집합으로부터 멀리 떨어져 있을수록 $\widehat{\mathrm{Err}}_{\mathrm{val}}$이 더욱 믿을 만하다는 사실이다. '더 멀리'라는 것은 시간이나 공간을 대상으로 하는 연구에서는 그 의미가 명확하지만 일반적으로 반드시 그렇지는 않다. *J*-폴드 교차 검증의 경우, 각 그룹을 선택할 때 랜덤으로 하는 것보다는 연속된 *N*/*J* 블록의 경우를 제거하면 좀 더 분리가 확실해진다. 하지만 분리의 수준에는 여전히 한계가 있으므로 $\widehat{\mathrm{Err}}_{\mathrm{cv}}$는 적절히 구성된 $\widehat{\mathrm{Err}}_{\mathrm{val}}$에 비해 덜 신뢰하게 된다.

일시적transient, 단기적ephemeral 예측 변수, 그리고 믿을 수 있는dependable 것 간의 구분은 상관관계와 인과관계의 차이를 이용해 나타낼 수 있다. 과학적 해석이 아니라 예측이라는 목적에 부합할 만큼 충분히 일관적일 경우라면 상관관계 정도만으로도 흔쾌히 만족할 수 있다. 이 문제에 대해서는 15장에서 대규모 가설 검정을 다룰 때 다시 살펴본다.

독감 발발을 예측하는 머신 러닝 알고리듬인 구글 플루 트렌즈Google Flu
†5 Trends†와 연관된 '사라지는 상관관계'라는 악명 높은 경고성 이야기가 있다. 2008년에 도입된 알고리듬은 인터넷 검색 용어 개수에 기초하고 있으며 속도나 예측 정확도 면에서 전통적인 의학 조사 방법보다 앞섰다. 그러나 4년 후 알고리듬은 실제로는 존재하지 않았던 독감 유행을 심하게 과추정하면서 실패했다. 여기서 얻을 수 있는 교훈 한 가지는 구글 알고리듬 전문가들은 훈련 데이터에 있는 수년치(수주나 수개월이 아니라) 데이터를 모두 제거한 검증 집합이 필요했었다는 것이다.

오차율 추정은 주로 속성상 빈도주의지만 인터넷에 가용한 대규모 데이터 집합은 모든 형태의 추론 정당성을 무시하도록 부추겼다. 이는 위험할 수 있다. '찾은' 데이터의 비균질 속성은 분석의 통계학적 원칙이 더 적게가 아니라 더 많이 관련되도록 만든다.

12.5 주석 및 상세 설명

예측 알고리듬의 발전과 그 오차 추정은 전자식 컴퓨터가 통계적 이론과 관행에 미친 영향을 정확히 보여준다. 교차 검증을 위한 전통적 비법은 전체 데이터를 둘로 나누고, 변수를 선택하고, 모델을 고르고, 데이터를 처음 절반에 적합화한 후 나머지 절반에 결과 절차를 테스트해보라고 권한다. 1974년에 가이저Geisser와 스톤Stone이 각각 독립적으로 발표한 논문에서 예측 오차율의 교차 검정에서 '하나를 누락leave-one-out'하라는 특성을 발표하면서 다시금 주목을 끌기 시작했다.

여기서 편향 대 분산의 문제가 발생한다. 단지 $N/2$의 경우에 기반한 규칙은 모든 N에 기반한 실제 규칙에 비해 덜 정확하다. '하나를 누락'하는 교차 검증은 이러한 편향을 최소화하는 대신 불연속 속성의 '건너뛰는' 규칙에 대한 오차율 추정의 변동성을 증가시키게 됐다. 현재의 최고 기법은 하스티와 동료들(2009)의 7.10절에 설명돼 있는 J-폴드 교차 검증으로서, J는 아마 10 정도가 추천되며 몇 가지 랜덤 데이터 분할을 평균화할 수도 있다.

1973년은 오차 추정과 관련해서 또 다른 좋은 해였는데, 맬로우의 C_p 추정과 아카이케의 정보 기준이 등장했기 때문이다. 에프론(1986)은 C_p 기법을 일반적 상황 부류로 확장했고(아래 참고), AIC와의 연계를 확립했으며, 공분산 페널티를 위한 부트스트랩 기법을 제안했다. 교차 검증과 공분산 페널티 간의 연결은 에프론(2004)에서 검토돼 있는데, 12.3절 끝에 언급된 라오-블랙웰 형식과의 관계가 설명돼 있다. SURE 기준은 찰스 스타인의 1981년 논문에 나타난다. 예Ye(1988)는 일반적인 자유도의 정의를 제시했다(12.53).

†1 표준 양초와 암흑에너지. 아담 리스Adam Riess, 사울 펄무터Saul Perlmutter, 브라이언 슈미트Brian Schmidt는 우주 팽창의 증가율을 발견해 2011년 노벨 물리학상을 받았으며, 아인슈타인의 암흑에너지 개념에 자신들의 공로를 돌렸다. 그들은 Ia 형태의 초신성을 '표준 양초'로 사용해 우주의 거리를 측정했다. 그림 12.1에 제시된 분석의 형태는 우주론적 거리 크기를 개선하기 위해 의도된 것이다.

†2 라소 추정의 데이터 기반 선택. 라소 추정기(7.42)의 정규화 모수 λ는 $\tilde{\beta}(\lambda)$의 0이 아닌 계수의 개수를 통제한다. λ가 커질수록, 0이 아닌 계수가 줄어든다. 에프론과 동료들(2004)과 조와 동료들[Zou et al](2007)은 라소 추정에서 자유도 df(12.53)의 값으로는 0이 아닌 계수의 개수를 사용하면 좋은 근사를 얻을 수 있다는 것을 증명했다. (12.51)에서 이 값을 p 대신에 대체하면 빠른 버전의 $\widehat{\text{Err}}$.을 얻게 된다. 이는 그림 12.1의 초신성 예제에서는 df = 7에서 최소화됐다(12.54).

†3 스타인의 불편 리스크 추정. 공분산 공식 (12.56)은 부분 적분으로부터 바로 얻을 수 있다. 계산은 (12.55)의 1차원 버전, $N = 1$로부터 명확하다.

$$
\begin{aligned}
\operatorname{cov}(\hat{\mu}, y) &= \int_{-\infty}^{\infty} \left[\frac{1}{\sqrt{2\pi\sigma^2}} e^{-\frac{1}{2}\frac{(y-\mu)^2}{\sigma^2}} (y - \mu) \right] \hat{\mu}(y)\, dy \\
&= \sigma^2 \int_{-\infty}^{\infty} \left[\frac{1}{\sqrt{2\pi\sigma^2}} e^{-\frac{1}{2}\frac{(y-\mu)^2}{\sigma^2}} \right] \frac{\partial \hat{\mu}(y)}{\partial y}\, dy \\
&= \sigma^2 E\left\{ \frac{\partial \hat{\mu}(y)}{\partial y} \right\}
\end{aligned}
\tag{12.85}
$$

SURE의 일반적 정규성 조건은 스타인(1981)에서 찾을 수 있다.

†4 .632 법칙. 교차 검증에 대한 부트스트랩 경쟁자들에 대해서는 에프론(1983) 및 에프론과 티브시라니(1997)에 설명돼 있다. 이 중 가장 성공적인 것으로 '.632 규칙'은 일반적으로 '하나를 누락'하는 교차 검증보다 변동성이 적다. 비모수적 부트스트랩 데이터 집합 $\boldsymbol{d}^{*b}$, $b = 1, 2, \ldots, B$가 $\boldsymbol{d}$의 원시 N개의 멤버로부터 복원을 동반한 N번의 추출로 형성됐다고 가정하자(12.1). 데이터 집합 $\boldsymbol{d}^{*b}$는 다음의 규칙을 생성해

$$
r^{*b}(x) = r_{\boldsymbol{d}^{*b}}(x) \tag{12.86}
$$

다음의 예측을 만들어낸다.

$$
y_i^{*b} = r^{*b}(x_i) \tag{12.87}
$$

쌍 (x_i, y_i)가 $\boldsymbol{d}^{*b}$에 없으면 $I_i^b = 1$이라 하고, 있으면 0이라 하자($N \cdot B$ I_i^b 중 대략 $e^{-1} = 0.368$이 1이고 나머지 0.632는 0이다). 예측 오차에서 '부트스트랩 외' 추정은 다음과 같다.

$$\widehat{\text{Err}}_{\text{out}} = \sum_{i=1}^{N} \sum_{j=1}^{B} I_i^b D\left(y_i, \hat{y}_i^{*b}\right) \Big/ \sum_{i=1}^{N} \sum_{j=1}^{B} I_i^b \tag{12.88}$$

이는 누락된 경우의 평균 차이다.

$\widehat{\text{Err}}_{\text{out}}$은 매번 37% 정도의 경우를 생략하는 그룹화된 교차 검증 추정과 비슷하다. .632 법칙은 $\widehat{\text{Err}}_{\text{out}}$에서의 상방향 편향을 하방향으로 편향된 외견상 오차(12.18)를 포함함으로써 보완한다.

$$\widehat{\text{Err}}_{.632} = 0.632\,\widehat{\text{Err}}_{\text{out}} + 0.368\,\text{err} \tag{12.89}$$

$\widehat{\text{Err}}_{\text{out}}$은 17장에서 소개된 유명한 랜덤 포레스트 예측 알고리듬에서 다시 나타나는데, 밀접하게 연계된 절차가 Err의 '아웃 오브 백Out of Bag' 추정을 제공한다.

†5 구글 플루 트렌즈. 하포드Harford의 2014년 글, '빅 데이터: 큰 실수?'는 인터넷 시대의 방대한 '찾은found' 데이터 집합에 대한 것이며, 그 분석에서 통계적 추론의 원칙을 망각하는 위험을 다룬다. 구글 플루 트렌즈는 그가 제시한 주요 경고성 예제였다.

12.6 연습문제

1. 1) `supernova` 데이터에 선형 모델을 적합화하고 그림 12.1을 다시 생성하라.
   2) (절대값으로) 회귀 계수가 가장 작은 5개의 예측 변수를 제거하고, 나머지 5개의 예측 변수를 사용해 초신성 `supernova` 다시 적합화하라.
   3) 제곱 오차 예측력 측면에서 두 적합화를 비교하라.

2. 1) 문제 1의 두 모델에 대해 교차 검증된 오차 (12.21)를 계산하라.

   2) 각 교차 검증 단계에서 '가장 작은 5개 제거' 규칙에 따라 교차 검증 오차를 다시 계산하라.

3. 그림 12.3이 직관적이지 않은 이유와 12.2절의 마지막 문장이 의미하는 바를 명확하게 설명하라.

4. 방정식 (12.45)에 따르면, y_i와 $\hat{\mu}_i$ 사이의 양의 상관관계가 예측 오류의 추정치를 높인다. 이것이 직관적으로 올바른 이유는 무엇인가?

5. SURE 공식 (12.58)이 선형 사례 (12.47)에서 맬로우Mallows의 추정치 (12.51)와 일치함을 보여라.

6. 이번에는 `lowess(x,y,1/6)`에 대해 부트스트랩을 사용해 그림 12.4와 같이 자유도를 계산하라.

7. (12.70)을 증명하라.

8. 그림 12.5에서 그림 12.6과 관련된 신중한 설명을 해 보라.

13
객관적 베이즈 추론과 마르코프 체인 몬테 카를로

베이즈 추론은 그 시작 초기부터 통계적 사고에 강력한 영향을 미쳤다. 가정에서부터 결론에 이르기까지 오직 확률 법칙만 사용하는 일관된 단일 기법이라는 개념은 과거뿐 아니라 현재도 대단히 매력적이다. 그러나 200년 동안 베이즈 이론의 철학적 매력과 그 실제적 응용 사이에는 두 가지 걸림돌이 놓여 있었다.

1. 연관된 과거 경험이 없을 경우, 사전 분포의 선택은 과학적 추론에 원치 않는 주관적 요소가 끼어들게 한다.
2. 베이즈 규칙(3.5)은 충분히 간단해 보이지만 사후 분포를 계산할 때는 종종 복잡한 고차원의 적분이 포함된 수치적 연산을 수행해야 한다.

이 두 걸림돌은 1장에서 이분적으로 설명한 것과 잘 들어맞는데, 첫 번째 것은 추론적이고 두 번째 것은 알고리듬적이다.[1]

1 이 장에서의 지수 계열 내용은 기술적 기반을 제공하지만, 기본 아이디어의 일반적 이해를 위해 세밀한 부분까지는 필요하지 않다.

베이즈주의에 대한 관심이 다시 달아오르기 시작한 것은 1960년대며, 처음에는 주로 일관된 추론과 관련됐다. 브루노 드 피네티Bruno de Finetti와 새비지L. J. Savage가 이룬 업적의 바탕 위에 **주관적 확률**이라는 원칙에 입각한 이론이 구축됐다. 베이즈주의 통계학자들은 사전 밀도, 효용성, 믿음을 조심스럽게 끌어들여 해결하려는 문제에 대한 정확한 **주관적 사전 분포**에 다다르곤 한다. 주관적 베이즈주의는 개별적 의사결정, 예컨대 불확실한 정보하에서 회사 임원이 최고의 투자를 선택하고자 할 때 특히 적절하다.

그러나 이러한 주관적 방법론은 종종 객관성 자체에 무게를 두는 회의적 과학 세계에서의 과학적 추론에는 덜 적절하다. 한 가지 해법은 **객관적 베이즈 추론**이라는 학파에서 왔다. 3.2절에서 논의한 라플라스와 제프리의 기법을 따라 그들의 목표는 객관적, 또는 '불충분 정보'의 색채를 띠는 것이었으며, 이는 어떤 의미에서 볼 때 데이터 분석에 미치는 영향에서 비편향적인 사전 분포를 만들어내는 것이었다.

베이즈주의 사람들이 놀라워했던 것은 베이즈 아이디어와 과학적 데이터 분석을 연계시키는 데 가장 성공적이었던 것은 바로 객관적 학파들이었다는 사실이다. 「응용통계 연보Annals of Applied Statistics」의 2014년 12월호에 실린 24개 논문 중 여덟 개가 베이즈 분석을 사용했으며, 대부분 객관적 사전 분포에 기반하고 있다.

이 지점이 바로 전자식 컴퓨터의 활약이 시작되는 곳이다. 1980년에 시작돼 고차원 베이즈 사후 분포의 수치적 계산에 극적인 진전을 이뤄냈다. 마르코프 체인 몬테 카를로(MCMC)는 현대적 사후 계산 알고리듬의 일반적 이름이다. 이들은 특정 형태의 객관적 베이즈 사전 분포와 특히 잘 들어맞는다는 것이 증명됐다.

모두 종합해보면, 객관적 사전 분포와 MCMC 계산은 복잡한 데이터 분석 상황에 직면해 있는 통계학자들에게 매우 매력적인 패키지를 제공해준다. 통계적 추론은 적어도 빈도주의 분석의 고충에 비하면 거의 자동화돼 있는 셈이다. 이 장에서는 패키지에서 사전 분포의 선택과 그 이후의 계산 기법이라는 두 부분을 모두 다룬다. 빈도주의의 관점과 정보성 베이즈 분석가들 양쪽의 비판은 여기서 다루고 있으며, 21장에서도 다시 살펴본다.

13.1 객관적 사전 분포

잠재적 모수 값에 대해 균등 분포를 사용하는 것은 불충분 사전 분포의 경우에는 당연한 것처럼 보이며, 실제로도 라플라스가 18세기 후반에 그렇게 주장한 이후로 줄곧 그렇게 해왔다.

유한한 모수 공간 Ω, 즉 다음에 대해

$$\Omega = \{\mu_{(1)}, \mu_{(2)}, \ldots, \mu_{(K)}\} \tag{13.1}$$

'균등flat'이라는 것은 다음과 같은 명백한 의미를 가진다.

$$g^{\text{flat}}(\mu) = \frac{1}{K} \quad \text{모든 } \mu \in \Omega\text{에 대해} \tag{13.2}$$

K가 무한하다거나 Ω가 연속이라도 여전히 다음과 같이 가정할 수 있다.

$$g^{\text{flat}}(\mu) = \text{상수} \tag{13.3}$$

베이즈의 규칙(3.5)은 모든 상수의 선택에 대해 동일한 사후 분포를 나타낸다.

$$\begin{aligned} g^{\text{flat}}(\mu|x) &= g^{\text{flat}}(\mu) f_\mu(x) / f(x), \\ \text{여기서} \quad f(x) &= \int_\Omega f_\mu(x) g^{\text{flat}}(\mu)\, d\mu \end{aligned} \tag{13.4}$$

$g^{\text{flat}}(\mu)$가 $g^{\text{flat}}(\mu|x)$를 상쇄시킨다는 점에 주목하자. $g^{\text{flat}}(\mu)$가 '부적절improper'이라는 사실, 즉 적분이 무한대가 되더라도 $f(x)$가 유한하기만 하면 (13.4)에서 베이즈 규칙을 형식적으로 사용하는 데 문제가 없다.

한편 $g^{\text{flat}}(\mu|x)$는 μ의 사후 밀도를 우도 함수 $L_x(\mu) = f_\mu(x)$에 비례적으로 설정한 것과 같다는 점에 주목하자(μ가 Ω에 대해 변하는 동안 x는 고정). 이 사실

은 우도의 직접적 해석을 강조한다는 점에서 피셔의 추론에 근접하게 하지만, 피셔는 확고하게 우도는 확률이 아니라고 주장했다.

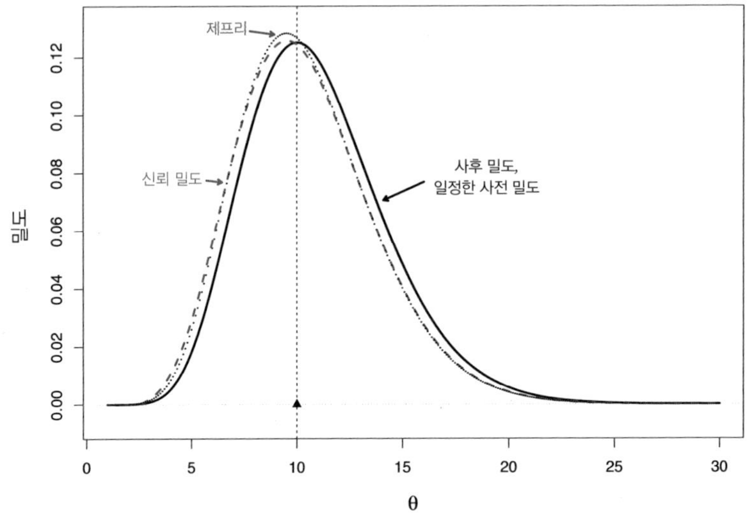

그림 13.1 실선 곡선은 포아송 모델 $x \sim \text{Poi}(\mu)$로부터 관측된 $x = 10$의 일정 사전 사후 밀도(13.4)다. 이는 그림 11.6의 신뢰 밀도(파선)에서 우측으로 0.5 단위만큼 이동했다. 제프리의 사전 밀도는 신뢰 밀도와 거의 동일한 사후 밀도(점선)를 나타낸다.

그림 13.1에서의 실선 곡선은 표 11.2의 포아송 상황에서의 $g^{\text{flat}}(\mu|x)$를 보여준다.

$$x \sim \text{Poi}(\mu) \tag{13.5}$$

여기서 $x = 10$은 관측치다. $g^{\text{flat}}(\mu|x)$는 그림 11.6의 신뢰 밀도에서 거의 정확히 0.5 단위만큼 이동했다(이 경우 'θ'는 μ 자체다).[2]

피셔는 균등 사전 분포 베이즈 추론이 가진 변환 불변성을 지적하며 심하게 비판했다. 만약 μ가 아니라 $\theta = \log(\mu)$에 관심이 있었더라면, $g^{\text{flat}}(\theta|x)$

2 이 구성을 이해하기 위해 독자들은 11장, 특히 11.6절을 참고하길 바란다.

는 $g^{\text{flat}}(\mu|x)$의 로그 크기로 변환되지 않았을 것이다. 제프리의 사전 밀도는 (3.17)이든, (11.72)든 정확히 변환되고 $x \sim \text{Poi}(\mu)$에 대해서는 다음과 같이 된다.

$$g^{\text{Jeff}}(\mu) = 1/\sqrt{\mu} \tag{13.6}$$

그러면 $g^{\text{Jeff}}(\mu|x=10)$은 그림 13.1의 신뢰 밀도에 거의 일치하게 된다.

범위 매칭 사전 분포

13.6절, '주석 및 상세 설명'에서 잠깐 언급한 것처럼, 범용 불충분 정보 사전 분포에 사용하기 위해 다양한 방법과 변화를 통해 제프리의 사전 분포가 발
†1 전돼 왔다.[†] 하지만 그 모든 방법은 그림 11.7에서 본 것과 같은 단점을 가지고 있다. 즉, 사후 분포 $g(\mu|x)$는 관심 대상의 실수 모수 $\theta = t(\mu)$의 추론 결과에 의도치 않은 영향을 끼칠 수 있다. 이 문제는 피할 수가 없다. 어떤 단일 사전 분포가 모든 $\theta = t(\mu)$의 선택에 대해 불충분 정보가 된다는 것은 수학적으로 불가능하다.

사전 분포에 대해 '불충분 정보'라는 말은 가끔 '신뢰구간에 거의 일치하는 사후 베이즈 구간을 나타내는'이라는 의미를 가지기도 한다. 아마 놀랍겠지만, 이 정의는 베이즈주의 사람들도 상당히 공감한다. 이러한 사전 분포는 그림 11.7의 최대 고윳값 모수의 예처럼 모든 관심 대상의 스칼라 모수 $\theta = t(\mu)$에 대해 구성할 수 있다. 과정을 간단히 요약하자면, 구성은 다음과
†2 같이 진행된다.[†]

- p차원 모수 벡터 μ는 θ가 첫 번째 좌표가 되도록 변환된다. 즉,

$$\mu \to (\theta, \nu) \tag{13.7}$$

  여기서 ν는 $(p-1)$차원 장애 모수다.

- 변환은 $(\theta,\ \nu)$의 피셔 정보 행렬(11.72)이 대각 형태가 되도록 선택한다.

$$\begin{pmatrix} \mathcal{I}_{\theta\theta} & 0 \\ 0' & \mathcal{I}_{\nu\nu} \end{pmatrix} \tag{13.8}$$

(이 변환은 항상 가능하다.)

- 마지막으로, $(\theta,\ \nu)$의 사전 분포는 다음 식에 비례하도록 설정한다.

$$g(\theta, \nu) = \mathcal{I}_{\theta\theta}^{1/2} h(\nu) \tag{13.9}$$

  여기서 $h(\nu)$는 임의의 $(p-1)$차원 밀도다. 다시 말해 $g(\theta,\ \nu)$는 θ에 대한 1차원 제프리의 사전 분포(3.16)를 직교하는 장애 모수 벡터 ν에 대해 임의의 독립 사전 분포와 병합한 것이다.

(13.9)에 대해 알아야 할 주요 사항은 함수 $\theta = t(\mu)$가 변경되면, 그 원시 모수 벡터 μ의 사전 분포 $g(\theta,\ \nu)$도 달라진다는 것이다. 어떠한 단일 사전 분포 $g(\mu)$도 관심 대상 모수 θ의 모든 선택에 대해 불충분 정보일 수 없다.

$g(\theta,\ \nu)$를 계산하는 것은 상당히 어려울 수 있다. 따라서 그 대안 중 하나는 BCa 신뢰 밀도 (11.68)−(11.69)로 직접 가는 것인데, 이 경우는 불충분 정보 사전 분포로부터의 사후 분포로 해석할 수 있다(그 적분이 신뢰구간의 끝점과 거의 일치하기 때문이다).

범위 매칭 사전 분포는 실제로는 그리 많이 사용되지 않고 있으며, 앞서 언급한 「응용통계 연보」에 실린 8개의 객관적 베이즈 논문 중 어느 것도 (13.9) 형태를 이용하지 않았다. '거의 불충분 정보' 형태인 사전 분포 켤레conjugates는 그 사후 분포를 계산하기가 더 간단하다는 주된 이유로 인해 더 유명하다.

13.2 켤레 사전 분포

수학적으로 편리한 사전 분포 부류는 켤레 사전 분포로서 5.5절에서와 같은 지수 계열의 표본에 적용된다.[3]

3 비록 이론은 다모수 경우까지 확장되지만, 여기서는 단일 모수 계열에 집중한다. 그림 13.2는 2-모수 상황과 관계돼 있다.

$$f_\mu(x) = e^{\alpha x - \psi(\alpha)} f_0(x) \tag{13.10}$$

여기서는 계열들을 표준적 기준인 α 대신에 기댓값 모수에 따라 인덱스 했다.

$$\mu = E_f\{x\} \tag{13.11}$$

(13.10)의 우변에서 α는 μ의 일대일 함수로 생각할 수 있다(이른바 '연결 함수'). 예를 들면 포아송 계열의 $\alpha = \log(\mu)$가 있다. 관측된 데이터는 f_μ로부터의 랜덤 표본 $\boldsymbol{x} = (x_1, x_2, \ldots, x_n)$이다.

$$x_1, x_2, \ldots, x_n \overset{\text{iid}}{\sim} f_\mu \tag{13.12}$$

(13.12)는 다음의 밀도 함수를 가진다.

$$f_\mu(\boldsymbol{x}) = e^{n[\alpha\bar{x} - \psi(\alpha)]} f_0(\boldsymbol{x}) \tag{13.13}$$

평균 $\bar{x} = \sum x_i / n$은 충분sufficient이다.

μ, $g_{n_0,x_0}(\mu)$의 켤레 사전 분포 계열은 통계학자들이 두 모수 n_0과 x_0을 선택할 수 있게 해준다.

$$g_{n_0,x_0}(\mu) = ce^{n_0[x_0\alpha - \psi(\alpha)]} \big/ V(\mu) \tag{13.14}$$

f_μ로부터의 x에 대한 분산 $V(\mu)$는 다음과 같다.

$$V(\mu) = \text{var}_f\{x\} \tag{13.15}$$

c는 가능한 μ 구간 내에서 레베스크Lebesque 척도에 대해 $g_{n_0,x_0}(\mu)$의 적분이 1이 되도록 만드는 상수다. 이에 대한 해석은 x_0이 f_μ에서 나온 n_0개의 가상의 사전 분포 관측치에 대한 평균을 나타낸다고 할 수 있다.

켤레 사전 분포의 유용성은 다음 정리에서 확인할 수 있다.

†3 **정리 13.1** 다음과 같이 정의하자.[†]

$$n_+ = n_0 + n \quad \text{그리고} \quad \bar{x}_+ = \frac{n_0}{n_+}x_0 + \frac{n}{n_+}\bar{x} \tag{13.16}$$

그러면 $\boldsymbol{x} = (x_1, x_2, \ldots, x_n)$이 주어졌을 때의 μ의 사후 밀도는 다음과 같다.

$$g(\mu|\boldsymbol{x}) = g_{n_+,\bar{x}_+}(\mu) \tag{13.17}$$

그리고 주어진 $\boldsymbol{x}$에 대한 μ의 사후 기댓값은 다음과 같다.

$$E\{\mu|\boldsymbol{x}\} = \frac{n_0}{n_+}x_0 + \frac{n}{n_+}\bar{x} \tag{13.18}$$

직관적 해석은 상당히 만족스럽다. 크기 n_0인 가상의 사전 표본으로 시작했으며 충분통계량은 x_0이다. 표본 크기 n인 $\boldsymbol{x}$를 관측하고, 사전 분포 $g_{n_0,x_0}(\mu)$를 동일한 형식의 $g_{n_+,\bar{x}_+}(\mu)$ 분포로 갱신한다. 또한 $E\{\mu|\boldsymbol{x}\}$는 x_0의 n_0개 복제의 가상 표본평균과 같다.

$$(x_0, x_0, \ldots, x_0, x_1, x_2, \ldots, x_n) \tag{13.19}$$

예를 들어 $x_i \overset{\text{iid}}{\sim} \text{Poi}(\mu)$라고 가정하자. 즉 표 5.1의 포아송분포로부터 추
†4 출한 n개 iid 관찰을 가지고 있다고 가정하자. 식 (13.14)는 다음의 켤레 사전 분포를 나타낸다.†

$$g_{n_0,x_0}(\mu) = c\mu^{n_0x_0-1}e^{-n_0\mu} \tag{13.20}$$

c는 μ에 종속돼 있지 않다. 그러므로 표 5.1의 표기에서 $g_{n_0,x_0}(\mu)$는 감마분포 $\text{Gam}(n_0x_0, 1/n_0)$이다. 사후 분포는 다음과 같다.

$$\begin{aligned} g(\mu|\boldsymbol{x}) = g_{n_+,\bar{x}_+}(\mu) &\sim \text{Gam}(n_+\bar{x}_+, 1/n_+) \\ &\sim \frac{1}{n_+}G_{n_+\bar{x}_+} \end{aligned} \tag{13.21}$$

†5 여기서 G_ν는 표준 감마분포를 나타낸다.†

$$G_\nu = \text{Gam}(\nu, 1) \tag{13.22}$$

표 13.1 표 5.1의 표기법을 따른 네 가지 익숙한 단일 모수 지수 계열의 켤레 사전 분포 (13.14)–(13.16). 마지막 열은 사전 분포 $g_{n_0,x_0}(\mu)$에서 시작하는 n개의 관측치 x_i가 주어졌을 때 μ의 사후 분포를 보여준다. 네 번째 줄에서 $G\nu$는 표준 감마분포 Gam(ν, 1)이고, 여기서 μ는 표 5.1의 감마 모수 σ와 같다. 13.6절, '주석 및 상세 설명'에는 역 감마분포 $1/G_\nu$의 밀도가 나와 있고 카이제곱 변량의 결과에 해당하는 결과가 나와 있다.

	이름	x_i 분포	$g_{n_0,x_0}(\mu)$	$g(\mu\|\boldsymbol{x})$
1.	이름	$\mathcal{N}(\mu,\sigma_1^2)$ (σ_1^2 알고 있음)	$\mathcal{N}(x_0,\sigma_1^2/n_0)$	$\mathcal{N}(\bar{x}_+,\sigma_1^2/n_+)$
2.	포아송	Poi(μ)	Gam($n_0x_0, 1/n_0$)	Gam($n_+\bar{x}_+, 1/n_+$)
3.	이항	Bi($1,\mu$)	Be($n_0x_0, n_0(1-x_0)$)	Be($n_+\bar{x}_+, n_+(1-\bar{x}_+)$)
4.	감마	$\mu G_\nu/\nu$ (ν 알고 있음)	$n_0x_0\nu/G_{n_0\nu+1}$	$n_+\bar{x}_+\nu/G_{n_+\nu+1}$

표 13.1은 네 가지 익숙한 단일 모수 계열의 켤레 사전 및 사후 분포를 보여준다. 이항분포의 경우 μ가 표 5.1의 '성공 확률' π다(독립적 동전 던지기 x_1, x_2, ..., x_n을 하면 $s=\sum_i x_i = n\bar{x}$ 성공을 얻게 된다). 사전 분포 $g_{n_0,x_0}(\pi)$는 n_0회의 동전 던지기에서 $x_0=s_0/n_0$ 비율만큼의 사전 성공을 가정한 것에 해당한다. 식 (13.18)은 π의 사후 기댓값에 대해 다음과 같이 나타난다.

$$E\{\pi|\boldsymbol{x}\} = \frac{s_0+s}{n_0+n} \tag{13.23}$$

예를 들어 $(n_0,\ x_0)=(2,\ 1/2)$의 선택은 π에 대한 베이즈 추정 $(s+1)/(n+2)$를 생성하며, MLE s/n을 1/2쪽으로 살짝 끌어당긴다.

가상의 사전 분포 관측치의 개수 n_0의 크기는 사전 분포 $g_{n_0,x_0}(\mu)$가 얼마나 정보성을 갖췄는지 혹은 갖추지 못했는지를 결정한다. 최근의 객관적 베이즈 논문들은 n_0을 작게 잡는 것을 선호해 $n_0=1$로 하는 것이 보편적이다. 여기서 바라는 것은 적절한 사전 분포(유한한 적분을 가진 것)를 사용하면서 여전히 분석할 때 보장할 수 없는 정보를 개입시키지 않는 것이다. x_0의 선택도

관습적이다. 그중 한 방법은 $x_0=\bar{x}$로 설정하는 것인데, 이 경우 사후 기댓값 $E\{\mu|\boldsymbol{x}\}$(13.18)는 MLE $\bar{x}$와 같다. 또 다른 가능성은 x_0을 'null' 값으로 선택하는 것인데, 예를 들어 (3.28)에서의 '효과 크기' 추정을 위해 $x_0=0$으로 설정하는 것이다.

표 13.2 혈관 수축 데이터. 39가지 공기 주입량을 보여준다. 19개 경우는 혈관 수축이 없고($y=0$) 20개 경우는 혈관 수축($y=1$)이다.

$y=0$		$y=1$	
60	98	85	115
74	98	88	120
78	104	88	126
78	104	90	126
78	113	90	128
88	118	93	136
90	120	104	143
95	123	108	151
95	137	110	154
98		111	157

객관적 베이즈 추론의 소규모 예제로서 표 13.2의 혈관 수축 데이터를 살
†6 펴보자.[†] $n=39$가지 경우의 허파 크기를 측정했으며, 19가지 경우는 혈관 수축이 없고($y=0$), 20가지 경우는 혈관 수축이 있다($y=1$). 여기서는 y_i를 이항 변량처럼 생각한다.

$$y_i \overset{\text{ind}}{\sim} \text{Bi}(1, \pi_i), \qquad ii= 1,\ 2,\ \ldots,\ 39 \tag{13.24}$$

로지스틱 회귀 모델(8.5)을 따르면 다음과 같이 된다.

$$\log\left(\frac{\pi_i}{1-\pi_i}\right) = \alpha_0 + \alpha_1 x_i \tag{13.25}$$

여기서 x_i는 고정된 공변량이다(값은 표 13.2에 있다).

$X_i = (1, x_i)'$, (13.24)–(13.25)로 하면, 2-모수 지수 계열이 나타난다.

$$f_\alpha(\boldsymbol{y}) = e^{n\left[\alpha'\hat{\beta} - \psi(\alpha)\right]} f_0(\boldsymbol{y}) \tag{13.26}$$

여기서

$$\hat{\beta} = \frac{1}{n}\left(\sum_{i=1}^{n} y_i, \sum_{i=1}^{n} x_i y_i\right)' \quad \text{그리고} \quad \psi(\alpha) = \frac{1}{n}\sum_{i=1}^{n} \log(1 + e^{\alpha' X_i})$$

MLE $\hat{\alpha}$는 (8.30)에서 주어진 것과 같은 근사 2×2 공분산 행렬이다. 그림 13.2에서 사후 분포를 α나 μ 대신 다음 식으로 도식화하면

$$\gamma = \hat{\boldsymbol{V}}^{-1/2}(\alpha - \hat{\alpha}) \tag{13.27}$$

동일한 밀도의 등고선이 대체로 0을 중심으로 원형으로 형성된다.

그림 13.2의 A 부분은 모델 (13.24)–(13.25)에서 데이터 y가 주어졌을 때 γ의 균등 사전 사후 밀도를 보여준다. 두꺼운 선은 동일한 밀도의 등고선이다. '0.9'라는 표기는 사후확률 90%를 포함한다는 의미다. 그림 B 부분은 제프리의 다모수 사전 분포(11.72)에서 구한 해당 사후 분포의 등고선을 나타낸다. 이 경우

$$g^{\text{Jeff}}(\alpha) = |\boldsymbol{V}_\alpha|^{1/2} \tag{13.28}$$

$\hat{\alpha}$의 공분산 행렬 V_α는 (8.30)에서 계산한 것과 같다. 초록색 점선은 비교의 편의를 위해 A의 균등 사전 분포 등고선 중 일부를 표시한 것이다. $g^{\text{Jeff}}(\alpha)$의 효과는 좌상향 구석으로 향하는 균등 사전 분포의 돌출을 감소시키는 것이다.

그림 C는 켤레 사전 분포[4] $g_{1,0}(\alpha)$에 연계돼 있다. 균등 사전 분포의 돌출

4 (13.13)에서 $\bar{x}$의 역할을 (13.26)에서는 $\bar{\beta}$가 하고 있다. 따라서 $g_{1,0}$은 $\bar{\beta} = 0$, $n_0 = 1$이다. 이는 $g_{1,0}(\alpha) = \exp\{-\psi(\alpha)\}$를 만든다. (13.14)에서의 인자 $V(\mu)$는 α(μ에 반대되는)의 켤레 사전 분포에서는 없다.

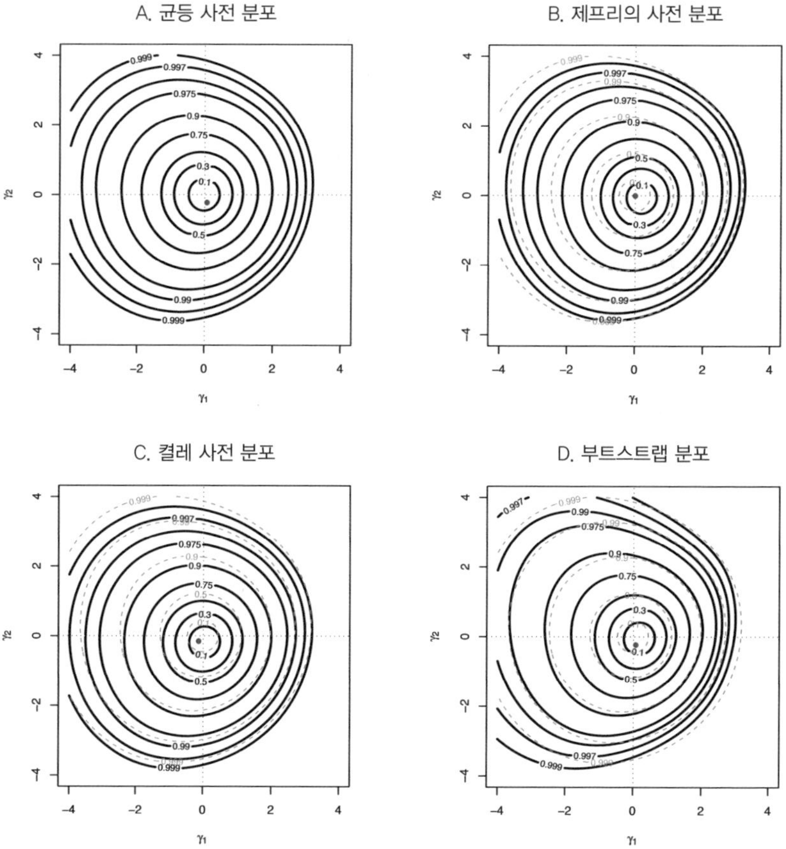

그림 13.2 혈관 수축 데이터. 책에서 설명한 것과 같이 불충분 정보 사전 분포로부터의 γ(13.27)에 대한 동일한 사후 분포의 등고선을 보여준다. 숫자는 등고선 내의 확률을 나타낸다. 옅은 점선 등고선은 A의 균등 사전 분포를 나타낸다.

을 감소시키는 것과 함께 $g_{1,0}(\alpha)$는 등고선을 조금 아래로 당긴다.

그림 D는 모수적 부트스트랩 분포를 보여준다. 모델 (13.24)-(13.25)는 $\hat{\alpha}$가 α를 대신하고, $\boldsymbol{y}^*$를 재표본추출해 $\hat{\alpha}^*$의 MLE 복제를 만든다. $\hat{\gamma}^* = \hat{V}^{-1/2}(\hat{\alpha}^* - \hat{\alpha})$의 등고선은 돌출을 왼쪽으로 상당히 두드러지게 한다.

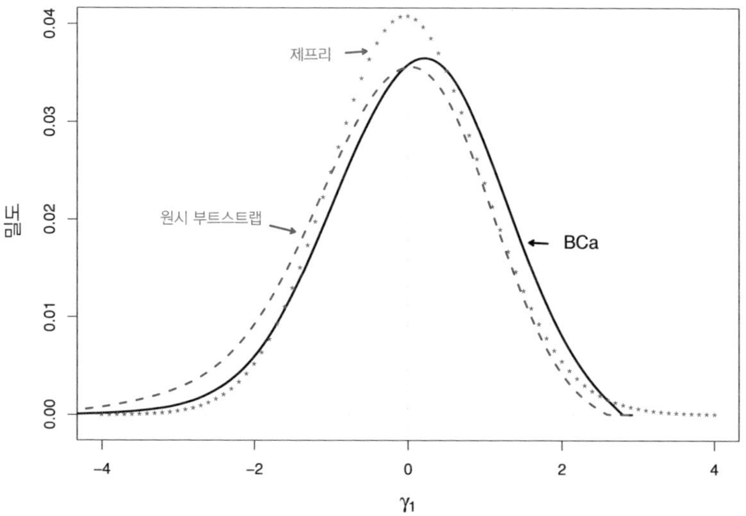

그림 13.3 γ_1의 사후 밀도, 혈관 수축 데이터의 (13.27)에서의 γ의 첫 좌표. 붉은색 점선 곡선: 모델 (13.24)−(13.25)에서의 $B = 8000$ 모수적 복제의 원시(가중치가 없는) 분포. 검은색 실선 곡선: BCa 밀도(11.68)($z_0 = 0.123$, $a = 0.053$). 푸른색 점선 곡선: 제프리 다모수 사전 밀도(11.72)를 사용한 사후 밀도

이 사실이 부트스트랩은 반드시 다른 세 가지 (매우 유사한) 객관적 베이즈 결과와 완전히 다른 결과를 나타낸다는 것을 암시하지는 않는다. 관심 대상 θ의 모든 실수 모수에 대해 원시 부트스트랩 분포(모든 복제에 동일한 가중치를 준 것)는 정확한 신뢰구간 생성을 위해 BCa 공식(11.68)에 따라 가중치를 다시 부여할 것이다. 그림 13.3은 원시 부트스트랩 분포, BCa 신뢰 밀도, 제프리의 사전 밀도에서 얻은 사후 밀도를 γ_1과 동일한 θ, (13.27)에서 γ의 첫 번째 좌표에 대해 비교하고 있다. BCa 밀도는 제프리의 오른쪽으로 이동했다.

객관적 베이즈 추론에 대한 비평

그 단순함에도 불구하고, 혹은 아마 그 단순함 때문에 객관적 베이즈 절차는 통계학적 스펙트럼의 양쪽 끝단으로부터 모두 비판을 받고 있다. 주관론자 입장에서 객관적 베이즈는 단지 부분적으로만 베이즈주의다. 객관적 베이즈는 베이즈 정리를 사용하지만 신뢰할 만한 사전 분포를 결정하는 힘든 과정을 거치지 않는다. 이 점은 빈도주의 요소와 함께 빈도주의 모순을 끌어들이게 된다(이는 제프리의 사전 분포의 경우에도 확실히 그러하다).

빈도주의 입장에서 객관적 베이즈 분석은 보잘것없는 대규모 표본만 적합한 것처럼 주장하고 있으므로, 정확성의 일반 기준으로부터 위험할 정도로 멀리 벗어난 것처럼 보일 수 있다. 이 점은 이론적 반대 이상의 것이다. 베이즈 기법의 실용적 장점은 사전 분포의 정교한 구조에 결정적으로 의존하고 있다. 실제 경험에 기초하지 않은 사전 분포에 대해 종료 규칙이나 선택적 추론을 안심하고 무시할 수 있을까(예를 들어 특별 관심 대상인 여러 추정 모수로부터 가장 큰 것을 고르는 것)?

대규모고 복잡하며 어려운 데이터 분석을 요하는 시대에는 객관적 베이즈 기법이 정답을 얻기 위한 상대적으로 간단한 해법처럼 보인다. 그 유용성을 인정하면 여전히 좀 더 합리적인 정당성을 부여할 수 있고,[5] 그렇지 않더라도 최소한 그림 13.3에서와 같이 경쟁하는 모델들과 좀 더 신중히 비교해볼 수 있다.

13.3 모델 선택과 베이즈 정보 기준

현대 통계적 추론에서는 데이터 기반의 모델 선택이 주요 주제가 됐다. 가장 단순하게는, 통계학자들은 데이터 $\boldsymbol{x}$를 관찰하고 더 작은 모델 $\mathcal{M}_0$과 더 큰 모델 $\mathcal{M}_1$ 중 하나를 선택하려고 한다. 교과서적 방법은 $\boldsymbol{x} = (x_1, x_2, \ldots, x_n)'$를 독립된 정규 표본으로 간주한다.

$$x_i \overset{\text{iid}}{\sim} \mathcal{N}(\mu, 1) \qquad i = 1, 2, \ldots, n\text{에 대해} \tag{13.29}$$

$\mathcal{M}_0$은 $\mu = 0$이라는 귀무가설이고 $\mathcal{M}_1$은 일반적인 양측 대립가설이다.

5 20장에서는 베이즈와 객관적 베이즈 추론에 대한 빈도주의 평가를 다룬다.

$$\mathcal{M}_0 : \mu = 0, \qquad \mathcal{M}_1 : \mu \neq 0 \tag{13.30}$$

($\mathcal{M}_1$에서 $\mu = 0$을 포함해도 다음에 영향을 주지 않는다.) 빈도주의 관점으로 볼 때 (13.29)–(13.30)에서 $\mathcal{M}_0$과 $\mathcal{M}_1$ 사이에서 선택하는 것은 H_0 : $\mu = 0$이라는, 아마도 μ에 대해 강화된 신뢰구간을 가진 귀무가설 검정을 수행하는 것에 해당한다.

베이즈 모델 선택은 더 큰 목표를 가지고 있는데, 주어진 $\boldsymbol{x}$에 대해 $\mathcal{M}_0$과 $\mathcal{M}_1$의 사후확률을 계산하는 것이다. 완전한 베이즈는 두 모델에 대한 사전 확률분포와

$$\pi_0 = \Pr\{\mathcal{M}_0\} \quad \text{그리고} \quad \pi_1 = 1 - \pi_0 = \Pr\{\mathcal{M}_1\} \tag{13.31}$$

각 모델 내에서 μ에 대한 조건부 사전 밀도를 필요로 한다.

$$g_0(\mu) = g(\mu|\mathcal{M}_0) \quad \text{그리고} \quad g_1(\mu) = g(\mu|\mathcal{M}_1) \tag{13.32}$$

$f_\mu(\boldsymbol{x})$가 주어진 μ에 대한 $\boldsymbol{x}$의 밀도라고 하자. 각 모델은 $\boldsymbol{x}$에 대한 한계 밀도를 유도한다. 즉,

$$f_0(\boldsymbol{x}) = \int_{\mathcal{M}_0} f_\mu(\boldsymbol{x}) g_0(\mu)\, d\mu \quad \text{그리고} \quad f_1(\boldsymbol{x}) = \int_{\mathcal{M}_1} f_\mu(\boldsymbol{x}) g_1(\mu)\, d\mu \tag{13.33}$$

베이즈 정리는 (3.8)의 비율 형태에서 사후확률을 생성한다.

$$\pi_0(\boldsymbol{x}) = \Pr\{\mathcal{M}_0|\boldsymbol{x}\} \quad \text{그리고} \quad \pi_1(\boldsymbol{x}) = \Pr\{\mathcal{M}_1|\boldsymbol{x}\} \tag{13.34}$$

이는 다음 식을 만족한다.

$$\frac{\pi_1(\boldsymbol{x})}{\pi_0(\boldsymbol{x})} = \frac{\pi_1}{\pi_0} B(\boldsymbol{x}) \tag{13.35}$$

여기서 $B(\boldsymbol{x})$는 베이즈 인자고

$$B(\boldsymbol{x}) = \frac{f_1(\boldsymbol{x})}{f_0(\boldsymbol{x})} \tag{13.36}$$

사후 승산비는 사전 승산비와 베이즈 인자의 곱이라는 멋들어진 사실로 이끌어간다.

이 모든 것은 응용보다는 이론에 더 가깝다. 사전 밀도 명세 (13.31)-(13.32)는 대개 실제 설정에서는 구할 수 없다(이것이 표준 귀무가설 검정이 그토록 보편적인 이유다). 객관적 베이즈 학파는 베이즈 인자 $B(\boldsymbol{x})$를 추정하는 데 집중했으며 (13.35)의 사전 승산비 π_1/π_0을 특정 상황에 따라 개략적으로 계산할 수 있다고 생각하고 있다(아마도 라플라스 선택 $\pi_1/\pi_0 = 1$로 설정할 것이다).

표 13.3 제프리의 베이즈 인자 해석에 대한 증거의 크기

베이즈 인자	M_1에 대한 증거
<1	부정적negative
1–3	겨우 쓸 만함barely worthwhile
3–20	긍정적positive
20–150	강함strong
>150	매우 강함very strong

제프리는 베이즈 인자를 해석할 수 있는 증거의 크기를 제시했고, 이는 표
†7 13.3에 정리돼 있다.[†] 예를 들어 $B(\boldsymbol{x}) = 10$은 긍정적이지만 더 큰 모델에 대해서는 강한 증거가 되지 못한다. 제프리의 크기는 귀무가설에 대한 '유의한' 증거가 되는 그 유명한 구역 값(1 − 유의수준) 0.95를 사용한 가설 검증 결과의 피셔 해석상의 크기에 대한 베이즈 버전이다. 표 13.4는 생물의학과 사회과학에서 통상 해석되는 피셔의 크기를 보여준다.

모델 선택 과정을 (13.35)에서의 베이즈 인자 $B(\boldsymbol{x})$를 계산하는 것으로 축소한다는 사실을 받아들이더라도 여전히 중요한 문제가 남아있다. '(13.32)의 사전 밀도 g_0과 g_1의 정보성 선택 없이 어떻게 실제로 $B(\boldsymbol{x})$를 계산할 것인가?'라는 문제다.

표 13.4 귀무가설 $\mathcal{M}_0$과 $\mathcal{M}_1$에 대한 피셔의 증거 크기를 구역 수준($1-p$-값)의 함수로 나타낸 것이다.

구역	(p-값)	M_1에 대한 증거
.80	(.20)	없음null
.90	(.10)	경계선borderline
.95	(.05)	적절moderate
.975	(.025)	근본적substantial
.99	(.01)	강함strong
.995	(.005)	매우 강함very strong
.999	(.001)	엄청남overwhelming

†8 통상적인 객관적 베이즈의 답은 베이즈 정보 기준(BIC)†이다. 주어진 모델 $\mathcal{M}$에 대해 다음과 같이 정의한다.

$$\text{BIC}(\mathcal{M}) = \log\left\{f_{\hat{\mu}}(\boldsymbol{x})\right\} - \frac{p}{2}\log(n) \tag{13.37}$$

여기서 $\hat{\mu}$는 MLE, p는 $\mathcal{M}$에서의 자유도(자유 모수 개수), n은 표본 크기다. 그러면 베이즈 인자 $B(\boldsymbol{x})$(13.36)에 근사하는 BIC는 다음과 같다.

$$\begin{aligned}\log B_{\text{BIC}}(\boldsymbol{x}) &= \text{BIC}(\mathcal{M}_1) - \text{BIC}(\mathcal{M}_0)\\ &= \log\left\{f_{\hat{\mu}_1}(\boldsymbol{x})/f_{\hat{\mu}_0}(\boldsymbol{x})\right\} - \frac{p_1 - p_0}{2}\log(n)\end{aligned} \tag{13.38}$$

아래 첨자가 $\mathcal{M}_1$과 $\mathcal{M}_0$에서의 MLE와 자유도를 색인화한다.

이는 좀 더 익숙한 용어로 다시 쓸 수 있다. $W(\boldsymbol{x})$가 윌크스Wilks의 우도율 통계량이라 하자.

$$W(\boldsymbol{x}) = 2\log\left\{f_{\hat{\mu}_1}(\boldsymbol{x})/f_{\hat{\mu}_0}(\boldsymbol{x})\right\} \tag{13.39}$$

다음 식이 성립한다.

$$\log B_{\text{BIC}}(\boldsymbol{x}) = \frac{1}{2}\left\{W(\boldsymbol{x}) - d\log(n)\right\} \tag{13.40}$$

여기서 $d = p_1 - p_0$이다. $W(\boldsymbol{x})$는 근사적으로 모델 $\mathcal{M}_0$, $E_0\{W(\boldsymbol{x})\} \doteq d$하에

서 χ_d^2 분포를 따르고, 이는 $B_{\text{BIC}}(\boldsymbol{x})$가 1보다 작은 경향이 있음을 암시해 $\mathcal{M}_0$이 참이라는 것을 지지하고 n이 커질수록 경향은 더 강해진다.

여기서 BIC 선택을 표 13.2의 혈관 수축 데이터에 적용할 수 있다. $\mathcal{M}_1$은 모델 (13.24)–(13.25)로 가정하고 $\mathcal{M}_0$은 $\alpha_1 = 0$인 서브모델로 가정한다. 이 경우 (13.40)에서의 $d = 1$이다. 직접 계산을 하면 $W = 7.07$이고

$$B_{\text{BIC}} = 5.49 \tag{13.41}$$

제프리의 크기에 따르면 $\mathcal{M}_0$에 대해 긍정적이지만 강하지는 않은 증거다. 비교하자면 $\alpha_1 = 0$을 검정하는 통상적인 빈도주의 z-값은 2.36, 구역 수준은 0.982며, 피셔의 크기를 따르자면 $\mathcal{M}_0$에 대해 근본적이고 강한 증거 사이에 속한다.

BIC는 아카이케 정보 기준(AIC)을 참조해 이름을 지었다.

$$\text{AIC}(\mathcal{M}) = \log\left\{f_{\hat{\mu}}(\boldsymbol{x})\right\} - p \tag{13.42}$$

이는 (12.73)에서와 같이 다음의 부호에 기초해 모델을 선택할 것을 제시한다.

$$\text{AIC}(\mathcal{M}_1) - \text{AIC}(\mathcal{M}_0) = \frac{1}{2}\{W(\boldsymbol{x}) - 2d\} \tag{13.43}$$

n이 커질수록 (13.40)의 BIC 페널티 $d\log(n)$은 AIC 페널티 $2d$보다 더 커지고 $\mathcal{M}_1$이 아니라 $\mathcal{M}_0$을 지지하게 된다. 이 구분은 다음에 설명할 것처럼 베이즈주의의 일관된 행동이라는 개념에 기반하고 있다.

(13.40)의 BIC 페널티 항 $d\log(n)$은 어디에서 온 것일까? 첫 번째 대답은 단순한 정규 모델 $x_i \sim \mathcal{N}(\mu, 1)$, (13.29)–(13.30)을 사용하는 것이다. $\mathcal{M}_0$은 0에서 델타 함수와 같아지는 사전 분포 $g_0(\mu) = g(\mu|\mathcal{M}_0)$을 가진다. (13.32)에서의 $g_1(\mu) = g(\mu|\mathcal{M}_1)$이 가우스 켤레 사전 분포라고 가정해 보자.

$$g_1(\mu) \sim \mathcal{N}(M, A) \tag{13.44}$$

13.2절에 있는 (13.23)의 설명에 따르면, n개의 실 관측치 중 하나와 동등한 사전 정보에 해당하도록 $M = 0$과 $A = 1$로 설정하도록 제안한다. 이 경우에는 큰 n에 대해 실제 베이즈 인자 $B(\boldsymbol{x})$가 $\log B_{\text{BIC}}(\boldsymbol{x})(d = 1)$와 거의 같도록 계산할 수 있다.

$$\log B(\boldsymbol{x}) = \frac{1}{2}\left\{\frac{n}{n+1}W(\boldsymbol{x}) - \log(n+1)\right\} \tag{13.45}$$

베이즈 인자를 근사하는 BIC 공식의 정당성은 13.6절, '주석 및 상세 설명'에서 논의된 것처럼 이러한 논점의 일반화를 따라간다.

BIC와 빈도주의 가설 검정의 차이는 n이 커지면 더 극명해진다. $\mathcal{M}_0$이 회귀 모델이고 $\mathcal{M}_1$은 $\mathcal{M}_0$에 공변량을 하나 추가해 강화한 것이라 가정하자(따라서 $d = 1$). z가 $\mathcal{M}_1$이 $\mathcal{M}_0$에 비해 나아진 것이 없다는 가설을 검정하는 표준 z-값이라 하자.

$$z \dot{\sim} \mathcal{N}(0, 1), \quad \mathcal{M}_0\text{에 따른} \tag{13.46}$$

표 13.5는 $B_{\text{BIC}}(\boldsymbol{x})$를 z와 n의 함수로 보여준다. $n = 15$에서 피셔와 제프리의 크기는 대체로 $\mathcal{M}_0$에 대한 증거를 유사하게 평가한다(비록 제프리의 명칭 기준이 좀 더 보수적이기는 하지만). 표의 다른 한 끝에서 $n = 10000$일 때, 추론은 모순적인 것이 된다. $z = 3.29$, p-값 0.001, 구역 수준 0.999는 피셔의 크기에 따르면 $\mathcal{M}_1$에 대한 '엄청난' 것이지만 제프리에 따르면 '겨우 쓸 만한' 것이다. 추론은 관련된 상황에 대해 일관돼야 한다는 공리를 가진 베이즈주의 일관성은 모순 뒤에 숨어있다.

단순 정규 모델 (13.29)–(13.30)에서 $n = 1$이라 가정하자. 즉, 오직 단일 변수만 관찰한다.

$$x \sim \mathcal{N}(\mu, 1) \tag{13.47}$$

그리고 $\mathcal{M}_0 : \mu = 0$과 $\mathcal{M}_1 : \mu \neq 0$ 사이에서 결정하고자 한다. $g_1^{(1)}(\mu)$가 이 상황에 대한 $\mathcal{M}_1$ 사전 분포(13.32)를 나타낸다고 하자.

표 13.5 하나 추가된 공변량을 검정하는 z-값에 해당하는 BIC 베이즈 인자. 오른쪽은 피셔의 증거 크기에 의해 해석된 양측 가설 검정의 구역 값(1 − 유의수준)이다. 표 13.3의 제프리의 증거 크기는 $n = 15$일 때는 대체로 피셔 값과 일치하지만 표본 크기가 더 커지면 귀무가설을 더 강하게 지지한다.

		n							
구역	z-값	15	50	250	1000	2500	5000	10000	피셔
.80	1.28	.59	.32	.14	.07	.05	.03	.02	없음
.90	1.64	1.00	.55	.24	.12	.08	.05	.04	경계선
.95	1.96	1.76	.97	.43	.22	.14	.10	.07	적절
.975	2.24	3.18	1.74	.78	.39	.25	.17	.12	근본적
.99	2.58	7.12	3.90	1.74	.87	.55	.39	.28	강함
.995	2.81	13.27	7.27	3.25	1.63	1.03	.73	.51	매우 강함
.999	3.29	57.96	31.75	14.20	7.10	4.49	3.17	2.24	엄청남

(13.29)에서 $n > 1$인 경우는 논리적으로 (13.47)과 동일하다. $x^{(n)} = \sqrt{n}(\sum x_i/n)$이고 $\mu^{(n)} = \sqrt{n}\mu$라 하면 다음이 성립한다.

$$x^{(n)} \sim \mathcal{N}\left(\mu^{(n)}, 1\right) \tag{13.48}$$

(13.30)은 $\mathcal{M}_0 : \mu^{(n)} = 0$과 $\mathcal{M}_1 : \mu^{(n)} \neq 0$이 된다. 일관성coherency은 (13.48)의 $\mu^{(n)}$이 (13.47)의 μ와 같은 $\mathcal{M}_1$ 사전 분포를 가질 것을 요구한다. $\mu = \mu^{(n)}/\sqrt{n}$이므로, 이는 표본 크기 n에 대한 $\mathcal{M}_1$ 사전 분포 $g_1^{(n)}(\mu)$가 다음을 만족한다는 것을 암시한다.

$$g_1^{(n)}(\mu) = g_1^{(1)}\left(\mu/\sqrt{n}\right)/\sqrt{n} \tag{13.49}$$

이는 '표본 크기 일관성'이 된다.

(13.49)의 효과는 $\mathcal{M}_1$ 사전 밀도 $g_1^{(n)}(\mu)$가 귀무가설 값 $\mu = 0$으로부터

$\sqrt{n}$의 비율로 멀어지면서 흩어지게 하고 $\mathcal{M}_0$ 사전 밀도 $g_0^{(n)}(\mu)$는 고정된다. 충분통계량 $x^{(n)}$($x^{(n)}$은 표 13.5의 'z' 값)의 모든 고정 값에 대해 이는 베이즈 인자 $B(x^{(n)})$이 $1/\sqrt{n}$의 비율로 감소하게 만든다. 표 13.5에서 살펴본 빈도주의/베이즈주의 모순은 BIC 알고리듬의 특성을 벗어난다.

••——••——••——••

일반 정보 기준은 다음의 형식을 가진다.

$$\text{GIC}(\mathcal{M}) = \log f_{\hat{\mu}}(\boldsymbol{x}) - p\, c_n \tag{13.50}$$

여기서 c_n은 모든 양수의 시퀀스가 될 수 있다. BIC(13.37)의 $c_n = \log(n)/2$고 AIC(13.42)의 $c_n = 1$이다.

$$\Delta \equiv \text{GIC}(\mathcal{M}_1) - \text{GIC}(\mathcal{M}_0) = \frac{1}{2}\left(W(\boldsymbol{x}) - 2c_n d\right) \tag{13.51}$$

차이 $d = p_1 - p_0$은 $W(\boldsymbol{x}) > 2c_n d$면 양수가 된다. 표 13.5처럼 $d = 1$일 때 $W(\boldsymbol{x}) \geq 2c_n$이면 Δ는 $\mathcal{M}_1$을 지지하고, $\mathcal{M}_0$이 정말 참이었다면 근사 확률은 다음과 같다.

$$\Pr\{\chi_1^2 \geq 2c_n\} \tag{13.52}$$

이는 AIC 선택 $c_n = 1$에 대해 0.157이고 $n = 10000$의 BIC는 0.0024와 같다. 다음의 선택은

$$c_n = 1.92 \tag{13.53}$$

$\Pr\{\Delta > 0|\mathcal{M}_0\} \doteq 0.05$를 만들고 통상적 빈도주의 0.05 기각 수준과 일치한다.

BIC는 일관적이다. $\Pr\{\Delta > 0\}$은 $\mathcal{M}_0$이 참이라면 $n \to \infty$일수록 0이 된다. 이는 예컨대 (13.53)의 경우에는 성립하지 않는데, n이 아무리 커지더라

도 $\Pr\{\Delta > 0\} \doteq 0.05$지만 일관성은 실질적 논쟁에서 거의 설득력이 없다.

신뢰구간은 빈도주의 과적합 가능성을 보완하는 데 도움을 준다. $z = 3.29$와 $n = 10000$에서 모델 $\mathcal{M}_1$(13.30)에서의 95% 신뢰구간은 (0.013, 0.053)이다. 이러한 작은 효과가 흥미로운지 여부는 과학적 맥락에 달려 있다. BIC가 "흥미 없다."라고 말한다는 사실은 그 내재적인 작은 모델 편향에 대해 호소하고 있는 것이다.

3.3절의 전립선암 연구 데이터는 좀 더 힘겨운 모델 선택 문제다. 그림 3.4는 $N = 6033$개의 관측치 x_i의 히스토그램을 보여주며, 각각은 유전자 하나의 효과를 측정한다. 히스토그램에는 49개의 칸이 있고 각각은 너비 0.2며 중심 c_j는 −4.4에서 5.2 사이에 있다. c_j에서 히스토그램의 높이 y_j는 칸 j에서 x_i의 개수다.

$$y_j = \#\{x_i \in \text{칸 } j\} \qquad j = 1, 2, \ldots, 49\text{에 대해} \tag{13.54}$$

여기서는 y_j가 8.3절의 포아송 회귀 모델을 따른다고 가정한다.

$$y_j \overset{\text{ind}}{\sim} \text{Poi}(\nu_j), \qquad jj= 1, 2, \ldots, 49 \tag{13.55}$$

그리고 ν_j에 로그 다항 GLM 모델을 적합화하고자 한다. 모델 선택의 문제는 '몇 차의 다항을 사용할 것인가?'라는 것이다. 2차는 정규 밀도에 해당하지만, 그림 3.4에서 본 긴 꼬리는 다른 선택을 하는 것이 낫다는 사실을 보여준다.

그림 13.4에는 2차부터 8차까지의 모델이 평가돼 있으며, 네 개 모델에 대한 선택이 비교돼 있다(AIC(13.42), BIC(13.37) $n = 49$, y_i 값(칸)의 개수, $n = 6033$, 유전자 개수, GIC(13.30)). $c_n = 1.92$(13.53) 선택은 전통적 피셔 가설 검정에 기초하고 있다(이는 $\log(49)/2 = 1.95$이므로 BIC $n = 49$와 거의 비슷하다). 네 가지 조건 모두에서 4차 다항 모델이 가장 우수했다.

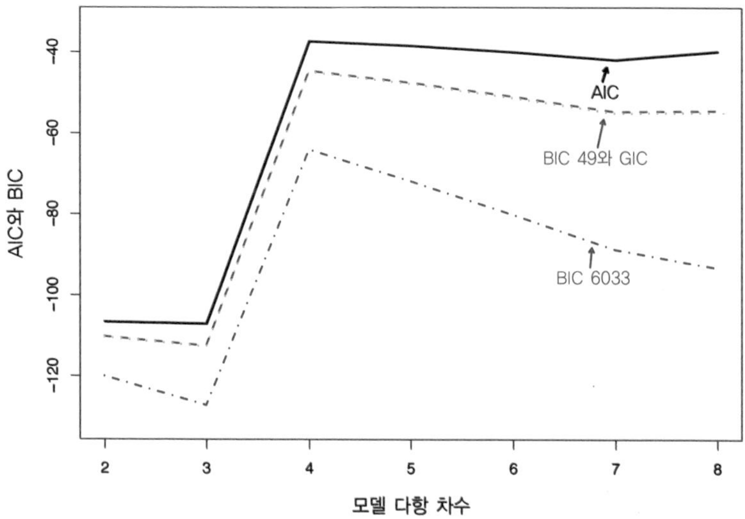

그림 13.4 그림 3.4의 전립선암 연구 히스토그램에 적용된 2차에서 8차까지의 로그 다항 모델. 모델 선택 기준: AIC(13.42), BIC(13.37) 칸 개수 $n=49$ 또는 유전자 개수 6,033, 전통적 피셔 가설 선택 $c_n = 1.92$ GIC(13.50) 사용. 네 모델 모두에서 4차가 최고로 선정됐다.

객관적 베이즈 기법에 대한 '무차별적' 비판은 일반적으로 BIC에 특히 적용된다. 전립선 연구 예제가 보여주듯이 '표본 크기'라는 개념은 잘 정의되지 않았다. 진짜 경험에 기초한 사전 분포가 없다면 표본 크기 일관성(13.49), 더 작은 모델 쪽으로의 BIC의 강한 편향성에 대한 근거 등은 신뢰성이 떨어진다(특히 표본 크기가 바뀔 가능성이 없다면). 약점이야 어찌됐든 BIC 모델 선택은 그럼에도 불구하고, 특히 베이즈 사전 밀도 선택을 하지 않아도 되는 장점 덕분에 객관적 베이즈 모델 선택의 중심이 됐다.

13.4 깁스 표본과 MCMC

미래를 볼 수 있는 기적과도 같은 능력을 가졌었더라면, 1970년대의 베이즈 통계학자들은 21세기 응용에서 베이즈 기법이 널리 사용되는 것을 지켜보며 분명 기뻐했을 것이다. 그러나 그 응용의 대부분이 고상한 드 피네티-새비지 학파의 주관적 추론이 아니라 대부분 객관적이고 '불충분 정보' 형식이라는 점에서는 그 기쁨이 충격으로 뒤섞였을 것이다.

베이즈 응용의 증가와 주관에서 객관으로 강조가 변한 것은 철학보다는 계산과 더 연관돼 있다. 더 나은 컴퓨터와 알고리듬은 이전의 베이즈 사후 분포로는 감당할 수 없었던 계산을 가능하게 해줬다. 기술이 관습을 결정하고, 강력한 새 알고리듬은 주관적 사전주의가 계산할 수 없었던 대규모의 복잡한 모델의 베이즈 분석을 부추겼다. 13.2절의 켤레와 같은 단순하고 '편리한' 사전 분포에서 알고리듬이 가장 쉽게 작동했다는 사실이 보태지면서 객관적 베이즈의 르네상스 시대가 열리게 됐다.

얼핏 보기에는 베이즈 계산이 왜 어려운지 이해하기 쉽지 않다. 모수 벡터 $\boldsymbol{\theta}$, 데이터 $\boldsymbol{x}$, 밀도 함수 $f_{\boldsymbol{\theta}}(\boldsymbol{x})$, 사전 밀도 $g(\boldsymbol{\theta})$로부터 베이즈 규칙 (3.5)-(3.6)은 직접 사후 밀도를 생성한다.

$$g(\boldsymbol{\theta}|\boldsymbol{x}) = g(\boldsymbol{\theta}) f_{\boldsymbol{\theta}}(\boldsymbol{x})/f(\boldsymbol{x}) \tag{13.56}$$

여기서 $f(\boldsymbol{x})$는 다음의 한계 밀도다.

$$f(\boldsymbol{x}) = \int_{\Omega} g(\boldsymbol{\theta}) f_{\boldsymbol{\theta}}(\boldsymbol{x})\, d\boldsymbol{\theta} \tag{13.57}$$

그러면 모수 공간 Ω의 어떠한 집합 A라도 그 사후확률은 다음과 같다.

$$P\{A|\boldsymbol{x}\} = \int_{A} g(\boldsymbol{\theta}) f_{\boldsymbol{\theta}}(\boldsymbol{x})\, d\boldsymbol{\theta} \Big/ \int_{\Omega} g(\boldsymbol{\theta}) f_{\boldsymbol{\theta}}(\boldsymbol{x})\, d\boldsymbol{\theta} \tag{13.58}$$

이는 쓰기는 쉽지만 $\boldsymbol{\theta}$가 다차원일 경우 대개 계산하기가 어렵다.

현대의 베이즈 기법은 이 문제를 컴퓨터 능력의 응용을 통해 공략한다. $g(\boldsymbol{\theta}|\boldsymbol{x})$를 적분하지 못하더라도 그로부터 표본을 추출할 수는 있을 것이다. 그렇다면 충분히 큰 표본은

$$\boldsymbol{\theta}^{(1)}, \boldsymbol{\theta}^{(2)}, \ldots, \boldsymbol{\theta}^{(B)} \sim g(\boldsymbol{\theta}|\boldsymbol{x}) \tag{13.59}$$

다음 추정을 생성하게 될 것이다.

$$\hat{P}\{A|\boldsymbol{x}\} = \#\left\{\boldsymbol{\theta}^{(j)} \in A\right\} \Big/ B \qquad (13.60)$$

그리고 유사하게 사후 모멘트와 상관관계 등도 제공한다. 이런 식으로 부트스트랩과 동일한 일반 전술을 사용해 이제 빈도주의 목적이 아닌 베이즈에 적용한다(부트스트랩과 동일한 목표로 실용적 응용에서 수학적 용이성이라는 제약을 없애게 된다).

가장 보편적으로 사용되는 두 가지 계산적 기법[6]인 깁스Gibbs 표본추출과 마르코프 체인 몬테 카를로(MCMC)는 마르코프 체인 알고리듬에 기반하고 있다. 즉 사후 표본 $\boldsymbol{\theta}^{(b)}$는 순차적으로 생성되며, 각각은 $\boldsymbol{\theta}^{(b-1)}$에만 종속되고 더 먼 이전 것에는 종속되지 않는다. 깁스 표본추출부터 살펴보자.

깁스 표본추출의 중심 아이디어는 다차원 벡터 $\boldsymbol{\theta} = (\theta_1, \theta_2, \ldots, \theta_K)$의 생성을 일련의 일변량 계산으로 축소하자는 것이다. $\boldsymbol{\theta}^{(k)}$가 $\boldsymbol{\theta}$에서 성분 k가 제거된 것을 나타낸다고 하고, $g(k)$가 주어진 $\boldsymbol{\theta}_{(k)}$와 데이터 $\boldsymbol{x}$에 대한 θ_k의 조건부 밀도를 나타낸다고 하자.

$$\theta_k|\boldsymbol{\theta}_{(k)}, \boldsymbol{x} \sim g_{(k)}\left(\theta_k|\boldsymbol{\theta}_{(k)}, \boldsymbol{x}\right) \qquad (13.61)$$

알고리듬은 먼저 어떤 임의의 초깃값 $\boldsymbol{\theta}^{(0)}$에서 시작한다. $\boldsymbol{\theta}^{(1)}, \boldsymbol{\theta}^{(2)}, \ldots, \boldsymbol{\theta}^{(b-1)}$을 계산하고 나면 $\boldsymbol{\theta}^{(b)}$는 조건부분포(13.61)에 따라 생성된다.

$$\theta_k^{(b)} \sim g_{(k)}\left(\theta_k\middle|\boldsymbol{\theta}_{(k)}^{(b-1)}, \boldsymbol{x}\right) \qquad k = 1, 2, \ldots, K\text{에 대해} \qquad (13.62)$$

예를 들어 $\boldsymbol{x}$가 표 13.2의 혈관 수축 데이터에서 $y = 1$인 $n = 20$개 관측치라 하고, 이들이 정규 표본이라 가정하자.

$$x_i \overset{\text{iid}}{\sim} \mathcal{N}(\mu, \tau), \qquad i = 1, 2, \ldots, n = 20 \qquad (13.63)$$

---

6 두 기법은 수학적 연결점으로 인해 종종 합쳐서 MCMC로 불린다. '메트로폴리스-해스팅(Metropolis-Hasting) 알고리듬' 절차 중 두 번째 형식을 가리킨다.

이변량 모수 $\theta = (\mu, \tau)$를 추정하는 충분통계량은 표본평균과 분산이며

$$\bar{x} = \sum_{1}^{n} x_i/n \quad \text{그리고} \quad T = \sum_{1}^{n}(x_i - \bar{x})^2/(n-1) \tag{13.64}$$

독립된 정규분포 및 감마분포를 가진다.

$$\bar{x} \sim \mathcal{N}(\mu, \tau/n) \quad \text{그리고} \quad T \sim \tau G_\nu/\nu \tag{13.65}$$

여기서 $\nu = \frac{n-1}{2}$이고, 후자는 표 5.1에서의 표기에 따르면 Gam(ν, τ/ν)다.

베이즈 사전 분포에서는 결레를 취한다.

$$\tau \sim k_1\tau_1/G_{k_1+1} \quad \text{그리고} \quad \mu|\tau \sim \mathcal{N}(\mu_0, \tau/n_0) \tag{13.66}$$

표 13.1의 용어로는 감마에서는 $(x_0, n_0\nu) = (\tau_1, k_1)$이고 정규로는 $(x_0, \sigma_1^2) = (\mu_0, \tau)$다(간단한 명세는 $\mu \sim \mathcal{N}(\mu_0, \tau_1/n_0)$을 취할 것이다).

표 5.1의 정규 및 감마 함수 형태를 곱하게 되면 다음의 밀도 함수가 나온다.

$$f_{\mu,\tau}(\bar{x}, T) = c\tau^{-(\nu+\frac{1}{2})}\exp\left\{-\frac{1}{\tau}\left[\nu T + \frac{n}{2}(\bar{x}-\mu)^2\right]\right\} \tag{13.67}$$

그리고 사전 밀도 함수는 다음과 같다.

$$g(\mu, \tau) = c\tau^{-(k_1+2.5)}\exp\left\{-\frac{1}{\tau}\left[k_1\tau_1 + \frac{n_0}{2}(\mu-\mu_0)^2\right]\right\} \tag{13.68}$$

c는 사후 계산에 영향을 주지 않는 양의 상수를 나타낸다. 그러면 사후 밀도 $cg(\mu, \tau) f_{\mu,\tau}(\bar{x}, T)$는 다음과 같이 계산된다.

$$\begin{aligned} g(\mu, \tau|\bar{x}, T) &= c\tau^{-(\nu+k_1+3)}\exp\{-Q/\tau\} \\ \text{여기서 } Q &= (k_1\tau_1 + T) + \frac{n_+}{2}(\mu - \bar{\mu}_+)^2 + \frac{n_0 n}{2n_+}(\mu_0 - \bar{x})^2 \end{aligned} \tag{13.69}$$

여기서 $n_+ = n_0 + n$이고 $\bar{\mu}_+ = (n_0\mu_0 + n\bar{x})/n_+$다.

깁스 표본추출을 활용하려면 (13.62)에서와 같이 전체 조건부분포 $g(\mu|\tau, \bar{x}, T)$와 $g(\tau|\mu, \bar{x}, T)$를 알아야 한다(이 경우 $k=2$, $\theta_1 = \mu$고 $\theta_2 = \tau$). 이 부분이 표 13.1의 켤레 식이 활약을 펼치는 시점이다. 밀도 (13.69)를 살펴보면 다음을 알 수 있다.

$$\mu|\tau, \bar{x}, T \sim \mathcal{N}\left(\bar{\mu}_+, \frac{\tau}{n_+}\right) \text{ 그리고 } \tau|\mu, \bar{x}, T \sim \frac{Q}{G_{\nu+k_1+2}} \tag{13.70}$$

$B = 10000$개의 깁스 표본추출 $\boldsymbol{\theta}^{(b)} = (\mu^{(b)}, \tau^{(b)})$는 $\boldsymbol{\theta}^{(0)} = (\bar{x}, T) = (116, 554)$에서 시작해 생성됐다. 사전 밀도 상세는 (아마도) 불충분 정보나 적당한 정보성으로 선택됐다.

$$n_0 = 1, \quad \mu_0 = \bar{x}, \quad k_1 = 1 \text{ 또는 } 9.5, \quad \text{그리고} \quad \tau_1 = T \tag{13.71}$$

(이 경우 $\bar{\mu}_+ = \bar{x}$고 $Q = (\nu + k_1)T + n_+(\mu - \bar{x})^2$이다. $\nu = (n-1)/2$로부터 k_1이 약 $2k_1$개의 가상의 사전 관측치에 해당한다는 것을 알 수 있다.) $\boldsymbol{\tau}$의 결과 사후 분포는 그림 13.5의 히스토그램에 나타나 있다.

빈도주의 비교의 관점에서 $B = 10000$개의 모수적 부트스트랩 복제(사전 분포 가정이 없음)는

$$\hat{\tau}^* \sim \hat{\tau} G_\nu / \nu, \qquad \hat{\tau} = T \tag{13.72}$$

(아마도 객관적 베이즈에서 선택됐을) $k_1 = 1$ 베이즈 사후 분포보다도 현저하게 더 흩어져 있는 것을 볼 수 있다. 베이즈 기법은 객관적 방식에서조차도 적절할 수 있고 아닐 수도 있는 정규화 효과를 가진다.

유사한 표본 크기 10,000의 독립적 깁슨 표본추출을 표 13.2의 19개의 $y = 0$ 혈관 수축 측정으로부터 (13.71)에서의 명세대로, $k = 1$을 사용해 얻었다.

$$\delta^{(b)} = \frac{\mu_1^{(b)} - \mu_0^{(b)}}{\left(\tau_1^{(b)} - \tau_0^{(b)}\right)^{1/2}} \tag{13.73}$$

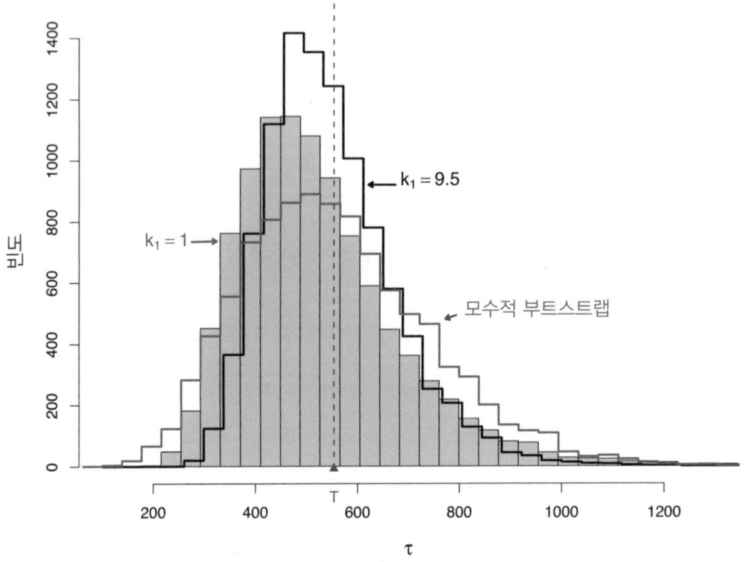

그림 13.5 분산 모수 τ의 사후 분포, 모델 (13.63)-(13.65), 표 13.2에서 공기가 주입된 혈관 수축 그룹 $y=1$의 수. 속이 찬 푸른색 히스토그램: $B=10000$ 깁스 표본 $k_1=1$, 검은색 선 히스토그램: $B=10000$ 표본 $k_1=9.5$, 붉은색 선 히스토그램: 10,000개의 모수적 부트스트랩 표본 (13.72)는 $k_1=1$ 사전 밀도조차 상당한 사후 효과를 가진다는 것을 보여준다.

여기서 $(\mu_1^{(b)}, \tau_1^{(b)})$와 $(\mu_0^{(b)}, \tau_0^{(b)})$는 $y=1$과 $y=0$ 수행으로부터의 b번째 깁스 표본을 나타낸다.

그림 13.6은 δ의 사후 분포를 나타낸다. $B=10000$ 값 $\delta^{(b)}$ 중 28개가 0보다 작았고 다음의 '베이즈주의 t-검정' 추정을 생성했다.

$$P\{\delta < 0|\bar{x}_1, \bar{x}_0, T_1, T_0\} = 0.0028 \tag{13.74}$$

(일상적 t-검정은 귀무가설 $\mu_0=\mu_1$에 대해 단측 p-값 0.0047을 나타낸다.) 깁스 표본추출의 매력적인 특징은 $\boldsymbol{\theta}^{(1)}$, $\boldsymbol{\theta}^{(2)}$, …, $\boldsymbol{\theta}^{(b)}$(13.59)를 얻고 나면, 모든 모수 $\gamma=t(\boldsymbol{\theta})$의 사후 분포가 B 값 $\gamma^{(b)}=t(\boldsymbol{\theta}^{(b)})$로부터 직접 얻어진다는 것이다.

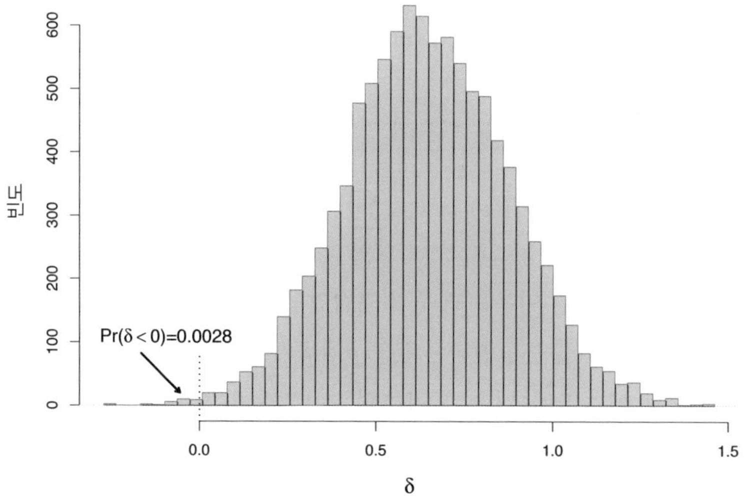

그림 13.6 혈관 수축 데이터에서 $y=1$과 $y=0$ 값을 비교하는 '베이즈 t-통계량' $B=10000$ 깁스 표본(13.73)

깁스 표본추출은 전체 조건부분포(13.61)로부터 표본추출할 수 있는 능력이 필요하다. 좀 더 일반적인 마르코프 체인 몬테 카를로 기법은 흔히 MCMC로 불리는데, 기본 아이디어를 더욱 명확히 해준다. 가능한 $\boldsymbol{\theta}$ 값의 공간이 유한하다고 가정하자. 즉 $\{\boldsymbol{\theta}(1), \boldsymbol{\theta}(2), \ldots, \boldsymbol{\theta}(M)\}$이다. 이제 확률 $P(i)$를 $\boldsymbol{\theta}(i)$에 할당하는 사후 분포로부터의 표본을 시뮬레이션하고자 한다.

$$\boldsymbol{p} = (p(1), p(2), \ldots, p(M)) \tag{13.75}$$

MCMC 알고리듬은 $\boldsymbol{\theta}(i)$에서 $\boldsymbol{\theta}(j)$로 움직이는 '후보' 확률분포 $q(i, j)$를 선택하는 것에서 시작한다. 이론상, $q(i, j)$로는 거의 모든 것이 가능한데, 예를 들어 $j \neq i$에 대해 $q(i, j) = 1/(M-1)$로 설정할 수 있다. 시뮬레이션된 표본 $\boldsymbol{\theta}^{(b)}$는 랜덤 경로에 의해 얻게 된다. 만약 $\boldsymbol{\theta}^{(b)}$가 $\boldsymbol{\theta}(i)$와 같으면, $\boldsymbol{\theta}^{(b+1)}$은 $j \neq i$일 때 다음의 확률로 $\boldsymbol{\theta}(j)$와 같다.[7]

7 베이즈 응용에서는 $p(i) = g(\boldsymbol{\theta}(i) \mid \boldsymbol{x}) = g(\boldsymbol{\theta}(i)) f_{\boldsymbol{\theta}(i)}(\boldsymbol{x}) / f(\boldsymbol{x})$(13.56)다. 그러나 $f(\boldsymbol{x})$는 (13.76)에서 상쇄돼 없어지므로 필요 없고 $f(\boldsymbol{x})$가 없을 경우의 복잡한 상황에서 상당히 유리하므로 MCMC가 보편적으로 사용되는 주요한 이유가 된다.

$$Q(i,j) = q(i,j) \cdot \min\left\{\frac{p(j)q(j,i)}{p(i)q(i,j)}, 1\right\} \tag{13.76}$$

반면 $\boldsymbol{\theta}^{(b+1)} = \boldsymbol{\theta}^{(b)} = \boldsymbol{\theta}(i)$일 때는 다음과 같다.

$$Q(i,i) = 1 - \sum_{j \neq i} Q(i,j) \tag{13.77}$$

그러면 마르코프 체인 이론은 매우 일반적인 조건하에 랜덤 경로 값 $\boldsymbol{\theta}^{(b)}$의 경험적 분포는 b가 커질수록 원하는 분포 $\boldsymbol{p}$에 도달한다는 것을 말해준다.

왜 그렇게 되는가에 대한 휴리스틱heuristic은 $\boldsymbol{\theta}^{(1)}$이 사실 목표 분포 $\boldsymbol{p}$, $\Pr\{\boldsymbol{\theta}^{(1)} = i\} = p(i)$로부터의 표본추출에서 생성됐다는 점을 가정하는 것에서 시작된다. 그리고 $\boldsymbol{\theta}^{(2)}$는 변환 확률 (13.76)–(13.77)을 사용해 구한다. 약간의 대수를 통하면 (13.76)은 이른바 균형 식을 암시한다는 것을 알 수 있다.

$$p(i)Q(i,j) = p(j)Q(j,i) \tag{13.78}$$

이는 다음의 결과를 낳는다.

$$\begin{aligned} \Pr\left\{\boldsymbol{\theta}^{(2)} = i\right\} &= p(i)Q(i,i) + \sum_{j \neq i} p(j)Q(j,i) \\ &= p(i)\sum_{i=1}^{M} Q(i,j) = p(i) \end{aligned} \tag{13.79}$$

다시 말해 $\boldsymbol{\theta}^{(1)}$이 분포 $\boldsymbol{p}$를 가지면 $\boldsymbol{\theta}^{(2)}$도 그럴 것이고, 마찬가지로 $\boldsymbol{\theta}^{(3)}$, $\boldsymbol{\theta}^{(4)}$, ...도 그렇다. $\boldsymbol{p}$는 변환 확률 Q에 의해 정의된 마르코프 체인 랜덤 경로의 평
†9 형 분포equilibrium distribution다. 합리적 조건하에† $\boldsymbol{\theta}^{(b)}$는 $\boldsymbol{\theta}^{(1)}$이 최초에 어떻게 선택됐든지 간에 점근적으로 분포 $\boldsymbol{p}$에 이르게 된다.

13.5 예제: 개체군 혼합물 모델링

MCMC는 통계적 유전학에 큰 영향을 미쳤는데, 통계적 유전학에서는 베이즈 모델링을 보편적으로 사용해 복잡한 진화적 프로세스를 효과적으로 표현했다. 여기서는 인구통계와 혼합을 모델링하는 용도에 대해 설명하는데, 개별 유전자에서 각 조상 개체ancestral populations로부터의 기여를 추정한다. 예를 들어 인간의 조상에 대해 고려하다 보면, 각 개인은 자신의 유전자를 구성하는 **유럽인**, **아프리카인**, **아시아인**의 비중이 어떠한지 추정하고 싶을 것이다. 여기서 설명하는 절차는 비지도 학습(일종의 가벼운 군집화)이지만, 이러한 질문에 관해서는 상당히 유용하다는 사실을 알게 될 것이다. n명의 개인에 대한 표본이 있고 각각은 J명의 조상 개체의 가능한 조합에서 나타난 것이라 가정한다. 각각은 자신의 대립유전자 빈도의 특성 벡터를 가진다. 여기서는 $J = 3$이고 $Q_i \in \mathcal{S}_3$이 각 개인 i가 개체 $j \in \{1, 2, 3\}$(5.4절 참고)으로부터 물려받은 비율을 나타내는 확률 벡터를 의미한다고 하자. 각 개인은 게놈genome 측정을 가지고 있으며, 여기서 각 M 군데 위치에서의 SNP(단일염기 다형성 single-nucleotide polymorphism)는 공간적으로 잘 떨어져 있고 서로 연관 평형linkage equilibrium이라고 가정한다. 각 SNP에서 두 대립형질(염색체당 하나)을 식별하는 척도를 가지고 있는데, 각각은 야생형wild-type A거나 돌연변이 a다. 즉 각 개인 i에 대해 SNP m에서 유전자형 G_{im}을 가지고 있다. 이는 3레벨 인자 {**AA**, **Aa**, **aa**}고 0, 1, 2로 코딩돼 있다. 표 13.6에서 몇 가지 예를 보여준다.

P_j가 개체군 j에서 소수 대립형질 빈도(실제로는 비율)의 (미지의) M-벡터라고 하자. n명의 표본이 있고 각 표본에는 각 M 유전자 위치에서 측정된 게놈 정보를 가지고 있다. 어떤 개인은 순수한 조상 혈통을 가질 수도 있지만 대부분은 그렇지 않다. 여기서는 Q_i, $i = 1, \ldots, n$과 P_j, $j \in \{1, 2, 3\}$을 측정하고자 한다.

이 목적을 위해서는 생성generative 모델을 사용하면 유용하다. 먼저 각 G_{im}에 해당하는 변수 $X_{im} = (X_{im}^{(1)}, X_{im}^{(2)})$의 쌍을 생성하고 두 대립형질을 할당한다(임의의 순서). 예를 들어 $G_{im} = 1$(Aa에 해당)이면, $X_{im}^{(1)} = 0$과 $X_{im}^{(2)} = 1$

표 13.6 197명 개인의 데이터 부분집합 유전자형. 100SNP에서의 유전자형 측정. 이 경우 각 개인의 민족성은 알려져 있다. 각각 **일본인, 아프리카인, 유럽인, 아프리카계 미국인**이다. 예를 들어 개인 **NA12239**는 SNP1에 대해 **유전자형 Aa**, **NA19247**은 **AA**, **NA20126**은 **aa**를 가진다.

대상	SNP_1	SNP_2	SNP_3	⋯	SNP_{97}	SNP_{98}	SNP_{99}	SNP_{100}
NA10852	1	1	0	⋯	1	1	0	0
NA12239	1	1	0	⋯	1	1	0	0
NA19072	0	0	0	⋯	0	0	0	0
NA19247	0	0	2	⋯	0	0	0	2
NA20126	2	0	0	⋯	2	0	0	0
NA18868	0	0	1	⋯	0	0	0	1
NA19257	0	0	0	⋯	0	0	0	0
NA19079	0	1	0	⋯	0	1	0	0
NA19067	0	0	0	⋯	0	0	0	0
NA19904	0	0	1	⋯	0	0	0	1

로 설정(또는 그 반대로 설정)한다. $G_{im}=0$이면 둘 다 0으로 설정하고 $G_{im}=2$면 둘 다 1로 설정한다. $Z_{im}\in\{1, 2, 3\}^2$가 유전자 위치 m에서 이 대립형질 복제 X_{im} 각각에 대한 개인 i의 조상 혈통을 나타낸다고 하면 다시 $Z_{im}=(Z_{im}^{(1)}, Z_{im}^{(2)})$ 인자를 가지는 2-벡터가 된다. 그러면 여기서의 생성 모델은 다음과 같이 작동한다.

1. 각 m에서 독립적으로 복제 $c=1, 2$에 대해 $Z_{im}^{(c)} \sim \text{Mult}(1, Q_i)$, 즉 개인의 혼합 비율 Q_i에 따라 위치 m에서의 각 염색체의 조상 혈통을 선택한다.
2. 각 복제 $c=1, 2$에 대해 $Z_{im}^{(c)}=j$면 $X_{im}^{(c)} \sim \text{Bi}(1, P_{jm})$이다. 이것이 의미하는 바는 위치 m에서 선택된 각 두 조상에 대해(각 염색체 줄기당 하나) 적절한 대립형질 빈도를 사용한 이항 확률을 할당한다는 것이다.

베이즈 명세를 완성하기 위해 Q_i와 P_{jm}의 사전 분포를 제공해야 한다. 비록 기교를 좀 부릴 수도 있겠지만, 여기서는 추천된 균등 사전 밀도를 사용한다.

†10 • $Q_i \sim D(\lambda, \lambda, \lambda)$는 각 주체 i†와 독립적인 균등 3-인자 디리클레 Dirichlet다.

- 각 개체 j와 각 위치 m에 독립된 $P_{jm} \sim D(\gamma, \gamma)$(베타분포, 13.6절, '주석 및 상세 설명'의 †10을 참고하라).

여기서는 최소 정보 값 $\lambda = \gamma = 1$을 사용한다. 실제로는 이 값도 갱신할 수 있지만, 이 예제에서는 이 값을 고정한 채로 둔다.

$\boldsymbol{X}$가 모든 n 표본에 대해 관측된 대립형질의 $n \times M \times 2$ 배열이라고 하자. P와 Q의 모든 요소를 종합적으로 참고해 사후 분포 $\Pr(P, Q/\boldsymbol{X})$를 추정하고자 한다.

이를 위해 깁스 표본추출을 사용하며, 다음과 같은 절차를 거친다.

0. $Z^{(0)}$, $P^{(0)}$, $Q^{(0)}$을 초기화
1. 조건부분포 $\Pr(Z/X, P^{(b-1)}, Q^{(b-1)})$에서 $Z^{(b)}$를 표본추출
2. 조건부분포 $\Pr(P, Q/X, Z^{(b)})$에서 $P^{(b)}$, $Q^{(b)}$를 표본추출

깁스는 이러한 조건부분포에서 효율적으로 표본추출을 할 때 효과적인데, 지금이 그 경우에 해당한다.

단계 2에서 P와 Q를 별도로 추출할 수 있다. 각 (j, m)에 대해 다음으로부터 표본 P_{jm}을 추출해야 한다는 것을 알 수 있다.

$$P_{jm}|\boldsymbol{X}, Z \sim D(\lambda + n_{jm}^{(0)},\ \lambda + n_{jm}^{(1)}) \tag{13.80}$$

여기서 $Z = Z^{(b)}$고

$$\begin{aligned} n_{jm}^{(0)} &= \#\{(i, c) : X_{im}^{(c)} = 0 \text{ and } Z_{im}^{(c)} = j\} \\ n_{jm}^{(1)} &= \#\{(i, c) : X_{im}^{(c)} = 1 \text{ and } Z_{im}^{(c)} = j\} \end{aligned} \tag{13.81}$$

이는 표 13.1의 이항분포를 가진 2-요소 디리클레(베타)의 켤레성으로부터 기인한다.

Q_i를 갱신하는 것은 다음 시뮬레이션을 포함한다.

$$Q_i|\boldsymbol{X}, Z \sim D(\gamma + m_{i1}, \gamma + m_{i2}, \gamma + m_{i3}) \tag{13.82}$$

여기서 m_{ij}는 개체 j에 기인한($Z = Z^{(b)}$에 따른) 개인 i의 대립형질 복제의 개수

를 나타낸다.

$$m_{ij} = \#\{(c, m) \ : \ Z_{im}^{(c)} = j\} \tag{13.83}$$

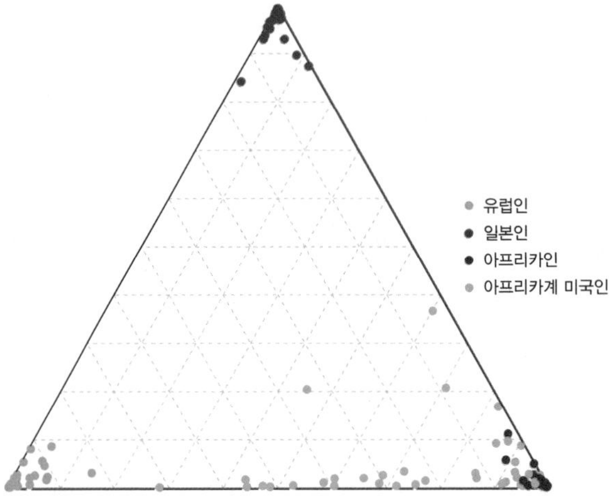

그림 13.7 MCMC 표본추출에 기반한 Q_i의 사후 평균 추정을 무게중심 좌표에 그린 삼각 도면

단계 1은 각 i, m, c에 대해 다음 식에서 $Z_{im}^{(c)}$를 독립적으로 시뮬레이션하면 수행할 수 있다.

$$\Pr(Z_{im}^{(c)} = j | X, P, Q) = \frac{Q_{ij} \Pr(X_{im}^{(c)} | P, Z_{im}^{(c)} = j)}{\sum_{\ell=1}^{3} Q_{i\ell} \Pr(X_{im}^{(c)} | P, Z_{im}^{(c)} = \ell)} \tag{13.84}$$

우변의 확률은 앞서 설명한 생성 분포를 다시 참조하고 있다.

그림 13.7은 197명의 대상자에게 MCMC 알고리듬을 실행해서 얻은 결과를 요약한 삼각 도면을 보여준다. 완전한 1,000회 반복의 번인burn in을 사용한 후에 관심 대상인 모수, 이 경우는 Q_i를 추정하기 위해 추가적으로 2,000회를 더 반복한다. 그림의 각 점은 3-요소 확률 벡터를 나타내고, 이는 각 대상자의 표본추출된 Q_i의 사후 평균이다. 점들은 알려진 민족성ethnicity에 따른 색을 가진다. 비록 이 알고리듬은 비지도지만 민족성 그룹의 클러스터는 심

플렉스의 구석에 잘 군집화됐다는 것을 확인할 수 있으므로 이러한 클러스터를 식별할 수 있게 해준다. **아프리카계 미국인** 그룹은 **아프리카인**과 **유럽인** 클러스터 사이에 흩어져 있다(**일본인** 쪽으로도 약간 향하고 있다).

••———••———••———••

마르코프 체인 기법은 베이즈 응용에서 그 가치가 증명된 유용한 도구지만, 몇 가지 단점을 열거하면 다음과 같다.

- 알고리듬이 최대 우도의 관점에서 비교해볼 때 보편적이지 않다. 각 응용에 대해 개별적 독창성이 필요하다.
- 결과적으로 응용, 특히 깁스 표본추출에서는 계산을 단순화해주는 주로 제프리나 켤레 같은 편리한 사전 분포의 작은 집합을 선호하게 된다. 이는 베이즈 추론 결과의 연관성에 대해 의문을 제기하게 만든다.
- 연속된 실현 $\boldsymbol{\theta}^{(b)}$는 서로 매우 상관돼 있고 $\bar{\boldsymbol{\theta}} = \sum \boldsymbol{\theta}^{(b)}/B$ 같은 추정의 수렴을 느리게 만든다.
- 상관관계는 표준오차를 $\bar{\boldsymbol{\theta}}$에 할당하는 것을 어렵게 만든다. 실제 응용은 $\boldsymbol{\theta}^{(b)}$ 값의 최초 B_0을 무시하고('번인' 주기에서처럼), 충분히 큰 B로 가서 $\bar{\boldsymbol{\theta}}$가 안정화된 것처럼 추정한다. 그러나 B_0이나 B의 선택 모두 분명치 않다.

객관적 베이즈는 이 책에서 다루는 주제의 패러다임을 제공하고, 이는 통계적 추론에 대한 전자적 계산의 영향이다. 기발한 새로운 알고리듬은 폭넓은 응용 문제 부류에 베이즈 응용이 가능케 했고, 그렇게 하는 중에 전체 영역의 주류 철학에 영향을 끼쳤다.

13.6 주석 및 상세 설명

새비지(1954)와 드 피네티(1972)의 책은 그 이전 업적을 요약하면서 객관적 베이즈 학파 추론의 기본 교과서로서 역할을 한다. 크게 영향을 끼친 그들은, 베이즈 응용의 프레임워크를 일관된 작동과 주관적 확률에 기반해 옹호했다. 베이즈 기법에 대한 현재의 교과서들 중 최고로 꼽히는 캐를린과 루이스(2000)는 새비지나 드 피네티를 언급하지 않는다. 이제 제프리(1961)가 다시 그 초기의 업적을 이어가며 기본 토대를 주장하고 있다. 이런 방향의 변화는 주관주의자들의 반대에 부딪쳤지만(아드리안 스미스[Adrian Smith]의 오헤이건[O'Hagan](1995)을 참고하라.) 주관주의자들은 거의 완패됐다.

메트로폴리스와 동료들(1953)은 핵무기 연구의 일부로서 처음 MCMC 알고리듬을 개발했다. 어려운 확률 문제를 해결하기 위한 마르코프 체인 기법에 대한 활발한 연구들은 입자[particle] 필터링이나 순차적 몬테 카를로 등의 이름으로 계속됐다. 거버[Gerber]와 쇼팽[Chopin](2015) 및 그들의 열정적 토의를 참고하라.

개체 혼합의 모델링(프리차드와 동료들, 2000)은 유전학에서의 계층적 베이즈 모델과 MCMC의 몇 가지 응용 중 하나다. 다른 응용에는 단상형[haplotype] 추정과 모티프[motif] 검색, 그리고 계통발생적[phylogenetic] 트리의 추정이 있다. 이 절에서의 예제는 후아 탕[Hua Tang]과 데이비드 골란[David Golan]의 친절한 도움으로 개발됐고, 이 둘은 모두 스탠포드 대학교 유전학과 출신이다. 후아는 이 예제를 제안하고 유용한 안내를 해줬다. 데이비드는 데이터를 제공하고 프리차드[Pritchard] 연구소에서 STRUCTURE 프로그램을 사용해 MCMC 알고리듬을 수행했다.

†1 **불충분 정보 사전 분포.** 방대한 불충분 정보 사전 분포의 목록이 제안됐고 카스[Kass]와 바저만[Wasserman](1996)에 의해 철저히 연구됐다. 연구된 기법 중 하나는 데이터의 작은 부분으로부터의 우도를 사용한다. 즉 n개의 데이터 중 한두 개만 사전 분포로 사용하고, 이는 버거[Berger]와 페리치[Pericchi](1996)의 '내재적

사전 분포'나 오헤이건(1995)의 '부분적 베이즈 인자'에서와 같다. 또 다른 기법은 사전 정보의 어떤 수학적 척도를 최소화하는데, 버나도Bernardo(1979)의 '참조 사전 정보'나 제인스Jaynes(1968)의 '최대 엔트로피' 기준 같은 것이다. 카스와 바저만은 십여 개의 더 많은 가능성을 나열했다.

†2 **구역 매칭 사전 분포.** 웰치Welch와 피어즈Peers(1963)는 다모수 계열 $f_\mu(x)$와 관심 대상의 실수 모수 $\theta = t(\mu)$에 대해, 표본 크기 n일 때 구역 α의 신뢰할 수 있는 베이즈 구간이 빈도주의 구역 $\alpha + O(1/n)$을 가지게 되는 사전 분포 $g(\mu)$가 존재한다는 것을 보였다. 다시 말해 신뢰할 수 있는 구간은 '2차 정확성' 신뢰구간이다. 티브시라니(1989)는 스타인(1985)의 업적 위에 멋진 공식(13.9)을 만들어냈다. 스타인의 논문은 **최소 선호 계열**을 개발했으며, θ를 추정하는 데 피셔 정보의 양을 부적절하게 증가시키지 않는 $f_\mu(x)$의 단일 모수 서브계열이다. 콕스와 라이드(1987)의 **직교형 모수** 형태(13.8)는 형식적으로 최소 선호 계열 구성과 동일하다.

참조 사전과 내재적 사전의 최소 선호 계열 버전은 그림 11.7에서 살펴본 범용 불충분 정보 사전 분포의 어려움을 피하기 위해 제안됐다. 그들은 그렇게 제안했지만 각 $\theta = t(\mu)$의 선택마다 서로 다른 사전 분포가 필요했고, 이는 베이즈보다는 오히려 빈도주의적으로 보이게 됐다.

†3 **켤레 계열 정리.** 정리 13.1, (13.16)–(13.18)은 디아코니스Diaconis와 일비사커Ylvisaker(1997)에서 엄격히 도출됐다. (13.14) 이외의 계열은 켤레 같은 성질이 있지만 깔끔한 사전 기대 결과(13.18)를 나타내지는 않는다.

†4 **포아송 공식(13.20).** 포아송에 대해 $\alpha = \log(\mu), \psi(\alpha) = \mu,\ V(\mu) = \mu$를 사용하면 (13.14)로부터 바로 도출된다.

†5 **역감마와 카이제곱 분포.** G_ν 변량(13.22)은 밀도 $\mu^{\nu-1}e^{-\mu} / \Gamma(\nu)$를 가진다. 역감마 변량 $1/G_\nu$는 밀도 $\mu^{-(\nu+1)}\, e^{-1/\mu} / \Gamma(\nu)$를 가지므로, 다음 식은

$$g_{n_0,x_0}(\mu) = c\mu^{-(n_0x_0+2)}e^{-n_0x_0\nu/\mu} \tag{13.85}$$

표 13.1의 감마 켤레 밀도다. 감마 결과는 카이제곱 변량으로 다시 기술할 수 있다. 다음 식은

$$x_i \sim \mu \frac{\chi_m^2}{m} = \mu \frac{G_{m/2}}{m/2} \tag{13.86}$$

다음의 켤레 사전 분포를 가진다.

$$g_{n_0,x_0}(\mu) \sim n_0 x_0 m / \chi^2_{n_0 m+2} \tag{13.87}$$

이는 역카이제곱 분포다.

†6 **혈관 수축 데이터.** 에프론[Efron]과 구스[Gous](2001)는 이 데이터를 사용해 베이즈 인자를 피셔의 가설 검정과 연결하는 이론을 설명했다. 이는 피니[Finney](1947)에 나타난 더 큰 데이터 집합의 일부로서 카스[Kass]와 라프테리[Raftery](1995)에도 설명돼 있다.

†7 **제프리와 피셔의 증거 크기.** 제프리의 크기는 표 13.3에서 본 것처럼 카스와 라프테리(1995)로부터 다소 수정한 형태다. 에프론과 구스(2001)는 이를 표 13.5의 상반된 결과에 대해 피셔의 크기와 비교했다. 피셔와 제프리는 서로 다른 과학의 맥락에서 연구했는데(각각 소규모 표본 농학 연구와 지구통계학이라는 자연과학 분야다.), 이는 자연과학[hard-science]을 연구한 제프리가 유의한 증거를 이루는 데 더 엄격한 개념을 적용하게 된 배경을 설명해줄 수도 있다.

†8 **베이즈 정보 기준.** BIC는 슈바르츠[Schwarz](1978)에 의해 제안됐다. 카스와 바저만(1996)은 BIC와 모델 선택에 대한 확장된 논의를 제공해준다. (13.37)의 '증명들'은 궁극적으로 에프론과 구스(2001)에서와 같이 표본 크기 일관성(13.49)에 종속된다. 여기서 사용한 인용 부호는 BIC가 가진 기본적으로 정량적인 속성을 보여준다. 데이터 포인트를 쌍으로 수집된 것으로 생각하면 (13.38)에서의 n은 $n/2$가 되는 등 기준을 매우 정교하게 하려고 애쓰는 것은 그다지 효과적이지 않다.

†9 MCMC 수렴. $\boldsymbol{\theta}^{(1)}$을 어떤 임의의 시작 분포 $\boldsymbol{p}^{(1)}$에 따라 선택함으로써 MCMC 랜덤 경로 (13.76)–(13.77)을 시작한다고 가정해보자. $\boldsymbol{p}^{(b)}$는 랜덤 경로의 b 단계 후에 얻게 된 $\boldsymbol{\theta}^{(b)}$의 분포라고 하자. 마르코프 체인 이론은 $Q(i, j)$에 대한 어떤 폭넓은 조건하에서 $\boldsymbol{p}^{(b)}$는 목표 분포 $\boldsymbol{p}$(13.75)에 수렴한다는 것을 말하고 있다. 더구나 수렴은 L_1 노름 $\sum |p_k^{(b)} - p_k|$에서 기하적이며 연속된 차이는 궁극적으로 배수만큼 감소한다. 증명은 태너Tanner와 웡Wong(1987)에서 볼 수 있다. 불행히도 대부분 응용에서 인자는 알 수 없고 실제 수렴은 상당히 느릴 수 있다.

†10 디리클레 분포. 디리클레 분포는 베타 분포(5.1절)의 다변량 일반화며 대개 다항분포의 사전 분포를 나타내기 위해 사용한다. $x = (x_1, x_2, \ldots, x_k)'$에 대해 $x_j \in (0, 1)$, $\sum_j x_j = 1$이면 $D(\nu)$ 밀도는 다음과 같이 정의된다.

$$f_\nu(x) = \frac{1}{B(\nu)} \prod_{j=1}^{k} x_j^{\nu_j - 1} \tag{13.88}$$

여기서 $B(\nu) = \prod_j \Gamma(\nu_j) / \Gamma(\sum_j \nu_j)$다.

13.7 연습문제

1. 단일-매개변수 계열 $f_\mu(x)$가 표준편차가 $\sigma_\mu = [\mathrm{var}_\mu(\hat{\mu})]^{1/2}$인 MLE $\hat{\mu}$를 추정했다. 제프리의 사전은 $g^{\text{Jeff}}(\mu) = 1/\sigma_\mu$이다. 다음 변환에 따라 좌표를 매개변수 λ로 변환했다고 가정하자.

$$\frac{d\lambda}{d\mu} = \frac{1}{\sigma_\mu}$$

$g^{\text{Jeff}}(\mu)$가 무엇을 λ 크기로 변환하는가?

2. 베이즈 규칙을 바로 적용해 (13.21)을 증명하라.

3. 그림 13.2의 상단 두 패널에서와 같이 균등 사전에 대해 제프리의 사전

에 대해 사후 밀도의 비율을 계산하라. 비율을 값의 그리드로 표시하라.

4. vasoconstriction 데이터, 모델 (13.24-13.25)에 대해 모수적 부트스트랩 신뢰 밀도 (11.68)를 계산하라.

5. 동전을 1,000번 독립적으로 던진 결과 563번의 앞면과 437번의 뒷면이 나왔다. 다음 검정의 B_{BIC}는 무엇인가?

$$H_0 : \text{동전은 균질한가?}$$

(정규 근사를 사용할 수 있다.) H_0에 대한 제프리와 피셔의 계산을 비교해 보라.

6. i.i.d. 데이터 $x_1, x_2, \ldots, x_n$이 쌍으로 그룹화 됐다고 가정하자.

$$X_1 = (x_1, x_2), X_2 = (x_3, x_4), \ldots, X_{n/2} = (x_{n-1}, x_n)$$

여기서 X_i는 개별 데이터 포인터로 간주한다. (x_i가 아니라) 이것이 BIC 기준 (13.40)에 어떻게 영향을 미치는가?

7. 그림 13.5의 파란색 히스토그램에서와 같이 1000 깁스 샘플링 단계 (13.70)-(13.71)를 수행하라.

8. 그림 13.7에서의 결과를 설명해 보라.

14
전후 시대의 통계적 추론과 기법

통계적 추론의 기초(빈도주의, 베이즈주의, 피셔주의)는 이 책의 1부에서 설명한 것처럼 21세기 전반기의 끝 무렵에 접어들면서 제자리를 찾았다. 전후 시대에는 통계적 기법이 대규모로 확장됐고, 이는 현대 과학적 기술의 데이터 주도 요구에 대한 반응이었다. 우리는 이제 2부, '초기 컴퓨터 시대 기법'의 끝 부분에 와 있고, 지금껏 1950년대부터 1990년대까지의 새로운 통계적 알고리듬과 그 추론적 정당성을 살펴봤다.

계산 속도가 수천 배 빨라진 이 시대는 통계학의 원칙에 대한 기회였고, 이제 또 다시 수천 배가 빨라진다. 전에 언급한 것처럼 '다리'는 새로운 대륙으로의 길을 열었지만 모든 사람이 그 다리를 건너고자 하지는 않는다. 우리는 복합적인 그림을 살펴봤다. 컴퓨터는 경험적 베이즈 같은 어떤 추론적 주제에 대해서는 미미한 영향을 미쳤지만, 부트스트랩 같은 것에서는 근본적인 역할을 수행했다.

지금까지 6장부터 13장까지 15개의 주요 주제를 살펴봤다. 이제부터는 그 추론적 관련성인 베이즈주의, 빈도주의, 피셔주의에 대한 간단한 성적표와 그 발전에 있어서 컴퓨터가 끼친 영향에 대해 평가를 해본다. 내용들은 모두 그다지 정교하진 않지만 그림 14.1에서와 같이 전반적인 흐름을 통해 전체적인 그림을 볼 수 있게 해준다.

경험적 베이즈

로빈이 원래 공식 (6.5)에서 개발했던 것은 빈도주의였지만 전후 시대의 통계학 연구원들 대부분이 빈도주의였으므로 그럴 만했다. 경험적 베이즈 논쟁에서 명백한 베이즈 요소는 빈도주의적 강조점들에 의해 그 균형을 맞춰갔는데, 빈도주의적 요소로는 베이즈 추정기에서의 (거의) 불편 추정과 추론에 있

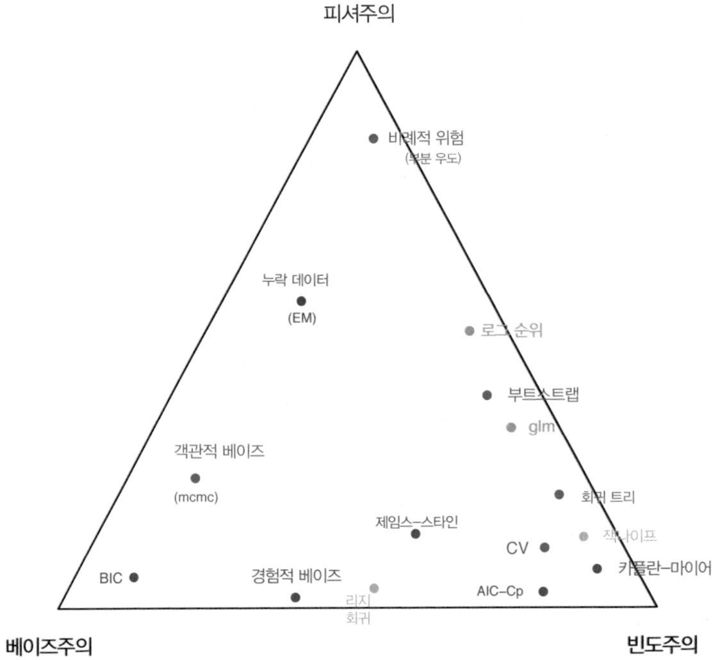

그림 14.1 1950년부터 1990년까지 15개 주요 주제에 대해 책에서 설명한 것과 같은 베이즈주의, 빈도주의, 피셔주의 추론. 각각의 색은 그 개발에서 전자식 계산의 중요성을 나타낸다. 붉은색: 절대적, 보라색: 매우 중요, 초록색: 중요, 밝은 청색: 덜 중요, 푸른색: 무시할 만함

어서 현재 데이터만을 사용하는 제약 등을 들 수 있다. 전자식 계산 능력은 이론의 개발에는 거의 역할을 하지 못했다(그림의 푸른색에 나타난 것처럼). 물론 현대의 경험적 베이즈 응용은 많은 계산을 필요로 하지만 현재는 대부분의 기법들이 마찬가지다.

제임스-스타인과 리지 회귀

제임스 스타인 추정이 빈도주의에 뿌리를 두고 있는 것은 거의 확실하며, 제임스-스타인 정리(7.16)를 감안할 때 특히 그렇다. 그럼에도 불구하고 경험적 베이즈 해석(7.13)은 제임스-스타인의 다소 베이즈주의적 신뢰성도 부여한다. 전자적 계산은 그 개발에서 아무런 역할을 하지 못했다. 그림에서 밝은 청색으로 표시된 리지 회귀에서는 다소 그렇지 않은데, 전자적 계산 이전이라면 행렬 계산(7.36)에서 어려움을 겪었을 것이다. 리지 회귀에서의 베이즈주의 정당화 (7.37)-(7.39)는 강한 빈도주의 정리의 부재를 감안하면 제임스-스타인에서보다 더 무게감이 있다.

일반화 선형 모델

GLM 개발은 우도[1] 모델링에 대한 확고한 피셔주의 강조에서 시작하지만 대체로 표준 빈도주의 회귀 이론으로 정착한다. 핵심적 특징인 저차원 충분통계량은 그 계산 요구량을 제한해줬지만, GLM 이론은 전자식 컴퓨터 시대 이전에는 개발되지 못했을 것이다(초록색에서 나타나는 것처럼).

회귀 트리

회귀 트리를 이용한 모델 구축은 그림 14.1에서 붉은색으로 표시한 것처럼 계산량이 많이 필요한 기획이다. 그 정당화는 주로 점근적 빈도주의 성질의

---

1 한층 명시적으로는 좀 더 폭넓은 지수 계열 모델로부터의 확장인 의사 우도다.

관점에서 주어진다.

생존 분석

카플란-마이어 추정, 로그 순위 검정, 비례적 위험 모델은 9.2절부터 9.4절에서 설명한 조건화 논쟁이 발달함에 따라 그림에서 빈도주의 극단으로부터 피셔주의 극단쪽으로 이동한다. 이 발전에서 계산의 역할은 동일한 정도로 증가한다. 카플란-마이어 추정은 수작업으로 가능한(그리고 그렇게 해왔다.) 반면, 비례적 위험 분석을 컴퓨터 없이 생각하는 것은 불가능하다. 이론을 가능케 하는 논의인 부분 우도는 본질적인 피셔주의 도구다.

누락 데이터와 EM 알고리듬

누락 데이터라는 비난은 베이즈의 간접 증거라는 색채를 띠지만 (9.44)-(9.46)의 '가짜 데이터' 원칙은 피셔주의에 뿌리를 두고 있다. 이 기법의 개발에서 빠른 계산은 중요했으며 특히 EM 알고리듬에 대해 그렇다.

잭나이프와 부트스트랩

잭나이프의 목적은 빈도주의 표준오차와 편향을 계산하기 위함이었다. 전자적 계산은 그 발전에 있어 별로 중요하지 않다. 대조적으로 부트스트랩은 컴퓨터 집중적인 통계적 추론의 전형이다. 부트스트랩은 빈도주의를 피셔주의 도구와 결합한다. (10.18)-(10.19)의 정확성 추정에 대한 플러그인 추정과 부트스트랩 신뢰구간 (11.79)-(11.83)의 옳음correctness 논쟁을 참고하라.

교차 검증

교차 검증의 르네상스 시대에는 빠른 계산이 요구됐고, 특히 현대 컴퓨터 집중적 예측 알고리듬의 평가에서 더욱 그렇다. 그림 (12.3)에 있는 설명문에서 지적한 것처럼 교차 검증은 강력히 빈도주의적 절차다.

BIC, AIC, C_p

이 세 가지 알고리듬은 계산을 피하기 위해 설계됐다. BIC는 베이즈 모델 선택(13.3절)을 위한 것이고, AIC와 C_p는 빈도주의 예측 오차의 불편 추정 ((12.76)과 (12.50))을 위한 것이다.

객관적 베이즈와 MCMC

베이즈주의 기원에 더해 객관적 베이즈 기법은 11.5절에서 설명한 것처럼 피듀셜 아이디어 및 부트스트랩과 어떤 연결점을 가지고 있다(그림에 색으로 표시하지는 않았지만 적어도 베이즈주의 정도만큼은 빈도주의도 맞다는 논쟁이 가능하다. 아래의 '주석' 절을 참고하라). 깁스 표본추출과 MCMC는 이를 가능케 해주는 알고리듬으로서 현재 컴퓨터 집중적 추론의 전형을 보여준다.

주석

그림 14.1은 에프론(1998) '21세기의 R.A. 피셔'에 있는 그림 8을 갱신한 버전이다. 거기에는 객관적 베이즈의 위치를 적절히 선정하는 것이 얼마나 힘들었는지에 대한 고백이 나오며, 에리히 레만Erich Lehmann은 좀 더 빈도주의(결정이론적) 쪽으로 위치시킬 것을 주장하기도 했다. '사실 불충분 정보 사전 분포의 개념이 철학적으로 왈드의 최소 선호 분포에 가깝고 그 둘은 종종 일치한다.'

그림 14.1은 삼각형의 세 변이 역할을 해서 (그러나 중심점은 아닌) 철학과 계산적 전술이 작동하는 건전한 혼합을 보여준다. 이제 3부에서 21세기로 넘어가면서 모든 새로운 점은 붉은색(컴퓨터 집중적)이 되고 있다. 삼각형은 통계적 추론에 대한 철학적인 무신론적 접근 방법인 머신 러닝에 기반한 몇몇 주요 개발을 따라잡기 위해 고군분투해야 할 것이다.

3부
21세기 주제

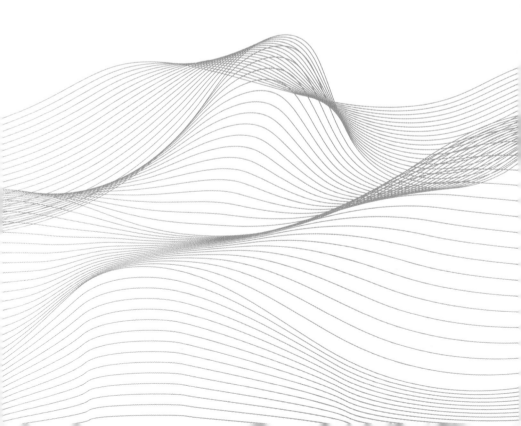

15
대규모 가설 검정과 거짓 발견율

21세기의 마지막 10년 동안은 전자적 계산이 통계적 관행을 완전히 주도했다. 전통 방식이든 아니든, 거의 모든 응용에서 이제 통계는 컴퓨터 플랫폼(예를 들어 SAS, SPSS, Minitab, Matlab, S(이후 R))을 이용해 수행된다.

21세기로 접어들어 통계적 기법이 방대하게 확장되는 과학적 데이터 생산을 따라가는 것이 버거워지고 있다(물론 대부분 성공적으로 따라가고는 있다). 이는 두 마리 토끼를 좇는 게임이 됐는데, 하나는 좀 더 방대한 데이터 집합을 좇는 통계적 알고리듬이고 다른 하나는 그 알고리듬을 합리화하는 추론적 분석의 노력이다.

책의 3부는 21세기[1] 통계학의 주제와 관련된다. '주제'라는 단어는 가능한 방대한 범주 중에서 선택됐다는 것을 알리기 위함이다. 2부에서는 전후 시대 동안 개발된 많은 주요 부분(비록 전부는 당연히 아니지만)을 살펴볼 수 있었다. 이제 과거를 논하는 것이 아니라 현재를 논하게 되므로 지금껏 어느 것이 옳

1 사실 이는 1995년에 시작하므로 역사가들이 '긴 21세기'로 부를 만하다.

은지 평가할 수 있었던 이점이 사라진 셈이므로, 여기서의 논의는 확정적이라기보다는 예시적인 설명이 될 것이다.

많은 통계학자들에게 미세배열은 대규모 데이터 분석을 소개해주는 역할을 했다. 이는 혁신적인 생물의학 도구로서 수천 개 유전자의 개별적 활동을 한꺼번에 평가할 수 있도록 해줬다. 그리고 그렇게 하는 동안 수천 개의 가설 검증을 수행해 가설 검증의 더미 속에서 단지 몇 개의 흥미로운 유전자를 찾고자 한다. 이 장은 통계적 추론에서의 돌파구 역할을 한 대규모 가설 검정과 거짓 발견율(FDR)에 관한 것이다.

15.1 대규모 검정

그림 3.4의 전립선암 데이터는 $n = 102$명의 남성의 미세배열 연구로부터 가져온 것이다. 그중 52명은 전립선암 환자고 50명은 건강체다. 각 남성의 유전자 식 수준이 $N = 6033$ 유전자에 대해 측정돼 x_{ij}의 6033×102 행렬이 생성된다.

$$x_{ij} = j\text{번째 사람의 } i\text{번째 유전자 활동성} \tag{15.1}$$

각 유전자에 대해 2-표본 t 통계량(2.17) t_i가 계산돼 52명 환자의 i번째 유전자 식 수준과 50명 건강체를 비교했다. 환자와 건강체의 반응은 i 유전자 식 수준 t_i의 동일한 정규분포에서 왔다는 귀무가설 H_{0i}하에서 t_i는 100차원, t_{100}의 스튜던트-t 분포를 따를 것이다. 다음의 변환은

$$z_i = \Phi^{-1}\left(F_{100}(t_i)\right) \tag{15.2}$$

z_i를 귀무가설 아래 표준 정규분포로 만들 것이다. 여기서 F_{100}은 t_{100} 분포의 cdf고 Φ^{-1}은 표준 정규 cdf의 역함수다.

$$H_{0i} : z_i \sim \mathcal{N}(0, 1) \tag{15.3}$$

물론 연구원들은 귀무가설을 따르지 않는, 환자와 건강체에 다르게 반응하는 몇 가지 유전자를 발견하고 싶을 것이다. 귀무와 비귀무 두 유전자 모
†1 두에 대해 합리적 모델은 다음과 같다는 것을 보일 수 있다.[2†]

$$z_i \sim \mathcal{N}(\mu_i, 1) \tag{15.4}$$

μ_i는 유전자 i의 효과 크기다. 귀무 유전자의 $\mu_i = 0$인 반면, 연구원들은 양이나 음의 큰 μ_i 효과를 찾기를 희망한다.

그림 15.1은 6033 z_i 값의 히스토그램을 보여준다. 붉은색 곡선은 크기 조정된 $\mathcal{N}(0, 1)$ 밀도로서 사실 모든 유전자가 귀무일 경우 적용된다. 즉 모든 μ_i가 0일 경우에 그렇다.[3] 여기서 곡선이 중심 근처에서는 다소 너무 높고 꼬리에서는 너무 낮다는 것을 볼 수 있다. 좋다! 비록 대부분의 유전자는 귀무처럼 보이지만 곡선의 차이는 연구원들이 찾고 싶어 하던 종류의 약간의 귀무가 아닌 것이 있다는 사실을 알려준다.

대규모 검정은 정확히 이런 상황을 말해준다. 대규모 검정 통계량을 관측하고 나서 어떤 귀무가설을 기각할(그럴 수 있다면) 것인지 결정할 수 있을까? 전통적 검정 이론은 한 가지 경우, $N = 1$만을 다룬다. 복수 검정 이론은 1960년대에 나타났다. 여기서 '복수'는 2에서 대개 20 사이의 N을 의미한다. 미세배열 시대는 N이 수백, 수천 그리고 지금은 수백만이 되는 데이터 집합을 생성했다. 이는 어려움 위에 또 다른 어려움을 얹은 것 같지만 사실 앞으로 보게 될 것처럼 대규모 N 프레임워크에는 약간의 추론적 장점이 있다.

대규모 검정에서 가장 골치 아픈 사실은 너무도 쉽게 속을 수 있다는 점이다. 100개의 분리된 귀무가설 검정을 유의수준 0.05에서 수행하면 실제로는 각 경우가 귀무인데도 불구하고 약 다섯 개의 '유의한' 결과가 나타난다. 전통적 본페로니 경계Bonferroni bound는 개별적 경우의 유의수준(즉 귀무가 아닌 것)

---

2 이는 모델 (3.28)로서 이제 z_i가 x_i 표기를 대신한다.

3 곡선 아래 면적이 히스토그램의 면적과 같아지게 만드는 $ce^{-z^2/2}/\sqrt{2\pi}$ 의 c 값이다.

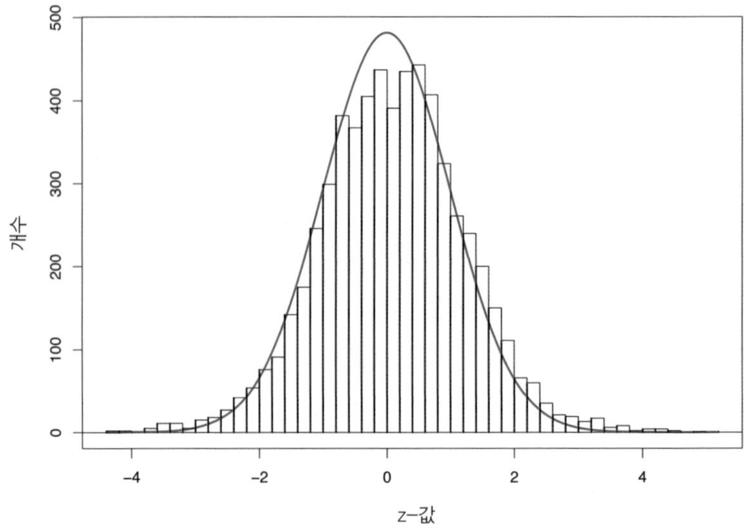

그림 15.1 N = 6033 z−값 히스토그램. 전립선 암 연구에서 각 유전자당 하나다. 모든 유전자가 귀무(15.3)면 히스토그램은 붉은색 곡선을 따른다. 어떤 유전자에 대해 귀무가설을 기각할 수 있을까?

을 선언하는 데 필요한 증거의 임계치를 강화함으로써 이러한 오류를 피했다. 전체적 유의수준 α에 대해서도, 아마도 $\alpha = 0.05$, N번의 동시 검정을 통해 본페로니 경계는 i번째 귀무가설에 대해 오직 개별적 유의수준 α/N에 이를 때만 기각했다. $\alpha = 0.05$, $N = 6033$, $H_{0i} : z_i \sim \mathcal{N}(0,1)$에 대해, 유의수준에 대한 단측 본페로니 임계치는 $-\Phi^{-1}(0.05/N) = 4.31$이다($N = 1$인 경우 1.645와 비교해). 전립선 연구에서는 오직 네 개의 유전자만이 이 임계치를 통과한다.

전통적 가설 검정은 대개 유의수준과 p-값에 의해 기술된다. 검정 통계량 z가 귀무가설 아래 cdf $F_0(z)$를 가지면[4] 다음 식은

$$p = 1 - F_0(z) \tag{15.5}$$

4 왼쪽 p-값은 $p = F_0(z)$다. 이 논점에서 양측 검정 p-값은 피하기로 한다.

우측 p-값이며 더 큰 z-값은 더 작은 p-값을 가진다. '유의수준'은 미리 선택된 임계치 값, 예를 들어 $\alpha = 0.05$를 말한다. 귀무가설은 만약 $p \le \alpha$를 관측하게 된다면 '수준 α에서 기각'이 된다. 표 13.4는 ('구역 수준'이 1 − 유의수준을 의미하는) p-값을 해석하는 피셔의 크기를 보여준다.

단일 귀무가설 H_0에 대한 α-수준 검정은 정의에 따라 다음을 만족한다.

$$\alpha = \Pr\{\text{참 } H_0\text{을 기각}\} \tag{15.6}$$

N개의 귀무가설 집단 H_{0i}에 대해 **계열별 오차율**은 하나라도 잘못된 기각을 만들 확률이 된다.

$$\text{FWER} = \Pr\{\text{하나라도 참 } H_{0i}\text{를 기각}\} \tag{15.7}$$

본페로니의 절차는 α-수준에서 FWER를 통제한다. I_0이 N_0 멤버를 가진 참 H_{0i}의 인덱스라고 하자. 그러면 다음이 성립한다.

$$\begin{aligned} \text{FWER} &= \Pr\left\{\bigcup_{I_0}\left(p_i \le \frac{\alpha}{N}\right)\right\} \le \sum_{I_0}\Pr\left\{p_i \le \frac{\alpha}{N}\right\} \\ &= N_0\frac{\alpha}{N} \le \alpha \end{aligned} \tag{15.8}$$

상단은 부울Boole의 부등식을 따른다(이는 p_i 간의 독립성조차도 요구하지 않는다).

본페로니의 경계는 상당히 보수적이다. $N = 6033$과 $\alpha = 0.05$에 대해 오직 $p_i \le 8.3 \cdot 10^{-6}$의 경우에 대해서만 기각한다. FWER 조건하에서는 단지 조금만 더 잘할 수 있다. 본페로니에 대해 적절한 개선을 제공하는 '홈Holm의 절
†2 차'[†]는 다음과 같다.

- 관측된 p-값을 작은 값부터 큰 값순으로 정렬한다.

$$p_{(1)} \le p_{(2)} \le p_{(3)} \le \cdots \le p_{(i)} \le \cdots \le p_{(N)} \tag{15.9}$$

  여기서 $H_{0(i)}$는 해당하는 귀무가설을 나타낸다.
- i_0이 다음을 만족하는 가장 작은 인덱스라고 하자.

$$p_{(i)} > \alpha/(N - i + 1) \tag{15.10}$$

- $i < i_0$인 모든 귀무가설 $H_{0(i)}$를 기각하고 $i \geq i_0$인 것은 받아들인다.

홈의 절차는 유의수준 α에서 FWER을 통제하면서도 기각을 결정하는 데 본페로니보다 좀 더 관대하다는 것을 보일 수 있다.

15.2 거짓 발견율

FWER 기준은 N개의 동시 가설 검정에서 단 하나의 잘못된 기각이라도 저지를 확률을 통제하는 것을 목표로 한다. 원래 작은 규모의 검정, 말하자면 $N \leq 20$을 위해 개발됐기 때문에 FWER은 대개 수천 개의 N을 가진 데이터를 다루는 과학자들에게는 너무 보수적이라는 것이 증명됐다. 상당히 다르면서 좀 더 진보적인 기준은 거짓 발견율(FDR) 통제인데, 이는 표준이 됐다.

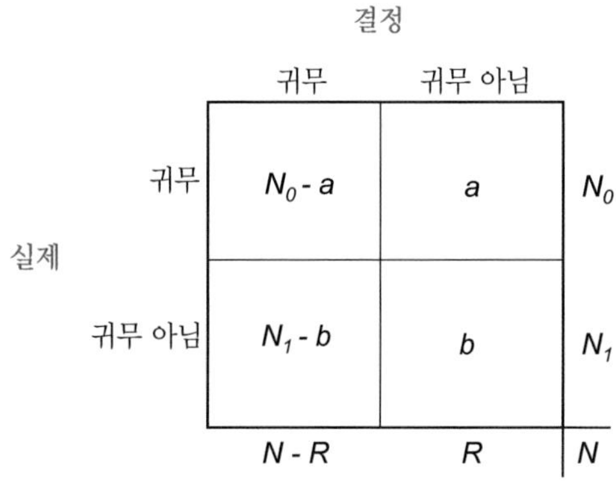

그림 15.2 결정 규칙 $\mathcal{D}$는 N 귀무가설 중 R개를 기각했다. 이 결정의 a개는 잘못된 것이다. 즉 '거짓 발견'이고 b개는 '참 발견'이다. 거짓 발견율 Fdp는 a/R과 같다.

그림 15.2는 가설적 결정 규칙 $\mathcal{D}$를 N개의 동시 가설 검정 문제의 데이터에 적용한 결과를 도식화한다. 귀무가설은 N_0개고 $N_1 = N - N_0$은 귀무가설이

아니다. 전지전능한 신탁이 알려준 규칙의 참 결과는 다음과 같다. R개의 귀무가설이 기각됐다. 그중 a개는 거짓 발견, 즉 유효한 귀무가설이었고 '거짓 발견율(Fdp)'은 다음과 같다.

$$\text{Fdp}(\mathcal{D}) = a/R \tag{15.11}$$

($R = 0$인 경우에는 Fdp $= 0$으로 정의한다.) Fdp는 관측할 수 없지만(전지전능한 그 누군가가 없는 한 a 값을 알 수 없다.) 어떤 가정하에서는 그 기댓값을 다룰 수 있다.

다음과 같이 정의하자.

$$\text{FDR}(\mathcal{D}) = E\left\{\text{Fdp}(\mathcal{D})\right\} \tag{15.12}$$

다음 식이 성립하면, 결정 규칙 $\mathcal{D}$는 FDR을 q 수준에서 통제한다. q는 0과 1 사이에서 미리 선택한 값이다.

$$\text{FDR}(\mathcal{D}) \le q \tag{15.13}$$

이러한 규칙을 찾는 것이 어려워 보이지만 사실 상당히 간단하지만 기발한 방법을 사용해 찾을 수 있다. (15.9)에서와 같이 관측된 p-값을 가장 작은 것부터 가장 큰 것의 순서로 정렬한 후 $i_{\max}$가 다음을 만족하는 가장 큰 인덱스라고 하자.

$$p_{(i)} \le \frac{i}{N} q \tag{15.14}$$

그리고 $\mathcal{D}_q$가 $i \le i_{\max}$에는 $H_{0(i)}$를 기각하고 다른 경우에는 받아들이는 규칙[5]

†3 이라고 하자. 다음 정리의 증명은 15.7절, '주석 및 상세 설명'에 있다.†

정리(벤자미니-호버그Benjamini-Hochberg FDR 통제) 유효한 귀무가설에 해당하는 p-값이 서로 독립적이면, 다음이 성립한다.

---

5 가끔 발명자 이름인 벤자미니와 호버그의 이름을 따서 'BH_q'라 쓰기도 한다. 15.7절, '주석 및 상세 설명'을 참고하라.

$$\text{FDR}(\mathcal{D}_q) = \pi_0 q \le q, \qquad \text{여기서 } \pi_0 = N_0/N \tag{15.15}$$

다시 말해 $\mathcal{D}_q$는 FDR을 $\pi_0 q$ 수준에서 통제한다. 귀무 비율 π_0은 알 수 없고(비록 추정은 가능하지만), 따라서 통상적 주장은 $\mathcal{D}_q$가 FDR을 q 수준에서 통제한다는 것이다. 이 과정을 통해 잃을 것이 별로 없다. 대규모 검정 문제는 대부분의 경우는 귀무이므로 π_0이 1 근처에 놓이고, 이는 소수의 귀무 경우가 아닌 것을 식별하는 것을 목표로 하는 낚시 체험과 비슷하다. $q = 0.1$로 설정하는 것이 일반적 관행이다.

FDR 통제의 보편성은 유의수준 판단에서 FWER보다 더 유연하다는 사실에 전적으로 기인한다.[6] 홈의 절차(15.10)는 다음의 경우 귀무가설 $H_{0(i)}$를 기각한다.

$$p_{(i)} \le \text{임계치(홈)} = \frac{\alpha}{N - i + 1} \tag{15.16}$$

반면 $\mathcal{D}_q$(15.13)는 다음의 임계치를 가진다.

$$p_{(i)} \le \text{임계치}(\mathcal{D}_q) = \frac{q}{N} i \tag{15.17}$$

통상적인 관심 영역에서 큰 N과 작은 i의 비율은

$$\frac{\text{임계치}(\mathcal{D}_q)}{\text{임계치(홈)}} = \frac{q}{\alpha}\left(1 - \frac{i-1}{N}\right) i \tag{15.18}$$

i에 따라 거의 선형으로 증가한다.

그림 15.3은 그림 15.1에서의 **전립선** 데이터의 우측 꼬리에 대해 $p_i = 1 - \Phi(z_i)$((15.3), (15.5))일 때와 $\alpha = q = 0.1$일 때를 비교하고 있다. FDR 절차는 28개의 가장 큰 z-값($z_{(i)} \ge 3.33$)에 대해 $H_{0(i)}$를 기각한 반면, FWER 통제는 일곱 개의 가장 극단적인 z-값($z_{(i)} \ge 4.14$)만 기각한다.

6 귀무가 아닌 것의 식별에 대한 전통적 용어 '유의'는 FDR 통제에는 그리 적절해 보이지 않는다. 15.3절의 베이즈주의와의 연결을 생각하면 특히 그러므로 여기서는 가끔 '흥미있는'이란 말로 대신한다.

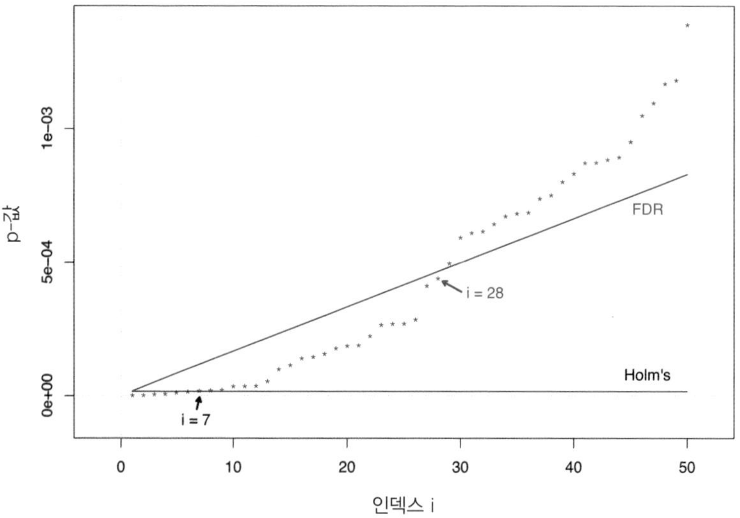

그림 15.3 그림 15.1의 **전립선** 데이터에서 50개의 가장 큰 z-값에 대해 정렬된 p-값 $p_i = 1 - \Phi(z_{(i)})$와 i. FDR 통제 경계(알고리듬 $\mathcal{D}_q$, $q = 0.1$)는 28개의 가장 작은 $p(i)$에 대해 $H_{0(i)}$를 기각한 반면, 홈의 FWER 절차($\alpha = 0.1$)는 오직 일곱 개의 가장 작은 값만 기각했다(홈의 경계(15.16)에서의 상향 그래디언트는 너무 작아서 여기서는 보이지 않는다).

가설 검정은 빈도주의 결정이론의 전통적 근거가 돼 왔고 대개 0.05 수준에서 '1종 오류'를 통제하려고 했다. 새로운 통제 기준, FDR이 대규모 검정 상황에서 유효한 것이 놀랍다. 비판자들은 그림 15.3에서 FDR의 완화된 기각 기준에 주목해 다음과 같은 날카로운 질문을 제기할 수 있다.

1. 비율(즉 FDR)을 통제하는 것이 (1종 오류의) 확률을 통제하는 것만큼 의미가 있는 것인가?
2. q는 어떻게 선택할 것인가?
3. 통제 정리는 p-값 사이의 독립성에 의존하고 있다. 전립선 연구 등의 상황에서는 유효하지 않은 것 아닌가?
4. 유전자 i_0의 FDR 유의는, 말하자면 $z_{i_0} = 3$에서는 다른 모든 유전자의 결과에 달려 있다. 3을 초과하는 '다른' z_i 값이 많을수록 흥미로운 유전자 i_0은 많아진다(이것은 정렬된 리스트(15.9)에서 i_0의 인덱스를 증가시키므로 p_{i_0}

이 $\mathcal{D}_q$ 임계치(15.14) 아래에 있을 가능성을 더 높인다). 이것이 추론이 의미 있도록 하는 것인가?

$\mathcal{D}_q$ 알고리듬을 베이즈/경험적 베이즈로 수정하면 다음 절에서 설명할 것처럼 이에 대한 해답을 얻는 데 도움이 된다.

15.3 경험적 베이즈 대규모 검정

실제로, 단일 가설 검정은 빈도주의의 전유물이었다. 그 기법은 과학자들이 해야 할 일은 별로 없지만(검정 통계량의 선택과 귀무분포의 계산만 하면 된다.) 대개 명확한 판결을 내린다. 대조적으로 베이즈 모델 선택은 그 추론적 장점이 무엇이든지 차치하고, 13.3절에서 설명한 까다로운 모델링 문제를 야기한다.

그렇지만 대규모 검정에 대해서는 양상이 완전히 우호적으로 달라진다. 베이즈 기법은 적어도 그 경험적 베이즈 형태에서는 더 이상 과도한 모델링 수고가 필요 없고 동시 검정 결과를 해석하는 데 도움을 준다. 이는 이전 절에서의 FDR 통제 알고리듬 $\mathcal{D}_q$에 대해 특히 그렇다.

동시 검정에 대한 단순 베이즈 프레임워크는 2-그룹 모델에 의해 제공된다. N의 경우 각각(전립선 연구에서의 유전자)은 사전 밀도 π_0의 귀무이거나 $\pi_1 = 1 - \pi_0$의 확률로 귀무가 아니다. 그 결과 관측치 z는 $f_0(z)$나 $f_1(z)$의 밀도를 가진다.

$$\begin{aligned} \pi_0 &= \Pr\{\text{귀무}\} && \text{귀무면 } f_0(z) \text{ 밀도} \\ \pi_1 &= \Pr\{\text{귀무가 아님}\} && \text{귀무가 아니면 } f_1(z) \text{ 밀도} \end{aligned} \qquad (15.19)$$

전립선 연구의 경우, π_0은 거의 1이고 $f_0(z)$는 표준 정규 밀도 $\phi(z) = \exp(-z^2/2)/\sqrt{2\pi}$(15.3)인 반면 귀무가 아닌 밀도는 추정해야 한다.

$F_0(z)$와 $F_1(z)$가 $f_0(z)$와 $f_1(z)$에 해당하는 cdf 값이라고 하자. '생존 곡선'은 다음과 같다.

$$S_0(z) = 1 - F_0(z) \quad \text{그리고} \quad S_1(z) = 1 - F_1(z) \tag{15.20}$$

$S_0(z_0)$은 귀무 z-값이 z_0을 초과할 확률이고 유사하게 $S_1(z)$도 마찬가지다. 마지막으로 $S(z)$를 혼합 생존 곡선으로 정의하자.

$$S(z) = \pi_0 S_0(z) + \pi_1 S_1(z) \tag{15.21}$$

다음의 혼합밀도는

$$f(z) = \pi_0 f_0(z) + \pi_1 f_1(z) \tag{15.22}$$

$S(z)$를 결정한다.

$$S(z_0) = \int_{z_0}^{\infty} f(z)\, dz \tag{15.23}$$

이제 i의 경우에 대한 관측치 z_i가 어떤 임계치 값 z_0, 예컨대 $z_0 = 3$을 초과했다고 가정하자. 베이즈 규칙에 따라

$$\begin{aligned} \text{Fdr}(z_0) &\equiv \Pr\{i\text{가 귀무}|z_i \geq z_0\} \\ &= \pi_0 S_0(z_0)/S(z_0) \end{aligned} \tag{15.24}$$

(3.5)와의 관련성은 $\pi_0 = g(\mu)$, $S_0(z_0) = f_\mu(x)$고 $S(z_0) = f(x)$다. Fdr은 빈도주의 수량 FDR(15.12)에 대비한 '베이즈 거짓 발견율'이다.

일반적 응용에서는 $S_0(z_0)$을 알고 있다고 가정하고[7](전립선 연구에서는 $1 - \Phi(z_0)$과 같고), π_0은 1에 가깝다고 가정한다. (15.24)에서의 분모 $S(z_0)$은 알 수 없지만(그리고 이것이 중요한 점이다.) 대규모 검정의 상황에서는 명백한 추정을 가진다. 즉,

$$\hat{S}(z_0) = N(z_0)/N, \quad \text{여기서} \quad N(z_0) = \#\{z_i \geq z_0\} \tag{15.25}$$

(2-그룹 모델의 정의에 따라 각 z_i는 한계 밀도 $f(z)$를 가지고 $\hat{S}(z_0)$을 $S(z_0)$의 통상의 경험적

7 그러나 15.5절을 참고하라.

추정으로 만든다(15.23).) (15.24)에 플러그인하면 베이즈 거짓 발견율의 경험적 베이즈 추정을 만든다.

$$\widehat{\mathrm{Fdr}}(z_0) = \pi_0 S_0(z_0) / \hat{S}(z_0) \tag{15.26}$$

FDR 통제와는 거의 바로 연결된다. 우선, 정의 (15.5)와 (15.20)으로부터 $p_i = S_0(z_i)$다. 또한 가장 큰 z-값으로부터 i번째에 대해 $\hat{S}(z_{(i)}) = i/N$(15.25)이다. 이를 모두 종합하면 조건 (15.14), $p_i \le (i/N)q$는 다음과 같이 되거나

$$S_0(z_{(i)}) \le \hat{S}(z_{(i)}) \cdot q \tag{15.27}$$

또는 $S_0(z_i)/\hat{S}(_{(i)}) \le q$인데, 이는 다음과 같이 다시 쓸 수 있다(15.26).

$$\widehat{\mathrm{Fdr}}(z_{(i)}) \le \pi_0 q \tag{15.28}$$

다시 말해 $p_i \le (i/N)q$를 가진[8] 귀무가설을 기각한 $\mathcal{D}_q$ 알고리듬은 사실 귀무가설의 경험적 베이즈 사후확률이 (15.28)에 정의된 것과 같이 너무 작은 경우를 기각한다. FDR 통제의 베이즈 속성은 선택된 경우를 따라가느라 시간을 낭비해야만 확률의 수치적 평가를 얻을 수 있던 실험 과학자들에게는 뚜렷한 장점을 준다.

이제 앞 절의 끝에서 던진 네 가지 질문에 대해 대답할 수 있게 됐다.

1. FDR 통제는 확률과 관계된다(귀무 여부의 베이즈 사후확률).
2. $\mathcal{D}_q$에 대한 q의 선택은 귀무 여부[9]에 대한 최대 용인 베이즈 리스크에 해당한다(대체로 (15.28)에서 $\pi_0 = 1$을 취한 다음).
3. 대개 z_i(그러므로 p_i)는 서로 상관될 것이다. 그러나 상관관계에서도

---

8 FDR 통제 정리(15.15) 직전에 언급한 것처럼, 알고리듬은 사실 기각을 허용하는 데 좀 더 진보적이다.

9 특별히 관심 있는 경우에는 계산을 뒤집을 수 있다. 정렬된 인덱스 i를 가진 경우 (15.14)에 따라 값 $q = Np_i/i$는 기각의 경계에 값을 두고 그 q-값을 만든다. **전립선** 데이터에 대한 50번째 최대 z-값은 $z_i = 2.99$, $p_i = 0.00139$고 q-값은 0.168이고 둘 다 기각의 빈도주의 경계며 귀무 여부에 대한 경험적 베이즈 확률이다.

(15.25)의 $\hat{S}(z_0)$은 여전히 $S(z_0)$에 대해 불편이어서 $\widehat{\text{Fdr}}(z_0)$(15.26)을 $\text{Fdr}(z_0)$(15.24)에 대해 거의 불편되게 한다. 상관관계에는 치러야 할 대가가 있는데, 바로 $S_0(z_0)$과 $\widehat{\text{Fdr}}(z_0)$의 분산을 증가시키는 것이다.

4. 베이즈 2-그룹 모델(15.19)에서 모든 귀무가 아닌 z_i는 귀무가 아닌 밀도 $f_1(z)$로부터의 iid 관찰이고 생존 곡선은 $S_1(z)$다. 특정 임계치 z_0을 초과하는 귀무 경우의 개수 z_i는 고정된 기댓값 $N\pi_0 S_0(z_0)$을 가진다. 그러므로 z_0을 초과하는 관측된 값 z_i의 개수의 증가는 $f_1(z)$의 더 두터운 꼬리에서 와야 하고, 이는 귀무가 아닌 $\text{Fdr}(z_0)$(15.24)의 더 큰 사후확률을 암시한다. 이 점은 다음 절의 지역 거짓 발견 프레임워크에서 좀 더 뚜렷해진다. 이는 경험적 베이즈 추론, 7.4절 측면의 '다른 경험으로부터의 학습'이라는 점을 강조한다. '어떤 다른 것'에 대한 질문은 15.6절에서 다시 살펴본다.

그림 15.4는 2-그룹 모델(15.19)을 보여준다. N개의 경우가 두 가지에 대해 π_0과 π_1의 비율로 랜덤으로 보내졌고, 각 점에서 $f_0(z)$나 $f_1(z)$에 따라 z-값을 생성했다. z_i가 어떤 임계치 z_0을 초과하면 i번째 귀무가설을 기각하고, 그렇지 않으면 받아들이는 간단한 결정 규칙 $\mathcal{D}$를 사용한다고 가정하자.

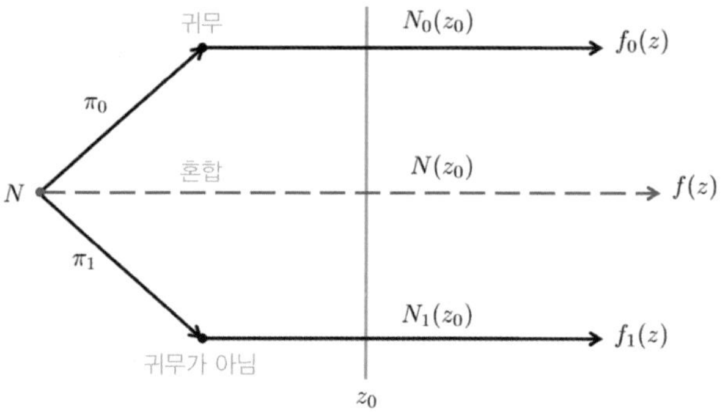

그림 15.4 2-그룹 모델(15.19)의 도표. 여기서 통계학자는 혼합 밀도 $f(z) = \pi_0 f_0(z) + \pi_1 f_1(z)$에서 z_i 값을 관측하고 z_i가 임계치 z_0을 초과하는지 아니면 그보다 작은지에 따라 귀무가설 H_{0i}를 기각할지 받아들일지를 결정한다.

$$\mathcal{D}:\begin{cases}\text{기각 } H_{0i} & z_i > z_0\text{인 경우}\\ \text{인정 } H_{0i} & z_i \le z_0\text{인 경우}\end{cases} \tag{15.29}$$

그림 15.2의 신탁은 $N_0(z_0) = a$개의 귀무 경우에서 z-값이 z_0을 초과했다는 것을 알고 있으므로, 유사하게 귀무가설이 아닌 경우의 $N_1(z_0) = b$를 알고 있다는 것으로부터 다음의

$$N(z_0) = N_0(z_0) + N_1(z_0) = R \tag{15.30}$$

총 기각 개수가 유도된다. 거짓 발견의 비율(15.11)은 다음과 같다.

$$\text{Fdp} = \frac{N_0(z_0)}{N(z_0)} \tag{15.31}$$

그러나 이는 우리가 오직 $N(z_0)$만을 알고 있으므로 관찰할 수 없다.

거짓 발견율 이론의 기발한 추론적 전략은 $N_0(z_0)$의 기댓값으로 (15.31)의 $N_0(z_0)$을 대체한다.

$$E\{N_0(z_0)\} = N\pi_0 S_0(z_0) \tag{15.32}$$

이는 (15.25)와 (15.26)을 이용해 다음 결과를 만든다.

$$\widehat{\text{Fdp}} = \frac{N\pi_0 S_0(z_0)}{N(z_0)} = \frac{\pi_0 S_0(z_0)}{\hat{S}(z_0)} = \widehat{\text{Fdr}}(z_0) \tag{15.33}$$

2-그룹 모델에서 시작해 $\widehat{\text{Fdr}}(z_0)$은 Fdp와 함께 베이즈 확률 $\text{Fdr}(z_0)$에 대한 명백한 경험적(즉, 빈도주의) 추정이다.

그림 14.1의 베이즈-피셔-빈도주의 삼각형에 위치시키자면, 거짓 발견율은 빈도주의 구석 근처에서 시작하지만 적어도 베이즈 코너 쪽으로 조금은 이동해갈 것이다. 7장의 제임스-스타인 추정과는 놀라운 유사점이 있다. 두 이론 모두 놀라운 빈도주의 정리로 시작하는데, 이는 경험적 베이즈 용어를 통해 추론적으로 합리화된다. 둘 다 간접 증거에 의존하고 있으며 다른 경험

으로부터의 학습인 것이다. 차이가 있다면, 제임스-스타인 추정은 항상 논란을 일으키는 반면 FDR 제어는 보편적으로 사용되는 여러 기법 속으로 빠르게 스며들며 환영을 받았다는 것이다. 이는 21세기 태도의 변화를 반영하는 것일 수도 있지만 단지 $\mathcal{D}_q$ 규칙이 그 베이즈주의 측면을 더 잘 숨기고 있는 것일 수도 있다.

15.4 지역 거짓 발견율

꼬리 영역 통계량(p-값)은 전통적인 순차적^one-at-a-time^ 가설 검정과 같은 말이고, $\mathcal{D}_q$ 알고리듬은 대규모 검정 이론의 p-값 해석에 사용된다. 그러나 꼬리 영역 계산은 베이즈 관점에서는 필요하지도 않고 바람직하지도 않다. 베이즈 관점에서는 검정 통계량 z_i가 어떤 값 z_0과 같다는 것을 관찰하면 $z_i \geq z_0$이 아니라 $z_i = z_0$에 대한 귀무 여부의 확률에 더 관심이 있어야 한다.

이를 위해 꼬리 영역 거짓 발견율 $\text{Fdr}(z_0)$(15.24)과 반대로 다음과 같이 지역 거짓 발견율을 정의한다.

$$\text{fdr}(z_0) = \Pr\{i\text{가 귀무임}|z_i = z_0\} \tag{15.34}$$

이어지는 설명에서는 fdr에 대한 상당히 정교한 경험적 베이즈 추정이 대규모 검정 문제에서 가능하다는 것이 핵심이다.

첫 시도로서, 귀무가설을 기각하기 위해 제안된 영역인 $\mathcal{Z}_0$이 z_0에 중심을 둔 작은 구간이라고 가정하자.

$$\mathcal{Z}_0 = \left[z_0 - \frac{d}{2}, z_0 + \frac{d}{2}\right] \tag{15.35}$$

여기서 d는 아마도 0.1일 것이다. 여기서 그림 15.4를 다시 그릴 수 있다. 이제 $\mathcal{Z}_0$에서의 귀무, 귀무 아님, 전체 z-값 개수는 각각 $N_0(\mathcal{Z}_0), N_1(\mathcal{Z}_0)$, $N(\mathcal{Z}_0)$이다. 다음의 지역 거짓 발견의 비율은

$$\text{fdp}(z_0) = N_0(\mathcal{Z}_0)/N(\mathcal{Z}_0) \tag{15.36}$$

관측할 수 없지만, $N_0(\mathcal{Z}_0)$을 (15.31)–(15.33)에서처럼 근사 기댓값인 $N\pi_0 f_0(z_0)d$로 대체할 수 있고 다음의 추정을 생성한다.[10]

$$\widehat{\text{fdr}}(z_0) = N\pi_0 f_0(z_0)d/N(\mathcal{Z}_0) \tag{15.37}$$

실제로 추정 (15.37)에는 늘 불필요한 잡음이 있다. z-값 분포는 매끄러운 경향이 있어서 fdr(z_0)을 위한 회귀 추정의 사용을 가능케 한다. 2-그룹 모델 (15.19)를 사용하면 베이즈 정리는 다음 식을 생성한다((3.5)의 μ는 이제 귀무나 귀무가 아닌 상태에 대한 식별자고 x는 이제 z다).

$$\text{fdr}(z) = \pi_0 f_0(z)/f(z) \tag{15.38}$$

z-값의 히스토그램을 통해 매끄러운 곡선 $\hat{f}(z)$를 그리면 더 효율적인 추정이 생성된다.

$$\widehat{\text{fdr}}(z_0) = \pi_0 f_0(z_0)/\hat{f}(z_0) \tag{15.39}$$

귀무 비율 π_0은 추정할 수 있거나(15.5절을 보라.) 1로 설정한다.

그림 15.5는 그림 15.1의 전립선 연구 데이터의 $\widehat{\text{fdr}}(z)$를 보여주는데, (15.39)에서의 $\hat{f}(z)$는 아래에 설명된 것처럼 추정됐다. 곡선은 $|z_i| \le 2$를 가진 93%의 경우에 대해 1 근처에서 맴돌고 대부분의 유전자는 전립선암과 관련이 없다는 것을 뚜렷이 보여준다. 이는 $|z_i| \ge 3$에 대해 급격히 하락해 $z_i \ge 3.34$와 $z_i \le -3.40$에 대해 전통적으로 '흥미로운' 다음의 임계치에 도달한다.

$$\widehat{\text{fdr}}(z) \le 0.2 \tag{15.40}$$

10 식 (15.37)은 이전 절의 논점 (4)를 더 명확하게 해준다. 더 많은 '다른' z-값이 $\mathcal{Z}_0$에 속하게 하면 $N(\mathcal{Z}_0)$은 증가하고 $\widehat{\text{fdr}}(z_0)$은 감소해 $z_i = z_0$이 귀무가 아닌 경우를 나타낼 가능성이 더 높아지게 된다.

이는 우측 꼬리에서 27개, 좌측 꼬리의 25개 유전자에서 얻은 것으로 후속 연구를 위해 눈여겨봐야 할 합리적 후보군이다.

(15.39)에서 사용된 곡선 $\hat{f}(z)$는 그림 10.5((10.52)–(10.56))에서처럼 그림 15.1의 히스토그램에 4차 로그 다항 포아송 회귀 적합을 통해 얻은 것이다. 2차에서 6차까지의 로그 다항은 최대 우도에 의해 적합화돼 표 15.1에서 보인 것과 같은 전체 잔차 편차(8.35)를 만들었다. 3차에서 4차로 가면서 놀라운 개선이 이뤄지는 것을 볼 수 있지만, 그 이후로는 주목할 만한 것이 없고 (12.75)에서 제시된 귀무 값 2보다 작게 감소한다.

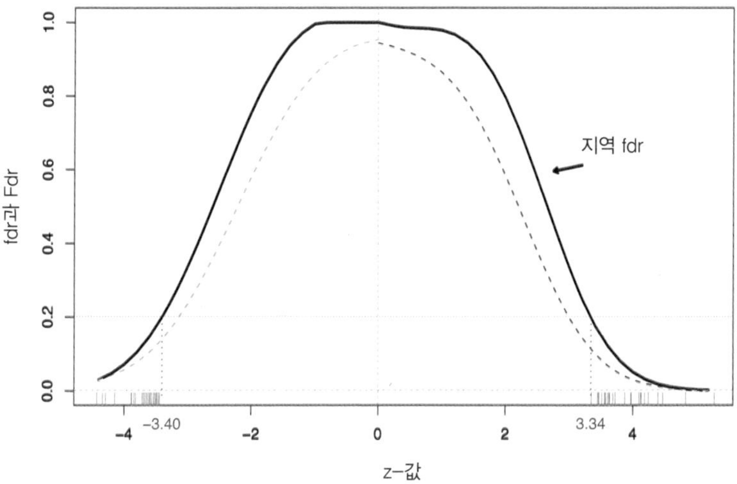

그림 15.5 그림 15.1의 전립선 연구의 지역 거짓 발견율 추정 $\widehat{\text{fdr}}(z)$(15.39). 점선 곡선으로 표시된 오른쪽 27개, 왼쪽 25개의 유전자가 $\widehat{\text{fdr}}(z_i) \leq 0.2$를 가진다. 밝은 점선 곡선은 왼쪽과 오른쪽 꼬리 영역 추정 $\widehat{\text{Fdr}}(z)$(15.26)이다.

표 15.1 다항 2부터 6까지의 **전립선** 데이터의 로그 다항 포아송 회귀로부터의 잔차 편차. 4차가 선호된다.

차수	2	3	4	5	6
편차	138.6	137.0	65.1	64.1	63.7

그림 15.6의 점은 그림 15.1에서 (0의 개수를 제외한) 칸 개수의 로그 값을 나타내는데, 실선 곡선이 4차 MLE 다항 적합화를 보여준다. 또한 다음의 표준 정규 로그 밀도도 나타나 있다.

$$\log f_0(z) = -\frac{1}{2}z^2 + \text{상수} \tag{15.41}$$

이 밀도는 $|z|<2$에 대해 상당히 잘 적합화돼 대다수 유전자가 귀무 상태임을 강조해준다.

'흥미로운' 경우로 판단할 수 있는 컷오프 $\widehat{\text{fdr}}(z) \le 0.2$가 완전히 임의로 정해지는 것은 아니다. (15.38)과 (15.22)의 정의와 약간의 대수학을 통해 이는 다음 식이 성립함을 보일 수 있다.

$$\frac{f_1(z)}{f_0(z)} \ge 4\frac{\pi_0}{\pi_1} \tag{15.42}$$

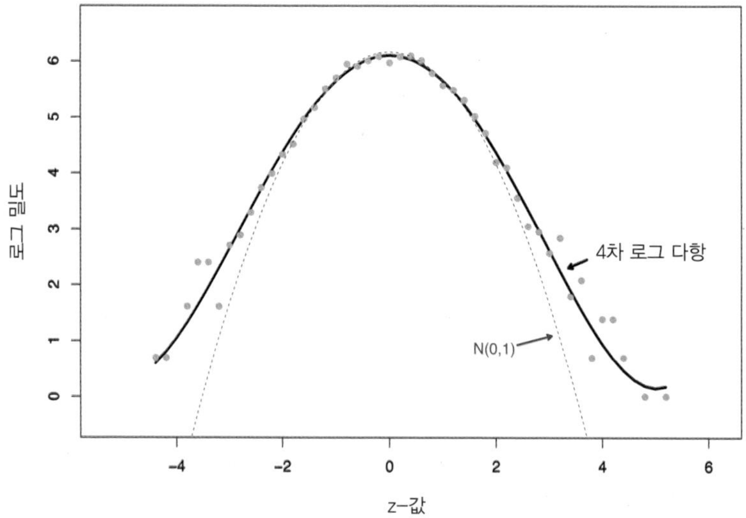

그림 15.6 각 점은 그림 15.1의 히스토그램의 칸 개수의 로그다. 검정 실선 곡선은 그림 15.5에서 $\widehat{\text{fdr}}(z)$를 계산하는 데 사용한 4차 로그-다항 적합화다. 붉은색 점선 곡선, 로그 귀무 밀도(15.41)는 $|z| \le 2$에 대한 합리적 적합화를 제공한다.

대부분의 대규모 검정 상황에서 합리적인 기준인 $\pi_0 \geq 0.90$을 가정하면 이는 베이지 인자 $f_1(z)/f_0(z)$를 상당히 크게 만들어서

$$\frac{f_1(z)}{f_0(z)} \geq 36 \tag{15.43}$$

표 13.3 제프리 크기의 귀무가설에 반하는 '강한 증거'가 된다.

지역 거짓 발견율과 꼬리 영역 거짓 발견율 사이에는 다음과 같은 단순한
†4 관계가 존재한다.[†]

$$\text{Fdr}(z_0) = E\{\text{fdr}(z)|z \geq z_0\} \tag{15.44}$$

그러므로 $\text{Fdr}(z_0)$은 z가 z_0보다 큰 것에 대한 $\text{fdr}(z)$의 평균값이다. 흥미로운 상황에서는 $\text{fdr}(z)$가 그림 15.5의 우측과 같이 z의 큰 수에 대한 감소함수가 돼 $\text{Fdr}(z_0) < \text{fdr}(z_0)$이 된다. 이는 전통적 유의 컷오프 $\widehat{\text{Fdr}}(z) \leq 0.1$이
†5 $\widehat{\text{fdr}}(z) \leq 0.2$(15.40)보다 더 작은 것을 설명해준다.[†]

지역 거짓 발견율에 대한 베이즈주의 해석은 베이즈주의 일관성을 동반하는 장점이 있다. $\widehat{\text{fdr}}(z)$가 양쪽 꼬리를 변화시키지 않고도 적용되므로 $\widehat{\text{Fdr}}$ 추정의 우측, 좌측 꼬리 영역처럼 정의를 수정할 필요가 없다.[11] 또한 '참-발견율'에 대해 별도의 이론을 사용할 필요가 없다. 다음 식은

$$\text{tdr}(z_0) \equiv 1 - \text{fdr}(z_0) = \pi_1 f_1(z_0)/f(z_0) \tag{15.45}$$

i가 주어진 $z_i = z_0$에 대해 귀무가 아님[non-null]일 조건부 확률이기 때문이다.

15.5 귀무분포의 선택

2-그룹 모델 (15.19)에서 귀무분포 $f_0(z)$는 대규모 검정에서도 전통적 단일 이론에서처럼 주요한 역할을 한다. 그러나 대규모 문제에서는 약간 다른 문제

11 좀 더 자세히 보면, 2-그룹 모델의 z는 다차원일 수 있다. 그러면 꼬리 영역 거짓 발견율은 사용할 수 없지만, (15.38)은 여전히 적절하게 $\text{fdr}(z)$를 정의한다.

가 발생한다. 한 번에 수천 개의 z-값을 조사할 때는 전통적인 이론적 귀무는 맞지 않는다는 것이 분명해진다. 좀 더 긍정적 측면으로 표현하자면, 대규모 응용에서는 경험적 방법을 통해 좀 더 실질적인 귀무분포를 찾아야 한다는 것이다.

그림 15.7의 **경찰** 데이터는 어떤 일이 발생할 수 있는지 잘 보여준다. 2006년 뉴욕 경찰관들을 대상으로 $N = 2749$건의 길거리 불심검문에서의 인종 편향성을 평가해봤다. 각 경찰관에게는 인종 편향성을 의미하는 큰 양수 값의 z_i가 할당됐다. z_i 값은 검문 시간, 장소, 검문 이유 등의 차이를 보완하기 위해 복잡한 로지스틱 회귀 모델로부터의 점수를 종합한 것이다. 로지스틱 회귀 이론은 인종 편향성이 없다는 것에 대한 이론적 귀무분포를 다음과 같이 제시한다.

$$H_{0i} : z_i \sim \mathcal{N}(0, 1) \tag{15.46}$$

문제는 그림 15.7에서, 짐작컨대 대다수 귀무 경우의 경찰관에게 적용될 것으로 예상되는 $\mathcal{N}(0, 1)$ 곡선을 따라가는 z-값 히스토그램의 중심이 너무 넓다는 것이다(그림 15.1의 **전립선** 데이터의 상황과는 다르게). 아래에 설명한 MLE 적합화 알고리듬은 다음과 같은 경험적 귀무를 생성한다.

$$H_{0i} : z_i \sim \mathcal{N}(0.10, 1.40^2) \tag{15.47}$$

이는 그림 15.8에서 본 z_i 값의 QQ 도식에 의해 보강됐는데, 대부분의 경우가 $\mathcal{N}(0.09, 1.42^2)$ 선을 멋지게 따르며, 양쪽 극단에 약간의 이상치만 있다.

여기에는 많은 정보가 담겨 있다. 경험적 귀무(15.47)에 따르면, 단지 네 명의 경찰관만이 '아마도 인종적으로 편향된'의 컷오프 $\widehat{\text{fdr}}(z_i) \le 0.2$에 도달했는데, 그림 15.8의 맨 오른쪽 네 개의 원이 그것이다. 다섯 번째 점은 $\widehat{\text{fdr}} = 0.38$을 가지는 반면, 다른 모든 것은 0.8을 초과한다. 이론적 $\mathcal{N}(0, 1)$ 귀무는 더 심각해서 $z_i \ge 2.50$을 가진 경찰관 125명에게 $\widehat{\text{fdr}} \le 0.2$를 할당했는데, 이 정도라면 신문의 헤드라인에 나올 법한 수치다.

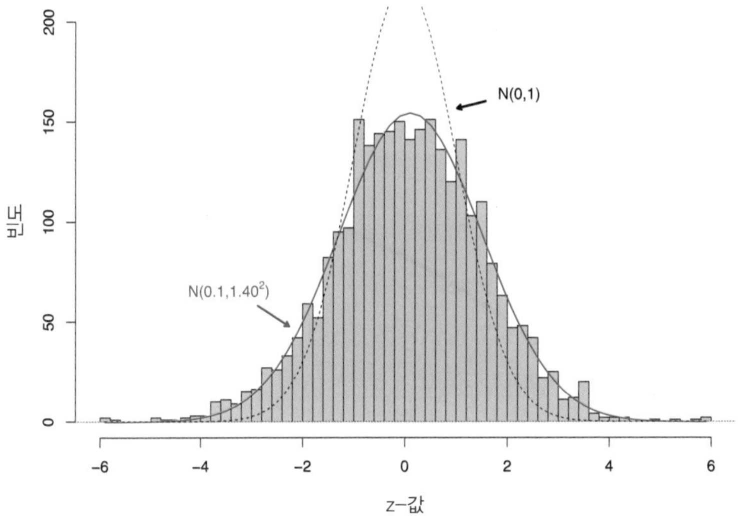

그림 15.7 경찰 데이터. $N = 2749$건의 뉴욕 경찰관의 z 점수에 대한 히스토그램이며, 큰 z_i는 인종 편향을 의미한다. 이론적 귀무분포 $z_i \sim \mathcal{N}(0,\ 1)$과 비교해 히스토그램의 중심이 너무 넓다. 중심 데이터에 MLE를 적합화하면 경험적 귀무로 $\mathcal{N}(0.10,\ 1.40^2)$을 생성한다.

전통적 관점에서 볼 때 이론적 귀무가설을 의심하는 것은, 특히 단일 검정에서 대안이 없을 때는 이단적으로 보일 수 있다. 그러나 경찰 연구와 같이 주의를 환기시키는 데이터 집합을 접하고 나면, 다음과 같이 의심을 불러일으키게 만든 이유를 쉽게 파악할 수 있다.

- 점근성: 테일러 급수 근사가 (15.46)과 같은 이론적 귀무 계산에 사용되면 부정확할 수 있으며, 특히 귀무분포의 중요한 꼬리 부분에서 그렇다.
- 상관관계: 거짓 발견율 기법은 N개의 z-값 사이에 상관관계가 있어도 평균적으로 정확하다. 그러나 심각한 상관관계는 z-값 히스토그램을 불안정하게 하고 이론적 예측보다 무작위로 더 넓거나 좁아져서 분
†6 석 중 데이터의 이론적 귀무 결과를 약화시킨다.†

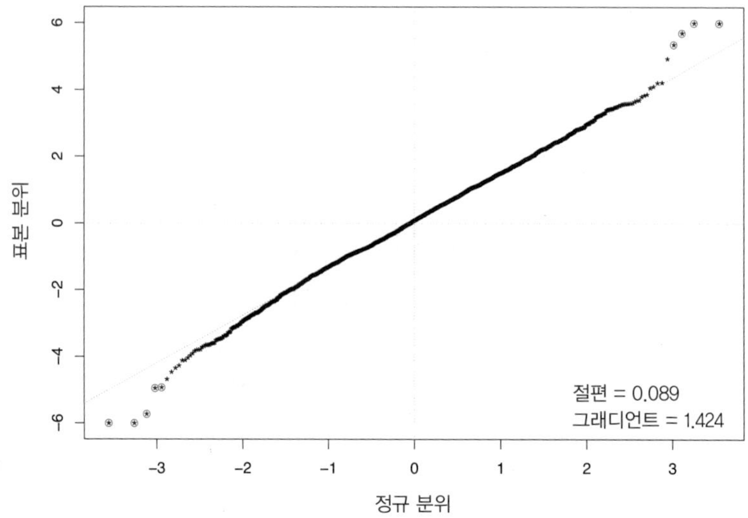

그림 15.8 경찰 데이터 z 점수의 QQ 그림. 대부분의 점수는 양극단의 몇 개 이상치를 제외하고는 $\mathcal{N}(0.09, 1.42^2)$을 잘 따른다. 원으로 싸인 점은 경험적 귀무에 기반한 지역 거짓 발견 추정 $\widehat{\text{fdr}}(z_i) \le 0.2$를 가진 경우다. 이론적 $\mathcal{N}(0, 1)$ 귀무는 왼쪽에 91개와 오른쪽에 125개의 $\widehat{\text{fdr}}(z_i) \le 0.2$인 216개 경우의 귀무를 생성한다.

- 미관측 공변량: 경찰 연구는 실험이 아니라 실측에 의한 것이다: 맞닥뜨린 각 개인들은 다양한 경관들에게 랜덤으로 할당된 것이 아니라 단순히 우연히 마주쳐 관찰된 것이다. 하루 중 시간이나 지역 같은 관측된 공변량은 로지스틱 회귀 모델에 포함됐지만, 영향력이 있는 다른 미관측 공변량이 빠졌을 가능성을 완전히 배제할 수는 없다.
- 효력 크기 고려: 대부분이 실제로 귀무인 경우에는 가설 검정 설정이 적절하지 않을 수 있다. 사전 $g(\mu)$가 $\mu = 0$에서 원자를 가지지 않는 효력 크기 모델, $\mu_i \sim g(\cdot)$이고 $z_i \sim \mathcal{N}(\mu_i, 1)$을 적용할 수도 있다. 원자가 아닌 $g(\mu) \sim \mathcal{N}(0.10, 0.63^2)$의 선택은 그림 15.8에서 QQ 도면에 잘 적합화된다.

경험적 귀무 추정

여기서 우리가 보는 관점은 이론적 귀무(15.46), $z_i \sim \mathcal{N}(0, 1)$이 완전히 잘못된 것은 아니지만 현재의 데이터 집합에 맞게 조정될 필요는 있다는 것이다. 이를 위해 2-그룹 모델(15.19)을 가정하는데, $f_0(z)$는 정규지만 반드시 $\mathcal{N}(0, 1)$은 아니다. 즉, 다음과 같다.

$$f_0(z) \sim \mathcal{N}(\delta_0, \sigma_0^2) \tag{15.48}$$

지역 거짓 발견율 $\text{fdr}(z) = \pi_0 f_0(z)/f(z)$를 계산하기 위해 세 개의 분자 모수 $(\delta_0, \sigma_0, \pi_0)$을 추정하고자 하는데, 각각 평균과 귀무 밀도의 표준편차, 그리고 귀무 경우의 비율이다(분모 $f(z)$는 15.4절에서와 같이 추정된다).

여기서의 핵심 가설((15.48) 이외)은 π_0이 크다는 것, 즉 $\pi_0 \geq 0.90$이고 0 근

†7 처 대부분의 z_i는 귀무 경우라는 것이다. 알고리듬 **locfdr**[†]은 $z = 0$ 근처의 집합 $\mathcal{A}_0$을 선택하는 것으로 시작하는데, $\mathcal{A}_0$ 내의 모든 z_i는 귀무라고 가정한다. 2-그룹 모델의 용어를 사용하면, 가정을 다음과 같이 표현할 수 있다.

$$f_1(z) = 0 \quad z \in \mathcal{A}_0\text{에 대해} \tag{15.49}$$

(15.49)를 적당히 위반(그것이 예상되는데)하면 경험적 귀무 추정에 작은 편향을 생성한다. $\mathcal{A}_0$에서 관측된 z_i의 개수와 값에 기반한 최대 우도는 경험적

†8 귀무 추정[†] $(\hat{\delta}_0, \hat{\sigma}_0, \hat{\pi}_0)$을 생성한다.

경찰 데이터에 적용해보면, **locfdr**은 $\mathcal{A}_0 = [-1.8, 2.0]$을 선택하고 다음의 추정을 생성한다.

$$\left(\hat{\delta}_0, \hat{\sigma}_0, \hat{\pi}_0\right) = (0.10,\ 1.40,\ 0.989) \tag{15.50}$$

표 15.2에서 설명한 두 작은 시뮬레이션 연구는 **locfdr** 추정 프로세스에 내재하는 변동성과 편향에 어떤 아이디어를 제공한다.

세 번째 기법은 이론과 경험적 귀무 추정 사이의 어딘가에 위치하며 전자 쪽에 좀 더 가까운데, 순열에 기반하고 있다. 그림 15.1의 **전립선** 데이터의 6,033개 z-값의 벡터 $\mathbf{z}$가 102명 남자의 연구로부터 얻어졌다. 그중 52명

은 암 환자고, 50명은 건강체다. 데이터를 무작위로 순열시키면, 즉 102명 중 50명을 무작위로 추출한 후 '건강체'라 하고 나머지 52명을 '환자'로 선정한 후 단계 (15.1)–(15.2)를 수행하면 실제 암/건강체 차이가 숨어버린 벡터 z^*가 생성된다. z_i^* 값의 히스토그램(아마도 여러 순열을 병합한 것)은 '순열 귀무'를 제공한다. 여기서 피셔의 원래의 순열 아이디어(4.4절)를 대규모 검정으로 확장한다.

전립선 연구의 열 가지 순열 연구 데이터는 거의 완벽한 $\mathcal{N}(0, 1)$ 순열 귀무를 생성했다(이는 순열 t-검정의 전통적 이론으로부터 예측된다).

표 15.2 **locfdr**을 사용한 경험적 귀무 추정 연구의 두 시뮬레이션에 대한 $(\hat{\delta}_0, \hat{\sigma}_0, \hat{\pi}_0)$의 평균과 표준편차. 각 $(\delta_0, \sigma_0, \pi_0)$에 대한 $N = 5000$ 경우가 나타나 있다. 250번 시도한다. 2-그룹 모델(15.19)의 비귀무 밀도 $f_1(z)$는 $\mathcal{N}(3, 1)$(좌측)이나 $\mathcal{N}(4.2, 1)$(우측)과 같다.

	δ_0	σ_0	π_0	δ_0	σ_0	π_0
참 값	**0**	**1.0**	**.95**	**.10**	**1.40**	**.95**
평균	.015	1.017	.962	.114	1.418	.958
표준편차	.019	.017	.005	.025	.029	.006

순열 기법은 이론적 귀무분포에 대한 반대 1인 점근적 근사에 과도하게 의존하고 있다는 사실은 확실히 잠재울 수 있지만, 반대 2, 3, 4는 극복하지 못
†9 한다.[†]

차이의 원인이 무엇이든, 이론과 경험적 귀무분포의 작동상의 차이는 뚜렷하다. 후자의 경우 이상치의 유의수준은 다수로부터의 상대적인 분산으로 판단하며, 이는 이론적 기준으로 판단하는 전자와 구분된다. 이런 방법은 경찰 데이터의 경우에는 설득력이 있지만 장단점이 따른다. 귀무분포를 추정하는 것은 $\widehat{\text{fdr}}$이나 $\widehat{\text{Fdr}}$의 변동성을 상당히 증가시킨다. **전립선** 데이터와 같은 경우 이론적 귀무가 거의 정확할 경우[12] 그대로 사용하는 것이 합리적이다.

---

12 **전립선** 데이터의 경우 **locfdr** 알고리듬은 $(\hat{\delta}_0, \hat{\sigma}_0, \hat{\pi}_0) = (0.00, 1.06, 0.984)$다.

21세기 응용의 대규모 데이터 집합은 최소한의 이론적 구성을 사용해 현재의 데이터만을 처리하는 독립적 기법을 부추겼다. 대규모 검정 문제의 거짓 발견율 경험적 베이즈 분석은 $\hat{\pi}_0$, $\hat{f}_0$, $\hat{f}$의 데이터 기반 추정과 함께 이 경우 이상적인 기법에 가깝다.

15.6 연관성

거짓 발견율은 우리를 6.4절과 7.4절 같은 간접 증거의 영역으로 돌아가게 만든다. 전립선 암 연구에서 어떤 유전자에 대한 관심은 당연히 그 z 점수에 달려 있지만, 다른 유전자의 점수에도 달려 있다(이전에 사용한 표현을 빌리자면 '다른 경험으로부터의 학습'이다).

지금까지 피해왔던 중요한 질문은 "어떤 다른 것?"이다. 우리의 암묵적 대답은 "동일한 데이터 집합에 들어있는 모든 경우"였다. 예컨대 전립선 연구의 모든 유전자, 경찰 연구의 모든 경찰관이었다. 마지막 예제에서는 왜 이런 것이 위험한 전술이 될 수 있는지 보여준다.

DTI(확산 텐서 영상diffusion tensor imaging) 연구에서는 여섯 명의 난독증 어린이와 여섯 명의 정상인 어린이를 비교하고 있다. 각 **DTI** 스캔은 $N = 15,443$ '복셀voxel', 즉 15,443개의 3차원 뇌 좌표의 유체 흐름을 기록했다. 난독증과 정상체를 비교하는 점수 z_i가 각 복셀 i에 대해 계산됐고, '차이가 없음'이라는 이론적 귀무분포가 (15.3)에서와 같이 되도록 조정했다.

$$H_{0i} : z_i \sim \mathcal{N}(0, 1) \tag{15.51}$$

그림 15.9는 15,443개 z_i 값의 히스토그램을 모두 보여주는데, 중앙 근처에서 정규분포처럼 보이면서 오른쪽으로는 두터운 꼬리를 가진다. **locfdr**은 다음의 경험적 귀무 모수로

$$\left(\hat{\delta}_0, \hat{\sigma}_0, \hat{\pi}_0\right) = (-0.12,\ 1.06,\ 0.984) \tag{15.52}$$

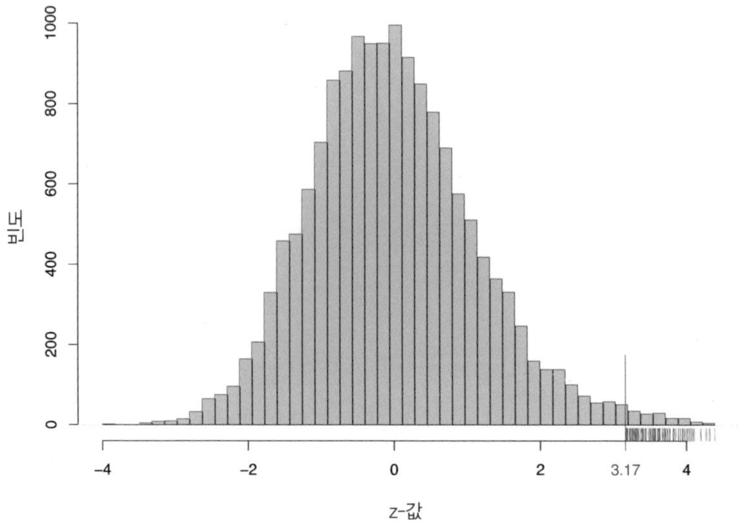

그림 15.9 15,443개의 뇌 위치에서 난독증과 정상 어린이를 비교하는 **DTI** 연구를 위한 z 점수의 히스토그램. 경험적 귀무분포에 기반한 FDR 분석은 $\widehat{\text{fdr}}(z_i) \le 0.20$, $z_i \ge 3.17$인 149개의 복셀을 생성했다(붉은색 점선으로 표시).

$\widehat{\text{fdr}} \le 0.20$을 가진 $z_i \ge 3.17$의 복셀 149개를 추정했다. 이론적 귀무(15.51)는 조금 다른 결과를 나타냈는데, 이제 $\widehat{\text{fdr}}_i \le 0.20$을 가진 $z_i \ge 3.07$의 복셀 177개다.

그림 15.10에서 수직으로 그린 복셀 점수 z_i가 후뇌로부터의 거리 x_i에 대해 그려져 있다. 상이한 반응의 파동이 뚜렷하다. 큰 값은 구간 $50 \le x \le 70$에서 나타나는데, 전체 z-값 분포(저, 중, 고)가 위로 밀렸다. $\widehat{\text{fdr}}_i \le 0.20$을 가지는 복셀 149개는 대부분 파동의 상단에서 나타난다.

그림 15.10은 공정한 비교의 문제를 야기한다. 아마 x_i가 50에서 70 사이인 4,653개의 복셀은 그들끼리만 비교돼야 하고, 전체 15,443개와는 비교되면 안 된다. 그렇게 하면 다음과 같이

$$\left(\hat{\delta}_0, \hat{\sigma}_0, \hat{\pi}_0\right) = (0.23,\ 1.18,\ 0.970) \tag{15.53}$$

$\widehat{\text{fdr}}_i \le 0.20$과 $z_i \ge 3.57$인 오직 66개의 복셀만이 있다.

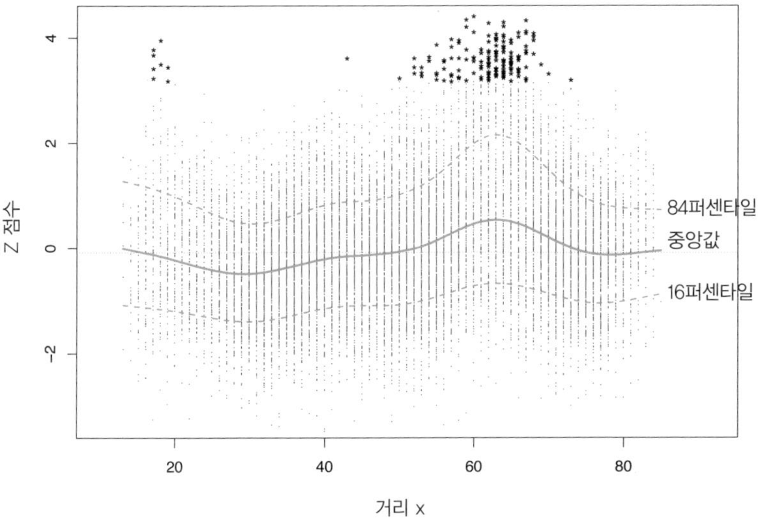

그림 15.10 DTI 연구(수직축)로부터의 z_i 점수 15,443과 후뇌(수평축)로부터의 복셀 거리 x_i를 그린 것이다. 별표로 된 점은 $\widehat{\text{fdr}}_i \le 0.20$인 149개 복셀로 대부분 x_i가 [50, 70] 사이의 구간에 나타난다.

이 모든 것은 연관성relevance에 대한 문제다. '어느' 복셀 i가 복셀 i_0의 유의성을 평가하는 데 연관돼 있는가? 누군가는 이 문제가 데이터를 수집하는 사람들의 문제며 통계적 분석가의 문제는 아니라고 주장할 수 있겠지만, 적어도 서로 간의 협업이 없다면 데이터 수집만으로 얻을 수 있는 것은 별로 없다. 표준 베이즈 분석은 규칙을 이용해 문제를 해결한다. 사전 분포에 대한 주장은 곧 그 연관성에 대한 주장이 된다. 경험적 베이즈 상황은 이러한 주장에 숨겨진 위험을 드러내준다.

연관성은 7.4절에서도 다뤘는데, 제한된 변환 규칙(7.47)을 통해 극단적인 경우가 대량의 일반 상황 속으로 과도하게 축소되는 경우를 막으려 했다. 누군가는 '연관성 함수' $\rho(x_i, z_i)$를 상상할 수도 있겠다. 그 함수는 case_i에서, 주어진 공변량 정보 x_i와 반응 z_i에 대해 앙상블 거짓 발견율 추정을 어떻게든 조정해서 관심 대상의 경우에 정확히 적용하게 만들 것이다. 그러나 이러한 이론은 거의 존재하지 않는다.

요약

대규모 검정은 (특히 그 거짓 발견율의 구현에서) 전통적 피셔-네이만-피어슨 이론과 전혀 다르다.

- 빈도주의 단일 가설 검정은 이론적 귀무분포로부터의 표본의 이론적인 장기간의 작동 행태에 의존한다. 예컨대 $N = 5000$개 정도의 시뮬레이션 검정은 데이터 자체에서 통계학자만의 '장기간'의 개념을 이미 가지고 있는 셈이므로 이론적 모델링의 중요성은 약화된다. 특히, 데이터는 오히려 이론적 귀무에 대한 의심을 제기하며 좀 더 적절한 경험적 귀무분포를 대신 제공할 수도 있다.
- 전통적 검정 이론은 완전히 빈도주의인 반면, 거짓 발견율은 빈도주의와 베이즈주의 사고를 병합한다.
- 전통적 검정에서 경우 i에 대해 얻어진 유의수준은 그 자신의 z_i에만 의존하는 반면, $\widehat{\text{fdr}}(z_i)$ 또는 $\widehat{\text{Fdr}}(z_i)$는 다른 경우에 관측된 z-값에도 의존하고 있다.
- 단일 검정 이론의 적용은 대개 귀무가설의 기각을 희망하고 통상적인 처방은 크기 0.05에서 0.8의 힘이다. 대규모 검정에서는 그 반대다. 그 경우 일반적인 목표는 대부분의 귀무가설을 받아들이고 향후 연구를 위한 오직 소수의 경우만을 남기려 한다.
- $\mu = 0$과 같은 정확한 귀무가설은 대규모 응용에서는 덜 중요하다. 그 경우 통계학자들은 0만 아니라면 소소하게 작은 효과 크기 μ_i도 행복하게 받아들인다.
- 거짓 발견율 가설 검정은 대량의 추정을 필요로 해서 통계적 검정의 주요 두 갈래를 구분하는 경계를 모호하게 한다.

15.7 주석 및 상세 설명

거짓 발견율 이야기는 과학적 기술 개발(이 경우는 미세배열)이 어떻게 통계적 추론의 발전에 영향을 끼치는지를 보여줬다. 동시 추론의 근본적 이론은 1955년과 1995년 사이에 발전했는데, 주로 소수의 가설 검정(아마 20개 정도까지) 상황에서 계열별 오차율의 빈도주의적 제어를 목표로 했다. 밀러(1981) 및 웨스트폴과 영(1993)의 문헌이 좋은 참고 자료가 된다.

벤자미니와 호버그의 1995년 논문은 대규모 데이터 집합을 따라잡아야 하는 적절한 시기에 거짓 발견율을 소개했고, 지금은 미세배열 응용을 통해 생성된 수천 개의 검정이 사용된다. 이 장에 사용된 대부분의 내용은 에프론(2010)에서 발췌했는데, 거기에는 Fdr 이론의 경험적 베이즈 속성이 강조돼 있다. 경찰 데이터에 대해서는 리지웨이[Ridgeway]와 맥도널드[MacDonald](2009)에서 상세히 설명하고 분석한다.

†1 모델 (15.4). 에프론(2010)의 7.4절은 z-값의 귀무가 아닌 분포에 대한 결과에 대해 설명하고 있다. 귀무가설하에서의 z-값(즉, 표준 정규 랜덤 변수 $z \sim \mathcal{N}(0.1)$)을 생성하는 (15.2)와 같은 변환은 적절한 대립가설 아래 $z \sim \mathcal{N}(\mu, \sigma_\mu^2)$에 대한 좋은 근삿값을 생성한다. 100차원 자유도를 가진 스튜던트-t와 같은 (15.2)의 특정 상황에서는 (15.4)처럼 $\sigma_\mu^2 \doteq 1$이다.

†2 홈의 절차. 홈의 절차를 포함한 FWER 제어 기법들은 에프론(2010)의 3장에서 다루고 있다. 이들은 대량의 수학적 기발함을 보여주고, 개발된 FDR 이론의 배경을 제공한다.

†3 FDR 통제 정리. 벤자미니와 호버거의 놀라운 통제 정리(15.15)는 스토리[Storey]와 동료들(2004)이 마틴게일 이론을 사용해 다시 도출했다. 거짓 발견의 기본 아이디어는 그림 15.2에서 보여준 것처럼 소릭[Soric](1989)으로 거슬러간다.

†4 공식 (15.44). $\text{fdr}(z) = \pi_0 f_0(z)/f(z)$를 적분하면 다음과 같다.

$$E\{\text{fdr}(z)|z \geq z_0\} = \int_{z_0}^{\infty} \pi_0 f_0(z)\, dz \Big/ \int_{z_0}^{\infty} f(z)\, dz$$
$$= \pi_0 S_0(z_0)/S(z_0) = \text{Fdr}(z_0) \tag{15.54}$$

†5 Fdr과 fdr 임계치. 큰 수 z에 대해 생존 곡선 $S_0(z)$와 $S_1(z)$(15.20)가 '레만Lehmann 대립' 관계를 만족한다고 가정하자.

$$\log S_1(z) = \gamma \log S_0(z) \tag{15.55}$$

여기서 γ는 1보다 작은 양의 상수다(이는 비귀무 밀도 $f_1(z)$가 귀무 밀도 $f_0(z)$보다 더 큰 양수의 z-값을 생성한다는 합리적 조건이다). (15.55)를 미분하고 적절히 정리하면 다음과 같이 된다.

$$\frac{\pi_0}{\pi_1}\frac{f_0(z)}{f_1(z)} = \frac{1}{\gamma}\frac{\pi_0}{\pi_1}\frac{S_0(z)}{S_1(z)} \tag{15.56}$$

그러나 $\text{fdr}(z) = \pi_0 f_0(z)/(\pi_0 f_0(z) + \pi_1 f_1(z))$는 대수적으로 다음과 같다.

$$\frac{\text{fdr}(z)}{1-\text{fdr}(z)} = \frac{\pi_0}{\pi_1}\frac{f_0(z)}{f_1(z)} \tag{15.57}$$

그리고 유사하게 $\text{Fdr}(z)/(1-\text{Fdr}(z))$에 대해서도 다음이 성립한다.

$$\frac{\text{fdr}(z)}{1-\text{fdr}(z)} = \frac{1}{\gamma}\frac{\text{Fdr}(z)}{1-\text{Fdr}(z)} \tag{15.58}$$

큰 z에 대해 fdr(z)와 Fdr(z)는 둘 다 0으로 가서 다음의 점근적 관계를 형성한다.

$$\text{fdr}(z) \doteq \text{Fdr}(z)/\gamma \tag{15.59}$$

예를 들어 $\gamma = 1/2$이면, 큰 z에 대해 fdr(z)는 Fdr(z)의 약 두 배다. 이는 $\widehat{\text{Fdr}}(z_i) \leq 0.10$에 비해 제시된 상대적 임계치 $\widehat{\text{fdr}}(z_i) \leq 0.20$을 더 선호하게 한다.

†6 상관관계 효과. 그림 15.5의 $\hat{f}(z)$를 추정하기 위해 사용된 포아송 회귀 기법은 z_i 값의 N-벡터의 성분 $\boldsymbol{z}$가 독립적인 것처럼 진행한다. 근사(10.54), k번째 칸 개수 $y_k \mathrel{\dot\sim} \text{Poi}(\mu_k)$는 독립성이 요구된다. 그렇지 않다면, var(y_k)가 포아송 값 μ_k 위로 다음과 같이 증가한다는 것을 나타낼 수 있다.

$$\text{var}(y_k) \doteq \mu_k + \alpha^2 c_k \tag{15.60}$$

여기서 c_k는 $f(z)$에 종속된 고정된 상수인 반면 α^2은 모든 쌍 z_i와 z_j 사이의 평균 제곱근 상관관계다.

$$\alpha^2 = \left[\sum_{i=1}^{N} \sum_{j \neq i} \text{cov}(z_i, z_j)^2 \right] \Big/ N(N-1) \tag{15.61}$$

그림 15.5의 $\widehat{\text{fdr}}(z)$와 같은 추정은 상관관계 아래에서 거의 비편향으로 남아 있지만 그 표본추출 변동성은 α의 함수로 증가한다. 에프론(2010)의 7장과 8장은 상관관계 효과에 대해 자세히 설명한다.

α는 대개 추정할 수 있다. $\boldsymbol{X}$가 전립선 연구에서 건강체에서 측정한 유전자 식 수준의 6033×50 행렬이라고 하자. 행 i와 j는 cor(z_i, z_j)^{2}의 불편 추정을 제공한다. 현대적 계산은 모든 $N(N-1)/2$ 쌍을 계산하고 추정 $\hat{\alpha}$ 값을 구할 수 있을 만큼 충분히 빠르다(비록 표본추출이 훨씬 빠르므로 이 계산은 불필요하지만). 그 값은 건강체에는 0.016 ± 0.001이고, 암 환자들의 6033×52 행렬은 0.015 ± 0.001이다. **전립선** 데이터의 경우 상관관계는 그리 큰 걱정은 아니지만 다른 미세배열 연구에서는 훨씬 더 큰 $\hat{\alpha}$ 값을 나타낸다. 에프론(2010)의 6.4절과 8.3절에서는 상관관계가 모든 귀무 경우에 대해 옳을 경우 이론적 귀무에 기반한 추론을 어떻게 약화시키는지에 대해 설명한다.

†7 프로그램 **`locfdr`**. 이 프로그램은 CRAN에서 구할 수 있는데, 이론과 경험적 귀무분포 모두를 사용해 fdr과 Fdr 추정을 제공하는 R 프로그램이다.

†8 경험적 귀무의 ML 추정. $\mathcal{A}_0$을 '0 집합'(15.49), $\mathcal{A}_0$에 있다고 관측된 z_i의 집합을

z_0, 그들의 인덱스를 $\mathcal{I}_0$, $\mathcal{A}_0$ 내에 있는 z_i의 개수를 N_0이라고 하자. 또한 다음과 같이 정의하자.

$$\phi_{\delta_0,\sigma_0}(z) = e^{-\frac{1}{2}\left(\frac{z-\delta_0}{\sigma_0}\right)^2} \Big/ \sqrt{2\pi\sigma_0^2},$$
$$P(\delta_0,\sigma_0) = \int_{\mathcal{A}_0} \phi_{\delta_0,\sigma_0}(z)\,dz \text{ 그리고 } \theta = \pi_0 P(\delta_0,\sigma_0) \tag{15.62}$$

(따라서 (15.48)–(15.49)에 의해 $\theta = \Pr\{z_i \in \mathcal{A}_0\}$이다.) 그렇다면 $\boldsymbol{z}_0$은 다음의 밀도와 우도를 가진다.

$$f_{\delta_0,\sigma_0,\pi_0}(\boldsymbol{z}_0) = \left[\binom{N}{N_0}\theta^{N_0}(1-\theta)^{N-N_0}\right]\left[\prod_{\mathcal{I}_0}\frac{\phi_{\delta_0,\sigma_0}(z_i)}{P_{\delta_0,\sigma_0}}\right] \tag{15.63}$$

첫 항은 $\mathcal{A}_0$에서 N_0개의 z_i를 보게 될 이항 확률, 두 번째 항은 $\mathcal{A}_0$에 속하게 된 z_i의 조건부 확률이다. 두 번째 항은 수치적으로 최대화돼 $(\hat{\delta}_0, \hat{\sigma}_0)$을 생성하는 반면, $\hat{\theta} = N_0/N$은 첫 항에서 구해진다. 그러면 $\hat{\pi}_0 = \hat{\theta}/P(\hat{\delta}_0, \hat{\sigma}_0)$이다. 이는 9.4절에서의 부분 우도 논의가 된다. **`locfdr`**은 $\mathcal{A}_0$을 N개 z_i 값의 중앙값에 위치시키고, 너비는 σ_0의 분위 간 거리의 두 배다.

†9 **순열 귀무.** '순열 t-검정'에는 상당한 양의 이론적 노력이 연관돼 있다. 단일 검정 2-표본 상황에서 데이터를 순열하고 t 통계량을 계산하면, 수많은 반복 뒤에 표준 t-분포에 거의 근접한 히스토그램을 얻을 수 있다. 회프딩[Hoeffding](1952)을 참고하라. 이는 비정규 데이터에 표준 t-검정을 사용하는 피셔의 정당화다.

논쟁에는 장단점이 있다. 순열 기법은 그림 15.7과 같이 적절하지 않은 상황에서도 이론적 귀무를 재생성하는 경향이 있다. 이와 관련된 어려움들은 에프론(2010)의 6.5절에 논의돼 있다.

†10 **연관성 이론.** 그림 15.10의 DTI 예제에서 $x_i = 60$에서 관측된 z_i와 관련해 단지 $x = 60$인 복셀만 고려한다고 가정하자. 이제 $\text{fdr}(z_i)$나 $\text{Fdr}(z_i)$를 적절히 추정

할 수 있는 충분히 연관된 경우가 없을 수 있다. 에프론(2010)의 10.1절은 $\widehat{\text{fdr}}(z_i)$나 $\widehat{\text{Fdr}}(z_i)$의 완전 데이터 추정이 이 상황에 맞도록 어떻게 변경될 수 있는지 보여준다.

15.8 연습문제

1. 기각을 판단할 때 홈Holm의 절차 (15.10)가 본페로니Bonferroni보다 더 관대함을 증명하라.

2. $q=0.2$에 대해 그림 15.3을 다시 그려라.

3. 1) $S_0(z)=1-F_0(z)$이고 $\widehat{S}(z)=\#\{z_i \geq z\}/N$이라고 하자. (15.14)가 $\widehat{S}(z_{(i)}) \geq S_0(z_{(i)})/q$와 같다는 것을 증명하라.
   2) 이것이 벤자미니-호흐버거Benjamini-Hochberg 기각 영역에 대해 시사하는 것을 직관적으로 설명하라.

4. 관찰된 z-값 $z_1, z_2, \ldots, z_N$의 데이터 집합에 대해 관심대상의 특정 z_i 경우는 벤자미니-호흐버거 기각 영역에 간신히 도달했다. 나중에 매우 음수인 다른 z 값 중 25개가 실제로 양수이고 z_i를 초과한다는 사실을 알게됐다. $H_{0(i)}$는 여전히 기각인가?

5. 두-그룹 모델(15.19)에서 '참 발견률'을 다음과 같이 정의한다. $\text{tdr}(z_0)=\Pr\{i$가 null이 아닌 경우$|z_i=z_0\}$. $\text{tdr}(z)$의 기대값은 무엇인가?

6. `police` 데이터에 대해 앞의 '효과크기 고려Effect size considerations'에 제시된 것처럼 $g(\mu) \sim \mathcal{N}(0.10, 0.63^2)$를 신뢰한다고 가정하자. 이것은 2006년 뉴욕시 경찰의 편견에 대해 무엇을 시사하는가?

7. 그림 15.9의 히스토그램은 -4와 4.4 사이에 균등하게 된 49개의 빈bin을 사용한다.
   1) 히스토그램 개수 y_i, $i=1, 2, \ldots, 49$를 계산하라.

2) 포아송 회귀 **glm(y~poly(x,6),Poisson)**을 x에 적합화하라. x는 빈 중심의 벡터이다.
3) 포아송 편차 잔차 (8.41)를 계산하라. 적합화가 만족스럽다고 생각하는가?
4) 그림 15.6과 같은 것을 도식화해 보라.
5) **locfdr**를 적용한 다음 설명해 보라.

8. DTI 연구에서 흥미로운 복셀voxels을 검색할 때, 그림 15.10에서와 같은 파동 효과를 보상하는 간단한 방법은 무엇인가?

16
희소 모델링과 라소

우리는 점점 많은 데이터와 직면하고 있다. 1990년대 후반부터 관측치 개수보다 변수 개수가 훨씬 많은 이른바 와이드wide 데이터가 등장하기 시작했다. 이는 대체로 대규모 정보를 자동으로 측정하는 능력이 향상됐기 때문이다. 유전체학을 예로 들면, 표본에 있는 수만 개의 식을 자동으로 측정하는 고속-대용량 처리high-throughput 실험을 사용할 수 있다. 이와 유사하게 시퀀싱 장비sequencing equipment는 수백만의 SNP(단일유전자 변이single-nucleotide polymorphism) 유전자형을 값싸고 빠르게 다룰 수 있도록 해줬다. 문서 검색과 모델링에서는 문서를 사전에서의 각 단어의 횟수로 나타낸다. 이를 통해 20,000개 정도의 요소를 가진 벡터가 서로 다른 어휘 단어마다 하나씩 쉽게 만들어지고, 작은 문서의 경우에는 대부분이 0 값을 가지게 될 것이다. 만약 음절 단위bi-gram나 더 고차원으로 가게 되면 특징 공간은 정말 거대해진다.

그리 크지 않은 상황에서조차 수백 개의 변수를 만날 수 있다. 이러한 변수들이 회귀나 로지스틱 회귀 모델의 예측 변수가 되면 아마도 그것들 모두를 사용하고 싶지는 않을 것이다. 대체로 부분집합으로도 잘 작동하며, 불필요한 변수를 모두 포함하면 적합화를 저하시킬 것이다. 따라서 종종 변수 중 좋은 부분집합을 식별하는 것에 관심을 두게 된다. 이 와이드 데이터 상황에서는 선형 모델조차 과모수화될 수 있다는 사실에 유의해야 한다. 따라서 어떤 형태든 축소와 정규화는 필수적이다.

이 장에서는 모델 선택을 위한 몇 가지 보편적 기법을 알아보는데, 먼저 오랜 사용으로 유효성이 증명됐거나 쓸 만한 전방 단계별 기법들부터 살펴본다. 그다음 컨벡스 최적화를 통해 선택과 축소를 수행하는 유명한 현대적 기법인 라소를 살펴본다. LAR 알고리듬은 이 두 가지를 한데 묶고 경로와 해법을 제공하는 기법으로 이끌어준다.

마지막으로 다른 현대의 빅데이터 및 와이드 데이터 기법과의 연결을 살펴보고 그 확장에 대해 알아본다.

16.1 전방 단계별 회귀

단계별[Stepwise] 기법은 상당히 오래됐다. 원래는 데이터 집합의 크기가 적절할 때, 특히 변수 개수가 그리 많지 않을 때 고안된 것이다. 처음에는 '최적 부분집합'의 부족한 사촌 격으로 생각됐는데, 계산량이 훨씬 적다는 장점을 가지고 있다(그리고 사실 큰 p에 대해서도 계산 가능하다). 먼저 최적 부분집합 회귀부터 살펴보자.

반응 변수 y_i와 p개의 예측 변수 $x_i' = (x_{i1}, x_{i2}, \ldots, x_{ip})$의 벡터에 대한 n개 관측치의 집합이 있고, 선형 회귀 모델을 사용해 적합화하고자 한다고 가정하자. 반응 변수는 정량적일 수 있으므로, 적합화는 최소 자승에 의한 선형 모델을 생각한다. 물론 이진으로서 최대 우도에 의한 선형 로지스틱 회귀 모델일 수도 있다. 비록 여기서는 이 두 경우만 살펴보지만, 동일한 아이디어는 콕스 모델 등과 같은 다른 일반화 선형 모델로도 적용할 수 있다. 이 기법에서 사용하려는 아이디어는 변수의 부분집합을 사용해 모델을 구축하자는 것이다. 사실 추론과 예측 모두에서 반응 변수를 적절히 설명하는 가장 작은 부분집합을 찾는 것이 목적이다. 선형 모델을 적합화하기 위한 손실 함수가 L이라고 가정하자(즉, 제곱의 합, 음의 로그 우도). 최적 부분집합 회귀 기법은 설명하기 간단하고 16.1에 그 알고리듬이 나와 있다. 단계 3은 말하기는 쉬운데 엄청난 계산량이 필요하다.

알고리듬 16.1 최적 부분집합 회귀

---

1. $m = 0$과 y_i의 평균으로 추정된 빈 모델 $\hat{\eta}_0(x) = \hat{\beta}_0$에서 시작한다.
2. 단계 $m = 1$에서, 훈련 데이터에서 측정한 손실 L에 대해 반응을 가장 잘 적합화하는 단일 변수 j를 일변량 회귀 $\hat{\eta}_1(x) = \hat{\beta}_0 + x'_j \hat{\beta}_j$. $\mathcal{A}_1 = \{j\}$에서 선택한다.
3. 각 부분집합 크기 $m \in \{2, 3, \ldots, M\}$($M \le \min(n-1, p)$)에 대해 선형 모델 $\hat{\eta}_m(x) = \hat{\beta}_0 + x'_{\mathcal{A}_m} \hat{\beta}_{\mathcal{A}_m}$을 손실 함수 L에 대해 p개 변수 중 m개로 적합화할 때, 크기 m의 최적 부분집합 $\mathcal{A}_m$을 찾는다.
4. 이러한 M 모델들 중 '최적'을 선택하기 위해 외부 데이터 또는 다른 방법을 사용한다.

---

p가 40보다 훨씬 큰 경우, 정확히 수행하기에는 계산량이 너무 커져서 그 조합적 복잡도(모두 2^p개의 부분집합이 있다.) 때문에 이른바 'NP-완결' 문제가 된다. 부분집합은 내포될^{nested} 필요가 없다는 점에 주목하자. 즉 크기 $m = 3$인 최적 부분집합은 그 안에 $m = 2$인 최적 부분집합을 포함하고 있을 필요가 없다는 것이다.

단계 4에서 m을 선택하는 여러 방법이 있다. 원래는 이 목적으로 12장의 C_p 기준이 제안됐다. 여기서는 K-폴드 교차 검증이 선호되는데, 이 장에서 설명된 모든 기법에 적용할 수 있기 때문이다.

여기서 교차 검증이 어떻게 작동하는지 잠시만 살펴보자. 교차 검증을 이용해 예측 성능(미래의 데이터에 대한)에 따라 크기 m인 부분집합을 선택한다.

$K = 10$이면 n개의 훈련 관측을 랜덤으로 열 개의 동일한 크기의 그룹으로 나눈다. 예를 들어 그룹 $k = 1$을 제외했다면, 1–3까지의 단계를 나머지 아홉 개의 그룹에 수행한 다음 각 선택된 모델에 대해 그룹–1에 대한 예측 성능을 종합한다. 이를 매번 k번 그룹을 제외시켜가면서 $K = 10$회 반복한다. 그다음 각 m에 대한 열 번의 성능 측정을 평균하고 최적 성능에 해당하는 m 값을 선택한다. 각 m에 대해 열 개 모델 $\hat{\eta}_m(x)$는 서로 다른 변수의 부분집합을 가질 수 있다는 점에 유의하자. 여기서는 기법 중 좋은 값을 나타내는 m을 찾으려 하는 것이므로 큰 문제가 되지 않는다. $\hat{m}$을 찾았으면, 전체 훈련 집합에 대해 단계 1–3을 재수행하고 선택된 모델 $\hat{\eta}_{\hat{m}}(x)$를 제출한다.

앞서 힌트를 준 것처럼, 최적 부분집합 회귀에는 문제가 있다. 가장 큰 문제는 상대적으로 작은 p에 대해서만 작동한다는 것이다. 예를 들어 57개 변수를 가진 **스팸** 데이터에는 수행할 수 없다(적어도 2015년의 맥북 프로에서는 그렇다!). 계산할 수 있더라도 그렇게 큰 검색 공간에서는 분산이 너무 클 수 있다.

그 결과, 더 많이 감당할 수 있는 단계별 절차가 개발됐다. 알고리듬 16.2의 전방 단계별 회귀는 최적 부분집합의 간단한 변형으로 단계 3에서 변형이 일어난다. 전방 단계별 회귀는 모델의 내포된nested 시퀀스 $\emptyset \ldots \subset \mathcal{A}_{m-1} \subset \mathcal{A}_m \subset \mathcal{A}_{m+1} \ldots$을 생성한다. 빈 모델(여기서는 절편)에서 시작해 한 번에 하나씩의 변수를 추가한다. 대규모 p에 대해서도 각 단계에서 추가할 최적의 변수를 식별할 수 있고, 여러 대의 머신을 가용할 수 있다면 분산 처리를 시킬 수도 있다. 무엇보다 중요한 것은 큰 p에 대해 수행 가능하다는 것이다. 그림 16.1은 **스팸** 훈련 데이터에 대한 전방 단계별 선형 회귀의 계수 프로파일을 보여준다. 여기에는 57개의 입력 변수(문서에서 단어의 상대적 우세)와 '공식적으로' (훈련, 테스트)로 분할된 각각 (3065, 1536)씩의 관측치가 있다. 반응은 스팸의 경우 +1로 코딩하고, 그렇지 않으면 −1로 코딩한다. 그림의 캡션에 자세히 설명돼 있다. 앞서 표 8.3, 그림 8.7, 그림 12.2에서는 **스팸** 데이터를 살펴봤었다.

전체 전방 단계별 선형 회귀 경로를 그림에서와 같이($n > p$일 때) 적합화하는 것은 근본적으로 모든 변수에 대해 단일 최소 자승을 적합화하는 것과 같은 노력이 필요하다. 이는 변수가 추가될 때마다 모델의 시퀀스가 갱신될 수
†1 있기 때문이다.[†] 그러나 이는 선형 모델과 제곱 오차 손실 함수의 귀결이다.

알고리듬 16.2 전방 단계별 회귀

---

1. $m = 0$과 y_i의 평균으로 추정한 빈 모델 $\hat{\eta}_0(x) = \hat{\beta}_0$으로 시작한다.
2. $m = 1$ 단계에서 일변량 회귀 $\hat{\eta}_1(x) = \hat{\beta}_0 + x'_j\hat{\beta}_j$에서 훈련 데이터상의 손실 함수 L의 관점에서 반응을 가장 잘 적합화하는 단일 변수 j를 고른다. $\mathcal{A}_1 = \{j\}$로 설정한다.
3. 크기가 $m \in \{2, 3, \ldots, M\}(M \le \min(n-1, p))$인 각 부분집합에 대해 $\mathcal{A}_{m-1}$에서 $\mathcal{A}_m$으로 증가시킬 때, 손실 함수 L 관점에서 가장 성능이 좋은 모델 $\hat{\eta}_m(x) = \hat{\beta}_0 + x'_{\mathcal{A}_m}\hat{\beta}_{\mathcal{A}_m}$을 생성하는 변수 k를 알아낸다.
4. 약간의 외부 데이터 또는 다른 방법을 사용해 이 M 모델 중 최적을 선택한다.

전방 단계별 로지스틱 회귀를 대신 수행한다고 가정해보자. 이 경우 갱신은 작동하지 않고 전체 최적화는 각 변수가 추가될 때마다 최대 우도를 재계산해서 수행해야만 한다. 원칙적으로 단계 3에서 어떤 변수를 추가할 것인지 알아내는 것은 $(m + 1)$개 변수 모델을 $p - m$번 적합화해서 어떤 것이 편차값을 가장 줄이는지 확인해야만 한다. 실제로, 어떤 것이 계산량이 더 적은
†2 지 확인하기 위해 스코어 테스트를 사용할 수 있다.[†] 이는 m 항으로 된 모델을 적합화하는 마지막 재가중치 최소 자승(IRLS)으로부터의 로그 우도에 대한 2차 근사를 사용하는 것에 해당한다. 모델에 포함되지 않은 변수에 대한 스코어 테스트는 가중치 최소 자승 적합화에 이 변수를 포함할지를 고려하는 테스트와 같다. 그러므로 그다음 변수를 식별하는 것은 거의 이전 경우로 돌
†3 아간 것과 같고, $p - m$ 단순 회귀를 갱신해야 한다.[†] 그림 16.2는 **스팸** 데이터

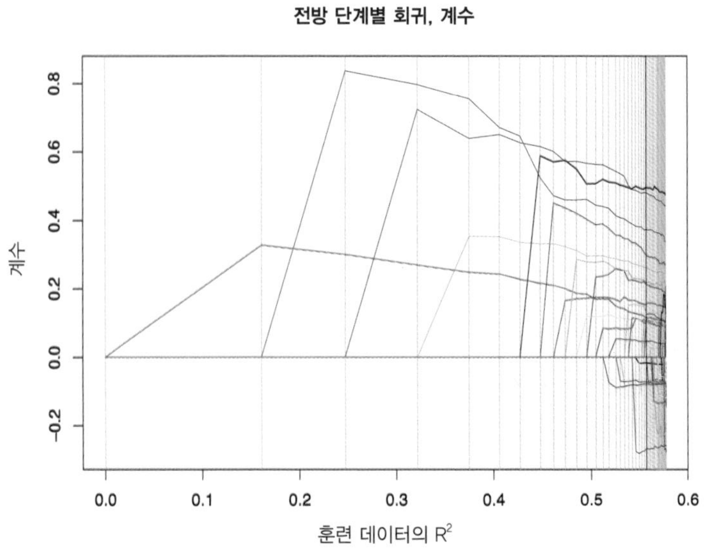

그림 16.1 스팸 데이터에 대한 전방 단계별 선형 회귀. 각 곡선은 특정 변수에 해당하고 모델이 커짐에 따른 계수의 진척을 보여준다. 이들은 훈련 R^2에 대해 그려진 것이고, 수직 회색 바는 각 단계에 해당한다. 1단계인 왼쪽에서 시작해 첫 번째 선택된 변수는 $R^2 = 0.16$으로 설명한다. 두 번째 변수를 추가하면 R^2은 0.25로 증가하는 식이다. 여기서 볼 수 있는 것은 초기 단계는 R^2에 큰 영향을 끼치는 반면에 후반 단계는 거의 영향이 없다는 것이다. 수직 검은색 선은 25단계에 해당하고(그림 16.2 참고), 그 단계 이후에 R^2에 대한 단계별 개선은 거의 무시할 정도다.

에 대한 전방 단계별 선형 회귀와 로지스틱 회귀의 테스트 오분류 오차를 단계 수의 함수로 나타낸 것이다. 이들은 둘 다 25단계 근처에서 평형을 이뤘고 비슷한 형태를 보였다. 그러나 로지스틱 회귀는 좀 더 정확한 분류를 수행했다.[1]

비록 전방 단계별 기법은 큰 p에 대해서도 사용할 수 있지만, 매우 큰 p(수천 정도)에서는 시간이 많이 소요되고, 특히 데이터가 많은 변수를 동반하는 모델에서는 더욱 그렇다. 그러나 이상적인 활동 집합이 매우 작다면, 수천 개의 변수를 가진 전방 단계별 선택도 실행 가능한 옵션이 된다.

1 이 예제에서는 선형 회귀의 예측 임계치를 최적화하면, 곡선 간의 간극을 반으로 줄일 수 있다.

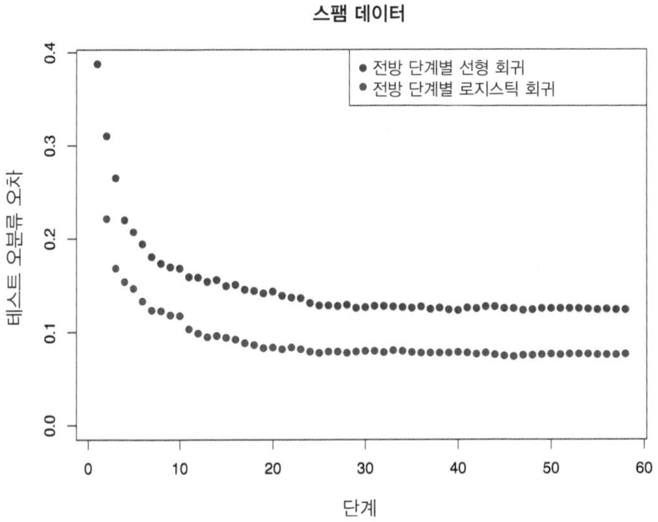

그림 16.2 스팸 데이터에 대한 전방 단계별 회귀. 테스트 데이터에 대한 오분류 오차를 단계 수에 대한 함수로 나타냈다. 갈색 점은 선형 회귀에 해당하고 반응은 −1과 1로 코딩됐다. 0보다 큰 예측은 +1로 분류되고, 0보다 작으면 −1로 분류된다. 푸른색 점은 로지스틱 회귀에 해당하며 성능이 더 좋다. 두 곡선 모두 근본적으로 25단계 이후 최저치에 도달했다.

전방 단계별 선택은 이전 그림에서 본 것과 같은 일련의 모델을 생성한다. 통상 앞서 이야기한 것처럼 단일 모델을 선택하기를 원하는데, 이런 경우에는 대개 교차 검증을 사용한다. 그림 16.3은 **스팸** 데이터에 단계별 선형 회귀를 적용한 것을 보여준다. 여기서는 일련의 모델이 이진 반응 변수에 대한 제곱 오차 손실 함수를 사용해 적합화됐다. 그러나 교차 검증은 오분류 오차에 대한 각 모델의 스코어를 매기는데, 이는 이 모델링 예제의 최종 목표이기도 하다. 이 관점에서 교차 검증의 장점 중 하나가 부각된다. 편리한 (미분 가능하고 매끄러운) 손실 함수를 사용해 일련의 모델을 적합화한다. 그러나 일련의 모델을 평가하기 위해서는 어떤 성능 척도도 사용 가능하다. 여기서는 오분류 오차를 사용했다. 선형 모델의 모수의 관점에서 오분류 오차는 모수 평가에 사용하기에는 까다롭고 불연속인 손실 함수다. 여기서는 최적 모델의 크기를 위해서만 사용한다. 25~30개 항이 넘어서면 거의 장점이 없다.

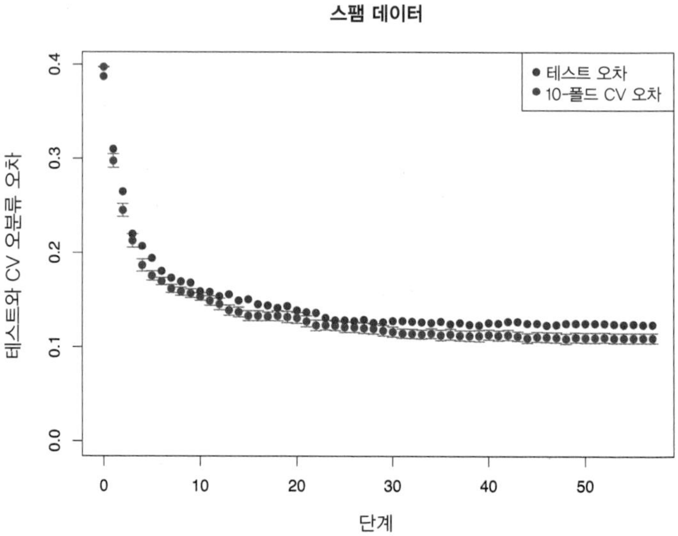

그림 16.3 **스팸** 데이터의 전방 단계별 회귀에 대한 10-폴드 교차 검증 오분류 오차를 단계 수의 함수로 그린 것이다. 각 오차는 열 개 수치의 평균이므로 (개략적) 표준오차를 계산할 수 있다. 그림에 포함된 것은 점별 표준오차 밴드다. 갈색 곡선은 테스트 데이터에 대한 오분류 오차다.

16.2 라소

앞 절의 단계별 모델 선택 기법은 상대적으로 작은 수의 변수를 사용하는 모델을 기대한다면, 가용 변수의 후보군이 매우 많더라도 유용하게 사용할 수 있다. 주요한 변수의 개수가 어느 정도로만 커져도 이 기법은 다루기 어려워진다.

전방 단계별 기법의 또 다른 감점 요인은 일련의 모델이 최적성을 따지지 않고 그리디^greedy^ 방식으로 도출된다는 것이다. 여기서 설명하는 기법은 좀 더 원론적인 절차로부터 도출됐다. 사실 이들은 다음에 정의된 것처럼 컨벡스 최적화의 해를 찾는다.

먼저 제곱 오차 손실 함수에 대한 라소^lasso^를 설명한 후 좀 더 일반적인 경우를 뒤에 설명한다. 우선 제약 조건을 가진 선형 회귀 문제를 고려해보자.

$$\|\beta\|_1 \le t\text{의 조건하에} \quad \underset{\beta_0\in\mathbb{R},\ \beta\in\mathbb{R}^p}{\text{minimize}} \ \frac{1}{n}\sum_{i=1}^{n}(y_i - \beta_0 - x_i'\beta)^2 \qquad (16.1)$$

여기서 $\|\beta\|_1 = \sum_{j=1}^{p}|\beta_j|$는 계수 벡터의 ℓ_1 노름norm이다. 손실 함수와 제약 조건이 모두 β에서 볼록이므로, 이는 컨벡스 최적화 문제고 라소로 알려져 있다. 제약 조건 $\|\beta\|_1 \le t$는 모델의 계수를 0의 방향으로 끌어당김으로써 제한한다. 이는 분산을 감소시키는 효과와 함께 과적합을 방지한다. 리지 회귀는 라소의 '큰삼촌' 격이며, 제약 조건이 계수 벡터의 2차 ℓ_2 노름을 제한하는 $\|\beta\|_2 \le t$인 점을 제외하고는 (16.1)과 유사한 문제점을 해결한다. 리지는 매우 유사한 방식으로 계수를 0으로 끌어들이는 효과를 가지고 있다. 리지 회귀는 7.3절에서 설명했다.[2] 라소와 리지 회귀는 모두 7장의 제임스-스타인 추정기의 정신에서 보면 축소 기법이다.

그러나 라소에서는 해에서 많은 β_j가 0 값을 갖지만 리지는 전부 0이 아니라는 점에서 큰 차이가 있다. 따라서 라소는 변수 선택과 축소를 모두 하는 반면, 리지는 단지 축소만 한다. 그림 16.4는 $\beta \in \mathbb{R}^2$에서 리지와 라소의 차이를 보여준다. 더 고차원에서 ℓ_1 노름은 뾰족한 에지와 구석을 가지는데, 이는 β에서 계수가 0으로 추정된 것에 해당한다.

라소에서의 제약은 모든 계수를 동일하게 취급하므로 대개 x의 모든 요소를 동일한 단위로 하는 것이 좋다. 그렇지 않다면, 대개 예측 변수를 미리 표준화해 각각이 1의 분산을 갖도록 한다.

(16.1)의 t에 대한 두 자연스런 경계 값은 $t = 0$과 $t = \infty$다. 전자는 상수 모델(적합화는 y_i의 평균이다.)[3]에 해당하고, 후자는 제약이 없는 최소 자승 적합화에 해당한다. 사실 $n > p$고 $\hat{\beta}$가 최소 자승 추정이면 ∞를 $\|\hat{\beta}\|_1$로 대체할 수
†4 있으며 $t \ge \|\hat{\beta}\|_1$의 모든 값은 제한이 없는 제약이다.† 그림 16.5는 **스팸** 데이

2 여기서 '제한된' 형식의 리지를 사용했지만 7.3절에서는 '라그랑지' 형식을 사용했다. 둘은 모든 '라그랑지' 해에 대해 해당하는 제한된 해가 존재한다는 점에서 동일하다.

3 대개 모델의 절편은 제한하지 않는다.

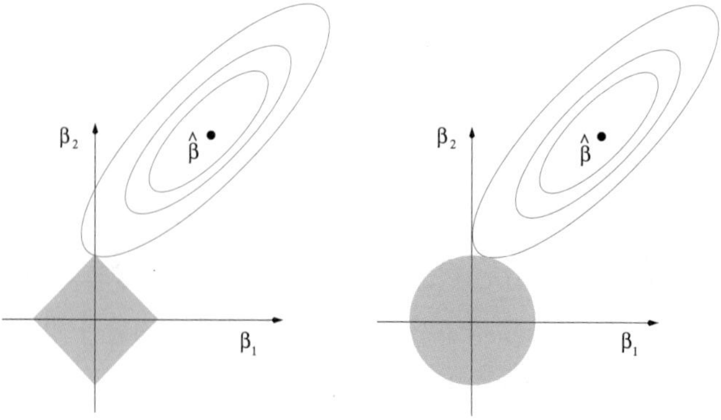

그림 16.4 리지와 라소 회귀의 차이를 설명하기 위한 $\beta \in \mathbb{R}^2$ 예제. 두 그림 모두 붉은색 등고선은 제곱 오차 손실 함수에 해당하고, 가운데 $\hat{\beta}$는 제약이 없는 최소 자승 추정이다. 푸른색 영역은 제약 조건을 보여주는데, 왼쪽이 라소고 오른쪽이 리지다. 제약이 있는 문제의 해답은 확장하는 손실의 등고선이 처음으로 제약 영역에 닿게 하는 β의 값이 된다. 라소 제약 조건의 모양으로 인해, 이는 여기서처럼 종종 구석(또는 좀 더 일반적으로는 에지)이다. 이 경우 β를 최저로 하는 것은 $\beta_1 = 0$을 가진다는 의미다. 리지 제약에 대해서는 이런 일이 발생하기 힘들다.

터의 라소 선형 회귀 문제에 대한 정규화 경로[4]를 보여준다. 즉, t의 모든 값으로의 해법 경로를 보여준다. 이는 16.4절에서 보게 될 것처럼 정확하게 계산되는데, 계수 프로파일이 t에서 부분적으로 선형이기 때문이다. 이 계수 프로파일은 전방 단계별 회귀에 대한 그림 16.1에서 유사점과 자연스럽게 비교된다. $\|\hat{\beta}(t)\|_1$의 통제로 인해 전방 단계별에서와 같은 동일한 영역은 보지 못하고 좀 더 부드러운 작동을 관찰할 수 있다. 그림 16.6은 라소 정규화된 모델(선형 회귀와 로지스틱 회귀)과 전방 단계별 모델의 스팸에 대한 예측 성능을 대비하고 있다.

결과는 오히려 경로의 마지막에서 유사해진다. 여기서 전방 단계별은 라소 정규화 로지스틱 회귀와 유사한 분류 성능을 절반의 항만으로도 달성할 수 있다. 라소 로지스틱 회귀(그리고 사실 모든 우도 기반의 선형 모델)는 페널티

4 동위(homotopy) 경로라고도 알려져 있다.

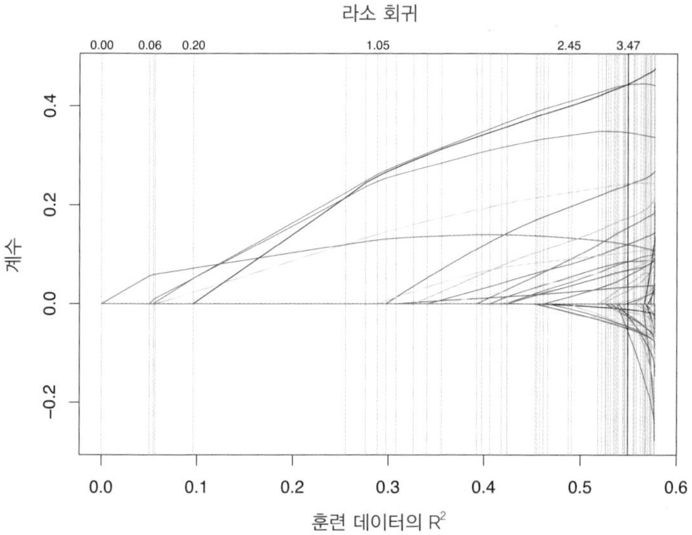

그림 16.5 스팸 데이터에 대한 라소 선형 회귀 정규화 경로. 각 곡선은 특정 변수에 해당하고 정규화 경계 t가 커질수록 그 계수의 진전을 보여준다. 이 곡선들은 t가 아니라 훈련 집합의 R^2에 대해 그려진 것이며, 그림 16.1에서의 전방 단계별 곡선과 비교할 수 있다. 몇 t-값이 상단에 나타나 있다. 수직 회색 바는 0이 아닌 계수의 활성 집합의 변화를 나타내고 대개 산입된다. 여기서는 ℓ_1 페널티의 역할을 분명히 볼 수 있다. t가 느슨해지면, 계수는 0이 아니게 되지만 전방 단계보다 더 부드러운 형식으로 된다.

최대 우도에 의해 적합화된다.

$$\|\beta\|_1 \leq t \text{의 조건하에} \quad \underset{\beta_0 \in \mathbb{R},\, \beta \in \mathbb{R}^p}{\text{minimize}} \ \frac{1}{n} \sum_{i=1}^{n} L(y_i, \beta_0 + \beta' x_i) \qquad (16.2)$$

여기서 L은 반응 분포의 로그 우도 함수의 음수다.

16.3 라소 모델 적합화

라소 목적 함수 (16.1)이나 (16.2)는 미분 가능하고 β와 β_0에서 볼록이며 제약 조건은 β에서의 볼록이다. 그러므로 이러한 문제를 해결하는 것은 컨벡스

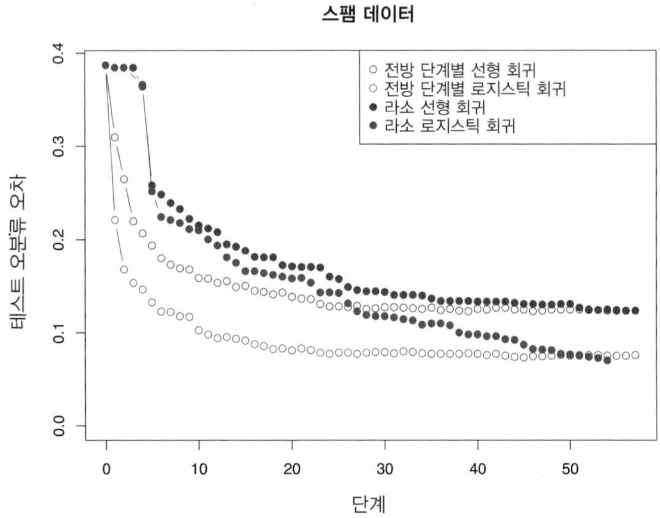

그림 16.6 스팸 데이터에 대한 라소와 전방 단계별 회귀. 테스트 데이터의 오분류 오차를 모델의 변수 개수에 대한 함수로 나타냈다. 선형 회귀는 갈색으로 코딩되고 로지스틱 회귀는 청색이다. 속이 빈 점은 전방 단계별이고, 속이 찬 점은 라소다. 이 경우 단계별과 라소는 동일한 성능을 내지만 라소가 축소로 인해 더 오래 걸린다.

최적 문제가 되고, 따라서 표준 패키지를 사용할 수 있다. 이런 문제들은 그림 16.1과 16.5처럼 해의 전체 경로를 적합화하는 효율적 알고리듬을 생성하도록 하는 특별한 구조를 가진다는 것을 알 수 있다. 여기서는 문제 (16.1)로 시작하는데, 이는 좀 더 간편한 라그랑지 형식으로 다시 쓸 수 있다.

$$\underset{\beta \in \mathbb{R}^p}{\text{minimize}} \frac{1}{2n} \|\boldsymbol{y} - \boldsymbol{X}\beta\|^2 + \lambda \|\beta\|_1 \tag{16.3}$$

여기서 먼저 $\boldsymbol{y}$와 $\boldsymbol{X}$의 열을 중심에 둬서 절편을 생략한다. 라그랑지와 제약 조건 버전은 $\lambda \geq 0$인 (16.3)의 모든 해 $\hat{\beta}(\lambda)$가 $t = \|\hat{\beta}(\lambda)\|_1$인 (16.1)의 해에 해당한다는 점에서 서로 동일한 것이다. 여기서 큰 λ 값은 작은 ℓ_1 노름 계수 벡터를 유도하고 그 역도 성립한다. $\lambda = 0$은 일반 최소 자승 적합화에 해당한다.

(16.3)의 해는 서브그래디언트subgradient 조건을 만족한다.

$$-\frac{1}{n}\langle \boldsymbol{x}_j, \boldsymbol{y} - \boldsymbol{X}\hat{\beta}\rangle + \lambda s_j = 0, \quad j = 1, \ldots, p \tag{16.4}$$

여기서 $s_j \in \text{sign}(\hat{\beta}_j)$, $j = 1, \ldots, p$다. 이 표기는 $\hat{\beta}_j \neq 0$이면, $s_j = \text{sign}(\hat{\beta}_j)$고 $\hat{\beta}_j \neq 0$이면 $s_j \in [-1, 1]$이라는 것을 의미한다. 여기서는 (16.4)에서 내적 표기 $\langle a, b\rangle = a'b$를 사용하는데, 이는 좀 더 좋은 느낌의 식으로 이끈다. 이들 서브그래디언트 조건은 이러한 종류의 문제를 좀 더 특징짓게 하는 현대적 방법이고, 카러시-쿤-터커Karush-Kuhn-Tucker 최적성 조건과 동일하다. 이 조건으로부터 라소 해법의 몇 가지 성질을 바로 파악할 수 있다.

- 활성 집합의 모든 멤버에 대해 $\frac{1}{n}|\langle \boldsymbol{x}_j, \boldsymbol{y} - \boldsymbol{X}\hat{\beta}\rangle| = \lambda$다. 즉, 모델의 각 변수(계수가 0이 아닌)는 잔차와 (절댓값으로) 동일한 공분산을 가진다.
- 활성 집합에 있지 않은 모든 변수(즉 계수가 0인 것)에 대해 $\frac{1}{n}|\langle \boldsymbol{x}_k, \boldsymbol{y} - \boldsymbol{X}\hat{\beta}\rangle| \leq \lambda$다.

이러한 조건은 흥미로우면서 계산에 큰 영향을 미친다. λ_1에서의 해 $\hat{\beta}(\lambda_1)$을 가지고 있고, λ를 $\lambda_2 < \lambda_1$로 조금 감소시킨다고 가정해보자. 계수들과 그에 따라 잔차들은 공분산이 모두 더 작은 λ_2에 묶여 있도록 변한다. 이 프로세스 도중에 활성 집합이 바뀌지 않거나 계수 부호가 바뀌지 않으면 $\hat{\beta}(\lambda)$가 $\lambda \in [\lambda_2, \lambda_1]$에 대해 선형이라는 중요한 결론을 얻을 수 있다. 이를 확인하기 위해 $\mathcal{A}$가 활성화 집합을 색인화한다고 가정하고, $s_{\mathcal{A}}$가 상수 부호 벡터라고 하자. 그러면 다음과 같다.

$$\boldsymbol{X}'_{\mathcal{A}}(\boldsymbol{y} - \boldsymbol{X}\hat{\beta}(\lambda_1)) = s_{\mathcal{A}}\lambda_1$$
$$\boldsymbol{X}'_{\mathcal{A}}(\boldsymbol{y} - \boldsymbol{X}\hat{\beta}(\lambda_2)) = s_{\mathcal{A}}\lambda_2$$

서로 차감해서 정리하면 다음 식을 얻게 된다.

$$\hat{\beta}_{\mathcal{A}}(\lambda_2) - \hat{\beta}_{\mathcal{A}}(\lambda_1) = (\lambda_1 - \lambda_2)(\boldsymbol{X}'_{\mathcal{A}}\boldsymbol{X}_{\mathcal{A}})^{-1}s_{\mathcal{A}} \tag{16.5}$$

그리고 나머지 계수들($\mathcal{A}$에 있지 않은 인덱스들)은 모두 0이다. 이는 전체 계수 벡터 $\hat{\beta}(\lambda)$가 $\lambda \in [\lambda_2, \lambda_1]$에서 선형이라는 것을 보여준다. 사실 라소의 계수 프로파일은 전체 λ 구역에 대해 연속이고 부분적으로 선형이며, 활성 집합이 변경되거나 계수의 변화가 생길 때마다 **결절점**knots이 발생한다.

또 다른 결론은 $\hat{\beta}(\lambda_{max}) = 0$이 되는 최소 λ의 λ_{max}를 쉽게 결정할 수 있다는 것이다. (16.4)로부터 $\lambda_{max} = \max_j \frac{1}{n}|\langle \boldsymbol{x}_j, \boldsymbol{y}\rangle|$라는 것을 알 수 있다.

이 두 가지 사실과 몇 가지 세부 사항은 제곱 오차 손실 라소의 정확한 해 경로를 계산할 수 있게 해주는데, 바로 다음 절의 주제이기도 하다.

16.4 최소각 회귀

지금까지 라소 계수 프로파일 $\hat{\beta}(\lambda)$는 λ에 부분적 선형이며 활성 집합의 원소들은 잔차와 절대 공분산에서 같은 값을 가짐을 확인했다. $\boldsymbol{x}_j$ 사이의 공분산은 $\boldsymbol{r}(\lambda) = \boldsymbol{y} - \boldsymbol{X}\hat{\beta}(\lambda)$고, 진행되는 잔차는 $c_j(\lambda) = |\langle x_j, \boldsymbol{r}(\lambda)\rangle|$다. 그러므로 이들 또한 부분적 선형 형태로 변하며 $j \in \mathcal{A}$에 대해 $c_j(\lambda) = \lambda$고, $j \notin \mathcal{A}$일 때는 $c_j(\lambda) \leq \lambda$다. 이 점은 알고리듬 6.3에 있는 최소각 회귀LAR, Least Angle Regression 알고리듬의 사용을 고무시키는데 이 선형성을 이용해 전체 라소 정규화 경로를 적합화한다.

알고리듬 16.3 최소각 회귀

---

1. 예측 변수를 표준화해 평균이 0이고 단위 ℓ_2 노름을 가지게 한다. 잔차 $\boldsymbol{r}_0 = \boldsymbol{y} - \bar{\boldsymbol{y}}, \beta^0 = (\beta_1, \beta_2, \ldots, \beta_p) = 0$에서 시작한다.
2. $\boldsymbol{r}_0$과 가장 상관된 예측 변수 $\boldsymbol{x}_j$를 찾는다. 즉, 가장 큰 $|\langle \boldsymbol{x}_j, \boldsymbol{r}_0\rangle|$ 값을 갖는 것을 찾는다. 이 값을 λ_0이라 하고, 활성 집합 $\mathcal{A} = \{j\}$와 이 단일 변수로 이뤄진 행렬 $\boldsymbol{X}_{\mathcal{A}}$를 정의한다.
3. $k = 1, 2, \ldots, K = \min(n-1, p)$에 대해 다음을 반복한다.
   (a) 최소 자승 방향 $\delta = \frac{1}{\lambda_{k-1}}(\boldsymbol{X}'_{\mathcal{A}}\boldsymbol{X}_{\mathcal{A}})^{-1}\boldsymbol{X}'_{\mathcal{A}}\boldsymbol{r}_{k-1}$을 정의하고 $\Delta_{\mathcal{A}} = \delta$

며 나머지 원소가 모두 0이 되는 p-벡터를 정의한다.

(b) 계수 β를 β^{k-1}로부터 $\boldsymbol{X}_{\mathcal{A}}$의 최소 자승 해에 대한 방향으로 Δ만큼 이동한다. $0 < \lambda \le \lambda_{k-1}$에 대해 $\beta(\lambda) = \beta^{k-1} + (\lambda_{k-1} - \lambda)\Delta$고, 잔차의 진행 $\boldsymbol{r}(\lambda) = \boldsymbol{y} - \boldsymbol{X}\beta(\lambda) = \boldsymbol{r}_{k-1} - (\lambda_{k-1} - \lambda)\boldsymbol{X}_{\mathcal{A}}\delta$를 추적한다.

(c) $\ell \notin \mathcal{A}$에 대해 $|\langle \boldsymbol{x}_\ell, \boldsymbol{r}(\lambda)\rangle|$를 추적하며 변수가 활성 집합을 '따라잡는' 가장 큰 λ 값을 알아낸다. 변수가 인덱스 ℓ을 가지면 $|\langle \boldsymbol{x}_\ell, \boldsymbol{r}(\lambda)\rangle| = \lambda$를 의미한다. 이는 다음 '결절점' λ_k를 정의한다.

(d) $\mathcal{A} = \mathcal{A} \cup \ell$, $\beta^k = \beta(\lambda_k) = \beta^{k-1} + (\lambda_{k-1} - \lambda_k)\Delta$와 $\boldsymbol{r}_k = \boldsymbol{y} - \boldsymbol{X}\beta^k$로 설정한다.

4. 시퀀스 $\{\lambda_k, \beta^k\}_0^K$를 반환한다.

단계 3(a)는 (16.5)에서처럼 $\delta = (\boldsymbol{X}'_{\mathcal{A}}\boldsymbol{X}_{\mathcal{A}})^{-1}s_{\mathcal{A}}$다. LAR 알고리듬은 전방 단계별 회귀의 민주적인 버전으로 생각할 수 있다. 전방 단계 회귀에서는 적합화를 가장 개선할 수 있는 변수를 식별하고 모든 계수를 새로운 최소 자승 적합화 쪽으로 이동한다. 16.8절, '주석 및 상세 설명'의 †1, †3에서 설명한 것처럼 이 방식은 때때로 각 (인접하지 않은) 변수를 그 잔차와 내적을 계산해 수행하고 절댓값이 가장 큰 것을 고른다. 알고리듬 16.3의 단계 3에서 활성 집합 $\mathcal{A}$에 있는 변수의 계수들을 그 최소 자승 적합의 방향으로 (내적이 연계되도록 유지하면서) 이동시키지만, $\mathcal{A}$에 속하지 않은 변수가 값을 따라잡으면 멈춘다. 이 지점에서 이 변수를 집합에 포함시키고 프로세스는 계속된다.

단계 3(c)는 발달하는 내적의 선형성으로 인해 효율적으로 계산할 수 있다. $\mathcal{A}$에 속하지 않은 각 변수에 대해 언제 정확히 따라잡는지 (λ에 대한 시간으로) 알아낼 수 있으므로, 어느 것이 가장 먼저 따라잡는지와 언제 따라잡는지를 알 수 있다. 경로는 부분적 선형이므로 그래디언트를 알고 있으며, 이는 λ_{k-1}과 새로 찾은 λ_k 사이에 더 계산을 하지 않고도 정확히 경로를 알 수 있다는 의미가 된다.

'최소각 회귀'라는 이름은 단계 3(b)에서 적합화된 벡터가 $\boldsymbol{X}\Delta = \boldsymbol{X}_{\mathcal{A}}\delta$ 방향으로 진행되고 각 활성화 벡터의 내적이 $\boldsymbol{X}_{\mathcal{A}}'\boldsymbol{X}_{\mathcal{A}}\delta = s_{\mathcal{A}}$로 주어진다는 점에서 유래한다. $\boldsymbol{X}$의 모든 열이 단위 노름이므로, 각 활성화 벡터 사이의 각과 진행되는 적합화 벡터는 동일하고 이에 따라 최소라는 의미가 된다.

알고리듬 16.3에서 계산 부담이 주로 발생하는 곳은 단계 3(a)인데, 활성화 집합이 갱신될 때마다 방향을 다시 계산하는 절차다. 그러나 이는 QR 분해의 표준 갱신을 사용하면 간단히 계산되고, 따라서 전체 경로의 계산은 모든 변수를 사용해 단일 최소 자승을 계산하는 것과 동일한 계산 복잡도를 가진다.

그림 16.5에서 수직 회색선은 언제 활성화 집합이 바뀌는지 보여주며, 각 전이 때마다 그래디언트 변화를 볼 수 있다. 이를 해당 전방 단계별 회귀의 그림 16.1과 비교해보라.

그림 16.7은 LAR 알고리듬의 단계 중 감소하는 공분산을 보여준다. 각

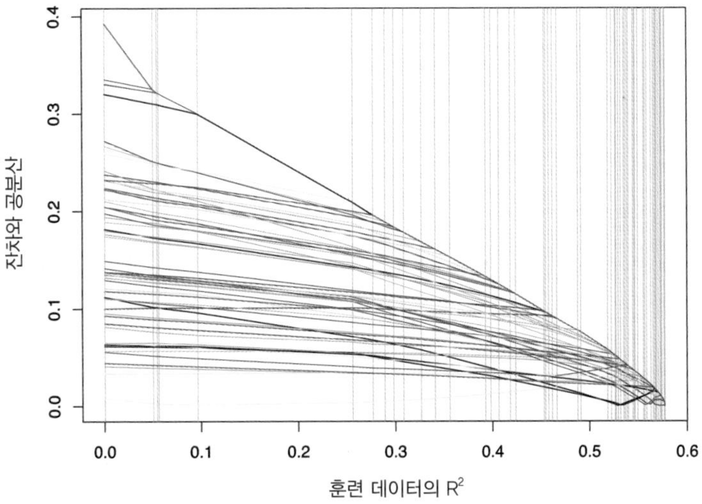

그림 16.7 스팸 데이터의 공분산 발달. 변수가 최대 공분산과 같아지면 그 변수는 활성화 집단의 일원이 된다. 이러한 현상은 수직 회색 바에 나타나 있고, 그림 16.5에서처럼 훈련 R^2에 대해 도식화돼 있다.

변수가 활성화 집합에 포함될수록 공분산은 같아진다. 이는 정규화되지 않은 최소 자승 해이므로 경로의 마지막에서 모든 공분산은 0이 된다.

LAR 알고리듬과 라소 경로는 상당히 다르다는 것을 알 수 있다. 변수는 경로가 진행되면서 활성화 집합 밖으로 드롭아웃dropout될 수 있다. 이는 계수 곡선이 0을 통과할 때 발생한다. 서브그래디언트 식 (16.4)는 각 활성화 계수의 부호가 그래디언트 부호와 일치한다는 것을 암시한다. 그러나 알고리듬 16.3에서 단계 3(c)에 단순한 추가를 통해 문제를 해결할 수 있다.

3(c)+ **라소 변경**: 0이 아닌 계수가 다음 변수가 들어오기 전에 0을 지나면, 이를 $\mathcal{A}$에서 버리고 축소된 집합을 사용해 결합 최소 자승 방향 Δ를 재계산한다.

그림 16.5는 `R`에 있는 `lars` 패키지를 사용해 계산한 것인데, `lasso` 옵션에 3(c)+를 고려하도록 설정했다. 이 예에서는 드롭아웃이 필요 없다. 드롭아웃은 몇몇 변수들이 고도로 상관됐을 경우 일어난다.

라소와 자유도

그림 16.6(왼쪽)에서 전방 단계별 회귀가 좀 더 빨리 훈련 MSE를 줄인다는 점에서 라소보다 더 공격적임을 확인했다. 12장의 df를 위한 공분산 공식을 사용해 각 단계의 적합화 정도를 정량화할 수 있다.

오른쪽에는 전방 단계별 회귀의 df를 추정하는 시뮬레이션과 **스팸** 데이터의 라소 결과를 보여줬다. 다음의 공분산 공식을 기억해보자.

$$df = \frac{1}{\sigma^2} \sum_{i=1}^{n} \text{cov}(y_i, \hat{y}_i) \tag{16.6}$$

물론 이 공분산은 y_i의 표본 분포에 관한 것이고, 이는 실제 데이터이므로 사용할 수 없다. 따라서 그 대신 전체 최소 자승 적합화로부터의 값에다가 적절한 (추정된) 표준편차를 가진 가우스 오차를 추가함으로써 시뮬레이션한다

(이는 모수적 부트스트랩 계산이다(12.64)).

LAR 알고리듬의 각 단계는 그림 16.8의 오른쪽 그림의 갈색 곡선에서 분명히 알 수 있는 것처럼 하나의 df를 사용한다. 전방 단계별은 초기 스테이지에서 더 많은 df를 사용하고 또 불규칙하다.

X 행렬에 대한 어떤 기술적 조건(LAR이 라소 경로를 만든다는 보장)하에 df가 정확히 단계별로 하나씩이라는 것을 보여줄 수 있다. 좀 더 일반적으로는 라소에 대해 $\widehat{df}(\lambda) = |\mathcal{A}(\lambda)|$로 정의하면($\lambda$에서의 활성화 집합의 크기) $E[\widehat{df}(\lambda)] = df(\lambda)$가 된다. 다시 말해, 활성화 집합의 크기는 df에 대한 불편 추정이다.

사전에 결정된 일련의 변수에 대한 최소 자승은 변수 하나당 하나의 df가 소요된다. 직관적으로 전방 단계별은 더 많이 소모한다. 검색에 드는 노력(몇
†5 몇 추가적 df에서) 때문이다.[†] 비록 라소가 다음 변수를 찾기는 하지만, 항상 새

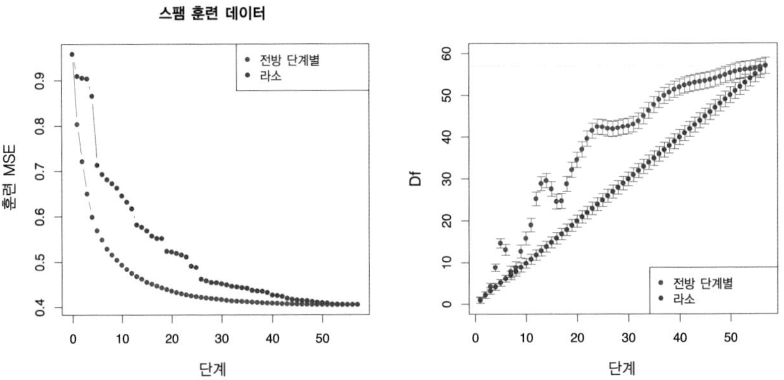

그림 16.8 왼쪽: 전방 단계별 회귀와 라소에서 **스팸** 데이터의 훈련 제곱평균 오차(MSE)를 활성화 집합의 크기에 대한 함수로 나타낸 것. 전방 단계별은 훈련 데이터를 좀 더 빨리 (과)적합화한다는 점에서 라소보다 더 공격적이다.
우측: 전방 단계별 회귀와 라소의 자유도(df)를 보여주는 시뮬레이션. 라소가 단계당 하나의 자유도를 사용하는 반면 전방 단계별은 더 그리디한 형태로 더 많은 자유도를 사용하며, 특히 초기 단계에서 더 그렇다. 이 df는 5000 무작위 시뮬레이션 데이터 집합을 사용해 계산됐으므로 추정에 대한 표준오차 밴드를 포함하고 있다.

모델을 적합화하지는 않으며 다음 변수가 들어오기 전까지만 그렇다. 이 시점에서 하나의 새로운 df가 사용된다.

16.5 일반화된 라소 모델 적합화

지금까지 제곱 오차 손실에 대한 라소를 살펴봤고 전체 경로를 효율적으로 계산하기 위해 그 계수 프로파일의 부분 선형성을 활용했다. 불행히도 이는 대부분의 다른 손실 함수에서는 적용되지 않는다. 따라서 계수 함수를 얻는 것이 잠재적으로 더 힘들다. 한 사례로 로지스틱 회귀를 살펴보자. (16.2)의 경우 L은 음의 이항 로그 우도를 나타낸다. 이 손실 함수를 명시적으로 쓰고 페널티 함수에 라그랑지 형식을 사용해 다음 문제를 해결하고자 한다.

$$\underset{\beta_0\in\mathbb{R},\ \beta\in\mathbb{R}^p}{\text{minimize}} -\left[\frac{1}{n}\sum_{i=1}^{n} y_i \log\mu_i + (1-y_i)\log(1-\mu_i)\right] + \lambda\|\beta\|_1 \qquad (16.7)$$

여기서는 $y_i \in \{0, 1\}$을 가정하고, μ_i는 적합화된 확률이다.

$$\mu_i = \frac{e^{\beta_0+x_i'\beta}}{1+e^{\beta_0+x_i'\beta}} \qquad (16.8)$$

(16.4)와 유사하게, 해는 다음의 서브그래디언트 조건을 만족한다.

$$\frac{1}{n}\langle \boldsymbol{x}_j, \boldsymbol{y}-\boldsymbol{\mu}\rangle - \lambda s_j = 0, \quad j = 1,\ldots,p \qquad (16.9)$$

여기서 $s_j \in \text{sign}(\beta_j)$, $j = 1,\ldots,p$고 $\boldsymbol{\mu}' = (\mu_1,\ldots,\mu_n)$이다.[5] 그러나 β_j에서 μ_j의 비선형성은 부분별 비선형 계수 프로파일을 생성한다. 대신 여기서는 λ에 대해 충분히 세밀한 그리드에 대한 해의 경로에 만족하기로 한

5 절편식은 다음과 같다. $\frac{1}{n}\sum_{i=1}^{n} y_i = \frac{1}{n}\sum_{i=1}^{n}\mu_i$

다. 다시 한 번 고려해야 할 최대 λ 값은 다음이라는 것을 쉽게 알 수 있다.

$$\lambda_{max} = \max_j |\langle \boldsymbol{x}_j, \boldsymbol{y} - \bar{y}\mathbf{1}\rangle| \tag{16.10}$$

이는 $\hat{\beta} = 0$과 $\hat{\beta}_0 = \text{logit}(\bar{y})$가 되는 λ의 최솟값이기 때문이다. 적절한 시퀀스는 100개의 λ, $\lambda_1 > \lambda_2 > \ldots > \lambda_{100}$ 값이 로그 크기로 λ_{max}에서 $\epsilon\lambda_{max}$까지 동일 간격으로 위치하는 것이다. 여기서 ϵ은 0.001 등과 같은 작은 값이다.

증명이 된 매우 효율적인 방법으로는 경로별 좌표 하강법path-wise coordinate descent이 있다.

- 각 λ_k에 대해 하나의 β_j에 대해서만 라소 문제를 해결하고 나머지는 고정시킨다. 추정이 안정화될 때까지 반복한다.
- 모든 모수가 0인 λ_1에서 시작해 λ 값의 감소순으로 해법을 계산하는 웜스타트warm start를 사용한다. 웜스타트는 일련의 해법 $\hat{\beta}(\lambda_k)$에 대한 훌륭한 초기화를 제공한다.
- 활성화 집합은 λ가 감소할수록 성장이 느려진다. 활성화 집합을 추측하는 방법으로 계산량을 줄이는 것이 특히 효율적임이 증명됐다. 추측이 좋다면(그리고 정확하다면), 수렴 때까지 그 변수들만 사용해 좌표 하강을 반복한다. 모든 변수에 대한 한 번의 추가적 검색을 하면 짐작이 유효한지 확인할 수 있다.

R의 **glmnet** 패키지는 각 값 λ_k에 대해 근접 뉴턴proximal-Newton 기법을 사용한다.

1. 해법 벡터 $\hat{\beta}(\lambda_k)$의 현재 추정에서의 로그 우도 L에 대한 가중화 최소자승(2차) 근사를 계산한다. 이는 통상적 GLM에서와 같이 실용적 반응working response과 관측 가중치를 생성한다.
2. 좌표 하강법에 의해 웜스타트와 활성 집합 반복을 사용해서 λ_k에서의

가중화 최소 자승 라소를 해결한다.

이제 이 특별한 전략이 왜 효과적인지 설명하기 위해 좀 더 구체적인 것을 알아보자. 다음의 가중화 최소 자승 문제를 생각해보자.

$$\underset{\beta_j}{\text{minimize}} \frac{1}{2n}\sum_{i=1}^{n} w_i(z_i - \beta_0 - x_i'\beta)^2 + \lambda\|\beta\|_1 \tag{16.11}$$

여기서 현재 값에서 β_j를 제외하고는 모두 고정된다. $\boldsymbol{r}_i = z_i - \beta_0 - \sum_{\ell \neq j} x_{i\ell}\beta_\ell$ 로 쓰면, (16.11)은 다음과 같이 일차원 문제로 다시 쓸 수 있다.

$$\underset{\beta_j}{\text{minimize}} \frac{1}{2n}\sum_{i=1}^{n} w_i(r_i - x_{ij}\beta_j)^2 + \lambda|\beta_j| \tag{16.12}$$

서브그래디언트 식은 다음과 같다.

$$\frac{1}{n}\sum_{i=1}^{n} w_i x_{ij}(r_i - x_{ij}\beta_j) - \lambda \cdot \text{sign}(\beta_j) = 0 \tag{16.13}$$

각 변수가 가중치 평균값 0과 분산 1을 가지면 가장 간단한 형태의 해가 나타나고 가중치의 합은 1이 된다. 이 경우 2단계 해법을 가진다.

1. 가중화 단순 최소 자승 계수를 계산한다.

$$\tilde{\beta}_j = \langle \boldsymbol{x}_j, \boldsymbol{r} \rangle_w = \sum_{i=1}^{n} w_i x_{ij} r_i \tag{16.14}$$

2. $\hat{\beta}_j$를 생성하기 위한 소프트 임계치 $\tilde{\beta}_j$는 다음과 같다.

$$\hat{\beta}_j = \begin{cases} 0 & |\tilde{\beta}| < \lambda\text{인 경우} \\ \text{sign}(\tilde{\beta}_j)(|\tilde{\beta}_j| - \lambda) & \text{그 외의 경우} \end{cases} \tag{16.15}$$

표준화하지 않은 해는 매우 간단하지만 덜 직관적이다.

그러므로 각 좌표 하강 갱신은 근본적으로 소프트 임계치 연산을 하기 전에 내적의 계산이 필요하다. 이는 특히 희소 행렬 형태에 저장된 x_{ij}에 대해 더 편리하다. 그 경우 내적은 0이 아닌 값에 대해서만 수행하면 되기 때문이다. 단계 전에 계수가 0이고 그대로 남아있다면 단순히 다음으로 옮기고, 그렇지 않다면 모델은 갱신된다.

해법 λ_k(모든 0이 아닌 계수 $\hat{\beta}_j$에 대해 $|\langle \boldsymbol{x}_j, \boldsymbol{r}\rangle_w| = \lambda_k$)에서부터 더 작은 λ_{k+1}로 옮겨가며 $|\langle \boldsymbol{x}_j, \boldsymbol{r}\rangle_w| \geq \lambda_{k+1}$인 모든 변수가 새로운 활성 집합의 자연스러운 후보군이 될 것으로 기대할 수 있다. 강한 규칙은 바bar를 다소 낮추고 $|\langle \boldsymbol{x}_j, \boldsymbol{r}\rangle_w| \geq \lambda_{k+1} - (\lambda_k - \lambda_{k+1})$인 모든 변수를 포함한다. 이는 거의 실수가 없으면서 동시에 여전히 상당한 양의 계산을 절감해준다.

손실 함수의 변화는 차치하고 다른 페널티도 관심 대상이다. 특히 일래스틱 넷elastic net 페널티는 라소와 리지 회귀 사이에서 다리 역할을 한다. 그 페널티는 다음과 같이 정의된다.

$$P_\alpha(\beta) = \frac{1}{2}(1-\alpha)\|\beta\|_2^2 + \alpha\|\beta\|_1 \tag{16.16}$$

여기서 처음 항의 1/2 인자는 수학적 편의를 위함이다. 예측 변수가 과도하게 상관되면 상관된 것들 사이에서 선택하는 데 라소가 어려움을 겪으므로 다소 성능이 떨어진다. 리지 회귀처럼 일래스틱 넷은 상관된 변수의 계수를 상대의 방향으로 축소하고 그룹 내의 상관된 변수를 선택하는 경향이 있다. 이 경우 좌표 하강 갱신은 거의 (16.15)에서와 같이 단순하다.

$$\hat{\beta}_j = \begin{cases} 0 & |\tilde{\beta}| < \alpha\lambda\text{인 경우} \\ \frac{\text{sign}(\tilde{\beta}_j)(|\tilde{\beta}_j| - \alpha\lambda)}{1+(1-\alpha)\lambda} & \text{그 외의 경우} \end{cases} \tag{16.17}$$

다시, 관측치의 가중 분산이 1이라고 가정한다. $\alpha = 0$이면, 갱신은 리지 회귀에서의 좌표 갱신에 해당한다.

그림 16.9는 **스팸** 데이터에서 라소와 전방 단계별 로지스틱 회귀를 비교한다. 여기서는 모두 이항화된 변수와 그 부분별 상호작용을 이용한다. 이는

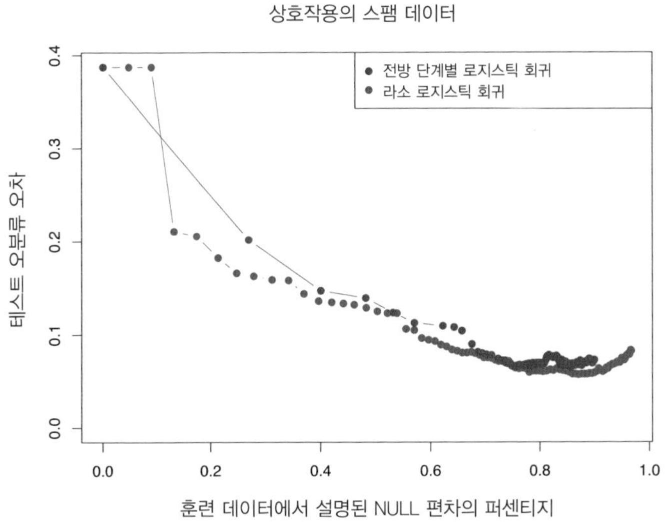

그림 16.9 스팸 데이터에 대한 라소와 전방 단계별 로지스틱 회귀의 오분류 오차. 부분별 상호작용은 물론 주 효과(모두 3,061개의 예측 변수)도 고려한다. 여기서 라소의 최소 오차는 0.057이고 단계별 로지스틱 회귀는 0.064며 주 효과 전용 라소 로지스틱 회귀 모델은 0.071이다. 단계별 모델은 수렴 문제를 만나기 전에 134개의 변수까지 올라간 반면, 라소는 최대 682개의 활성 집합까지 형성됐다.

전체적으로 퇴화된 변수를 제거하고 나면 3,061개의 변수에 해당한다. 전방 단계별은 실행에 시간이 더 걸리는데, 한 번에 하나의 변수가 들어가고 하나가 선택될 때마다 새로운 GLM을 적합화해야 하기 때문이다. **glmnet**에 의해 적합화된 라소의 경로는 각 단계(λ_k)에서 많은 새로운 변수를 포함하고 극도로 빠르다(전체 경로에서 6초). 매우 크고 넓은 현대의 데이터 집합(수백만의 예와 수백만의 변수)에서는 라소 경로 알고리듬이 가능하고 매력적이다.

16.6 라소를 위한 선택-후 추론

이 장은 대부분 예측을 위한 해석 가능한 모델의 구축에 대한 것이었고, 추론에 대해서는 거의 논의하지 않았다. 사실 적응적으로 선택된 모델에서는 일반적으로 추론이 까다롭다.

특정 λ 값에 대해 라소 회귀 모델을 적합화했다고 가정하자. 이 적합화는 가용한 p 변수 중 크기 $|\mathcal{A}| = k$인 부분집합 $\mathcal{A}$를 선택하는 것으로 끝난다. 이 선택된 변수에 p-값을 할당할 수 있는지, 그 계수에 대한 신뢰구간이 생성될 수 있는지에 대해 의문이 제기된다. 최근의 수많은 연구 활동들은 이러한 중요한 문제에서 진전을 이루고 있다. 여기서 간단히 연구에 대해 살펴보고 †6 16.8절, '주석 및 상세 설명'에는 참고 문헌을 나열했다.[†] 선택-후post-selection 추론에 대해서는 20장에서 좀 더 일반적으로 살펴본다.

한 가지 의문점은 우리가 관심 있어 하는 것이 전체 p 예측 변수 집합을 사용한 모 회귀population regression 모수에 대한 추론을 하는 것인지, 아니면 부분집합 $\mathcal{A}$만을 사용하는 모 회귀 모수로 국한된 것인지다.

첫 번째의 경우, 선택된 모델의 계수를 전체 모 계수 벡터의 효율적이지만 편향된 추정으로 볼 수 있다고 제안됐다. 그 아이디어는 계수 전체 벡터의 추론을 가능케 해서 이 추정의 편향을 없애자는 것이다. 물론 처음에 선택된 더 강한 변수에 대해서는 더 분명한 추론이 가능할 것이다.

두 번째 경우의 아이디어는 선택 이벤트에 영향을 주자는 것이고, 따라서 집합 $\mathcal{A}$ 자체에 영향을 주자는 것이다. $\mathcal{A}$에 있는 변수들에 대해서만, 반응의 비제약(즉, 라소-축소되지 않은) 회귀 계수에 대해 조건부 추론을 수행하는 것이다. 제곱 오차 손실 함수를 사용하는 라소의 경우, 활성화 집합 변수들의 특정 부분집합 $\mathcal{A}$로 이끄는 반응 벡터 $\mathbf{y} \in \mathbb{R}^N$의 집합이 $\mathbb{R}^N$에서 볼록 다면체convex polytope를 형성한다는 것을 증명할 수 있다(계수의 부호에 대해서도 영향을 적용하면, 즉 부호를 무시하면 이러한 볼록 다면체의 유한한 합집합이 된다). 이는 정교한 가우스 조건화 논쟁과 함께 관심 대상의 모수를 절단된 가우스와 t-분포로 이끈다.

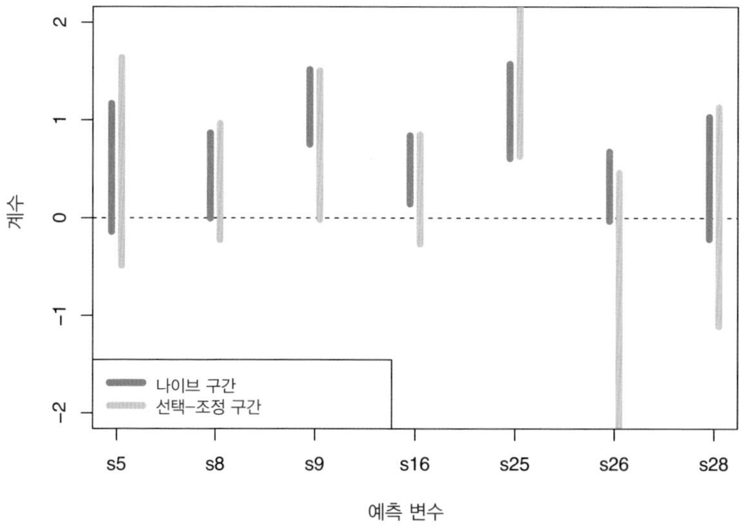

그림 16.10 HIV 데이터. 일곱 곳의 HIV-양성 환자에 대한 약 저항력의 선형 회귀로서 특정 유전자 위치에서의 돌연변이를 나타낸다. 이 일곱 곳은 라소를 이용해 전체 30개 후보 중에서 선택됐다. 나이브 95% 신뢰구간(어두운색)은 표준 선형 회귀 추론을 사용해 선택 이벤트를 무시했다. 밝은색 구간은 선행 회귀를 사용한 95% 신뢰구간이지만 선택 이벤트에 영향을 받았다.

그림 16.10은 HIV 연구에서 라소를 사용해 변수를 선택한 결과를 보여준다. 결과 Y는 HIV-1 치료(뉴클로사이드 역전사효소 억제제nucleoside reverse transcriptase inhibitor)에 대한 저항력 척도고, 30개의 예측 변수는 특정 유전자 위치에서 돌연변이가 발생했는지를 알려준다. 10-폴드 교차 검증 라소 회귀는 $\lambda = 0.003$을 선택했고, 그림에 표시된 일곱 곳은 0이 아닌 계수를 가지고 있다. 그림의 짙은색 바는 선형 회귀를 사용하되, 변수 선택에 라소가 사용됐다는 사실을 무시하고 선택된 변수의 계수에 대한 95% 신뢰구간을 보여준다. 세 개 변수는 유의하고, 두 개 변수는 거의 그렇다. 밝은색 바는 유사한
†7 회귀의 신뢰구간이지만 선택 이벤트에 영향을 받는다.† 이들은 일반적으로 더 넓으며, $s25$ 변수만이 유의한 것으로 남는 것을 볼 수 있다.

16.7 연결과 확장

예측 문제에서 라소 모델과 다른 보편적 기법 사이에는 흥미로운 연결점이 있다. 그중 두 개를 간략히 살펴보는데, 서포트 벡터 머신(SVM)과 부스팅 boosting이다.

라소 로지스틱 회귀와 SVM

19.3절에서는 리지 로지스틱 회귀가 선형 SVM과 상당한 공통점을 가졌다는 것을 보여준다. 분리 가능한 데이터에 대해 리지 로지스틱 회귀의 $\lambda \downarrow 0$일 때의 극한은 SVM과 일치한다. 게다가 그들의 손실 함수는 다소 유사하다. 동일한 관계가 ℓ_1 정규화 로지스틱 회귀와 ℓ_1 SVM 사이에서도 성립한다(그들의 최종 경로 극한이 동일하다). 사실 손실 함수의 유사성으로 인해 그들의 해법은 경로 전체에서 대부분 크게 다르지 않다. 그러나 최종 경로의 작동은 좀 더 복잡하다. 둘 다 마진 margin 분리기를 극대화하는 ℓ_∞에서 수렴한다. 즉, 결정 경계와 점들의 ℓ_∞ 거리에 대해 마진이 측정되거나 최대 절대 좌표에 의해 측정된다.†

†8 측정된다.†

라소와 부스팅

17장에서는 단순한 구성 요소를 사용해 복잡한 예측 모델을 구성하는 일반적 기법인 부스팅에 대해 알아본다. 가장 단순한 형태(회귀)의 부스팅은 다음의 단순 반복을 따른다.

1. $b=0$과 $F^0(x) := 0$으로 초기화한다.
2. $b=1, 2, \ldots, B$에 대해
   (a) 잔차 $r_i = y_i - F(x_i)$, $i=1, \ldots, n$을 계산한다.
   (b) 관측치 $(x_i, r_i)_1^n$에 작은 회귀 트리를 적합화한다. 이 절차는 함수 $g^b(x)$를 추정하는 것으로 생각할 수 있다.

(c) $F^b(x) = F^{b-1}(x) + \epsilon \cdot g^b(x)$를 갱신한다.

트리의 소형화는 모델의 상호작용 복잡도를 제한한다(예를 들어 두 갈래로만 갈라지는 트리는 최대 두 가지 변수만 있다). 항 B의 개수와 축소 모수 ϵ은 둘 다 학습률(따라서 과적합)을 조절하는 튜닝 모수고, 예컨대 교차 검증 등에 의해 설정돼야 한다.

말하자면, 이 알고리듬은 트리의 공간을 잔차와 가장 상관된 것을 찾아다니면서 적합화 함수 F^b를 그 방향으로 움직이는 것이다(이 프로세스는 전방 스테이지별 적합화forward-stagewise fitting로 알려져 있다). 이 단순 알고리듬은 선형 회귀 측면에서 다른 말로 바꿔 표현할 수 있는데, 단계 2(b)에서 작은 트리의 공간이 선형 함수로 대체된다.

1. $\beta^0 = 0$을 초기화하고 모든 변수 $\boldsymbol{x}_j$, $j = 1, \ldots, p$를 표준화한다.
2. $b = 1, 2, \ldots, B$에 대해 다음을 수행한다.
   (a) 잔차 $\boldsymbol{r} = \boldsymbol{y} - \boldsymbol{X}\beta^b$를 계산한다.
   (b) 잔차 벡터 $\boldsymbol{r}$과 가장 상관된 예측 변수 $\boldsymbol{x}_j$를 찾는다.
   (c) 그리고 β^b를 β^{b+1}로 갱신한다. 여기서 $\beta_j^{b+1} = \beta_j^b + \epsilon \cdot s_j$($s_j$는 상관관계의 부호)고, 다른 모든 구성 요소는 내버려둔다.

작은 ϵ에 대해서는 이 최소 자승 부스팅의 해의 경로와 라소는 매우 유사하다. 경우를 제한하거나 극소 전방 스테이지별infinitesimal forward stagewis 적합화를 자연스럽게 고려해볼 수 있는데, 여기서는 iFS로 줄여서 표기하자. 다수의 변수가 단계 2(b)에서 이기기 위해 경쟁하는 것을 상상해보자. 그리고 일단 그 계수가 같아지면 각각이 증가하면서 조화롭게 움직인다. 이는 사실 알고리듬 16.3의 LAR에서 사용한 기발한 생각이다. 거기서 $\mathcal{A}$는 같아진 변수의 집합을 나타냈고, δ는 그들의 계수가 갱신되는 상대적인 횟수였다. *i*FS는 종종은 그렇지만 항상 라소와 일치하지는 않는다는 것을 알 수 있다. 그 대신 단조
†9 monotone 라소 형식으로 특징지을 수 있다.†

이러한 연결은 라소 알고리듬에 대한 새로운 영감을 불러일으키는 것뿐

아니라 부스팅에 대한 영감도 제공한다. 부스팅은 가능한 특정 크기의 가능한 모든 트리에 의해 정의된 고차원 공간에서 단조 라소 경로를 적합화하는 것으로 생각할 수 있다.

라소의 확장

희소성을 유도하기 위해 ℓ_1 정규화를 사용하자는 아이디어는 대단히 강력했으므로 이 아이디어에 대한 여러 변형이 응용통계학 모델링에서 들불처럼 퍼져나갔고, 컨벡스 최적화의 발달과 함께 응용통계학의 거의 모든 분야가 영향을 받았다. 여기서는 더 자세히 알아보지 않겠지만, 16.8절, '주석 및 상세 설명'에서 참고 문헌을 제공한다. 그 대신 여기서는 이 장을 여러 응용에 대한 (전부는 아니지만) 나열로 끝맺는데, 독자로 하여금 이 분야에 도전하고자 하는 열망을 안겨줄 것이다.

- 그룹 라소 페널티 $\sum_{k=1}^{K} \|\theta_k\|_2$를 모수의 벡터 θ_k에 응용하고 전체 그룹을 동시에 선택한다. 이 페널티를 장착하고 선형 모델에서 다중 레벨의 라소 같은 계획이나 저차원 상호작용을 포함하는 계층적 계획을 유도할 수 있다.
- 도표로 된 라소는 종속 그래프에서 에지를 선택하는 문제에 ℓ_1 페널티를 적용할 수 있다.
- 희소 주성분은 ℓ_1 페널티를 사용해 0이 많은 성분을 생성할 수 있다. 동일한 아이디어를 판별 해석이나 정준상관분석canonical correlation analysis에 적용할 수 있다.
- 행렬의 뉴클리어 노름nuclear norm은 그 특이값(행렬의 라소 페널티)의 합이다. 뉴클리어 노름 정규화는 행렬에서의 누락치를 추정하는 행렬 완성의 보편적인 도구다.

16.8 주석 및 상세 설명

전통적 회귀 이론은 각 예측 변수의 효과에 대한 불편 추정을 목표로 했다. 현대의 와이드 데이터 집합은 종종 방대한 수의 예측 변수 p를 가져서 그 목표를 달성할 수 없도록 한다. 여기서 설명한 기법들은 필요에 의해 축소 기법, 편향된 추정, 희소성을 사용한다.

라소는 티브시라니(1996)에 의해 소개됐고, 수많은 후속 연구가 만들어졌다. 최근 발표된 해이스티와 동료들(2015)의 논문에서는 라소와 희소성이 적용된 몇 가지 분야를 요약하고 있다. 부스팅의 회귀 버전은 해이스티와 동료들(2009, 16장)에 있고 최소각 회귀 알고리듬에 의해 영감을 받았다(에프론과 동료들, 2004). 최소각 회귀 알고리듬은 라소를 적합화하는 좀 더 빠른 알고리듬일 뿐만 아니라 전방 단계별 회귀의 새롭고 좀 더 민주적인 버전이다. 저자들은 어떠한 조건하에 LAR 알고리듬의 각 단계가 하나의 df에 해당한다는 것을 보여줬다. 조와 동료들(2007)은 λ가 고정되면, 활성화 집합의 크기는 라소의 df에 대해 불편[unbiased]이라는 것을 증명했다. 해이스티와 동료들(2009)은 또한 부스팅을 트리의 고차원 공간에서 라소 정규화 경로를 적합화하는 것으로 봤다.

프리드만과 동료들(2010)은 일반화된 라소 문제를 위해 경로별 좌표 하강 알고리듬을 개발했고 **R용 `glmnet`** 패키지를 제공했다(프리드만과 동료들, 2009). 라소 검열에서 강한 규칙은 티브시라니와 동료들(2012)에 기인한다. 해이스티와 동료들(2015, 3장)은 ℓ_1 SVM과 라소 로지스틱 회귀 사이의 유사성을 보였다.

이제 이 장에서 다룬 주제들에 대한 몇 가지 기술적 상세 설명을 살펴보자.

†1 **전방 단계별 계산.** 전방 단계별 모델을 구축하는 것은 안내자가 있는 그램-슈미트 직교화로 볼 수 있다(QR 분해). 단계 r 다음에 모델에 있지 않는 모든 $p-r$ 변수들은 모델의 r과 직교하고 후자는 QR 형태를 가진다. 그러면 다음에 들어올 변수는 잔차와 가장 상관된 것이다. 이는 잔차의 제곱합을 가장 감소시키는 것이 되고, 이를 식별하기 위해서는 $p-r$번의 n-벡터 내적 계산

이 필요하다. 그다음 회귀는 선택된 것에 따라 갱신되고 나머지 $p-r-1$ 변수에 대해 회귀된다.

†2 반복적 재가중화 최소 자승(IRLS). 일반화된 선형 모델(8장)은 최대 우도에 의해 적합화되고, 로그 우도는 미분 가능하며 오목하므로 대개 뉴턴 알고리듬이 사용된다. 뉴턴 알고리듬은 반복적 재가중화 선형 회귀 알고리듬으로 재구성할 수 있다(맥컬라McCullagh와 넬더Nelder, 1989). 각 반복에서 실용적 반응 변수 z_i와 관측치당 가중치 w_i를 계산한다(둘 다 현재 모수 벡터 $\hat{\beta}$에 종속된다). 그러면 $\hat{\beta}$의 뉴턴 갱신은 가중치 w_i를 사용해 x_i에 대해 z_i의 가중 최소 자승 적합화를 수행함으로써 구할 수 있다(해이스티와 동료들, 2009, 4.4.1절).

†3 전방 단계별 로지스틱 회귀 계산. 비록 현재의 모델은 가중화 최소 자승 적합화의 형태지만, 모델에 있지 않은 $p-r$ 변수들은 모델에 있는 변수들과 직교를 유지할 수 없다(가중치가 계속 변경된다!). 그러나 우리의 현재 모델은 (말하자면) 가중화된 QR 분해를 수행할 것이므로, 이 직교는 큰 노력 없이 얻을 수 있다. $r \times n$ 행렬과 n-벡터의 $p-r$번 곱셈, 즉 $O((p-r)\cdot r\cdot n)$ 계산이 필요하다. 더 간단한 대안은 로그 우도의 그래디언트 크기를 사용하는 것인데, 이는 단순히 각 생략된 변수 $\mathbf{x}_j$에 대한 내적 $|\langle \mathbf{y}-\hat{\boldsymbol{\mu}}_r, \mathbf{x}_j\rangle|$의 계산만 필요하다(모든 변수가 단위 분산으로 표준화됐다는 가정하에서).

†4 최적 ℓ_1 보간. $p>n$이면, 다른 경계 해법은 라소에 대해 흥미로워진다. 충분히 큰 t에 대해 완벽한 적합화를 얻을 수 있으므로 잔차가 0이 된다. 이러한 해법은 많이 있으므로, 가장 작은 t-값을 가지는 완벽 적합화 해법을 찾는 것이 흥미로운 과제가 된다. 즉, 최소 ℓ_1 노름 완전 적합화 해를 찾는 것이다. 이를 위해서는 개별 컨벡스 최적화 문제를 풀어야 한다.

†5 df에 대한 추가 사항. 매우 두드러진 변수가 존재해서 검색이 쉬우면 LAR 알고리듬은 큰 단계를 취하고, 전방 단계별은 거의 단위 df를 사용한다. 반면에 변수들이 치열히 경합하면, LAR 단계는 작고, 아주 작은 진행을 위해 단위 df를 사용해야 하는 반면에 전방 단계별은 단위 df보다 상당히 더 많이 소비

한다(탐색을 위해 소비). 사실 전방 단계별의 df_j 곡선은 $j<p$에 대해 p를 초과할 수 있다(얀센과 동료들, 2015).

†6 선택-후 추론. 라소와 연관된 기법에 대한 선택-후 추론을 다루는 많은 연구가 있어왔고, 모두 2012년 이후다. 그 대부분은 버크와 동료들(2013)의 연구로부터 영감을 받았지만, 라소에 의한 특별 선택 프로세스에 더 특화됐다. 편향 감소 기법에 대해서는 창[Zhang]과 창(2014), 반 드 기어[van de Geer]와 동료(2014), 야반마드[Javanmard]와 몬타나리[Montanari](2014)의 업적을 살펴본다. 조건부 추론 기법은 록하트[Lockhart]와 동료(2014)에 의해 시작됐으며, 일련의 논문에 의해 발전됐다((리와 동료, 2016), (테일러와 동료, 2015), (피티안[Fithian]과 동료, 2014)). 또 현재 많은 연구들이 진행되고 있다.

†7 선택적 추론 소프트웨어. 그림 16.10의 예제는 **R** 패키지인 `selectiveInference`를 이용해 만들었다(티브시라니와 동료, 2016). 이 예제를 제공해준 롭 티브시라니에게 감사한다.

†8 분리 가능한 데이터에 리지와 라소 로지스틱 회귀의 최종 경로 행동. 여기서의 세부사항은 다소 기술적이고 듀얼 노름에 의존하고 있다. 자세한 사항은 해이스티와 동료들(2015, 3.6.1절)에서 찾을 수 있다.

†9 LAR과 부스팅. 최소 자승 부스팅은 '승리한' 계수를 그 변수와 잔차의 상관관계 방향으로 옮긴다. LAR 알고리듬의 단계 3(a)에서 계산된 방향 δ는 그 상관관계와 부호가 일치하지 않는 일부 성분을 가지고 있을 수 있는데, 특히 변수가 상당히 상관됐을 경우 그렇다. 이는 특별한 음이 아닌 최소 자승 적합화가 iFS에 대한 정확한 경로 알고리듬을 생성하도록 해서 고칠 수 있다. 자세한 사항은 에프론과 동료들(2004)에서 찾을 수 있다.

16.9 연습문제

1. 순방향-단계적 회귀에서는 각 단계마다 잔차 제곱의 개선을 가장 많이 이끌어내는 변수를 포함시킨다. 그러나 사용하던 소프트웨어 패키지에서는 현재 잔차와 절대값 상관관계가 가장 큰 변수를 선택하는 것을 알아차렸다. 이 두 접근 방식은 동일한 결과를 가져올까? 설명해 보라.

2. 순방향-단계적 회귀 모델 경로 계산을 위한 효율적인 접근 방식을 자세히 설명하라.

3. (16.5)에서 우리는 라소^lasso^ 경로에 대한 계수 프로파일이 부분별 선형임을 보였다. 이 관계를 이용해 $\lambda < \lambda_1$의 어떤 값에서 활성 집합 $\mathcal{A}$가 변화하는지 알아낼 수 있겠는가? 설명해보라.

4. 최상-하위 집합 회귀와 라소의 df를 비교하기 위해 시뮬레이션을 수행하라. $p = 30$개 변수와 $n = 200$개 관찰을 사용해 상당한 공분산(본인이 선택하라)이 있는 다변량 가우스 분포로부터 생성된 $\boldsymbol{X}$ 행렬을 구축하라. 반응 모델 $\boldsymbol{y} = \boldsymbol{X}\boldsymbol{\beta} + \boldsymbol{\varepsilon}$을 제시하고 사전에 $\boldsymbol{\beta}$를 설정하라. 시뮬레이션에서 $\boldsymbol{X}$와 $\boldsymbol{\beta}$를 고정하고 각 수행마다 새로운 $\boldsymbol{\varepsilon}$를 생성하라. 그림 16.8의 우측과 유사한 도면을 생성하라.

5. 좌표-하강 갱신 (16.17)을 도출하라.

17
랜덤 포레스트와 부스팅

현대 사회는 관측치의 개수 n이나 변수의 개수 p에 있어 모두 엄청난 양의 데이터 집합을 만나곤 한다. 이는 물론 좋은 뉴스다. 우리는 늘 더 많은 데이터가 있으면 더 나은 예측 모델을 구축할 수 있다고 말하곤 했다. 자, 이제 그런 세상이 열렸다. 이제 엄청난 데이터를 가지고 있으니 어떻게 사용할지 알아내야 한다.

비록 소프트웨어의 용량을 확장해 이 거대 데이터에 선형이나 일반화 선형 모델의 집단을 적합화할 수도 있지만, 종종 너무 성능이 약해 예측력 측면에서 많이 떨어진다. 이러한 더 커지는 문제를 해결할 수 있는 범용적 도구의 필요성이 제기되고 있으며, 좀 더 풍부한 부류의 함수를 거의 자동으로 적합화함으로써 대규모 데이터를 활용해야 한다. 랜덤 포레스트와 부스팅은 이 요건에 잘 부합하는 상대적으로 최근의 혁신으로서 좋은 예측 성과를 가진 '독창적' 학습 알고리듬이다. 랜덤 포레스트는 부스팅보다는 좀 더 자동화돼 있지만 그 결과 성능은 다소 떨어질 수 있다.

이 두 기법은 공통점을 가지고 있다. 둘 다 회귀 모델의 합으로써 적합화 모델을 나타낸다. 트리는 8장에서 자세히 다뤘다. 단일 회귀 트리는 대개 약한 예측 모델이다. 그러나 이들이 모여 블랙박스 형태의 트리의 앙상블로 작동할 때 실로 놀라운 성능을 낼 수 있다!

여기서 두 기법에 대해 간단히 설명한다.

랜덤 포레스트 랜덤화된 버전의 훈련 데이터로 깊은 회귀 트리가 자라게 한 다음 이를 평균화한다. 여기서 '랜덤화된'이란 광의의 용어로서 부트스트랩 표본추출이나 관측치의 부분표본추출, 그리고 변수의 부분표본추출을 포함한다.

부스팅 얕은 트리를 잔차에 대해 반복적으로 자라게 하고 트리의 합으로 구성되는 가첨 모델을 구성한다.

랜덤 포레스트의 기본 작동은 평균화를 통한 분산 축소다. 각 깊은 트리는 높은 분산을 가지므로 이를 평균화하면 분산이 작아진다. 부스팅은 비록 꾸미기에 따라 약간의 분산 축소도 가능하지만 기본적인 작동은 편향의 축소다. 두 기법 모두 트리가 가진 좋은 속성을 그대로 가지는데, 그중 변수 선택은 가장 주목할 만하다.

17.1 랜덤 포레스트

$n \times p$ 데이터 행렬 $\boldsymbol{X}$와 n-벡터 반응 변수 $\boldsymbol{y}$로 이뤄진 훈련 집합을 가진 일반적 회귀 문제가 있다고 가정하자. 트리(8.4절)는 재귀적 분할을 사용해 $\mathcal{X}$상의 부분별 상수 평면 $\hat{\boldsymbol{r}}(x)$를 적합화한다. 모델은 그리디 형태로 구성돼, 매번 말단 노드로부터 변수 중 하나를 이분해서 두 자식 노드를 생성한다. 따라서 모델은 이진 트리로 나타낼 수 있다. 회귀 트리를 사용할 때의 기술 중 하나는 트리를 얼마나 깊이 생성할지, 얼마나 가지치기를 할지에 대해 알아내는 것이다. 대개 이는 남겨진 데이터나 교차 검증을 통해 알아낸다. 그림 17.1은 **스팸** 훈련 데이터에 적합화된 트리를 보여준다. 여기에는 분할 변수와 분

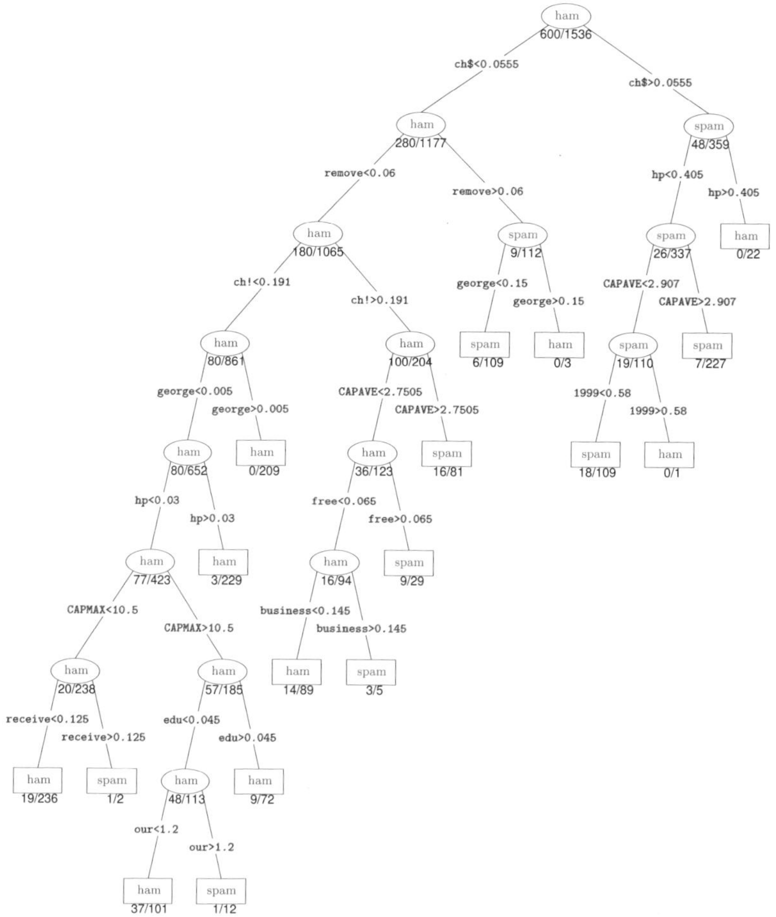

그림 17.1 이진 **스팸** 데이터에 적합화한 회귀 트리. 그림 8.7보다 더 큰 버전이다. 최초에 훈련된 트리는 여기에 표시된 것보다 가지가 훨씬 많다. 여기는 그다음 10-폴드 교차 검증을 사용해 가지치기를 한 것이다.

할 점이 나타나 있다. 각 노드는 **스팸**이나 **햄**(스팸이 아닌 것)으로 레이블된다. 각 노드 아래의 숫자는 오분류/전체를 나타낸다. 훈련 데이터에 대한 전체 오분류율은 9.3%고 라소에 비해 좋지 않다(그림 16.9: 선형 라소는 7.1%, 상호작용하는 라소는 5.7%). 여기의 평면 $\hat{r}(x)$는 확연히 복잡하고 그 속성상 다소 고차원의 상호작용(가장 깊은 가지는 8레벨이고 여덟 개의 다른 변수를 분할했다.)을 가진다. 해석 가능한 모델을 얻을 수 있다는 확실한 이점에도 불구하고 이 우거진 트리를 해석하는 것은 쉽지 않다. 그럼에도 불구하고 트리들은 다소 바람직한 속성을 가진다. 다음은 트리의 장단점 중 일부를 나열한 것이다.

▲ 트리는 자동적으로 변수를 선택한다. 분할을 정의할 때 사용된 변수만 이 모델에 남는다.

▲ 트리-성장 알고리듬은 큰 n으로도 잘 확장된다. 트리를 성장시키는 것은 분할 정복 연산이다.

▲ 트리는 혼합 속성(정량/정성)을 구분 없이 다룰 수 있고 누락치를 처리할 수 있다.

▲ 작은 트리는 쉽게 해석 가능하다.

▼ 큰 트리는 해석이 용이하지 않다.

▼ 트리는 일반적으로 좋은 예측 성능을 가지지 못한다.

트리는 근본적으로 고분산 함수 예측기고, 가지가 많을수록 분산은 더 커진다. 초기 분할이 트리의 구조를 좌우한다. 반면, 깊고 가지가 많은 트리는 훈련 데이터를 목표 지점 주변에 상대적으로 작은 구역으로 (중요한 변수를 사용해) 지역화한다. 이는 낮은 편중을 의미한다. 랜덤 포레스트의 아이디어는 (그리고 그 조상인 배깅도) 가지가 많은 나무를 아주 많이 자라게 한 다음 평균화를 통해 분산을 없앤다는 것이다. 평균화의 효과를 보려면, 개별 트리가 너무 상관돼서는 안 된다. 이는 트리 성장 프로세스에 약간의 랜덤성을 주입해서 얻을 수 있다. 랜덤 포레스트는 이를 두 가지 방법으로 성취할 수 있다.

1. 부트스트랩: 각 트리는 부트스트랩 재표본추출 훈련 데이터 집합으로 자라고, 이는 서로 다르며 다소 상관되지 않게 해준다.
2. 분할 변수 랜덤화: 분할이 일어날 때마다 분할 변수의 탐색을 p 변수 중 m개의 부분집합으로 제한한다. 일반적인 m 값은 $\sqrt{p}$나 $p/3$이다.

$m = p$면, 랜덤화는 오직 단계 1만 사용하는 것과 같고, 이는 랜덤 포레스트의 이전 조상인 배깅이다. 대부분의 경우 이중 랜덤화를 사용하면 효과가 있다.

알고리듬 17.1 랜덤 포레스트

---

1. 훈련 데이터 집합 $\boldsymbol{d} = (\boldsymbol{X}, \boldsymbol{y})$가 주어진다. $m \leq p$와 트리 개수 B를 고정시킨다.
2. $b = 1, 2, \ldots, B$에 대해 다음을 수행한다.
   (a) n 행을 복원을 동반해 무작위로 n번 반복 추출해서 훈련 데이터의 부트스트랩 버전인 $\boldsymbol{d}_b^*$를 생성한다. 표본은 부트스트랩 빈도 벡터 $\boldsymbol{w}_b^*$로 나타낼 수 있다.
   (b) 최대화–깊이 트리 $\hat{r}_b(x)$를 $\boldsymbol{d}_b^*$에 있는 데이터를 이용해 자라게 하고, 각 분할 전에 랜덤하게 p개의 특징 중 m개를 추출한다.
   (c) 트리와 각 훈련 관측치의 부트스트랩 표본추출 빈도를 같이 저장한다.
3. 모든 예측 포인트 x_0에 대해 랜덤 포레스트 적합화를 평균화로 계산한다.

$$\hat{r}_{\text{rf}}(x_0) = \frac{1}{B}\sum_{b=1}^{B}\hat{r}_b(x_0)$$

4. 훈련 데이터의 각 반응 관측치 y_i에 대해 OOB_i 오차를 계산한다. 이는 부트스트랩 표본에 있지 않은 관측치 i에 대해 $\hat{r}_b(x_i)$를 평균화해 얻은 $\hat{r}_{\text{rf}}^{(i)}$ 적합화를 사용해 구한다. 전체적 OOB 오차는 이 OOB_i의 평균이다.

알고리듬 17.1은 일부 세부 사항을 보여준다. 더 자세한 사항은 17.6절, †1 '주석 및 상세 설명'에서 찾을 수 있다.[†]

랜덤 포레스트는 튜닝이 거의 필요 없어서 사용하기가 쉽다. **R**에 들어있는 **randomForest** 패키지의 경우 디폴트로 분류 트리는 $m = \sqrt{p}$로, 회귀 트리는 $m = p/3$으로 설정하지만 다른 값을 사용할 수도 있다. $m = 1$이면 분할 변수는 완전히 랜덤이 되므로 모든 변수가 분할될 수 있다. 이는 트리가 가장 상관되지 않는 상황으로 만들어주지만 편향을 일으켜서 리지 회귀와 유사하게 될 수 있다. 그림 17.2는 **스팸** 테스트 데이터에 적용한 랜덤 포레스트의 오분류 작동을 평균화한 트리의 개수의 함수로 보여준다. 이 경우, 상대적으로 작은 개수의 트리(500) 다음에 오차가 수평을 유지한 것을 볼 수 있다. 평균화된 트리의 개수 B는 부트스트랩에서와 같은 진짜 튜닝 모수는 아니다(10장과 11장). 안정화를 위해서는 충분히 큰 수가 필요하지만 너무 커지면 과적합이 된다.

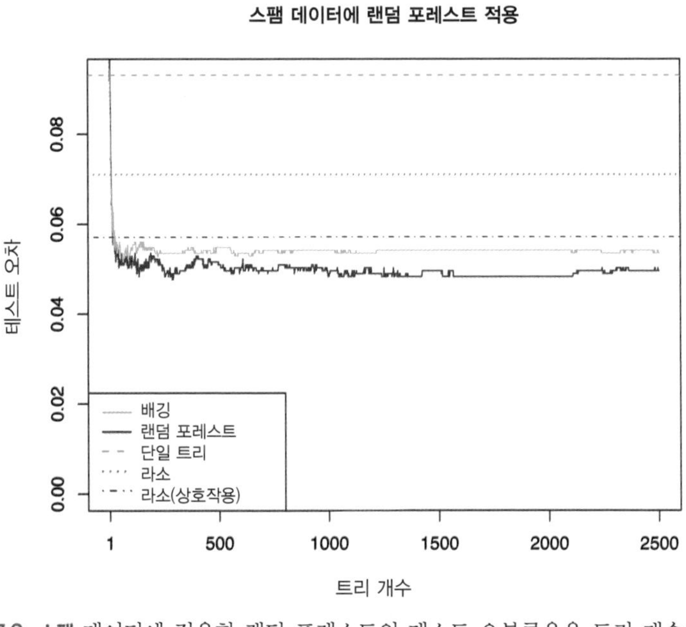

그림 17.2 **스팸** 데이터에 적용한 랜덤 포레스트의 테스트 오분류율을 트리 개수의 함수로 그린 것이다. 붉은색 곡선은 매번 $p = 57$개 특징 중 분할을 위해 랜덤으로 $m = 7$개를 선택한다. 푸른색 곡선은 $m = 57$을 사용하므로 배깅과 같다. 배깅과 랜덤 포레스트는 둘 다 라소 기법이나 단일 트리보다 나은 성능을 보여준다.

랜덤 포레스트는 적응적 최근접 이웃 추정기로 설명할 수 있으며, 예측 변수를 선택할 수 있다는 측면에서 적응적이라고 볼 수 있다. k-최근접 이웃 추정은 타깃 점 x_0에 가장 가까운 k 훈련 관측치를 특징 공간에서 찾고 그 반응을 평균화하는 것이다. 랜덤 포레스트의 각 트리는 종종 단일 관측치로만 구성된 순수 말단 노드가 되기 위해 재귀적으로 좁혀나간다. 그러므로 각 트리에서 예측을 계산할 때, 즉 어떤 ℓ에 대해 $\hat{r}_b(x_0)=y_\ell$이라는 결과는 많은 트리에 대해 동일한 ℓ이 될 수 있다. B 트리의 전체 모음에서 서로 다른 ℓ의 개수는 매우 작을 수 있다. 단말 노드에 이르는 분할은 오직 예측 변수의 부분집합만 해당되므로 그렇게 정의된 이웃은 적응적이다.

OOB 오차 추정

랜덤 포레스트는 거의 추가적 노력 없이 교차 검증 오차 추정을 알아낸다. 아이디어는 10장에서 설명한 부트스트랩 오차 추정과 유사하다. 계산은 알고리듬 17.1의 단계 4에 설명돼 있다. 관측치 쌍 (x_i, y_i)에 대해 예측을 할 때, 해당 부트스트랩 표본에 그 관측치 쌍이 들어있지 않은 모든 랜덤 포레스트 트리의 $\hat{r}_b(x_i)$를 평균화한다.

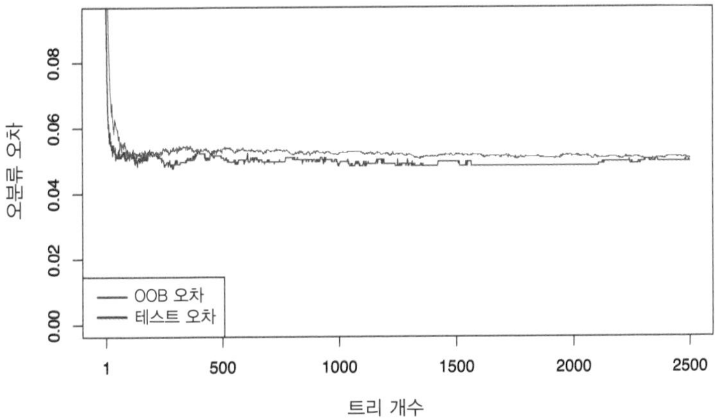

그림 17.3 스팸 데이터(푸른색)에 대한 OOB[Out-Of-Bag] 오분류 오차와 테스트 오차(붉은색)를 트리 개수의 함수로 나타낸 것이다.

$$\hat{r}_{\text{rf}}^{(i)}(x_i) = \frac{1}{B_i} \sum_{b\,:\,w_{b\,i}^*=0} \hat{r}_b(x_i) \tag{17.1}$$

여기서 B_i는 관측치 i가 부트스트랩 표본에 들어있지 않았던 횟수다(기댓값은 $e^{-1}B \approx 0.37B$). 그다음 OOB 오차 추정을 계산한다.

$$\text{err}_{\text{OOB}} = \frac{1}{n} \sum_{i=1}^{n} L[y_i, \hat{r}_{\text{rf}}^{(i)}(x_i)] \tag{17.2}$$

여기서 L은 오분류나 제곱 오차 등과 같은 관심 대상의 손실 함수다. B가 충분히 크면(랜덤 포레스트 안정화에 필요한 수보다 세 배 이상), OOB 오차 추정은 하나-누락leave-one-out(LOO) 교차 검증 오차와 동일하다는 것을 알 수 있다.

표준오차

잭나이프 분산 추정기(10장의 (10.6) 참조)를 사용해 매우 유사한 아이디어로 랜덤 포레스트 예측의 분산을 추정할 수 있다. $\hat{\theta}$가 모든 n개 훈련 관측지를 사용해 계산한 통계량이라 하면, $\hat{\theta}$의 분산에 대한 잭나이프 추정은 다음과 같다.

$$\widehat{\text{V}}_{\text{jack}}(\hat{\theta}) = \frac{n-1}{n} \sum_{i=1}^{n} \left(\hat{\theta}_{(i)} - \hat{\theta}_{(\cdot)}\right)^2 \tag{17.3}$$

여기서 $\hat{\theta}_{(i)}$는 관측 i만을 제외한 나머지를 모두 사용한 추정이고, $\hat{\theta}_{(\cdot)} = \frac{1}{n}\sum_i \hat{\theta}_{(i)}$다.

x_0에서의 랜덤 포레스트 예측에 대한 자연적 잭나이프 분산 추정은 간단히 이 공식에 플러그인해서 얻을 수 있다.

$$\widehat{\text{V}}_{\text{jack}}(\hat{r}_{\text{rf}}(x_0)) = \frac{n-1}{n} \sum_{i=1}^{n} \left(\hat{r}_{\text{rf}}^{(i)}(x_0) - \hat{r}_{\text{rf}}(x_0)\right)^2 \tag{17.4}$$

이 공식은 $B=\infty$ 설정하에 유도되는데, 이 경우 $\hat{r}_{\rm rf}(x_0)$은 부트스트랩 표본 추출하에서의 기댓값이므로 몬테 카를로 변동성으로부터 자유롭다. 이는 다음에서 보는 것처럼 명확한 구분을 해주기도 한다. 여기서는 어떠한 몬테 카를로 변형과도 구분되는 랜덤 포레스트 예측 $\hat{r}_{\rm rf}(x_0)$의 표본 변동성을 추정한다. 실제로 B는 유한하고 식 (17.4)는 몬테 카를로 편향과 분산을 가질 것이다. 모든 $\hat{r}^{(i)}_{\rm rf}(x_0)$은 B 부트스트랩 표본에 기초하고 있으므로, 잡음을 포함한 버전의 기댓값이다. (17.4)에서 합산된 n 수량들은 제곱 값이므로 젠슨의 부등식에 따라 양의 편향을 가지게 된다(그리고 이 편향이 몬테 카를로 분산을 지배한다는 것을 알 수 있다). 그러므로 분산을 추정할 때는 원시 랜덤 포레스트 적합화 때 사용한 것보다 훨씬 더 큰 B를 사용하길 원하게 된다. 다른 방법으로는 랜덤 포레스트에 사용된 것과 동일한 B 부트스트랩을 사용하되 편향 교
†2 정된 버전의 잭나이프 분산 추정을 사용하면 된다.†

$$\widehat{\rm V}^{\rm u}_{\rm jack}(\hat{r}_{\rm rf}(x_0)) = \widehat{\rm V}_{\rm jack}(\hat{r}_{\rm rf}(x_0)) - (e-1)\frac{n}{B}\hat{v}(x_0) \tag{17.5}$$

여기서 $e=2.718\ldots$이며, 단일 랜덤 포레스트 트리의 부트스트랩 분산 추정은 다음과 같다.

$$\hat{v}(x_0) = \frac{1}{B}\sum_{b=1}^{B}\left(\hat{r}_b(x_0) - \hat{r}_{\rm rf}(x_0)\right)^2 \tag{17.6}$$

이 모든 양적 척도는 랜덤 포레스트의 출력으로부터 쉽게 계산할 수 있으므로 즉시 얻을 수 있다. 그림 17.4는 **스팸** 테스트 데이터에 대한 예측 확률과 잭나이프로 추정된 표준오차다. 결정 경계 근처의 추정은 더 높은 표준오차를 가지는 경향이 있다.

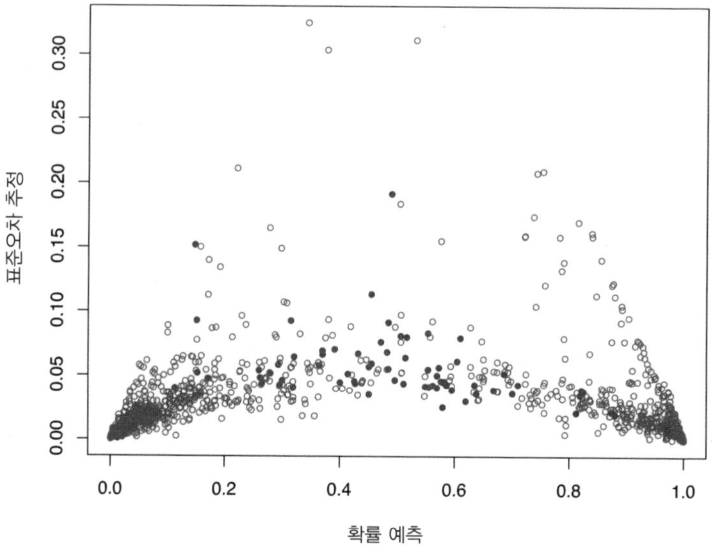

그림 17.4 **스팸** 테스트 데이터에서 확률 추정에 대한 (편향 교정을 거친) 잭나이프 표준오차 추정. 붉은색 점은 오분류며 결정 경계 근처(0.5)에 몰려 있는 경향이 있다.

변수 중요도 그래프

랜덤 포레스트는 일종의 블랙박스 같은 것이며 좋은 예측력을 가지지만, 대개 적합화하는 기저 평면에 대한 통찰은 많이 주지 못한다. 각 랜덤 포레스트 트리 $\hat{r}_b$는 예측 변수의 부분집합을 분할 변수로 이용할 것이며, 각 트리는 서로 겹칠 수는 있지만 동일하지는 않은 부분집합을 이용한다.

어떤 변수가 전체 트리의 어디에도 사용되지 않았다면 중요하지 않다고 결론 내릴 수도 있지만, 여기서는 앙상블에 포함된 변수 사이의 상대적 중요도를 측정하고자 한다. 변수 중요도 그림은 이 용도에 적합하다. 변수가 트리에서 사용될 때마다 알고리듬은 이 분할에 따른 분할 기준의 감소를 기록한다. 이는 각 변수에 대해 모든 트리에 대해 축적되고 상대적 중요도의 척도로서 요약된다. 그림 17.5는 **스팸** 데이터에 이를 적용한 것을 보여준다. 여기서는 분할 변수 랜덤화 덕분에 $m = 7$개의 랜덤 포레스트가 배깅에 비해 중요도를 더 분산시킨 것을 볼 수 있으며, 분할을 위해 항상 최적 변수를 선택

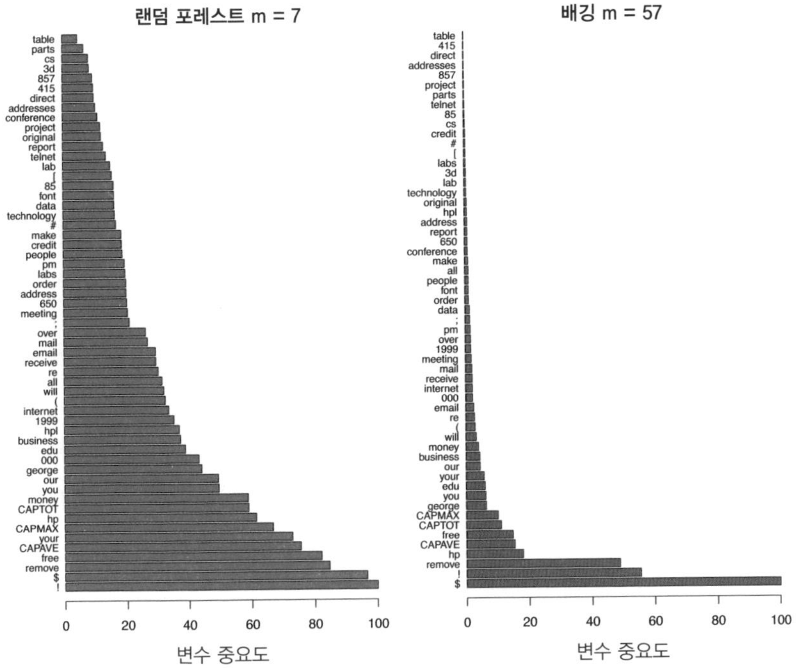

그림 17.5 **스팸** 데이터에 적합화한 랜덤 포레스트의 변수 중요도 그림. 왼쪽에는 $m = 7$개의 랜덤 포레스트가 있다. 분할 변수의 랜덤화에 의해 변수에 따른 중요도가 흩어져 있다. 오른쪽은 $m = 57$의 랜덤 포레스트 또는 배깅으로 변수의 더 작은 부분집합에 집중한다.

하게 된다. 이 측면에서는 m을 작게 잡으면 리지 회귀와 유사해지고, 이는 또한 상관된 변수 간에 계수를 균등하게 나누는 경향이 있다.

17.2 제곱 오차 손실 함수를 사용한 부스팅

부스팅은 원래 이진 분류 문제에서 '약한 학습자'의 성능을 개선하기 위한 도구로 제안됐다. 이는 훈련 포인트를 재표본추출함으로써 가능한데, 오분류된 것에 더 많은 가중치를 주는 것이다. 이를 통해 특징 공간에서 이전에 문제가 있던 영역의 성능을 강화해 새로운 분류기를 생성하는 것이다. 이 프로세스는 반복돼 일련의 분류기를 생성하고 궁극적으로 투표[1]를 통해 병합한 후 마지막 분류기를 만들어낸다. 약한 학습자의 전형은 결정 트리다.

부스팅은 이 초창기의 발명으로부터 진화했으며 통계학, 전산학, 패턴 인식의 분야에서 서로 다른 형식을 가지고 있다. 여기서는 통계학에서 보편적으로 사용하는 버전(그래디언트 부스팅)을 집중적으로 알아보고, 이 장의 후반부에서는 그 초창기 버전으로 돌아간다.

알고리듬 17.2 제곱 오차 손실 함수를 사용한 그래디언트 부스팅

---

1. 훈련 집합 표본 $\boldsymbol{d} = (\boldsymbol{X}, \boldsymbol{y})$가 주어졌다. 단계 수 B, 축소 인자는 ϵ, 트리의 깊이 d를 고정한다. 최초 적합화는 $\widehat{G}_0 \equiv 0$으로 설정하고 잔차 벡터는 $\boldsymbol{r} = \boldsymbol{y}$다.
2. $b = 1, 2, \ldots, B$에 대해 다음을 반복한다.
   (a) 회귀 트리 $\tilde{g}_b$를 데이터 $(\boldsymbol{X}, \boldsymbol{r})$에 그리디(최고 우선) 형태로 깊이 d로 적합화한다. 이는 전체 분할 수가 d라는 의미가 되고, 각 연속된 분할은 잔차 제곱의 합이 최대로 감소하는 결과를 내는 단말 노드로 분할돼 간다.
   (b) $\tilde{g}_b$의 축소된 버전 $\tilde{g}_b$: $\widehat{G}_b = \widehat{G}_{b-1} + \hat{g}_b$(여기서 $\hat{g}_b = \epsilon \cdot \tilde{g}_b$)로 적합화된 모델을 갱신한다.
   (c) 잔차를 그에 맞춰 갱신한다. $r_i = r_i - \hat{g}_b(x_i)$, $i = 1, \ldots, n$
3. 적합화된 함수의 시퀀스를 반환한다. $\widehat{G}_b$, $b = 1, \ldots, B$

알고리듬 17.2는 제곱 오차 손실을 사용하는 가장 기본적인 버전의 그래디언트 부스팅을 보여준다. 이는 회귀 트리를 잔차에 반복적으로 적합화해 모델을 구축하는 것에 해당한다. 여기서 중요한 사실은 대개 트리는 상당히 작고

1 각 분류기 $\hat{c}_b(x_0)$은 부류 레이블을 예측하는데, 그중 가장 많은 '표'를 얻은 부류가 선정된다.

분할 개수 d도 작다는 점이다. 한마디로 정말 약한 학습자인 셈이다. 각 트리가 잔차에 대해 자란 후 현재 모델에 추가되기 전에 ϵ만큼 축소된다. 이는 학습률을 천천히 조정한다는 의미가 된다. 랜덤 포레스트와 명백히 닮아있음에도 불구하고, 부스팅은 근본적으로 다른 방식이다.

랜덤 포레스트의 트리는 동일하게 분포된다. 즉, 동일한 데이터에 동일한 (랜덤) 처리를 반복적으로 적용한다. 반면, 부스팅에서 각 트리는 이전에 자란 트리의 앙상블에 의해 오차를 수정하려 한다. 항의 개수 B 또한 중요하다. 랜덤 포레스트와 달리 부스트된 회귀 모델은 B가 너무 크면 과적합될 수 있기 때문이다. 그러므로 세 개의 튜닝 모수 B, d, ϵ이 있는데, 각각 부스트된 모델의 성능을 변화시킬 수 있으며 가끔씩 상당히 영향을 끼치기도 한다.

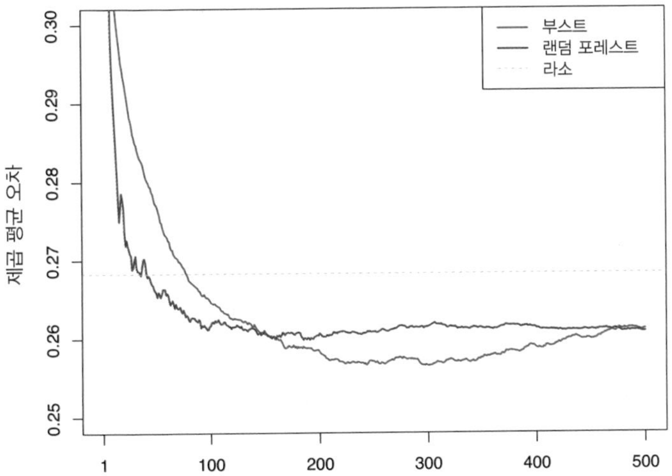

그림 17.6 부스트된 회귀 트리 모델을 **ALS** 훈련 데이터에 적합화한 테스트 성능으로, $n=1197$이고 $p=369$다. 625개의 특정 관측치에 대한 제곱 오차 평균을 트리 개수의 함수로 나타냈다. 여기서 깊이는 $d=4$고 $\epsilon=0.02$다. 부스팅은 랜덤 포레스트보다 더 낮은 테스트 MSE를 얻는다. 트리의 개수 B가 커질수록 부스팅의 테스트 오차는 더 증가하기 시작하고, 이는 과적합의 결과다. 랜덤 포레스트는 과적합되지 않는다. 푸른색 수평 점선은 라소에 의해 적합화된 선형 모델의 최고 성능을 보여준다. 수직 단위는 0으로까지 확장되지 않으므로, 차이는 보이는 것보다 덜 심각하다.

†3 그림 17.6은 **ALS** 데이터에 대한 부스팅의 테스트 성능을 보여준다.[†] 이 데이터는 ALS(루게릭병)를 가진 환자에 대한 측정을 나타낸다. 목표는 ALS의 기능적 순위 점수functional rating score(**FRS**)의 진도율을 예측하는 것이다. 369개의 예측 변수에 대한 1,197개의 훈련 측정과 반응 값이 있으며, 625개의 관측치를 가진 해당 테스트 집합이 있다.

늘 그렇듯 부스팅은 여기의 랜덤 포레스트보다 근소하게 성능이 좋지만 그에 따른 대가가 따른다. 부스팅을 제대로 튜닝하려면 엄청난 추가적 작업이 필요하고 엄청난 시간 동안 교차 검증을 해야 하는 반면, 랜덤 포레스트는 거의 자동이다. 다음 절에서 튜닝 모수 몇 가지를 좀 더 자세히 살펴본다. **R** 패키지인 **gbm**은 몇 가지 부가 기능과 함께 그래디언트 부스팅을 구현해 놓았다. 디폴트는 각각 새로운 트리를 훈련 데이터의 50% 랜덤 부표본에 대해 자라게 한다. 계산 속도를 증가시키는 것과 별도로, 이는 배깅과 유사한 효과가 있으며 앙상블에서 분산이 감소되는 결과를 얻는다.

랜덤 포레스트에 한 것처럼 변수 중요도 그래프 또한 계산할 수 있는데, **ALS** 데이터에 대한 그림은 그림 17.7에 나타나 있다. 369개 변수 중 단 267개만 사용됐고, **Onset.Delta**라는 변수 하나는 다른 것들에 확연히 앞선다. 이 척도는 환자가 처음으로 ALS를 진단받고 나서 흘러간 시간에 해당하므로 더 큰 값은 더 느린 진행률을 나타낸다.

트리 깊이와 상호작용 복잡도

트리 깊이 d는 그래디언트 부스팅 모델에서 중요한 모수고 올바른 선택은 주어진 데이터에 종속된다. 여기서는 $d=4$가 테스트 데이터에서 좋은 선택인 것처럼 보인다. 테스트 데이터가 없다면 선택을 위해 교차 검증을 할 수도 있다. 일반적인 복잡도 척도를 떠나 트리 깊이 또한 모델의 상호작용 복잡도를 조절한다.[2] 가장 쉬운 경우는 $d=1$로서, 각 트리는 하나의 분할(그루터기)

2 $(k-1)$차 복잡도의 상호작용은 k-웨이(k-way) 상호작용으로 알려져 있다. 그러므로 1차 상호작용 모델은 2-웨이 상호작용이며 0차 모델은 가첨식 모델이다.

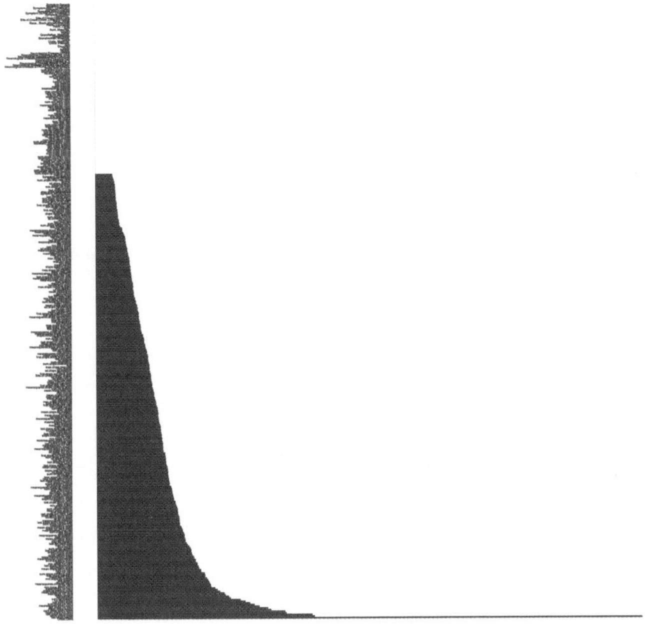

그림 17.7 **ALS** 데이터에 대한 변수 중요도 그래프. 여기서는 369개 변수 중 269개가 앙상블에 사용됐다. 눈에 보이게 레이블을 그리기에는 변수가 너무 많으므로 이 그래프는 단순히 시각적 도움을 위해 그려진 것이다. 변수 `Onset.Delta`는 상대적 중요도 100(가장 낮은 곳의 붉은색 바)을 가지고 40 근처에 있는 그다음 중요 변수 두 개보다 두 배 이상 크다(`last.slope.weight`와 `alsfrs.score.slope`). 그러나 중요도는 서서히 떨어지고 모델이 상당한 양의 변수를 필요로 한다는 것을 알려준다.

로 이뤄진다. B개의 트리를 사용해 적합화된 부스트 모델 $\widehat{G}_B(x)$가 있다고 하자. $\mathcal{B}_j \subseteq \mathcal{B} = \{1, 2, \ldots, B\}$는 $j = 1, 2, \ldots, p$에 대해 변수 j를 사용한 단일 분할을 만든 트리의 인덱스라고 하자. 이 $\mathcal{B}_j$들은 서로 분리되고[disjoint](어떤 $\mathcal{B}_\ell$은 비어있을 수 있다.) $\bigcup_{j=1}^{p} \mathcal{B}_j = \mathcal{B}$다. 그러면 다음과 같이 쓸 수 있다.

$$\widehat{G}_B(x) = \sum_{b=1}^{B} \hat{g}_b(x)$$

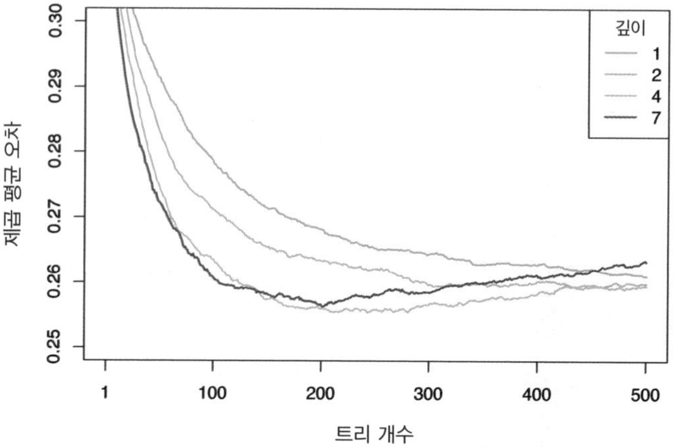

그림 17.8 서로 다른 깊이 모수 d에 대해 부스트한 ALS 테스트 오차. 모두 동일한 축소 모수 $\epsilon = 0.02$를 사용한다. $d = 1$이 나머지보다 안 좋아 보이고 $d = 4$가 가장 좋아 보인다. $d = 7$이면 200개 트리에서 과적합이 시작되고 $d = 4$면 300개 근처에서 시작되는데, 나머지 둘 다 500개 트리에서는 과적합의 기미가 보이지 않는다.

$$= \sum_{j=1}^{p} \sum_{b \in \mathcal{B}_j} \hat{g}_b(x)$$

$$= \sum_{j=1}^{p} \hat{f}_j(x_j) \tag{17.7}$$

따라서 부스트된 그루터기는 가첨 모델을 적합화하지만 완전히 적응적 방식으로 진행된다. 변수를 선택하고 또한 각 변수에 어느 정도의 행동을 취할 것인지 선택한다. 17.5절에서 가첨 모델에 대해 다시 알아본다. 그림 17.9는 상대적 중요도가 가장 높은 세 가지 함수를 보여준다. 첫 함수는 진단 후 시간이 오래될수록 더 완만한 감소를 예측한다(더 큰 음수의 **Onset.Delta**). **last.slope.weight**는 최근 두 번 방문 시의 체중 차이다(다시 말하지만 양의 수가 좋은 것이다). 유사하게 **alsfrs.score.slope** 역시 최근 두 번 방문 시의 FRS 점수의 지역 그래디언트를 측정한다.

유사한 방식으로, $d = 2$인 부스팅은 2-웨이[two-way] 상호작용 모델을 적합화한다. 각 트리에는 많아야 두 가지 변수가 포함된다. 일반적으로 $d = k$인 부

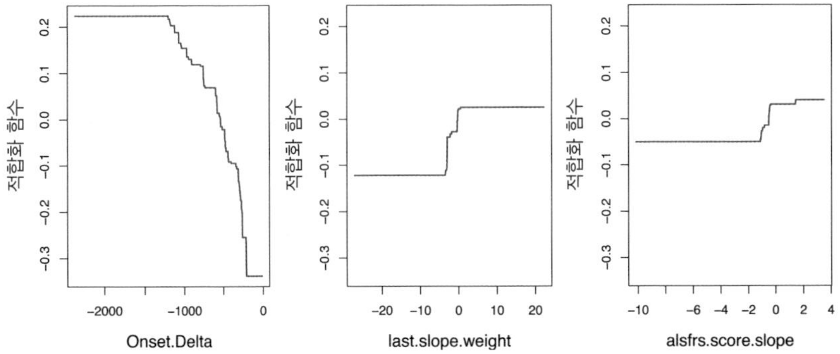

그림 17.9 부스트 그루터기 모델($d = 1$)에서 **ALS** 데이터에 대한 세 가지 적합화 함수(17.7). 각각은 훈련 데이터에 대해 평균 0을 중심으로 모여 있다. 결과의 관점에서는 더 클수록 더 좋다(FRS의 더 늦은 감소). 첫 함수는 진단 후 시간이 오래될수록 더 완만한 감소를 예측한다(더 큰 음수의 **Onset.Delta**). **last.slope.weight**는 최근 두 번 방문 시의 체중 차이다(다시 말하지만 양의 수가 좋은 것이다). 유사하게 **alsfrs.score.slope** 역시 최근 두 번 방문 시의 FRS 점수의 지역 그래디언트를 측정한다.

스팅은 $(k-1)$차 상호작용 모델로 이끈다. 상호작용 차수는 아마 모델의 복잡도를 생각할 수 있는 더 자연스러운 방법일 것이다.

축소

축소 모수 ϵ은 부스팅이 적합화되는 율rate을 조절하고, 따라서 데이터에 대한 과적합을 통제한다. 그림 17.10은 ALS 데이터에 대한 축소의 효과를 보여준다. 저축소under-shrunk 앙상블(붉은색)은 데이터를 빠르게 과적합해 좋지 않은 검증 오차로 이끈다. 푸른색 앙상블은 25배 더 작은 모수를 사용해 축소함으로써 더 낮은 검증 오차에 이른다. 작은 축소 모수의 단점은 데이터를 적절히 적합화하기 위해 많은 트리를 취할 수도 있다는 점이다. 반면, 축소된 적합화는 더 부드럽고 적합화에 시간이 더 걸리므로 정지 포인트 B에 덜 민감하다.

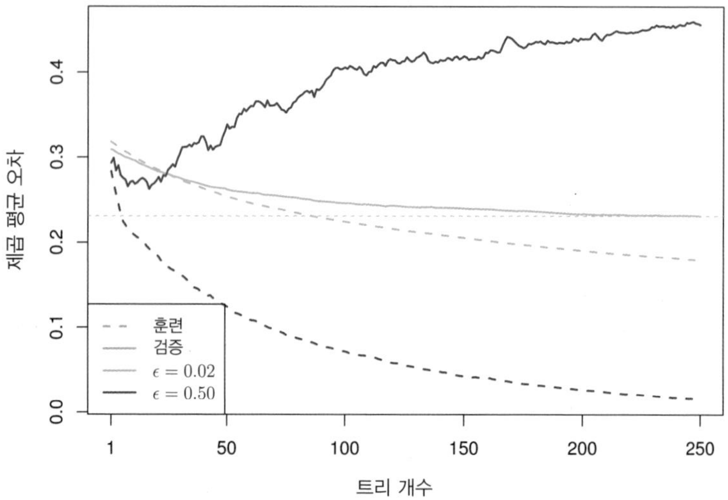

그림 17.10 **ALS** 데이터의 부분집합에 적합화된 서로 다른 축소 모수를 사용한 부스트된 $d=3$ 모델. 실선 곡선은 검증 오차고 점선 곡선은 훈련 오차며, 붉은색은 $\epsilon=0.5$고 푸른색은 $\epsilon=0.02$다. $\epsilon=0.5$일 때, 훈련 오차는 트리 개수에 따라 급격히 떨어지지만 검증 오차는 최초의 감소 이후에 급격히 증가하기 시작한다. $\epsilon=0.02$면(25배 더 작은 수) 훈련 오차는 더 천천히 떨어진다. 검증 오차 또한 더욱 천천히 떨어지지만 $\epsilon=0.5$의 경우보다 더 낮은 최소(파란색 수평선)에 도달한다. 이 경우 더 느린 학습이 보상을 받는다.

17.3 그래디언트 부스팅

이제 주의를 제곱 오차 손실 함수 이외의 다른 것을 사용하는 부스팅 알고리듬으로 돌려보자. 반응 분포(8장 참조)의 지수 계열에 의해 생성된 일반화된 모델 계열을 중점적으로 살펴보자. 이 부류에 가장 보편적이며 관련성이 많은 것은 로지스틱 회귀인데, 여기서는 베르누이 반응 변수에 대한 $\mu(x)=\Pr(Y=1\,|\,X=x)$의 모델링에 관심이 있다. 아이디어는 다음과 같은 형태의 모델을 적합화하는 것이다.

$$\lambda(x) = G_B(x) = \sum_{b=1}^{B} g_b(x;\gamma_b) \tag{17.8}$$

여기서 $\lambda(x)$는 $Y|X=x$의 조건부분포에서의 자연 모수고 $g_b(x;\,\gamma_b)$는 빈약한

트리 같은 단순한 함수다. 여기서는 각 함수를 모수 벡터 γ_b에 의해 인덱스했다. 트리에서 이러한 방식은 분할할 변수, 분할 값, 말단 노드의 상수를 알 수 있게 해준다. 베르누이 반응의 경우

$$\lambda(x) = \log\left(\frac{\Pr(Y=1|X=x)}{\Pr(Y=0|X=x)}\right) \tag{17.9}$$

이 함수는 평균을 자연 모수에 연계하는 로짓 연결 함수link function다. 일반적으로 $\mu(x) = \mathrm{E}(Y|X=x)$가 조건부 평균이면 $\eta[\mu(x)] = \lambda(x)$고, 여기서 η는 단조 연결 함수다.

알고리듬 17.3은 전방 스테이지별 적합화에 의한 모델을 구축하는 일반적인 전략을 보여준다. L은 베르누이 반응의 음의 로그 우도 함수나 가우스 반응의 제곱 오차 같은 손실 함수다. 비록 단순한 함수 $g(x;\gamma)$를 위해 트리를 생각하고 있지만 아이디어는 일반화된다. 이 알고리듬은 구현보다 설명이 간단하다.

알고리듬 17.3 전방 스테이지별 적합화에 의한 일반화된 부스팅

---

1. 함수 $g(x;\gamma)$의 부류를 정의한다. $\widehat{G}_0(x)=0$에서 시작해 B와 축소 모수 $\epsilon>0$을 설정한다.
2. $b=1, \ldots, B$에 대해 다음 단계를 반복한다.
   (a) 다음을 푼다.

$$\hat{\gamma}_b = \arg\min_{\gamma} \sum_{i=1}^{n} L\left(y_i, \widehat{G}_{b-1}(x_i) + g(x_i;\gamma)\right)$$

   (b) $\widehat{G}_b(x) = \widehat{G}_{b-1}(x) + \hat{g}_b(x)$를 $\hat{g}_b(x) = \epsilon \cdot g(x;\hat{\gamma}_b)$로 갱신한다.
3. 시퀀스 $\widehat{G}_b(x),\ b=1,\ldots,B$를 반환한다.

제곱 오차 손실 함수의 경우 각 단계는 다음 문제를 해결해야 한다.

$$\underset{\gamma}{\text{minimize}} \sum_{i=1}^{n} (r_i - g(x_i;\gamma))^2 \tag{17.10}$$

여기서 $r_i = y_i - \widehat{G}_{b-1}(x_i)$, $i = 1, \ldots, n$이다. 만약 $g(\cdot;\gamma)$가 깊이 d인 트리를 나타낸다면 (17.10)은 여전히 해결하기 힘들다. 그러나 여기서는 통상적 그리디 휴리스틱에 의존할 수 있고 깊이 d인 트리를 알고리듬 17.2의 단계 2(a)처럼 일반적인 톱다운 분할에 의해 잔차에 대해 성장시킬 수 있다. 따라서 이 경우, 정확히 제곱 오차 알고리듬인 17.2가 된다. 좀 더 일반적인 손실 함수의 경우에는 단계 2(a)를 해결하기 위해 또 하나의 휴리스틱에 의존해야 하는데, 그래디언트 하강으로부터 영감을 받은 것이다. 알고리듬 17.4에 자세한 사항이 나와 있다. 그 아이디어는 적합화된 벡터의 n차원 공간에서 손실 함수에 함수적 그래디언트 하강을 수행하자는 것이다. 그러나 우리는 새로운 함수를 n개의 원시 값 x_i에 대해서뿐만 아니라 모든 곳에서 계산하고자 한다. 그러므로 (음수) 그래디언트 벡터가 계산됐다면, 깊이 d인 트리(이는 모든 곳에서 계산 가능하다.)에 의해 근사된다. 그래디언트를 따라 길이 ϵ만큼 내려가는 것은 현재 함수에 ϵ 배수의 트리를 곱하는 것에 해당한다.† 그래디언트 부스팅은 상당히 일반적이고 모든 미분 가능 함수에 사용할 수 있다.

†4

알고리듬 17.4 그래디언트 부스팅

---

1. $\widehat{G}_0(x) = 0$에서 출발해 B와 축소 모수 $\epsilon > 0$을 설정한다.
2. $b = 1, \ldots, B$에 대해 다음 단계를 반복한다.
   (a) 현재 적합화에서 손실 함수의 점별 음의 그래디언트를 계산한다.

$$r_i = -\left.\frac{\partial L(y_i, \lambda_i)}{\partial \lambda_i}\right|_{\lambda_i = \widehat{G}_{b-1}(x_i)}, \quad i = 1, \ldots, n$$

   (b) 다음을 해결해서 깊이 d인 트리에 의해 음의 그래디언트를 근사한다.

$$\underset{\gamma}{\text{minimize}} \sum_{i=1}^{n} (r_i - g(x_i;\gamma))^2$$

(c) $\widehat{G}_b(x) = \widehat{G}_{b-1}(x) + \hat{g}_b(x)$를 $\hat{g}_b(x) = \epsilon \cdot g(x; \hat{\gamma}_b)$로 갱신한다.

3. 시퀀스 $\widehat{G}_b(x)$, $b = 1, \ldots, B$를 반환한다.

R 패키지 **gbm**은 알고리듬 17.4를 다양한 손실 함수에 대해 구현해 놓았으며 제곱 오차, 이항(베르누이), 라플라스(ℓ_1 손실), 다항 등이 들어있다. 또한 콕스 비례적 위험 모델(9장)의 부분 우도도 들어있다. 그림 17.11은 **스팸** 데이터에 대한 부스팅의 오분류 오차를 랜덤 포레스트 및 배깅과 비교하고 있다. 부스팅은 더 많은 튜닝 모수를 가지고 있으므로 비교 시 주의할 필요가 있다. McNemar 테스트를 이용해 부스팅과 랜덤 포레스트가 많이 다르지 않다는 결론을 얻었으며, 둘 다 배깅에 비해서는 성능이 좋다는 것을 알았다.

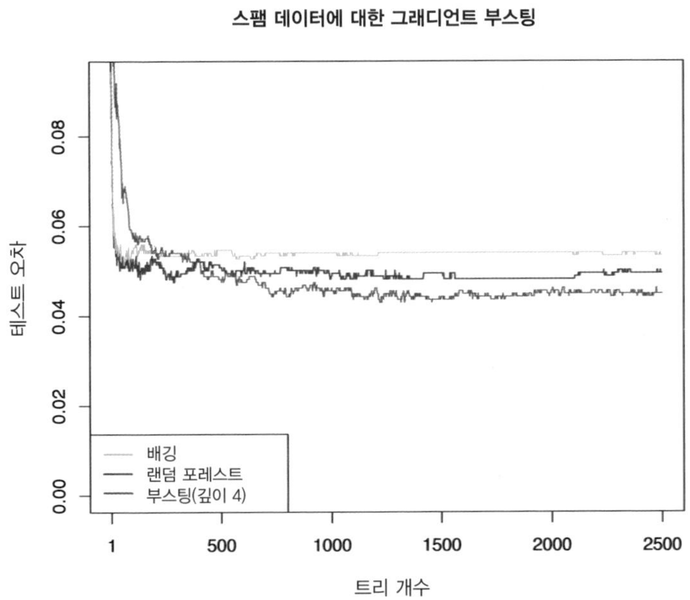

그림 17.11 **스팸** 데이터에 대한 그래디언트 부스팅의 테스트 오분류를 랜덤 포레스트 및 배깅과 비교한 것이다. 비록 부스팅이 나아 보이지만 교차 검증이나 다른 기법을 통해 튜닝 모수를 추정해야 하는 반면, 랜덤 포레스트는 근본적으로 자동이다.

17.4 에이다부스트: 원래의 부스팅 알고리듬

처음에 제안된 부스팅은 지금까지 설명한 것과는 상당히 다른 모습이다. 에이다부스팅은 2-부류 분류 문제를 위해 개발됐고 반응은 −1/1로 코딩됐다. 아이디어는 일련의 분류기를 훈련 데이터의 변형된 버전에 적합화한다는 것이고, 변형은 오분류된 점들에 더 많은 가중치를 준다. 마지막 분류기는 가중화된 다수결 투표에 의해 만들어진다. 구체적인 부분은 다소 특정적이고 알고리듬 17.5에 나와 있다. 여기서는 부류 레이블을 반환하는 분류기가 확률이 아니라 $C(x) \in \{-1, 1\}$로 분류한다. 알고리듬 17.5는 에이다부스트 M1 알고리듬을 보여준다. 비록 단계 2(a)의 분류기는 임의로 정할 수 있지만 빈약한 트리처럼 약한 학습자를 염두에 둔 것이다. 단계 2(c)−(d)는 이상해 보인다. 재가중화된 점들로 분류기 $\hat{c}_b$가 방금 학습한 가중 오차가 동전을 던진 확률인 0.5와 같은지 쉽게 확인할 수 있다. 또한 비록 개별 분류기들 $\hat{c}_b(x)$는 ±1 값을 생성하지만 앙상블 $\widehat{G}_b(x)$는 $\mathbb{R}$에서 값을 가진다는 사실에 주목하자.

에이다부스트 알고리듬 17.5는 일반화된 부스팅 알고리듬 17.3 버전을 통해 지수 손실 함수를 사용해서 로지스틱 회귀 모델을 적합화한다는 것을 알 수 있다. 알고리듬 17.5의 단계 3에서 함수 $\widehat{G}_b(x)$의 출력은 로짓 함수 $\lambda(x)$의 (절반의) 추정이다.

이를 보여주고자 먼저 다소 어색한 선택이지만 지수 함수를 먼저 알아보고, 이것이 로지스틱 회귀에 어떻게 연계되는지 보여준다. −1/1 반응 y와 함수 $f(x)$, 지수 손실 함수는 $L_E(y, f(x)) = \exp[-y\, f(x)]$로 정의된다. 단순한 계산을 통해 (조건부) 개체 최소화 문제에 대한 해답은 다음과 같음을 알 수 있다.

$$\underset{f(x)}{\text{minimize}}\, \mathrm{E}[e^{-yf(x)} \mid x] \tag{17.11}$$

이는 다음 식으로 주어진다.

$$f(x) = \frac{1}{2} \log\left(\frac{\Pr(y = +1|x)}{\Pr(y = -1|x)}\right) \tag{17.12}$$

알고리듬 17.5 에이다부스트

1. 관측 가중치 $w_i = 1/n (i = 1, \ldots, n)$을 초기화한다,
2. $b = 1, \ldots, B$에 대해 다음 단계를 반복한다.
   (a) 분류기 $\hat{c}_b(x)$를 관측 가중치 w_i를 사용해 훈련 데이터에 적합화한다.
   (b) $\hat{c}_b$에 대한 가중 오분류 오차를 계산한다.

$$\text{err}_b = \frac{\sum_{i=1}^{n} w_i I[y_i \neq \hat{c}_b(x_i)]}{\sum_{i=1}^{n} w_i}$$

   (c) $\alpha_b = \log[(1 - \text{err}_b)/\text{err}_b]$를 계산한다.
   (d) 가중치를 갱신한다.

$$w_i \leftarrow w_i \cdot \exp(\alpha_b \cdot I[y_i \neq c_b(x_i)]),\ i = 1, \ldots, n$$

3. 함수의 시퀀스 $\widehat{G}_b(x) = \sum_{\ell=1}^{b} \alpha_m \hat{c}_\ell(x)$와 해당 분류기 $\widehat{C}_b(x) = \text{sign}\left[\widehat{G}_b(x)\right] (b = 1, \ldots, B)$를 출력한다.

역을 구하면 다음과 같이

$$\Pr(y = +1|x) = \frac{e^{f(x)}}{e^{-f(x)} + e^{f(x)}} \text{ 그리고 } \Pr(y = -1|x) = \frac{e^{-f(x)}}{e^{-f(x)} + e^{f(x)}} \tag{17.13}$$

확률에 대해 완벽히 합리적인 (그리고 대칭인) 모델을 얻게 된다. $yf(x)$의 값은 한곗값margin(19장 참고)으로 알려져 있다. 한곗값이 양수면 $C_f(x) = \text{sign}(f(x))$를 사용한 분류는 y에 대해 옳고, 한곗값이 음수면 옳지 않다. $yf(x)$의 크기는 분류 경계로부터의 (부호가 있는) 거리에 비례한다(선형 모델의 경우에는 정확히 그렇고, 그렇지 않으면 근사한다). −1/1 데이터에 대해서도 (음의) 이항 로그 우도를 한곗값에 대해 쓸 수 있다. (17.13)을 사용하면 다음과 같다.

$$
\begin{aligned}
L_B(y, f(x)) = &-\{I(y=-1)\log\Pr(y=-1|x) \\
&+ I(y=+1)\log\Pr(y=+1|x)\} \\
&= \log\left(1+e^{-2yf(x)}\right)
\end{aligned}
\tag{17.14}
$$

$\mathrm{E}\left[\log\left(1+e^{-2yf(x)}\right) \mid x\right]$ 또한 로짓(17.12)의 절반과 같은 개체 최소화 $f(x)$를 가진다.[3] 그림 17.12는 이 이항 손실 함수와 지수 손실 함수를 비교하고 있다. 둘 다 오른쪽 꼬리에서 0에 점근적으로 되는데, 이 부분은 정확한 분류 영역이다. 왼쪽 꼬리에서 이항 손실은 선형 함수에 점근되고 지수 함수보다 페널티를 덜 부여한다.

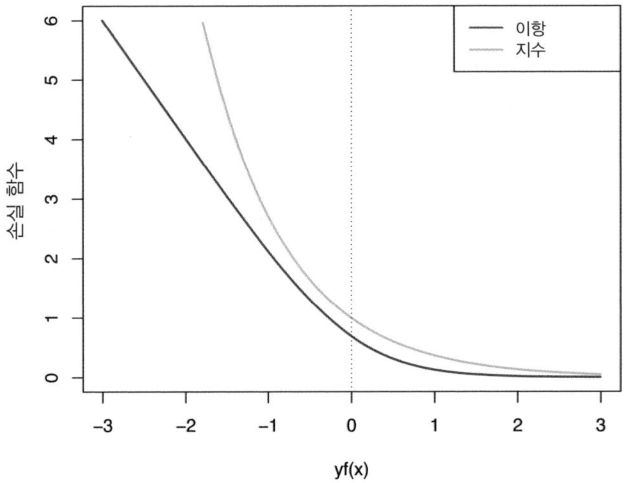

그림 17.12 에이다 부스트에 사용된 지수 손실 함수와 일반적 로지스틱 회귀에 사용된 이항 손실 함수. 둘 다 로짓 함수를 추정한다. 지수의 왼쪽 꼬리는 오분류에 대해 페널티를 주는데, 이항의 점근적 선형 꼬리에 비해 훨씬 많은 페널티를 부여한다.

3 절반의 성질은 우리가 사용하는 대칭성에서 기인한다.

지수 손실 함수는 그래디언트 부스팅 알고리듬 17.3의 단계 2(a)를 단순화한다.

$$\begin{aligned}\sum_{i=1}^{n} L_E\left(y_i, \widehat{G}_{b-1}(x_i) + g(x_i;\gamma)\right) &= \sum_{i=1}^{n} \exp[-y_i(\widehat{G}_{b-1}(x_i) + g(x_i;\gamma)] \\ &= \sum_{i=1}^{n} w_i \exp[-y_i g(x_i;\gamma)] \qquad (17.15) \\ &= \sum_{i=1}^{n} w_i \exp[-y_i g(x_i;\gamma)]\end{aligned}$$

여기서 $w_i = \exp[-y_i \widehat{G}_{b-1}(x_i)]$다. 이는 단지 과거 이력이 관측 가중치 w_i에 축약된(알고리듬 17.5의 단계 2(a) 참고) 가중화 지수 손실 함수다. 17.6절, '주석 및 상세 설명'에서 어떻게 이것이 에이다부스트 알고리듬으로 축소되는지
†5 좀 더 자세히 설명한다.[†]

에이다부스트 알고리듬은 **스팸** 데이터에 대해 이항 그래디언트 부스팅에 필적하는 오차율을 얻을 수 있다.

17.5 연결과 확장

부스팅은 일반화된 비모수 함수 적합화 알고리듬이고 기존의 다양한 기법들과 속성을 공유한다. 여기서는 부스팅을 두 가지 다른 기법과 연결해보는데, 일반화 가첨 모델과 16장의 라소다.

일반화 가첨 모델

부스팅은 전방 스테이지별 전략에 의해 가첨적이며 저차원의 상호작용 모델을 적합화한다. 일반화 가첨 모델(GAM)은 비선형 함수 적합화를 향한 이전 모델이며 준모수적 기법이다. GAM은 다음의 형식을 가진다.

$$\lambda(x) = \sum_{j=1}^{p} f_j(x_j) \tag{17.16}$$

여기서 또 $\lambda(x) = \eta[\mu(x)]$는 지수 계열에서의 자연 모수다. GAM의 매력은 구성 요소들이 해석 가능하고 시각화될 수 있다는 것이며, 선형 모델로부터 한 단계 크게 성장할 수 있게 해준다.

가첨 모델을 구성하고 적합화할 수 있는 수많은 방법이 있다. f_j에 대해 모수적 함수(예: 다항), 고정된 결절점 회귀 스플라인, 또는 심지어 다른 항을 가진 선형 함수를 사용할 수도 있다. 좀 더 덜 모수적인 옵션은 평활화 스플라인과 지역 회귀(19.8절 참조)다. 제곱 오차 손실(가우스의 경우)의 경우 GAM을 적합화하는 역적합화backfitting 공식의 집합이 자연스레 존재한다.

$$\hat{f}_j \leftarrow \mathcal{S}_j(\boldsymbol{y} - \sum_{\ell \neq j} \hat{\boldsymbol{f}}_\ell), \; j = 1, \ldots, p \tag{17.17}$$

여기서 $\hat{\boldsymbol{f}}_\ell = [\hat{f}_\ell(x_{1\ell}), \ldots, (\hat{f}_\ell(x_{n\ell})]'$는 현재 함수 f_ℓ의 추정에 대한 적합화 값의 n-벡터다. 그러므로 괄호 안의 항은 부분 잔차고 새로 갱신할 것 하나를 제외한 $\boldsymbol{y}$로부터의 모든 현재 함수 적합화를 제거한다. $\mathcal{S}_j$는 이 잔차에 적용된 변수 $\boldsymbol{x}_j$로부터 도출된 평활화 연산이고, 함수 f_ℓ의 다음 단계 추정을 생성한다. 역적합화는 모든 함수를 0에서 시작한 다음 $j = 1, 2, \ldots, p, 1, 2, \ldots$에 대해 블록 좌표 형식으로 이 공식을 모든 함수가 안정화될 때까지 반복한다.

모든 변수에 대한 첫 번째 경로는 회귀 부스팅 알고리듬 17.2와 유사한데, 각 새로운 함수는 과거 적합화로부터 잔차를 취하고 ($\mathcal{S}_j$를 위한) 트리를 사용해 모델링한다. 차이점이 있다면, 부스팅은 절대 지나간 함수를 되돌아가 수정하지 않고 전방 스테이지별로 적합화하므로 지나간 과거의 함수는 그대로 둔다는 것이다. 물론 적응적 적합화 기법에는 부스팅이 이전에 사용한 것과 동일한 변수를 또 사용함으로써 그 적합화 요소를 갱신할 수도 있다. 그루터기를 사용한 부스팅(단일 분할 트리 17.2절의 트리 깊이에 대한 설명을 참고하라.)은 가첨 모델을 적합화하는 적응적 방식으로 볼 수 있는데, 동시에 변수 선택을 수행하고 서로 다른 변수에 대해 다른 정도의 평활화를 허용한다.

부스팅과 라소

16.7절에서 (축소를 포함하는) 부스팅의 전방 스테이지별 적합화와 라소의 긴밀한 관계를 극소 전방 스테이지별 회귀를 통해 알아봤다. 여기서는 한 단계 더 나아가 라소를 부스팅(또는 랜덤 포레스트)의 후처리 단계로 사용한다.

축소를 포함하는 부스팅은 예측 모델 구축에는 잘 작동하지만 결국 수많은 트리를 만들 수 있다. 축소로 인해 이 트리 중 많은 것은 서로 유사할 수 있다. 여기서의 아이디어는 라소를 사용해 이 트리의 부분집합을 선택하고

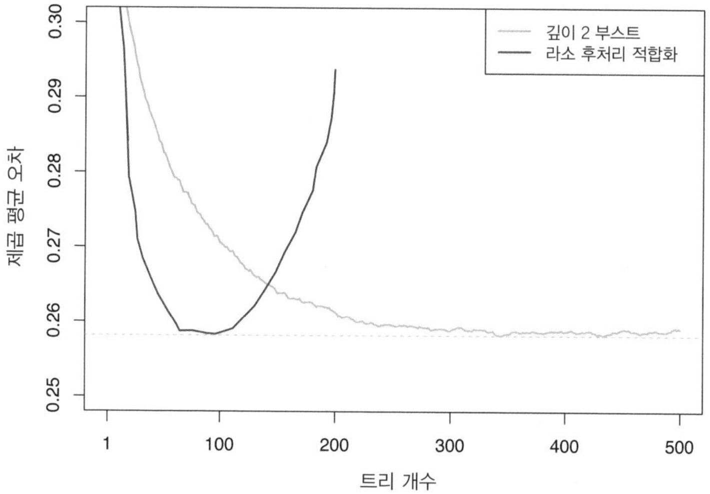

그림 17.13 ALS 데이터에 대한 부스팅으로 생성된 트리의 후처리. 테스트 예측 오차를 (음이 아닌) 라소에 의해 선택된 트리 개수의 함수로 나타냈다. 라소는 1/3개의 트리 개수로도 훌륭하게 작업을 수행하고 있음을 볼 수 있지만, 적절한 개수를 선택하는 것이 매우 중요하다.

가중치를 다시 준 다음 훨씬 적은 트리 개수로 예측 모델을 생성하자는 것이며, 그러면서 비슷한 정확성을 유지하고자 한다. 부스팅이 일련의 적합화된 트리 $\hat{g}_b(x)$, $b = 1, \ldots, B$를 생성했다고 가정하자. 그리고 서로 다른 λ에 대한 라소 문제를 해결한다.

$$\underset{\{\beta_b\}_1^B}{\text{minimize}} \sum_{i=1}^{n} L\left[y_i, \sum_{b=1}^{B} \hat{g}_b(x_i)\beta_b\right] + \lambda \sum_{b=1}^{B} |\beta_b| \qquad (17.18)$$

이 모델은 트리 중 일부를 선택하고 가중치를 부여한다. 합리적 변형은 가중치가 음수가 아니도록 하는 것이다. 그림 17.13은 **ALS** 데이터에 대한 이런 방식을 보여준다. 여기서는 트리의 1/3을 사용할 수 있다. 종종 상당히 많은 절약이 가능하다.

17.6 주석 및 상세 설명

랜덤 포레스트와 부스팅은 현대 예측 기법에서 최첨단으로 활용된다. 이들은 전통적 선형 회귀에 비하면 숨막힐 정도의 복잡도를 가진 모델을 적합화하며, 심지어 20세기 후반에 사용된 표준 GLM 모델(8장)과 비교해서도 그렇다. 이들은 산업과 과학 응용의 다양한 분야에서 폭넓게 지속적으로 사용되고 있다. 이들은 전통적인 모수화된 모델이 얼마나 잘 작동하는지에 대한 엄청난 벤치마크를 제공하기도 한다. 랜덤 포레스트가 훨씬 더 낫다면, 아마도 중요한 상호작용 등을 포함하는 등 약간의 작업이 더 필요할 것이다.

8장에서 논의한 회귀와 분류 트리(브라이만과 동료들, 1984)는 데이터에 적응하는 기능, 변수 선택 등을 통해 전통적 모델을 새로운 단계로 이끌고 갔다. 그러나 그 예측 성능은 다소 부족해서 버려질 위험성도 있었다. 그 기법이 랜덤 포레스트나 부스팅을 구성하는 기본 요소로서의 새로운 용도를 가지면서 현대 툴박스의 중요한 요소로 다시 인정받고 있다.

랜덤 포레스트와 배깅은 브라이만(2001)에 의해 소개됐고, 부스팅은 사피어[Schapire](1990) 및 프뢴트[Freund]와 사피어(1996)에 의해 소개됐다. 부스팅이 작동하는 기저에 대해 많은 토론이 있었다((브라이만, 1998), (프리드만과 동료들, 2000), (사피어와 프뢴트, 2012)). 여기서 설명한 통계적 해석은 해이스티와 동료들(2009)에서 찾을 수 있고, 이는 그래디언트 부스팅 알고리듬(프리드만, 2001)으로 이끌었다. 에이다부스트는 프뢴트와 사피어(1997)에 처음 설명돼 있다. 해이스티와 동료들(2009, 15장)은 랜덤 포레스트에 집중했다. 이 장의 예제들은 R에 있는 **randomForest** 패키지를 이용했고(리우[Liaw]와 비너[Wiener], 2002), 부스팅은 **gbm**(리지웨이, 2005) 패키지를 사용했다. 라소 후처리 아이디어는 프리드만과 파페스쿠[Popescu](2005)에 기인하고 **glmnet**(프리드만과 동료들, 2009)으로 구현됐다. 일반적인 가첨 모델은 해이스티와 티브시라니(1990)에 설명돼 있다.

이제 이 장에서 다뤘던 주제에 대한 기술적 세부 사항을 알아보자.

†1 **트리 평균화.** 최대화–깊이 트리는 모든 노드가 순수해질 때까지 분할한다. 즉 모든 반응이 같아야 한다. 매우 큰 n에 대해 이는 합리적이지 못할 수 있다. 사실 단말 노드의 최소 개수에 대해 최저선을 설정할 수 있다. 여기서는 의도적으로 알고리듬 17.1의 반응 변수 형식에 대해 모호하게 설명했다. 정량적이라면, 회귀 트리를 사용할 수 있다. 이진이나 다중 레벨의 정성적인 것이라면 분류 트리를 적합화할 수 있다. 이 경우, 평균화 단계에서 적어도 두 가지 전략이 있다. 원래의 랜덤 포레스트 논문(브라이만, 2001)에서는 각 트리가 분류를 하고, 앙상블은 최다 득표를 얻는 투표에 의하는 방식을 제안했다. 대안적인 합리적 전략은 트리에 의해 생성된 부류 확률을 평균화하는 것이다. 이러한 절차는 트리가 최대화–깊이로 성장했다면 동일하다.

†2 **잭나이프 분산 추정.** 랜덤 포레스트 분산의 잭나이프 추정과 편향 교정 버전은 와거[Wager]와 동료들(2014)에 설명돼 있다. 잭나이프 공식(17.3)은 랜덤 포레스트의 $B = \infty$ 버전에 적용되지만, 물론 유한한 B 버전에 플러그인돼 추정된다. $\hat{r}^{(\cdot)}_{\text{rf}}(x_0)$을 그 기댓값 $\hat{r}_{\text{rf}}(x_0)$으로 대체하는 것은 문제가 되지 않는다. 각 $\hat{r}^{(i)}_{\text{rf}}$

(x_0)은 부트스트랩 기대에 대해 변화되고 식 (17.4)의 제곱으로 구성된다. 편향을 계산하려면 약간의 기술적 도출이 필요한데, 참고 문헌에서 찾아볼 수 있다.

그들은 분산의 극소 잭나이프 추정도 설명하고 있으며 다음과 같다.

$$\widehat{\mathrm{V}}_{\mathrm{IJ}}(\hat{r}_{\mathrm{rf}}(x_0)) = \sum_{i=1}^{n} \widehat{\mathrm{cov}}_i^2 \tag{17.19}$$

여기서

$$\widehat{\mathrm{cov}}_i = \widehat{\mathrm{cov}}(w^*, \hat{r}_*(x_0)) = \frac{1}{B}\sum_{b=1}^{B}(w_{bi}^* - 1)(\hat{r}_b(x_0) - \hat{r}_{\mathrm{rf}}(x_0)) \tag{17.20}$$

위 식은 20장에서 설명한 것과 같다. 이 또한 편향 교정 버전이 있으며 (17.5)와 비슷하다.

$$\widehat{\mathrm{V}}_{\mathrm{IJ}}^{u}(\hat{r}_{\mathrm{rf}}(x_0)) = \widehat{\mathrm{V}}_{\mathrm{IJ}}(\hat{r}_{\mathrm{rf}}(x_0)) - \frac{n}{B}\hat{v}(x_0) \tag{17.21}$$

†3 **ALS 데이터.** 이 데이터는 2012년 DREAM 대회 예측상을 수상한 레스터 맥키[Lester Mackey]와 릴리 팡[Lilly Fang]이 제공해준 것이다(커프너[Kuffner]와 동료들, 2015). 여기에는 그들이 생성한 약간의 추가적인 변수가 들어있다. 그들이 수상한 것에서는 랜덤 포레스트와 그리 다르지 않은 베이즈 트리를 사용했다.

†4 **그래디언트 부스팅 세부 사항.** 프리드만의 그래디언트 부스팅 알고리듬(예를 들어 헤스팅과 동료들, 2009, 10장)은 좀 더 개선된 것이 구현됐다. 알고리듬 17.4의 단계 2(b)의 트리는 구조(분할 변수와 분할)를 정의하기 위해 사용되지만, 단말 노드의 값은 갱신되게 내버려둔다. 모수 $\gamma = (\gamma_s, \gamma_t)$를 분할하고 트리를 $g(x; \gamma) = T(x; \gamma_s)'\gamma_t$로 나타내는 것을 생각할 수 있다. 여기서 $T(x; \gamma_s)$는 x에 의해 도달한 단말 노드를 나타내는 $d+1$ 이항 베이시스[basis] 함수의 벡터고, γ_t는 트리의 단말 노드의 $d+1$개 값이다. 여기서는 트리의 단계 2(b)에 있는 그래디언트를 근사해서 $\hat{\gamma}_s$를 학습하고, 다음의 최적화 문제를 해결해 단말 노드

모수 $\hat{\gamma}_t$를 (재)학습한다.

$$\underset{\gamma_t}{\text{minimize}} \sum_{i=1}^{n} L\left(y_i, \hat{G}_{b-1}(x_i) + T(x_i; \hat{\gamma}_s)'\gamma_t\right) \tag{17.22}$$

(17.22)를 해결하는 것은 단순 GLM을 오프셋과 함께 적합화하는 것과 같다.

†5 **에이다부스트와 그래디언트 부스팅.** 해이스티와 동료들(2009, 10장)은 에이다부스트를 알고리듬 17.3의 인스턴스로 유도한다. 여기서 한 가지 세부 사항을 말하자면, 트리 $g(x; \gamma)$가 단순화되고 크기 조정된 분류기 $\alpha \cdot c(x; \gamma')$에 의해 대체됐다는 것이다. 그러므로 (17.15)로부터 알고리듬 17.3의 단계 2(a)에서 다음을 풀어야 한다.

$$\underset{\alpha,\gamma'}{\text{minimize}} \sum_{i=1}^{n} w_i \exp[-y_i \alpha c(x_i; \gamma')] \tag{17.23}$$

유도식은 다음을 보여준다.

- (17.23)을 모든 값 $\alpha > 0$에 대해 최소화하는 것은 분류 트리 $c(x; \hat{\gamma}')$가 가중화 오분류 오차를 최소화하도록 적합화함으로써 얻을 수 있다.

$$\sum_{i=1}^{n} w_i I[y_i \neq c(x_i, \gamma')]$$

- 주어진 $c(x; \hat{\gamma}')$에 대해, α는 알고리듬 17.5의 단계 2(c)에서와 같이 추정된다(그러므로 음수가 아니다).
- 알고리듬 17.5의 단계 2(d)에서의 가중치 갱신 계획은 정확히 (17.15)에서 계산된 가중치에 해당한다.

17.7 연습문제

1. 트리의 개수 B가 클 때 랜덤 포레스트에 대한 OOB^Out-Of-Bag^ 오차가 LOO^Leave-One-Out^ 오차와 거의 동일한 이유를 자세히 설명하라.

2. 매개 변수 m을 1에서 57(약 10개 값)까지 변경하고 매번 $B = 5000$개의 많은 수의 트리를 사용해 일련의 랜덤 포레스트를 **spam** 데이터에 적합화하라. 테스트 오차와 함께 OOB 오차를 m의 함수로 도식화하라. 변수 중요도 척도가 m에 따라 어떻게 변화하는지를 보여주는 도면을 구성하라. 배운 내용을 바탕으로 몇 가지 전반적인 결론을 내려보라.

3. 알고리듬 17.3의 2(a)단계를 고려해 보자. 알고리듬 17.4의 2(b)단계에서와 같이 K개의 단말 노드가 있는 트리 $g(x;\gamma)$를 찾았다고 가정하자. 손실 L이 지수계열에 해당한다고 가정하자(예: 이항, 포아송 등). 오프셋과 K-레벨 요인 변수를 유일한 예측자로 가진 GLM을 적합화해 단말 노드에 있는 상수를 어떻게 새로운 상수 집합으로 바꿀 수 있는지 보여라.

4. 알고리듬 17.4를 다시 보자. 트리를 사용해 그래디언트를 근사하는 대신 그래디언트와 가장 상관관계가 높은 예측 변수에 대한 일변량 선형 회귀로 근사한 다음 ϵ만큼 축소하라. 이 알고리듬을 개괄 설명하고 각 단계에서 적합화가 선형 모델임을 보여라. 단계가 많아짐에 따라 어떤 일이 발생하나?

5. 문제 4의 알고리듬을 구현하고 **spam** 데이터에 적용하라(각 변수에 대해 '시작된^started^' 로그 변환을 사용하고 이항 편차를 손실 함수로 사용하라). $\epsilon = 0.01$을 사용해 단계 수의 함수로 계수의 진화를 도식화하라. 계수 프로파일을 로지스틱-회귀 라소를 사용해 얻은 프로파일과 비교하라.

6. **spam** 데이터에 라소를 적합화할 때 입력 특징의 왜도가 걱정돼서 (시작된) 로그 변환을 적용했다. 랜덤 포레스트에 대해서도 똑같이 해야 하는가? 설명해보라.

18

신경망과 딥러닝

1980년대 중반에 응용통계학 커뮤니티를 놀라게 하는 일이 발생했다. 신경망(NN)이 소개된 것이다. 그리고 이로 인해 예측 모델링은 전산학과 머신 러닝 쪽으로 이동하게 됐다. 신경망은 고도로 모수화된 모델로서 사람의 뇌 구조에서 영감을 받았으며, 범용 근사기로서 광범위하게 활용되고 있다. **범용 근사기**universal-approximator란 데이터만 충분하다면 모든 매끄러운smooth 예측 관계를 학습할 수 있는 기계를 의미한다.

그림 18.1은 **피드포워드**feed-forward 신경망의 단순한 예를 보여준다. 네 개의 예측 변수 또는 입력 x_j, 다섯 개의 은닉 단위 $a_\ell = g(w_{\ell 0}^{(1)} + \sum_{j=1}^{4} w_{\ell j}^{(1)} x_j)$, 단일 출력 단위 $o = h(w_0^{(2)} + \sum_{\ell=1}^{5} w_\ell^{(2)} a_\ell)$을 가지고 있다. NN에 관련된 용어들은 매우 많고 다양하다. 기억 단위 또는 뉴런은 **지도 학습**이라는 프로세스를 거쳐 데이터로부터 새로운 특징을 자동으로 학습한다. 각 뉴런 a_l은 입력 계층에 모수 벡터 또는 **가중치** $\{w_{\ell j}^{(1)}\}_1^p$를 통해 연결된다((1)은 첫 번째 계층을 나타내고 ℓj는 j번째 변수와 ℓ번째 단위를 나타낸다). 절편 항 $w_{\ell 0}^{(1)}$은 **편향**이라 하고, 함수 g는 시그모이드 함수 $g(t) = 1/(1 + e^{-t})$와 같은 비선형이다. 아이디어는 각

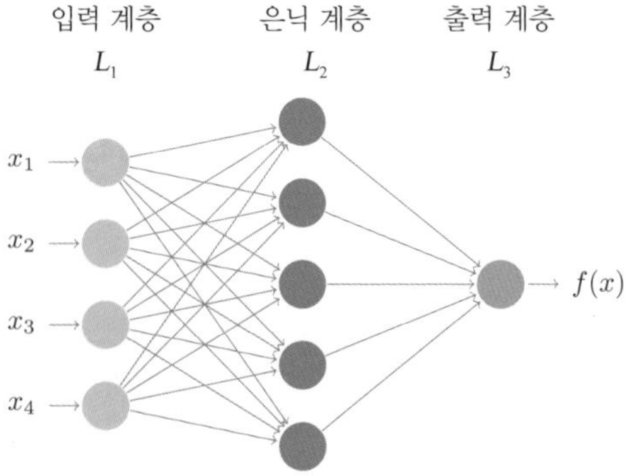

그림 18.1 단일 은닉 계층을 가진 신경망. 은닉 계층은 입력 계층의 변환을 유도(선형 조합의 비선형 변환)한 다음 모델의 출력으로 사용한다.

뉴런이 단순 이항 온/오프 함수를 학습하기 위한 것으로서, 시그모이드 함수의 경우 이항 함수이면서 매끄럽고 미분 가능한 함수로서 사용될 수 있다. 마지막 또는 출력 계층 또한 가중치를 가지고 있으며 출력 함수는 h다. 정량 회귀 h는 대개 항등 함수고, 이진 반응 변수를 다루는 문제는 시그모이드 함수를 사용한다. 은닉 계층의 비선형성이 없다면 신경망은 일반화 선형 모델(8장)로 축소된다는 점에 주목하자. 대부분의 신경망은 다양한 형태의 정규화 기법과 함께 최대 우도를 이용해 학습한다.

통계학자들의 자동적인 반응은 "그래서 어쩌라고? 신경망은 그저 비선형 모델 중 하나고, 다른 일반화 선형 모델과 크게 다르지 않단 말이야."다.

이 말이 사실일지도 모르지만, 신경망은 이 분야에 새로운 에너지를 몰고 왔다. 신경망은 계층당 다수의 은닉 유닛, 다수의 은닉 계층, 가중치 공유, 다양한 정규화 형태, 대량 데이터 집합에 대한 혁신적 학습 알고리듬 등을 통해 다양한 방식으로 확장되고 일반화된다. 무엇보다도 중요한 것은 이들은 통계학 분야에서 다루던 문제보다 훨씬 더 거대한 규모의 문제를 해결할 수 있다는 점이다. 일부는 계산 능력과 전문가의 덕분이며, 일부는 이 전산학 분야의 자유분방한 사고와 창의성 때문이다. 새로운 신경망 학술지들이 생겨
†1 났고,[†] 유명 연간 학회(최초는 스키 리조트였다.)에서는 신경망 분야 사람들과 통

계학 분야 사람들을 끌어들였다.

몇 년간의 상당한 유명세를 즐긴 다음 신경망은 1990년대에 새로 발명된 부스팅(17장)이나 SVM(19장) 등에 의해 다소 변방으로 밀려난다. 신경망은 한물간 기술이었다. 그러나 시간이 흘러 2010년에 복수를 위해 다시 나타났다. 다시 부활한 지금은 딥러닝이라 불리고 있다. 이 갱신된 열광은 컴퓨터 자원이 엄청나게 발전한 결과며, 약간의 혁신과 함께 이미지 또는 비디오 분류나 음성 또는 텍스트 처리 등의 틈새 학습 과제에 이상적이다.

18.1 신경망과 필기체 숫자 문제

신경망은 우편번호 인식과 같이 필기체 숫자를 자동으로 읽는 등의 광학 글자 인식(OCR) 과제에서 확실히 두각을 나타냈다. 그림 18.2는 **MNIST** 데이터
†2 셋에서 가져온 몇 가지 예제를 보여준다.[†] 여기서의 아이디어는 입력 이미지

그림 18.2 **MNIST** 데이터셋으로부터의 필기체 숫자 예제. 각 숫자는 28×28 그레이스케일 이미지로 표현되고, 서로 다른 형태와 크기의 정규화된 이진 이미지로부터 만들어졌다. 이미지에서 각 픽셀에 저장된 값은 음이 아닌 8비트로 표현되며, 흑백 강도를 나타낸다. 각 이미지의 784픽셀은 예측 변수고 0–9까지의 레이블이 반응 값이다. 전체 데이터 집합에는 60,000개의 훈련 이미지가 있고, 테스트 집합에는 10,000개가 있다.

$x \in \mathbb{R}^{28\times28}$, 즉 28×28의 그리드에 들어있는 이미지 강도를 이용해서 분류기 $C(x) \in \{0,1,\ldots,9\}$를 구축하는 것이다. 그러나 종종 그렇듯이 확률 함수 $\Pr(y = j|x)$, $j=1, 2, \ldots, 9$를 학습하는 것이 더 유용하다. 따라서 지금 구축할 신경망은 확률 함수를 학습하도록 할 것이다.

그림 18.3은 필기체 숫자를 성공적으로 분류하기 위한 세 개의 은닉 계층으로 구성된 신경망을 보여주고 있다. 출력 계층에는 열 개의 노드가 있고 각각은 분류해야 할 레이블 0에서 9까지의 숫자에 해당한다. 이 예제를 통해 독자들에게 망을 구성해서 훈련 데이터를 적합시키는 과정을 대략적으로 보여주고자 한다. 모든 계층은 이전 계층의 함수며 최종적으로는 입력 벡터 x의 함수이므로 망은 다소 복잡한 함수 $f(x;\mathcal{W})$를 나타낸다. 여기서 $\mathcal{W}$는 가중치의 전체 모음을 나타낸다. 적절한 손실 함수가 정의된다면, 입력 벡터를 간단히 망에 밀어넣은 후 가장 선호하는 최적기optimizer에 넘기면 된다. 초창기에는 이러한 일이 계산적으로 가능하지 않았다. 특히 가중치 벡터에 특별한 구조가 있을 때는 계산이 더욱 불가능했다. 오늘날에는 신경망의 구성과 적합화를 위한 고도로 자동화된 시스템이 있기 때문에 이런 일은 현실적으로 얼마든지 가능하다. 이들은 대개 그래디언트 하강의 어떤 형태를 사용하며 그래디언트 계산을 감당할 수 있도록 모수를 구성하는 방식을 따르고 있다.

그림 18.3의 망은 복잡하다. 따라서 서로 다른 모수 집합을 가리키는 편리한 표기법을 도입할 필요가 있다. 여기서는 단일 계층 망에 사용한 표기를 계속해서 사용하지만, 약간의 추가적인 표기법을 도입해 서로 다른 계층의 측면을 구분하고자 한다.

첫 번째 계층부터 두 번째 계층까지는 다음과 같이 표현할 수 있다.

$$z_\ell^{(2)} = w_{\ell 0}^{(1)} + \sum_{j=1}^{p} w_{\ell j}^{(1)} x_j \tag{18.1}$$

$$a_\ell^{(2)} = g^{(2)}(z_\ell^{(2)}) \tag{18.2}$$

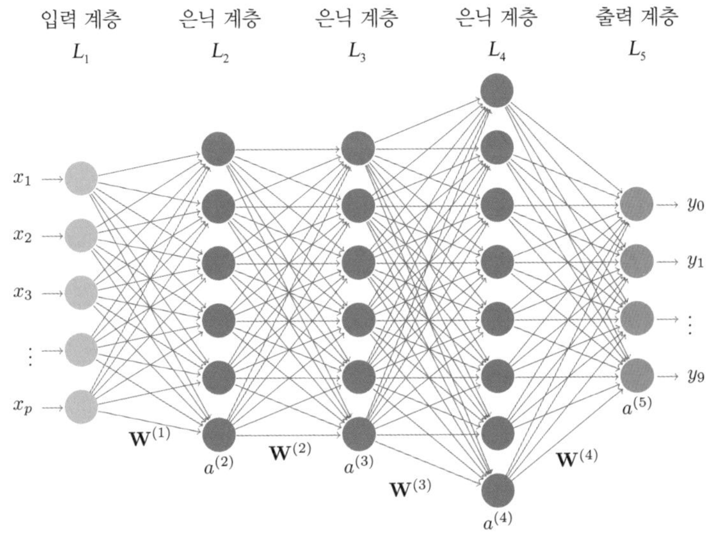

그림 18.3 세 개 은닉 계층과 다중 출력을 가진 신경망으로서 **MNIST**의 필기체 숫자 문제에 적합하다. 입력 계층은 $p = 784$의 유닛을 가진다. 은닉 계층 크기(1024, 1024, 2048)를 가진 망 구성과 튜닝 모수의 특별한 선택으로 '공식적인' 테스트 데이터 집합에서 0.93%라는 최고의 오류율을 달성했다. 이 망은 거의 400만에 육박하는 가중치를 가지고 있으므로 아주 강하게 정규화할 필요가 있다.

x_j의 선형 변환 $z_\ell^{(2)}$을 그 비선형 변환으로부터 분리하고 계층-특화 비선형 변환 $g^{(k)}$를 허용한다. 좀 더 일반적으로는 계층 $k-1$에서 계층 k로의 변환은 다음과 같이 표현한다.

$$z_\ell^{(k)} = w_{\ell 0}^{(k-1)} + \sum_{j=1}^{p_{k-1}} w_{\ell j}^{(k-1)} a_j^{(k-1)} \tag{18.3}$$

$$a_\ell^{(k)} = g^{(k)}(z_\ell^{(k)}) \tag{18.4}$$

(18.3)-(18.4)는 $a_\ell^{(1)} \equiv x_\ell$과 입력 변수의 개수 $p_1 = p$를 사용하면 입력 계층 (18.1)-(18.2)로 사용할 수도 있다. 그러므로 그림 18.3에서의 각 화살표는 가중치 모수와 연계돼 있다.

벡터 표기를 사용하면 한층 더 간편해진다.

$$z^{(k)} = \mathbf{W}^{(k-1)} a^{(k-1)} \tag{18.5}$$

$$a^{(k)} = g^{(k)}(z^{(k)}) \tag{18.6}$$

여기서 $\mathbf{W}^{(k-1)}$은 계층 L_{k-1}에서 L_k로 가는 가중치 행렬을 나타내고, $a^{(k)}$는 계층 L_k에서의 전체 활성화 벡터다. 그리고 여기서의 표기법은 $g^{(k)}$가 벡터 인수에 대해 원소별로 작용한다고 가정한다. 또한 편향 모수 $w_{\ell 0}^{(k-1)}$은 행렬 $\mathbf{W}^{(k-1)}$로 흡수했는데, 이는 각 활성화 벡터 $a^{(k)}$를 상수 원소 1로 강화했다고 가정한다.

때때로 내부 계층에서의 비선형 함수 $g^{(k)}$는 앞서 정의된 함수 σ 등과 동일한 함수다. 18.5절에서 자연색 이미지 분류를 위한 망을 설명하는데, 거기서는 서로 다른 여러 활성화 함수가 사용된다.

망의 반응에 따라 최종 변환 $g^{(k)}$는 특별히 지정된다. 여기서처럼 $M = 10$인 것과 같은 M-부류 분류에 대해서는 대개 소프트맥스 함수를 사용한다.

$$g^{(K)}(z_m^{(K)}; z^{(K)}) = \frac{e^{z_m^{(K)}}}{\sum_{\ell=1}^{M} e^{z_\ell^{(K)}}} \tag{18.7}$$

이는 0과 1 사이의 (확률) 값을 계산하고 모든 M 값의 합은 1이 된다.[1]

18.2 신경망 적합화

앞서 살펴본 것처럼, 신경망 모델은 복잡하고 특징 벡터 x의 계층적 함수 $f(x; \mathcal{W})$며, 가중치 $\mathcal{W}$의 모음이다. $g^{(k)}$는 일반적으로 미분 가능한 함수로 선택한다. 훈련 집합 $\{x_i, y_i\}_1^n$과 손실 함수 $L[y, f(x)]$가 주어져 있을 때, 다음 문제를 해결하려 할 수 있다.

$$\underset{\mathcal{W}}{\text{minimize}} \left\{ \frac{1}{n} \sum_{i=1}^{n} L[y_i, f(x_i; \mathcal{W})] + \lambda J(\mathcal{W}) \right\} \tag{18.8}$$

1 이는 다부류 로지스틱 회귀에서 사용된 연결 함수의 역함수로서 대칭 버전이다.

여기서 $J(\mathcal{W})$는 $\mathcal{W}$의 원소에 대한 음이 아닌 정규화 항이고 $\lambda \geq 0$은 튜닝 모수다(실제로 각각 자신의 λ를 가진 복수의 정규화 항이 있을 수 있다). 예를 들어 이전의 보편적인 페널티는 리지 회귀(7.41)에서 사용했던 2차 함수였다.

$$J(\mathcal{W}) = \frac{1}{2}\sum_{k=1}^{K-1}\sum_{j=1}^{p_k}\sum_{\ell=1}^{p_{k+1}}\left\{w_{\ell j}^{(k)}\right\}^2 \tag{18.9}$$

이는 **가중치 감쇄**weight decay 페널티로도 알려져 있는데 가중치를 0 쪽으로 당긴다(대개 편향은 페널티를 받지 않는다). 또한 라소 패널티(16장)도 많이 사용되며 리지와 라소의 혼합 형태(일래스틱 넷)도 많이 사용된다.

이진 분류에 대해서는 L을 이항 편차(8.14)로 사용할 수도 있다. 이 경우 신경망은 고도로 모수화되고 페널티 항을 갖긴 하지만 결국 페널티 로지스틱 회귀(8.1절)에 해당한다. 손실 함수는 대개 f에 대해 볼록이지만 $\mathcal{W}$의 원소에 대해서는 볼록이 아니므로 (18.8)의 최적해를 찾는 것은 어렵고, 기껏해야 좋은 지역 최적 정도만 찾을 수 있다. 대부분 기법은 그래디언트 하강에 기초하고 있으며 많은 부가 기능을 가지고 있다. 여기서는 (18.8)의 좋은 해를 찾기 위한 몇 가지 요소를 간략히 살펴보자.

그래디언트 계산: 역전파

$f(x; \mathcal{W})$는 입력 계층에서부터 시작해서 순차적으로 각 계층이 합성돼 정의되므로, $\mathcal{W}$의 원소들은 입력 계층으로부터 시작해 각 계층들에서 골고루 나타난다. 그래디언트 계산 역시 가장 자연스럽게 계층별로 이뤄지고(미분의 체인 규칙. 알고리듬 18.1의 예제 (18.10) 참고), 여기서의 표기법은 이를 재귀적으로 표현하기 쉽게 해준다. 일반적인 입력-출력의 쌍 x, y에 대해 $\mathcal{W}$의 임의의 원소에 대한 $L[y, f(x; \mathcal{W})]$의 미분을 계산해보자. 목적 함수의 손실은 전체 훈련 쌍 (x_i, y_i)에 대한 개별 손실을 합산한 것이므로 전체 그래디언트 역시 개별 그래디언트의 합산이 될 것이다.

직관은 다음과 같다. 일반적 훈련 쌍 (x, y)가 주어지면, 먼저 망을 통해 전방 전파를 한다. 이는 마지막 계층을 포함해 각 계층의 개별 노드 $a_\ell^{(k)}$를 활성화시킨다. 그다음 참 출력 y에 대한 예측 오차에 대해 각 노드가 얼마만큼 책임이 있는지 측정하는 오차 항 $\delta_\ell^{(k)}$를 계산하고자 한다. 출력 활성화 $a_\ell^{(K)}$에 대해서는 이 오차를 계산하는 것이 쉽다. 손실 함수에 따라 잔차이거나 일반화 잔차다. 내부 계층에서의 활성화에서는 $\delta_\ell^{(k)}$는 $a_\ell^{(k)}$를 입력으로 사용하는 노드들의 오차 항의 가중 합일 것이다. 역전파 알고리듬 18.1은 단일 입력-출력 쌍 x, y에 대해 그래디언트를 계산하는 세부 방법을 알려준다. 이것이 정말 미분의 체인 규칙을 구현하는 것인지에 대한 증명은 독자들에게 남겨둔다.

알고리듬 18.1 역전파

---

1. 주어진 쌍 x, y에 대해, '피드포워드 경로'를 수행하며 각 계층 L_2, L_3, ..., L_K에서 활성화 $a_\ell^{(k)}$를 계산한다. 즉, 현재의 $\mathcal{W}$를 사용해 x에서 $f(x;\mathcal{W})$를 계산하고 각 계층에서 계산된 중간 결과는 저장한다.
2. 계층 L_K의 각 출력 유닛 ℓ에 대해 다음을 계산한다.

$$\begin{aligned}\delta_\ell^{(K)} &= \frac{\partial L[y, f(x, \mathcal{W})]}{\partial z_\ell^{(K)}} \\ &= \frac{\partial L[y, f(x; \mathcal{W})]}{\partial a_\ell^{(K)}} \dot{g}^{(K)}(z_\ell^{(K)}) \end{aligned} \tag{18.10}$$

   여기서 $\dot{g}$는 z에 대한 $g(z)$의 도함수를 나타낸다. 예를 들어 $L(y, f) = \frac{1}{2}\|y - f\|_2^2$에 대해 (18.10)은 $-(y_\ell - f_\ell) \cdot \dot{g}^{(K)}(z_\ell^{(K)})$가 된다.
3. 계층 $k = K-1, K-2, \ldots, 2$와 계층 k의 각 노드 ℓ에 대해 다음과 같이 설정한다.

$$\delta_\ell^{(k)} = \left(\sum_{j=1}^{p_{k+1}} w_{j\ell}^{(k)} \delta_j^{(k+1)} \right) \dot{g}^{(k)}(z_\ell^{(k)}) \tag{18.11}$$

4. 편미분은 다음과 같다.

$$\frac{\partial L[y, f(x; \mathcal{W})]}{\partial w_{\ell j}^{(k)}} = a_j^{(k)} \delta_\ell^{(k+1)} \tag{18.12}$$

행렬-벡터 표기는 이 식을 좀 더 간편하게 해준다.

(18.10)은 (제곱 오차 손실에 대해) 다음과 같이 된다.

$$\delta^{(K)} = -(y - a^{(K)}) \circ \dot{g}^{(K)}(z^{(K)}) \tag{18.13}$$

여기서 $\circ$는 하다마드Hadamard(원소별) 곱을 나타낸다.

(18.11)은 다음과 같이 된다.

$$\delta^{(k)} = \left(\mathbf{W}^{(k)\prime} \delta^{(k+1)}\right) \circ \dot{g}^{(k)}(z^{(k)}) \tag{18.14}$$

(18.12)는 다음과 같이 된다.

$$\frac{\partial L[y, f(x; \mathcal{W})]}{\partial \mathbf{W}^{(k)}} = \delta^{(k+1)} a^{(k)\prime} \tag{18.15}$$

역전파는 초기 신경망 시기에는 중대한 발견으로 간주됐다. 복잡한 모델을 적합화하는 것을 계산적으로 가능하게 해줬기 때문이다.

그래디언트 하강

알고리듬 18.1은 단일 일반 쌍 (x, y)에 대해 손실 함수의 그래디언트를 계산한다. n개의 훈련 쌍에 대해 (18.8)의 첫 부분의 그래디언트는 다음과 같다.

$$\Delta \mathbf{W}^{(k)} = \frac{1}{n} \sum_{i=1}^{n} \frac{\partial L[y_i, f(x; \mathcal{W})]}{\partial \mathbf{W}^{(k)}} \tag{18.16}$$

2차 형태(18.9)의 페널티를 사용하면, 그래디언트 하강gradient-descent 갱신은 다음과 같다.

$$\mathbf{W}^{(k)} \leftarrow \mathbf{W}^{(k)} - \alpha \left(\Delta \mathbf{W}^{(k)} + \lambda \mathbf{W}^{(k)}\right), \ k = 1, \ldots, K-1 \tag{18.17}$$

여기서 $\alpha \in (0, 1]$은 학습률이다.

그래디언트 하강은 모든 가중치 $\mathcal{W}$에 대해 시작 값이 필요하다. 이때 시작 값으로 0을 선택해서는 안 된다. 각 계층에서 다른 뉴런으로의 가중치 흐름은 대칭적이므로 시작 값이 이 대칭을 깨도록 해야 하기 때문이다. 대개 0에 가까운 랜덤 가중치 값으로 시작한다. 균등 분포 또는 가우스 분포를 이용한 랜덤 가중치를 사용하는 것이 보편적이다.

신경망의 적합화나 '학습'에는 다수의 '비법'이 있으며, 그중 많은 수가 그래디언트 하강과 관련돼 있다. 그중 몇 가지를 간단히 소개할 것이다.

확률적 그래디언트 하강

그래디언트를 계산하기 전에 모든 관측치를 처리하는 대신, 한 번에 처리하는 배치의 크기를 더 작게 만들면 효율적이다. 배치의 크기가 1인 것조차 말이다!

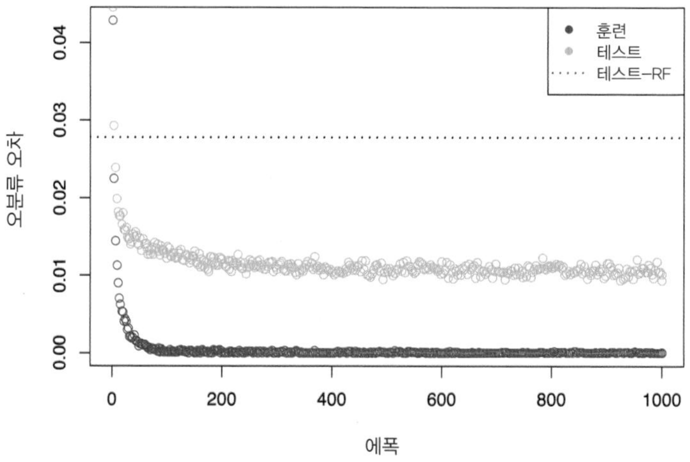

그림 18.4 **MNIST** 숫자 분류 문제에 대해 훈련과 테스트 오분류를 훈련 에폭 수의 함수로 나타낸 그림. 망 구조는 그림 18.3에 나타나 있다. 망은 적응적 비율 제어, 정류한 선형 활성화 함수, 드롭아웃[dropout] 정규화(18.5절)와 함께 가속화된 그래디언트 하강을 이용해 적합화됐다. 수평 파선은 랜덤 포레스트(17.1절)의 오차율을 보여준다. 로지스틱 회귀 모델(8.1절)은 0.072의 오차율을 얻는 데 그쳤다(그래프 범위 밖).

이때 배치는 랜덤으로 추출될 수도 있고 또는 체계적으로 처리될 수도 있다. 다수의 컴퓨터 코어에 분산돼 있는 대형 데이터 집합의 경우, 확률적 그래디언트 하강stochastic gradient descent은 효율의 관점에서 필수적이다. 훈련의 에폭epoch은 그룹화를 어떻게 했는지에 상관없이 (따라서 몇 번의 그래디언트 단계가 있었는지와도 상관없이) 그래디언트 단계들에서 n개의 훈련 표본 모두가 사용됐다는 의미다.

가속화 그래디언트 기법

이 방법의 기본 아이디어는 이전 반복의 모멘텀을 구해 현재 반복에 일정 비율만큼 모멘텀을 반영하자는 것이다(즉, 모멘텀은 급격한 변화를 막기 위한 장치다). 반복은 다음 형식을 가진다.

$$\mathcal{V}_{t+1} = \mu \mathcal{V}_t - \alpha(\Delta \mathcal{W}_t + \lambda \mathcal{W}_t) \qquad (18.18)$$

$$\mathcal{W}_{t+1} = \mathcal{W}_t + \mathcal{V}_{t+1} \qquad (18.19)$$

$\mathcal{W}_t$는 반복 t에서의 가중치 전체 모음을 나타낸다. $\mathcal{V}_t$는 이전 반복으로부터 그래디언트 정보를 축적하는 **속도** 벡터고 추가적인 모멘텀 모수 μ에 의해 제어된다. 제대로 튜닝되면, 가속화된 그래디언트 하강은 훨씬 빠른 수렴 속도를 가진다. 그러나 튜닝 프로세스는 대체로 까다로운 경향이 있으며, 대개 적응적으로 이뤄진다.

비율 어닐링Rate Annealing

좋은 지역 최솟값을 건너뛰는 일이 없도록 학습률을 적응하기 위해 여러 가지 창의적인 기법들이 제안됐다. 이러한 것들은 기본적인 방법과 실환경에서 †3 잘 작동하는 특화된 적응 기법들이 합쳐진 방식일 가능성이 높다.[†] 그림 18.4는 **MNIST** 숫자 데이터에 대한 우리 신경망의 성능을 보여주는데, 이 데이터에 대해 최정상급의 오분류율을 달성했으며(0.93% 오차 미만) 랜덤 포레스터(2.8%)와 일반화 선형 모델(7.2%)을 능가한다. 그림 18.5는 93개의 오분류된 숫자를 보여준다.

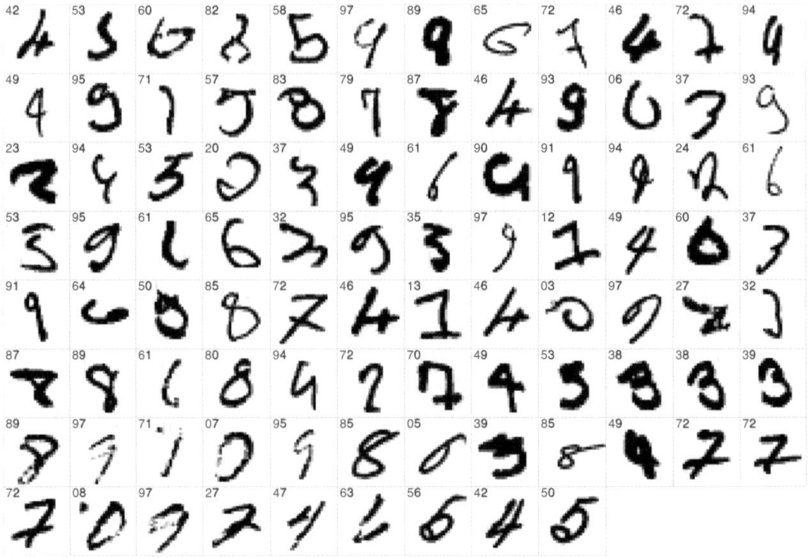

그림 18.5 MNIST 훈련 데이터에서 오분류된 숫자. 참 숫자 부류는 푸른색으로 레이블돼 있고, 예측값은 붉은색으로 레이블돼 있다.

다른 튜닝 모수들

그래디언트 하강과 관련된 여러 세부 사항과 별도로 신경망에는 지정해줘야 할 중요한 구조적, 운영적인 측면 몇 가지가 있다.

은닉 계층의 개수와 크기

단일 은닉 계층에서는 은닉 유닛의 개수가 모수 개수를 결정한다. 원칙적으로 이 수는 튜닝 모수로 취급할 수 있고 과적합을 피하기 위해 조정될 수 있다. 현재까지 종합된 지식에 따르면 충분한 수의 은닉 계층을 가지는 것이 더 낫고, 가중치 정규화를 통해 모델 복잡도를 제어하는 것이 더 좋다. 더 깊은 망을 가지면(더 많은 은닉 계층) 복잡도 또한 증가한다. 정확한 개수는 과제별로 다르다. 숫자 인식에서는 두 개의 은닉 계층으로 경쟁력 있는 성능을 얻을 수 있다.

비선형성의 선택

현재 사용되는 활성화 함수 $g^{(k)}$에는 여러 가지가 있다. 입력을 (0, 1)의 값으로 전환하는 시그모이드 함수 이외에 많이 사용되는 함수는 다음과 같다.

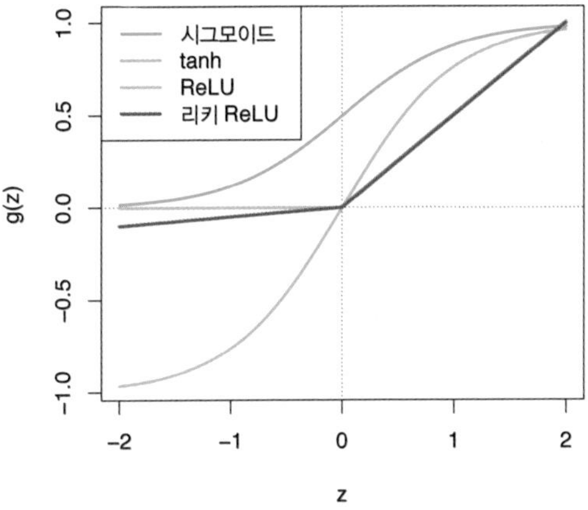

그림 18.6 활성화 함수. ReLU는 정류된 선형Rectified Linear Unit이다.

$$\text{tanh:} \quad g(z) = \frac{e^z - e^{-z}}{e^z + e^{-z}}$$

이는 (−1, 1) 사이의 값을 만든다.

$$\textbf{ReLU}: \quad g(z) = z_+$$

또는 양–부분positive-part 함수가 있다. 이 함수는 그래디언트 계산이 용이한 장점이 있다.

$$\text{리키}^{\text{leaky}}\ \textbf{ReLU}: \quad g_\alpha(z) = z_+ - \alpha z_-$$

여기서 α는 음수가 아니고 0에 가깝다. ReLU는 여러 번 0이 활성화됨으로써 평평한 지점을 만든다. 리키 ReLU는 평평한 구간과 이로 인해 발생되는 제로 그래디언트를 없애기 위해 만들어졌다.

정규화의 선택

대개 이는 ℓ_2와 ℓ_1을 혼합해서 사용하며 각 정규화 항은 튜닝 모수를 필요로 한다. 라소와 회귀 응용에서처럼 편향 항(절편)은 일반적으로 정규화되지 않는다. 가중치 정규화는 대개 가볍고 몇 가지 역할을 수행한다. ℓ_2는 문제를 공선성collinearity으로 인한 문제를 줄여주고, ℓ_1은 중요하지 않은 특징을 무시할 수 있다. 그리고 둘 다 과적합되는 속도를 늦추며, 특히 깊은(과모수화된) 망이 과적합되지 않게 해준다.

조기 종료

신경망은 대개 과모수화되므로 과적합되기 쉽다. 원래 조기 종료는 기본적인 튜닝 모수로 설정되는데, 종료 시간은 검증 데이터로 남겨둔 집합으로 결정한다. 현대 망에서 조기 종료는 적응적으로 튜닝돼 과적합을 피할 수 있게 만든다. 이에 따라 문제가 거의 발생하지 않는다. 예를 들어, 그림 18.4에서 테스트 오분류 오차는 점차적으로 평평해지며 에폭이 증가해도 다시 커지지 않는다.

18.3 오토인코더

오토인코더는 비선형 주성분 분해 형태를 계산하는 특수한 신경망이다.

선형 주성분 분해는 보편적이며 상관된 대규모 변수의 집합을 축소해 원래 집합의 대부분 분산을 잡아내는 더 작은 개수의 선형 조합으로 만드는 효율적인 선형 기법이다. 그러므로 주어진 n개의 벡터 $x_i \in \mathbb{R}^p$(평균이 0이라고 가정)로부터 서로 상관되지 않은 특징 $z_i \in \mathbb{R}^q$($q \leq p$고 대개 더 작음)를 $z_i = \boldsymbol{V}'x_i$를 통해 유도한 집합을 생성한다. $\boldsymbol{V}$의 열은 직교하며 z_i의 첫 번째 성분이 최대의 분산을 가지도록 유도되고, 두 번째는 그다음 분산을 가지며 처음과 상관되지 않는 식이다. $\boldsymbol{V}$의 열이 표본 공분산 행렬 $\boldsymbol{S} = \frac{1}{n}\boldsymbol{X}'\boldsymbol{X}$의 주요한 고유벡터라는 것을 쉽게 증명할 수 있다.

주성분은 선형 부분 공간을 최적으로 근사하는 항으로도 유도할 수 있으며, 여기서 설명하는 버전은 비선형 일반화로 이끌어주는 버전이다. $q<p$에 대해 다음의 최적화 문제를 고려해보자.

$$\underset{\boldsymbol{A}\in\mathbb{R}^{p\times q},\ \{\gamma_i\}_1^n\in\mathbb{R}^{q\times n}}{\text{minimize}} \sum_{i=1}^{n} \|x_i - \boldsymbol{A}\gamma_i\|_2^2 \tag{18.20}$$

부분 공간은 $\boldsymbol{A}$의 열 공간에 의해 정의되고, 각 점 x_i에 대해 부분 공간에서의 최적 근사를 위치시키고자 한다(유클리드 거리에 의해). 일반적으로 $\boldsymbol{A}$는 정규 직교된 열을 가진다고 가정할 수 있으며, 이때 각 i에 대해 $\hat{\gamma}_i=\boldsymbol{A}'x_i$다($n$개의 개별 선형 회귀). 플러그인하면, (18.20)은 다음과 같이 축소된다.

$$\underset{\boldsymbol{A}\in\mathbb{R}^{p\times q},\ \boldsymbol{A}'\boldsymbol{A}=\boldsymbol{I}_q}{\text{minimize}} \sum_{i=1}^{n} \|x_i - \boldsymbol{A}\boldsymbol{A}'x_i\|_2^2 \tag{18.21}$$

해는 $\hat{\boldsymbol{A}}=\boldsymbol{V}$로 주어지고, x_i로부터 계산된 주성분 방향 벡터 중 상위 q개의 주성분 벡터로 구성된 행렬이다. 비슷한 방식으로 단일 계층을 갖는 오토인코더는 다음과 같이 비선형 함수 g를 포함하는 비선형 주성분 분해 문제로 풀 수 있다. 그림 18.7(왼쪽)을 참고하라.

$$\underset{\boldsymbol{W}\in\mathbb{R}^{q\times p}}{\text{minimize}} \sum_{i=1}^{n} \|x_i - \boldsymbol{W}'g(\boldsymbol{W}x_i)\|_2^2 \tag{18.22}$$

g가 항등 함수면, (18.21)과 (18.22) 두 식의 해는 일치한다($\boldsymbol{W}=\boldsymbol{V}'$).

그림 18.7(오른쪽)은 오토인코더가 **MNIST** 숫자 데이터베이스에 적합화됐을 때, 학습된 $\boldsymbol{W}$의 행을 이미지로 보여주고 있다. 오토인코더는 반응(이 경우 분류 레이블)을 필요로 하지 않으므로, 이 분해는 비지도 학습이다. 예를 들어, 레이블이 붙지 않은 이미지가 너무 많을 때는 이미지에 레이블을 붙이는 데 종종 많은 비용이 든다. 오토인코더는 이러한 데이터로부터 잠재적으로 유용한 특징을 추출하는 방법을 제공하며 이렇게 추출된 특징은 분류기를 훈련하기 위한 레이블된 데이터로 사용할 수 있다. 실제 이 방법을 이용해서 지도

학습 신경망을 적합화할 때 가중치를 어느 정도 학습된 상태로 웜스타트시킬 수 있다.

다시 말하지만, 오토인코더를 좀 더 유용하게 만들 수 있는 여러 가지 방법론이 존재한다.

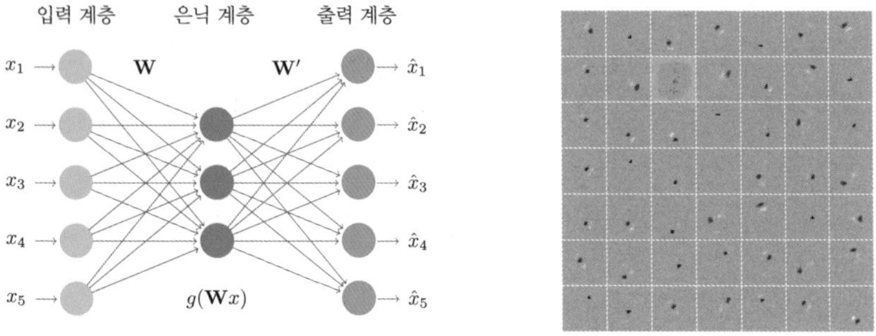

그림 18.7 왼쪽: 비선형 주성분 비지도 학습에 사용된 오토인코더의 망 표현. 은닉 유닛의 중간층이 병목을 형성하고 입력의 비선형 표현을 학습한다. 출력 계층은 입력 계층의 전치transpose이므로 망은 제한된 표현을 사용해 입력을 재생하려 노력한다. 오른쪽: **MNIST** 데이터베이스를 사용해 구한 $\boldsymbol{W}$의 행을 나타낸다. 이 이미지는 이미지 픽셀에서 지역 그래디언트를 탐지하는 필터로 볼 수 있다. 각 이미지에 대해 대부분의 가중치는 0이고, 0이 아닌 가중치는 2차원 이미지 공간에서 지역화된다.

- ℓ_1 정규화를 $\boldsymbol{W}$의 행에 적용해 희소 가중치 벡터를 만들고, 이에 따라 본 예제처럼 지역 특징을 만든다.
- 잡음 제거는 잡음이 입력 계층에 추가되는 과정이며(출력은 아니다.), 픽셀과 같이 고립된 값에 집중되지 않고 일정량 이상의 값들에 대해 적용된 특징들을 생성한다. 18.5절에서 잡음을 없애는 것에 대해 더 자세히 알아본다.
- 정규화를 하게 되면 병목은 그림 또는 주성분에서처럼 필수적이지 않다. 사실 p 성분보다 훨씬 더 많이 학습할 수 있다.
- 오토인코더도 여러 계층을 가질 수 있고, 각 계층은 순차적으로 학습된다. 첫 번째 계층에서 학습된 활성화는 입력(그리고 출력) 특징으로 취급되고 (18.22) 같은 모델이 이들을 적합화한다.

18.4 딥러닝

신경망은 2010년경에 '딥러닝'이라는 신선한 새 이름으로 부활했으며, 전반적으로 훨씬 빨라지고 거대해진 컴퓨터 시스템의 결과로서 일부 새로운 아이디어도 들어있다. 신경망은 컨볼루션 아키텍처를 이용해, 자연 이미지를 분류하는 어려운 과제를 성공적으로 해결할 수 있음을 보여줬다. 레이블이 없는 이미지가 넘쳐나던 초기에는 인코더가 딥러닝의 중요한 측면으로 여겨졌다. 그러나 레이블된 데이터셋들이 점점 생겨나면서 지도 학습이 충분히 가능해졌다.

그림 18.8 자연 이미지 예제. **CIFAR-100** 데이터베이스에는 100가지 부류의 컬러 이미지가 있고, 각 부류마다 600개의 예제가 있다(500개의 훈련, 100개의 테스트). 각 이미지는 32×32×3(적, 녹, 청)이다. 여기서는 각 부류에서 랜덤으로 선택된 이미지를 보여주고 있다. 부류는 계층 구조로 구성되는데, 20개의 대부류 속에 각각 다섯 개의 소 부류가 있다. 따라서 첫 번째 열의 다섯 개 이미지는 **비버**, **돌고래**, **수달**, **바다표범**, **고래** 등의 수생 포유류다.

그림 18.8은 자연 이미지의 예를 보여주며 각각 **비버**, **해바라기**, **송어** 등으로 레이블이 붙어있다. 전체적으로 100개의 부류 레이블이 있고, 부류마다 500개의 훈련 이미지와 100개의 테스트 이미지가 있다. 목표는 이미지에 레이블을 할당하기 위한 분류기를 구축하는 것이다. 여기서는 이 과제를 해결하기 위한 딥러닝 망의 핵심적인 세부 사항을 설명한다. 이 방법은 지정된 테스트 집합에 대해 35% 오류라는 놀라운 성능을 달성했다.[2] 그림 18.9는 많은 계층을 가진 전형적인 딥러닝 구조를 보여준다. 이들은 두 가지 특별한 형태의 계층으로 구성되는데, '컨볼루션convolve'과 '풀pool'이다. 지금부터 하나씩 살펴보자.

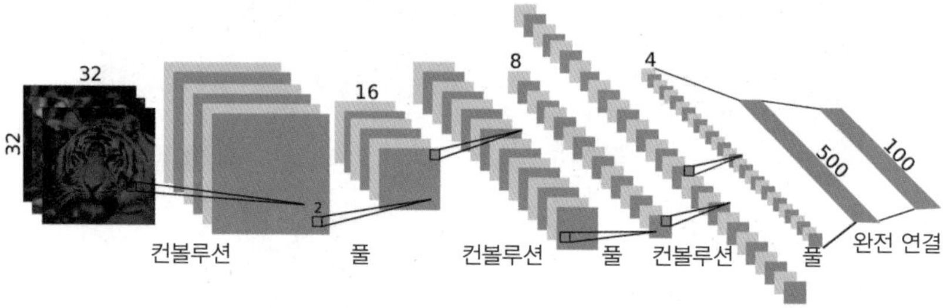

그림 18.9 CIFAR-100 이미지 분류 과제를 위한 딥러닝 망 구조. '펼쳐진flattened'(벡터화된) 마지막 은닉 계층을 제외한 입력 계층과 은닉 계층은 모두 이미지로 나타나 있다. 입력 계층은 입력 이미지의 $p_1 = 3$ 색(적, 녹, 청) 버전으로 이뤄져 있다(이전과 달리, 여기서는 p_k가 전체 픽셀이 아닌 이미지 개수를 나타낸다). 이 색 패널은 각각 32×32차원의 픽셀이다. 첫 번째 은닉 계층은 p_2개의 서로 다른 $q \times q \times p_1$의 학습된 필터들을 사용해 컨볼루션을 계산하고 $p_2 \times 32 \times 32$차원의 이미지 배열을 생성한다. 그다음 대상 풀 계층은 첫 번째 은닉 계층의 각 패널에 서로 겹치지 않는 $\ell \times \ell$ 블록에 있는 픽셀 값들을 '최대치max' 연산을 사용해 단일 수로 축소한다. q와 ℓ 모두 일반적으로 작은 숫자로 정의되며, 여기서는 각각 2다. 여기서는 이 컨볼루션과 풀 계층이 세 번 반복되면서 차원이 변경된다(이 예제의 실제 구현에서는 모두 13계층이 사용됐다). 끝으로, 500개의 도출된 특징은 1차원으로 펼쳐진 완전 연결 계층fully connected layer의 '소프트맥스' 활성화를 통해 100개 부류로 매핑한다.

---

2 부류의 개수가 증가하면서 분류는 점점 어려워지고 있다. 각 부류에 동일한 개수가 있을 경우에 K-부류에 대한 랜덤 오류율은 $(K-1)/K$다. 즉 두 부류에 대해서는 50%, 100-부류에 대해서는 99%가 된다.

컨볼루션 계층

그림 18.10은 컨볼루션 계층을 보여주는데, 그림 설명문에 자세한 사항이 나와 있다. 이미지 x가 $k \times k$ 행렬로 표현되고 필터 f가 $q \ll k$인 $q \times q$ 행렬이면, 컨볼루션된 이미지는 $\tilde{x}_{i,j} = \sum_{\ell=1}^{q} \sum_{\ell'=1}^{q} x_{i+\ell,j+\ell'} f_{\ell,\ell'}$를 원소로 가지는 또 다른 $k \times k$ 행렬 $\tilde{x}$다(전체 크기 $k \times k$ 출력 이미지를 얻기 위해 모서리 부분을 패딩padding한다). 여기서는 2×2를 사용했지만 3×3과 같은 다른 크기의 필터들도 사용할 수 있다. 구조는 그림 18.9와 같이 이 이미지를 직접 다루는 구조로 나타내는 것이 가장 자연스럽지만, 모두 그림 18.1과 18.3에서처럼 방대한 망 구조에 넣을 수 있게 벡터화할 수도 있다. 그러나 가중치는 대부분의 값이 0인 특별한 희소 구조를 가질 것이므로 (가중치를 공유하는 방식으로) 0이 아닌 가중치 값들이 반복된다.

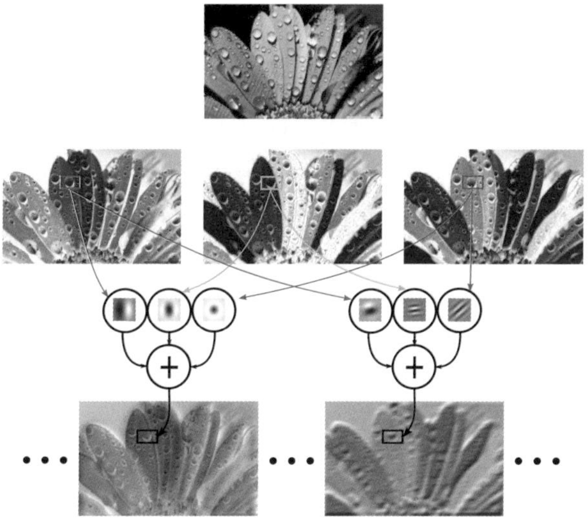

그림 18.10 입력 이미지의 컨볼루션 계층. 입력 이미지는 세 가지 색 성분으로 분할된다. 단일 필터는 $q \times q \times p_1$ 배열(여기서는 각 $p_1 = 3$ 색 패널별로 하나의 $q \times q$ 필터가 정의된다.)이고 각 구역에서 적절히 크기 조정된 부분 이미지와 내적을 계산하는 데 사용되며 p_1개의 패널에 대해 합산된다. 여기서는 $q = 2$인데, 통상 작은 수를 사용한다. 이는 모든 (겹치는) $q \times q$ 부분 이미지에 대해 (경계를 패딩해가며) 반복해, 입력 패널들의 차원과 동일한 차원의 이미지를 생성한다. 이것이 컨볼루션 연산이다. 이 필터에는 p_2가지의 서로 다른 버전이 있으므로 p_2개의 새로운 패널이 만들어진다. 각 p_2개의 필터들은 p_1q^2 가중치를 가지고, 이는 역전파를 통해 학습하게 된다.

풀 계층

풀pool 계층은 비선형 활성화의 일종이다. 이는 서로 겹치지 않는 $r \times r$ 픽셀(여기서 $r=2$)의 블록 내에서 최댓값을 계산해 단일 수치로 축소한다. 왜 최댓값인가? 컨볼루션 필터는 그 자체로 작은 이미지 조각이므로 목표 이미지에서 유사한 조각을 찾아내려 노력한다(이 경우 내적 값이 높을 것이다). 최대치 연산은 지역 변환 불변성 요소를 알아낸다. 풀 연산은 각 이미지를 각 차원별로 r만큼 축소한다. 이를 보상하기 위해 다음 컨볼루션 계층에서는 그에 따라 타일 개수를 늘려준다.[3] 또한 이 타일이 작아질수록 컨볼루션 연산으로부터 얻는 유효 가중치는 더 조밀해지게 된다. 결과적으로 타일은 컨볼루션 필터와 같은 크기고 계층은 완전히fully 연결된다.

18.5 딥 네트워크 학습

컨볼루션 계층에 의한 추가적인 구조에도 불구하고 딥 네트워크는 그래디언트 하강으로 학습한다. 그래디언트는 이전과 같이 역전파를 통해 계산되지만, 컨볼루션 필터에 연결된 가중치를 고려해 특별한 주의를 기울여야 한다. 그러나 현대 딥러닝 망의 성능을 개선한 많은 트릭 또한 소개됐다. 이들은 대개 정규화를 목적으로 한다. 사실 우리의 100-부류 이미지 망은 약 5,000만 개의 모수를 가지므로 과적합을 피하기 위한 정규화는 필수적이다. 그중 몇 가지를 간략히 알아보자.

드롭아웃

이는 망을 학습할 때 수행되는 정규화 형태로, 대개 드롭아웃dropout은 계층별로 드롭아웃 비율을 달리해 컨볼루션뿐만 아니라 모든 망에 적용된다. 실제 계층이 깊고 조밀할수록 잘 작용하는 것처럼 보인다. 피드포워드 단계 동안 단일 관측치에 대해 계층 k에서 활성화 $z_\ell^{(k)}$를 (18.3)에서와 같이 계산한다고

---

3 타일이란 컨볼루션 연산을 하는 이미지 영역을 말한다. – 옮긴이

가정해보자. 아이디어는 각 계층의 p_{k-1}개 노드 중에서 각각의 노드 $a_j^{(k-1)}$을 랜덤으로 확률 ϕ에 의해 0으로 설정하고, 0이 아닌 나머지를 $1/(1-\phi)$만큼 부풀리는 것이다. 따라서 이 관측치에서 살아남은 노드는 제거된 노드만큼을 대신해야 하는 것이다. 이는 리지 정규화 형태로도 볼 수 있는데, 제대로 수
†4 행된다면 성능을 향상시킨다.[†] 드롭아웃 비중 ϕ는 튜닝 모수고 컨볼루션 망에서는 계층별로 다른 값을 사용하는 것이 나아 보인다. 특히 계층이 좀 더 조밀해질수록 ϕ는 증가한다. 입력 계층은 0이었다가 완전히 연결된 출력 계층에서는 0.5가 된다.

입력 왜곡

이 방법은 특히 이미지 분류에 적합한 또 다른 정규화 형태다. 아이디어는 입력 이미지를 많이 왜곡한 복제본으로 훈련 집합을 강화함으로써 정규화를 수행하는 것이다(그러나 물론 동일한 레이블을 사용한다). 이미지를 왜곡하는 방식은 위치 이동일 수도 있고 어파인affine 변환일 수도 있지만, 자연 이미지에서 나타나는 색 또는 음영의 변환일 수도 있다. 그림 18.11에서 입력 이미지의

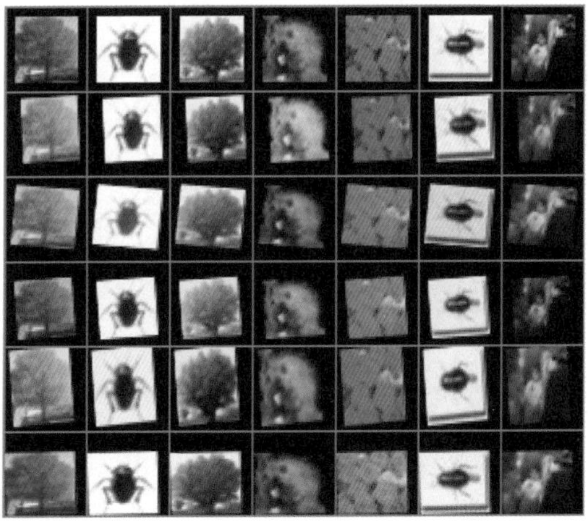

그림 18.11 각 열은 원래 이미지의 왜곡된 버전을 보여준다. 왜곡에는 어파인과 색 왜곡도 포함된다. 입력 이미지는 크기를 키우기 위해 경계를 채웠으므로, 왜곡을 위한 약간의 공간이 있다.

왜곡된 버전을 보여준다. 왜곡은 사람이 원시 이미지를 식별할 수 있을 정도
†5 로만 시행한다.[†] 이렇게 하면 힌트를 통해 훈련 데이터를 풍부하게 하는 동시에 원래 이미지에 대한 과적합을 방지할 수 있다. 테스트 이미지에 대해서도 왜곡을 적용할 수 있으며, 이때는 마지막 분류를 위해 결과를 투표한다.

설정

딥러닝 망을 위해 각 계층의 다양한 선택과 함께 정확한 구조를 설계하려면, 경험과 함께 시행착오가 요구된다. 여기서는 알고리듬 18.2의 **CIFAR-100** 데
†6 이터 집합을 분류하기 위해 구축한 세 번째와 마지막 구조를 요약한다.[†] 각 계층별 크기 모수 이외에 활성화 함수와 추가적인 정규화를 선택해야만 한다. 예제의 경우 리키 ReLU $g_\alpha(z)$(18.2절)를 사용했고, α는 5계층에서 0.05부터 시작해 13계층에서는 0.5까지 증가시킨다. ℓ_2 정규화를 적용하되, 특정

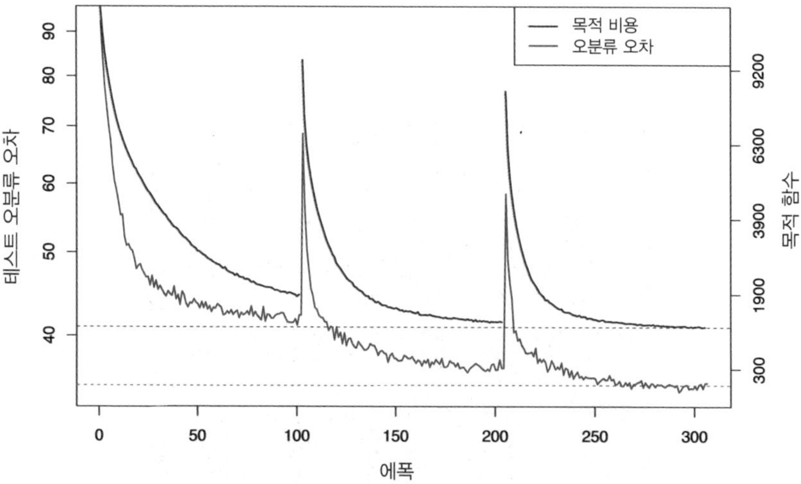

그림 18.12 알고리듬의 진행을 에폭 수의 함수로 표시한 것이다. 가속화 그래디언트 알고리듬은 100 에폭마다 '재시동'됐는데, 장기 기억이 사라지고 새로운 경로가 시작됨을 의미하며 현재 해[solution]에서 시작한다. 붉은색 곡선은 목적 함수(훈련 데이터에 대한 음의 페널티 로그 우도)를 보여준다. 푸른색 곡선은 테스트 집합 오분류 오차를 보여준다. 수직 축은 로그 크기이므로 0이 포함될 수 없다.

알고리듬 18.2 **CIFAR-100** 데이터에 사용된 딥러닝 망의 모수 설정

계층 1: 100 컨볼루션이 각 2×2×3 커널을 매핑한다(세 가지 색에 대해 세 개). 입력 이미지는 왜곡을 위해 32×32에서 40×40으로 채워진다.

계층 2와 3: 100 컨볼루션은 각 2×2×100으로 매핑한다. 컨볼루션의 구성은 더 큰 밴드 폭의 컨볼루션과 대충 동일하고, 더 작을수록 더 적은 모수를 가진다.

계층 4: 최대 풀 2×2 계층, 픽셀에서 겹치지 않는 2×2 블록을 풀로 구성하고, 이에 따라 이미지를 크기 20×20으로 축소한다.

계층 5: 300 컨볼루션이 각 2×2×100을 드롭아웃 학습률 $\phi_5=0.05$로 매핑한다.

계층 6: 계층 5를 반복한다.

계층 7: 최대 풀 2×2 계층(10×10으로 감소)

계층 8: 600 컨볼루션이 각 2×2×300을 매핑하고 드롭아웃 학습률은 $\phi_8=0.10$

계층 9: 800 컨볼루션이 각 2×2×600을 매핑하고 드롭아웃 학습률은 $\phi_9=0.10$

계층 10: 최대 풀 2×2 계층(5×5로 감소)

계층 11: 1600 컨볼루션이 각 1×1×800으로 매핑. 이는 이전 계층으로부터 800개 이미지의 픽셀별 가중화 합이다.

계층 12: 2000 완전 연결 유닛, 드롭아웃 비율은 $\phi_{12}=0.25$

계층 13: 마지막 100 출력 유닛, 소프트맥스 활성화와 드롭아웃 비율 $\phi_{13}=0.5$

노드로 들어오는 모든 가중치 벡터가 1로 한정된 ℓ_2 노름을 가지도록 제한한다. 그림 18.12는 목적 함수의 최적화(적색)와 테스트 오분류 오차(청색)가 그래디언트 하강 알고리듬이 진행됨에 따라 어떻게 변화하는지 보여주고 있다. 가속화 그래디언트 기법은 기억을 유지하는데, 그래프에 나타난 것처럼 지

역 최소에서 탈출하기 위해 두 번이나 재시동된 것에서 볼 수 있었다. 우리의 망은 10,000개의 테스트 이미지(부류당 100개 이미지)에서 35%의 테스트 오류율을 달성했다. 가장 좋은 오류율 기록은 25%이므로, 나름 잘한 편이다!

18.6 주석 및 상세 설명

독자들은 여기서 확률 모델 개발이 사라졌다는 사실을 이미 깨달았을 것이다. 신경망은 오직 예측을 목표로 한 정교한 회귀 기법이며 8.4절에서 말하는 추정이나 설명 등이 아니다. 머신 러닝 커뮤니티는 성능 측정을 위한 벤치마크로 모수적 최적성 기준 대신 숫자 **MNIST**나 **CIFAR-100** 같은 특정 예측 데이터 집합에 집중했다.

신경망에 대해서는 방대한 문헌이 있으며 수천 개의 논문과 수백 권의 책이 있다. 딥러닝의 재기 이후 이 문헌은 다시 늘어나기 시작하고 있다. 신경망에 대한 초창기의 두 통계적 참고 문헌은 리플리Ripley(1996)와 비숍Bishop(1995)이고, 해이스티와 동료들(2009)과 같이 주제에 한 장을 할애하기도 한다. 18.2절의 역전파에 대한 일부 설명은 앤드류 응Andrew Ng의 온라인 스탠포드 강의 노트(Ng, 2015)를 참고했다. 벤지오Bengio와 동료들(2013)은 오토인코더에 대한 유용한 리뷰를 제공한다. 르쿤LeCun과 동료들(2015)은 이 분야의 세 개척자인 얀 르쿤Yann LeCun, 요수아 벤지오Yoshua Bengio, 제프리 힌튼Geoffrey Hinton에 의해 쓰여진 것이며 딥러닝의 짤막한 개요를 설명한다. 또한 응이암Ngiam과 동료들(2010)에서 딥러닝에 관한 도움을 받았다. 드롭아웃 학습(스리바스타바Srivastava와 동료들, 2014)은 상대적으로 새로운 아이디어며, 리지 회귀와의 연결성은 와거Wager와 동료들(2013)에 가장 유용하게 설명돼 있다. 가속화 그래디언트 하강의 가장 보편적인 버전은 네스테로프Nesterov(2013)에 의한 것이다. 힌트로 학습하는 것은 아부-모스타파Abu-Mostafa(1995)에 의한다. 18.4절과 18.5절의 내용은 라케시 아찬타Rakesh Achanta(아찬타와 해이스티, 2015)와의 토론에서 많은 도움을 받았는데, 그는 컬러 이미지와 도형 일부를 만들고

CIFAR-100 데이터에 딥러닝을 설계하고 적합화했다.

†1 신경 정보 처리 시스템(NIPS) 콘퍼런스는 1987년 늦은 가을 콜로라도 덴버에서 시작됐고, 콘퍼런스 후속 워크숍은 베일Vail의 스키 리조트 근처에서 열렸다. 이 콘퍼런스는 해마다 개최 장소가 변경되지만 지금도 여전히 유명하다. NIPS 논문 모음집은 많은 사람들이 참조하고 있으며, 논문은 대부분의 분야, 특히 전산과 공학 분야에서 주요 출판물로 인정받는다. 비록 신경망이 콘퍼런스 초기의 주요 주제였지만, 현재의 NIPS 콘퍼런스는 머신 러닝의 모든 최신 아이디어를 다루고 있다.

†2 MNIST는 잘 관리된 필기체 숫자 이미지의 데이터베이스다(르쿤과 콜테스, 2010). 여기에는 60,000개의 훈련 이미지와 10,000개의 테스트 이미지가 있고, 각각은 회색조로 된 28×28 이미지다. 이 데이터는 서로 다른 여러 학습 알고리듬의 테스트베드로 사용되고 있으며 알려진 최고 오차율은 낙관적인 수치일 수 있다.

†3 튜닝 모수. 일반적인 신경망 구현은 수십 개의 튜닝 모수를 가지고 있으며, 그중 많은 수는 하강 알고리듬의 정교한 튜닝과 연계돼 있다. 여기서는 R 패키지 h2o에 있는 h2o.deepLearning 함수를 사용해 MNIST 데이터 집합의 적합화 모델에 이용했다. 함수는 20여 개의 모수를 가지고 있으며, 설계 시 많은 예제에서 대부분 좋은 성능을 나타내는 디폴트 상숫값으로 튜닝돼 설정돼 있다. 아노 캔델Arno Candel은 이 소프트웨어를 사용하는 데 많은 도움을 줬다.

†4 드롭아웃과 리지 회귀. 드롭아웃은 원래 스리바스타바와 동료들(2014)에서 제안됐으며, 와거와 동료들(2013)에서 재해석됐다. 드롭아웃은 랜덤 포레스트(17.1절)에서 각 트리의 분할에서 변수를 랜덤하게 선택하는 방식으로부터 영감을 받았다. 제곱 오차 손실 함수를 사용하는 선형 회귀 문제에서 드롭아웃의 단순 버전을 생각해보자. $n \times p$ 회귀 행렬 $\mathbf{X}$와 n-벡터 $\mathbf{y}$ 반응 변수가 있다. 편의상 모든 변수의 평균은 0으로 가정한다. 따라서 절편은 무시할 수 있다. 다음의 랜덤 최소 자승 기준을 생각해보자.

$$L_I(\beta) = \frac{1}{2}\sum_{i=1}^{n}\left(y_i - \sum_{j=1}^{p} x_{ij} I_{ij} \beta_j\right)^2$$

여기서 I_{ij}는 $\forall i, j$에 대해 다음과 같이 정의되는 iid인 변수다.

$$I_{ij} = \begin{cases} 0 & \text{확률 } \phi, \\ 1/(1-\phi) & \text{확률 } 1-\phi \end{cases}$$

(이 특별한 형태는 $E[I_{ij}] = 1$이 되도록 사용됐다.) 단순 확률을 사용하면 기대 점수식은 다음과 같이 쓸 수 있음을 보일 수 있다.

$$\mathrm{E}\left[\frac{\partial L_I(\beta)}{\partial \beta}\right] = -\boldsymbol{X}'\boldsymbol{y} + \boldsymbol{X}'\boldsymbol{X}\beta + \frac{\phi}{1-\phi}\boldsymbol{D}\beta = 0 \qquad (18.23)$$

여기서 $\boldsymbol{D} = \mathrm{diag}\{\|\boldsymbol{x}_1\|^2, \|\boldsymbol{x}_2\|^2, \ldots, \|\boldsymbol{x}_p\|^2\}$이다. 그러므로 해답은 일반화 리지 회귀에 의해 주어진다.

$$\hat{\beta} = \left(\boldsymbol{X}'\boldsymbol{X} + \frac{\phi}{1-\phi}\boldsymbol{D}\right)^{-1}\boldsymbol{X}'\boldsymbol{y} \qquad (18.24)$$

변수가 표준화되면, 항 $\boldsymbol{D}$는 스칼라가 되고 해는 리지 회귀와 동일해진다. 비선형 활성화 함수의 경우 해석은 조금 달라진다. 좀 더 자세한 것은 와그너와 동료들(2013)을 참고하라.

†5 왜곡과 리지 회귀. 다시 한 번 단순 예제에서 입력 왜곡이 리지 회귀와 유사함을 보여준다. 조건의 랜덤화된 버전이 달라진 것을 제외하고는 이전 예제와 동일한 설정이라고 가정한다.

$$L_N(\beta) = \frac{1}{2}\sum_{i=1}^{n}\left(y_i - \sum_{j=1}^{p}(x_{ij} + n_{ij})\beta_j\right)^2$$

여기서는 예측 변수에 랜덤 잡음을 추가하는데, 이 잡음은 iid $(0, \lambda)$라고 가정한다. 다시 한 번 기대 점수 식은 다음과 같이 쓸 수 있다.

$$\mathrm{E}\left[\frac{\partial L_N(\beta)}{\partial \beta}\right] = -\boldsymbol{X}'\boldsymbol{y} + \boldsymbol{X}'\boldsymbol{X}\beta + \lambda\beta = 0 \tag{18.25}$$

모든 n_{ij}가 독립이며, $\mathrm{E}(n_{ij}^2) = \lambda$이기 때문이다. 다시 한 번 이는 리지 회귀로 이끈다. 따라서 각 관측치 쌍 x_i, y_i를 $\{x_i^{*b}, y_i\}_{b=1}^{B}$ 모임으로 대체한다. 여기서 각 x_i^{*b}는 x_i의 잡음 버전이고, 원래 데이터에서 리지 회귀에 근사적으로 동일하다.

†6 딥러닝 소프트웨어. **CIFAR-100**을 위한 우리의 딥러닝 컨볼루션 망은 **테아노**Theano의 라케시 아찬타에 의해 구성되고 실행됐다. **테아노**는 파이썬 기반의 시스템이다((바스티엔과 동료들, 2012), (베르그스트라와 동료들, 2010)). **테아노**는 딥러닝 모수를 설정하는 데 사용자 친화적인 언어며, 필요한 통계적 그래디언트 하강을 계산하는 데 기호 미분symbolic differentiation을 사용한다. 2015년에 구글은 딥러닝 망을 적합화하는 오픈소스 버전인 **텐서플로**TensorFlow를 발표했다.

18.7 연습문제

이 절의 연습문제 일부는 심층 신경망을 적합화하기 위한 소프트웨어 설치가 필요하다. 저자는 **h2o.ai** 소프트웨어와 **R**의 **keras** 패키지를 모두 사용했다.

1. **R**의 **keras** 패키지 등을 사용해 그림 18.3에 표시된 모델을 **MNIST digit** 데이터에 적합화 하라. 적합 모델의 테스트 데이터에 대한 혼동 행렬을 계산하라.

2. $K = 3$(입력 계층, 단일 은닉 계층, 출력 계층)인 신경망을 사용해 식 (18.10)–(18.15)을 도출하고 증명하라. 단일 출력과 제곱-오차 손실을 가정하라.

3. (18.21)에 따른 주장 $\hat{\boldsymbol{A}} = \boldsymbol{V}$를 증명하라.

4. 시뮬레이션된 데이터 집합을 사용해 노이즈가 추가된 훈련 데이터의 여러 복사본을 만들면 리지 회귀에 가까운 해를 제공하는지 경험적으로 증명하라. 크기가 100×5인 데이터 행렬(상당한 상관 관계 포함)을 사용하고 리지 선형 회귀의 기존 버전과 비교하라(제곱 오차 손실).

5. **keras** 등을 사용해 딥 CNN을 **CIFAR-10** 이미지 데이터 집합에 적합화하라. (데이터는 www.cs.toronto.edu/~kriz/cifar.html에 있다.) 테스트 오차를 20% 미만으로 줄이고 네트워크에 대한 혼동 행렬을 보고하라.

6. 그래디언트 하강으로 $p > n$인 최소-제곱 문제를 해결한다고 가정하자. $\beta \leftarrow \beta - \epsilon(\partial L(\beta)/\partial\beta)$ 먼저 $\beta = 0$에서 출발하고 작은 단계 크기 ϵ를 사용한다.

   1) 점이 일반적인 위치에 있으면 잔차가 0으로 수렴(modulo ϵ)함을 보여라.

   2) 수렴된 β가 최소-ℓ_2-노름 해에 해당함을 보여라.

19

서포트 벡터 머신과 커널 기법

생물통계와 전염병학에서 선형 로지스틱 회귀가 중추적 역할을 해왔지만 머신 러닝 분야에서는 복합적인 대접을 받았다. 머신 러닝에서의 목적은 종종 통계적 추론이 아니라 부류의 정확성이다. 로지스틱 회귀는 2단계로 분류기를 구축한다. $\Pr(Y=1|X=x)$에 대한 조건부 확률 모델을 적합화한 다음 $\widehat{\Pr}(Y=1|X=x) \geq 0.5$면 1로 분류한다. SVM은 첫 단계를 건너뛰고 분류기를 바로 구축한다.

로지스틱 회귀에 관한 또 다른 다소 이상한 문제점은 훈련 데이터가 선형으로 분리 가능하면 실패한다는 것이다! 이것이 의미하는 바는 특징 공간에서 두 부류를 선형 경계로 분리할 수 있는 경우에 최대 우도는 실패하고 일부 모수는 무한대로 가버린다는 것이다. 이는 초창기 로지스틱 회귀 사용자에게는 흔치 않은 시나리오처럼 보이지만, 유전자라는 와이드[wide] 데이터를 사용하는 현대에는 거의 확실히 발생할 수 있다. $p \gg n$이면(관측치보다 많은 특징들), 대개 항상 분리 초평면을 찾을 수 있다. **최적 분리 초평면**을 찾는 것은 사실 SVM의 시작점이다. 지금부터 살펴보겠지만, SVM은 이보다 많은 일을 해내며 사실 로지스틱 회귀와 함께 사이좋게 잘 지낼 수 있다.

SVM은 통계학의 오랜 기법인 비선형 변환과 베이시스basis 확장을 통해 특징 공간을 풍부하게 만드는 기법을 추구한다. 전통적 예제는 상호작용 항에 의해 선형 회귀를 강화하는 것이다. 확장된 공간에서의 선형 모델은 전체 공간에서 비선형 모델로 이끈다. 이는 대개 '커널 트릭'을 통해 얻을 수 있는데, 이는 임의 개수의 예측 변수 p에 대해 n차원 공간에서 계산이 수행될 수 있도록 해준다. 분야가 성숙해지면서, 사실 커널 트릭은 재생성 커널 힐버트 공간reproducing-kernel Hilbert space에서의 추정에 해당한다는 것이 명백해졌다.

마지막으로, SVM에서의 커널 기법을 커널 평활화로 알려진 비모수적 회귀 기법과 대조해본다.

19.1 최적 분리 초평면

그림 19.1은 $\mathbb{R}^2$에서 작은 표본 점을 보여주는데, 각각 두 부류 중 하나(청색 또는 오렌지색)에 속한다. 수치적으로 이 부류에 대해 청색은 +1, 오렌지색은 −1로 점수를 매긴다.[1] 2-부류 선형 분류기는 함수 $f(x) = \beta_0 + x'\beta$를 통해 정의한다. 관례상 점 x_0은 $f(x_0) > 0$이면 +1로 분류하고, $f(x_0) < 0$이면 −1로 분류한다(경계에 있으면 동전을 던진다). 그러므로 분류기 자체는 $C(x) = \text{sign}[f(x)]$다.

결정 경계는 집합 $\{x \mid f(x) = 0\}$이다. 그림 19.1의 왼쪽에서는 세 가지 서로 다른 분류기를 볼 수 있고 모든 점들을 완벽히 분리한다. 최적 분리 초평면은 두 부류 사이의 마진을 가장 크게 만드는 선형 분류기고 오른쪽 그림에 나타나 있다(최적 마진 분류기로도 알려져 있다). 여기서는 훈련 데이터에 마진을 크게 생성해서 미래의 관측치에도 잘 작동하기를 희망한다.

†1 몇 가지 기초적인 기하[†]를 통해 (부호가 있는) 점 x_0으로부터 선형 결정 경계까지의 유클리드 거리는 함수 f에 의해 다음과 같이 정의됨을 보일 수 있다.

---

1 이 장에서 ±1 점수화는 표기를 편리하게 해준다.

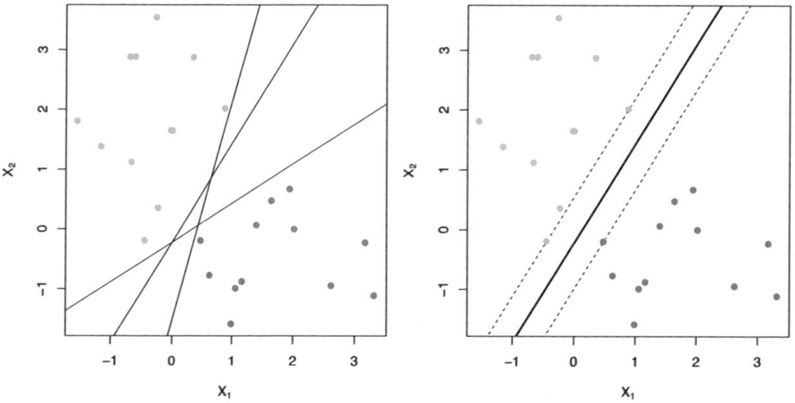

그림 19.1 왼쪽 그림: $\mathbb{R}^2$상에서의 2-부류 데이터. 세 가지 잠재적 결정 경계를 보여준다. 각각은 데이터를 완벽히 분리한다. 오른쪽 그림: 최적 분리 초평면($\mathbb{R}^2$에서의 선)은 두 부류 사이에 가장 큰 마진을 생성한다.

$$\frac{1}{\|\beta\|_2} f(x_0) \tag{19.1}$$

이 점을 염두에 두면, 초평면을 분리하는 과정에서의 값 $\frac{1}{\|\beta\|_2} y_i f(x_i)$는 결정 경계와 x_i 사이의 거리라는 것을 알 수 있다.[2] 이 사실은 최적 마진 분류기를 생성하는 최적화 문제로 이끈다.

$$\begin{aligned} &\underset{\beta_0,\, \beta}{\text{maximize}}\ M \\ &\text{다음 조건하에}\ \frac{1}{\|\beta\|_2} y_i(\beta_0 + x'\beta) \geq M,\ i = 1, \ldots, n \end{aligned} \tag{19.2}$$

인수 크기를 재조정하면, 식은 좀 더 간단한 형태로 축소된다.

$$\begin{aligned} &\underset{\beta_0,\, \beta}{\text{minimize}}\ \|\beta\|_2 \\ &\text{다음 조건하에}\ y_i(\beta_0 + x'\beta) \geq 1,\ i = 1, \ldots, n \end{aligned} \tag{19.3}$$

2 모든 점이 정확히 분류됐으므로, $f(x_i)$의 부호는 y_i와 일치한다 따라서 이 수치는 항상 양수다.

†2 이 식은 2차 프로그램이고, 컨벡스 최적화의 표준 기법으로 해결할 수 있다.[†] 해에서 한 가지 주목할 성질은 다음과 같다.

$$\hat{\beta} = \sum_{i \in \mathcal{S}} \hat{\alpha}_i x_i \tag{19.4}$$

여기서 $\mathcal{S}$는 서포트 집합support set이다. 그림 19.1에서 마진이 3점(벡터)에 닿는 것을 볼 수 있다. 이 경우에 $|\mathcal{S}| = 3$개의 서포트 벡터가 있고 명백히 $\hat{\beta}$의 방향은 그들에 의해 결정된다. 그러나 여전히 $\mathcal{S}$에서의 3점과 그들의 계수 α_i, $i \in \mathcal{S}$를 알아내기 위해 최적화 문제를 해결해야 한다. 그림 19.2는 와이드 데이터(즉, $p \gg n$)에 적합화된 최적 마진 분류기를 보여준다. 이들은 $n = 72$명의 백혈병 환자(1장에서 처음 등장한)의 혈액 표본으로부터 측정된 $p = 3571$개의 유전자에 대한 유전자 발현 척도다. 이들은 두 부류로 분류되는데, 각각 47명의 **ALL**(급성림프구성)과 25명의 **AML**(골수성) 환자다. 이런 경우, 대개 분

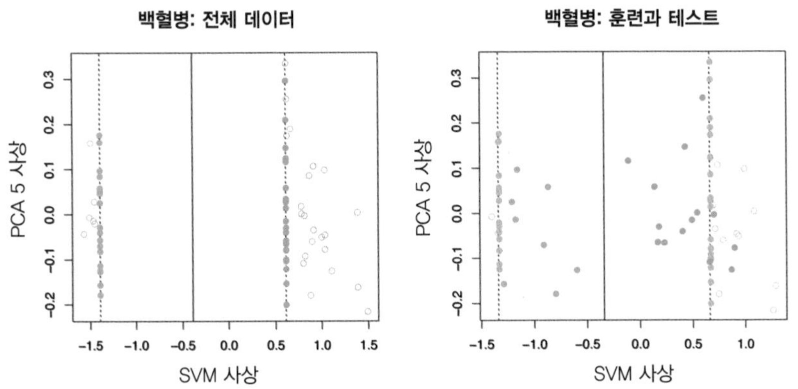

그림 19.2 왼쪽 그림: 최적 마진 분류기를 백혈병 데이터에 적합화. 두 부류에 72개의 관측치가 있다. 47개는 **ALL**이고 25개는 **AML**이며, 3,571개의 유전자-발현 변수가 있다. 72개 관측치 중에 42개는 서포트 벡터고 마진에 위치해 있다. 점들은 적합화된 분류기 함수 $\hat{f}(x)$에 대해 그려져 있는데, SVM 사상과 다섯 번째 PCA로 돼 있다(전자와는 낮은 상관관계를 가지므로 표시를 위해 선택했다). 오른쪽 그림: 여기서 최적 마진 분류기는 72개 관측치 중 랜덤 부분집합 50개에 적합화된 후 나머지 22개를 분류하기 위해 사용된다(색으로 표시). 비록 이 점들은 각자 마진의 잘못된 쪽에 있지만 모두 정확히 분류된다.

리 초평면이 보장된다.[3] 이 경우 72개의 점 중 42개가 서포트 점이 된다. 이렇게 찾은 답은 이 작은 데이터양에 과적합됐을 것이라 생각할 수도 있다. 사실 훈련과 테스트 집합으로 갈라지면 테스트 데이터는 마진 영역을 침범할 수 있다는 점을 확인할 수 있지만, 그 경우에도 오분류되는 것은 없다. 이러한 분류기는 유전학 영역의 와이드 데이터에는 매우 흔한데, 대체로 잘 작동하기 때문이다. 서포트 벡터는 로지스틱 회귀가 실패하는 경우 간단한 대안을 제공해준다. 그러나 가끔 과적합돼 수정이 필요하다. 이 수정은 분리 불가능한 상황도 동일하게 처리해준다.

19.2 소프트 마진 분류기

그림 19.3은 분리 불가능한 $\mathbb{R}^2$에서의 점을 보여준다. 소프트 마진을 일반화하면 점들이 마진을 침범해도 된다. 침범한 각 점에는 그 마진과 연결하는 선분이 그려져 있어서 그 침범한 정도를 보여준다. 소프트 마진 분류기는 다음 문제를 해결하고자 한다.

$$\begin{aligned} &\underset{\beta_0,\,\beta}{\text{minimize}}\ \|\beta\|_2 \qquad (19.5)\\ &\text{다음 조건하에 } y_i(\beta_0 + x_i'\beta) \geq 1 - \epsilon_i \\ &\epsilon_i \geq 0,\ i = 1, \ldots, n,\ \text{그리고} \sum_{i=1}^{n} \epsilon_i \leq B \end{aligned}$$

여기서 B는 중첩되는 전체 양에 대한 한도를 나타낸다. 해법은 또 다시 (19.4)의 형식을 취하는데, 이번에는 서포트 집합 $\mathcal{S}$가 마진에 있는 모든 벡터는 물론 마진을 침범한 점까지 포함한다는 점이 다르다. B가 커질수록 서포트 집합도 커지므로 해를 찾는 데 영향을 미치는 점들도 많아지게 된다. 사실 분리 가능한 데이터에 대해서도 B를 통해 마진 침범을 허용하면 B를 튜

3 $n \leq p+1$이면, 분류 경계를 따라 정확히 동일한 값을 가진 특징들이 존재하지 않는 한 항상 분리 초평면을 찾을 수 있다.

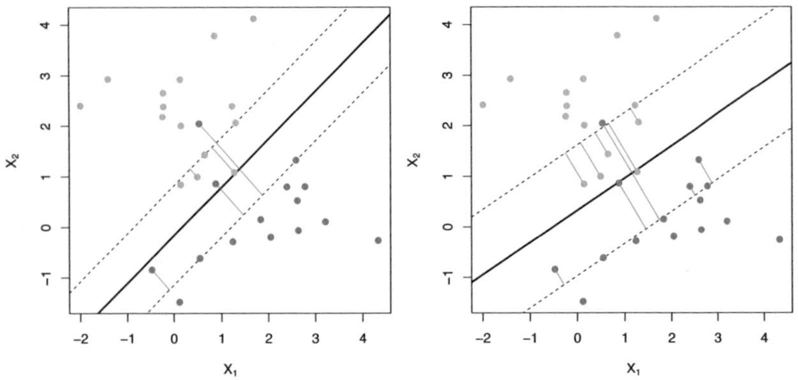

그림 19.3 여기서처럼 분리되지 않는 데이터에 대해 소프트 마진 분류기는 마진 침범을 허용한다. 침범의 전체 척도를 위한 한도budget B는 튜닝 모수가 된다. 한도가 클수록 소프트마진은 넓어지고 적합화에 포함되는 서포트 점들도 많아진다.

닝함으로써 해를 정규화할 수 있게 된다.

19.3 손실 플러스 페널티로서의 SVM 기준

(19.5)와 (19.3)을 좀 더 전통적인 항으로 재구성하면 손실 플러스 페널티 함수의 최소화 문제로 만들 수 있다.

$$\underset{\beta_0,\,\beta}{\text{minimize}} \sum_{i=1}^{n} [1 - y_i(\beta_0 + x_i'\beta)]_+ + \lambda\|\beta\|_2^2 \tag{19.6}$$

여기서 힌지hinge 로스 $L_H(y, f(x)) = [1 - yf(x)]_+$는 마진량 $yf(x)$에 대해 작동
†3 하고, 그림 19.4에서와 같은 부분별 선형이다.† 동일한 마진량은 17.4의 부스팅에서 나왔다. 수량 $[1 - y_i(\beta_0 + x_i'\beta)]_+$는 x_i가 마진의 잘못된 쪽에 있을 비용이다(정확한 쪽에 있으면 비용은 0이다). (19.6)과 (19.5) 사이의 연관성은 정확히 일치한다. 큰 λ는 큰 B에 해당하고, 이 공식은 정규화의 명시적 형태를 만든다. 분리 가능한 데이터의 경우 최적 분리 초평면 해(19.3)는 최소 노름 해를 $\lambda \downarrow 0$인 상황에서 제한하는 것에 해당한다. 힌지 로스의 개체 최소화는

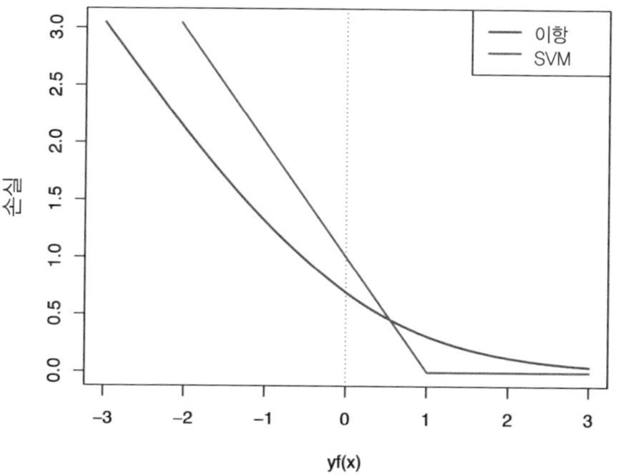

그림 19.4 힌지 손실 함수는 +1보다 작은 관측 마진 $yf(x)$에 선형으로 페널티를 주고 +1보다 큰 마진은 버려둔다. 음의 이항 로그 우도(편차)는 동일한 점근을 가지지만 $yf(x)=1$ 근처에서 더 부드러운 방식으로 작동한다.

사실 베이즈 분류기라는 것을 증명할 수 있다.[4] 이 점은 사실 SVM이 분류기
†4 $C(x) \in \{-1, +1\}$을 직접 추정하고 있다는 것을 보여준다.[†]

그림 19.4의 붉은색 곡선은 로지스틱 회귀의 이항 (절반) 편차다(즉, $f(x) = \beta_0 + x'\beta$는 이제 로짓 $\Pr(Y=+1 \mid X=x)$를 모델링한다). $Y=\pm 1$일 때 편차는 마진의 항으로도 쓸 수 있고 (19.6)에 해당하는 리지 로지스틱 회귀는 다음의 형식을 가진다.

$$\underset{\beta_0,\,\beta}{\text{minimize}} \sum_{i=1}^{n} \log[1 + e^{-y_i(\beta_0 + x_i'\beta)}] + \lambda\|\beta\|_2^2 \tag{19.7}$$

로지스틱 회귀는 8.1절, 16.5절, 17.4절에서 설명했다. 이러한 이항 편차 형태는 (17.13)에서 유도됐다. 손실 함수는 그림에 나타난 것처럼 공통적인 특징을 가진다. 이항 손실 함수는 큰 양의 마진에 대해 0에 점근하고, 큰 음의

4 오분류 오차에 동일한 비용을 사용하는 2-부류에 대한 베이즈 분류기 $C(x)$는 $\Pr(y \mid x)$가 가장 큰 부류에 x를 할당한다.

마진에 대해서는 선형 손실에 점근해 힌지 손실에 대응된다. 주된 차이는 힌지는 +1에서 뾰족한 엘보우를 가지는 반면, 이항은 부드럽게 굽어진다는 점이다. 결론적으로 보자면, 이항 해법은 결정 경계로부터의 거리에서 부드럽게 사라지는 가중치 $p_i(1-p_i)$를 통해 모든 데이터를 포함하며 서포트 점의 이항 속성과 병립된다. 17.4절에서 또 볼 수 있는 것은 이항 편차의 개체 최소화는 부류 확률의 로짓이라는 점이다.

$$\lambda(x) = \log\left(\frac{\Pr(y=+1|x)}{\Pr(y=-1|x)}\right) \tag{19.8}$$

반면 힌지 로스의 경우 sign $C(x) = \text{sign}[\lambda(x)]$다. 흥미롭게도 $\lambda \downarrow 0$이 되면 리
†5 지 로지스틱 회귀 문제(19.7)의 해법 방향 $\hat{\beta}$는 SVM의 그것으로 수렴한다.[†]

이 형태들은 곧바로 선형 SVM의 다른 일반화를 제시한다. 특별히 리지 페널티 $\|\beta\|_2^2$를 희소 유도 라소 페널티 $\|\beta\|_1$로 대체할 수 있는데, 이는 일부 계수를 0으로 설정하므로 특징 선택을 수행하게 된다. 이러한 라소-정규화 서포트 벡터 분류기를 적합화하는 공개된 소프트웨어(예: **R**의 **`liblineaR`** 패키지)가 제공되고 있다.

19.4 계산과 커널 트릭

최적 및 소프트 마진 분류기를 위한 해법 $\hat{\beta} = \sum_{i\in\mathcal{S}} \hat{\alpha}_i x_i$의 형태는 중요한 귀결을 가지고 있다. 이 식은 점 x에서 계산된 최적화 함수를 다음과 같이 쓸 수 있다.

$$\begin{aligned}\hat{f}(x) &= \hat{\beta}_0 + x'\hat{\beta} \\ &= \hat{\beta}_0 + \sum_{i\in\mathcal{S}} \hat{\alpha}_i \langle x, x_i\rangle\end{aligned} \tag{19.9}$$

여기서는 의도적으로 전치 표기를 좀 더 함축적인 내적으로 대체했다. 또한 19.9절의 (19.23)에서 라그랑지 듀얼이 오직 n^2 부분별 내적 $\langle x_i, x_j\rangle$($n \times n$

그램gram 행렬 $\boldsymbol{XX}'$의 원소)를 통해서만 데이터를 포함한다는 것을 증명했다. 이는 SVM 해를 구하는 계산이 비록 잠재적으로는 n의 3제곱[5]이지만 p에 대해 선형으로 변한다는 것을 의미한다. 매우 큰 p(수만 혹은 곧 보게 될 수백만)에 대해서는 이것이 매우 편리할 수 있다.

와이드 데이터를 가진 모든 리지 정규화 선형 모델이 이 방식으로 재모수화될 수 있다는 것을 알 수 있다. 예를 들어 리지 회귀를 택하면 다음과 같이 된다.

$$\underset{\beta}{\text{minimize}} \, \|\boldsymbol{y} - \boldsymbol{X}\beta\|_2^2 + \lambda\|\beta\|_2^2 \tag{19.10}$$

이는 해법 $\hat{\beta} = (\boldsymbol{X}'\boldsymbol{X} + \lambda \boldsymbol{I}_p)^{-1}\boldsymbol{X}'\boldsymbol{y}$를 가지며, 큰 p는 $p \times p$ 행렬의 역을 필요로 한다. 그러나 $\hat{\beta} = \boldsymbol{X}'\hat{\alpha} = \sum_{i=1}^{n} \hat{\alpha}_i x_i$, 여기서 $\hat{\alpha} = (\boldsymbol{XX}' + \lambda \boldsymbol{I}_n)^{-1}\boldsymbol{y}$임을 보일 수 있고, 이는 해가 $O(n^2 p)$가 아니라 $O(np^2)$ 계산 복잡도에서 구해진다는 것을 의미한다. 다시 한 번 그램 행렬이 역할을 한 셈이고, $\hat{\beta}$는 SVM

†6 과 같은 형태를 가진다.†

이제 p차원 특징 벡터 x를 잠재적으로 훨씬 더 큰 집합 $h(x) = [h_1(x), h_2(x), \ldots, h_m(x)]$로 확장하는 것을 상상해보자. 이해를 돕기 위한 예로서 전체 차수가 d인 다항 베이시스를 생각해보자. 모든 x에 대해 내적 $\langle h(x), h(x_j)\rangle$를 효율적으로 계산할 수만 있다면, 이 확장된 공간의 SVM 해법을 원래에서인 것처럼 쉽게 계산할 수 있다. 또한 편리한 커널 함수가 존재해서 바로 그 일을 할 수 있다는 것을 알 수 있다. 예를 들어 $K_d(x, z) = (1 + \langle x, z\rangle)^d$는 전체

†7 차수 d의 다항의 베이시스 확장 h_d를 생성하고 $K_d(x, z) = \langle h_d(x), h_d(z)\rangle$다.†

다항 커널은 주로 존재 증명에서 유용하다. 실제로 다른 많은 유용한 커널이 사용된다. 아마도 가장 유명한 것은 방사상radial 커널일 것이다.

$$K(x, z) = e^{-\gamma\|x-z\|_2^2} \tag{19.11}$$

5 사실 $O(n^2|\mathcal{S}|)$고, 현대의 근사 해법은 그보다 훨씬 더 빠르다.

이는 양정치 함수positive definite function고 어떤 특징 공간의 내적을 계산하는 것으로 생각할 수 있다. 여기서 특징 공간은 원칙상 무한 차원이지만 물론 사실상 유한하다.[6] 이제 (19.9)의 표현을 다른 측면에서 생각할 수 있다.

$$\hat{f}(x) = \hat{\alpha}_0 + \sum_{i \in \mathcal{S}} \hat{\alpha}_i K(x, x_i) \tag{19.12}$$

즉, 각각 훈련 예제 하나에 중심을 둔 방사상 베이시스 함수의 확장인 것이다. 그림 19.5는 $\mathbb{R}^1$에서의 이러한 확장을 보여준다. 이러한 비선형 커널을 이용하면 SVM의 범위를 상당히 확장해 비선형 결정 경계에서 분류기를 적합화할 수 있게 해준다.

이런 커널 표현으로 옮겨가도 어떤 목적 함수가 최적화된 것인지에 대해 의문을 가질 수 있다. 이는 다음 절에서 다루고 있지만 간단한 미리보기로서 다음 기준을 살펴보자.

$$\underset{\alpha_0,\, \alpha}{\text{minimize}} \sum_{j=1}^{n} \left[1 - y_j \left(\alpha_0 + \sum_{i=1}^{n} \alpha_i K(x_j, x_i) \right) \right]_+ + \lambda \alpha' \boldsymbol{K} \alpha \tag{19.13}$$

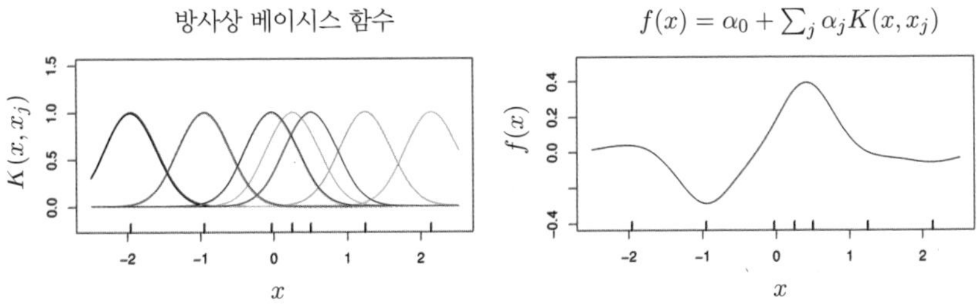

그림 19.5 $\mathbb{R}^1$에서의 방사상 베이시스 함수. 왼쪽 그림은 방사상 함수의 모음을 보여주는데, 각각 일곱 가지 관측치 중 하나에 중심을 두고 있다. 오른쪽 그림은 이 베이시스 함수의 특정 선형 확장으로부터 얻은 함수를 보여준다.

---

6 이변량 함수 $K(x, z)$ ($\mathbb{R}^p \times \mathbb{R}^p \mapsto \mathbb{R}^1$)은 모든 q에 대해, 서로 다른 원소 $x_1, x_2, \ldots, x_q$를 사용해 형성된 모든 $q \times q$ 행렬 $\boldsymbol{K} = \{K(x_i, x_j)\}$가 양정치면 양정치가 된다. 특징 공간은 커널의 고유함수의 항에 의해 정의된다.

여기서 $n \times n$ 행렬 $\boldsymbol{K}$는 $K(x_j, x_i)$ 원소를 가진다.

$\mathbb{R}^2$에서의 설명적 예제로서(따라서 비선형 경계를 시각화할 수 있다.) 그림 19.6의 데이터를 생성했다. 두 가지 SVM 해를 보여주는데, 둘 다 방사상 커널을 이용한다.

왼쪽 그림에서 약간의 마진 오차가 생겼지만 해는 합리적으로 보인다. 그러나 확장된 특징 공간의 유연성으로 한도 B를 줄여서 오른쪽 그림과 같이 전형적인 훈련 데이터 과적합이 발생할 수 있다. 분리된 작은 푸른색 섬은 갈색의 바다에서 하나의 푸른색 점을 위해 생성된 것이다.

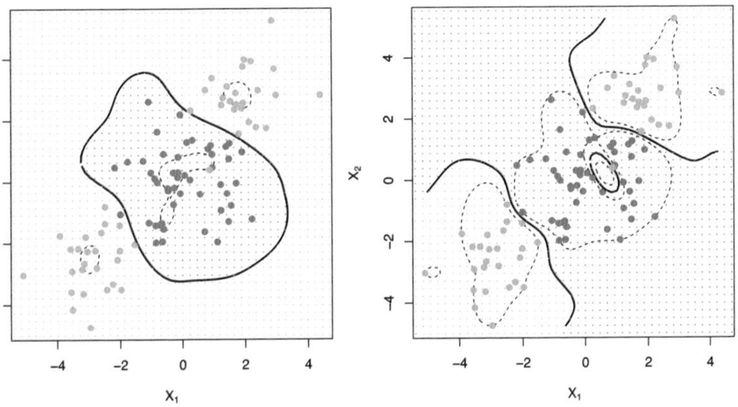

그림 19.6 $\mathbb{R}^2$의 두 부류에서 시뮬레이션된 데이터. SVM 분류기는 방사상 커널(19.11)을 이용해 계산됐다. 왼쪽 그림은 오른쪽보다 더 큰 B 값을 사용한다. 실선은 원래 공간에서의 결정 경계다(확장된 특징 공간에서의 선형 경계). 점선은 두 경우에서의 사상된 마진이다.

19.5 커널을 이용한 함수 적합화

이전 절의 분석은 휴리스틱으로서, 원래 내적을 어떤 (암묵적) 특징 공간에서의 내적을 계산하는 커널로 대체한다. 사실 이는 SVM 세계에서 처음 커널이 소개된 모습이기도 하다. 그러나 그러한 기법 뒤에는 풍부한 문헌들이 있으며 재생성 커널 힐버트 공간(RKHS)에서의 함수 적합화라는 이름을 따른다. 여기서는 매우 간략한 개괄을 한다. 먼저 이변량 양정치[positive-definite] 커널 $K : \mathbb{R}^p \times \mathbb{R}^p \rightarrow \mathbb{R}^1$로 시작하고, 여기서는 커널 $f \in \text{span}\{K(\cdot, z),\ z \in \mathbb{R}^p\}$[7]에 의해 생성된 함수 $f : \mathbb{R}^p \rightarrow \mathbb{R}^1$의 공간 $\mathcal{H}_K$를 고려한다. 커널은 또한
†8 공간 $\|f\|_{\mathcal{H}_K}$에서의 노름을 유도하는데,[†] 거칠기[roughness]의 척도로 생각할 수 있다.

이제 이 부류에 국한해, 데이터에 함수를 적합화하는 매우 일반적인 최적화를 기술할 수 있다.

$$\underset{f \in \mathcal{H}_K}{\text{minimize}} \left\{ \sum_{i=1}^{n} L(y_i, \alpha_0 + f(x_i)) + \lambda \|f\|^2_{\mathcal{H}_K} \right\} \tag{19.14}$$

이는 잠재적 무한 차원 함수 공간에서의 검색이다. 여기서 L은 임의의 손실 함수다. 이 문제 맥락에서 이 공간의 '마법'은 해가 유한 차원임을 보일 수 있다는 것이다.

$$\hat{f}(x) = \sum_{i=1}^{n} \hat{\alpha}_i K(x, x_i) \tag{19.15}$$

이는 훈련 데이터에서 관측된 벡터 x_i의 각각에 연결된 베이시스 함수 $k_i(x) = K(x,\ x_i)$를 가진 선형 베이시스 확장이다. 더구나 이 공간에서 커널의 '재생산' 성질을 사용하면, 페널티가 다음으로 축소된다는 것을 보일 수 있다.

$$\|\hat{f}\|^2_{\mathcal{H}_K} = \sum_{i=1}^{n} \sum_{j=1}^{n} \hat{\alpha}_i \hat{\alpha}_j K(x_i, x_j) = \hat{\alpha}' \boldsymbol{K} \hat{\alpha} \tag{19.16}$$

여기서 $\boldsymbol{K}$는 커널 계산의 $n \times n$ 그램 행렬이고 선형의 경우 $\boldsymbol{XX}'$ 행렬과 같다.

그러므로 추상적 문제 (19.14)는 일반화 리지 문제로 축소된다.

---

7 여기서 $k_z = K(\cdot,\ z)$는 첫 인수의 함수로 간주되고 두 번째 인수는 모수다.

$$\underset{\alpha \in \mathbb{R}^n}{\text{minimize}} \left\{ \sum_{i=1}^{n} L \left(y_i, \alpha_0 + \sum_{j=1}^{n} \alpha_i K(x_i, x_j) \right) + \lambda \alpha' \boldsymbol{K} \alpha \right\} \tag{19.17}$$

사실 L이 (19.6)에서와 같은 힌지 손실 함수면, 이는 커널 SVM에 의해 적합화되는 동일한 '손실 플러스 페널티' 기준이다. 이와 다르게 L이 (19.7)에서의 이항 편차라면, 이는 로지스틱 회귀의 커널 버전을 적합화한다. 그러므로 대부분 적합화 기법은 커널을 사용할 수 있도록 일반화된다.

이 공식화는 사용된 커널 함수에 따라 폭넓은 응용의 길을 열어준다. 다른 방법으로서, 객체 간의 적당한 유사도를 계산할 수만 있다면 정교한 분류기와 객체의 다른 속성을 예측하는 다른 모델을 구축할 수 있다.[8] 다음 절에서 특별한 예제를 다뤄본다.

19.6 예제: 단백질 분류에 대한 문자열 커널

계산 생물학에서 중요한 문제 중 하나는 단백질을 시퀀스의 유사성에 기반해 기능적이고 구조적으로 분류하는 것이다. 단백질 분자는 아미노산의 문자열로 생각할 수 있으며, 길이와 구성에서 다르다. 여기서 살펴보는 예제에서는 길이가 75와 160 사이에서 변동되는 아미노산 분자고, 각각은 20개의 서로 다른 형식 중 하나인데 알파벳 글자를 사용해 레이블된다.

아래에서는 각각 길이가 110과 153인 두 단백질 x_1과 x_2를 보여준다.

IPTSALVKETLALLSTHRTLLIANETLRIPVPVHKNHQLCTEEIFQGIGTLESQTVQGGTV
ERLFKNLSLIKKYIDGQKKKCGEERRRVNQFLDYLQEFLGVMNTEWI

PHRRDLCSRSIWLARKIRSDLTALTESYVKHQGLWSELTEAERLQENLQAYRTFHVLLA
RLLEDQQVHFTPTEGDFHQAIHTLLLQVAAFAYQIEELMILLEYKIPRNEADGMLFEKK
LWGLKVLQELSQWTVRSIHDLRFISSHQTGIP

8 유사도가 내적으로만 작동하면 그렇다. 즉 양의 준정치 행렬을 형성한다.

여기서는 단백질 x를 글자로 이뤄진 문서로 취급하며 사전의 크기는 20이다. 우리의 특징 벡터 $h^m(x)$는 단백질의 모든 m-그램의 개수로 이뤄진다. 즉, 길이 m으로 이뤄진 연속된 글자의 서로 다른 시퀀스다. 예를 들어 여기서는 $m = 3$을 사용하고, 이는 $20^3 = 8000$개의 가능한 서브시퀀스를 만들어낸다. 그러므로 $h^3(x)$는 길이 8,000의 벡터며, 각 원소는 특정 서브시퀀스가 단백질 x에 나타난 횟수다. 예제에서는 서브시퀀스 **LQE**가 처음 단백질에는 한 번 나타나고, 두 번째 단백질에서는 두 번 나타난다. 따라서 $h^3_{\text{LQE}}(x_1) = 1$이고, $h^3_{\text{LQE}}(x_2) = 2$다.

길이 m일 때의 가능한 시퀀스 개수는 20^m이고, 이는 보통 크기의 m에 대해 상당히 클 수 있다. 또한 서브시퀀스의 대다수는 훈련 집합에 없을 수 있으며, 이는 $h^m(x)$가 희소라는 것을 의미한다. 트리 구조를 사용하면, 실제로 개별 벡터를 계산하지 않고도 $n \times n$ 내적 행렬이나 문자열 커널 $\boldsymbol{K}_m(x_1, x_2) = \langle h^m(x_1), h^m(x_2)\rangle$를 계산할 수 있음을 알 수 있다.[†] 커널을 사용하면, 이

†9

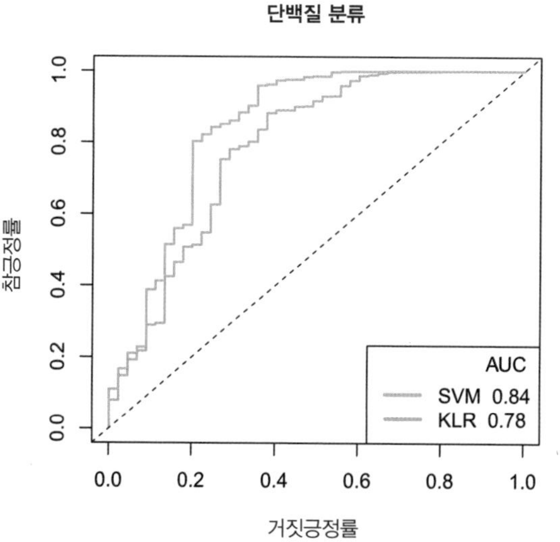

그림 19.7 단백질 데이터에 적합화된 두 분류기의 ROC 곡선. ROC 곡선은 10-폴드 교차 검증을 사용해 계산됐고, 거짓긍정과 참긍정 사이의 트레이드오프를 분류기 임계치가 변함에 따라 추적한다. 곡선 아래의 면적(AUC)은 각 분류기의 전반적 성능을 요약한다. 여기서 SVM은 커널 로지스틱 회귀보다 조금 우수하다.

제 이전 절에서 간략히 설명한 것처럼 정규화된 SVM이나 로지스틱 회귀 모델을 적합화할 수 있다. 데이터는 두 부류의 1,708개 단백질로 구성되는데, 음(1663)과 양(45)이다. SVM과 커널 로지스틱 회귀 모델을 둘 다 적합화한다. 두 기법 모두에 대해 교차 검증은 λ에 매우 작은 값을 사용할 것을 제안한다. 그림 19.7은 10-폴드 교차 검증을 사용하는 각각의 ROC 트레이드오프 곡선을 보여준다. 여기서는 SVM이 로지스틱 회귀보다 뛰어나다.

19.7 SVM: 결론

SVM은 대단히 성공적이었고 모든 머신 러닝 툴박스의 '필수' 도구 중 하나가 됐다. 이는 2-부류 분류 이외의 많은 다른 시나리오를 다루기 위해, 경우에 따라 다소 이상한 것도 있었지만 확장돼 왔다. 커널을 통해 비선형 함수 적합화로의 확장(이는 '머신'이라는 명칭에 대한 영감을 줬다.)은 작은 산업을 생성했다. 커널은 모수화되고 데이터에서 학습하며 특별한 문제 중심 구조를 가지고 있다.

그 반면, 고차원 비선형 함수를 적합화하는 것은 근본적으로 어렵다는 것을 우리는 알고 있다('차원의 저주'). 그리고 SVM도 예외는 아니다. 커널 기법에서의 묵시적 2차 페널티는 모델에 모든 특징이 포함되는 것을 의미하므로 희소성은 일반적으로 옵션이 아니다. 그러면 왜 이리도 모두 열광하는가? 분류기는 편향-분산 트레이드오프에 훨씬 덜 민감하고, SVM은 대개 분류 성능에서 유명하다. 추상적 객체 사이의 유사성을 측정하기 위해 커널을 정의하는 능력과 분류기를 훈련시키는 능력은 과거의 기법들에서는 없었던, 새로이 추가된 것들이다.

19.8 커널 평활화와 지역 회귀

'커널 기법'이라는 말은 1970-1990년대에 훈련받은 통계학자들에게는 다소 다른 의미로 다가올 수 있다. 커널 평활화는 비모수적 또는 준모수적 회귀를 수행하는 광범위한 도구를 나타낸다. 그림 19.8은 어떤 인공적 데이터 $\{x_i, y_i\}_1^n$에 가우스 커널 평활 적합화를 수행한 것을 보여준다. 각 점 x_0에서 이웃 점의 y 값의 가중화 평균을 계산하며, 가중치는 커널의 높이에 의해 주어진다. 가장 간단한 형태로는 이 추정을 다음과 같이 쓸 수 있다.

$$\hat{f}(x_0) = \sum_{i=1}^{n} y_i K_\gamma(x_0, x_i) \tag{19.18}$$

여기서 $K_\gamma(x_0, x_i)$는 너비 모수 γ를 가진 방사상 커널을 나타낸다.[9] (19.15)와의 유사성에 주목하자. 여기서 $\hat{\alpha}_i = y_i$고, 모델의 복잡도는 γ에 의해 제어된다. 이러한 유사성과 함께 동일한 커널을 사용한다는 사실에도 불구하고 이

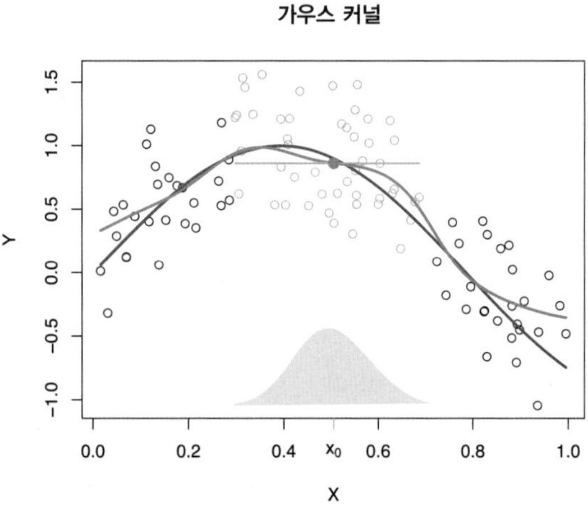

그림 19.8 시뮬레이션된 데이터의 가우스 커널 평화화. 점들은 추가된 랜덤 오차를 가진 푸른색 곡선으로부터 왔다. 커널 평활화는 관측치의 가중화 평균을 적합화한다. 가중화 커널은 목표 점에 중심을 두고 있으며, 이 경우에는 x_0이다. 오렌지색으로 그려진 점들은 x_0에서의 적합화에 기여한다. x_0이 영역을 지나 움직임에 따라 평활화는 푸른색 곡선을 따라간다. 커널의 너비는 튜닝 모수다. 이 그림에서는 예시를 위해 가우스 가중치 커널을 묘사했다. 사실 그 수직 좌표는 모두 양수며, 적분의 값은 1이다.

9 여기서 $K_\gamma(x, \mu)$는 정규 가우스 밀도며, 평균이 μ고 분산이 $1/\gamma$다.

기법은 조금 다르다.

여기서의 중점은 지역 추정이고, 커널은 지역화를 한다. 식 (19.18)은 '거의' 가중화된 평균이다. 여기서 $\sum_{i=1}^{n} K_\gamma(x_0, x_i) \approx 1$이므로 '거의'인 것이다. 사실 나다라야-왓슨Nadaraya-Watson 추정기는 좀 더 명시적이다.

$$\hat{f}_{NW}(x_0) = \frac{\sum_{i=1}^{n} y_i K_\gamma(x_0, x_i)}{\sum_{i=1}^{n} K_\gamma(x_0, x_i)} \tag{19.19}$$

비록 그림 19.8은 1차원이지만, 동일한 공식이 좀 더 고차원인 x에도 적용된다.

대개 가우스가 아닌 가중치 커널이 선호된다. 특히 작은 서포트의 근접 이웃 커널에서 그렇다. 예를 들어 R의 **lowess** 평활화에서 사용되는 트리큐브tricube 커널은 다음과 같이 정의된다.

1. $d_i = \|x_0 - x_i\|_2,\ i = 1, \ldots, n$으로 정의하고, $d_{(m)}$이 m번째 최소라 하자. (x_0으로의 m번째 최근접 이웃의 거리) $u_i = d_i / d_{(m)},\ i = 1, \ldots, n$이라고 하자.
2. 트리큐브 커널은 다음과 같다.

$$K_s(x_0, x_i) = \begin{cases} (1 - u_i^3)^3 & u_i \leq 1\text{인 경우} \\ 0 & \text{그 외의 경우} \end{cases} \tag{19.20}$$

   여기서 $s = m/n$은 커널의 스팬span이다. 이와 같은 근접 이웃 커널은 x_i의 지역 밀도에 자연스럽게 적응한다. 저밀도 지역에서는 넓어지고 고밀도 지역에서는 좁아진다. 트리큐브 커널은 그림 19.9에 나타나 있다.

가중화 평균은 경계 편향으로부터 영향을 받는다. 그림 19.8에서 추정이 양쪽 경계 윗쪽으로 편향돼 보이는 것을 확인할 수 있다. 그 이유는 다음과 같다. 왼쪽을 예로 들면, 경계에서의 함수에 대한 추정은 항상 오른쪽으로 점을 평균화하고 함수는 지역적으로 증가하므로 윗쪽 편향이 생긴다. 지역 선형 회귀는 이러한 문제를 고치는 자연스러운 일반화다. 각 점 x_0에서 다음의 가중화 최소 자승 문제를 해결한다.

$$(\hat{\beta}_0(x_0), \hat{\beta}(x_0)) = \arg\min_{\beta_0, \beta} \sum_{i=1}^{n} K_s(x_0, x_i)(y_i - \beta_0 - x_i\beta)^2 \tag{19.21}$$

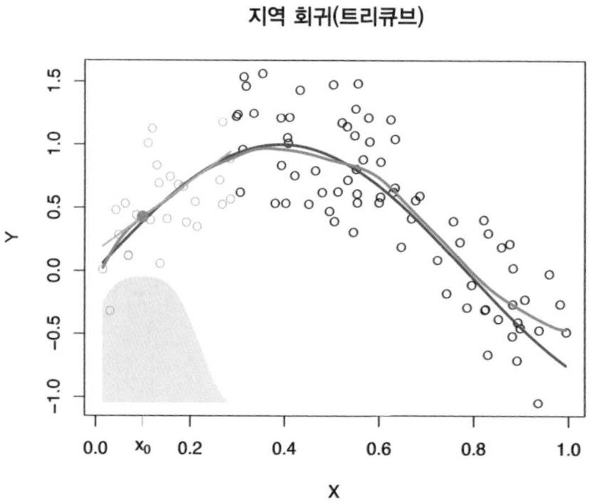

그림 19.9 시뮬레이션된 데이터에 지역 회귀를 적합화. 각 점 x_0에서 지역적으로 가중화된 선형 최소 자승 모델을 적합화하고, 적합화된 값을 사용해 $\hat{f}_{LR}(x_0)$을 추정한다. 여기서는 트리큐브 커널(19.20)을 25% 스팬으로 사용했다. 오렌지색 점은 가중화 이웃에 있고 커널 가중화 최소 자승에 의해 계산된 오렌지색 선형 적합화를 볼 수 있다. 초록색 점은 지역 선형 적합화로부터 x_0에 적합화한 값을 보여준다.

그러면 $\hat{f}_{LR}(x_0) = \hat{\beta}_0(x_0) + x_0\hat{\beta}(x_0)$이다. $\hat{f}_{LR}(x_0)$이 경계 편향을 정확
†10 히 없앤다는 것을 보여줄 수 있다.[†]

그림 19.9는 시뮬레이션된 데이터에서 25% 스팬을 사용한 트리큐브 커널을 이용하는 이 절차를 보여준다. 사실, 커널의 너비(여기서는 스팬)는 어떤 도구를 사용해 선택해야 한다. 대개는 교차 검증을 사용한다.

지역 회귀는 모든 차원에서 작동한다. 즉, 2차 또는 더욱 고차원인 평면을 정확히 동일한 기법으로 적합화할 수 있다. 여기서는 경계의 편향을 없애는 능력이 실제로 보상을 받는데, 경계가 복잡할 수 있기 때문이다. 이러한 것들은 기억 기반 기법이라 부른다. 적합화된 모델이 없기 때문이다. 모든 훈련 데이터를 저장해야 하고, 예측할 때마다 지역 적합화를 다시 계산해야 한다.

커널 SVM과 그와 유사한 것들처럼 커널 평활화와 지역 회귀는 고차원에서 분할된다. 여기서 근접한 이웃은 너무 광범위해서 더 이상 지역이 아니다.

19.9 주석 및 상세 설명

1980년대 후반과 1990년대 초반에 머신 러닝 연구는 대개 예측 문제 분야에서 추진됐고, AT&T 벨 연구소의 신경망 커뮤니티는 그 선두 주자 중 하나였다. 당시 당면 과제는 미국 우편사업국의 필기체 우편번호 OCR 인식이었는데, 이는 10-부류 이미지 분류 문제에 해당된다. 블라디미르 바프닉[Vladimir Vapnik]은 이 팀의 일원이었으며 동료들과 함께 분류에 관한 좀 더 직접적인 기법을 발명했는데, 그것이 바로 서포트 벡터 머신(SVM)이었다. SVM은 보저[Boser]와 동료들(1992) 같은 논문을 이끌어냈는데, 거기서는 최적 마진 분류기(최적 분리 초평면)가 소개돼 있다(바프닉, 1996도 참조하라). 아이디어는 상당히 빠르게 퍼져나갔고 대규모 연구자들을 매료시켰으며, 좀 더 일반적인 부류의 '커널' 기법으로 발달했다. 즉, 재생성 커널 힐버트 공간으로 정형화됐다. 훌륭하면서도 일반적인 참고 문헌으로는 쉴코프[Schölkopf]와 스모라[Smola](2001)가 있다.

†1 분리 초평면의 기하학. $f(x) = \beta' x + \beta_0$이 $\mathbb{R}^p$에서의 선형 결정 경계 $\{x \mid f(x) = 0\}$을 정의한다고 하자(동일한 차원의 어파인 집합). 경계에 수직인 단위 벡터는 $\beta/\|\beta\|_2$고, 여기서 $\|\cdot\|_2$는 ℓ_2 또는 유클리드 노름을 나타낸다. 점 x에서 경계까지의 거리를 어떻게 계산해야 할까? x_0이 경계의 어떤 점이라면(즉, $f(x_0) = 0$), $x - x_0$을 수직으로 사상할 수 있다. 그러면 (19.1)에서처럼 다음과 같이 된다.

$$\frac{\beta'(x - x_0)}{\|\beta\|_2} = \frac{1}{\|\beta\|_2} f(x)$$

이는 부호가 있는 거리라는 점에 주목하자. $f(x)$가 경계에 어느 면에 위치하느냐에 따라 부호가 달라지기 때문이다.

†2 SVM에서 '서포트'. (19.3)에 해당하는 라그랑지 프라이멀[Lagrange primal] 문제는 다음과 같이 쓸 수 있다.

$$\underset{\beta_0,\,\beta}{\text{minimize}} \left\{\frac{1}{2}\beta'\beta + \sum_{i=1}^{n} \gamma_i[1 - y_i(\beta_0 + x_i'\beta)]\right\} \tag{19.22}$$

여기서 $\gamma_i \geq 0$은 라그랑지 승수다. 미분을 하면 $\beta = \sum_{i=1}^{n} \gamma_i y_i x_i$고 $\sum_{i=1}^{n} y_i\gamma_i = 0$이라는 것을 알 수 있다. $\alpha_i = y_i\gamma_i$로 하면 (19.4)를 얻게 되는데, γ_i를 양으로 제약하면 α_i의 일부가 0이 될 수 있다. (19.22)에 플러그인하면 라그랑지 듀얼 문제를 얻게 된다.

$$\underset{\{\gamma_i\}_1^n}{\text{maximize}} \left\{\sum_{i=1}^{n} \gamma_i - \frac{1}{2}\sum_{i=1}^{n}\sum_{j=1}^{n} \gamma_i\gamma_j y_i y_j x_i' x_j\right\}$$
$$\text{다음의 조건하에}\quad \gamma_i \geq 0, \quad \sum_{i=1}^{n} y_i\gamma_i = 0 \tag{19.23}$$

†3 SVM 손실 함수. (19.5)의 제약은 다음 식을 통해 간결히 나타낼 수 있다.

$$\sum_{i=1}^{n}[1 - y_i(\beta_0 + x_i'\beta)]_+ \leq B \tag{19.24}$$

마진이 1보다 작으면 단지 (양의) ϵ_i를 요구하고, 이 ϵ_i의 합이 부여된다. 이제 라그랑지 승수를 사용해 제약을 강화하면 다음과 같이 된다.

$$\underset{\beta_0,\,\beta}{\text{minimize}}\, \|\beta\|_2^2 + \gamma\sum_{i=1}^{n}[1 - y_i(\beta_0 + x_i'\beta)]_+ \tag{19.25}$$

$\lambda = 1/\gamma$를 곱하면 (19.6)이 된다.

†4 SVM은 분류기를 추정한다. 다음 유도 식은 와바[Wahba]와 동료들(2000)에 의한 것이다. 다음을 고려해보자.

$$\underset{f(x)}{\text{minimize}}\, E_{Y|X=x}\{[1 - Yf(x)]_+\} \tag{19.26}$$

x에 대한 종속성을 해제하면, 목적 함수는 $P_+[1-f]_+ + P_-[1+f]_+$처럼 쓸 수 있다. 여기서 $P_+ = \Pr(Y=+1 \mid X=x)$고, $P_- = \Pr(Y=-1 \mid X=x) = 1-P_+$다. 이로부터 다음을 알 수 있다.

$$f = \begin{cases} +1 & P_+ > \frac{1}{2}\text{인 경우} \\ -1 & P_- < \frac{1}{2}\text{인 경우} \end{cases} \tag{19.27}$$

†5 SVM과 리지 로지스틱 회귀. 로제와 동려들(2004)은 분리 가능한 데이터에 대해 (19.7)에서 $\lambda \downarrow 0$일 때, 제한을 둔 해법은 $\hat{\beta}/\|\hat{\beta}\|_2$가 SVM과 같은 수량에 수렴한다는 점에서 SVM과 일치한다는 것을 보여줬다. 그러나 로지스틱 회귀는 정규화가 필요하기 때문에 SVM 해법이 더 선호된다. 반면에 중첩되는 상황에서는 로지스틱 회귀 해법이 약간의 장점을 가지는데, 목표가 부류 확률의 로짓이기 때문이다.

†6 커널 트릭. 여기서의 트릭은 스코어 식에서 $-\boldsymbol{X}'(\boldsymbol{y}-\boldsymbol{X}\beta)+\lambda\beta=0$을 관찰하는 것이다. 이는 어떤 α에 대해 $\hat{\beta}=\boldsymbol{X}'\alpha$라고 쓸 수 있다는 의미다. 이제 이를 스코어 식에 플러그인하면 간단한 연산으로 결과를 얻을 수 있다. 유사한 결과가 리지 로지스틱 회귀에서도 유효한데, 사실 계수에 대해 리지 페널티를 가진 모든 선형 모델에서 그렇다(해이스티와 티브시라니, 2004).

†7 다항 커널. $\mathbb{R}^2$의 x(그리고 z)에 대해 $K_2(x,z) = (1+\langle x,z\rangle)^2$을 고려해보자. 확장을 통해 다음을 얻을 수 있다.

$$K_2(x,z) = 1 + 2x_1z_1 + 2x_2z_2 + 2x_1x_2z_1z_2 + x_1^2z_1^2 + x_2^2z_2^2$$

이는 $\langle h_2(x), h_2(z)\rangle$에 해당하고, 다음과 같다.

$$h_2(x) = (1, \sqrt{2}x_1, \sqrt{2}x_2, \sqrt{2}x_1x_2, x_1^2, x_2^2)$$

차수 $d>2$의 $p>2$에 대해서도 동일하다.

†8 재생성 커널 힐버트 공간. K가 고유 확장 $K(x,z) = \sum_{i=1}^{\infty} \gamma_i \phi_i(x)\phi_i(z)$를 가진다고 가정하자. 여기서 $\gamma_i \geq 0$이고 $\sum_{i=1}^{\infty} \gamma_i < \infty$다. 그러면 $f(x) = \sum_{i=1}^{\infty} c_i \phi_i(x)$일 경우, $f \in \mathcal{H}_K$라 할 수 있고 다음과 같다.

$$\|f\|_{\mathcal{H}_K}^2 \equiv \sum_{i=1}^{\infty} \frac{c_i^2}{\gamma_i} < \infty \tag{19.28}$$

종종 $\|f\|_{\mathcal{H}_K}$는 스팬 $K(\cdot, z)$에서 예상치 않은 멤버에 페널티를 준다는 점에서 거칠기 페널티[roughness penalty]처럼 작동한다(이것들이 '거친' 함수에 해당한다고 가정한다). f가 작은 고윳값 γ_j를 가진 함수 ϕ_j에 대해 높은 로딩 c_j를 가지면(즉, 스팬에서 유망한 멤버가 아닐 경우) 노름은 커지게 된다. 평활화 스플라인과 그 일반화는 RKHS에서의 함수 적합화에 해당한다(와바, 1990).

†9 이 예제에서 사용한 데이터와 기법은 레슬리와 동료들(2003)에서 가져온 것이다.

†10 지역 회귀와 편형 축소. 미지의 참 $f(x)$를 타깃 점 x_0 근처에서 1차 테일러 확장을 하면 $E\hat{f}_{LR}(x_0) \approx f(x_0)$이라는 것을 보여줄 수 있다(해이스티와 로더[Loader], 1993).

19.10 연습문제

1. 그림 19.2의 `leukemia` 데이터를 살펴보자. 이진 응답 y를 +1과 −1로 코딩한다고 가정하고 3571 유전자-발현 변수를 사용해 리지 회귀를 적합화하라.

$$\min_{\alpha,\beta} \|\boldsymbol{y} - \mathbf{1}\alpha - \boldsymbol{X}\beta\|^2 + \lambda\|\beta\|^2$$

1) 1에 따라 $\lambda \downarrow 0$, $\boldsymbol{X}\hat{\beta}_\lambda \to \boldsymbol{y}$임을 보여라.

2) $\hat{\beta}_0$를 제하하면 $\boldsymbol{y}$ 반응 벡터를 정확히 적합화하는 모든 최소-제곱해

중에서 최소 ℓ_2 노름을 가짐을 증명하라.

3) 해는 모든 훈련 포인트가 주변에 있을 것이라는 점을 제외하고 그림 19.2의 왼쪽 패널과 같이 나타낼 수 있다.

4) 가장 넓은 마진을 가진 해는 무엇인가? SVM 또는 최소-노름 minimum-norm 회귀인가?

5) **leukemia** 데이터를 사용해 이 최소-노름 회귀 접근법을 사용해 그림 19.2의 왼쪽 패널을 재현하라.

2. 해법 기준(19.5)이 (19.6)의 해결과 동일함을 보여라.

3. β에 대한 리지 페널티를 사용해 **leukemia** 데이터에서 처럼 $p \gg n$인 로지스틱 회귀 문제를 적합화 하는것을 고려하자. $\boldsymbol{X}^{\top}$의 QR 분해를 사용해, 리지된 로지스틱 회귀를 n 변수로 적합화해 문제를 해결할 수 있음을 보여라. λ를 선택하기 위해 10-중 교차검정을 사용하려 한다면 무엇을 해야할지 설명해 보라.

4. 방사형 커널을 사용해 (19.17)을 따라 **leukemia** 데이터에 커널 로지스틱 회귀를 적합화하는 것을 고려하자.

1) 문제가 표준 리지 로지스틱 회귀 적합화로 축소될 수 있음을 보여라.

2) **glmnet** 패키지를 사용해 이러한 데이터에 대한 리지 경로를 적합화하고 λ의 함수로 테스트 오차를 표시하라.

3) 커널 매개변수 γ(19.11)에 대해 다른 두 값을 사용해 위의 내용을 반복하라. 또한 선형 리지 회귀 모델에 대해서도 해 보라. 도면에 SVM 테스트 오차를 수평선으로 중첩해 보라.

5. **spam** 데이터 집합에서 각 예측자 x를 $x' = I(x > 0)$으로 재코딩하자. 기록된 예측 변수 중 일부는 모두 1이며 이 연습의 목적상 제거할 수 있다. (19.6)을 사용해 SVM 경로를 그리고 (19.7)을 사용해 리지 경로를 적합화하고 $\|\hat{\beta}\|^2$의 함수로 테스트 데이터에서의 성능을 보여라. 본 것을 요약해 보라. $\|\hat{\beta}\|^2$에 대한 도식화가 비교할 수 있는 적절한 근거인가? 성능을 비교하기 위한 더 좋은 방법을 제시하라.

20
모델 선택 후의 추론

모델 선택에 대한 전통적 이론은 가우스 회귀 모델 내에서 수행된 '*F* 검정'에 집중한다. 모델 선택 후의 추론(예를 들어 적합화된 회귀 곡선의 정확도 평가)은 대개 모델 선택 프로세스를 무시하고 이뤄진다. 이는 필요성의 문제다. 이산 모델 선택과 연속 회귀분석의 조합은 단순한 수학적 설명에서는 너무 이상해 보인다. 전자식 컴퓨터는 정확도 추정의 좀 더 정직한 분석을 위한 길을 열어줬는데, 데이터 기반 모델 선택에 의해 유도된 변동성을 고려한다.

그림 20.1은 앞으로 설명하게 될 예제인 **콜레스테롤** 데이터를 보여준다. 제안된 콜레스테롤 저하 처방약인 콜레스트라민[cholestyramine]을 $n = 164$명의 남성에게 각각 평균 7년 동안 투약했다. 반응 변수 d_i는 실험 기간 동안에 i번째 남성의 콜레스테롤 수치 감소를 나타낸다. c_i는 남성이 충실히 복용했는지 알아보는 척도로서, 처방한 약 중 실제 복용한 비율을 1(완벽히 복용한 사람)부터 0(전혀 복용하지 않은 사람) 사이의 값으로 기록했다. 여기서 164 c_i 값은 근사적으로 표준 정규분포를 따르도록 변환했다.

$$c_i \dot{\sim} \mathcal{N}(0, 1) \tag{20.1}$$

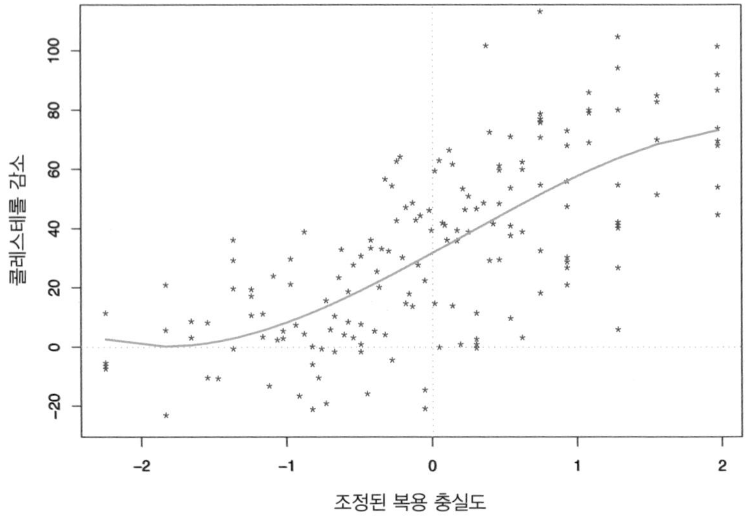

그림 20.1 **콜레스테롤** 데이터: **콜레스트라민**을 복용하는 남성 164명의 콜레스테롤 감소를 수정된 복용 충실도에 대해 그린 것이다. 초록색 곡선은 OLS 3차 회귀고, '3차'는 C_p 기준에 의해 선택됐다. 적합화된 곡선은 얼마나 정확한가?

여기서는 복용 충실도로부터 콜레스테롤 수치 감소를 예측하고자 한다. 다항 회귀 모델에서 d_i는 c_i에 대한 J차 다항을 의미하고, 여기서는 차수 $J=1, 2, 3, 4, 5, 6$에 대해 고려해본다. C_p 기준(12.51)이 적용돼 3차 모델($J=3$)을 최고인 것으로 선택했다. 그림 20.1의 곡선은 OLS(최소 자승) 3차 회귀 곡선을 **콜레스테롤** 데이터 집합에 적합화한 것이다.

$$\{(c_i, d_i),\ i = 1, 2, \ldots, 164\} \tag{20.2}$$

여기서는 다음 문제의 답을 찾는 데 관심이 있다. C_p 선택과 OLS 추정을 모두 고려할 때, 적합화된 곡선은 얼마나 정확한가? (정답은 20.2절을 참고하라.)

아직까지는 모델 선택 후 추론에 대해서는 중요한 이론이 존재하지 않는다. 이 장에서는 개별 상황에 대한 유망한 분석을 설명해주는 짤막한 장면들을 좀 더 적절히 보여준다. 16.6절 또한 라소에 대한 선택 후 추론의 전개를 짤막하게 다뤘었다.

20.1 동시 신뢰구간

1950년대 초반, 컴퓨터 혁명이 시작되기 전에 동시 신뢰구간을 설정하는 문제를 둘러싸고 대단한 진전이 있었다. 여기서 '동시'라는 의미는 잠재적 흥미 대상이 되는 모수들의 목록이 존재한다는 의미다.

$$\boldsymbol{C} = \{\theta_1, \theta_2, \ldots, \theta_J\} \tag{20.3}$$

그리고 이제 각 모수에 대해 개별적 신뢰구간을 설정하되, 각 개별 신뢰구간이 어떤 고정된 확률로(대개 0.95) 자신의 모수를 포함할 수 있도록 설정하려고 한다.

첫 번째 예로서, 7.3절의 **당뇨병** 데이터를 다시 살펴보자. $n = 442$명의 당뇨병 환자에 대해 각각 $p = 10$개의 의학 변수로 기준치를 측정한 다음, 1년 후 병의 진척도를 나타내는 **prog**를 예측하는 것이 목표다. $\boldsymbol{X}$는 442×10 행렬로서, i번째 행 x_i'에는 환자 i에 대한 열 가지 측정 값이 담겨 있다. $\boldsymbol{X}$는 각 열이 평균 0과 제곱합 1이 되도록 표준화됐다. $\boldsymbol{y}$가 **prog** 치수에 중심을 둔 442-벡터라고 하자(즉, **prog** 값 평균을 차감한 값).

정규 선형 모델에 최소 자승을 적용하면,

$$\boldsymbol{y} \sim \mathcal{N}_n(\boldsymbol{X}\beta, \sigma^2 \boldsymbol{I}) \tag{20.4}$$

다음의 MLE가 생성된다.

$$\hat{\beta} = (\boldsymbol{X}'\boldsymbol{X})^{-1}\boldsymbol{X}'\boldsymbol{y} \tag{20.5}$$

이 값은 (7.34)에서와 같이 다음 조건을 만족한다.

$$\hat{\beta} \sim \mathcal{N}_p(\beta, \sigma^2 \boldsymbol{V}), \qquad \boldsymbol{V} = (\boldsymbol{X}'\boldsymbol{X})^{-1} \tag{20.6}$$

β의 j번째 항목인 β_j의 95% 스튜던트-t 신뢰구간(11.49)은 다음과 같다.

$$\hat{\beta}_j \pm \hat{\sigma} V_{jj}^{1/2} t_q^{.975} \tag{20.7}$$

여기서 $\hat{\sigma} = 54.2$는 σ에 대한 통상적 불편 추정이고,

$$\hat{\sigma}^2 = \|\boldsymbol{y} - \boldsymbol{X}\hat{\beta}\|^2/q, \qquad q = n - p = 432 \tag{20.8}$$

$t_q^{.975} = 1.97$은 q차원 자유도를 가진 스튜던트-t 분포의 0.975 분위수다.

(20.3)의 목록 C는 이제 $\{\beta_1, \beta_2, \ldots, \beta_{10}\}$이다. 표 20.1에서 볼 수 있는 개별적 구간(20.7)은 각각 95% 영역이지만 동시는 아니다. 적어도 하나의 β_j 값이 주장된 구간의 바깥에 존재할 확률이 5%를 넘어선다.

열 개 모수에 대해 유효한 95% 동시 구간은 표 20.1의 우측에 나타나 있다. 이들은 다음에 논의할 쉐페 구간Scheffe interval이다.

$$\hat{\beta}_j \pm \hat{\sigma} V_{jj}^{1/2} k_{p,q}^{(\alpha)} \tag{20.9}$$

중대한 상수 $k_{p,q}^{(\alpha)}$의 값은 $p = 10$, $q = 432$, $\alpha = 0.95$에 대해 4.30이다. 이는 쉐페 구간을 t 구간(20.7)보다 2.19배 더 넓게 만들어준다. 동시 범위를 위해 추가 비용을 지불할 것으로 예상하기는 했지만, 두 배 이상 큰 것은 충격적이다.

쉐페의 기법은 피봇 양에 종속된다.

$$Q = \left(\hat{\beta} - \beta\right)' \boldsymbol{V}^{-1} \left(\hat{\beta} - \beta\right) \Big/ \hat{\sigma}^2 \tag{20.10}$$

표 20.1 열 개의 당뇨병 예측 변수 변수(20.6)에 대한 최대 우도 추정 $\hat{\beta}$. 개별적 95% 스튜던트-t 신뢰 한계와 함께 동시 95% 쉐페 구간을 보여준다. 쉐페 구간은 2.19배 넓다.

		스튜던트-t		쉐페	
	$\hat{\beta}$	낮음	높음	낮음	높음
`age`	−0.5	−6.1	5.1	−12.7	11.8
`sex`	−11.4	−17.1	−5.7	−24.0	1.1
`bmi`	24.8	18.5	31.0	11.1	38.4
`map`	15.4	9.3	21.6	2.1	28.8
`tc`	−37.7	−76.7	1.2	−123.0	47.6
`ldl`	22.7	−9.0	54.4	−46.7	92.1
`hdl`	4.8	−15.1	24.7	−38.7	48.3
`tch`	8.4	−6.7	23.5	−24.6	41.5
`ltg`	35.8	19.7	51.9	0.6	71.0
`glu`	3.2	−3.0	9.4	−10.3	16.7

이 값은 모델 (20.4)하에서 크기 조정된 'F 분포'[1]다.

$$Q \sim pF_{p,q} \tag{20.11}$$

$k_{p,q}^{(\alpha)2}$가 $pF_{p,q}$ 분포의 α번째 분위수면, $\Pr\{Q \le k_{p,q}^{(\alpha)2}\} = \alpha$는 모델 (20.4)의 모든 β와 σ의 선택에 대해 다음 식처럼 된다.

$$\Pr\left\{\frac{\left(\beta-\hat{\beta}\right)' V^{-1}\left(\beta-\hat{\beta}\right)}{\hat{\sigma}^2} \le k_{p,q}^{(\alpha)2}\right\} = \alpha \tag{20.12}$$

$\hat{\beta}$와 $\hat{\alpha}$를 관찰했으면 (20.12)는 모수 벡터 β에 대한 타원형 신뢰 영역 $\mathcal{E}$을 정의한다.

여기서는 β 좌표의 특정 선형 조합에 관심이 있다고 가정하자. 즉, 다음 식과 같다.

$$\beta_c = c'\beta \tag{20.13}$$

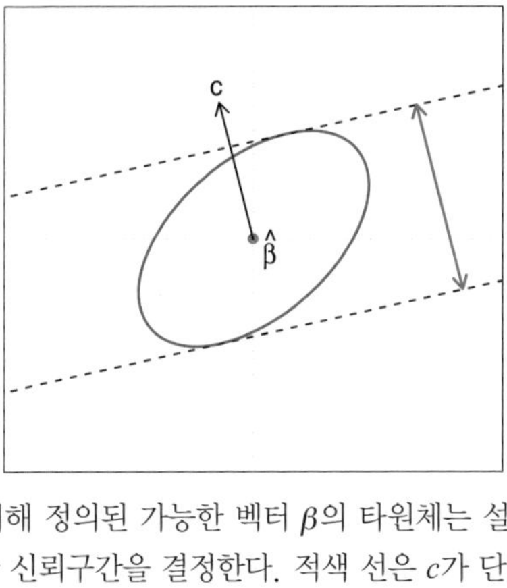

그림 20.2 (20.12)에 의해 정의된 가능한 벡터 β의 타원체는 설명된 '경계 초평면' 구성에 따라 $\beta_c = c'\beta$에 대한 신뢰구간을 결정한다. 적색 선은 c가 단위 벡터, $c'Vc = 1$일 때, β_c의 신뢰구간을 보여준다.

---

1 $F_{p,q}$는 $(\chi_p^2/p)/(\chi_q^2/q)$로 분포하고, 두 카이제곱 변량은 독립적이다. $F_{p,q}$의 퍼센타일을 계산하는 것은 세계 2차 대전 이전의 주요 프로젝트였다.

여기서 c는 고정된 p차원 벡터다. β가 $\mathcal{E}$ 내에 존재하면 다음이 성립해야 한다.

$$\beta_c \in \left[\min_{\beta \in \mathcal{E}}(c'\beta),\ \max_{\beta \in \mathcal{E}}(c'\beta) \right] \tag{20.14}$$

†1 이는 $\hat{\beta}_c = c'\hat{\beta}$에 중심을 둔 구간임을 알 수 있다.†

$$\beta_c \in \hat{\beta}_c \pm \hat{\sigma}(c'\boldsymbol{V}c)^{1/2}k_{p,q}^{(\alpha)} \tag{20.15}$$

(이 구간은 (20.9)와 일치하는데, c는 j번째 좌표 벡터(0, ..., 0, 1, 0, ..., 0)$'$이다.) 이 구간의 모양은 그림 20.2에 설명돼 있다.

정리(쉐페) $\hat{\beta} \sim \mathcal{N}_p(\beta, \sigma^2\boldsymbol{V})$가 $\hat{\sigma}^2 \sim \sigma^2\chi_q^2/q$에 독립이면, 확률 α로 $\beta_c = c'\beta$의 신뢰 주장(20.15)은 벡터 c의 모든 선택에 대해 동시에 참이다.

여기서 '모델 선택'을 관심 $\theta_c = c'\beta$의 선형 조합의 선택으로 생각할 수 있다. 쉐페의 정리는 '데이터 염탐snooping'을 허용한다. 통계학자는 데이터를 조사한 다음 어떤 θ_c(또는 많은 θ_c들)를 추정할지 결과 신뢰구간을 무효화하지 않고 정한다.

중요한 응용 분야 중 하나는 $\hat{\beta}_j$를 경쟁하는 치료 요법들의 효험을 독립적으로 추정하는 값으로 사용하는 것이다(아마도 동일한 질병에 대한 다른 실험 약).

$$\hat{\beta}_j \overset{\text{ind}}{\sim} \mathcal{N}(\beta_j, \sigma^2/n_j), \qquad j = 1, 2, \ldots, J\text{에 대해} \tag{20.16}$$

n_j는 알려진 표본 크기다. 이 경우 목록 $\boldsymbol{C}$는 통계학자들이 어떤 치료법이 다른 것보다 우수한지 알아내려고 노력할 때, 모든 부분별 $\beta_i - \beta_j$ 차이를 절충할 수도 있다.

사실 쉐페의 한계가 모든 가능한 선형 조합 $c'\beta$에 적용된다는 사실은 축복이자 저주다. 저주라 함은 표 20.1에서 본 것과 같이 구간이 매우 넓어지는 †2 것을 의미한다. 좀 더 좁은 동시 한계†는 목록 $\boldsymbol{C}$를 제한하면 가능한데, 예를 들어 부분별 차이 $\beta_i - \beta_j$로만 국한할 수 있다.

피셔주의자들의 극심한 반대의 논지는 쉐페의 신뢰 한계는 옳지correct는 않고 단지 정확accurate하다는 것이다. 즉, 각 구간들은 주장된 전반적 빈도주의 구간 확률을 가지지만, 개별 경우에 적용되면 오해의 소지가 생긴다. 예를 들어 (20.16)에서 $j=1, 2, \ldots, J$에 대해 $\sigma^2/n_j=1$이라 가정하고, $\hat{\beta}_1=10$으로 관찰한 반면에 다른 모든 것들은 $|\hat{\beta}_j|<2$로 관찰했다고 하자. $\hat{\beta}_1$이 이상하다는 것을 알아채고 눈여겨보기 이전에 데이터를 살펴봤더라도 통상적 스튜던트-t 구간(20.7)은 훨씬 더 긴 쉐페 버전(20.9)보다 더 적절해 보인다. 이 점은 다음 장면에서 좀 더 납득될 수 있을 것이다.

••——••——••——••

익숙하지만 치명적인 모델 선택의 남용은 다중 가설 검정과 연계돼 있다. 각각의 효과 크기effect size가 μ_i인 N개의 독립된 정규 변량 z_i를 관찰했다고 가정하자.

$$z_i \overset{\text{ind}}{\sim} \mathcal{N}(\mu_i, 1) \qquad i=1, 2, \ldots, N\text{에 대해} \tag{20.17}$$

그리고 15.1절에서처럼 귀무가설을 검정하고자 한다.

$$H_{0i} : \mu_i = 0 \tag{20.18}$$

동시 검정의 함정을 알고 있으므로, N 귀무가설 중 R개(즉 $i_1, i_2, \ldots, i_R$의 경우에 대해)를 기각하는 거짓 발견율 제어 알고리듬(15.14)을 사용한다(그림 15.3의 예제의 경우 R은 28이다).

지금까지는 다 좋다. '익숙한 남용'은 이제 선택된 R 경우에 대한 통상적 신뢰구간(95%) 설정에서 나타나게 된다.

$$\mu_i \in \hat{\mu}_i \pm 1.96 \tag{20.19}$$

이 설정은 모델 선택 프로세스를 무시한다. R 경우의 데이터 기반 선택은 적절한 추론을 만들 때, R이 오직 1이라서 배수를 걱정하지 않아야 되는 상황에서도 고려돼야만 한다.

이 문제는 거짓 구역 제어false-coverage control 이론으로 해결책을 찾아볼 수 있다. 알고리듬 $\mathcal{A}$가 N 경우의 R에 대해 신뢰구간을 설정한다고 가정하자. 여기서 r은 실제로는 거짓 구역이다. 즉, 참 효과 크기 μ_i를 가지고 있지 않다. $\mathcal{A}$의 거짓 구역율(FCR)은 비구역non-coverage 비율의 기댓값이다.

$$\text{FCR}(\mathcal{A}) = E\{r/R\} \tag{20.20}$$

이 값은 모델 (20.17)에 관한 기댓값이다. 목표는 15.2절의 FDR 이론에서처럼 FCR을 어떤 고정 값 q 아래로 통제하는 알고리듬 $\mathcal{A}$를 구축하는 것이다.

BY_q 알고리듬[2]은 q 레벨 이하에서 세 가지 쉬운 단계로 FCR을 통제하는데, 모델 (20.17)로 시작한다.

1. p_i가 왼쪽 유의 검정에 대한 z_i에 해당하는 p-값이라고 하자.

$$p_i = \Phi(z_i) \tag{20.21}$$

그리고 $p_{(i)}$ 값을 오름차순으로 정렬한다.

$$p_{(1)} \leq p_{(2)} \leq p_{(3)} \leq \cdots \leq p_{(N)} \tag{20.22}$$

2. $R = \max\{i : p_{(i)} \leq i \cdot q/N\}$을 계산하고 ((15.14)–(15.15)의 BH_q 알고리듬과 같이) R개의 해당 귀무가설을 거짓으로 판명한다.
3. 각 R 경우에 대해 신뢰구간을 구성한다.

$$\mu_i \in z_i \pm z^{(\alpha_R)}, \qquad \text{여기서 } \alpha_R = 1 - Rq/N \tag{20.23}$$

$(z^{(\alpha)} = \Phi^{-1}(\alpha))$

정리 20.1 모델 (20.17)하에 BY_q는 FCR $\leq q$를 가진다. 거기에다 구간 (20.23)의 어느 것도 $\mu_i = 0$을 가지고 있지 않다.

BY_q의 시뮬레이션된 예제는 다음 명세에 의해 수행됐다.

---

2 '벤자미니-예쿠티에리(Benjamini-Yekutieli)'의 약어다. 20.5절, '주석 및 상세 설명'을 참고하라.

$$
\begin{aligned}
N = 10{,}000, \quad & q = 0.05, \quad z_i \sim \mathcal{N}(\mu_i, 1) \\
\mu_i = 0 \quad & i = 1,\ 2,\ \ldots,\ 9000\text{에 대해} \\
\mu_i \sim \mathcal{N}(-3, 1) \quad & i = 9001,\ \ldots,\ 10{,}000\text{에 대해}
\end{aligned}
\tag{20.24}
$$

여기서는 9,000개의 귀무 경우와 1,000개의 비귀무 경우(이 중 두 개를 제외하고 $\mu_i < 0$이다.)가 있다.

이것은 시뮬레이션이므로, 쌍 $(z_i,\ \mu_i)$를 그려 BY_q 알고리듬의 성능을 평가할 수 있다. 이는 1,000개 비귀무 경우(초록색 점)에 대해 그림 20.3에 나타나 있다. BY_q는 $z_i \le -2.77$인(원으로 된 점) $R = 565$개의 경우를 비귀무로 판명했다. 565개의 판명 중 14개는 실제로 귀무 경우(붉은색 원으로 된 점)여서 거짓 발견율은 $14/565 = 0.025$다. 굵은 검정색 선은 BY_q 신뢰 한계(20.23)를 $z \le -2.77$의 함수로서 추적한다.

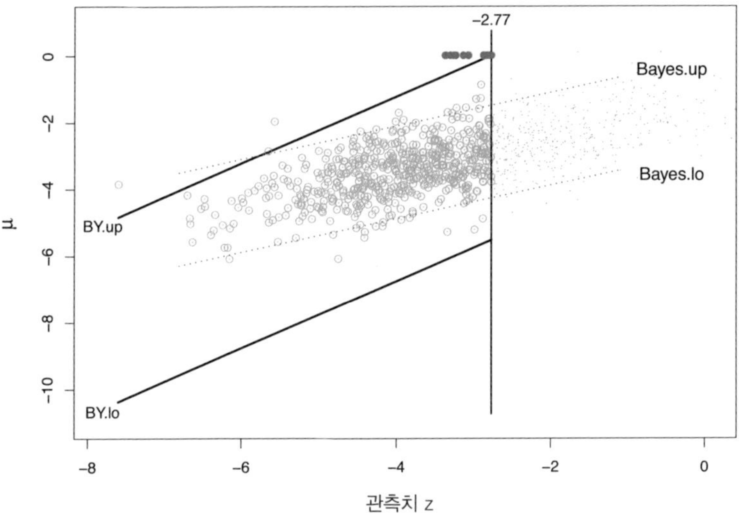

그림 20.3 $N = 10000$ 경우에 대한 시뮬레이션 실험(20.24). 이 중 1,000가지는 귀무가 아니다. 초록색 점 $(z_i,\ \mu_i)$는 이러한 비귀무 경우다. FDR 제어 알고리듬 $BH_q(q = 0.05)$는 $z_i \le -2.77$을 가진 565개의 원으로 표시된 경우를 비귀무로 판명했는데, 그중 14개의 붉은색 점 부분은 실제로 귀무였다. 두꺼운 검은색 실선은 565개의 경우에 대한 BY_q 95% 신뢰구간을 보여준다. 이 중 단 17개가 μ_i를 포함하는 데 실패했다. 비귀무 경우(20.26)의 실제 베이즈 사후 95% 구간(점선)은 BY_q 한계의 반 크기의 너비와 그래디언트를 가진다.

가장 먼저 주목할 부분은 FCR 제어가 실제로 성취됐다는 점이다. 판단한 경우 중 단 17개만이 한계 밖에 있다(14개는 귀무고, 세 개는 비귀무다). 거짓 구역율은 $17/565 = 0.030$이고 $q = 0.05$보다 상당히 낮다. 그러나 두 번째로는 BY_q 한계가 주어진 z_i에 대한 μ_i 위치에 대해 잘못된 아이디어를 제공한다. 이들은 너무 폭넓고 그래디언트가 너무 낮으며, 특히 음의 z_i 값에 대해 더욱 그렇다.

이 경우에는 주어진 z_i에 해당하는 비귀무의 μ_i에 대한 사후 분포를 정교하게 기술할 수 있다.

$$\mu_i | z_i \sim \mathcal{N}\left(\frac{z_i - 3}{2}, \frac{1}{2}\right) \tag{20.25}$$

이 분포는 $\mu_i \sim \mathcal{N}(-3, 1)$, $z_i | \mu_i \sim \mathcal{N}(\mu_i, 1)$과 베이즈 규칙 (5.20)-(5.21)을 따른다. 베이즈의 신뢰할 수 있는 95% 한계는

$$\mu_i \in \frac{z_i - 3}{2} \pm \frac{1}{\sqrt{2}} 1.96 \tag{20.26}$$

그림 20.3에서 점선으로 나타나 있다. 그들은 폭이 BY_q 한계와 비교해 절반 수준이고, 그래디언트는 1이 아니라 1/2다.

실제로는 물론 μ_i가 아니라 오직 z_i만 관찰하므로 (20.26)은 얻을 수 없다. 21장에서 이 예제에 대해 다시 살펴보는데, 거기서는 경험적 베이즈 기법이 베이즈 한계의 좋은 근사를 제공한다는 사실을 보게 될 것이다(그림 21.5 참조).

쉐페 기법에서와 같이 BY_q 구간도 정확하지만 옳지는 않다고 공격받을 수 있다. 여기서 '정확[correct]'은 아마도 매우 큰 규모의 응용을 제외하고는 특정하기 힘든 베이즈/피셔주의 풍미를 가지고 있는데, 여기에 대해서는 경험적 베이즈가 적절한 추론을 제시할 수 있다.

20.2 모델 선택 후 정확도

그림 20.1에서 본 **콜레스테롤** 데이터의 3차 회귀 곡선은 12.3절의 C_p 기준에 따라 선택됐다. 다항 회귀 모델에서 콜레스테롤 감소 d_i를 조정된 복용 충실도 c_i의 승수('차수')로 예측하는 것은 차수 0, 1, 2, ..., 6에 대한 최소 자승으로 적합화했다. 표 20.2는 차수 3에서 최소화된 C_p 추정(12.51)을 보여준다.

표 20.2 그림 20.1의 **콜레스테롤** 데이터의 C_p 표. 차수 0부터 6까지 OLS 다항 모델을 비교하고 있으며, 3차 모델(차수 = 3)이 최소화를 수행한다(간편한 비교를 위해 C_p 값에서 80,000을 차감했다. $\sigma = 22.0$으로 가정한다).

차수	C_p
0	71887
1	1132
2	1412
3	667
4	1591
5	1811
6	2758

C_p 모델 선택 기법과 OLS 적합화 프로세스를 모두 고려해 적합화된 곡선의 정확도를 평가하고자 한다. 이 작업을 위해서는 부트스트랩이 자연스럽게 후보로 떠오른다. 여기서는 10.2절의 비모수적 부트스트랩을 사용한다(비록 수행상의 난이도는 거의 같지만, 10.4절의 모수적 부트스트랩 대신 비모수적 방법을 쓴다).

콜레스테롤 데이터 집합(20.2)은 $n = 164$개의 쌍 $x_i = (c_i, d_i)$로 이뤄진다. 비모수적 부트스트랩 표본 $\boldsymbol{x}$(10.13)는 원시 164개 데이터에서 복원을 동반해 랜덤으로 선택한 164개의 쌍으로 이뤄져 있다. $t(\boldsymbol{x}^*)$가 C_p/OLS 알고리듬을 원시 데이터 집합 $\boldsymbol{x}^*$에 적용해 얻은 곡선이라고 하자. 유사하게 $t(\boldsymbol{x}^*)$는 $\boldsymbol{x}^*$에 적용된 알고리듬이다. 그리고 복용 충실도 크기에서 주어진 점 c에 대해 다음 식이

$$\hat{\theta}_c^* = t(c, \boldsymbol{x}^*) \tag{20.27}$$

복용 충실도 = c에서 계산된 $t(\boldsymbol{x}^*)$의 값이라고 하자.

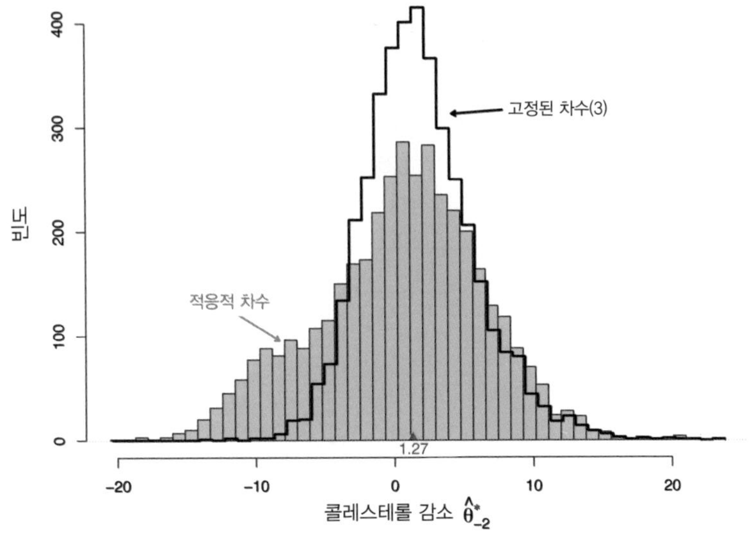

그림 20.4 조정된 복용 충실도 $c = -2$에서의 콜레스테롤 감소치 d의 다항 회귀 추정에 대한 4,000개 비모수적 부트스트랩 복제의 히스토그램. 적응적 추정 $\hat{\theta}_c^*$인 속이 찬 히스토그램은 각 부트스트랩 데이터 집합에 대해 전체 C_p/OLS 알고리듬을 사용하고, 선으로 표시된 히스토그램은 각 부트스트랩 데이터 집합에 대해 오직 차수 3인 OLS를 사용한다. 부트스트랩 오차는 5.98과 3.97이다.

$B = 4000$개의 모수적 부트스트랩 복제 $t(\boldsymbol{x}^*)$가 생성됐다.[3] 그림 20.4는 $c = -2.0$에 대한 4,000개의 $\hat{\theta}_c^*$ 복제에 대한 히스토그램을 보여준다. 이것은 OLS 적합화는 물론 C_p 모델 선택을 나타내기 위해 '적응적'이라고 레이블이 붙어있으며 각 $\boldsymbol{x}^*$에 대해 수행됐다. 이는 '고정된' 히스토그램에 반대되는데, 그 경우에는 C_p 선택이 없으며 항상 3차 회귀가 사용된다.

3 표준오차를 평가하기 위해 필요한 것보다 열 배 많지만 이후의 비교를 위해 유용하다.

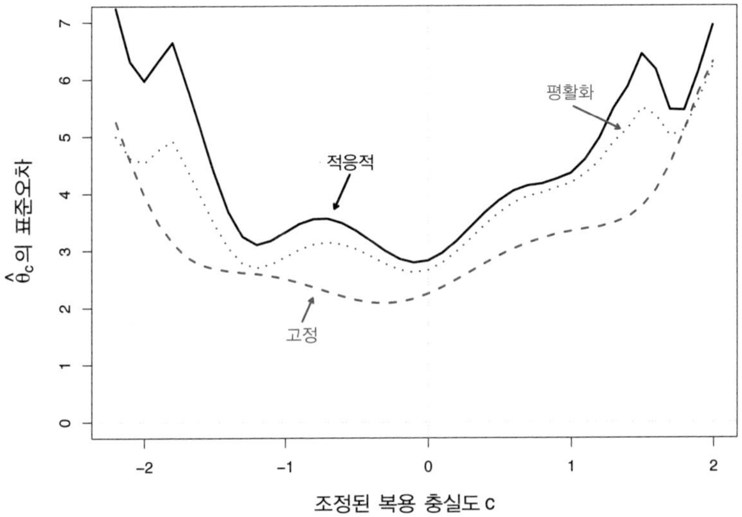

그림 20.5 $-2.2 \le c \le 2$에서 $\hat{\theta}_c$의 부트스트랩 표준오차 추정. 검은색 실선은 적응적 추정(20.27)으로 모든 C_p/OLS를 모델 선택 추정에 사용한다. 적색 점선은 고정된 다항 차수 3에 대해서만 OLS를 사용한다. 푸른색 점선은 '배깅된 추정'으로 부트스트랩 평활화(20.28)를 사용한다. 평균 표준오차율: 적응적/고정 = 1.43, 적응적/평활화 = 1.14

적응적 값 $\hat{\theta}_c^*$로부터 얻은 표준오차의 부트스트랩 추정(10.16)은 5.98로서 고정된 값의 3.97과 비교된다.[4] 이 경우 모델 선택('적응')이 표준오차 추정에 50% 이상을 추가했다. 동일한 비교를 조정된 복용 충실도 c의 모든 값에 대해 수행했다. 그림 20.5는 결과를 그래프로 보여준다. 적응적 표준오차 평균화는 고정된 값보다 43% 더 크다. $\widehat{\text{se}}$를 평가하는 데 모델 선택을 무시하게 되면, 표준 95% 신뢰구간 $\hat{\theta}_c \pm \widehat{\text{se}} \cdot 1.96$은 대략 43%나 너무 짧아지게 된다.

표준오차를 정직하게 평가한다는 것이 $t(c, \boldsymbol{x}^*)$(20.27)가 좋은 추정이라 것을 의미하지는 않는다. 모델 선택은 추정에서 원시 데이터 벡터 $\boldsymbol{x}$가 정의상 경계를 교차함에 따라 즐겁지 않은 '건너뛰기^jumpiness^'를 유도할 수 있다. 우리 예제의 경우 이 일이 발생했다. 4,000개의 부트스트랩 표본 $\boldsymbol{x}^*$ 중 19%에서

4 후자는 모수적 부트스트랩 비교에 적절한 (8.30)을 따르는 일반적 OLS 평가가 아니다. 대신 비모수적 단일-표본 부트스트랩 평가로서 쌍 (x_i, y_i)를 개별적 표본 점으로서 재표본추출한다.

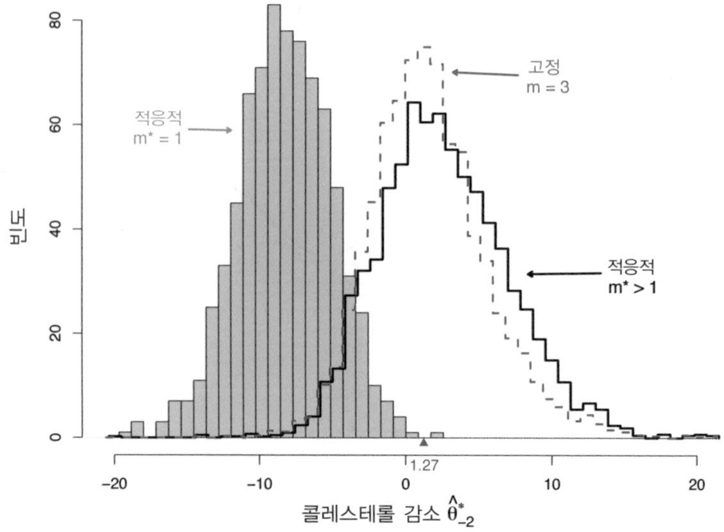

그림 20.6 그림 20.4의 '적응적' 히스토그램은 이제 4,000개 부트스트랩 복제의 19%로 분할됐다. C_p는 선형 회귀($m^* = 1$)를 최고로 선택했고, $m^* > 1$은 81%다. $m^* = 1$의 경우는 10 단위만큼 아래쪽으로 이동했다($m^* > 1$의 경우는 그림 20.4의 '고정된' 히스토그램을 닮았다). 히스토그램은 동일한 영역을 가지도록 크기가 조정됐다.

C_p가 선형 회귀 알고리듬인 $m^* = 1$을 최고로 선택했고, 이 경우 $\hat{\theta}^*_{-2,0}$은 더 작은 값으로 향하는 경향이 있다. 그림 20.6은 $m^* = 1$ 히스토그램이 $m^* > 1$ 히스토그램보다 10 단위 아래쪽으로 움직인 것을 보여준다(이제 그림 20.4의 '고정된' 히스토그램을 닮았다).

$t(c, \boldsymbol{x})$와 같은 불연속 추정기는 베이즈 사후 기댓값이 연속이므로 베이즈
†3 가 될 수 없다. 이들은 빈도주의 어려움을 겪을 수 있는데,† 과도한 변동성과 과도하게 긴 신뢰구간 등이 있을 수 있다.

배깅 또는 부트스트랩 평활화는 불연속 추정 규칙을 평균화를 통해 개선하는 전술이다(17장과 (12.80)에서처럼).

$t(\boldsymbol{x})$가 부트스트랩 복제 $\{t(\boldsymbol{x}^{*b}),\ b = 1, 2, \ldots, B\}$에 대해 얻은 어떤 추정이라고 가정하자. $t(\boldsymbol{x})$의 배깅된 버전은 평균화다.

$$s(\boldsymbol{x}) = \frac{1}{B}\sum_{b=1}^{B} t(\boldsymbol{x}^{*b}) \tag{20.28}$$

글자 s는 '평활화'를 나타낸다. $\boldsymbol{x}$의 작은 변화는 모델 선택 정의상의 경계를 넘어서는 것조차도 부트스트랩 평균 $s(\boldsymbol{x})$에서는 오직 작은 변화만 일으킨다.

$t(c, \boldsymbol{x}^*)$(20.27)의 4,000개 부트스트랩 복제를 평균화하면, 각 c 값에 대해 배깅된 추정 $s_c(\boldsymbol{x})$를 얻게 된다. 배깅은 C_p/OLS 추정 $t(c, \boldsymbol{x})$의 표준오차를 12% 정도 감소시키는데, 그림 20.5의 초록색 점선 곡선에 나타나 있다.

이 초록색 점선은 어디에서 온 것일까? 단일 값 $s_c(\boldsymbol{x})$를 얻기 위해 모든 4,000개의 부트스트랩 값 $t(c, \boldsymbol{x}^{*b})$가 필요하다. 이는 마치 $\widehat{\text{se}}[s_c(\boldsymbol{x})]$를 계산하기 위해 부트스트랩의 부트스트랩을 하는 것처럼 보인다. 다행히 좀 더 경제적인 계산 방법이 가능하며, $t(c, \boldsymbol{x})$에 대해 오직 원래의 B 부트스트랩 계산만 필요하다.

$b = 1, 2, \ldots, B$와 $j = 1, 2, \ldots, n$에 대해 다음을 정의하자.

$$N_{bj} = \#\{x_j\text{가 } \boldsymbol{x}^{*b}\text{에 나타난 횟수}\} \tag{20.29}$$

예를 들어 $N_{4000,7} = 3$은 데이터 포인트 x_7은 비모수적 부트스트랩 표본 $\boldsymbol{x}^{4000}$에 3회 나타났다는 의미가 된다. $B \times n$ 행렬 $\{N_{bj}\}$는 B 부트스트랩 표본을 완전히 묘사한다. 또한 다음과 같이 표기하자.

$$t^{*b} = t(\boldsymbol{x}^{*b}) \tag{20.30}$$

그리고 cov_j가 N_{bj}와 t^{*b} 사이의 부트스트랩 표본의 공분산을 나타낸다고 하자.

$$\text{cov}_j = \frac{1}{B}\sum_{b=1}^{B}(N_{bj} - N_{\cdot j})(t^{*b} - t^{*\cdot}) \tag{20.31}$$

여기서 점은 B에 대한 평균화를 나타낸다. $N_{\cdot j} = \frac{1}{B}\sum_b N_{bj}$고 $t^{*\cdot} = \frac{1}{B}\sum_b t^{*b}$다.

†4 **정리 20.2**[†] 배깅된 추정(20.28)에 대한 표준오차의 극소 잭나이프 추정(10.41)은 다음과 같다.

$$\widehat{\text{se}}_{\text{IJ}}[s_c(\boldsymbol{x})] = \left(\sum_{j=1}^{n} \text{cov}_j^2 / n\right)^{1/2} \tag{20.32}$$

부트스트랩 복제 t^{*b}를 생성하면서 N_{bj}를 계속 추적하면 추가적인 계산 노력 없이도 cov_j와 $\widehat{\text{se}}[s_c(\boldsymbol{x})]$를 계산할 수 있다.

여기서는 평균화를 통해 변동성이 감소할 것으로 기대하고, 이는 그림 20.5를 보건대 유효한 것으로 보인다. $\widehat{\text{se}}_{\text{IJ}}[s_c(\boldsymbol{x})]/\widehat{\text{se}}_{\text{boot}}[t(c, \boldsymbol{x})]$ 비율은 평균화돼 0.88이다. 사실 다음의 일반적인 결과를 알 수 있다.

공리 비율 $\widehat{\text{se}}_{\text{IJ}}[s_c(\boldsymbol{x})]/\widehat{\text{se}}_{\text{boot}}[t(c, \boldsymbol{x})]$는 항상 ≤ 1이다.

절감은 $t(\boldsymbol{x}^*)$의 비선형성을 개수 N_{bj}(또는 10.3절의 문맥으로는 $S(\boldsymbol{P})$의 비선형성을 $\boldsymbol{P}$의 함수로)의 함수로 배깅이 증가한 것에 기인한다. C_p/OLS 규칙과 같은 모델 선택 추정기는 더 큰 비선형성과 더 큰 절감을 추구하는 경향을 나타낸다.

표 20.3 차수 $m = 1, 2, \ldots, 6$을 선택한 4,000개 비모수적 부트스트랩 복제의 비율. 또한 대부분 그 자체로 추정을 초과하는 비율(20.32)에 대한 극소 잭나이프 표준편차

	$m = 1$	2	3	4	5	6
비율	.19	.12	.35	.07	.20	.06
$\widehat{\text{sd}}_{\text{IJ}}$	.24	.20	.24	.13	.26	.06

표 20.3의 첫 줄은 4,000개의 콜레스테롤 부트스트랩 복제 중 다양한 차수를 선택한 비율을 보여준다. 선형은 19%, 2차는 12%, 3차는 35% 등이다. $B = 4000$이면 비율은 매우 정교해 보인다. 예를 들어 0.19에 대한 이항 표준

오차는 단 $(0.19 \cdot 0.81/4000)^{1/2} = 0.006$이다.

정리 20.2는 다른 것을 제시한다. 이제 t^{*b}(20.30)가 b번째 부트스트랩 표본 $\boldsymbol{x}^*$가 C_p가 $m^* = 1$을 선택하게 했는지 나타낸다고 하자.

$$t^{*b} = \begin{cases} 1 & m^{*b} = 1\text{인 경우} \\ 0 & m^{*b} > 1\text{인 경우} \end{cases} \tag{20.33}$$

$\{t^{*b},\ b = 1, 2, \ldots, B\}$의 배깅된 값은 관측된 비율 0.19다. 배깅 정리를 적용하면, 표의 두 번째 줄에서 보는 것처럼 $\widehat{\text{se}}_{\text{IJ}} = 0.24$를 생성하고 다른 비율에 대해서는 유사하게 큰 표준오차를 가진다.

이항 표준오차는 내부적으로, 부트스트랩 재표본추출 프로세스가 $B \to \infty$에 따라 얼마나 빨리 그 극한값에 수렴하는지를 말해준다. 극소 잭나이프 추정은 외부적이다. 새로운 164개 데이터 쌍 $(c_i,\ d_i)$(20.2)의 집합을 수집하면, 새로운 비율 표는 표 20.3의 상단 줄과는 완전히 다르게 보일 것이다.

빈도주의 통계학은 모든 알고리듬 절차에 적용할 수 있다는 장점을 가지는데, 예를 들어 우리의 C_p/OLS 추정기에도 적용 가능하다. 이는 거대한 데이터 집합과 빠른 계산으로 상징되는 시대에는 대단히 매력적이다. 베이즈 통계학과 비교할 때 단점이라면, 어쨌든 선택한 알고리듬이 최적이라는 보장이 없다는 것이다. 전통적 통계학은 비교적 간단한 추정과 검정 문제의 목록에 대해 최적 이론을 개발했다. 이런 관점에서 데이터 기반 모델 선택과 같은 최신 문제에 대해서는 현대 추론 이론이 아직 따라잡지 못하고 있다. 비록 모델 평균화(예: 배깅) 같은 기술이 한 단계 더 나아갈 수 있는 희망을 제시하고 있기는 하지만 말이다.

20.3 선택 편향

많은 스포츠 팬은 선택 편향에 희생됐다. 당신의 팀은 환상적으로 플레이했고 리그의 선두다. 그러나 그다음 해에는 동일한 선수와 동일한 상대팀에 대해 최하위권이다. 이는 승자의 저주로서, 선택 편향에 대한 좀 더 생생한 이름이다. 이는 대단히 좋은(또는 나쁜) 상대적 성과는 다시 한 번 되풀이되지 않는 경향을 말한다.

현대의 과학 기술은 수백 혹은 수천 개의 후보 상황을 동시에 탐색할 수 있으므로 후속 연구를 통해 최상위 성능을 가진 것을 고르는 것이 목표가 된다. 이는 선택 편향이라는 슬픔을 설정하고 있는 셈이다. 15.1절의 전립선 연구 데이터가 적절한 예를 제공하는데, $N = 6033$개의 유전자에 대해 환자–건강체 차이를 측정하는 통계량 z_i를 관측한다.

$$z_i \sim \mathcal{N}(\mu_i, 1), \qquad i = 1, 2, \ldots, N \tag{20.34}$$

여기서 μ_i는 유전자 i에 대한 효과 크기로, 이는 환자와 건강체 사이의 참 차이 값이다.

큰 양이나 음의 μ_i 값을 가진 유전자는 더 살펴봐야 할 유력한 타깃이다. 유전자 번호 610은 $z_{610} = 5.29$로서 가장 큰 z-값에 이르렀다. (20.34)에 따르면 z_{610}은 μ_{610}의 불편 값이다. 명백한 추정 $\hat{\mu}_{610} = 5.29$를 믿을 수 있을까?

"아니오."가 정확한 선택 편향의 답이다. 유전자 610은 6,033개의 경쟁자들과의 크기 시합에서 우승한 것이다. 게다가 좋은 것은 물론(큰 μ 값을 가지는 것) (20.34)의 잡음이 z_{610}을 양의 방향으로 밀어낸 것을 생각하면 거의 확실히 운이 좋았다. 그렇지 않다면, 시합에서 이기지 못했을 것이다. 이것이 선택 편향의 근본이다.

15장의 거짓 발견율 이론은 동시 가설 검정에서의 선택 편향을 교정하는 방법을 제공한다. 이는 20.1절에서 거짓 구역율로 확장됐다. 이제 다음 장면은 선택 편향 앞에서 효력 크기 μ_i를 사실적으로 추정하는 것과 관계된다.

효력 크기 μ가 사전 밀도 $g(\mu)$(여기에는 이산 원자가 포함될 수 있다.)로부터 얻어진 것이라 가정하면, $z \sim \mathcal{N}(\mu, \sigma^2)$에서 다음을 관측했다고 가정하자.

$$\mu \sim g(\cdot) \quad \text{그리고} \quad z|\mu \sim \mathcal{N}(\mu, \sigma^2) \tag{20.35}$$

(이 분포에 대해서는 σ^2이 알려져 있다고 가정한다.) z의 한계 밀도는 다음과 같다.

$$f(z) = \int_{-\infty}^{\infty} g(\mu)\phi_\sigma(z-\mu)\, d\mu,$$

$$\text{여기서 } \phi_\sigma(z) = (2\pi\sigma^2)^{-1/2} \exp\left(-\frac{1}{2}\frac{z^2}{\sigma^2}\right) \tag{20.36}$$

†5 트위디의 공식†은 주어진 z에 대한 μ의 베이즈 기댓값에 대한 흥미로운 표현이다.

정리 20.3 모델 (20.35)에서 z를 관측한 μ의 사후 기댓값은 다음과 같다.

$$E\{\mu|z\} = z + \sigma^2 l'(z) \quad \text{여기서 } l'(z) = \frac{d}{dz}\log f(z) \tag{20.37}$$

트위디 공식의 특별히 편리한 특징은 $E\{\mu|z\}$가 한계 밀도 $f(z)$의 항으로 직접 표시된다는 점이다. 이는 경험적 베이즈 추정을 위한 설정이다. $g(\mu)$는 모르지만 대규모 상황에서 관측치 $z = (z_1, z_2, \ldots, z_N)$으로부터 한계 밀도 $f(z)$를 추정할 수 있고, 아마도 표 15.1의 포아송 회귀에 의해 다음을 만든다.

$$\hat{E}\{\mu_i|z_i\} = z_i + \sigma^2 \hat{l}'(z_i) \quad \text{여기서 } \hat{l}'(z) = \frac{d}{dz}\log \hat{f}(z). \tag{20.38}$$

그림 20.7의 실선 곡선은 전립선 연구 데이터에 대한 $\hat{E}\{\mu|z\}$를 보여준다. 여기서 $\sigma^2 = 1$이고, $\hat{f}(z)$는 15.4절에서처럼 4차 로그 다항 회귀를 사용해 얻는다. 곡선은 $|z_i| \le 2$에 대해 0 근처에서 떠도는 $E\{\mu|z\}$를 가지며 그림 15.5의 지역 거짓 발견율 곡선 $\widehat{\text{fdr}}(z)$와 일치하는데, 이는 대부분 귀무 유전자라는 것을 말해준다.

$\hat{E}\{\mu|z\}$는 $z > 2$에 대해 증가하며 $z = 3.5$에서 1.96이 된다. 그 점에서 $\widehat{\text{fdr}}(z) = 0.15$다. 따라서 $z_i = 3.5$가 단측 p-값 0.0002를 가진다고 해도, 6,033개 유전자를 동시에 고려할 때는 여전히 유전자 i가 귀무가 아닌 것인지 확신

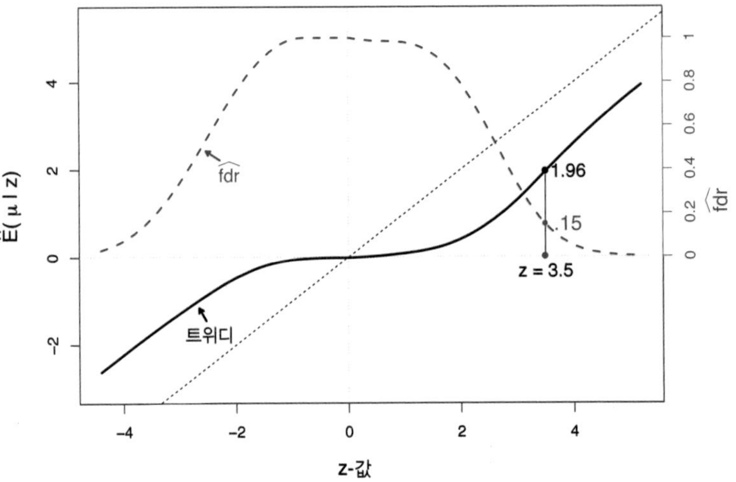

그림 20.7 실선 곡선은 전립선 연구 데이터를 위한 트위디의 추정 $\hat{E}\{\mu|z\}$다. 점선은 그림 15.5의 지역 거짓 발견율 $\widehat{\text{fdr}}(z)$를 보여준다(오른쪽 붉은색 눈금). $z=3.5$에서 $\hat{E}\{\mu|z\}=1.96$이고 $\widehat{\text{fdr}}(z)=0.15$다. 유전자 610에 대해 $z_{610}=5.29$고, 트위디의 추정은 4.03이다.

할 수 없다. z_i가 3.5 근처인 85% 가량의 유전자는 비귀무일 것이며, 이들은 평균화된 효과 크기로 약 2.31(=1.96/0.85)을 가질 것이다. 이는 모두 대규모 연구에서 가능한, 빈도주의와 베이즈주의 추론의 조합을 잘 설명해주고, 또한 추정과 가설 검정 아이디어의 활약을 잘 보여준다.

(20.35)의 사전 밀도 $g(\mu)$가 정규라면, 트위디[Tweedie]의 공식 (20.38)은 (거의) 제임스-스타인 추정기(7.13)를 만든다. 이 경우, 그림 20.7에서 해당하는 곡선은 그래디언트 0.22에서 원점을 통과하는 직선일 것이다. 제임스-스타인 추정기처럼 리지 회귀와 16장의 라소, 트위디의 공식은 축소 추정기다. 가장 극단적인 관측치 $z_{610}=5.29$에 대해 $\hat{\mu}_{629}=4.03$이며, 최대 우도 추정을 원점을 향해 하나 이상의 σ 단위로 축소한다.

베이즈 추정은 3.3절과 3.4절에서 설명한 것처럼 선택 편향에 대해 면역을 가지고 있다. 이는 트위디의 경험적 베이즈 추정이 승자의 저주를 극복할 수 있는 실질적인 치료가 될 수도 있다는 어떤 희망을 안겨준다. 작은 시뮬레이션을 돌려 테스트를 해봤다.

- 각각의 길이 $N = 1000$인 100여 개의 데이터 집합 $\boldsymbol{z}$가 지수와 정규 표본추출의 조합을 통해 생성됐다.

$$\mu_i \overset{\text{ind}}{\sim} e^{-\mu} \quad (\mu > 0) \quad \text{그리고} \quad z_i|\mu_i \overset{\text{ind}}{\sim} \mathcal{N}(\mu_i, 1) \tag{20.39}$$

  여기서 $i = 1, 2, \ldots, 1000$이다.

- 각 $\boldsymbol{z}$에 대해 15.4절에서와 같이 $\hat{l}(z)$를 계산하고, 이제 자유도 5인 자연 스플라인 모델을 사용한다.
- 이는 그 데이터 집합 $\boldsymbol{z}$에 대해 트위디의 추정을 만든다.

$$\hat{\mu}_i = z_i + \hat{l}'(z_i), \qquad i= 1, 2, \ldots, 1000 \tag{20.40}$$

- 각 데이터 집합 $\boldsymbol{z}$에 대해 20개의 최대 z_i 값과 해당하는 $\hat{\mu}_i$ 및 μ_i를 기록하고 다음을 생성한다.

$$\begin{aligned} &\text{교정되지 않은 차이} \quad && z_i - \mu_i \\ &\text{교정된 차이} && \hat{\mu}_i - \mu_i \end{aligned} \tag{20.41}$$

  여기서는 경험적 베이즈 축소가 z_i 값의 선택 편향을 교정하기를 희망한다.

- 그림 20.8은 2,000개(100개의 데이터 집합, 각 20개의 상위 경우)의 교정되지 않은 차이와 교정된 차이를 보여준다. 선택 편향은 상당히 명백해서 교정되지 않은 차이는 0의 오른쪽으로 한 단위나 움직였다. 이 경우에 적어도 경험적 베이즈 교정은 잘 작동해 교정된 차이는 0에 제대로 중심을 두고 있다. 편향 교정은 종종 분산을 추가시키지만, 이 경우는 그러지 않았다.

경험적 베이즈에서 '경험적'이라는 부분은 종합된 데이터로부터 베이즈 규칙을 추정한다기보다는 이러한 규칙을 개별 경우에 적용하는 것에 더 가깝다는 점을 마지막으로 강조하고자 한다. **전립선** 데이터의 경우에는 확실한 사전 밀도에 대한 견해 없이 시작했지만, 전립선 연구에서 μ_{610}에 대한 강한 (즉 '비정보성'이 아닌) 베이즈주의 결론에 도달했다.

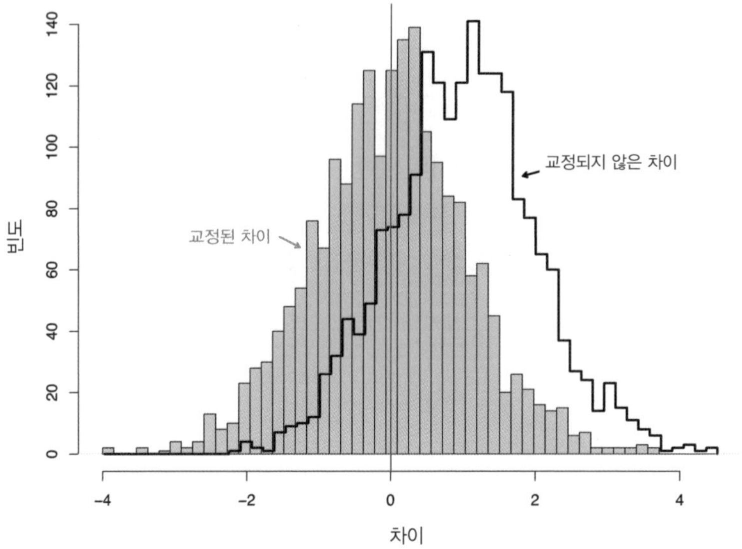

그림 20.8 각 100회 시뮬레이션 (20.39)–(20.41)에서 상위 20개 경우의 교정된 차이와 교정되지 않은 차이를 보여준다. 트위디 교정은 효과적으로 선택 편향에 대응했다.

20.4 병합된 베이즈-빈도주의 추정

앞서 언급한 것처럼, 베이즈 추정은 적어도 이론적으로는 선택 편향으로부터 면역을 가지고 있다. $\mathbf{z} = (z_1, z_2, \ldots, z_N)$이 앞 절의 전립선 연구 데이터를 나타낸다고 하자. 모수 벡터 $\boldsymbol{\mu} = (\mu_1, \mu_2, \ldots, \mu_N)$이다. 베이즈 규칙(3.5)은

$$g(\boldsymbol{\mu}|\mathbf{z}) = g(\boldsymbol{\mu}) f_{\boldsymbol{\mu}}(\mathbf{z}) / f(\mathbf{z}) \tag{20.42}$$

주어진 $\mathbf{z}$에 대한 $\boldsymbol{\mu}$의 사후 밀도를 만든다. '가장 큰 관측치 z_i에 해당하는 $\boldsymbol{\mu}$를 추정하라.'와 같은 데이터 기반 모델 선택 규칙은 우도 함수 $f_{\boldsymbol{\mu}}(\mathbf{z})$(고정된

z)나 $g(\boldsymbol{\mu} \mid \boldsymbol{z})$에는 영향을 끼치지 않는다. 사전 분포 $g(\boldsymbol{\mu})$를 선택했으면, μ_{610}의 사후 추정은 $z_{610} = 5.29$가 마침 가장 큰 수였다는 것에 영향을 받지 않는다.

동일한 논지가 모든 모델 선택 절차에 잘 적용되는데, 예를 들어 회귀분석에 포함할 잠재 변수를 조기에 걸러내는 것이 있다(C_p가 그림 20.1에서 3차 회귀를 선택한 것은 그 베이즈 사후 정확도에 영향을 주지 못한다).

그러나 문제가 하나 있다. 선택된 사전 분포 $g(\boldsymbol{\mu})$는 관심 대상 부분(예를 들어 μ_{610})에만 국한되는 것이 아니라 전체 모수 벡터 $\boldsymbol{\mu}$에 적용해야만 한다. 이는 그림 3.3의 정지 규칙과 같이 단일 모수 상황에서는 가능하다. 그러나 고차원에서는 까다로워지며 위험할 수 있다. 트위디 규칙 같은 경험적 베이즈 기법은 데이터 벡터 $\boldsymbol{z}$를 고차원적인 사전 분포 선택을 도와주는 것으로 생각할 수 있으며, 베이즈와 빈도주의 기법 사이의 효과적인 협업이다.

이 장의 마지막 장면은 또 다른 베이즈-빈도주의 추정 기법과 관련 있다. 굵은 글씨체 표기를 없애고 $\mathcal{F} = \{f_\alpha(x)\}$가 다차원 밀도 계열(5.1)이라 가정하며(이제 α가 μ의 역할을 한다.), 특정 모수 $\theta = t(\alpha)$를 추정하는 데 관심이 있다고 하자. 사전 분포 $g(\alpha)$가 선택돼 다음의 사후 기댓값을 생성했다.

$$\hat{\theta} = E\{t(\alpha)|x\} \tag{20.43}$$

$\hat{\theta}$는 얼마나 정확한 것일까? 일반적인 대답은 주어진 x에 대한 사후 분포로부터 계산하는 것이다. 이는 $g(\alpha)$가 실제 사전 경험에 기초한 것이라면 명백히 정확한 답이다. 그러나 대부분의 경우, 특히 고차원 문제에서는 사전 분포는 수학적 편의를 반영하고 13장에서처럼 비정보성이 되려고 한다. 자신의 추정기의 정확성을 계산하기 위해 스스로 선택한 사전 분포를 사용하는 것은 순환론에 빠질 위험이 있다.

다음에 논의된 대안으로는 $\hat{\theta}$의 빈도주의 정확도를 계산하는 것이다. 즉 비록 (20.43)이 베이즈 추정이지만, $\hat{\theta}$를 단순히 x의 함수로 간주하고 그 빈도주의 변동성을 계산한다. 다음 정리는 이렇게 할 수 있는 계산적으로 효율적인 방법을 제공한다($\hat{\theta}$에 대한 베이즈와 빈도주의 표준오차는 개념적으로 그림 3.5에서 설명한 것처럼 직교적으로 작동한다. 여기서는 사전 $g(\cdot)$을 알 수 없거나 불확실하다고 가정하고 빈도주의 계산에 더 집중한다).

편의상 계열 $\mathcal{F}$가 p-모수 지수 계열(5.50)이라고 가정한다.

$$f_\alpha(x) = e^{\alpha' x - \psi(\alpha)} f_0(x) \tag{20.44}$$

이제 α는 앞서 μ라고 불리던 모수다. x의 $p \times p$ 공분산 행렬(5.50)은 다음과 같이 표기한다.

$$V_\alpha = \mathrm{cov}_\alpha(x) \tag{20.45}$$

Cov_x가 관심 대상의 모수인 $\theta = t(\alpha)$와 $p \times 1$ 벡터인 α 사이에 주어진 x의 사후 공분산을 나타낸다고 하자.

$$\mathrm{Cov}_x = \mathrm{cov}\{\alpha, t(\alpha)|x\} \tag{20.46}$$

Cov_x는 $\hat{\theta}$의 정확도에 대한 빈도주의 추정으로 직접 유도한다.

†6 **정리 20.4**† $\hat{\theta} = E\{t(\alpha)\,|\,x\}$(10.41)의 표준오차의 델타 기법 추정은 다음과 같다.

$$\widehat{\mathrm{se}}_{\mathrm{delta}}\left\{\hat{\theta}\right\} = \left(\mathrm{Cov}_x' \, V_{\hat{\alpha}} \, \mathrm{Cov}_x\right)^{1/2} \tag{20.47}$$

여기서 $V_{\hat{\alpha}}$는 MLE $\hat{\alpha}$에서 계산된 V_α다.

정리는 빈도주의 정확도 추정 $\widehat{\mathrm{se}}_{\mathrm{delta}}\{\hat{\theta}\}$를 $\hat{\theta}$ 자체를 계산하기 위해 필요한 계산량 이외에는 어떠한 추가적 계산을 거의 하지 않더라도 계산할 수 있도록 해준다. 주어진 x에 대해, α의 베이즈 사전 분포로부터 표본을 생성하기 위해 13.4절의 MCMC나 깁스 표본추출 알고리듬을 사용했다고 가정해보자.

$$\alpha^{(1)}, \alpha^{(2)}, \ldots, \alpha^{(B)} \tag{20.48}$$

이는 $E\{t(\alpha)\,|\,x\}$에 대한 통상적 추정을 생성한다.

$$\hat{\theta} = \frac{1}{B}\sum_{b=1}^{B} t\left(\alpha^{(b)}\right) \tag{20.49}$$

이는 또한 $\text{cov}\{\alpha,\ t(\alpha)\,|\,x\}$에 대해서는 유사한 식을 제공한다.

$$\text{Cov}_x = \frac{1}{B}\sum_{b=1}^{B}\left(\alpha^{(b)} - \alpha^{(\cdot)}\right)\left(t^{(b)} - t^{(\cdot)}\right) \tag{20.50}$$

$t^{(b)} = t(\alpha^{(b)})$, $t^{(\cdot)} = \sum_b t^{(b)}/B$고 $\alpha^{(\cdot)} = \sum_b \alpha^{(b)}/B$며, 이로부터 $\widehat{\text{se}}_{\text{delta}}(\hat{\theta})$ (20.47)를 계산할 수 있다.[5]

정리 20.4가 실제 작동하는 예로서, 20.1절의 **당뇨병** 데이터를 살펴본다. x_i'는 예측의 442×10 행렬인 $\boldsymbol{X}$의 i번째 행이므로, x_i는 환자 i의 열 개의 예측 변수 벡터다. 진도 스코어를 나타내는 반응 벡터 $\boldsymbol{y}$는 이제 정규 회귀 모델에서 $\sigma^2 = 1$을 가지도록 조정됐다.[6]

$$\boldsymbol{y} \sim \mathcal{N}_n(\boldsymbol{X}\beta, \boldsymbol{I}) \tag{20.51}$$

사전 분포 $g(\beta)$는 다음과 같이 취한다.

$$g(\beta) = ce^{-\lambda\|\beta\|_1} \tag{20.52}$$

$\lambda = 0.37$이고, c는 $g(\beta)$의 적분이 1이 되게 만드는 상수다. 이것은 이른바 '베
†7 이즈 라소 사전 분포'고,[†] 라소와의 연결성 때문에 그렇게 불린다. (7.42)와 (16.1)(라소는 이후 설명하는 부분에서는 역할이 없다)을 참고하자.

---

5 $V_{\hat{\alpha}}$는 (5.57)에서 수치적 미분을 통해 계산되거나 모수적 부트스트랩 재표본추출을 통해 얻어서(부트스트랩 복제 $\hat{\beta}_i^*$의 경험적 공분산 행렬을 취해서) 이론적으로 알려져 있을 수 있다.

6 원시 데이터 벡터 $\boldsymbol{y}$를 선형 모델 $E\{\boldsymbol{y}\} = \boldsymbol{X}\beta$로부터 추정된 표준편차로 나눈다.

MCMC 알고리듬은 사후 분포 $g(\beta \mid \boldsymbol{y})$로부터 $B = 10000$ 표본(20.48)을 생성했다. 다음이

$$\theta_i = x_i'\beta \tag{20.53}$$

i번째 환자의 반응 y_i의 (미지의) 기댓값이라고 하자. θ_i의 베이즈 사후 기댓값은 다음과 같다.

$$\hat{\theta}_i = \frac{1}{B}\sum_{b=1}^{B} x_i'\beta \tag{20.54}$$

이는 베이즈 사후 표준오차를 가진다.

$$\widehat{\text{se}}_{\text{Bayes}}\left(\hat{\theta}_i\right) = \left[\frac{1}{B}\sum_{b=1}^{B}\left(x_i'\beta^{(b)} - \hat{\theta}_i\right)^2\right]^{1/2} \tag{20.55}$$

여기서 빈도주의 표준오차(20.47) $\widehat{\text{se}}_{\text{delta}}\{\hat{\theta}_i\}$와 비교할 수 있다.

그림 20.9는 환자 $i = 322$명의 10,000개의 MCMC 복제 $\hat{\theta}_i^{(b)} = x_i'\beta$를 보여준다. 점 추정 $\hat{\theta}_i$는 2.41이고, 베이즈와 빈도주의 표준오차 추정은 다음과 같다.

$$\widehat{\text{se}}_{\text{Bayes}} = 0.203 \quad \text{그리고} \quad \widehat{\text{se}}_{\text{delta}} = 0.186 \tag{20.56}$$

이 경우 빈도주의 표준오차가 9% 작다. $\widehat{\text{se}}_{\text{delta}}$는 422명의 모든 환자에 대해 $\widehat{\text{se}}_{\text{Bayes}}$보다 작고, 차이의 평균은 5% 정도다.

다르게 될 수도 있다. 주어진 $\boldsymbol{y}$에 대한 θ_{332}의 사후 cdf에 관심이 있다고 가정하자. 주어진 모든 c 값에 대해 다음과 같다.

$$t\left(c, \beta^{(b)}\right) = \begin{cases} 1 & x_{322}'\beta^{(b)} \le c \text{인 경우} \\ 0 & x_{332}'\beta^{(b)} > c \text{인 경우} \end{cases} \tag{20.57}$$

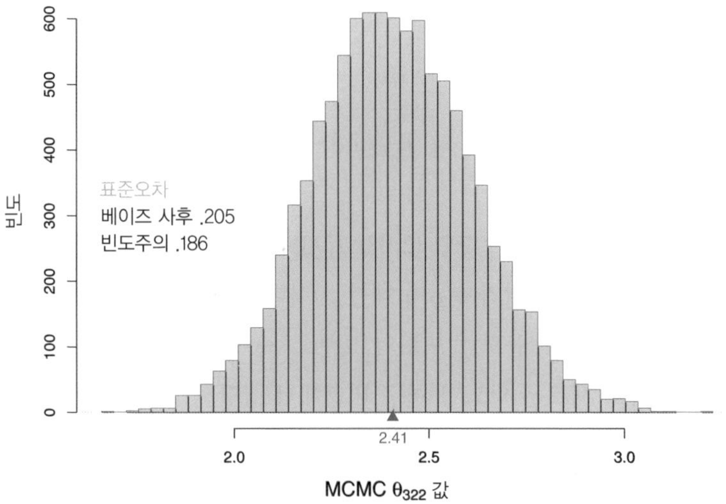

그림 20.9 당뇨병 연구의 환자 322명에 대한 기대 질병 진행 경과 θ_{322}의 사후 분포에 대한 10,000 MCMC 복제의 히스토그램(모델 (20.51)과 사전 (20.52)). 베이즈 사후 기대는 2.41이다. $\hat{\theta}_{322}=2.41$에 대한 빈도주의 표준오차는 베이즈 사후 표준오차(20.55)보다 9% 작았다.

따라서

$$\text{cdf}(c)=\frac{1}{B}\sum_{b=1}^{B} t\left(c,\beta^{(b)}\right) \tag{20.58}$$

이는 $\Pr\{\theta_{322}\leq c\,|\,\boldsymbol{y}\}$에 대한 우리의 평가다. 그림 20.10의 실선 곡선이 cdf(c)를 보여준다.

사전 분포 (20.52)를 믿는다면 곡선은 주어진 $\boldsymbol{y}$에서 θ_{322}의 사후 분포를 정확히 나타낸다($B=10000$ 복제에서 멈춘 시뮬레이션 오류를 제외하고). 사전 분포를 믿는지에 상관없이 (20.50)에서 $t^{(b)}=t(c,\ \beta^{(b)})$로 정리 20.4를 사용해 곡선의 빈도주의 정확도를 계산할 수 있다.

붉은색 수직 점선은 cdf(c) ± $\widehat{\text{se}}_{\text{delta}}$를 보여준다. 표준오차는 상당히 큰데, 예를 들어 $c=2.5$에서 0.687 ± 0.325다. θ_{322}의 중심 90% 신뢰할 수 있는 구

간(cdf(c) 0.05와 0.95 사이의 c 값)은

$$(2.08,\ 2.73) \tag{20.59}$$

각 끝점에서 0.185의 빈도주의 표준오차를 가진다(구간 길이의 28%에 해당한다).

사전 분포 (20.52)를 믿는다면 (2.08, 2.73)은 θ_{322}의 (거의) 정확한 90% 신뢰할 만한 구간이고, 게다가 θ_{322}에 대한 어떠한 선택 편향에 대해서도 면역이다. 그렇지 않다면 대규모 빈도주의 표준오차는 계산 (20.59)가 선택 편향을 무시하더라도 새로운 당뇨병 연구 버전에서 상당히 다를 수 있다는 사실을 상기시켜주는 것이다.

원래의 주제로 돌아가서 베이즈주의 계산은 모델 선택 효과를 무시하도록 장려한다. 이는 진짜 사전 경험에 의존할 수 없는 객관적 베이즈에서 위험할 수 있다. 정리 20.4는 그림 20.9에서처럼 재확신을 주거나 그림 20.10에서처럼 경고를 주는 빈도주의 체크포인트 같은 역할을 한다.

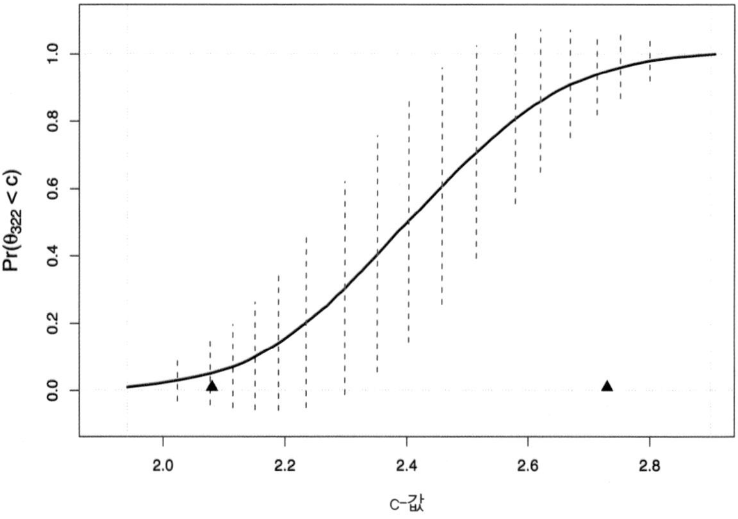

그림 20.10 실선 곡선은 θ_{322}의 사후 cdf다. 붉은색 수직 바는 정리 20.4에서 얻은 ± 단위 빈도주의 표준오차다. 검은색 삼각형은 0.90 중심 신뢰할 만한 구간의 끝점이다.

20.5 주석 및 상세 설명

최적성 이론(가능한 최고 결과의 기술)은 응용수학의 성숙함을 보여준다. 전통적 통계학은 이러한 두 가지 이론을 성취했다. 하나는 불편 또는 점근적 불편 추정이고, 다른 하나는 가설 검정이다. 이 책의 대부분과 이 장 모두에서는 그 이상의 모험을 했다. 20.2절의 C_p/OLS 부트스트랩 평활화 추정은 최적으로부터 얼마나 멀리 떨어져 있을까? 비록 이 답을 찾기 위한 매력적인 기법을 제공해줄 수는 있지만, 이번에는 이 질문에 대답할 수 없다. 여기에 몇 가지를 소개해뒀다.

콜레스트라민 예제는 에프론과 펠드만(1991)에서 가져왔는데, 거기에 길게 설명돼 있으며 건강체 그룹 데이터 또한 분석돼 있다.

†1 **쉐페 구간.** 쉐페의 1953년 논문은 동시 추론 기법이 잘 개발되고 있는 초기 시점에 나왔으며, 대부분 전통적인 정규 이론 프레임워크였다. 밀러(1981)는 명확하고 깊이 있는 요약을 제공한다. 1980년대에는 좀 더 컴퓨터 중심적 기법이 소개됐고, 웨스트폴과 영의 1993년 책에 잘 개발돼 있으며, 벤자미니와 호크버그의 1995년 거짓 발견율 논문(여기서의 15장)과 벤자미니와 예쿠티에리(2005)의 거짓 구역율 알고리듬을 이끌었다.

쉐페의 구성(20.15)은 행렬 $\boldsymbol{V}$의 역 제곱근($(\boldsymbol{V}^{-1/2})^2 = \boldsymbol{V}^{-1}$)을 사용해 (20.6)을 $\boldsymbol{V}=\boldsymbol{I}$의 경우로 변환함으로써 유도했다.

$$\hat{\gamma} = \boldsymbol{V}^{-1/2}\hat{\beta} \quad \text{그리고} \quad \gamma = \boldsymbol{V}^{-1/2}\beta \tag{20.60}$$

이는 그림 20.2의 타원체를 원으로 만든다. 그러면 (20.10)의 $Q = \|\hat{\gamma} - \gamma\|^2/\hat{\sigma}^2$과 선형 조합 $\gamma_d = d'\gamma$에 대해 $\Pr\{Q \le k_{p,q}^{(\alpha)^2}\} = \alpha$가 d의 모든 선택에 대해 다음에 해당한다는 것을 바로 알 수 있다.

$$\gamma_d \in \hat{\gamma}_d \pm \hat{\sigma}\,\|d\|\,k_{p,q}^{(\alpha)} \tag{20.61}$$

그림 20.2의 기하는 이제 명백하다. 좌표를 $\hat{\beta} = \boldsymbol{V}^{1/2}\hat{\gamma}$, $\beta = \boldsymbol{V}^{1/2}\gamma$로 되돌리면 $c = \boldsymbol{V}^{1/2}d$는 (20.15)를 만든다.

†2 목록 C의 제약. (20.16)의 모든 표본 크기 n_j가 어떤 값 n을 취한다고 가정하고, 모든 쌍별 차이 $\beta_i - \beta_j$에 대해 동시 신뢰구간을 설정하고자 한다. 튜키의 스튜던트화된 구역 피봇 양(1952, 발표되지 않음)은

$$T = \max_{i \neq j} \frac{\left| \left(\hat{\beta}_i - \hat{\beta}_j \right) - (\beta_i - \beta_j) \right|}{\hat{\sigma}} \tag{20.62}$$

α나 β에 종속되지 않은 분포를 가진다. 이는 다음 식이

$$\beta_i - \beta_j \in \hat{\beta}_i - \hat{\beta}_j \pm \frac{\hat{\sigma}}{\sqrt{n}} T^{(\alpha)} \tag{20.63}$$

$T^{(\alpha)}$가 T의 α번째 분위수인 모든 쌍별 차이 $\beta_i - \beta_j$의 동시 α-수준 신뢰구간의 집합이라는 것을 암시한다($1/\sqrt{n}$은 (20.16)의 $\hat{\beta}_j \sim \mathcal{N}(\beta_j, \sigma^2/n)$에서 왔다).

표 20.4 $p = 2, 3, \ldots, 6$과 $n = 20$일 때, 쌍별 차이 $\beta_i - \beta_j$($\hat{\sigma}/\sqrt{n}$ 단위로)의 동시 95% 신뢰구간의 튜키 스튜던트화 구간의 절반 너비. 쉐페의 구간(10.15)과 비교한 것이다.

p	2	3	4	5	6
튜키	2.95	3.58	3.96	4.23	4.44
쉐페	3.74	4.31	4.79	5.21	5.58

모든 선형 조합 $c'\beta$로부터의 목록 $\boldsymbol{C}$를 단지 쌍별 차이로 줄이면 동시 구간을 축소시킨다. 표 20.4는 $p = 2, 3, \ldots, 6$과 $n = 20$에 대한 튜키와 쉐페 95% 신뢰구간을 비교한 것을 보여준다.

$T^{(\alpha)}$를 계산한다는 것은 1980년 초반에는 상당한 프로젝트였다. 버크와 동료들(2013)은 이제 선형 제약의 일반적 목록을 위한 유사한 계산을 수행하고 있다. 그들은 이러한 절차와 관련해서 추론적 베이시스에 대해 자세히 설명하고 있다.

†3 불연속 추정기. 그림 20.6을 살펴보면, $\theta_{-2.0}\ t(c, \boldsymbol{x})$의 신뢰구간이 C_p가 선형 회귀($m = 1$)를 최적으로 선택한 데이터 집합 x의 아주 왼쪽으로 이동하는 것을

시사한다. 이런 '급변적' 행동은 원하는 구역 수준을 얻기 위해 필요한 구간을 늘리게 된다. 좀 더 심각하게는 $m = 1$의 구간은 잘못된 추론을 줄 수 있으며 또 다른 '정확하지만 옳지는 않은' 작동이 될 수 있다. 배깅(20.28)은 에프론(2014a)에서 논한 것처럼 구간 길이를 줄이는 것에 더해 추론적 옳음도 개선한다.

†4 **정리 20.2와 그 공리.** 정리 20.2는 에프론(2014a)의 3절에서, 4절에 나타나는 모수적 부트스트랩 버전과 함께 증명돼 있다. 공리는 이 논문의 그림 4에 나타낸 사상 결과다. $\mathcal{L}(\boldsymbol{N})$이 $B \times n$ 행렬 (N_{bj})(20.29)의 열에 의해 스팬된 B-차원 유클리드 공간의 n차원 부분 공간이라 하고, t^*가 성분 $t^{*b} - t^*$를 가진 B-벡터라고 하자. 그러면 다음이 성립한다.

$$\widehat{\text{se}}_{\text{IJ}}(s) \big/ \widehat{\text{se}}_{\text{boot}}(t) = \|\hat{\boldsymbol{t}}^*\| \big/ \|\boldsymbol{t}^*\| \tag{20.64}$$

여기서 $\hat{\boldsymbol{t}}^*$는 $\boldsymbol{t}^*$를 $\mathcal{L}(\boldsymbol{N})$으로 사상한 것이다. 10.3절의 문맥으로는 $\hat{\theta}^* = S(\boldsymbol{P})$가 $\boldsymbol{P}$의 함수로 매우 비선형이면 (20.64)에서의 비율은 1보다 상당히 작다.

†5 **트위디의 공식.** 편의상 (20.35)에서 $\sigma^2 = 1$로 한다. 그러면, 베이즈 규칙(3.5)은 다음과 같이 정리할 수 있다.

$$g(\mu|z) = e^{\mu z - \psi(z)} g(\mu) e^{-\frac{1}{2}\mu^2} \big/ \sqrt{2\pi} \tag{20.65}$$

여기서

$$\psi(z) = \frac{1}{2}z + \log f(z) \tag{20.66}$$

이는 z와 같은 자연 모수 α를 가진 단일 모수 지수 계열(5.46)이다. (5.55)에서처럼 ψ를 미분하면 다음과 같이 된다.

$$E\{\mu|z\} = \frac{d\psi}{dz} = z + \frac{d}{dz}\log f(z) \tag{20.67}$$

이는 $\sigma^2 = 1$일 때의 트위디의 공식(20.37)이다. 이 공식은 로빈(1956)에서 처음 등장하는데, 로빈은 이를 M.K. 트위디와 개인적인 대화를 나눈 결과로 돌린다. 에프론(2011)은 트위디 공식의 일반적인 지수 계열 버전과 그 선택 편향 상황의 응용에 대해 설명한다.

†6 정리 20.4. 통계량 $T(x)$를 위한 델타 기법 표준오차 근사는 다음과 같다.

$$\widehat{\mathrm{se}}_{\mathrm{delta}} = \left[(\nabla T(x))' \, \hat{V} \, (\nabla T(x))\right]^{1/2} \tag{20.68}$$

여기서 $\nabla T(x)$는 그래디언트 벡터 $(\partial T/\partial x_j)$고, $\hat{V}$는 x의 공분산 행렬의 추정이다. 이에 대한 다른 이름으로는 (2.10)에서처럼 '테일러 급수 기법'이 있고, 자연과학 영역에서는 '오차의 전파'라고도 한다. 에프론(2015) 2절에 있는 정리 20.4의 증명은 $T(x) = E\{t(\alpha)\,|\,x\}$일 때 $\mathrm{Cov}_x = T(x)$를 보여주는 것으로 구성돼 있다. 표준편차는 $T(x)$의 빈도주의 정확성을 평가하는 첫 단계에 불과하다. 논문은 계속해서 정리 20.4가 그림 20.10에서 $\mathrm{cdf}(c)$가 [0, 1] 범위 밖에 있을 수 있다는 인상을 교정시켜 신뢰구간을 줄 수 있도록 개선할 수 있다.

†7 베이즈 라소. 베이즈 규칙(3.5)을 밀도(20.51)와 사전 밀도(20.52)로 적용하면 티브시라니(2006)에서 논의한 것처럼 다음과 같이 된다.

$$\log g(\beta|\boldsymbol{y}) = -\left\{\frac{\|\boldsymbol{y} - \boldsymbol{X}\beta\|^2}{2} + \lambda\|\beta\|_1\right\} \tag{20.69}$$

(7.42)와 비교하면, β('MAP' 추정)의 값을 최대화하는 것은 라소 추정과 일치함을 보여준다. 파크[Park]와 카셀라[Casella](2008)는 '베이즈 라소'라는 이름을 지었고 적절한 MCMC 알고리듬을 제시했다. 그들의 선택 $\lambda = 0.37$은 한계 최대 우도 계산에 근거하고 있으며, 자신들과 우리들의 분석에서는 무시됐던 경험적 베이즈의 측면을 제공한다.

20.6 연습문제

1. 두 변수 X 및 Y에 대한 데이터가 주어졌을 때 3차 다항 적합화 회귀 모델 $f(X) = \sum_{j=0}^{3} \beta_j X^j$을 고려해 보자. 적합화된 곡선을 도식화하는 것 외에도 곡선에 대한 95% 신뢰 구간이 필요하다. 다음 두 가지 접근 방식을 고려하라.
   1) 각 점 x_0에서 선형 함수에 대한 95% 신뢰 구간을 형성하라. $a^\top \beta = \sum_{j=0}^{3} \beta_j x_0^j$
   2) (20.12)에서와 같이 β에 대한 95% 신뢰 집합을 형성하라. 그러면 $f(x_0)$에 대한 신뢰 구간이 생성된다.

   이러한 접근 방식은 어떻게 다른가? 어느 밴드가 더 넓을 가능성이 있나? 두 가지 방법을 비교하기 위해 작은 시뮬레이션 실험을 수행하라.

2. 그림 20.1의 `cholesterol` 데이터를 고려해 보자.
   1) 패키지 `mgcv`의 `gam` 함수를 사용해 부드러운 곡선을 적합화하라. 함수는 평활화 스플라인을 적합화하고 평활화 정도를 자동으로 선택한다. 적합화에서 평활화 매개변수 `sp`를 저장하라. 데이터와 적합화된 곡선을 도식화하라.
   2) $B = 300$으로 부트스트랩 실험을 수행하라. 각 부트스트랩 샘플에 대해 평활화 매개변수를 자동 선택하는 GAM 모델을 다시 적합화하라. 동일한 샘플에 대해 저장된 값으로 GAM을 다시 적합화하라. 각 맞춤 쌍에 대해 곡선을 원래 도면(두 가지 다른 색상)에 중첩하라.

   결론을 요약해라.

3. 의료 응용에서는 종종 하나의 치료법에 대한 상대적인 개선에 관심이 있다. n_A 중 무작위로 선택된 비율 r_A의 쥐가 치료 A에 반응했다고 가정하자. 마찬가지로 n_B 중 무작위로 선택된 (그리고 다른) r_B 마리의 쥐가 치료 B에 반응했다. 로그-승산 비율은 다음과 같이 정의한다.

$$L = \log \frac{r_A}{1 - r_A} - \log \frac{r_B}{1 - r_B}$$

델타 기법을 사용해 L의 분산에 대한 식을 도출하라.

4. **prostate** 데이터를 사용해 유전자 발현 데이터에 대한 주변 밀도를 추정하는 **R** 프로그램을 작성하라. (힌트: 데이터를 빈으로 나누고 부드러운 곡선을 빈 개수에 적합화한다. 예를 들어 5차 다항식을 사용) 적합된 밀도를 사용해 그림 20.7의 검은색 조건부-평균 버전을 생성하라.

21

경험적 베이즈 추정 전략

전통적인 통계적 추론은 단일 추정, 단일 가설 검정처럼 개별 분석에 집중했었다. 관심 대상 사례의 직접 증거를 해석하는 방식은 통계적 관행을 지배했다(신약의 임상 실험에서 성공과 실패 횟수를 알아보는 것이 익숙한 예제다).

현대 통계학의 이야기는 간접 증거에 깊이 관여돼, 7.4절과 15.3절의 문맥으로 표현하자면 '다른 이의 경험으로부터의 학습'이고 빈도주의나 베이즈주의 모두에서 수행됐다. 16–19장에서 설명한 컴퓨터 집중적 예측 알고리듬은 대량의 데이터에서 간접 증거를 찾아내기 위해 빈도주의가 선호하는 기법인 회귀 이론을 사용했다. 15장의 거짓 발견율 이론은 경험적 베이즈 추정에 의해 구현된 베이즈 정리를 사용해 가설 검정의 간접 증거를 수집했다.

경험적 베이즈 기법은 베이즈나 빈도주의 이론에 비해서는 상대적으로 덜 연구됐다. 제임스–스타인 추정기(7.13)처럼 명백한 빈도주의 추정을 베이즈 추정 규칙에 단순히 플러그인하는 것보다는 좀 더 연구된 정도로만 보일 수 있다. 이는 교묘하고 복잡한 과제를 숨기고 있다. 진행 중인 통계적 관찰에서 베이즈 사전 분포와 맞먹는 것을 학습해야 하는 것이다. 이 책의 마지막 장은 경험적 베이즈 학습 프로세스에 관한 것이며, 응용 디컨볼루션 deconvolution의 연습으로서의 모습과 상대적으로 새로운 통계적 추론으로서의 모습을 모두 살펴본다. 이는 우리를 통계적 분석의 두 얼굴인 알고리듬과 추론을 조사하는 1장으로 다시 돌려 놓는다.

21.1 베이즈 디컨볼루션

경험적 베이즈 추론에서 흔히 사용하는 공식은 관심 대상에 대한 미지의 사전 분포 $g(\theta)$를 가정하는 것으로 시작하는 것인데, 이는 실수 변량 Θ_1, Θ_2, ..., Θ_N의 랜덤 표본을 생성한다.

$$\Theta_i \overset{\text{iid}}{\sim} g(\theta), \qquad i = 1, 2, \ldots, N \tag{21.1}$$

('밀도' $g(\cdot)$은 확률의 이산 원자를 포함할 수 있다.) Θ_i는 관찰 불가능하지만, 각각은 알려진 밀도 함수 계열에 따른 관찰 가능한 랜덤 변수 X_i를 생성한다.

$$X_i \overset{\text{ind}}{\sim} p_i(X_i|\Theta_i) \tag{21.2}$$

관찰된 표본 X_1, X_2, ..., X_N으로부터 사전 밀도 $g(\theta)$를 추정하고자 한다.

유명한 예제는 $p_i(X_i/\Theta_i)$가 6.1절의 로빈의 공식처럼 포아송 계열인 경우다.

$$X_i \sim \text{Poi}(\Theta_i) \tag{21.3}$$

그러나 여전히 더 익숙한 것은 정규 모델(3.28)이다.

$$X_i \sim \mathcal{N}(\Theta_i, \sigma^2) \tag{21.4}$$

종종 $\sigma^2 = 1$이다. 이항 모델은 6.3절의 의학 예제에서 사용됐다.

$$X_i \sim \text{Bi}(n_i, \Theta_i) \tag{21.5}$$

거기서 n_i는 경우에 따라 다르므로 $p_i(X_i | \Theta_i)$(21.2)에서 첫 번째 첨자 i의 필요성을 설명해준다.

$f_i(X_i)$가 (21.1)–(21.2)에서 얻은 X_i의 한계 밀도를 나타낸다고 하자.

$$f_i(X_i) = \int_{\mathcal{T}} p_i(X_i|\theta_i)g(\theta_i)\, d\theta_i \tag{21.6}$$

적분은 가능한 Θ 값의 공간 $\mathcal{T}$에 대해 수행된다. 통계학자들은 (21.6)에서 자신들이 추정하고자 하는 밀도 $g(\cdot)$으로부터의 한계 관측만 쓸 수 있다.

$$X_i \overset{\text{ind}}{\sim} f_i(\cdot), \qquad i = 1, 2, \ldots, N \tag{21.7}$$

정규 모델 (21.4)에서 f_i는 알려진 정규 밀도를 가진 미지의 $g(\theta)$의 컨볼루션으로 다음과 같이 표기된다(이제 f_i는 i에 종속적이지 않다).

$$f = g * \mathcal{N}(0, \sigma^2) \tag{21.8}$$

f로부터의 표본 X_1, X_2, …, X_N을 사용해 g를 추정하는 것은 디컨볼루션의 문제다. 일반적으로 모델 (3.1)–(3.2)에서의 g에 대한 추정을 '베이즈 디컨볼루션 문제'라 부른다.

그림 21.1은 $g(\theta)$가 혼합된 분포로 나타난 인위적 예제를 보여준다. 구간 [−3, 3] 내의 7/8은 정규분포 $\mathcal{N}(0, 0.5^2)$을 따르고, 나머지 1/8은 균등 분포를 따른다. 정규 모델 $X_i \overset{\text{ind}}{\sim} \mathcal{N}(\Theta_i, 1)$을 가정해서 (21.8)의 컨볼루션으로 f를 생성한다. 컨볼루션 프로세스는 그림에서 보이는 것처럼 f를 g보다 더 넓고 더 매끄럽게 만든다. f로부터 랜덤 표본을 관측하고 나면 디컨볼루션 g를 추정하고자 하고, 이는 그림의 예에서는 까다로워 보인다.

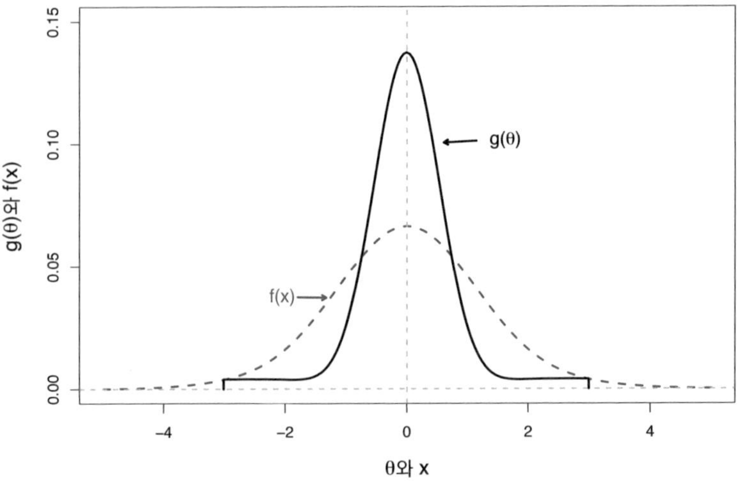

그림 21.1 베이즈 디컨볼루션 문제의 인위적 예제. 실선 곡선은 Θ(21.1)의 사전 밀도인 $g(\theta)$다. 점선 곡선은 한계 분포 $f = g * \mathcal{N}(0,\ 1)$(21.8)로부터의 관측치 X의 밀도다. $f(x)$의 랜덤 표본 $X_1, X_2, \ldots, X_N$으로부터 $g(\theta)$를 추정하고자 한다.

디컨볼루션은 다루기 힘들기로 유명하다. 이는 전통적인 불량 조건 문제ill-posed problem다. 컨볼루션 프로세스(21.6)로 인해 $g(\theta)$의 큰 변화는 평활화돼 없어졌고 종종 $f(x)$의 작은 변화만을 야기한다. 디컨볼루션은 다른 방향으로 작동하는데, f의 추정과 관련해 작은 변화가 g에서는 놀라우리만치 커진다. 그럼에도 불구하고 현대 계산, 현대 이론, 그리고 대부분의 현대 표본 크기들은 모두 경험적 디컨볼루션을 이제 실질적으로 사용할 수 있도록 만들어줬다.

왜 $g(\theta)$를 추정하려고 하는가? (3.28)의 **전립선** 데이터 예제에서(거기서는 Θ가 μ로 불렸다.) 효과 크기가 0인 귀무 유전자의 확률인 $\Pr\{\Theta = 0\}$을 알고 싶을 수도 있다. 혹은 아마도 상당히 비귀무적인 유전자의 비율인 $\Pr\{|\Theta| \geq 2\}$를 알고자 할 수도 있다. 또는 그림 20.7에서의 $E\{|\Theta|X = x\}$와 같은 베이즈 사후 기댓값을 추정하길 원하거나 그림 6.5에서와 같은 사후 밀도를 원할 수도 있다.

경험적 베이즈 추정을 수행하기 위해 두 가지 주 전략이 개발됐다. 하나는 여기서 ***g*-모델링**이라 부르는 θ 크기에 대한 모델링이고, 다른 하나는 f-모델링이라 부르는 x 크기에 대한 모델링이다. 다음 절에서 g-모델링부터 살펴본다.

21.2 g-모델링과 추정

경험적 베이즈 모델((21.1)–(21.2))에서는 $\hat{g}(\theta)$의 점근적 정확도에 대해 상당한 양의 연구가 이뤄져 왔으며, 대개 정규 표본 프레임워크(21.4)를 사용했다. 결과는 실망스러웠고 $\hat{g}(\theta)$에서 $g(\theta)$로의 수렴은 $(\log N)^{-1}$ 정도로 느렸다. 우리가 책에서 사용해왔던 용어로 말하자면, 이 작업의 많은 부분이 비모수적 g-모델링 프레임워크에서 수행됐고, 미지의 사전 밀도 $g(\theta)$가 거의 뭐든 가능하도록 허용해줬다. g-모델링이 모수적으로 연구된다면 좀 더 낙관적인 결과도 가능하다. 즉, $g(\theta)$가 확률의 어떤 모수적 계열 내에 놓이도록 제한하면 된다.

여기서는 좀 더 간단한 설명을 위해 가능한 Θ 값의 공간 $\mathcal{T}$가 유한하며 이산이라고 가정한다. 즉,

$$\mathcal{T} = \left\{\theta_{(1)}, \theta_{(2)}, \ldots, \theta_{(m)}\right\} \tag{21.9}$$

사전 분포 $g(\theta)$는 이제 벡터 $\boldsymbol{g} = (g_1, g_2, \ldots, g_m)'$로 나타낼 수 있고, 그 구성요소는 다음과 같다.

$$g_j = \Pr\left\{\Theta = \theta_{(j)}\right\} \qquad j = 1, 2, \ldots, m\text{에 대해} \tag{21.10}$$

$\boldsymbol{g}$의 p-모수적 지수 계열(5.50)은 다음과 같이 쓸 수 있다.

$$\boldsymbol{g} = \boldsymbol{g}(\alpha) = e^{\boldsymbol{Q}\alpha - \psi(\alpha)} \tag{21.11}$$

여기서 p-벡터 α는 자연 모수고, $\boldsymbol{Q}$는 알려진 $m \times p$ 구조 행렬이다. 표기 (21.11)은 $\boldsymbol{g}(\alpha)$의 j번째 요소가 다음과 같음을 의미한다.

$$g_j(\alpha) = e^{Q'_j\alpha - \psi(\alpha)} \tag{21.12}$$

여기서 $\boldsymbol{Q}$의 j번째 행은 $\boldsymbol{Q}'_j$다. 함수 $\psi(\alpha)$는 $\boldsymbol{g}(\alpha)$의 합이 1이 되도록 하는 정규화다.

$$\psi(\alpha) = \log\left(\sum_{j=1}^{m} e^{Q'_j \alpha}\right) \tag{21.13}$$

그림 6.4에서의 **림프절** 예제에서 가능한 Θ 값의 집합은 $\mathcal{T} = \{0.01, 0.02, \ldots, 0.99\}$고, $\boldsymbol{Q}$를 5차 다항 행렬로 **R** 표기로 나타내면 다음과 같다.

$$\boldsymbol{Q} = \texttt{poly}(\mathcal{T}, 5) \tag{21.14}$$

이는 $\boldsymbol{g}$를 위한 5-모수 지수 계열 (6.38)–(6.39)를 나타낸다.

다음에 전개될 설명에서는 (21.2)의 커널 $p_i(\cdot|\cdot)$이 i에 종속되지 않는다고 가정한다. 즉, 그 X_i는 모든 i에 대해 (21.3)이나 (21.4)와 같은 포아송이나 정규의 경우 동일한 조건부분포 $p(X_i|\Theta_i)$ 계열을 가지지만, 이항의 경우(21.5)에는 그렇지 않다. 추가적으로 X_i 관측치의 표본공간 $\mathcal{X}$가 유한하고 이산이라고 가정한다. 즉,

$$\mathcal{X} = \{x_{(1)}, x_{(2)}, \ldots, x_{(n)}\} \tag{21.15}$$

이 중 어떤 조건도 필요한 것은 아니지만, 설명을 단순화해준다.

$k = 1, 2, \ldots, n$과 $j = 1, 2, \ldots, m$에 대해 다음과 같이 정의한다.

$$p_{kj} = \Pr\{X_i = x_{(k)} | \Theta_i = \theta_{(j)}\} \tag{21.16}$$

그리고 해당하는 $n \times m$ 행렬을 다음과 같이 정의한다.

$$\boldsymbol{P} = (p_{kj}) \tag{21.17}$$

여기서 k번째 행은 $P_k = (p_{k1}, p_{k2}, \ldots, p_{km})'$다. 한계 밀도 $f(x)$의 컨볼루션 형태 공식(21.6)은 이제 내적으로 축소된다.

$$f_k(\alpha) = \Pr_\alpha\left\{X_i = x_{(k)}\right\} = \sum_{j=1}^m p_{kj} g_j(\alpha) \\ = P_k' \boldsymbol{g}(\alpha) \tag{21.18}$$

사실, 전체 한계 밀도 $\boldsymbol{f}(\alpha) = (f_1(\alpha), f_2(\alpha), \ \ldots, f_n(\alpha))'$를 행렬 곱의 형식으로 쓸 수 있다.

$$\boldsymbol{f}(\alpha) = \boldsymbol{P}\boldsymbol{g}(\alpha) \tag{21.19}$$

개수 벡터 $\boldsymbol{y} = (y_1, y_2, \ldots, y_n)$은

$$y_k = \#\left\{X_i = x_{(k)}\right\} \tag{21.20}$$

iid 상황의 충분통계량이다. 이는 다항분포(5.38)를 가지며,

$$\boldsymbol{y} \sim \text{Mult}_n(N, \boldsymbol{f}(\alpha)) \tag{21.21}$$

n 카테고리에서의 밀도 $\boldsymbol{f}(\alpha)$에 대한 N번의 독립적 추출을 나타낸다.

이 모든 것은 g-모델링 확률을 좀 더 간결하게 기술할 수 있도록 해준다.

$$\alpha \to \boldsymbol{g}(\alpha) = e^{\boldsymbol{Q}\alpha - \psi(\alpha)} \to \boldsymbol{f}(\alpha) = \boldsymbol{P}\boldsymbol{g}(\alpha) \to \boldsymbol{y} \sim \text{Mult}_n(N, \boldsymbol{f}(\alpha)) \tag{21.22}$$

추론적 과제는 역방향으로 진행한다.

$$\boldsymbol{y} \to \hat{\alpha} \to \boldsymbol{f}(\hat{\alpha}) \to \boldsymbol{g}(\hat{\alpha}) = e^{\boldsymbol{Q}\hat{\alpha} - \psi(\hat{\alpha})} \tag{21.23}$$

추정 프로세스의 구성도는 그림 21.2에서 볼 수 있다.

- 관측된 비율 $\boldsymbol{y}/N$은 $\mathcal{S}_n$에서의 점이고, n 카테고리에서 모든 가능한 확률 벡터 $\boldsymbol{f}$는 심플렉스(5.39)다. $\boldsymbol{y}/N$은 $\boldsymbol{f}$의 일반적인 비모수 추정이다.
- 허용 가능한 $\boldsymbol{f}$ 벡터(21.19)의 모수적 계열은 다음과 같다.

$$\mathcal{F} = \{\boldsymbol{f}(\alpha), \ \alpha \in A\} \tag{21.24}$$

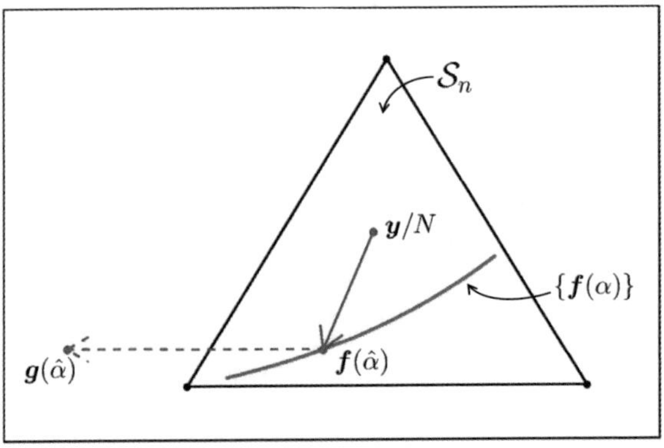

그림 21.2 책에서 설명한 경험적 베이즈 추정의 구성도. $\mathcal{S}_n$은 n차원 심플렉스로서, 허용 가능한 확률분포 $\boldsymbol{f}(\alpha)$의 p-모수 계열 $\mathcal{F}$를 가지고 있다. 관측된 비율 $\boldsymbol{y}/N$의 벡터는 MLE $\boldsymbol{f}(\hat{\alpha})$를 생성하는데, 그 후 추정 $\boldsymbol{g}(\hat{\alpha})$를 얻기 위해 디컨볼루션된다.

이는 붉은색 곡선으로 나타나 있고 $\mathcal{S}_n$상에서 굽은 p차원 평면이다. 여기서 A는 계열 (21.11)에서의 허용 가능한 벡터 α의 공간이다.

- 비모수적 추정 $\boldsymbol{y}/N$은 아래쪽 모수적 추정 $\boldsymbol{f}(\hat{\alpha})$로 '사상'됐다. MLE 추정을 사용한다면, $\boldsymbol{f}(\hat{\alpha})$는 (8.35)에서처럼 분산 척도에 따라 측정된 $\boldsymbol{y}/N$에 가장 가까운 F 내의 점이 될 것이다.
- 마지막으로, $\boldsymbol{f}(\hat{\alpha})$는 매핑 (21.19)를 역으로 해서 $\boldsymbol{g}(\hat{\alpha})$로 다시 돌아가 매핑된다($g$-모델링에서 역은 사실 불필요하다. $\hat{\alpha}$를 찾으면, $\boldsymbol{g}(\hat{\alpha})$는 (21.11)로부터 바로 구할 수 있기 때문이다. 역 단계는 21.6절의 f-모델링에서 훨씬 까다롭다).

g-모델링에 대한 최대 우도 추정 프로세스는 다음 절에서 자세히 살펴보고, 그 정확도의 공식을 만들어본다.

21.3 우도, 정규화, 정확도[1]

(21.11)에서처럼 모수적 g-모델링은 우리가 저차원 모수적 계열과 작업할 수 있게 해준다. (21.14)의 **림프절** 예제에는 단 다섯 개의 모수가 있다. 여기서 전통적 최대 우도 기법이 좀 더 확실히 적용될 수 있다. 비록 여기서도 안정적 추정을 위해서는 어떤 정규화가 필요한데 아래에서 설명한다.

g-모델 확률 기법(21.22)은 개수의 다항 벡터 $\boldsymbol{y}$의 로그 우도를 α의 함수, 즉 $l_y(\alpha)$로 생성한다.

$$l_{\boldsymbol{y}}(\alpha) = \log\left(\prod_{k=1}^{n} f_k(\alpha)^{y_k}\right) = \sum_{k=1}^{n} y_k \log f_k(\alpha) \tag{21.25}$$

그 스코어 함수 $\dot{l}_{\boldsymbol{y}}(\alpha)$($h = 1, 2, \ldots, p$에 대한 편미분 벡터 $\partial l_y(\alpha)/\partial\alpha_h$)는 $\dot{l}_{\boldsymbol{y}}(\hat{\alpha}) = 0$에 따라 MLE $\hat{\alpha}$를 결정한다. 2차 도함수 $\ddot{l}_{\boldsymbol{y}}(\alpha) = (\partial^2 l_{\boldsymbol{y}}(\alpha)/\partial\alpha_h\partial\alpha_l)$의 $p \times p$ 행렬은 피셔 정보 행렬(5.26)을 만든다.

$$\mathcal{I}(\alpha) = E\{-\ddot{l}_{\boldsymbol{y}}(\alpha)\} \tag{21.26}$$

지수 계열 모델(21.11)은 $\dot{l}_{\boldsymbol{y}}(\alpha)$와 $\mathcal{I}(\alpha)$의 단순 식을 만든다. 다음과 같이 정의하고

$$w_{kj} = g_j(\alpha)\left(\frac{p_{kj}}{f_k(\alpha)} - 1\right) \tag{21.27}$$

해당 m-벡터는 다음과 같이 정의한다.

$$W_k(\alpha) = (w_{k1}(\alpha), w_{k2}(\alpha), \ldots, w_{km}(\alpha))' \tag{21.28}$$

보조정리 21.1 모델 (21.22)하의 스코어 함수 $\dot{l}_{\boldsymbol{y}}(\alpha)$는 다음과 같다.

$$\dot{l}_{\boldsymbol{y}}(\alpha) = \boldsymbol{Q}W_+(\alpha), \qquad \text{여기서 } W_+(\alpha) = \sum_{k=1}^{n} W_k(\alpha) y_k \tag{21.29}$$

---

1 이 절에서의 기술적 보조정리는 이후 절의 논의를 위해 꼭 필요하지는 않다.

그리고 $\boldsymbol{Q}$는 (21.11)에서의 구조 행렬이다.

보조정리 21.2 $\alpha = \hat{\alpha}$에서 계산된 피셔 정보 행렬 $\mathcal{I}(\alpha)$는 다음과 같다.

$$\mathcal{I}(\hat{\alpha}) = \boldsymbol{Q}' \left\{ \sum_{k=1}^{n} W_k(\hat{\alpha}) N f_k(\hat{\alpha}) W_k(\hat{\alpha})' \right\} \boldsymbol{Q} \tag{21.30}$$

여기서 $N = \sum_1^n y_k$는 경험적 베이즈 모델 (21.1)−(21.2)에서의 표본 크기다.

보조정리 21.1과 21.2에 대한 간략한 설명은 21.7절, '주석 및 상세 설명'
†1 을 참고하라.† $\mathcal{I}(\hat{\alpha})^{-1}$은 $\hat{\alpha}$의 공분산 행렬의 일반적인 최대 우도 추정이지만, 여기서는 변수가 더 적은 MLE 버전의 정규화를 사용한다.

다음의 예제에서 $\hat{\alpha}$는 수치적 최대화를 통해 찾았다.[2] 비록 $\boldsymbol{g}(\alpha)$가 지수 계열이지만, (21.22)에서의 한계 밀도 $\boldsymbol{f}(\alpha)$는 그렇지 않다. 결과적으로, $l_y(\alpha)$의 지역 최적을 피하기 위해서는 약간의 주의가 필요하다. 이는 α의 '구석' 값에서 발생하는 경향이 있는데, 그 성분 중 하나가 무한대로 갈 수 있다. 약간의 정규화를 통해 $\hat{\alpha}$를 구석으로부터 끌어당겨 편향이 조금 증가할 수는 있지만 분산을 감소시킨다.

$l_y(\alpha)$를 최대화하는 대신, 여기서는 페널티 우도를 최대화한다.

$$m(\alpha) = l_{\boldsymbol{y}}(\alpha) - s(\alpha) \tag{21.31}$$

여기서 $s(\alpha)$는 양의 페널티 함수다. 여기의 예제는 다음을 사용한다(c_0은 1이다).

$$s(\alpha) = c_0 \|\alpha\| = c_0 \left(\sum_{h=1}^{p} \alpha_h^2 \right)^{1/2} \tag{21.32}$$

이는 $m(\alpha)$의 최대화 $\hat{\alpha}$가 너무 '구석'으로 가지 않도록 막아준다.

다음 보조정리는 21.7절, '주석 및 상세 설명'에서 다룬다.

2 R에서 비선형 최대화 `nlm`을 사용한다.

†2 **보조정리 21.3**† $m(\alpha)$의 최대화 $\hat{\alpha}$는 근사 편향 벡터와 공분산 행렬을 가진다.

$$\begin{aligned} \text{Bias}(\hat{\alpha}) &= -\left(\mathcal{I}(\hat{\alpha}) + \ddot{s}(\hat{\alpha})\right)^{-1} \dot{s}(\hat{\alpha}) \\ \text{그리고 } \text{Var}(\hat{\alpha}) &= \left(\mathcal{I}(\hat{\alpha}) + \ddot{s}(\hat{\alpha})\right)^{-1} \mathcal{I}(\hat{\alpha}) \left(\mathcal{I}(\hat{\alpha}) + \ddot{s}(\hat{\alpha})\right)^{-1} \end{aligned} \quad (21.33)$$

여기서 $\mathcal{I}(\hat{\alpha})$는 (21.30)에서 주어졌다.

$s(\alpha) \equiv 0$이면(정규화를 하지 않음) 편향은 0이고 $\text{Var}(\hat{\alpha}) = \mathcal{I}(\hat{\alpha})^{-1}$으로 통상적 MLE 근사가 된다. $s(\alpha)$를 포함하면 분산을 감소시키는 대신 편향이 생긴다.

$s(\alpha) = c_0\|\alpha\|$에 대해 다음을 계산한다.

$$\dot{s}(\alpha) = c_0\alpha/\|\alpha\| \quad \text{그리고} \quad \ddot{s}(\alpha) = \frac{c_0}{\|\alpha\|}\left(\boldsymbol{I} - \frac{\alpha\alpha'}{\|\alpha\|^2}\right) \quad (21.34)$$

여기서 $\boldsymbol{I}$는 $p \times p$ 항등 행렬이다. (21.31)에 $s(\alpha)$ 페널티를 추가하면 α의 MLE를 0으로 끌어당기고, $\boldsymbol{g}(\alpha)$의 MLE를 $\mathcal{T}$에 대한 균등 분포 쪽으로 당긴다. (21.33)에서 $\text{Var}(\hat{\alpha})$를 바라보면, 정규화 효과의 척도는 다음과 같다.

$$\text{tr}(\ddot{s}(\hat{\alpha}))/\,\text{tr}(\mathcal{I}(\hat{\alpha})) \quad (21.35)$$

이는 우리 예제에서 몇 % 이상 되지 않는다.

대개 우리는 $\hat{\alpha}$ 자체의 정확도보다는 $\hat{\boldsymbol{g}} = \boldsymbol{g}(\hat{\alpha})$의 정확도에 더 관심이 있다. 다음과 같이 정의하면

$$\boldsymbol{D}(\hat{\alpha}) = \text{diag}(\boldsymbol{g}(\hat{\alpha})) - \boldsymbol{g}(\hat{\alpha})\boldsymbol{g}(\hat{\alpha})' \quad (21.36)$$

$m \times p$ 미분 행렬 $(\partial g_j/\partial \alpha_h)$는 다음과 같다.

$$\partial \boldsymbol{g}/\partial \alpha = \boldsymbol{D}(\alpha)\boldsymbol{Q} \quad (21.37)$$

여기서 $\boldsymbol{Q}$는 (21.11)에서의 구조 행렬이다. 그러면 일반적인 1차 델타 기법 계산은 다음의 정리를 만든다.

정리 21.4 페널티된 최대 우도 추정 $\hat{\boldsymbol{g}} = \boldsymbol{g}(\hat{\alpha})$는 추정된 편향 벡터와 공분산 행렬을 가진다.

$$\begin{aligned} \text{Bias}(\hat{\boldsymbol{g}}) &= \boldsymbol{D}(\hat{\alpha})\boldsymbol{Q}Bias(\hat{\alpha}) \\ \text{그리고 } \text{Var}(\hat{\boldsymbol{g}}) &= \boldsymbol{D}(\hat{\alpha})\boldsymbol{Q}Var(\hat{\alpha})\boldsymbol{Q}'\boldsymbol{D}(\hat{\alpha}) \end{aligned} \tag{21.38}$$

여기서 $\text{Bias}(\hat{\alpha})$와 $\text{Var}(\hat{\alpha})$는 (21.33)과 같다.[3]

정리 21.4로 가는 많은 근사들이 10.4절의 모수적 부트스트랩에 의해 단절될 수 있다. $\hat{\alpha}$와 $\boldsymbol{f}(\hat{\alpha}) = \boldsymbol{Pg}(\hat{\alpha})$로부터 시작해 여기서는 개수 벡터를 재표본추출하고

$$\boldsymbol{y}^* \sim \text{Mult}_n(N, \boldsymbol{f}(\hat{\alpha})) \tag{21.39}$$

$\boldsymbol{y}^*$에 기반한 페널티 MLE $\hat{\alpha}^*$를 계산[4]해 $\hat{\boldsymbol{g}}^* = \boldsymbol{g}(\hat{\alpha}^*)$를 만든다. B 복제 $\hat{\boldsymbol{g}}^{*1}, \hat{\boldsymbol{g}}^{*2}, \ldots, \hat{\boldsymbol{g}}^{*B}$는 편향과 공분산 추정을 만든다.

$$\begin{aligned} \widehat{\text{Bias}} &= \hat{\boldsymbol{g}}^{*\cdot} - \hat{\boldsymbol{g}} \\ \text{그리고 } \widehat{\text{Var}} &= \sum_{b=1}^{B}(\hat{\boldsymbol{g}}^{*b} - \hat{\boldsymbol{g}}^{*\cdot})(\hat{\boldsymbol{g}}^{*b} - \hat{\boldsymbol{g}}^{*\cdot})\big/(B-1) \end{aligned} \tag{21.40}$$

그리고 $\hat{\boldsymbol{g}}^{*\cdot} = \sum_1^B \hat{\boldsymbol{g}}^{*b}/B$다.

표 21.1은 6.3절의 림프절 예제에 대해 정리 20.4의 델타 기법과 모수적 부트스트랩($B = 1000$개 복제)을 비교하고 있다. 표준오차($\text{Var}(\hat{\boldsymbol{g}})$의 대각 원소의 제곱근)와 편향은 둘 다 델타 기법 공식(21.38)에 의해 잘 근사된다. 델타 기법은 또한 다음 절의 두 예제에서도 합리적으로 잘 작동한다.

이는 그림 21.1의 인공적 예에서는 잘 작동하지 않았다([−3, 3]에서 1/8 유니폼, 7/8은 $\mathcal{N}(0, 0.5^2)$).

---

3 편향은 모델 (21.11)을 참 사전 밀도로 취급하고 페널티의 결과로 유발된다는 점에 주목하자.

4 `nlm` 탐색 프로세스의 수렴은 $\hat{\alpha}$부터 시작해서 가속시킬 수 있다.

표 21.1 그림 6.4의 **림프절** 연구에서 $\boldsymbol{g}$의 추정에 대한 표준오차와 편향을 각각 델타 기법(21.38)과 부트스트랩(21.40) 기법을 적용해 비교한 것이다. 첫 열을 제외한 모든 열은 100을 곱했다.

		표준오차		편향	
θ	$g(\theta)$	델타	부트	델타	부트
.01	12.048	.887	.967	−.518	−.592
.12	1.045	.131	.139	.056	.071
.23	.381	.058	.065	.025	.033
.34	.779	.096	.095	−.011	−.013
.45	1.119	.121	.117	−.040	−.049
.56	.534	.102	.100	.019	.027
.67	.264	.047	.051	.023	.027
.78	.224	.056	.053	.018	.020
.89	.321	.054	.048	.013	.009
.99	.576	.164	.169	−.008	.008

$$g(\theta) = \frac{1}{8}\frac{I_{[-3,3](\theta)}}{6} + \frac{7}{8}\frac{1}{\sqrt{2\pi\sigma^2}}e^{-\frac{1}{2}\frac{\theta^2}{\sigma^2}} \qquad (\sigma = 0.5) \qquad (21.41)$$

그림 21.3의 수직 바는 모수적 부트스트랩에서 얻은 ±1 표준오차를 나타내고, Θ의 표본공간을 위해 $\mathcal{T} = \{-3, -2.8, \ldots, 3\}$을 취하며, 자유도 5를 가진 (21.11)에서의 자연 스플라인 모델을 가정한다.

$$\boldsymbol{g}(\alpha) = e^{\boldsymbol{Q}\alpha - \psi(\alpha)}, \qquad \boldsymbol{Q} = \texttt{ns}(\mathcal{T}\texttt{,df=5}) \qquad (21.42)$$

추출 모델은 $i = 1, 2, \ldots, N = 1000$에 대해 $X_i \sim \mathcal{N}(\Theta_i, 1)$이었다. 이 경우 델타 기법 표준오차는 25% 정도나 너무 작다.

그림 21.3의 밝은 점선 곡선은 $B = 500$ 부트스트랩 복제 $\boldsymbol{g}^{*b}$의 평균인 $\bar{g}(\theta)$를 따라간다. $g(\theta)$에 비해 눈에 띄는 편향이 보인다. 이유는 간단하다. $\boldsymbol{g}(\alpha)$의 지수 계열(21.42)이 $g(\theta)$(21.41)를 포함하지 않기 때문이다. 사실 $\bar{g}(\theta)$는 (거의) $g(\theta)$에 가장 가까운 지수 계열의 일원이다. 이런 종류의 명확한 편향은 모수적 g-모델링의 단점이다.

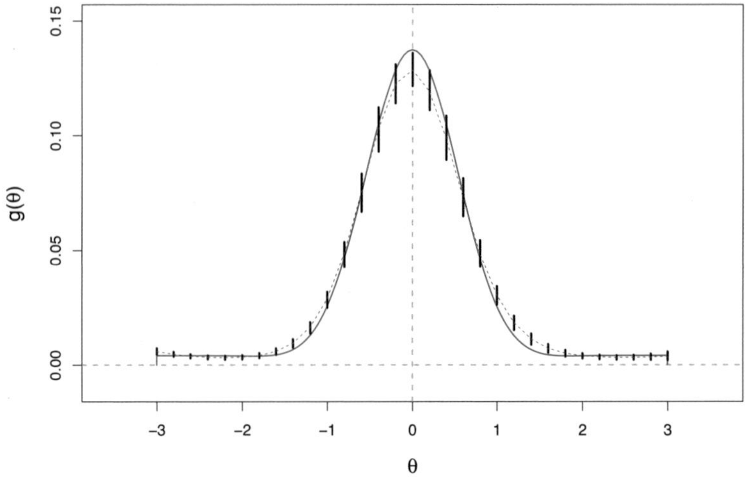

그림 21.3 적색 곡선은 그림 21.1에서 살펴본 인위적 예제의 $g(\theta)$다. 수직 바는 g-모델링 추정 $\mathbf{g}(\hat{\alpha})$의 ±1 표준오차다. (21.41)–(21.42)의 명세며, 표본 크기 $N = 1000$개의 관측치 $X_i \sim \mathcal{N}(\Theta_i, 1)$, 모수적 부트스트랩(21.40) 사용, $B = 500$으로 구성된다. 밝은 점선은 부트스트랩 평균 $\hat{g}_j^*$를 따른다. 약간의 명확한 편향이 보인다.

여기의 g-모델링 예제와 다음 절의 것들은 모두 현대 통계적 관행에 관련된 여러 다양한 주제를 불러왔다. 전통적 최대 우도 이론, 지수적 계열 모델링, 정규화, 부트스트랩 기법, 병렬 구조의 대규모 데이터 집합, 간접 증거 그리고 베이즈주의와 빈도주의 사고의 조합 등, 이 모든 것들은 대규모 컴퓨터 능력 덕분에 가능해졌다. 종합적으로 보면, 이 모든 개념들은 21세기 추론 기법의 범위를 매력적으로 장식해놓았다.

21.4 두 가지 예제

이제 g-모델링 입장에서 이전 두 개의 데이터 집합을 다시 살펴보자. 첫째는 인공적 미세배열 형태의 예제(20.24)로 $N = 10000$개의 독립된 관측치로 이뤄진다.

$$z_i \overset{\text{ind}}{\sim} \mathcal{N}(\mu_i, 1), \qquad i = 1, 2, \ldots, N = 10{,}000 \tag{21.43}$$

여기서

$$\mu_i \sim \begin{cases} 0 & i = 1, 2, \ldots, 9000\text{에 대해} \\ \mathcal{N}(-3, 1) & i = 9001, \ldots, 10{,}000\text{에 대해} \end{cases} \tag{21.44}$$

그림 20.3은 $i = 9001, \ldots, 10{,}000$에 대한 점 (z_i, μ_i)를 표시하는데, 베이즈 사후 95% 조건부 구간(20.26)을 보여준다.

$$\mu_i \in (z_i - 3)/2 \pm 1.96/\sqrt{2} \tag{21.45}$$

분석을 위해서는 베이즈 사전 분포 $\mu_i \sim \mathcal{N}(-3, 1)$을 알고 있어야 한다. 구간 (21.45)를 관측치 데이터 z_i, $i = 1, 2, \ldots, 10000$만으로 사전 밀도 지식 없이도 복원하고자 한다.

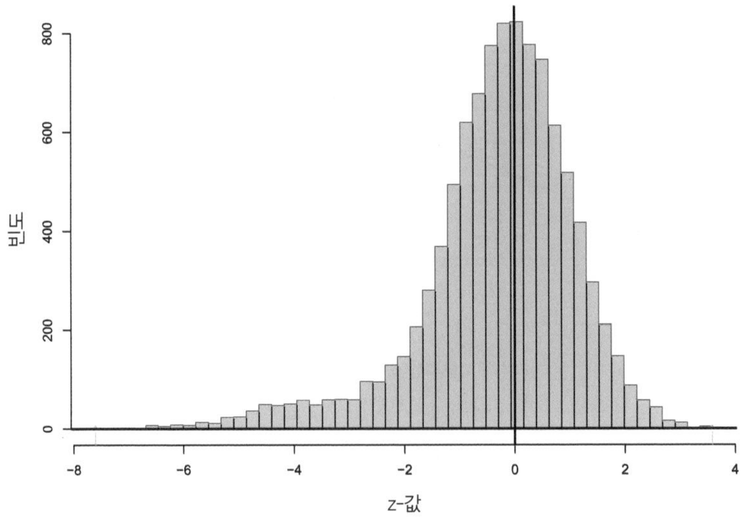

그림 21.4 시뮬레이션 (21.43)−(21.44)로부터의 $N = 10000$개 z_i 값의 관측 표본 히스토그램

10,000개 z-값의 히스토그램이 그림 21.4에 나타나 있다. g-모델링 (21.9)–(2.11)이 적용됐으며(이제 μ는 'Θ'의 역할을 하고 z는 'x'다.), $\mathcal{T} = (-6, -5.75, \ldots, 3)$이다. $\boldsymbol{Q}$는 $\mu = 0$에서의 델타 함수와 0이 아닌 μ에 대한 5차 다항 베이시스로 이뤄져 있고, 스파이크 앤 슬랩spike-and-slab 사전 분포의 계열이다. 페널티 MLE $\hat{\boldsymbol{g}}$ (21.31), (21.32), $c_0 = 1$은 $\mu = 0$의 확률을 다음과 같이 추정했다.

$$\hat{g}(0) = 0.891 \pm 0.006 \tag{21.46}$$

((21.38)을 이용했으며, 이는 또한 편향 추정 0.001을 계산했다.)

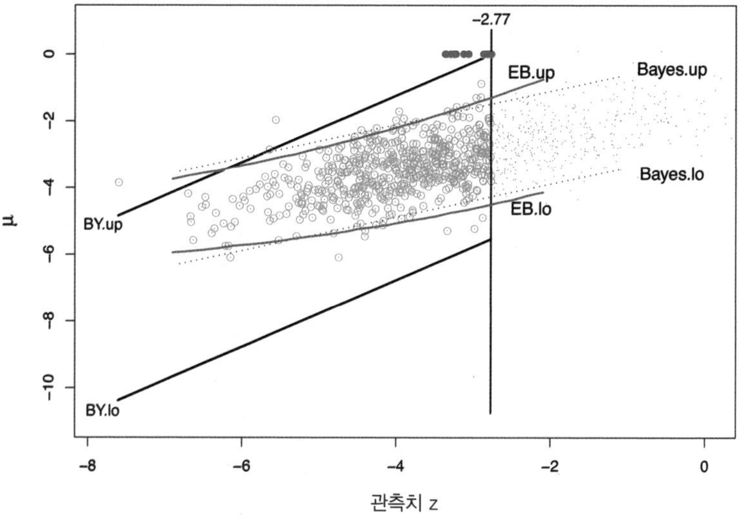

그림 21.5 보라색 곡선은 인위적 미세배열 예제 (21.43)–(21.44)에서 주어진 z에 대해 μ의 조건부 95% 신뢰할 만한 구간의 g-모델링 추정을 보여준다. 이들은 실제 베이즈 구간인 점선과 거의 일치한다. 그림 20.3을 참고하라.

주어진 z에 대해 μ의 사후 밀도 추정은 다음과 같다.

$$\hat{g}(\mu|z) = c_z \hat{g}(\mu) \phi(z - \mu) \tag{21.47}$$

$\phi(\cdot)$은 표준 정규 밀도고, c_z는 $\hat{g}(\mu|z)$의 적분이 1이 되도록 하는 상수다. $q^{(\alpha)}(z)$가 $\hat{g}(\mu|z)$의 α번째 분위수라 하자. 그림 21.5의 보라색 곡선은 추정된 95% 신뢰할 만한 구간을 추적한다.

$$\left(q^{(.025)}(z), q^{(.975)}(z)\right) \tag{21.48}$$

이들은 실제 신뢰할 만한 구간(21.45)과 거의 일치한다.

그림 21.6의 실선 곡선은 $\mu \neq 0$에 대한 $\hat{g}(\mu)$를 보여준다(추정 사전 밀도의 '슬랩' 부분).

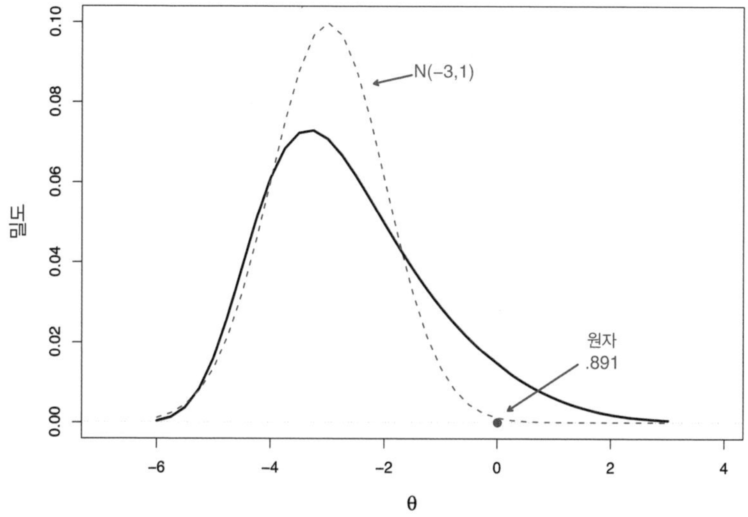

그림 21.6 두꺼운 검은색 선은 인위적 미세배열 예제에서 원자를 0에서 누르고 $\mu \neq 0$에 대해 $g(\mu)$의 g-모델링 추정, $\hat{g}(0) = 0.891$이다. 이는 단지 실제 0이 아닌 밀도 $\mathcal{N}(-3, 1)$의 개략적인 추정이다.

실제 슬랩 밀도 $\mu \sim \mathcal{N}(-3, 1)$의 추정으로서, 이는 단지 개략적인 정확도지만 여전히 그림 21.5에서 보는 것처럼 합리적이고 좋은 사후 구간을 만들기에 충분할 정도로 정확해 보인다. 디컨볼루션에 대한 근본적 방해($g(\theta)$에서의 큰 변화가 $f(x)$에서는 단지 작은 변화만 일으키는 것)는 응용 목적이 개략적인

g의 지식으로도 충분할 경우 등에 한해서만 가끔 통계학자들의 기호에 맞게 작동한다.

두 번째 예제는 그림 15.1에서 마지막으로 봤던 **전립선** 연구 데이터와 관련된다. $n = 102$명의 남성 중 52명은 암환자고 50명은 정상체인데, $N = 6033$개의 유전자 각각에 대해 미세배열의 유전자 활동성을 측정했다. gene_i는 환자와 정상체를 비교해 검정 통계량 z_i를 생성한다.

$$z_i \sim \mathcal{N}(\mu_i, \sigma_0^2) \tag{21.49}$$

μ_i는 유전자의 효과 크기다(여기서는 분산 σ_2^0을 $\sigma_2^0 = 1$로 가정하는 대신 추정해야 할 모수로 취급한다). 효과를 야기한 사전 밀도 $g(\mu)$는 무엇인가?

15.5절의 지역 거짓 발견율 프로그램 **locfdr**이 그림 21.7에서 나타난 것처럼 6033개의 z_i 값에 적용됐다. **locfdr**은 'f-모델링' 기법으로서, 확률 모델이 사전 밀도 $g(\cdot)$이 아니라 한계 밀도 $f(\cdot)$을 위해 바로 제시된다. 21.6절을 참고하라. 여기서는 **locfdr**로부터의 결과를 g-모델링의 것과 비교할 수 있다. 전자는 (15.50)에서의 표기를 사용하면, 다음과 같이 나타난다.[5]

$$\left(\hat{\delta}_0, \hat{\sigma}_0, \hat{\pi}_0\right) = (0.00, 1.06, 0.984) \tag{21.50}$$

즉, 유전자가 귀무($\mu = 0$)일 확률 $\hat{\pi}_0 = 0.984$를 가지고 귀무분포를 $\mu \sim \mathcal{N}(0, 1.06^2)$으로 추정한 것이다.

단 22개 유전자만 지역 fdr 값이 0.2보다 작은 것으로 추정됐고, 아홉 개는 $z_i \leq -3.71$, 12개는 $z_i > 3.81$이었다(이것은 경험적 귀무 $\mathcal{N}(0, 1.06^2)$ 대신 이론적 귀무 $\mathcal{N}(0, 1)$을 사용했었던 그림 15.5보다 더 절망적인 결과다).

g-모델링 기법(21.11)은 **전립선** 데이터 연구에 적용됐는데, (21.50)에서 제시된 것처럼 $z_i \sim \mathcal{N}(\mu_i, \sigma_0^2)$, $\sigma_0 = 1.06$을 가정했다. (21.11)에서의 구조 행렬 $\boldsymbol{Q}$는 $\mu = 0$에서 델타 함수를 가지고 $\mu \neq 0$에서 5-모수 자연 스플라인 베

5 10.4절에서 사용된 6-모수 포아송 회귀를 z_i 값에 사용한다.

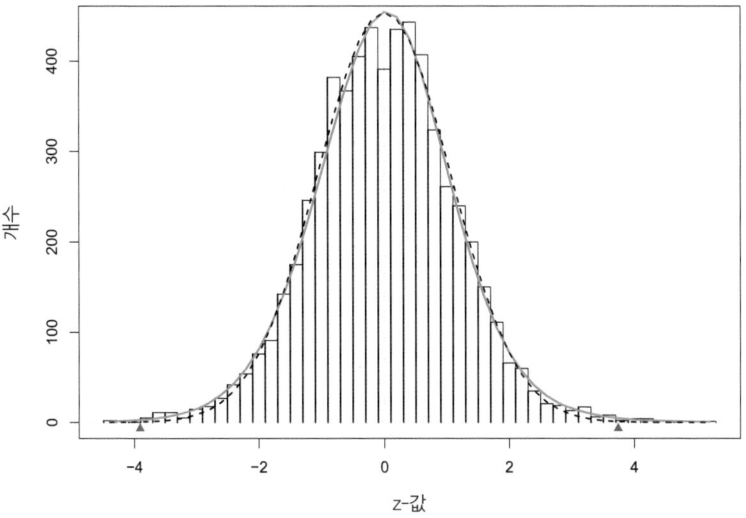

그림 21.7 초록 곡선은 **전립선** 데이터에서 관찰된 z_i의 개수에 6-모수 포아송 회귀 추정을 적합화한 것이다. 점선 곡선은 경험적 귀무(15.48), $z_i \sim \mathcal{N}(0.00,\ 1.06^2)$이다. f-모델링 프로그램 **locfdr**은 귀무 확률 $\Pr\{\mu=0\}=0.984$를 추정했다. z-값이 붉은색 삼각형 밖에 놓인 유전자는 추정된 fdr 값이 0.2보다 작다.

이시스를 가진다. 불연속 Θ 공간(21.9)에서 $\mathcal{T}=(-3.6,\ -3.4,\ \ldots,\ 3.6)$이다. 이는 귀무 확률을 가진 페널티 MLE $\hat{g}$를 생성한다.

$$\hat{g}(0) = 0.946 \pm 0.011 \tag{21.51}$$

비귀무분포, $\mu \neq 0$일 때 $\hat{g}(\mu)$가 그림 21.8에 나타나 있는데, $\mu=0$ 근처에서 적당히 단봉 형태인 것을 볼 수 있다. 붉은색 점선은 정리 21.4에서 구한 $\hat{g}(\theta_{(j)})$ 추정의 표준오차의 ± 1 단위를 나타낸다. 정확도는 그리 좋지 않으며, Θ 공간이 더 클수록 더 낫다. 예를 들면 다음과 같다.

$$\widehat{\Pr}\{|\theta| \geq 2\} = 0.020 \pm 0.0014 \tag{21.52}$$

여기서 g-모델링은 0.946을 추정해 0.984를 추정한 f-모델링과 비교해 더 작은 사전 귀무 확률을 추정했지만, 많은 비귀무 확률에 $|\mu_i|$의 작은 값을

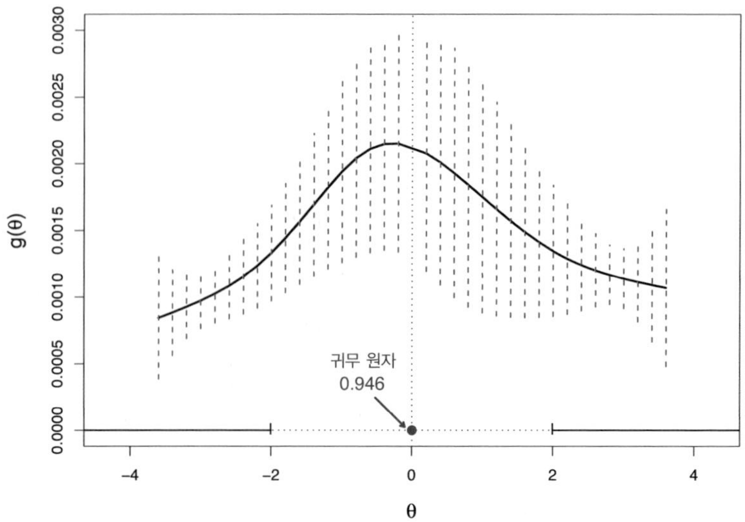

그림 21.8 전립선 연구 데이터에 대한 비귀무 밀도 $\hat{g}(\mu)$, $\mu \neq 0$의 g-모델링 추정, 또한 귀무 원자 $\hat{g}(0) = 0.946$도 나타낸다. 약 2%의 유전자가 효과 크기 $|\mu_i| \geq 2$로 추정됐다. 붉은색 바는 정리 21.4에서 계산된 ±1 표준편차다.

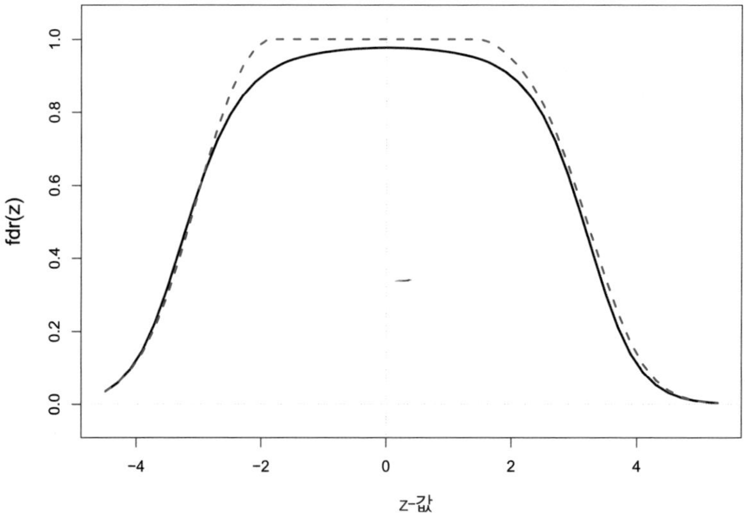

그림 21.9 검은색 곡선은 g-모델링으로부터 추정된 경험적 베이즈 거짓 발견율 $\widehat{\Pr}\{\mu = 0|z\}$다. 큰 $|z|$ 값의 경우, **locfdr** f-모델링 추정 fdr(z)와 거의 일치하며 붉은색 곡선이다.

할당했다.

(21.52)를 그대로 받아들이면, 121(=0.020·6033)개의 유전자가 참 효과 크기 $|\mu_i| \geq 2$를 가진다는 것을 시사한다. 이 사실이 어느 121개의 유전자에 대한 것인지 특정할 수 있다는 의미는 아니다. 그림 21.9는 (21.47)에서의 g-모델링 경험적 베이즈 거짓 발견율을 **locfdr**에 의해 생성된 f-모델링 추정 $\widehat{\text{fdr}}(z)$와 비교해서 보여준다.

$$\widehat{\Pr}\{\mu = 0|z\} = c_z \hat{g}(0)\phi\left(\frac{z-\mu}{\hat{\sigma}_0}\right) \tag{21.53}$$

꼬리 부분처럼 중요한 곳에서 이들은 거의 동일하다.

21.5 일반화 선형 혼합 모델

g-모델링 이론은 각 관측치 X_i가 d차원의 공분산의 관측 벡터 c_i와 함께 있는 상황으로 확장할 수 있다. 여기서는 각 X_i가 자신의 자연 모수 λ_i에 의해 인덱스된 단일 모수 지수 계열을 가졌던 8.2절의 일반화 선형 모델 설정으로 돌아가본다. (8.20)에서의 표기를 사용하면 다음과 같이 나타낼 수 있다.

$$f_{\lambda_i}(X_i) = \exp\{\lambda_i X_i - \gamma(\lambda_i)\} f_0(X_i) \tag{21.54}$$

여기서의 핵심 가정은 각 λ_i가 확정적 성분(공변량 c_i에 종속된)과 랜덤 항 Θ_i의 합이라는 것이다.

$$\lambda_i = \Theta_i + c_i'\beta \tag{21.55}$$

여기서 Θ_i는 $\boldsymbol{g}(\alpha) = \exp\{\boldsymbol{Q}\alpha - \psi(\alpha)\}$(21.11)로부터의 미관측 실현이고, β는 미지의 d-차원 모수다. $\beta = 0$이면 (21.55)는 이전처럼[6] g-모델인 반면, 모든 $\Theta_i = 0$이면 표준 GLM((8.20)–(8.22))이 된다. 종합하면, (21.55)는 일반화 선형 혼합 모델(GLMM)을 나타낸다. 21.3절의 우도와 정확도의 계산은 GLMM으

6 여기서의 설정은 좀 더 구체적이다. f는 지수 계열이고 Θ_i는 자연 모수 크기다.

로 확장(21.7절, '주석 및 상세 설명'에서 참조한 것처럼)되지만, 여기서는 6.3절의 **림프절** 분석 연구 GLMM에 대해서만 알아본다.

제거한 **림프절**의 개수 n_i에 더해 X_i는 **양성**(6.33)으로 판명된 개수고, 다음의 네 가지 공변량의 벡터는

$$c_i = (\texttt{age}_i,\ \texttt{sex}_i,\ \texttt{smoke}_i,\ \texttt{prog}_i) \tag{21.56}$$

각 환자에 대해 관찰됐다. **age**의 표준화된 버전은 연 단위다. **sex**의 경우 여성은 0, 남성은 1이다. **smoke**는 0이면 비흡연, 1이면 흡연이다. **prog**는 수술 후 예후 점수로서 클수록 좋다.

GLMM 모델(21.55)은 **림프절** 데이터에 적용됐다. 이제 λ_i는 로짓 $\log[\pi_i/(1-\pi_i)]$였고, 여기서

$$X_i \sim \text{Bi}(n_i, \pi_i) \tag{21.57}$$

이는 표 8.4에서와 같다. 즉 π_i는 환자 i로의 어느 한 림프절이 양성일 확률이다. 6.3절에서의 분석과 정확히 일치시키기 위해 (21.55)의 변형을 사용한다.

$$\lambda_i = \text{logit}(\Theta_i) + c_i'\beta \tag{21.58}$$

이제 $\beta = 0$으로, Θ_i는 정확히 i번째 경우의 이항 확률 π_i다. 최대 우도 추정은 (21.11)의 α와 ($\mathcal{T} = (0.01, 0.02, \ldots, 0.99)$고, $\boldsymbol{Q} = \texttt{poly}(\mathcal{T}, 5)$(21.14)) (21.58)의 β를 위해 계산됐다. MLE 사전 밀도 $\boldsymbol{g}(\hat{\alpha})$는 그림 6.4에서 공변량 없이 추정된 것과 거의 동일하다.

표 21.2는 MLE 값 $(\hat{\beta}_1, \hat{\beta}_2, \hat{\beta}_3, \hat{\beta}_4)$, 표준오차(모수적 부트스트랩 시뮬레이션으로부터), z-값 $\hat{\beta}_k/\widehat{\text{se}}_k$를 보여준다. **sex**는 중요한 효과를 가진 것처럼 보이는데, 남자가 더 큰 π_i 값으로 향하는 경향이 있다. 즉, 더 큰 양의 림프절 개수 쪽으로 향한다. 그러나 큰 효과는 **prog**다. 더 큰 **prog**는 더 작은 π_i를 나타낸다.

표 21.2 림프절 데이터의 GLMM 분석의 최대 우도 추정 $(\hat{\beta}_1, \hat{\beta}_2, \hat{\beta}_3, \hat{\beta}_4)$와 모수적 부트스트랩 시뮬레이션으로부터의 표준오차. 큰 **prog**$_i$ 값은 작은 π_i를 예측한다.

	age	sex	smoke	prog
MLE	−.078	.192	.089	−.698
부트스트랩 표준오차	.066	.070	.063	.077
z-값	**−1.18**	**2.74**	**1.41**	**9.07**

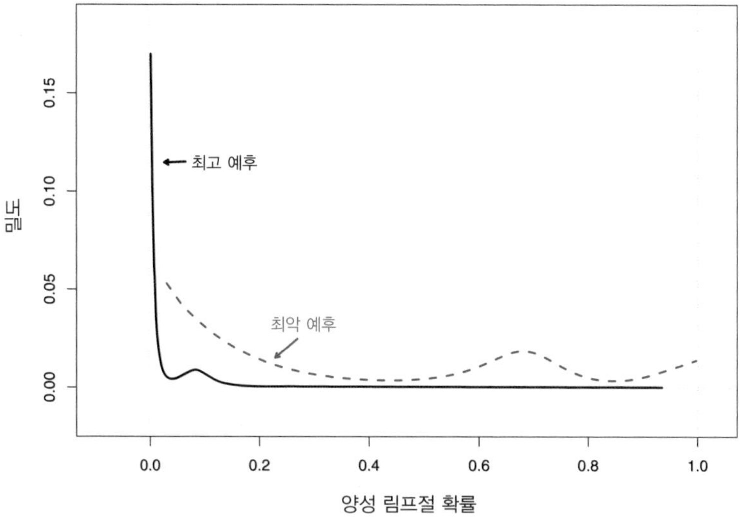

그림 21.10 최고 및 최악 **prog**에 대한 양성 림프절의 개별 확률 π_i의 분포. **림프절** 데이터의 GLMM 분석

그림 21.10은 최고와 최악의 prog에 대한 GLMM 모델에 의해 암시된 $\pi_i = 1/[1 + \exp(-\lambda_i)]$의 분포를 보여준다(**age**, **sex**, **smoke**는 평균값으로 설정하고 Θ가 분포 $g(\alpha)$를 가지도록 한다). 암시된 분포는 최고 레벨 **prog**에 대해 $\pi = 0$ 근처에서 집중된 반면, 최악 레벨의 경우 [0, 1] 사이에서 대략적으로 균등하다.

Θ_i라 부른 랜덤 효과는 가끔 취약점[frailty]이라 불린다. 측정되지 않은 개별적 인자가 질병 감수성 인덱스로 같이 합쳐져버린 합성이다. 전체적으로 보

면, 그림 6.4와 21.10은 근본적인 취약과 공변량 둘 다 **림프절** 데이터에 영향을 미치는 것을 보여준다. 6.1절의 문맥으로 말하자면, 각 환자에 대해 '간접 증거'를 베이즈와 빈도주의 기법 모두를 사용해 모은 것이다.

21.6 디컨볼루션과 *f*-모델링

경험적 베이즈 응용은 전통적으로 f-모델링에 의해 주도됐는데(앞 절의 g-모델 기법에 의한 것이 아니다.), 한계 밀도 $f(x)$의 확률 모델(대개 지수 계열이다.)이 관측 표본 $X_1, X_2, \ldots, X_N$에 직접 적합화됐다. 앞서 몇 가지 예를 살펴봤는데, 표 6.1의 로빈의 예측기(특히 바닥 줄), 그림 15.6과 21.7의 `locfdr`의 포아송 회귀 예측기와 그림 20.7의 트위디의 예측기 등이 있었다.

그림 21.2의 추론 그림에서는 f-모델링의 장단점이 모두 나타난다. f-모델링에 대해서는 붉은색 곡선이 이제 지수 계열 $\{\boldsymbol{f}(\alpha)\}$를 나타낼 수 있는데, 오목 로그 우도 함수는 $\boldsymbol{y}/N$에서 $\boldsymbol{f}(\hat{\alpha})$를 계산하는 것을 상당히 단순화한다. 여기에는 대가가 따른다. $\boldsymbol{f}(\hat{\alpha})$에서 사전 분포 $\boldsymbol{g}(\hat{\alpha})$로 가는 디컨볼루션 단계는 아래에서 설명할 것처럼 문제가 있다.

이 문제는 우리가 $\boldsymbol{g}$를 알고자 할 때만 발생한다. 전통적으로, f-모델링은 원하는 대답이 $\boldsymbol{f}$ 항으로 직접 표현되는 문제에 대해서만 적용될 수 있다. 이는 로빈의 공식(6.5), 지역 거짓 발견율(15.38), 트위디의 공식(20.37)의 경우에 그러했다.

그럼에도 불구하고, 사전 $g(\theta)$를 추정하는 f-모델링 기법이 존재한다. 바로 다음에서 설명할 푸리에 기법이 그 멋드러진 예다. 함수 $f(x)$와 그 푸리에 변환 $\phi(t)$는 다음과 같이 연계돼 있다.

$$\phi(t) = \int_{-\infty}^{\infty} f(x)e^{itx}\,dx \quad \text{그리고} \quad f(x) = \frac{1}{2\pi}\int_{-\infty}^{\infty} \phi(t)e^{-itx}\,dt \tag{21.59}$$

$X_i = \Theta_i + Z_i$고 $Z_i \sim \mathcal{N}(0,1)$인 정규의 경우 $f(x)$의 푸리에 변환은 $g(\theta)$의 배수다.

$$\phi_f(t) = \phi_g(t)e^{-t^2/2} \tag{21.60}$$

따라서 변환의 크기에서 f로부터 g를 추정하는 것은 $\exp(t^2/2)$ 항을 없애는 것에 해당한다.

푸리에 기법은 각 관측 값 X_i에 확률 $1/N$을 할당하는 경험적 밀도 $\bar{f}(x)$로 시작한 다음 세 개 단계로 진행한다.

†3 1. $\bar{f}(x)$가 'sinc' 커널[†]을 이용해 평활화된다.

$$\tilde{f}(x) = \frac{1}{N\lambda}\sum_{i=1}^{N} \text{sinc}\left(\frac{X_i - x}{\lambda}\right), \qquad \text{sinc}(x) = \frac{\sin(x)}{x} \tag{21.61}$$

2. $\tilde{f}(x)$의 푸리에 변환, 즉 $\tilde{\phi}(t)$가 계산된다.
3. 끝으로, $\hat{g}(\theta)$가 $\tilde{\phi}(t)e^{t^2/2}$의 역 푸리에 변환으로 된다. 이 마지막 단계는 (21.60)에서 원하지 않는 항 $e^{-t^2/2}$를 제거한다.

푸리에 기법에서 놀랍도록 즐거운 측면은 $\hat{g}(\theta)$가 커널 추정으로 바로 표현될 수 있다는 점이다.

$$\hat{g}(\theta) = \frac{1}{N}\sum_{i=1}^{N} k_\lambda(X_i - \theta) = \int_{-\infty}^{\infty} k_\lambda(x - \theta)\bar{f}(x)\,dx \tag{21.62}$$

여기서 커널 $k_\lambda(\cdot)$은 다음과 같다.

$$k_\lambda(x) = \frac{1}{\pi}\int_0^{1/\lambda} e^{t^2/2}\cos(tx)\,dt \tag{21.63}$$

큰 λ 값은 (21.61)에서 $\bar{f}(x)$를 더 평활화해 편향이 증가하는 대신 $\hat{g}(\theta)$의 분산을 감소시킨다.

그 강렬한 논리에도 불구하고 푸리에 기법에는 두 가지 단점이 있다. 무엇보다 $X_i = \Theta_i + Z_i$인 상황, 즉 X_i가 Θ_i와 iid 잡음이 더해지는 상황에서만 적용된다는 것이다. 게다가 좀 더 심각한 점은 λ를 선택하는 데 편향/분산의 절충이라는 유쾌하지 않은 상황이 발생한다는 것이다.

이 점은 그림 21.1의 인위적 예제를 사용해 그림 21.11에 설명돼 있다. 검은색 곡선은 [−3, 3]에서 θ에 대한 (명세 (21.41)−(21.42)하에) $g(\theta)$의 g-모델링 추정의 표준편차다. 붉은색 곡선은 f-모델링 추정(21.62)의 표준편차를 그리고 있으며, $\lambda = 1/3$에서 g-모델링 추정과 거의 동일한 편향을 생성했다(그림 21에서 보는 것처럼). 적색과 흑색의 표준편차 비율은 θ의 구간에서 평균 20 이상이 된다.

이 비교는 적어도 부분적으로 불공평하다. 푸리에 기법이 $f(x)$나 $g(\theta)$를 거의 비모수적으로 가정하는 반면에 g-모델링은 모수적이다. 3단계 알고리듬을 $\bar{f}(x)$가 아니라 모수적 추정 $\hat{f}(x)$로 시작하면 결과를 상당히 개선할 수 있다. 그림 21.11의 푸른색 점선 곡선은 이런 개선을 위해 데이터 X_1, X_2, ..., X_N에 $\hat{f}(x)$ 포아송 회귀를 사용해 수행한 것인데(그림 10.5처럼이지만, 여기서는 자연 스플라인 베이시스 **ns(df=5)**를 사용한다.), 이를 통해 다음의 추정을 만든다.

$$\hat{g}(\theta) = \int_{-\infty}^{\infty} k_\lambda(x-\theta)\hat{f}(x)\,dx \tag{21.64}$$

여전히 g-모델링 비율을 얻지는 못했지만, 표준편차가 근본적으로 감소한 것을 확인할 수 있다.

앞서 언급한 것처럼, 대부분의 경험적 베이즈 응용은 로빈/fdr/트위디의 변종이었고 자연스럽게 f-모델링을 선택했다. g-모델링은 정말로 사전 $g(\theta)$를 추정하고자 하는 그림 6.4와 6.5의 **림프절** 데이터 분석 같은 상황에서 사용됐다. 21세기 과학은 이러한 데이터 집합을 더 많이 생성했고, 이는 g-모델링 전략의 추가적인 발전을 위한 동력이 된다.

표 21.3은 그림 21.11과 동일한 명세하에서 인위적 예제의 $E_x = E\{\Theta \mid X=x\}$ 값을 g-모델링으로 추정하고 있다.

$$E_x = \int_{\mathcal{T}} \theta g(\theta) f_\theta(x)\,d\theta \Big/ \int_{\mathcal{T}} g(\theta) f_\theta(x)\,d\theta \tag{21.65}$$

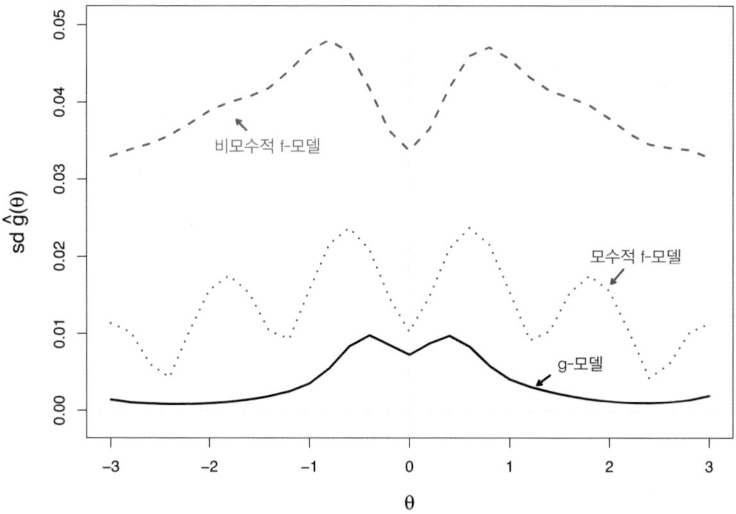

그림 21.11 그림 21.1의 인위적 예제에 대해 추정된 사전 밀도 $\hat{g}(\theta)$의 표준편차, $N = 1000$개의 관측치 $X_i \sim \mathcal{N}(\Theta_i, 1)$에 기반한다. 검은색 곡선은 명세 (21.41)-(21.42)하에서 g-모델링을 사용한다. 붉은색 곡선은 비모수적 f-모델링(21.62)이며, $\lambda = 1/3$이다. 푸른색 곡선은 모수적 f-모델링(21.64)으로 $\hat{f}(x)$는 5차 자유도를 가지는 구조 행렬과 포아송 회귀로부터 추정됐다.

표 21.3 $\hat{g}(\theta)$의 모수적 부트스트랩 시뮬레이션으로부터 계산된 $\hat{E}\{\Theta|x\}$의 표준편차. g-모델링은 그림 21.11에서와 같고 각 시뮬레이션에 대해 인위적 예제로부터 $N = 1000$개의 관측치 $X_i \sim \mathcal{N}(\Theta_i, 1)$을 가진다. 열 '정보'는 '다른' 관측치 X_i로부터 얻은 추정 $E\{\Theta|x\}$의 내재된 경험적 베이즈 정보다.

x	$E\{\Theta\|x\}$	$\text{sd}(\hat{E})$	정보
−3.5	−2.00	.10	.11
−2.5	−1.06	.10	.11
−1.5	−.44	.05	.47
−.5	−.13	.03	.89
.5	.13	.04	.80
1.5	.44	.05	.44
2.5	1.06	.10	.10
3.5	2.00	.16	.04

$X_i \sim \mathcal{N}(\Theta_i, 1)$의 크기 $N = 1000$인 표본들이 모델 (21.41)–(21.42)에서 추출돼 −4와 4 사이에서 MLE $\hat{g}(\theta)$와 x에 대한 추정 $\hat{E}_x$를 만들어냈다. 1,000가지의 추정 $\hat{E}_x$가 생성됐고 거의 정확히 E_x로 평균화됐으며, 표준편차는 보이는 것과 같다. 정확도는 상당히 좋고 분산 $\mathrm{sd}(\hat{E}_x)/E_x$의 계수는 큰 $|x|$에 대해 약 0.05다(추정 (21.65)는 선호되는 경우다. $E\{\Theta^2|X=x\}$ 등과 같은 다른 조건부 추
†4 정[†] 결과들은 더 나쁘다).

정리 21.4는 큰 표본 크기 N 값에 대해 $\hat{E}_x$의 분산은 $1/N$으로 감소한다는 것을 암시한다. 즉,

$$\mathrm{var}\left\{\hat{E}_x\right\} \doteq c_x/N \tag{21.66}$$

피셔 정보 한계(5.27)와의 유사성으로부터 하나의 관측치에 대한 추정 E_x의 경험적 베이즈 정보는 다음과 같이 정의할 수 있다.

$$i_x = 1\bigg/\left(N \cdot \mathrm{var}\left\{\hat{E}_x\right\}\right) \tag{21.67}$$

따라서 $\mathrm{var}\{\hat{E}_x\} \doteq i_x^{-1}/N$이다.

경험적 베이즈 추론은 우리를 바로 6.4절과 7.4절에서 살펴본 '다른 경험으로부터의 학습'이라는 간접 증거의 세계로 이끌어간다. 따라서 $X_i = 2.5$면, 각 '다른' 관측치 X_j는 $E\{\Theta|X_i = 2.5\}$를 학습하는 데 0.10 단위의 정보를 제공한다(X_i로부터 Θ_i의 직접적 추정의 통상적 피셔 정보 값 $\mathcal{I} = 1$과 비교해). 이는 앞서 언급한 것처럼 선호되는 경우며, i_x는 종종 훨씬 더 적다. 여기서는 베이즈 사전 밀도를 가정하는 것은 쉬운 일이 아니고 상당한 양의 상관된 다른 정보의 가정에 해당한다는 점을 이해하는 것이 중요하다.

21.7 주석 및 상세 설명

6장, 7장의 경험적 베이즈와 제임스–스타인 추정은 통계학에서 1950년대에 거의 동시에 폭발적으로 등장했다. 그들은 정말로 새로운 통계적 추론의 가

지였으며, 이전의 장에서 살펴본 전통적 기법의 컴퓨터 기반 확장과는 다르다. 실용적 도구로서의 그들의 발달은 상대적으로 느렸다. 그 행보는 21세기에 들어서서 15장의 거짓 발견율과 함께 큰 발을 내디디며 빨라졌다. 실용적인 경험적 베이즈 기법을 fdr과 같이 전통적 f-모델링을 뛰어넘어 사용하는 것이 g-모델링 기법의 목표다.

†1 **보조정리 21.1과 21.2.** 보조정리 21.1과 21.2의 유도는 간단하지만 미분이 다소 필요하다. 이는 에프론(2016)의 리마크 B에 정리돼 있다. 여기서는 단지 샘플만 보여준다. (21.18)로부터 α에 대한 그래디언트 벡터 $\dot{f}_k(\alpha) = (\partial f_k(\alpha)/\partial\alpha_l)$는 다음과 같다.

$$\dot{f}_k(\alpha) = \dot{\boldsymbol{g}}(\alpha)' \boldsymbol{P}_k \tag{21.68}$$

여기서 $\dot{\boldsymbol{g}}(\alpha)$는 $m \times p$ 도함수 행렬이다.

$$\dot{\boldsymbol{g}}(\alpha) = (\partial g_j(\alpha)/\partial\alpha_l) = \boldsymbol{DQ} \tag{21.69}$$

$\boldsymbol{D}$는 (21.36)에서와 같고, 마지막 등식은 약간의 작업 후에 $\log \boldsymbol{g}(\alpha) = \boldsymbol{Q}\alpha - \phi(\alpha)$의 미분을 한다.

$l_k = \log f_k$라 하자(이제 표기에서 α를 없앤다). l_k의 α에 대한 그래디언트는 그러면 다음과 같다.

$$\dot{l}_k = \dot{f}_k / f_k = \boldsymbol{Q}' \boldsymbol{DP}_k / f_k \tag{21.70}$$

벡터 $\boldsymbol{DP}_k/f_k$는 다음의 성분을 가진다.

$$(g_j p_{kj} - g_j f_k)/f_k = w_{kj} \tag{21.71}$$

(21.27)에서 $\boldsymbol{g}'\boldsymbol{P}_k = f_k$를 사용한다. 이는 $\dot{l}_k = \boldsymbol{Q}' W_k(\alpha)$(21.28)를 생성한다. 독립적 스코어 함수 $\dot{l}_k$를 전체 표본에 대해 더하면 전체 스코어 $\dot{l}_{\boldsymbol{y}}(\alpha) = \boldsymbol{Q}' \sum_1^n y_k W_k(\alpha)$를 생성하는데, 이는 보조정리 21.1이 된다.

†2 보조정리 2. 페널티 MLE $\hat{\alpha}$는 다음을 만족한다.

$$\boldsymbol{O} = \dot{m}(\hat{\alpha}) \doteq \dot{m}(\alpha_0) + \ddot{m}(\alpha_0)(\hat{\alpha} - \alpha_0) \tag{21.72}$$

여기서 α_0은 α의 참 값이고 또는 다음과 같다.

$$\hat{\alpha} - \alpha_0 \doteq (-\ddot{m}(\alpha_0))^{-1}\dot{m}(\alpha_0)\left(-\ddot{l}_{\boldsymbol{y}}(\alpha_0) + \ddot{s}(\alpha_0)\right)^{-1}\left(\dot{l}_{\boldsymbol{y}}(\alpha_0) - \dot{s}(\alpha_0)\right) \tag{21.73}$$

표준 MLE 이론은 랜덤 변수 $\dot{l}_{\boldsymbol{y}}(\alpha_0)$이 평균 0과 공분산 피셔 정보 행렬 $\mathcal{I}(\alpha_0)$을 가진다는 것을 보여주는 반면, $-\ddot{l}_{\boldsymbol{y}}(\alpha_0)$은 점근적으로 $\mathcal{I}(\alpha_0)$을 근사한다. (21.73)에서 대체하면 다음과 같다.

$$\hat{\alpha} - \alpha_0 \doteq (\mathcal{I}(\alpha_0) + \ddot{s}(\alpha_0))^{-1} Z \tag{21.74}$$

여기서 Z는 평균 $-\dot{s}(\alpha_0)$과 공분산 $\mathcal{I}(\alpha_0)$을 가진다. 이는 보조정리 2에서와 같이 Bias($\hat{\alpha}$)와 Var($\hat{\alpha}$)를 만든다. 편향은 참 모수적 모델(21.11)에 관계되고 페널티를 준 결과라는 점에 주목하자.

†3 sinc 커널. 크기 조정된 sinc 함수 $s(x) = \sin(x/\lambda)/(\pi x)$의 푸리에 변환 $\phi_s(t)$는 구간 $[-1/\lambda,\ 1/\lambda]$의 식별자인 반면, $\bar{f}(x)$의 경우는 $(1/N)\ \sum_1^N \exp(itX_j)$다. 식 (21.61)은 컨볼루션 $\bar{f} * s$이므로 $\tilde{f}$는 곱 변환을 가진다.

$$\phi_{\tilde{f}}(t) = \left[\frac{1}{N}\sum_{j=1}^{N} e^{itX_j}\right] I_{[-1/\lambda, 1/\lambda]}(t) \tag{21.75}$$

sinc 컨볼루션의 효과는 $\bar{f}$ 또는 $\phi_{\bar{f}}$의 고빈도(큰 t) 성분을 검열하는 것이다. 더 큰 λ는 더 많은 검열을 초래한다. 공식 (21.63)은 $\phi_s(t)$로 인해 상단 한계 $1/\lambda$를 가진다. 이 모든 것은 스테판스키[Stefanski]와 캐롤[Carroll](1990)에 의한다. sinc 커널이 아닌 다른 평활화는 문헌에 제시돼 있지만, 디컨볼루션 성능에 대해 근본적인 개선은 없다.

†4 조건부 기대(21.65). 에프론(2014b)은 추정 $E\{\Theta^2|X=x\}$와 다른 그러한 조건부 기댓값을 고려하는데, f-모델링과 g-모델링 모두에 대한 것이다. $E\{\Theta|X=x\}$는 트위디의 추정(20.37)의 단순 형태로부터 기대할 수 있는 것처럼 단연 가장 쉬운 경우다.

21.8 연습문제

1. 이 문제는 21.2–21.4의 g-모델링 접근 방식을 적용한다. 책 출간 이후 R 패키지 **deconvolvR**은 제1저자와 나라시만[B.Narasimhan]에 의해 제작됐다. 이 패키지는 CRAN에서 사용할 수 있으며 설치해야 한다.
   1) 21.4절에 설명된 대로 **prostate** 데이터의 효과 크기에 대한 사전 분포를 추정하라. 자연 스플라인의 기저를 사용해 사전에 대한 로그 밀도를 나타내라. 일반적 조건화 분산 σ_0^2(21.49)를 가정하라. 그러나 사용한 값을 정당화해 보라.
   2) 맞춤 사후 분포를 사용해 $\Pr(|\mu|<0.2)$을 추정하라.
   3) 조건부 평균 곡선 $E(\mu|X=x)$를 계산하고 그림 20.7에서 생성한 것과 비교하라.

2. **deconvolveR** 패키지를 사용해 6장의 **butterfly** 데이터의 사전 밀도에 적합화하라. 패키지의 **설명 삽화**[vignette]와 참조 문서를 통해 도움을 얻을 수 있다. 사전 밀도 추정치의 편향을 설명하고 비그넷에서 제안된 편향 보정을 적용해 보라. 모델을 사용해 그림 6.2 버전을 생성하라.

3. 21.5절의 GLMM에 대한 추정이 어떻게 진행되는지 설명하라. 설명은 각 단계에 대한 높은 수준의 설명과 함께 일련의 단계로 구성될 수 있지만 통계적으로 정통한 데이터 과학자 수준으로 충분하게 하라.

에필로그

새천년과 함께 통계학 세상에는 중요한 변화가 있었다. 20세기 통계학은 후반기의 열정적인 확장에도 불구하고, 여전히 전통적 베이즈-빈도주의-피셔 추론 삼각형(그림 14.1)에 갇혀 있었다. 21세기에는 그렇지 않다. 3부에서 논의한 몇 가지 주제(거짓 발견율, 선택 후 추론, 경험적 베이즈 모델링, 라소)는 삼각형 범주에 들어맞지만, 다른 것들은 빈도주의 구석에서 남쪽을 향해 탈출한 것처럼 보인다. 이는 아마도 전산학 쪽을 향했을 것이다.

그 도망자들은 17-19장의 대규모 예측 알고리듬인데, 신경망, 딥러닝, 부스팅, 랜덤 포레스트, 서포트 벡터 머신이다. 그들의 발달에서는 전통적 추론의 기반이 되는 모수적 확률 모델이 현저히 결여됐다. 예측 알고리듬은 빅데이터 시대의 대중적 스타다. 이들이 왜 중앙 무대를 차지했으며, 미래의 통계학 분야에서 어떤 의미를 가지는지 물어볼 필요가 있다.

'왜'에 대한 대답은 충분히 쉽다. 예측은 상업적으로 가치가 있다. 현대 장비는 산더미 같은 데이터의 수집을 가능케 했고, '데이터 마이너'는 이를 파고들어 귀중한 정보를 추출할 수 있다. 더구나, 예측은 회귀 이론의 가장 간단한 사용이다(8.4절). 이는 아마도 교차 검증, 순열, 부트스트랩 같은 비모수적 분석의 도움으로 확률 모델 없이도 성공적으로 수행될 수 있을 것이다.

상당한 양의 독창성과 실험이 현대 예측 알고리듬의 발전에 기여했고, 통계학자들은 중요한 역할을 했으나 지배적 역할을 수행하지는 못했다.[1] 끊임없이 인상적인 성공 이야기가 들려온다. 최적성에 대한 기준이 없다면, 빈도주의나 베이즈 예측 커뮤니티는 알고리듬 성능 평가를 하기 위해 그저 늘 봐오던 예제, 예컨대 17장과 18장의 스팸이나 디지털 숫자 등의 데이터 집합만 뒤적거리고 있을 것이다.[2] 한편 '전통적 통계학'(확률 모델, 최적성 기준, 베이즈 사전 밀도, 점근성)은 평행 선로를 따라 성공적으로 계속되고 있다. 비관적으로 또는 낙관적으로 이를 이 분야의 양극화 혼란으로 간주하거나, 양쪽 분야 모두 발전해나갈 건전한 이중성으로 볼 수도 있다. 여기에는 낙관적 주장을 더 선호할 만한 역사적인 논리가 있다.

먼저 현재 상황이 완전히 전례가 없던 일이 아니라는 점을 말하고 싶다. 19세기 말 즈음에 여러 인상적인 통계적 기법이 있었다(베이즈 정리, 최소 자승, 상관관계, 회귀, 다변량 정규분포). 그러나 이들은 통합된 분야라기보다는 개별적 알고리듬으로 존재했다. 별도의 지적 분야로서의 통계학은 아직 잘 정립되지 않았다.

작지만 중요한 한 단계의 진전은 1914년 천체물리학자인 아서 에딩턴 Arthur Eddington[3]이 정규 표본의 표준편차의 추정에 익숙한 평균 제곱근보다 절대 편차 평균이 더 우수하다고 주장하면서 이뤄졌다. 1919년에 피셔는 이것이 잘못됐음을 보였고, 더구나 명쾌한 수학적 논조로 평균 제곱근이 '가능한 최적 추정'임을 밝혔다. 에딩턴은 그 점을 인정했지만, 피셔는 충분성과 최적

---

1 이 절에 언급된 모든 논문은 이 책의 '참고 문헌'에서 완전한 목록을 확인할 수 있다. 각주는 책에서 완전히 명시하지 못한 논문을 식별해준다.

2 최적성에 대한 이 경험적 접근은 종종 공통 과제 프레임워크로 코딩된다(리버만, 2015와 도노호, 2015).

3 에딩턴은 1919년 아이슈타인의 상대성 이론을 경험적으로 증명해 세계적으로 유명해졌다.

추정이라는 이론으로 발전시켰다.[4]

'최적'은 여기서 핵심 단어다. 피셔 이전에 통계학자들은 실제로 추정을 이해하지 못했다. 예측에 대해서는 지금도 그렇다고 말할 수 있다. 많은 검정 문제에서의 인상적인 성능에도 불구하고 여전히 신경망, 딥러닝, 랜덤 포레스트보다 훨씬 더 잘할 가능성이 있을 수 있다. 혹은 여전히 미지의 이론적 최소치로 가까이 다가서고 있는지도 모른다.

'매달려 있는 알고리듬'을 잘 이해된 기법의 핵심으로 연결하는 것은 통계학적 추론의 일이다. 연결 프로세스는 이미 진행 중이다. 17.4절은 원래의 머신 러닝인 **에이다부스트**Adaboost가 어떻게 로지스틱 회귀의 가까운 사촌으로 여겨질 수 있는지 보여줬다. 공통 과제 프레임워크 같은 순전히 경험적인 기법은 궁극적으로 어떤 형태의 이론화된 정당화 없이는 만족스럽지 못할 것이다. 우리의 낙관적 시나리오는 빅데이터/데이터 과학 예측 세계가 통계적 추론의 주류에 재합류해서 양쪽 갈래에 모두 혜택을 주는 것이다.

통계학의 미래를 예측할 수 있는지와 상관없이, 적어도 과거를 살펴봄으로써 여기까지 어떻게 왔는지 알아볼 수는 있다. 다음 그림은 새로운 삼각형에서 이를 도식화한 것이며, 이번에는 각각의 꼭지점이 응용, 수학, 계산으로 레이블돼 있다. 여기서 '수학'이란 통계적 기법의 수학적/논리적 정당화를 줄인 말이다. '계산'이란 경험적/수치적 접근 방식을 나타낸다.

통계학이란 응용수학의 분야고, 궁극적으로 응용의 세계에 얼마나 잘 작동하느냐에 의해 평가받는다. 수학적 논리는 (피셔와 같은 식으로) 통계적 기법의 발달과 이해를 위한 전통적 도구였다. 계산은 1950년 이전에는 느리고 어려웠지만, 이제는 수학적 분석의 경쟁자(또는 아마도 천리마 역할을 하는)로 부상했다. 어느 순간에는 분야의 에너지와 열기가 세 꼭지점으로 불균등하게 향하게 된다. 그림은 개략적으로 변화의 방향을 향해 100년 이상에 걸쳐 따라가고 있다.

---

4 전체 이야기는 스티글러(2006)에서 볼 수 있다.

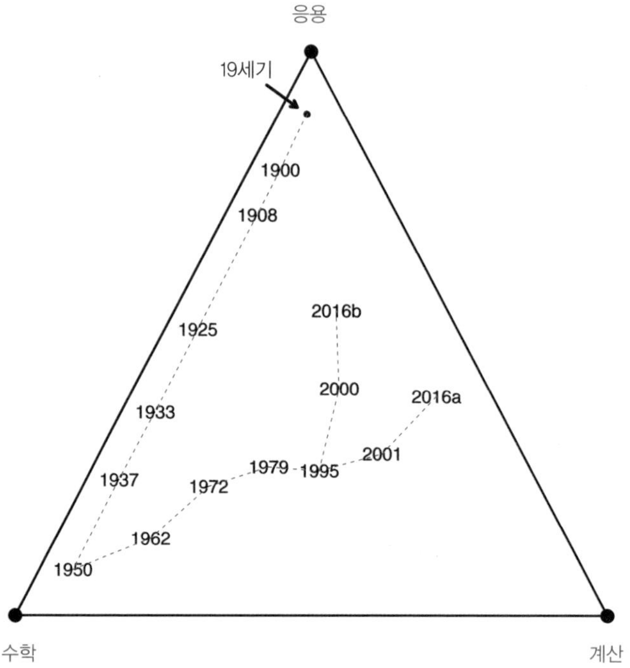

책에서 설명한 대로 19세기 후반부터 통계학 분야에서 이뤄진 발달

여행은 19세기 말에 시작된다. 가우스와 라플라스 같은 재능 있는 수학자들이 가용한 기법에 기여했지만, 후속적 개발은 거의 전적으로 응용에 의해 이뤄졌다. 케틀레Quetelet[5]는 특히 영향을 끼쳤으며 가우스–라플라스 공식을 인구 조사 데이터와 그의 '평균 남자Average Man'에 적용했다. 현대의 독자들은 19세기 통계학 저널에서의 수학 기호를 탐색해봐야 대부분 헛수고가 될 것이다.

1900

칼 피어슨Karl Pearson의 카이제곱 논문은 새로운 세기로의 장대한 발걸음이었

5 아돌프 케틀레는 지칠 줄 모르는 주최자로서 1834년 왕립 통계학회 설립을 도왔고, 뒤이어 1839년에는 미국 통계 연합이 설립됐다.

으며 새로운 수학적 도구, 행렬 이론을 통계학 기법의 서비스에 적용했다. 그와 웰돈Weldon은 1901년 최초의 눈에 띌 만한 현대 통계학 저널인 「바이오 메트리카Biometrika」를 창간했다. 피어슨의 논문과 바이오 메트리카는 삼각형 중 수학의 꼭지점을 향한 50년간의 통계적 여정을 시작했다.

1908

스튜던트Student의 t 검정은 소규모 표본 '정확한exact' 추론의 중대한 최초 결과였으며 피셔의 사고에 주요한 영향을 끼쳤다.

1925

피셔의 위대한 추정 논문(그 이전인 1922년의 논문보다 논리 정연해진 버전). 이 논문은 충분성, 효율성, 피셔 정보, 최대 우도 이론, 최적 추정의 개념 등과 같은 근본적 아이디어를 소개했다. 최적성은 수학의 성숙도를 보여주고 있으며, 1925년을 통계적 추론이 기발한 기술의 모음으로부터 논리 정연한 원칙 쪽으로 옮겨가게 만든 해가 되도록 했다.

1933

이 해는 최적 가설 검정에 대한 네이만과 피어슨의 논문을 대표한다. 논문은 피셔 프로그램의 논리적인 완성임에도 불구하고, 그의 강한 반감을 불러일으켰다. 이는 부분적으로 개인적인 감정이지만, 수학화는 통계적 사고로부터 직관적으로 옳음을 쥐어짜는 것이라는 피셔의 걱정을 반영한 것이다(4.2절).

1937

신뢰구간에 대한 네이만의 논문. 통계적 추론에 대한 그의 정교한 수학적 대처는 결정이론의 선구자였다.

1950

왈드Wald의 '통계적 결정 함수'의 출간. 결정이론은 통계적 추론의 완전 수학화를 완성시켰다. 이 시대는 또한 베이즈 추론에 대한 새비지와 드 피네티의 결정이론적 공식을 상징한다. 이제 우리는 삼각형의 응용 꼭지점으로부터 최대한 멀리 떨어져 있다. 그러므로 1950년대는 통계학 분야가 과학적 응용에 최악의 영향을 끼친 순간이었다고 할 만하다.

1962

1950년대 중반 전자식 컴퓨터가 등장하면서 수학적 구조에 사로잡혀 있던 통계학을 자유롭게 해주는 프로세스가 시작됐다. 튜키의 논문 '데이터 분석의 미래'는 더 많은 응용(그리고 계산) 위주의 원칙을 주장했다. 모스텔러와 튜키는 나중에 분야의 이름을 데이터 분석으로 바꾸는 것을 제안했는데, 이는 현재의 데이터 과학이라는 명칭에 대한 선견지명적인 주장이었던 셈이다.

1972

콕스Cox의 비례적 위험 논문. 그 자체로 대단히 유용하며 생물통계학 응용과 특히 생존 분석에 관심을 일으켰고, AIDS 데이터의 분석으로 그 과학적 중요도를 확고히 하게 됐다.

1979

부트스트랩, 이후 MCMC로 저변적으로 사용. 전통적 통계적 추론을 전자식 컴퓨터로 확장해 사용했다.

1995

이 시기에는 거짓 발견율이 나타나고, 몇 년 후 라소[6]가 등장한다. 둘 다 컴

6 벤자미니와 호버그(1995) 및 티브시라니(1996)

퓨터 집중적 알고리듬으로 통계적 추론 정신에 굳게 뿌리를 두고 있다. 그러나 이들은 그림의 분할에서 나타난 것처럼 서로 다른 방향으로 이끌었다.

2000
미세배열 기술이 대규모 추론에 방대한 관심을 불러일으켰는데, 마이크로 생물학 데이터에 대한 이론과 응용적 분야 모두에서 주목을 받았다.

2001
랜덤 포레스트. 이 시기에는 부스팅[7]이 등장하고 머신 러닝의 예측 알고리듬 순위에서 신경망이 부활했다.

2016a
데이터 과학은 튜키와 모스텔러의 '데이터 분석'의 좀 더 대중적인 계승자로, 한쪽 극단으로는 모수적 확률 모델이나 형식적 추론 없이 통계 원리를 표현하려는 것으로 보인다. 데이터 과학연합은 전문가들을 다음과 같이 정의한다. '원시 데이터로부터 의미를 해방시키고 창조해내는 과학적 기법을 사용하는... 사람들.' 실제로는 유용한 정보를 추출하기 위해 대규모 데이터 집합을 알고리듬적으로 가공하는 것이 강조되며, 그 전형은 예측 알고리듬이다.

2016b
이 시대는 그림 14.1 안에 놓을 수 있는 종류의 전통적인 통계적 사고를 대변하지만, 이제는 응용에 대한 갱신된 집중으로 다시 에너지를 얻었다. 특히 흥미로운 응용은 생물과 유전학이다. 전유전체 연관성 연구genome-wide association studies(GWAS)는 빅데이터의 다른 모습을 보여준다. 여기서 예측은 중

7 랜덤 포레스트는 브라이만(1996)이고, 부스팅은 프륀트와 샤피르(1997)다.

요하지만[8] 질병에 대한 과학적 이해로서는 충분하지 못하다.

일관성 있는 추론 이론은 20세기 전반부에 형성됐지만, 그 통일에 대한 여파로 원리는 내면으로만 집중됐고 실질적 유용성은 축소됐다. 이 세기 후반부에는 전자식 컴퓨터가 유용한(그리고 더 많이 사용되는) 통계적 기법의 방대한 확장을 촉발했다. 밀레니엄의 전환기에 확장은 가속화됐고 통계적 사고 영역을 훨씬 증가시켰지만, 이제는 지적 일관성이라는 부작용이 있다.

통계학의 미래를 추측하는 것은 구미가 당기지만 위험한 일이다. 수학-응용-계산 그림이, 예를 들어 25년 뒤에는 어떻게 될 것인가? 통계적 분석의 욕구는 과학으로부터나 사회 일반으로부터나 늘 증가하고 있는 것처럼 보인다. 데이터 과학은 그 반응으로 만개했지만 이 분야의 전통적인 날개도 그러했다. 2016a와 2016b에 나타난 데이터 해석에 대한 이니셔티브initiative는 고립된 것이 아니라 실제적이며 중첩된 분포의 가운데에 있다.

미래를 위한 희망적인 시나리오는 데이터 과학을 단단한 바닥에 올려 놓는 중첩이 증가해 통계적 추론의 좀 더 폭넓고 일반화된 형식으로 이끄는 것이다.

---

8 개별적 유전자로 최적 치료법을 예측하는 '개인화된 약'은 성배와도 같은 주목을 받았다.

참고 문헌

Abu-Mostafa, Y. 1995. *Hints. Neural Computation*, **7**, 639 – 671.

Achanta, R., and Hastie, T. 2015. *Telugu OCR Framework using Deep Learning*. Tech. rept. Statistics Department, Stanford University.

Akaike, H. 1973. Information theory and an extension of the maximum likelihood principle. Pages 267 – 281 of: *Second International Symposium on Information Theory (Tsahkadsor, 1971)*. Akadémiai Kiadó, Budapest.

Anderson, T. W. 2003. *An Introduction to Multivariate Statistical Analysis*. Third edn. Wiley Series in Probability and Statistics. Wiley-Interscience.

Bastien, F., Lamblin, P., Pascanu, R., Bergstra, J., Goodfellow, I. J., Bergeron, A., Bouchard, N., and Bengio, Y. 2012. *Theano: new features and speed improvements*. Deep Learning and Unsupervised Feature Learning NIPS 2012 Workshop.

Becker, R., Chambers, J., and Wilks, A. 1988. *The New S Language: A Programming Environment for Data Analysis and Graphics*. Pacific Grove, CA: Wadsworth and Brooks/Cole.

Bellhouse, D. R. 2004. The Reverend Thomas Bayes, FRS: A biography to celebrate the tercentenary of his birth. *Statist. Sci.*, **19**(1), 3 – 43. With comments and a rejoinder by the author.

Bengio, Y., Courville, A., and Vincent, P. 2013. Representation learning: a review and new perspectives. *IEEE Transactions on Pattern Analysis and Machine Intelligence*, **35**(8), 1798 – 1828.

Benjamini, Y., and Hochberg, Y. 1995. Controlling the false discovery rate: A practical and powerful approach to multiple testing. *J. Roy. Statist. Soc. Ser. B*, **57**(1), 289 – 300.

Benjamini, Y., and Yekutieli, D. 2005. False discovery rate-adjusted multiple confidence intervals for selected parameters. *J. Amer. Statist. Assoc.*, **100**(469), 71 – 93.

Berger, J. O. 2006. The case for objective Bayesian analysis. *Bayesian Anal.*, **1**(3), 385 – 402 (electronic).

Berger, J. O., and Pericchi, L. R. 1996. The intrinsic Bayes factor for model selection and prediction. *J. Amer. Statist. Assoc.*, **91**(433), 109 – 122.

Bergstra, J., Breuleux, O., Bastien, F., Lamblin, P., Pascanu, R., Desjardins, G., Turian, J., Warde-Farley, D., and Bengio, Y. 2010 (June). Theano: a CPU and GPU math expression compiler. In: *Proceedings of the Python for Scientific Computing Conference (SciPy).*

Berk, R., Brown, L., Buja, A., Zhang, K., and Zhao, L. 2013. Valid post-selection inference. *Ann. Statist.*, **41**(2), 802 – 837.

Berkson, J. 1944. Application of the logistic function to bio-assay. J. Amer. *Statist. Assoc.*, **39**(227), 357 – 365.

Bernardo, J. M. 1979. Reference posterior distributions for Bayesian inference. *J. Roy Statist. Soc. Ser. B*, **41**(2), 113 – 147. With discussion.

Birch, M.W. 1964. The detection of partial association. I. The 2 × 2 case. *J. Roy. Statist. Soc. Ser. B*, **26**(2), 313 – 324.

Bishop, C. 1995. *Neural Networks for Pattern Recognition*. Clarendon Press, Oxford.

Boos, D. D., and Serfling, R. J. 1980. A note on differentials and the CLT and LIL for statistical functions, with application to *M-estimates*. *Ann. Statist.*, **8**(3), 618 – 624.

Boser, B., Guyon, I., and Vapnik, V. 1992. A training algorithm for optimal margin classifiers. In: *Proceedings of COLT II*.

Breiman, L. 1996. Bagging predictors. *Mach. Learn.*, **24**(2), 123 – 140.

Breiman, L. 1998. Arcing classifiers (with discussion). *Annals of Statistics*, **26**,

801–849.

Breiman, L. 2001. Random forests. *Machine Learning*, **45**, 5–32.

Breiman, L., Friedman, J., Olshen, R. A., and Stone, C. J. 1984. *Classification and Regression Trees*. Wadsworth Statistics/Probability Series. Wadsworth Advanced Books and Software.

Carlin, B. P., and Louis, T. A. 1996. *Bayes and Empirical Bayes Methods for Data Analysis*. Monographs on Statistics and Applied Probability, vol. 69. Chapman & Hall.

Carlin, B. P., and Louis, T. A. 2000. *Bayes and Empirical Bayes Methods for Data Analysis*. 2 edn. Texts in Statistical Science. Chapman & Hall/CRC.

Chambers, J. M., and Hastie, T. J. (eds). 1993. *Statistical Models in S*. Chapman & Hall Computer Science Series. Chapman & Hall.

Cleveland, W. S. 1981. LOWESS: A program for smoothing scatterplots by robust locally weighted regression. *Amer. Statist.*, **35**(1), 54.

Cox, D. R. 1958. The regression analysis of binary sequences. *J. Roy. Statist. Soc. Ser. B*, **20**, 215–242.

Cox, D. R. 1970. *The Analysis of Binary Data*. Methuen's Monographs on Applied Probability and Statistics. Methuen & Co.

Cox, D. R. 1972. Regression models and life-tables. *J. Roy. Statist. Soc. Ser. B*, **34**(2), 187–220.

Cox, D. R. 1975. Partial likelihood. *Biometrika*, **62**(2), 269–276.

Cox, D. R., and Hinkley, D. V. 1974. *Theoretical Statistics*. Chapman & Hall.

Cox, D. R., and Reid, N. 1987. Parameter orthogonality and approximate conditional inference. *J. Roy. Statist. Soc. Ser. B*, **49**(1), 1–39. With a discussion.

Crowley, J. 1974. Asymptotic normality of a new nonparametric statistic for use in organ transplant studies. *J. Amer. Statist. Assoc.*, **69**(348), 1006–1011.

de Finetti, B. 1972. *Probability, Induction and Statistics. The Art of Guessing*. John Wiley & Sons, London-New York-Sydney.

Dembo, A., Cover, T. M., and Thomas, J. A. 1991. Information-theoretic inequalities. *IEEE Trans. Inform. Theory*, **37**(6), 1501–1518.

Dempster, A. P., Laird, N. M., and Rubin, D. B. 1977. Maximum likelihood from incomplete data via the EM algorithm. *J. Roy. Statist. Soc. Ser. B*, **39**(1), 1–38.

Diaconis, P., and Ylvisaker, D. 1979. Conjugate priors for exponential families. *Ann. Statist.*, **7**(2), 269–281.

DiCiccio, T., and Efron, B. 1992. More accurate confidence intervals in exponential families. *Biometrika*, **79**(2), 231–245.

Donoho, D. L. 2015. 50 years of data science. *R-bloggers*. www.r-bloggers.com/50-years-of-data-science-by-david-donoho/.

Edwards, A. W. F. 1992. *Likelihood*. Expanded edn. Johns Hopkins University Press. Revised reprint of the 1972 original.

Efron, B. 1967. The two sample problem with censored data. Pages 831–853 of: *Proc. 5th Berkeley Symp. Math. Statist. and Prob., Vol. 4*. University of California Press.

Efron, B. 1975. Defining the curvature of a statistical problem (with applications to second order efficiency). *Ann. Statist.*, **3**(6), 1189–1242. With discussion and a reply by the author.

Efron, B. 1977. The efficiency of Cox's likelihood function for censored data. *J. Amer. Statist. Assoc.*, **72**(359), 557–565.

Efron, B. 1979. Bootstrap methods: Another look at the jackknife. *Ann. Statist.*, **7**(1), 1–26.

Efron, B. 1982. *The Jackknife, the Bootstrap and Other Resampling Plans*. CBMS-NSF Regional Conference Series in Applied Mathematics, vol. 38. Society for Industrial and Applied Mathematics (SIAM).

Efron, B. 1983. Estimating the error rate of a prediction rule: Improvement on crossvalidation. *J. Amer. Statist. Assoc.*, **78**(382), 316–331.

Efron, B. 1985. Bootstrap confidence intervals for a class of parametric problems. *Biometrika*, **72**(1), 45–58.

Efron, B. 1986. How biased is the apparent error rate of a prediction rule? *J. Amer. Statist. Assoc.*, **81**(394), 461–470.

Efron, B. 1987. Better bootstrap confidence intervals. *J. Amer. Statist. Assoc.*, **82**(397), 171–200. With comments and a rejoinder by the author.

Efron, B. 1988. Logistic regression, survival analysis, and the Kaplan-Meier curve. *J. Amer. Statist. Assoc.*, **83**(402), 414–425.

Efron, B. 1993. Bayes and likelihood calculations from confidence intervals. *Biometrika*, **80**(1), 3–26.

Efron, B. 1998. R. A. Fisher in the 21st Century (invited paper presented at the

1996 R. A. Fisher Lecture). *Statist. Sci.*, **13**(2), 95 – 122. With comments and a rejoinder by the author.

Efron, B. 2004. The estimation of prediction error: Covariance penalties and crossvalidation. *J. Amer. Statist. Assoc.*, **99**(467), 619 – 642. With comments and a rejoinder by the author.

Efron, B. 2010. *Large-Scale Inference: Empirical Bayes Methods for Estimation, Testing, and Prediction*. Institute of Mathematical Statistics Monographs, vol. 1. Cambridge University Press.

Efron, B. 2011. Tweedie's formula and selection bias. *J. Amer. Statist. Assoc.*, **106**(496), 1602 – 1614.

Efron, B. 2014a. Estimation and accuracy after model selection. *J. Amer. Statist. Assoc.*, **109**(507), 991 – 1007.

Efron, B. 2014b. Two modeling strategies for empirical Bayes estimation. *Statist. Sci.*, **29**(2), 285 – 301.

Efron, B. 2015. Frequentist accuracy of Bayesian estimates. *J. Roy. Statist. Soc. Ser. B*, **77**(3), 617 – 646.

Efron, B. 2016. Empirical Bayes deconvolution methods. *Biometrika*, **101**(1), 1 – 20.

Efron, B., and Feldman, D. 1991. Compliance as an explanatory variable in clinical trials. *J. Amer. Statist. Assoc.*, **86**(413), 9 – 17.

Efron, B., and Gous, A. 2001. Scales of evidence for model selection: Fisher versus Jeffreys. Pages 208 – 256 of: *Model Selection*. IMS Lecture Notes Monograph Series, vol. 38. Beachwood, OH: Institute of Mathematics and Statististics. With discussion and a rejoinder by the authors.

Efron, B., and Hinkley, D. V. 1978. Assessing the accuracy of the maximum likelihood estimator: Observed versus expected Fisher information. *Biometrika*, **65**(3), 457 – 487. With comments and a reply by the authors.

Efron, B., and Morris, C. 1972. Limiting the risk of Bayes and empirical Bayes estimators. II. The empirical Bayes case. *J. Amer. Statist. Assoc.*, **67**, 130 – 139.

Efron, B., and Morris, C. 1977. Stein's paradox in statistics. *Scientific American*, **236**(5), 119 – 127.

Efron, B., and Petrosian, V. 1992. A simple test of independence for truncated data with applications to redshift surveys. *Astrophys. J.*, **399**(Nov), 345 – 352.

Efron, B., and Stein, C. 1981. The jackknife estimate of variance. *Ann. Statist.*, **9**(3), 586 – 596.

Efron, B., and Thisted, R. 1976. Estimating the number of unseen species: How many words did Shakespeare know? *Biometrika*, **63**(3), 435 – 447.

Efron, B., and Tibshirani, R. 1993. *An Introduction to the Bootstrap*. Monographs on Statistics and Applied Probability, vol. 57. Chapman & Hall.

Efron, B., and Tibshirani, R. 1997. Improvements on cross-validation: The .632+ bootstrap method. *J. Amer. Statist. Assoc.*, **92**(438), 548 – 560.

Efron, B., Hastie, T., Johnstone, I., and Tibshirani, R. 2004. Least angle regression. *Annals of Statistics*, **32**(2), 407 – 499. (with discussion, and a rejoinder by the authors).

Finney, D. J. 1947. The estimation from individual records of the relationship between dose and quantal response. *Biometrika*, **34**(3/4), 320 – 334.

Fisher, R. A. 1915. Frequency distribution of the values of the correlation coefficient in samples from an indefinitely large population. *Biometrika*, **10**(4), 507 – 521.

Fisher, R. A. 1925. Theory of statistical estimation. *Math. Proc. Cambridge Phil. Soc.*, **22**(7), 700 – 725.

Fisher, R. A. 1930. Inverse probability. *Math. Proc. Cambridge Phil. Soc.*, **26**(10), 528 – 535.

Fisher, R. A., Corbet, A., and Williams, C. 1943. The relation between the number of species and the number of individuals in a random sample of an animal population. *J. Anim. Ecol.*, **12**, 42 – 58.

Fithian, W., Sun, D., and Taylor, J. 2014. Optimal inference after model selection. *ArXiv e-prints*, Oct.

Freund, Y., and Schapire, R. 1996. Experiments with a new boosting algorithm. Pages 148 – 156 of: *Machine Learning: Proceedings of the Thirteenth International Conference*. Morgan Kauffman, San Francisco.

Freund, Y., and Schapire, R. 1997. A decision-theoretic generalization of online learning and an application to boosting. *Journal of Computer and System Sciences*, **55**, 119 – 139.

Friedman, J. 2001. Greedy function approximation: a gradient boosting machine. *Annals of Statistics*, **29**(5), 1189 – 1232.

Friedman, J., and Popescu, B. 2005. *Predictive Learning via Rule Ensembles*.

Tech. rept. Stanford University.

Friedman, J., Hastie, T., and Tibshirani, R. 2000. Additive logistic regression: a statistical view of boosting (with discussion). *Annals of Statistics*, **28**, 337 – 307.

Friedman, J., Hastie, T., and Tibshirani, R. 2009. *glmnet: Lasso and elastic-net regularized generalized linear models*. R package version 1.1-4.

Friedman, J., Hastie, T., and Tibshirani, R. 2010. Regularization paths for generalized linear models via coordinate descent. *Journal of Statistical Software*, **33**(1), 1 – 22.

Geisser, S. 1974. A predictive approach to the random effect model. *Biometrika*, **61**, 101 – 107.

Gerber, M., and Chopin, N. 2015. Sequential quasi Monte Carlo. *J. Roy. Statist. Soc. B*, **77**(3), 509 – 580. with discussion, doi: 10.1111/rssb.12104.

Gholami, S., Janson, L., Worhunsky, D. J., Tran, T. B., Squires, Malcolm, I., Jin, L. X., Spolverato, G., Votanopoulos, K. I., Schmidt, C.,Weber, S. M., Bloomston, M., Cho, C. S., Levine, E. A., Fields, R. C., Pawlik, T. M., Maithel, S. K., Efron, B., Norton, J. A., and Poultsides, G. A. 2015. Number of lymph nodes removed and survival after gastric cancer resection: An analysis from the US Gastric Cancer Collaborative. *J. Amer. Coll. Surg.*, **221**(2), 291 – 299.

Good, I., and Toulmin, G. 1956. The number of new species, and the increase in population coverage, when a sample is increased. *Biometrika*, **43**, 45 – 63.

Hall, P. 1988. Theoretical comparison of bootstrap confidence intervals. *Ann. Statist.*, **16**(3), 927 – 985. with discussion and a reply by the author.

Hampel, F. R. 1974. The influence curve and its role in robust estimation. *J. Amer. Statist. Assoc.*, **69**, 383 – 393.

Hampel, F. R., Ronchetti, E. M., Rousseeuw, P. J., and Stahel, W. A. 1986. *Robust Statistics: The approach based on influence functions*. Wiley Series in Probability and Mathematical Statistics. John Wiley & Sons.

Harford, T. 2014. Big data: A big mistake? *Significance*, **11**(5), 14 – 19.

Hastie, T., and Loader, C. 1993. Local regression: automatic kernel carpentry (with discussion). *Statistical Science*, **8**, 120 – 143.

Hastie, T., and Tibshirani, R. 1990. *Generalized Additive Models*. Chapman and Hall.

Hastie, T., and Tibshirani, R. 2004. Efficient quadratic regularization for expression arrays. *Biostatistics*, **5**(3), 329 – 340.

Hastie, T., Tibshirani, R., and Friedman, J. 2009. *The Elements of Statistical Learning. Data mining, Inference, and Prediction*. Second edn. Springer Series in Statistics. Springer.

Hastie, T., Tibshirani, R., andWainwright, M. 2015. *Statistical Learning with Sparsity:the Lasso and Generalizations*. Chapman and Hall, CRC Press.

Hoeffding, W. 1952. The large-sample power of tests based on permutations of observations. *Ann. Math. Statist.*, **23**, 169 – 192.

Hoeffding, W. 1965. Asymptotically optimal tests for multinomial distributions. *Ann. Math. Statist.*, **36**(2), 369 – 408.

Hoerl, A. E., and Kennard, R. W. 1970. Ridge regression: Biased estimation for nonorthogonal problems. *Technometrics*, **12**(1), 55 – 67.

Huber, P. J. 1964. Robust estimation of a location parameter. *Ann. Math. Statist.*, **35**, 73 – 101.

Jaeckel, L. A. 1972. Estimating regression coefficients by minimizing the dispersion of the residuals. *Ann. Math. Statist.*, **43**, 1449 – 1458.

James, W., and Stein, C. 1961. Estimation with quadratic loss. Pages 361 – 379 of: *Proc. 4th Berkeley Symposium on Mathematical Statistics and Probability*, vol. I. University of California Press.

Jansen, L., Fithian, W., and Hastie, T. 2015. Effective degrees of freedom: a flawed metaphor. *Biometrika*, **102**(2), 479 – 485.

Javanmard, A., and Montanari, A. 2014. Confidence intervals and hypothesis testing for high-dimensional regression. *J. of Machine Learning Res.*, **15**, 2869 – 2909.

Jaynes, E. 1968. Prior probabilities. *IEEE Trans. Syst. Sci. Cybernet.*, **4**(3), 227 – 241.

Jeffreys, H. 1961. *Theory of Probability*. Third ed. Clarendon Press.

Johnson, N. L., and Kotz, S. 1969. *Distributions in Statistics: Discrete Distributions*. Houghton Mifflin Co.

Johnson, N. L., and Kotz, S. 1970a. *Distributions in Statistics. Continuous Univariate Distributions*. 1. Houghton Mifflin Co.

Johnson, N. L., and Kotz, S. 1970b. *Distributions in Statistics. Continuous Univariate Distributions*. 2. Houghton Mifflin Co.

Johnson, N. L., and Kotz, S. 1972. *Distributions in Statistics: Continuous Multivariate Distributions*. John Wiley & Sons.

Kaplan, E. L., and Meier, P. 1958. Nonparametric estimation from incomplete observations. *J. Amer. Statist. Assoc.*, **53**(282), 457 – 481.

Kass, R. E., and Raftery, A. E. 1995. Bayes factors. *J. Amer. Statist. Assoc.*, **90**(430), 773 – 795.

Kass, R. E., and Wasserman, L. 1996. The selection of prior distributions by formal rules. *J. Amer. Statist. Assoc.*, **91**(435), 1343 – 1370.

Kuffner, R., Zach, N., Norel, R., Hawe, J., Schoenfeld, D., Wang, L., Li, G., Fang, L., Mackey, L., Hardiman, O., Cudkowicz, M., Sherman, A., Ertaylan, G., Grosse-Wentrup, M., Hothorn, T., van Ligtenberg, J., Macke, J. H., Meyer, T., Scholkopf, B., Tran, L., Vaughan, R., Stolovitzky, G., and Leitner, M. L. 2015. Crowdsourced analysis of clinical trial data to predict amyotrophic lateral sclerosis progression. *Nat Biotech*, **33**(1), 51 – 57.

LeCun, Y., and Cortes, C. 2010. *MNIST Handwritten Digit Database*. http://yann.lecun.com/exdb/mnist/.

LeCun, Y., Bengio, Y., and Hinton, G. 2015. Deep learning. *Nature*, **521**(7553), 436 – 444.

Lee, J., Sun, D., Sun, Y., and Taylor, J. 2016. Exact post-selection inference, with application to the Lasso. *Annals of Statistics*, **44**(3), 907 – 927.

Lehmann, E. L. 1983. *Theory of Point Estimation*. Wiley Series in Probability and Mathematical Statistics. John Wiley & Sons.

Leslie, C., Eskin, E., Cohen, A., Weston, J., and Noble, W. S. 2003. Mismatch string kernels for discriminative pretein classification. *Bioinformatics*, **1**, 1 – 10.

Liaw, A., and Wiener, M. 2002. Classification and regression by randomForest. *R News*, **2**(3), 18 – 22.

Liberman, M. 2015 (April). "*Reproducible Research and the Common Task Method*". Simons Foundation Frontiers of Data Science Lecture, April 1, 2015; video available.

Lockhart, R., Taylor, J., Tibshirani, R., and Tibshirani, R. 2014. A significance test for the lasso. *Annals of Statistics*, **42**(2), 413 – 468. With discussion and a rejoinder by the authors.

Lynden-Bell, D. 1971. A method for allowing for known observational selection in small samples applied to 3CR quasars. *Mon. Not. Roy. Astron. Soc.*,

155(1), 95 – 18.

Mallows, C. L. 1973. Some comments on C_p. *Technometrics*, **15**(4), 661 – 675.

Mantel, N., and Haenszel, W. 1959. Statistical aspects of the analysis of data from retrospective studies of disease. *J. Natl. Cancer Inst.*, **22**(4), 719 – 748.

Mardia, K. V., Kent, J. T., and Bibby, J. M. 1979. *Multivariate Analysis*. Academic Press.

McCullagh, P., and Nelder, J. 1983. *Generalized Linear Models*. Monographs on Statistics and Applied Probability. Chapman & Hall.

McCullagh, P., and Nelder, J. 1989. *Generalized Linear Models*. Second edn. Monographs on Statistics and Applied Probability. Chapman & Hall.

Metropolis, N., Rosenbluth, A. W., Rosenbluth, M. N., Teller, A. H., and Teller, E. 1953. Equation of state calculations by fast computing machines. *J. Chem. Phys.*, **21**(6), 1087 – 1092.

Miller, Jr, R. G. 1964. A trustworthy jackknife. *Ann. Math. Statist*, **35**, 1594 – 1605.

Miller, Jr, R. G. 1981. *Simultaneous Statistical Inference*. Second edn. Springer Series in Statistics. New York: Springer-Verlag.

Nesterov, Y. 2013. Gradient methods for minimizing composite functions. *Mathematical Programming*, **140**(1), 125 – 161.

Neyman, J. 1937. Outline of a theory of statistical estimation based on the classical theory of probability. *Phil. Trans. Roy. Soc.*, **236**(767), 333 – 380.

Neyman, J. 1977. Frequentist probability and frequentist statistics. *Synthese*, **36**(1), 97 – 131.

Neyman, J., and Pearson, E. S. 1933. On the problem of the most efficient tests of statistical hypotheses. *Phil. Trans. Roy. Soc. A*, **231**(694-706), 289 – 337.

Ng, A. 2015. *Neural Networks*. `http://deeplearning.stanford.edu/wiki/index.php/Neural_Networks`. Lecture notes.

Ngiam, J., Chen, Z., Chia, D., Koh, P. W., Le, Q. V., and Ng, A. 2010. Tiled convolutional neural networks. Pages 1279 – 1287 of: Lafferty, J., Williams, C., Shawe-Taylor, J., Zemel, R., and Culotta, A. (eds), *Advances in Neural Information Processing Systems 23*. Curran Associates, Inc.

O'Hagan, A. 1995. Fractional Bayes factors for model comparison. *J. Roy. Statist. Soc. Ser. B*, **57**(1), 99 – 138. With discussion and a reply by the author.

Park, T., and Casella, G. 2008. The Bayesian lasso. *J. Amer. Statist. Assoc.*,

103(482), 681–686.

Pearson, K. 1900. On the criterion that a given system of deviations from the probable in the case of a correlated system of variables is such that it can be reasonably supposed to have arisen from random sampling. *Phil. Mag.*, **50**(302), 157–175.

Pritchard, J., Stephens, M., and Donnelly, P. 2000. Inference of Population Structure using Multilocus Genotype Data. *Genetics*, **155**(June), 945–959.

Quenouille, M. H. 1956. Notes on bias in estimation. *Biometrika*, **43**, 353–360.

R Core Team. 2015. R: *A Language and Environment for Statistical Computing*. R Foundation for Statistical Computing, Vienna, Austria.

Ridgeway, G. 2005. *Generalized boosted models: A guide to the gbm package*. Available online.

Ridgeway, G., and MacDonald, J. M. 2009. Doubly robust internal benchmarking and false discovery rates for detecting racial bias in police stops. *J. Amer. Statist. Assoc.*, **104**(486), 661–668.

Ripley, B. D. 1996. *Pattern Recognition and Neural Networks*. Cambridge University Press.

Robbins, H. 1956. An empirical Bayes approach to statistics. Pages 157–163 of: *Proc. 3rd Berkeley Symposium on Mathematical Statistics and Probability*, vol. I. University of California Press.

Rosset, S., Zhu, J., and Hastie, T. 2004. Margin maximizing loss functions. In: Thrun, S., Saul, L., and Schölkopf, B. (eds), *Advances in Neural Information Processing Systems 16*. MIT Press.

Rubin, D. B. 1981. The Bayesian bootstrap. *Ann. Statist.*, **9**(1), 130–134.

Savage, L. J. 1954. *The Foundations of Statistics*. John Wiley & Sons; Chapman & Hill.

Schapire, R. 1990. The strength of weak learnability. *Machine Learning*, **5**(2), 197–227.

Schapire, R., and Freund, Y. 2012. *Boosting: Foundations and Algorithms*. MIT Press.

Scheffé, H. 1953. A method for judging all contrasts in the analysis of variance. *Biometrika*, **40**(1-2), 87–110.

Schölkopf, B., and Smola, A. 2001. *Learning with Kernels: Support Vector Machines, Regularization, Optimization, and Beyond (Adaptive Computation and Machine Learning)*. MIT Press.

Schwarz, G. 1978. Estimating the dimension of a model. *Ann. Statist.*, **6**(2), 461 – 464.

Senn, S. 2008. A note concerning a selection "paradox" of Dawid's. *Amer. Statist.*, **62**(3), 206 – 210.

Soric, B. 1989. Statistical "discoveries" and effect-size estimation. *J. Amer. Statist. Assoc.*, **84**(406), 608 – 610.

Spevack, M. 1968. *A Complete and Systematic Concordance to the Works of Shakespeare*. Vol. 1 – 6. Georg Olms Verlag.

Srivastava, N., Hinton, G., Krizhevsky, A., Sutskever, I., and Salakhutdinov, R. 2014. Dropout: a simple way to prevent neural networks from overfitting. *J. of Machine Learning Res.*, **15**, 1929 – 1958.

Stefanski, L., and Carroll, R. J. 1990. Deconvoluting kernel density estimators. *Statistics*, **21**(2), 169 – 184.

Stein, C. 1956. Inadmissibility of the usual estimator for the mean of a multivariate normal distribution. Pages 197 – 206 of: *Proc. 3rd Berkeley Symposium on Mathematical Statististics and Probability*, vol. I. University of California Press.

Stein, C. 1981. Estimation of the mean of a multivariate normal distribution. *Ann. Statist.*, **9**(6), 1135 – 1151.

Stein, C. 1985. On the coverage probability of confidence sets based on a prior distribution. Pages 485 – 514 of: *Sequential Methods in Statistics*. Banach Center Publication, vol. 16. PWN, Warsaw.

Stigler, S. M. 2006. How Ronald Fisher became a mathematical statistician. *Math. Sci.Hum. Math. Soc. Sci.*, **176**(176), 23 – 30.

Stone, M. 1974. Cross-validatory choice and assessment of statistical predictions. *J. Roy. Statist. Soc. B*, **36**, 111 – 147. With discussion and a reply by the author.

Storey, J. D., Taylor, J., and Siegmund, D. 2004. Strong control, conservative point estimation and simultaneous conservative consistency of false discovery rates: A unified approach. *J. Roy. Statist. Soc. B*, **66**(1), 187 – 205.

Tanner, M. A., and Wong, W. H. 1987. The calculation of posterior distributions by data augmentation. *J. Amer. Statist. Assoc.*, **82**(398), 528 – 550. With discussion and a reply by the authors.

Taylor, J., Loftus, J., and Tibshirani, R. 2015. Tests in adaptive regression via the

Kac-Rice formula. *Annals of Statistics*, **44**(2), 743 – 770.

Thisted, R., and Efron, B. 1987. Did Shakespeare write a newly-discovered poem? *Biometrika*, **74**(3), 445 – 455.

Tibshirani, R. 1989. Noninformative priors for one parameter of many. *Biometrika*, **76**(3), 604 – 608.

Tibshirani, R. 1996. Regression shrinkage and selection via the lasso. *J. Roy. Statist. Soc. B*, **58**(1), 267 – 288.

Tibshirani, R. 2006. A simple method for assessing sample sizes in microarray experiments. *BMC Bioinformatics*, **7**(Mar), 106.

Tibshirani, R., Bien, J., Friedman, J., Hastie, T., Simon, N., Taylor, J., and Tibshirani, R. 2012. Strong rules for discarding predictors in lasso-type problems. *J. Roy. Statist. Soc. B*, **74**.

Tibshirani, R., Tibshirani, R., Taylor, J., Loftus, J., and Reid, S. 2016. *selectiveInference:Tools for Post-Selection Inference*. R package version 1.1.3.

Tukey, J. W. 1958. "Bias and confidence in not-quite large samples" in Abstracts of Papers. *Ann. Math. Statist.*, **29**(2), 614.

Tukey, J. W. 1960. A survey of sampling from contaminated distributions. Pages 448 – 485 of: *Contributions to Probability and Statistics: Essays in Honor of Harold Hotelling* (I. Olkin, et. al, ed.). Stanford University Press.

Tukey, J. W. 1962. The future of data analysis. *Ann. Math. Statist.*, **33**, 1 – 67.

Tukey, J. W. 1977. *Exploratory Data Analysis*. Behavioral Science Series. Addison-Wesley.

van de Geer, S., Bühlmann, P., Ritov, Y., and Dezeure, R. 2014. On asymptotically optimal confidence regions and tests for high-dimensional models. *Annals of Statistics*, **42**(3), 1166 – 1202.

Vapnik, V. 1996. *The Nature of Statistical Learning Theory*. Springer.

Wager, S.,Wang, S., and Liang, P. S. 2013. Dropout training as adaptive regularization. Pages 351 – 359 of: Burges, C., Bottou, L., Welling, M., Ghahramani, Z., and Weinberger, K. (eds), *Advances in Neural Information Processing Systems 26*. Curran Associates, Inc.

Wager, S., Hastie, T., and Efron, B. 2014. Confidence intervals for random forests: the jacknife and the infintesimal jacknife. *J. of Machine Learning Res.*, **15**, 1625 – 1651.

Wahba, G. 1990. *Spline Models for Observational Data*. SIAM.

Wahba, G., Lin, Y., and Zhang, H. 2000. GACV for support vector machines. Pages 297 – 311 of: Smola, A., Bartlett, P., Schölkopf, B., and Schuurmans, D. (eds), *Advances in Large Margin Classifiers*. MIT Press.

Wald, A. 1950. *Statistical Decision Functions*. John Wiley & Sons; Chapman & Hall.

Wedderburn, R. W. M. 1974. Quasi-likelihood functions, generalized linear models, and the Gauss-Newton method. *Biometrika*, **61**(3), 439 – 447.

Welch, B. L., and Peers, H. W. 1963. On formulae for confidence points based on integrals of weighted likelihoods. *J. Roy. Statist. Soc. B*, **25**, 318 – 329.

Westfall, P., and Young, S. 1993. *Resampling-based Multiple Testing: Examples and Methods for p-Value Adjustment*. Wiley Series in Probability and Statistics. Wiley-Interscience.

Xie, M., and Singh, K. 2013. Confidence distribution, the frequentist distribution estimator of a parameter: A review. *Int. Statist. Rev.*, **81**(1), 3 – 39. with discussion.

Ye, J. 1998. On measuring and correcting the effects of data mining and model selection. *J. Amer. Statist. Assoc.*, **93**(441), 120 – 131.

Zhang, C.-H., and Zhang, S. 2014. Confidence intervals for low-dimensional parameters with high-dimensional data. *J. Roy. Statist. Soc. B*, **76**(1), 217 – 242.

Zou, H., Hastie, T., and Tibshirani, R. 2007. On the "degrees of freedom" of the lasso. *Ann. Statist.*, **35**(5), 2173 – 2192.

찾아보기

컴퓨터 시대의 통계적 추론

알고리듬과 추론의 관계와 역할 (연습문제 포함)

발　행 | 2023년 7월 21일

옮긴이 | 이 병 욱
지은이 | 브래들리 에프론 · 트레버 해이스티

펴낸이 | 권 성 준
편집장 | 황 영 주
편　집 | 김 진 아
임 지 원
디자인 | 윤 서 빈

에이콘출판주식회사
서울특별시 양천구 국회대로 287 (목동)
전화 02-2653-7600, 팩스 02-2653-0433
www.acornpub.co.kr / editor@acornpub.co.kr

ISBN 979-11-6175-774-2
http://www.acornpub.co.kr/book/computer-age-inference-std

책값은 뒤표지에 있습니다.